U0501299

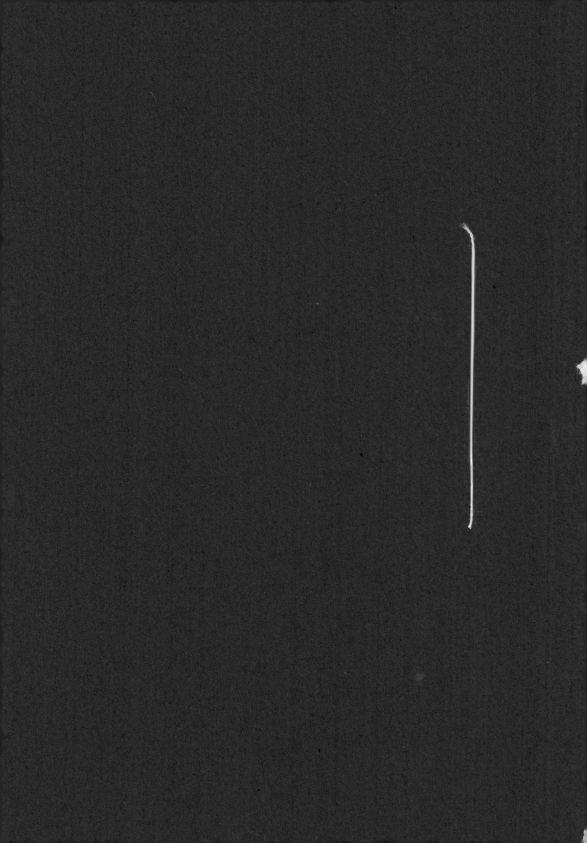

De quoi fut fait l'empire

Les guerres coloniales au XIXᵉ siècle

Jacques Frémeaux

帝国与殖民地

19世纪列强如何瓜分世界

北京联合出版公司 · 怀音
Beijing United Publishing Co.,Ltd.

［法］雅克·弗雷莫 著

刘成富 刘一戈 尹摇芳 译

图书在版编目（CIP）数据

帝国与殖民地：19世纪列强如何瓜分世界 /（法）
雅克·弗雷莫著；刘成富，刘一戈，尹摇芳译. -- 北京：
北京联合出版公司，2024.12
　　ISBN 978-7-5596-6033-6

　　Ⅰ.①帝… Ⅱ.①雅…②刘…③刘…④尹… Ⅲ.
①世界史—通俗读物 Ⅳ.①K109

中国版本图书馆 CIP 数据核字（2022）第 044364 号

帝国与殖民地：19世纪列强如何瓜分世界

[法] 雅克·弗雷莫　著

刘成富　刘一戈　尹摇芳　译

出　品　人：赵红仕
出版监制：刘　凯　赵鑫玮
选题策划：联合低音
责任编辑：翦　鑫
封面设计：壹原视觉
内文制作：书情文化

关注联合低音

北京联合出版公司出版
（北京市西城区德外大街83号楼9层　100088）
北京联合天畅文化传播公司发行
北京美图印务有限公司印刷　新华书店经销
字数530千字　710毫米×1000毫米　1/16　44.5印张
2024年12月第1版　2024年12月第1次印刷
ISBN 978-7-5596-6033-6
定价：158.00元

山坡上的强攻，栅篱后的突击，沟壑中的奇袭，攀岩的磨难，荆棘丛、森林和沼泽地里的死亡与痛苦，残酷的早晨，骇人的正午，忧伤的夜晚：帝国就是由所有这些东西形成的。

戴高乐《法国及其部队》（普龙出版社，1938 年），
袖珍书，1973 年，第 210 页

他的父辈、坚毅的罗马人就是这样，带着辎重负重行军，安营扎寨，趁敌人不备之时大举进军。

维吉尔《农事诗》第三卷，第 346—348 行

前　言

　　30年前，在国家博士论文《刀光剑影下的非洲》的结尾处，我曾提及本书的撰写计划，如今终于变成了现实。在论文结论中，我认为研究部队在殖民征服中所起的政治和行政作用时，不应把视野仅仅局限于法国。要知道，19世纪至20世纪初的所有殖民行径都可以用同样的逻辑来加以概括，法国的殖民征服只不过是其中的一个变体而已。所有殖民扩张的手段和理念几乎大同小异，将之相提并论似乎一点也不过分。因此，我很想进行综合研究，不仅涵盖欧洲的殖民帝国，而且还包括美国和俄国，因为所有殖民帝国几乎是一回事。

　　今天，我的写作计划成熟了。即使目前的论战并没有能够进一步促进我对殖民历史或帝国历史的认知，至少也能够驱散先前笼罩在这段历史上的层层迷雾。虽然1993年的主题研讨会并没有获得所预期的效果，但这段历史还是成了正式研究的一部分。我的研究与军事研究是紧紧联系在一起的。过去，我侧重于海外部队所扮演的非战斗性角色，但是，后来我集中精力研究了部队的作战能力和组织能力。其实，调兵遣将和作战指挥与殖民侵略关系密切，前者甚至是后者的前提条件。就兵法而言，欧洲确实技高一筹，这可能是欧洲最无可置疑的优势。"坦率地说，提到杀人，欧洲人显然是高手"[1]，最近，有人这样写道。这种暴力行径正是我们需要审视和质疑的东西。

殖民战役的研究似乎仅仅属于"战役史观"这一范畴。这一术语是由年鉴学派的理论家提出来的，用以批评那种把历史编纂简化为罗列具体的日期、堆砌陌生的人名和外国地名的行为。表象是不应该掩盖历史本质的，在众多事件的编年史背后，实际上有一个更具决定性的因素在起作用，那就是世界的宿命。对于殖民扩张的不断思考，迫使我们要重新审视当时被大肆渲染的西方优越论。西方优越论就是把非西方国家及其文化视为劣等的，把他们的社会说成是落后的。但是，当我们拉开一段时间差再来回顾那段历史的时候，就会发现殖民者为了使托管行为正当合法，总是在极力夸张和曲解他们与被殖民者之间的差异。他们的做法无论对于当地人的社会进步，还是对于他们的幸福生活都是有害的。冲突参与并造就了我们的世界，然而，这个世界并未能如人所愿，在我们的眼皮底下不断地进行着更新和构建。同样，研究白人与有色人种之间的对立，对于我们研究来自南半球的移民潮如何改造了我们的社会是十分有益的。根除痼疾、直言事实的时候到了。

受过一点教育的读者都会对殖民战争有所了解。通常，法国人都知道法国征服过阿尔及利亚和摩洛哥，还有人听说过法国对马达加斯加的征服，对于英国人惯称的"大叛乱"，即印度土兵的反抗，可能也有点模糊的记忆，或许对布尔战争也有所耳闻。美国西部大片则让广大观众了解到了印第安人战争。但是，我想问几个问题：有谁听说过荷兰人为占领亚齐而发动过战争呢？有谁知道俄国曾经吞并过塔什干呢？又有多少人记得巴基斯坦的"部落区"是英国的殖民产物呢？毋庸置疑，绝大

---

[1]   C.A.Bayly, *La Naissance du Monde moderne*, 1780-1914, Éditions de l'Atelier, 2006, p.74.

多数殖民战争已从"征服者"后代的记忆中消失殆尽了。一些名不见经传的"历史学家"利用人们的失忆声称，他们发现了披着所谓"殖民主义的"甚至是"共和主义的"外衣的"恐怖行径"。其实，有关历史知识已经在无数学者的研究和无数见证者证言的基础上构建起来，或者至少说，正在成形之中。但是，要么因愚昧无知而疏忽，要么是为了在意识形态的竞争中显得高人一等，人们总是对这些知识视而不见，充耳不闻。我们是否要谴责官方教材的主编和责任编辑失职呢？实际上，除了意识形态和缺乏想象力之外，民众对于与自己无关的事缺乏好奇和兴趣也是产生盲区的一个重要因素。当今的西方人看待文化冲突，似乎远在天边，犹如史前的传说，根本不会影响到他们的未来，也不会让他们坐立不安。

这些史实无论是出于什么原因被尘封，但是总有一些会重新浮出水面，重新进入我们的沉痛记忆。有些罪恶的行径得到了宽恕，有些在漫长的岁月里逐渐被废止了，因而逃过了应有的惩罚。而有些则打着"忏悔"或"赎罪"招牌成了辩论的对象，非但没有归于平静，反而愈演愈烈。要想让反思所引发的矛盾分歧不那么激烈、不那么荒唐，唯一的办法就是让这些分歧也能成为历史。诚然，我不能对这项研究的作用抱有太大的幻想，因为现有的积怨和人为煽动起来的情绪，肯定不会轻易地向历史学家的智慧低头。有人认为这一研究很冷酷，有人甚至认为这是图谋不轨。难道我因此就放弃研究，不去追本溯源了？

历史研究并不排斥道德判断，但历史学家不是道德学家。更何况在这样的年代，真诚，或者说虚伪的善良，以假乱真，取代了理性的思考和正义，历史学家就更不应轻易说教了。他们不应把时间花在痛斥那些再也无法祸害他人的历史人物身上，而应努力解释其行为并提醒读者不要步其后尘。如果他足够勇敢，且相信忠言逆耳利于行，他就会把批评留给时代的当权者。但是，他不应披着中立的外衣屈从于现实，用最终的胜利来为那些颇具有争议的行为开脱。重要的不是为征服正名，而是要对它进行描述。拉伯雷早在1534年出版《巨人传》的时候就这样写道："模仿赫拉克勒斯、亚历山大、汉尼拔、西庇阿、恺撒等人，有悖福音书的训诫，这部作品要我们各自守护、拯救、统治并管理好自己的国家和土地，而不是怀着敌意去侵略他人。"[1]写这话的作者显然十分认同这一真理，但古往今来，人们总是把所谓超越国界的全人类利益作为幌子，把这些金玉良言抛到九霄云外。

我不想把这本书写成一部比同类著作更为详尽的编年史，因为这么做没有任何意义。我的主要研究手段是采用比较研究的方法，把不同个体、群体、机构和事实加以比较，孤立地研究其中任何一点都不可能得出什么有益的结论。因此，这种研究方法从一开始就必须要摒弃面面俱到的幻想。研究那个时代、部队以及地理区域的专家肯定会指出其中的不足，而本书的作者就是第一个承认这些不足的人。希望通过所选的事例勾勒出一个总体的轮廓，从比较中得出过于专业的研究无法得出的思考。当然，这类思考也离不开专业研究的支撑。专业研究很细化，对书中的概括性描述和所提出的问题也如此。如果其他历史学家能在此基础上继续研究，加以拓展，并最终实现超越，笔者将不胜荣幸，因为这部作品只不过是知识之路上的一个界标。

我也不希望读者觉得我要把历史写成一个篇幅宏大的"教训"，想在现实中红得发紫。通常，大学里的研究无人问津，这种作用也只能是一种幻想罢了。学术研究项目所服务的对象很少是科学的或单纯的知识，而是带有政治色彩的，甚至纯粹是意识形态的考量。总之，这部作

---

[1]　*Gargantua*, Livre I, chap. XLVI.

品所奉行的信念只有一个：人们通过政治选择、经济支持和身体力行为国防力量的组建作出贡献，而国防的目的正是保障他们的自由、生命与财产，而不是将意愿强加给外国人，即使本意再好也行不通。徒有"好心"无实益，地狱之门为君开，这是亘古不变的真理。

　　出版本书的主要目的在于让历史走出法国，走出我们的几个邻国，走出欧洲大陆。19世纪的历史学家试图在"种族"的斗争中找寻法国的源头，而20世纪的历史学家研究的则是一个成形的法国，一个"民族国家"。今天，在研究法国的时候，我们也许要离开欧洲，面向世界，要放弃那种居高临下或冷眼旁观的态度，而且要把自己作为世界的一部分。要想达到这一点，最好的办法就是回到起点。一个多世纪以前，英国学者约翰·罗伯特·锡利（John Robert Seeley）写道："让历史变得有趣，这说的是什么话！我不知道怎么才能让历史比原来的样子更有趣，除非胡编乱造。因此，面对一个觉得历史很无聊的人，我从来不想改变历史，我努力想要改变的是他这个人。"[1]我们没有这样的奢望，也不敢说已触及如此宏大的主题。至多，我只是希望找到几个知心的读者，在读过本书之后他们不会认为这完全是浪费时间。

---

[1]　John Robert Seeley, *L'Expansion de l'Angleterre*, traduction par J.B. Baille et A. Rambaud, Colin, 1896, p. 368.

目　录

第一部分

冲突的起源
殖民化

现代意义上的欧洲殖民活动始于16世纪，也就是西班牙人抵达美洲之时。与之同时展开的是一系列针对非欧洲人无休无止的军事活动，这些战役是打造帝国的手段之一。所谓帝国，就是由宗主国治理并控制、由征服国企业家或殖民者开垦（或开发，如果人们更喜欢这一措辞的话）的所有领土。

这个范畴的战争类别繁多。从地理的角度看，这些战争覆盖了所有的大陆。有一些仅限于几个小岛，有一些则控制了上万平方公里的土地。参战人数从几十到几十万不等。从民族志的角度看，被卷入冲突的人在生活、作战方式和战术等方面差异很大。从持续的时间看，有一些战役短短几周就告一段落，有一些则跨越数十年之久。所有这些情况都表明，征服者在精力、人力、财力方面的损失变数远远超越了我们的想象。不过，这些冲突有一个共同点，就是发起战争的都是欧洲的或美洲东部的国家，其军队的组织形式大同小异，都有一个共同的目标：征服他们眼中的不发达的，甚至是极为落后的或"野蛮"的民族，使之归顺征服者政府并奉行相同的文化，至少要让这些民族中的精英屈服。

对这些冲突进行总结并不是不可能的，因为它们有诸多共同之处。

当时及后来的观察家早已一清二楚，如数家珍。《部队海外作业手册》（ *Manuel à l'usage des troupes employees outre-mer* ）是1923年出版的一本法国官方手册，里面提及了殖民战争的五个常规要素：作战地点远离宗主国，因此常常要利用海上交通；当地的气候严峻，卫生条件差；地形凶险，当地资源严重匮乏，且通信困难；敌军的军备和组织落后于殖民军；雇佣"土著"军队。[1]这五个要素虽然只是笼统的概述，但交代了殖民战争的独特之处，至少可以用作研究的主要轴心。

　　本书的讨论选择了大家最为熟悉的一个历史时期：1830年至1914年。后一个节点是毋庸置疑的，虽然可以想象有些专家会提出异议，但前一个节点的确定则很棘手。1815年常常被认为是19世纪的开端。值得注意的是，1830年法国开始征服阿尔及利亚，任何一个受过教育的法国人都对此耳熟能详，除此之外，也是在这一年，美国国会投票通过了《印第安人迁移法案》，决定驱逐在密西西比河以东广大区域定居的印第安人。1830年，荷属东印度（今印度尼西亚）开始施行范登博世引入的耕地制度，这一体系迫使"土著人"几乎无偿生产出口农产品，为殖民者赚取利润。同年，爪哇战争打响。也是在这一时期，俄国开始对高加索山民的抵抗中心达吉斯坦进行了旷日持久的征服。不过，我们也不排斥把这一时间的节点往前提一提。国家的选择相对要简单一些：我们只需记住1914年的殖民强国名单，即八个欧洲大国（按照法语名称首字母排序，这些国家分别是德国、比利时、西班牙、法国、英国、意大利、荷兰、葡萄牙）、一个欧亚大国俄国以及一个美洲大国美国。或许，有人认为我们太贪心。但是，这份名单并没有把日本及一些中美洲和南美洲

---

[1]　Ministère de la guerre, *Manuel à l'usage des troupes employées outre-mer*, Imprimerie nationale, 1923, première partie, p. 133.

国家列进来。必须承认，我想要研究的是殖民战争的西方模式，因为针对这些国家进行研究正是我的计划。

19世纪西方帝国殖民史，实际上是一段大肆对外扩张的历史。这里简要回顾一下其中的各个阶段。1830年法国人在阿尔及利亚登陆时，英国人在印度已经站稳了脚跟。俄国人一边在高加索征战，一边觊觎中亚。美国人这时开始占领北美大平原，在那里将遇到与世隔绝的印第安部落，比如苏人。毫无疑问，正是在那些地方，这四个国家展开了最大规模的、长达数十年的行动。20世纪初，已成为阿尔及利亚和突尼斯主人的法国开始征服摩洛哥。俄国和英国则分别以阿富汗北部和南部为进攻目标。同时，这两个国家还有其他动作。美国人横渡太平洋，从西班牙手中夺走并征服了菲律宾。法国、英国、葡萄牙、比利时、意大利和德国在不到半个世纪的时间里（1885—1914年），瓜分了非洲。

如果真像戴高乐所说，"法兰西是用剑拼出来的"，那么，对于殖民帝国来说更是如此。不过，西方人很少把部队当作殖民的先驱。通常，探险家、水手、传教士和商人走在部队的前头。虽然并不是所有地方的战争都会持续很长时间，但对于部队来说，征战无疑是始终如一的使命，或至少被认为是这样。这一时期，英国军队只在欧洲打了一场仗，即克里米亚战争（1853—1856年）。相反，1861年之前，英军在亚洲和远东打了十仗，1861年以后又在亚洲打了四仗，在非洲则有十一仗。"在女王的广大领地上，雅努斯之门[1]从未关闭。"1897年，英国殖民部大臣约瑟夫·张伯伦（Joseph Chamberlain）曾这样宣称。[1]1870年以后，只有1883年没有发生过大的冲突。[2]俄国军队的情况大同小异，除了克

---

[1] Discours au *Royal Colonial Institute*, 31 mars 1897, *English Historical Documents*, vol. XII, 1874-1914, London, Eyre and Spottiswood, 1977, p. 390.

[2] Edward M. Spiers, *The Late Victorian Army*, Manchester, Manchester University Press, 1992, p. 59.

里米亚战争，俄军只打过一场"大仗"，即日俄战争（1904—1905年），但在俄国的整个亚洲边境进行了军事推进。法国军队只在第二帝国期间有过一场短暂的欧洲战争（克里米亚、意大利、波斯），但在非洲和亚洲始终有着常驻部队。美军除了南北战争和对抗西班牙的短暂的古巴战争，其主要精力都放在了印第安人战争，以及后来对菲律宾的征服上。西班牙军队参与的战争全部是海外战争，只有美西战争除外，但这场战争也是因古巴的殖民问题而挑起的。德国和意大利实现国内统一后也是这样，只是这两国的殖民历史比其他国家要短暂一些。葡萄牙和荷兰军队参加的所有战争都是殖民战争。要想把战役全部列出来是不可能的，更不要说——详述。不过，如上文所说，这部作品要描绘的是提纲挈领的历史。

西方大国认为，这类行动不但是他们的心之所愿，而且是有可能实现的。他们之所以希望进行殖民扩张，目的就是巩固他们的势力和利益。在当时的国家框架下，势力和利益对于国家和企业的安全与繁荣是必不可少的，两者很难彼此分离。另一方面，他们认为只要行动限制在一定的时间内并能实现征服目标，财力和人力成本也在合理的范围之内，而且与本国的资源情况一致，那么实现的可能性就很大。1830至1914年，欧洲处于总体的和平状态，其间只发生过几次短暂的、小规模的冲突。这为这些欧洲国家打开了机遇之窗，使它们得以进行对外殖民扩张。如果没有和平的环境，这些欧洲国家显然不可能不假思索地投入殖民战争，尤其是在1880至1900年这一历史时期。

冲突的具体原因不是本研究的范畴。我——罗列的目的，只是为了回溯殖民活动的源头。无论如何，我们都没法完全还原皮埃尔·勒努万（Pierre Renouvin）所说的"氛围"，也就是导致某种方针出现的普遍精神状态和关注点。

第一章

殖民战争的物质特征和文化特征

$\vee$

遥远的战争

海洋与陆地

绝大多数殖民帝国都可以被称作"海外帝国",这个叫法无疑是西班牙人先采用的。帝国的领土与本土相距遥远,近则数千公里,远则数万公里,中间隔着一望无际的海洋。自始至终,欧洲殖民列强都是来自西欧的主要势力,或者更确切地说,是来自大西洋的海上势力。除了几个可以忽略不计的例外,无论是北欧各国,还是波罗的海周围和位于地中海地区的欧洲国家,无一不被波澜壮阔的大西洋和太平洋所深深吸引。这份对于遥远世界的向往,最初产生于"大出海口"地带的居民心中,包括泰晤士河、易北河、莱茵河、默兹河和斯海尔德河、塞纳河、卢瓦尔河、塔霍河和瓜达尔基维尔河的出海口。许多殖民扩张的先驱正是从这些出海口走出去的,意大利与南方地区的持久联系促使它征服了北非。

诚然,这种说法把美、俄两国的征服抛到了另一边。这两个国家的发展逻辑实际是优先发展内陆（试想，美国的"殖民"现象先是发生在大陆的西部和南部，其次才延伸到夏威夷、波多黎各和菲律宾）。不过，这种扩张形式体现了一种与海外殖民极为相似的逻辑：在美国西部和西西伯利亚辽阔的大平原被占领之前，穿越这两个地方的道路在很长的一段时间都与海上通道十分相似。有些领地，比如加利福尼亚州（两大强国的海外商行曾在这里并存）在陆路建成之前，最初是通过海路到达的。值得注意的是，以海上殖民扩张为主的强国也并不是完全没有"内陆型"发展逻辑。举两个最著名的例子：19 世纪末，英国人制定了从开普敦至开罗修建铁路的计划，而几乎在同一个时期，法国的"殖民党"提出了穿越撒哈拉的"非洲板块"（Bloc africain）计划。这是两个最臭名昭著的计划。

　　殖民帝国之所以能够建立起来并与各殖民地之间保持联系，首先得益于精湛的航海技术和强大的海上力量。虽说世界变小了，但漂洋过海的路仍十分遥远。唯一较近的海岸在北非，但也要一天的航程。1869 年前，去印度的航程大约要 80 天。第二次新西兰战争（1860 年）中，一个营从爱尔兰（库拉富营地）出发增援，要整整 82 天才能抵达目的地。苏伊士运河的开凿让这段行程缩短了足足 4 500 英里，也就是 7 000 多公里。1880 年前夕，从法尔茅斯绕过开普敦到达孟买要 42 天，如果穿过苏伊士运河则只要 22 天。1878 年，从孟买到马耳他要 23 天，即将被派遣的印度部队可以通过铁路迅速集结起来。从荷兰到爪哇的航程从 120 天减少到了 40 天。航行速度的提升也有助于节省时间。20 世纪的头几年，从朴次茅斯到开普敦要 20 天。从伦敦到加拿大的海岸要七八天，去孟买要 15 天，去加尔各答要一个月，去中国则要 50 多天。1940 年，新加坡的防御工事（纯理论性的，稍后再介绍）都是以抵抗 70 天作为标准设计的，拖延的时间足以从欧洲水路重新调集一支英国皇家海军舰队。从马赛到达喀尔要10天，到西贡要25天。爪哇首都巴达维亚²位于该国的西北部，距苏门答腊岛的亚齐约1 600公里。从旧金山到马尼拉的航程则要近一个月的时间。

在海路比陆路更为便捷的时代，绵延不断的内陆不再是一张王牌。要抵达即将攻占的地点，就不得不长途跋涉，穿越人迹罕至的地区，甚至是沙漠。这正是美国"边境"哨所遇到的情况。1867年7月18日，德·特罗布里恩（de Trobriand）将军从纽约坐火车到芝加哥，然后由芝加哥再出发，一个月之后才到达史蒂文森堡（现在的北达科他州）的哨所。这段行程一部分是陆路，一部分是坐船从奥马哈出发，沿密西西比河逆流而上，长达2 700公里[1]。俄国人所走的距离也不相上下，莫斯科与位于高加索地区的哥萨克前哨相距1 500公里，两地之间的行程要几个星期。1851年，年轻的列夫·托尔斯泰于5月2日从喀山出发，由陆上交通到达萨拉托夫，再沿伏尔加河行至阿斯特拉罕[2]，30号才抵达位于捷列克河左岸的斯塔罗格拉德斯卡雅（Starogladskaya）哨所。锡瓦绿洲是俄国人在中亚的目标之一，距奥伦堡1 500多公里，而奥伦堡是他们在北方的重要据点，该城建于1743年，距莫斯科2 000多公里。

当然，铁路的建设缩短了出行时间。美国人在1869至1893年修建了洲际铁路（"北太平洋铁路"，从纽约途经芝加哥至阿斯托利亚，长达5 839公里；"中太平洋铁路"从纽约途经奥格登至旧金山，长达5 412公里；也可以途经托皮卡和圣菲，长达7 480公里；"南太平洋铁路"从新奥尔良至旧金山，长达4 015公里）。后来，加拿大人效仿了

---

[1]　Régis de Trobriand, *La Vie militaire dans le Dakota, notes et souvenirs, 1867-1869*, Champion, 1926, p. 12, 42.

[2]　Léon Tolstoï *Journaux et Carnets*（1847-1889）, Gallimard, 1979, coll. La Pléiade, note 6, p. 1138.

美国人（"加拿大太平洋铁路"从魁北克至温哥华，长达 4 932 公里）。同样，俄国方面也开展了类似的工程建设。1877 年，莫斯科与奥伦堡之间通了铁路，轨道途经萨马拉。1880 至 1898 年，我们所谓的中亚铁路（旧称外里海铁路），先是从克拉斯诺沃茨克延伸至撒马尔罕（1888年），之后又延伸至塔什干（1898 年）。著名的西伯利亚大铁路始建于 1891 年，连接乌法和符拉迪沃斯托克（海参崴），直到 1916 年才完全竣工。但是，1902 年南满铁路建成后，如果法国军官 1 月 15 日从北京的出海口天津出发，2 月 12 日就能够抵达巴黎。也就是说，9 000 公里的路程只要 26 天，其中还包括 3 天的休息以及在贝加尔湖停留的 36 小时。[1] 1904 年，奥伦堡—塔什干铁路（外阿拉尔铁路）的建成，让塔什干到莫斯科的行程缩短了四分之一（1 800 公里）。然而，我们所提及的这些工程浩大的铁路，都是出于侵略目的而修建的，多数紧随着征服战争，目的是给战争提供便利，而不是开始于战争之前。这些铁路不仅彼此之间相距遥远，而且完全忽略了非洲的内陆。

通　信

从 1837 年起，莫尔斯电报的发展引起了西方超级大国，尤其是美、俄两国的极大兴趣。通常，电报线路都与铁路同步发展，但有时也会早于后者出现。比如 1863 年，位于西伯利亚的伊尔库茨克就在铁路建成之前就通上了电报。1869 年，丹麦银行家蒂特根（Carl Frederik Tietgen）创建了大北电报公司，该公司从俄国电报网络发展而来，然后从 1871 年起，不断延伸到符拉迪沃斯托克（海参崴）、长崎、厦门、

---

[1]　Capitaine Aubé, « De Tien-Tsin à Paris en wagon », *RTC*, janvier-juin 1902, p. 60-79.

上海和香港 [1]。殖民地的通信网络也得到了蓬勃发展。在阿尔及利亚，法国人原先依赖克劳德·沙普（Claude Chappe）的光学通信系统，他们的电报线铺设于 1853 至 1861 年间，全长 3 000 公里。在英属印度，第一条试验线路可以追溯至 1838 年。1851 年，第一条商业线路开始铺设，到了 1856 年，全国线路长度已达 7 000 多公里，设有 26 个办事处，主要集中在加尔各答、阿格拉、孟买、白沙瓦和马德拉斯（今金奈）。1900 年，网络面积已达 8.4 万平方公里 [2]。1895 年，荷属印度由五条总长为 1 437 公里的电缆连通。爪哇与苏门答腊岛，以及马都拉岛与巴厘岛都被连接在了一起。

但是，最重大的变革还是在宗主国、行政中心或殖民地的重要地区之间铺设的海底电报线路，最初的进展十分缓慢。1851 年，海底网络几乎不存在，到了 1861 年，长度也不超过一千多公里。真正的提速发展是在 18 世纪 70 年代。1881 年，电缆全长 14.7 万公里，1901 年达 36.5 万公里。技术的不断改进使连接越来越稳定，越来越快速。随着一系列措施的不断完善，传输的速度和传输量也有所增加：1900 年前夕，从伦敦传输一份讯息到孟买，平均只要 35 分钟，而从伦敦到悉尼由于转发要耗费一些时间，因而要 100 分钟。[3]

英国人对这项技术的发展很感兴趣，他们想通过这项技术与印度次大陆之间建立联系。第一条跨大西洋电缆于 1858 年 8 月完工，同年同月投入使用，两个原本被派往印度的加拿大团取消了行程 [4]。虽说在 1857 年大叛乱期间，印度的主要城市已连通在一起，但是，印度与伦敦之间

---

[1] Daniel R. Headrick, *The Invisible Weapon, Telecommunications and International Politics, 1851-1945*, New York, Oxford, Oxford University Press, 1991, p. 43.

[2] *Ibid.*, p. 52.

[3] *Ibid.*, p. 33.

[4] *Ibid.*, p. 18.

的联系仍然严重依赖航海：1857 年 5 月 16 日，亨利·劳伦斯爵士（Sir Henry Lawrence）在加尔各答通过电报发出一条讯息，宣布勒克瑙叛变并请求增援。这条消息 18 号从加尔各答发出，27 号到达孟买，然后通过船运到达苏伊士运河。之后，通过陆路传输到达亚历山大。接着，另一艘船于 6 月 21 日出发，6 月 26 日将消息送达的里雅斯特；最后，这条消息终于通过电报在深夜时分送达伦敦，历时共 40 天[1]。1870 年，一条从波斯克诺（Porthcurho，位于康沃尔郡）直通孟买的海底电缆得以竣工[2]，途经里斯本、直布罗陀海峡、马耳他、亚历山大、苏伊士运河和亚丁湾。后来，缆线又继续延伸到马德拉斯和新加坡，随后一边延伸到西贡、香港，一边延伸到巴达维亚、悉尼和墨尔本。

相比较而言，英国与非洲之间的通信很久以后才得到重视。1873年阿散蒂征伐中，英国与黄金海岸的联络仍然靠蒸汽轮船的服务，通过加那利群岛或马德拉群岛与英格兰取得联系。1879 年 1 月 22 日，英军在伊散德尔瓦纳战役惨遭失败，部队被祖鲁军队重创。而战败的消息在 2 月 11 日，也就是三周之后才传到伦敦当局。情报的延误可能是促使英国加快项目建设的主要原因之一。虽然英国在 1879 年年底就与南非建立了联系，但是，与西非的联系直到 1886 年才得以实现[3]。1896 年，一支特遣队进入位于黄金海岸的库马西，几个小时后就把情报送达伦敦，这是因为他们从库马西行至海岸角的路上，边走边铺线，而且海岸角原本就有途经阿克拉、通往伦敦的常规线路以及海底电缆。

英国获得了压倒性的优势。1887 年，世界上 70% 的电报网络，特

---

[1]　Daniel R. Headrick, *The Invisible Weapon, Telecommunications and International Politics, 1851-1945*, New York, Oxford, Oxford University Press, 1991, p. 19.

[2]　*Ibid.*, p. 23-24.

[3]　« Les câbles sous-marins » , *RME*, janvier 1896, p. 35-56.

别是主要网络都在英国公司的控制之下。1901年，英国依旧掌控着超过60%的网络。东方电报公司（Eastern Telegraph Company，79条电缆，网络总长4.7万多公里）及其子公司东澳大拉西亚与中国电报公司（27条电缆，网络总长3.2万公里）、东非与南非电报公司（Eastern and South Africa Telegraph Company）掌握着制造、铺设和维护技术[1]。每个帝国的线路彼此完全独立、只经行本国领土，极大地完善了已有设施。1902年，"全红线"（All-Red Route）的开通直接将伦敦、直布罗陀海峡、埃及、亚丁湾、印度、新加坡、珀斯、阿德莱德、悉尼、奥克兰联系起来，途经诺福克、斐济和范宁岛³，最终抵达温哥华。

　　法国人远远落在了对手的后头。第一条连接法国与阿尔及利亚的线路是1857年开始铺设的，后来又延伸至突尼斯。但是，在后来很长的一段时间内，这条线是唯一的国家通信线路。法国与塞内加尔圣路易的联系，是通过一条穿过西班牙、连接到特内里费岛（位于加那利群岛）的电缆实现的。与之相似，大巴萨姆、利伯维尔、西贡（1871年连接到新加坡）和新喀里多尼亚（连接到澳大利亚）则使用了英国的网络。因此，政府忧心忡忡，这种依赖确实在1898年的法绍达危机中暴露无遗。1902年，法国政府收购了西非公司，经大巴萨姆和科托努，连接了科纳克里和利伯维尔（黑角）。1905年，又铺设了一条从布雷斯特直达达喀尔的线路。印度支那不仅穿越中国接入俄国网络，还接入了美国人修建的关岛—马尼拉网络（该网络是美国人利用德荷公司从巴达维亚通往关岛的电缆修建的，跨越了太平洋，其中有一条从上海通往雅浦群岛的支线[2]）。其他欧洲列强的状况也不乐观：1896年，德国必须通过

---

[1]　Daniel R. Headrick, *op. cit.*, p. 28-29.

[2]　*Ibid.*, p. 105, carte p. 94.

英国电缆与喀麦隆联络；西班牙与古巴、菲律宾，比利时与刚果，荷兰与荷属印度，以及意大利与厄立特里亚（通过位于丕林岛的英国电报站与城市连接）之间的联系，也遇到了同样的制约。这种情况，在接下来的几年时间里并没有得到多少改善。

英国毫不犹豫地利用了这一优势。1885 年 3 月，法国政府在英国之后才获悉法军在谅山遭受重创的消息，甚至比英国驻法大使馆还要晚。1893 年，海军上将埃德加·于曼（Edgar Humann）用以向暹罗发最后通牒的法国线路被英国电报部门控制，直到英国当局利用这条线路获悉情报之后才将其返还。1895 年，法军占领塔那那利佛的消息在伦敦被秘密截留了三天才通知巴黎。三年后，在法绍达危机中，英国总司令基奇纳（Herbert Kitchener，1850—1916 年）是唯一一个有直接通信权的人。他利用职务之便，将陆军参谋长让-巴蒂斯特·马尔尚（Jean-Baptiste Marchand）率领的法国使团描绘成无可救药的样子。基奇纳的第一封电报于 9 月 27 日抵达伦敦。直到 10 月 22 日，巴黎才收到了一份由马尔尚的副手阿尔贝·巴拉捷（Albert Baratier）从开罗发来的加急电报，里面报告了法国使团军官的观点和看法。[1] 虽然这些打击看似无足轻重，但构成了直接的威胁：一旦发生冲突，英国有可能切断敌对国家与其殖民地之间的所有联系。在布尔人的反抗斗争期间，英国人就采取了这项措施，拦截了所有经过开普敦传送到安哥拉的加密或代码信息，这一方面是为了阻断莫桑比克与德班、亚丁湾、桑给巴尔的联系，另一方面是为了威慑试图通过葡萄牙殖民地与外界联络的南非人。

最后，无线电报取代了有线电报，有线电报时代结束了。虽然所有的国家都取得了进展，但毫无疑问，1914 年，德国和意大利的殖民地

---

[1]　Daniel R. Headrick, *op. cit.*, p. 79-80, p. 85.

拥有最先进的设备。它们的发展威胁到了英国的通信地位，但是，最为致命的威胁直到第一次世界大战时才真正显露出来。因为一开始，有线电报似乎还能满足大部分的需求。无线电设备过于笨重，似乎在确保海上船只与海上建筑的通信时才显得有用武之地。1914年，除了太平洋、新加坡和中国香港（缺少电台），英国皇家海军的大规模部队都能够与所有基地联系。

恶劣的环境

欧洲人在长途跋涉中常常要面对恶劣的地理环境。部队很少在气候温和的地区作战。地中海地区、北非和埃及干旱的气候已经使夏季作战变得异常困难。在更靠北的地区，比如北美大草原，或者是中亚大草原，夏日的酷暑伴随着沙尘暴与零下数十度的严寒来回交替。在某些地方，比如车臣，战争只能在冬季进行，此时河流水位最低，而且河道中没有淤泥，交通十分便利。而且，树叶凋零之后，森林也不再是敌人赖以藏身的地方。[1]但是，大多数被征服的国家都处在旱季和雨季相互交替的南北回归线之间，这种情况决定了军事行动的原则，在旱季行军打仗虽然艰苦，但在所谓的"热带雨季"（北半球6至9月）作战绝无可能。这样的气候条件能够迅速破坏有机体，而且会促使一些疾病传播，虽然"土著人"通常比欧洲人抵御能力强，但有时也不能幸免。

另一方面，相比于欧洲地形开放的国家，这些地方的地形给人出了更多难题。热带国家的山谷地带如果没有排水措施，就容易传播疟疾；

---

[1]　Moshe Gammer, *Resistance to the Tsar. Shamil and the conquest of Chechnya and Daghestan*, London, Routledge 1994, reed. Frank Cass, 2005, p. 16.

如果种植了水稻，卫生条件要好一些，但到处是堤坝和沟渠。大山为当地人提供了无数的抵抗据点，沙漠本身就是一大障碍。"有人说，如果你不想被苏丹活活吞噬，就必须学会如何在苏丹生存。"[1]此外，这些国家通常没有任何基础设施。就道路而言，条件最好的也就是沙漠里的商道，更多则是只有脚夫才能通过的羊肠小道。铁路基本不存在，内河航运则必须要考虑变幻莫测的洪水。饮食条件很糟糕。大多数地区的资源只能勉强供本地居民生活，而且条件之差让欧洲士兵难以接受。水资源匮乏。即使有水，水质也很差。有时连木材都短缺。想要找到一个铁匠、皮匠、机械师更是难于上青天，哪怕只是一个可以为部队解决不时之需的工人也很难找得到。

最后，文化上的差距。显然，文明的断裂使向往征服的人与被征服的对象一分为二。双方在外表、服装、习俗、宗教上或多或少存在着差异，而这一事实很容易使我们产生一种双方不平等的感受，而且觉得西方是占有优势的一边。在这个问题上，我们无须多言，蒙田早在16世纪就已分析得十分透彻，他写道："人人都把与自己习惯不同的人称为蛮子；我们似乎认为除了本国的事例、观点、理念和惯例之外，不存在其他真理和理性的准则。自己的宗教是完美的，治安是完美的，所有东西都物尽其用、尽善尽美。"[2]既然我们成了暴力战争的主导者，在此不妨列举一些受到西方舆论关注的"土著人"的行为，这些行为甚至让殖民者打着优越价值观的旗号，把征服和统治说成了正当之举。

---

[1]　Témoignage de Steevens, qui accompagna Kitchener, Gwyn Harries-Jenkins, *The Army in Victorian Society*, London, Routledge and Kegan Paul, 1977, p. 188.

[2]　*Essais*, Livre 1er, chapitre XXXI, Des Cannibales.

面对"野蛮人"

多样性

征服者很少能够遇到"一成不变"的社会。相反，大多数社会都因贸易革命而引发剧烈的变革，贸易也使他们与西方的接触越来越多。

有些战争的对象是真正的国家，这些国家具有全部主权特征：有法律，有权力转移规则，对人民具有权威性，有境外代表、行政官员以及武装部队。其中，一些古老的政权历史十分悠久，埃及、埃塞俄比亚和中国的历史要追溯到公元前。而摩洛哥、安南、缅甸这些国家，则与法国、英国起源于同一个时代。奥斯曼帝国始建于13世纪，远早于现代的俄国。所有这些国家都与欧洲交换过外交使节，他们的领导层与欧洲的一样见多识广。当然，其他一些国家的历史要短得多，非洲尤其如此。阿散蒂王国和达荷美王国到17世纪才出现；19世纪，马达加斯加的梅里纳王国，非洲南部的祖鲁王国、图库洛尔王国，非洲西部的萨摩里王国、苏丹马赫迪王国，以及布尔共和国纷纷建立。其中，大部分未能一直存在，根基不牢是其中的一部分原因。

欧洲人发现这些国家确实缺乏稳固的政权结构。某些形式的权威不仅不能深入人心，还使统治下的人民备受煎熬，比如，阿尔及利亚的土耳其政权就没有能够在完成征服后存续下来。有时候，中央集权的力量并不存在，只有一些农业集体组成的部落或村庄，聚集在一起形成较为松散的联盟，人们由于拥有共同的语言和文化，因此产生了共同的身份认同，但并不认为有必要建立常设机构。所以，从严格意义上来说，他们的首领不是君主，只是比较有名望的部落或村庄领导者，仅仅在有限的团体内受到尊崇。有时候，最有权力且最具威慑力的人甚至更愿意待在暗处，比如，在赤道非洲地带的某些森林部落里就是如此。

我们知道，"野蛮"（barbarie）一词原本用来形容那些不讲希腊语、在希腊文化领域之外、没有希腊宗教信仰和习俗的人。这一评价虽然很客观，但没有完全排除负面的甚至轻蔑的价值判断。到了 19 世纪，这个词原本具有的其他含义不复存在，这种价值判断成了"野蛮"的唯一内涵。因此，我们对"野蛮"的理解也就变成了一切残忍的、粗暴的行为，但不知道这些行为的产生是因为冷酷无情还是生性暴戾。《拉鲁斯百科全书》中这样写道："为富不仁者的冷酷，老虎的凶恶，尼禄的残忍和食人族的野蛮。"事实上，"野蛮"一词的根源是"文明的缺失或残缺"[1]。由此可见，西方人的观点似乎让他们心安理得：所有海外侵略的行为都打着文明的幌子，成了合理合法的事。

野　人

当然，西方人不会把所有的人混为一谈。在他们看来，文明程度达到不必接受残酷的殖民训教的民族实在是太少了。在《论现代人中的殖民化》一书中，著名的法国殖民理论家、经济学家保罗·利莱-博利厄（Paul Leroy-Beaulieu）认为，某些民族"虽然不属于西方文化，但具有凝聚力、逻辑性和稳定性"，这些民族的"历史和现实特点决定了他们必定要自我统治和我自领导"。但是在他看来，当时，也就是在他写这部作品的时候（约1870年），只有两个民族具备这种特质：一个是"日本民族"，一个是"中华民族"。他认为其他所有的民族都注定要被殖

---

[1]　*Grand Dictionnaire universel du XIX* siècle*, Larousse, 1866-1876, article « Barbarie », T. II, p. 205.

民：虽然他们"在很多方面很先进"，但是因为"墨守成规"，"没能建立起统一的、和平的、进步的、持续稳定发展的国家"，以至于整个民族生活在一种"不稳定的平衡"之中。如果印度和爪哇这样"懒惰或虚弱"的民族需要被别人赋予本身缺乏的刺激和动力，那么那些"野蛮粗野的""一盘散沙的""毫无进取心的"，沉湎于无尽的战争而不懂得利用广阔领土的部落，就更需要接受文明的鞭策了。[1]

从这个角度看，非洲、美洲印第安和美拉尼西亚的文化被彻底地描述成了一种纯粹的原始状态，被赋予了扭曲夸张的形象，最多仅仅具有真正文明的雏形而已。裸体，作为一种落后的象征，仍然频繁地出现在被19世纪资产阶级视为"下贱"的舞蹈中。还有一些仪式，虽然不是那么一目了然，但也被认为符合野蛮标准，比如交换礼物的夸富宴（potlatch）、过度消费或互换礼物、死后销毁财产等，这些行为因经济上的铺张浪费而受到谴责。同样，他们的所有权制度也被认为是落后的，因为这种制度往往将土地所有权赋予一个集体，而不是分配给个人。

还有其他习俗也被认为是野蛮的。比如割肉［印第安人称之为"肉体的礼物"，即为了取得胜利而把身上的肉割下来。小比格霍恩战役前夕，苏人首领坐牛（Sitting Bull，1830—1890年）曾在手臂上划了50次[2]］、仪式性绘画及使用原始武器，包括矛、弓，甚至回旋镖。此外，还有将敌人尸体进行分尸的，我们稍后再谈这一点，这里不加赘述。在一些太平洋地区或非洲的社会中，野蛮似乎到了登峰造极的程度。展示流淌的血液，在仪式性庆典上表演吃人，这些行为举止好像不是人类所能做出来的。1843年，商人安德烈·布吕（André Brue）曾在阿

---

[1]　*De la Colonisation chez les peuples modernes*, Guilla umin, 5ᵉ édition, 1904, p. I, p. 706-707.

[2]　Robert M. Utley, *Sitting Bull, sa vie, son temps*, Albin Michel, 1997, p. 189-190.

波美（今属贝宁）暂住，并得到了盖索王（Ghézo）的盛情款待。在那里，他多次目睹了斩首；王宫前堆放着数十个刚刚被砍下来的脑袋，而且王座就是用头颅装饰的。国王还很乐意向他讲述某些头颅主人生前的故事。当一车俘虏从他面前经过的时候，他的一个同伴告诉他，这些俘虏将被当作祭品，然后被吃掉。当然，他没有看到这个场景。[1] 艾蒂安（Étienne）后来向议会表示，贝约尔（Bayol）医生在同一个城市停留了30 天，其间他"每天都要面对可怕的场景，被迫出席各种各样的屠杀，不得不观看一些男男女女为了给国王庆祝，像畜生一样被屠宰"[2]。在今天的加纳地区生活的阿散蒂人也有一些"野蛮"行径，也被英国人描绘得骇人听闻，他们频频提到阿散蒂首府库马西盛满人血、热气腾腾的大锅，这可不是表彰他们的壮举。

　　当然，正如我们之前所说，即使在全面的殖民扩张中，也不应用全盘否定的价值判断来同化所有的文化。按理说，东方国家的人所拥有的精致、优雅和自控力，本该比较接近西方的完美典范，但往往被人说成只是徒有其美丽的外表，或者像阿瑟·德·戈平瑙（Arthur de Gobineau）和约瑟夫·鲁德亚德·吉卜林（Joseph Rudyard Kipling，1865—1936 年）所说的那样，这些品质代表着一种本质上的差异，或者一道难以跨越的，甚至不可能跨越的鸿沟，就算这些描写没有歪曲事实，至少也跟事实不符。显然，与殖民地有过真正接触的所有人，无论是军人还是平民，都认为当地人跟自己并没有什么两样。虽然双方的行为方式有所不同，但是彼此之间也不至于难以沟通。这些描写与那些人的看法出入很大，完全是两码事。吉卜林的文章经常被断章取义，他不

---

[1]　« Abomey la sanglante », *RTC*, janvier-juin 1938, p. 536-548.

[2]　Capitaine Édouard-Edmond Aublet, *La Guerre au Dahomey (1888-1893) d'après les documents officiels*, Berger-Levrault, 1894, 2 vol., t. 1, p. 25.

只是写过"东方是东方，西方是西方，除了最后的判断，他们永远都不会见面"[1]，因为这句话后面还有半句："即使他们来自世界的不同角落，但当两个巨人相遇时，西方、东方、国界、种族、出身，这些都不复存在。"然而不可否认的是，充满诋毁意味的描绘至少为战争提供了背景。战争，才是意图之所在。

"暴政"与奴役

这些野蛮的或即将变得野蛮的异国人，也处在可怕的统治之下。"暴政"这一概念常常被人提及，虽然欧洲人不会把拥有灿烂文明的古老国家与刚刚建成不久或规模较小的酋长国混为一谈，但是它们也不会因此就少遭受谴责。与西方的主要行政体系相比，那些地区严重缺乏金融、警察、司法、教育和公共工程，甚至几乎完全没有。官员总是庸碌无能。但是，有缺陷的不仅是行政管理技巧，还有公民道德：腐败和渎职的现象极为普遍。中央权力即使存在，也永远在软弱无能与专制暴政之间徘徊。当局的软弱无能使贸易的安全性无法得到保证，而财务管理的不善也使得投资环境不安全，从而导致破产。无知、贫困或疏忽造成了糟糕的卫生条件，使人们暴露在一般疾病和流行病之中。邻近国家的人也面临着被传染的危险。

这种情况在地中海地区"柏柏尔人的"国家中体现得尤为明显，包括奥斯曼帝国统治之下的的黎波里、突尼斯、阿尔及尔或主权国家摩洛哥。长久以来，这些国家或地区因海盗活动而被打上耻辱的烙印。虽然这种现象因欧洲的海上警力增加而大大减少，但谴责的声音仍然没有消

---

[1] *The Ballad of East and West*, 1890.

失。1830年，法国对阿尔及尔的征服在欧洲（除了英格兰）颇受欢迎，同样，今天的国际新闻也会为打击"流氓国家"（État-voyou）的行动而高唱赞歌。殖民主义的信条至今仍然在宣扬无政府主义对阿尔及利亚长达几个世纪的摧残，以及殖民者在废墟上重建这个国家的壮举。大约一个世纪之后，1911年，意大利外交部部长圣朱利亚诺（San Guiliano）侯爵指责土耳其政府"混乱无序和自暴自弃"，让的黎波里塔尼亚和昔兰尼加陷入了这种状态，而且土耳其政府并没有采取任何"文明开化"的改革政策。他还强调说，这种情况给当地同胞带来了不安全感。[1]与此同时，法国为了建立马格里布保护国，也提出了类似的观点，指出要从广义上对国家机构进行改革，就必须让巴黎指派的驻扎官对该地区进行控制。

列强还喊出了为自由而斗争的口号。拿破仑曾对埃及人作出承诺，要把他们从马穆鲁克的"暴政"中解放出来。大约100年之后，英国自由党首相威廉·格莱斯顿（William Gladstone，1880—1886年在任）虽然严厉批判了对手本杰明·迪斯雷利（Benjamin Disraeli）激进的"前进政策"（forward policy），但是他也认为，以阿拉比帕夏（Arabi Pacha，1881年底—1882年在任）为首的埃及官员掌控政权，这是无法容忍的。他谴责"军事暴力以及通过军事暴力建立的政权"，但是他显然没有从国家和群众的角度来看待这一运动[2]。他甚至还论及了"基督教战争"。他的继任者保守党索尔兹伯里（Salisbury）认为，以复兴伊斯兰教的名义将埃及及其盟友英国逐出苏丹的马赫迪主义，是"有史以来最糟糕的专制主义

---

[1] Auguste Terrier, « Les Documents et les faits », *BCAF*, 1911, p. 371-376.

[2] Discours à la Chambre des Communes, 24 juillet 1882, *English Historical Documents, op. cit.*, p. 366.

之一"[1]。

毫无疑问，奴隶制的实行成了使"土著"政府丧失信誉最有力的论据。议会主席费里（Jules Ferry，1880—1881年、1883—1885年在任）将贩卖奴隶比喻为"恐怖的买卖"，认为奴隶制是一种"耻辱"。[2]其实，西方奴隶制的结束距离现在并不遥远：英国于1833年废除了奴隶制，法国1848年，美国1863至1865年，荷兰1863年，古巴1880年，巴西1888年。1868年古巴反叛分子提出的废奴要求，直到1880年才得到西班牙人的正式同意。另外，西方人用法律理论来解释奴隶制，避免与几乎不容辩驳的剥削模式沦为一回事。俄国的农奴制直至1860年才消失。列强一个接一个地废除奴隶制，好像这样做就能抹掉过去似的。跟21世纪一样，当时也有过一些讨论，认为"白人"强国应当有所担当。当然，这很正确，但是在当时却行不通。我们知道，列强后来拿着武器又卷土重来。在那时，这份良心成了殖民者对那些容忍甚至鼓励奴隶制的国家实施打击的借口。实际上，几乎所有的国家都存在奴隶现象，只是程度有所不同罢了。

非洲成了批评者的主要靶子。在阿尔及尔、突尼斯或萨莱，有一些长期被俘虏的欧洲人，但人数不多。但是，这不是西方人眼里对"柏柏尔人"负面印象的成因，毕竟连他们自己也正在自己的领地上大肆进行着奴隶制。引人注目的是黑非洲[4]。当时仍有大量人口从那里被运到红海。1873年，一位英国议员表示，据伟大的探险家、传教士大卫·利文斯通（David Livingstone）估计，这片土地上每年有100万人被掳走，

---

[1]　David Steele, "Lord Salisbury, the 'false religion of Islam' and the reconquest of the Sudan", in Edward M. Spiers, ed., *Sudan*, London, Frank Cass, 1998, p. 11-33, p. 24.

[2]　Discours du 28 juillet 1885 à la Chambre des Députés, www.assemblee-nationale.fr.

其中只有五分之一的人能活着抵达目的地。[1]

上尼罗河地区也受到了人们的特别关注。1820 年，埃及向此地发起侵略战争，并指责该地区纵容奴隶交易在河流上游流域和其他地区肆意发展：从科尔多凡南部和达尔富尔、达尔弗蒂特（Dar Fertit）和加扎勒河，一直到加拉人居住地和阿比西尼亚（埃塞俄比亚）南部。为组建一支黑人部队，埃及总督穆罕默德·阿里和他的继任者赛义德四处征兵，同时从出口奴隶的交易中收税。迫于欧洲的压力，他们的继任者伊斯梅尔（Ismaïl）执行了一项镇压政策，先后由英国的塞缪尔·贝克（Samuel Baker，1821—1893 年，1869—1873 年负责镇压）——也就是贝克帕夏——和查理·戈登（Charles Gordon，1833—1889 年，1874—1879 年负责镇压）负责。1884 年，英国向埃及提出的协约预示着 1889 年奴隶贸易的全面取消。马斯喀特的伊玛目，即桑给巴尔的宗主、黑人贸易的中间人也同意参与打击[2]。同年，马赫迪主义者（或曰"德尔维什"）征服了苏丹，并以传统伊斯兰教教义的名义恢复了奴隶制，允许对部落劫掠。这似乎让所有的一切又回到了原点。

然而，反奴隶制的意志并没有因此而减弱。1885 年的柏林会议体现了在整个黑非洲取消奴隶制的意愿，呼吁所有签署最终行动的人参与非洲反奴隶制的战斗。1889 年，比利时国王利奥波德二世（Léopold II，1865—1909 年）在布鲁塞尔召开国际会议，试图实施这些建议，目标地区主要包括上塞内加尔和尼日尔殖民地、尼罗河盆地和大湖地区。一些存在少量贸易活动的地区（从西非横跨撒哈拉沙漠，东至的黎波里

---

[1]　« Le Soudan égyptien », RME, 15 janvier 1884, p. 5-32, p. 20.

[2]　« Le Soudan égyptien », RME, 30 mars 1884, p. 385-467.

和班加西，西至索维拉）也在目标范围之内。1912年，社会党人领袖让·饶勒斯（Jean Jaurès）在法国议会竭力捍卫摩洛哥的独立，他认为谢里夫帝国给西非的黑人带来了"伊斯兰文明的开端，今天的欧洲人应很高兴以此为依托"。然而，他遭到了一些匪徒的反对，后者在那些地区烧杀劫掠，并在摩洛哥市场贩卖俘虏[1]。

　　范围相对小一点的亚洲奴隶制也被揭发了出来。俄国人直至18世纪仍然深受其害。沙皇首先要求在高加索地区开展反农奴制斗争，在那里，基督教信徒（格鲁吉亚人、亚美尼亚人）被贩运到奥斯曼帝国。中亚也有类似现象。1819年，穆拉里耶夫（Mourariev）上尉率领的考察团是第一批到达希瓦的俄国考察团之一，他们的其中一个目标就是打探基督徒奴隶（被里海海域或西伯利亚边缘的吉尔吉斯人和土耳其人所俘）的情况。回国后，他们描绘了当地奴隶令人同情的呻吟和控诉，与布哈拉的奴隶别无二致[2]。据估计，俘虏人数约2 000人，每年有200个新人的补充。解放他们成了1839年征讨希瓦的诸多借口之一，但未能成功。一名俄国评论员认为，从这个角度看，这次征讨相比于法国1830年的阿尔及尔远征更加理直气壮[3]。确实，在征服阿尔及尔的过程中，一共只有122个欧洲俘虏被找了回来[4]。在亚历山大·鲍罗定于1869年创作、1890年第一次演出的《伊戈尔王子》之《波罗维茨舞曲》中，我们能发现作者同样的同情和理解。后来，土库曼斯坦的游牧民族

---

[1] « Le Traité de protectorat devant le Parlement », *BCAF*, juillet 1912, p. 285.

[2] Peter Hopkirk, *The Great Game. On Secret Service in High Asia*, London, John Murray, 1990, p. 78, 86.

[3] "A Narrative of the Russian Expedition to Khiva under General Perofski in 1839. Translated from the Russian for the Foreign Department of the Government in India, Calcutta, 1867", *in* Martin Ewans, ed., *The Great Game, Britain and Russia in Central Asia*, vol. VIII, London and New York, RoutledgeCurzon, 2004, p. 48 sq.

[4] Xavier Yacono, *Histoire de l'Algérie de la fin de la Régence turque à l'insurrection de 1954*, Éditions de l'Atlanthrope, 1993, p. 22.

帖克人（Tekkés）因对邻国阿勒曼尼人，尤其是对波斯帝国的臣民发动无数次袭击而遭受谴责。但是，在印度或印度支那，奴隶制仍然不同程度地存在（虽然1834年东印度公司正式宣布，1837年奴隶将从其属地消失）。

通往进步的唯一道路？

毫无疑问，大部分评价是经不起推敲的。许多指控都是宣传的结果。而且，要控诉欧洲人有同样的罪恶、同样的"野蛮"，只要向他们发动一次战争就可以了。1899年10月2日，在一首发表在《泰晤士报》的诗歌中，吉卜林将德兰士瓦的前总统保罗·克鲁格（Paul Kruger）形容为一个"在阴影中残忍、在阳光下狡猾"的暴君[1]。而且，很少有西方人对相对性有什么感知，能意识到自己在"土著人"眼里才是真正的野蛮人。埃米尔阿卜杜勒－卡德尔曾对法国将军多马表示，欧洲妇女不戴面纱，敞胸露臂，日常举止像男人一样，随意接触家庭成员以外的女性。这样的自由意味着她们不可能与戒律森严的穆斯林和平共处。有些穆斯林对西方人的养狗行为颇有微词，认为这是与不洁的动物亲近，就好比西蒙德·莎士比亚爵士（Sir Simond Shakespeare）的护送队抵达亚历山德罗夫斯克（里海的俄国驿站）时，看到军营里的士兵正在喂狗，吓得退避三尺，认为士兵们养狗是为了吃狗[2]。此外，在许多国家的想象中，欧洲人会吃妇女和儿童。

对于运转不佳的亚洲和非洲国家，过于苛刻的谴责态度是否可取，

---

[1]　« The Old Issue », in Edward M. Spiers, The Late, p. 306.

[2]　Peter Hopkirk, op. cit., p. 226（citant Sir Richmond Shakespeare）.

这也值得探讨。这种态度无视受人尊敬的法律和人民认可的传统政府体系，对各个国家（特别是阿拉伯世界、印度和中国）为改革和重组而作出的积极努力不以为然。持这种态度的人拒绝新的政治实体出现，比如，沙米勒（Chamil）的高加索政府和北美印第安人的五部族。由于这两股势力已被推翻，因此我们无从得知如果他们持续发展是否能够走向繁荣。通常，为改革所作的努力都被当成拙劣的模仿。皮埃尔·拉鲁斯的《拉鲁斯百科全书》就是这样看待马达加斯加王朝变革的："普通人模仿着欧洲社会的外表，却保留着野蛮的天性；上流社会穿上了文明民族的服装，却没能褪去马来人或非洲人的性格。"[1]

当然，不是所有的西方人都被偏见蒙蔽了双眼。那些蹩脚记者记录文字的唯一目的，就是为了进一步巩固乏味的"殖民主义意识"，并使之渗入西方社会的骨髓。不过，我们完全可以把那些人抛在脑后，摆脱那个时代的回忆和研究，把所有关于殖民地的介绍写成一部既公正真实、又充满人文情怀的大作。我们甚至可以惊喜地看到，大多数的游记或地图志都充满了善意和尊重的观点。也不要忘了，面对费里有关"优等种族"所谓的权利（或义务）的言论，克里孟梭针锋相对地回答道："优等种族，劣等种族，说得倒好。就我个人而言，自从看到德国学者用科学的方法论证法国必然在法德战争中失败，因为法国人是比德国人劣等的种族，我就彻底改变了观点。"[2]但是，这种观点并没有对政治决策产生影响。如此顽固的抗拒是怎么回事呢？或许是因为尽管存在赞美之词，但同时，有些文化仍给人恶劣的或令人费解的印象。又或许与今

---

[1] Docteur A. Vinson, *Voyage à Madagascar*, 1865, dans *Grand Dictionnaire universel du XIXe siècle*, article « Madagascar », t. X, p. 887.

[2] Réponse à Jules Ferry, 30 juillet 1885, Jean Garrigues, *Les Grands discours Parle- mentaires de la 3e République, de Victor Hugo à Clemenceau*, Colin, 2004, p. 91-95.

天一样，纷繁复杂的、莫衷一是的信息不足以转变人们心中固有的扭曲和冷漠。有关信息的问题，我们稍后再作论述。

然而，根本原因并不在此。根本原因也许在于：海外国家的诞生或进步与西方决策者所希望看到的形式完全不符。西方决策者根本不能为亚洲、非洲或美洲原住民设计出一条符合自身特点的现代化道路，他们甚至想象不到这条路究竟是什么样子的。他们所能想到的，用一个中性的字眼来说，至多只是改变双方在法律层面上的合作关系，使之向有利于欧洲贸易代理商出行、贸易发展和投资安全的方向倾斜。何况，亚洲和非洲的政治体系作出改变的最重要目的，都是为了抵御西方国家的侵犯。他们不一定想着要先给西方国家侨民提供什么保障。所以，在这种情况下，西方领导人怎能对这样的变化坐视不管呢？尤其是对那些被逼无奈的改变，他们又怎能给予信任呢？当今世界对第三世界国家的傲慢、无知和天真依然存在，而且与从前相比，有过之而无不及。看到这样的景象，历史学家的推断更显得有理有据。

这种思想状态影响了人们对战争的描述。

文明与"开化权"

殖民与征服

殖民战争与其他战争一样吗？首先，我们必须认识到，殖民的最初目的只是"在另一个国家建立机构"，而不是征服[1]。在埃米尔·德·吉

---

[1] *Grand Dictionnaire universel du XIXe siècle,* article « Colonies », t. IV, 1869, p. 646.

拉尔丁（Émile de Girardin）看来，殖民和征服，是所谓"扩张"中的两个截然不同的概念。他在1870年前后写道："一个伟大的国家只能二者选其一：要么去征服，要么去开化。"[1]但是，知名媒体大亨未必就会发表这种一概而论的观点。早在40年前，路易·菲利普统治时期，人们就把这两个词联系在了一起。在帕格奈尔（Pagnerre）的《政治词典》（Dictionnaire politique）中，让-古斯塔夫·古尔赛勒-赛内耶（Jean-Gustave Courcelle-Seneuil）评价道："殖民是最值得赞扬的征服形式；这是宣传文明的最直接方式。"[2]后来的议会主席、费里的亲信杜克莱尔（Duclerc）也在这部作品中表示，设立机构或进行征服，只要"能够推动人类进步"，就是合法的[3]。共和党人史学家艾里亚斯·雷戈诺（Élias Regnault）则认为，文明无非是一套用来更好地掌控自然的艺术和技巧，只有通过征服，才能将这些知识传递给被征服者。这些被征服的人完全可以在第二阶段，再主张政治自由并实现解放[4]。

　　1864年11月21日，俄国外交大臣戈尔恰科夫（Gortchakov）写给列强的备忘录就体现了这种心态。他强调指出，俄国的处境与"所有与缺乏明确社会组织的半野蛮人和游牧民族接触的文明国家"一样，为保证边疆领土的安全，就要不断地征服邻国，否则就会在永无止境的被动防守中消亡。他把美国的西进运动与法国在非洲、英国在印度以及荷兰在印度尼西亚群岛的行动进行了比对。"所有人都在不断前行，这并非出于野心，而是迫不得已的无奈之举。到底该在哪里停下脚步，这才是

---

[1]　*Grand Dictionnaire universel du XIXe siècle,* article « Conquérants », t. III, p. 959.

[2]　« Colonies » dans Duclerc et Pagnerre, *Dictionnaire politique,* Pagnerre, éd., 1843, p. 260-261, p. 233-235.

[3]　« Conquêtes », *loc. cit.,* p. 260-261.

[4]　« Civilisation », *loc. cit.,* p. 225-227.

最大的问题。"[1]尽管戈尔恰科夫已经在信中半真半假地表示沙皇将停止在浩罕汗国⁵的军事行动，但这段文字透露的内容，更像他们已为未来规模更大的、组织更加完善的征服做好了准备。

在法国还有一个类似的、但更有名的论点。在著名的1885年7月28日的演讲中，为了取得马达加斯加示威远征所需的财政拨款，伟大的共和党人费里描述了以开化为名的行动最终走向征服的过程。他承认，文明可以通过贸易、谈判或强大的人格魅力［比如萨沃尔尼安·德·布拉扎（Savorgnan de Brazza）］来传播，而不一定需要武器的支持。但人们还是很有可能对以这种方式建立起来的和平机构发起攻击。"那你们打算怎么做呢？"这位议会前主席向议员们问道，"文明人所做的一切你们都会做，你们不会因此而变得不文明；但是为了自己的安全，你们会通过武力进行抗争，强制那些反叛者的国家成为你们的保护国"。这一论点可以为下面这句名言做出解释（如果不是辩解的话）："我觉得，优等种族拥有一项权利，同样也要承担一份义务：他们有义务去开化劣等民族。"[2]

费里不是第一个，也不是唯一一个提出这种观点的人。19世纪40年代，法国政府就选择了用武力征服整个阿尔及利亚，而不是寻求与埃米尔阿卜杜勒-卡德尔的和解。1854年，未来的将军，也就是当时的塞内加尔上校、总督莱昂·恺撒-费代尔布（Léon César-Faidherbe，1818—1889年），打破了过去与酋长签订的和平条约，从塞内加尔河开始军事扩张，并不再为换取贸易许可而向酋长支付费用。当他表达自己的观点时，他并不是在预言未来，而是从自己的角度解释道，扩张"将

---

[1]　Texte *in* Martin Ewans, dir., ed., *Great Powers Rivalry in Central Asia, 1842-1880*, vol. I, London and New York, RoutledgeCurzon, 2004, p. 123-128. Traduction française de l'auteur.

[2]　Discours du 25 juillet 1885, *loc. cit.*

我们带到了交趾支那、突尼斯和马达加斯加"，可能还会加上黑非洲。伦敦议会的保守派反对党领袖索尔兹伯里侯爵也持同样的观点。1885年，他批判了这样一种信仰：一条军事警戒线就足以将埃及与苏丹隔离开来，从而避免埃及陷于"野蛮的""无政府"状态。然而，后来发生的事却证明他错了。英国驻军的存在成功阻止马赫迪主义运动的扩张长达10余年之久（1885—1896年）。事实上，他的话只是在为上尼罗河的征服辩护。在他看来，这场征服被首相格莱斯顿过于轻易地放弃了[1]，12年之后，这项行动重新启动。战争之际，殖民地大臣约瑟夫·张伯伦宣称，流血是"我们为完成使命必然要付出的代价"，他还补充道，"你不打破鸡蛋，就不能吃到煎蛋"[2]。

和平与"文明的神圣使命"

和平必定源于文明。1912年，圣彼得堡大学自然地理学名誉教授亚历山大·沃伊科夫（Alexandre Woeïkof）写道："罗马人总是吹嘘说，自己把罗马治世带到了几个世纪以来都很陌生的国家；英国人则因给印度带去了大不列颠治世而备感骄傲；那我们也可以说，我们给突厥斯坦带去了'俄罗斯治世'。"[3]19世纪，许多欧洲人还认为俄国是个落后的国家，甚至有些俄国人也这样认为，但是，他们毫不犹豫地在亚洲挥舞起了文明的火炬。19世纪中叶，奥伦堡大总督认为："我们要成为中亚唯一的主人，这样，我们便可以逐步渗透到中亚，从而改善这些

[1]　Discours après la chute de Khartoum, 26 février 1885, *English Historical Documents*, *op. cit.*, p. 370-375.

[2]　Discours au *Royal Colonial Institute*, *ibid.*, p. 390.

[3]　A. Woeïkof, *Le Turkestan russe*, A. Colin, 1914, p. 213.

不幸者的后代的生活。"[1] 他引用了戈尔恰科夫备忘录中的一句话，宣告俄国负担着教化邻国的"特殊任务"。伟大的作家陀思妥耶夫斯基也持同样的立场，1876年，他宣称："俄国人意识到，他们未来最伟大的事业是全人类的事业，是为全人类服务，而不只服务于俄国或斯拉夫人群体。"[2] 未来霸主美国的领导者也没有对此表示异议。19世纪初（1811年），威廉·亨利·哈里森（William Henry Harrison）将军，也就是印第安纳州州长、未来的总统，对肖尼族的酋长特库姆塞（Tecumseh）大加批判："世界上最美的地区之一明明是造物主创造的，是用以迎接众多子民的地方，明明是文明、科学和真正的宗教汇聚的圣地，然而却被一些不幸的野蛮人践踏了。那这个地区还有可能处在纯自然的状态之中吗？"[3] 答案当然是否定的。1898年，美国海外殖民帝国建立之初，麦金莱（McKinley）总统就肯定地说道："美国的使命就是'仁慈同化'，用公平正义的温和治理来代替武断的统治。"[4]

对英国新教而言，义务重于献身，拯救胜于赎罪。19世纪，一些美洲殖民地曾经历过短暂的独立，但很快殖民扩张又卷土重来，约瑟夫·张伯伦对此给予了高度赞誉，他宣称新的帝国与旧的帝国不同。这也就意味着他关注的不再是本土的利益，而是一份对"土著人"的"责任"。在他看来，大不列颠治世给土著人带来了财产安全和人身安全，也改善了当地人的生活条件[5]。《泰晤士报》认为，乌姆杜曼战役结束了"德尔维什"在苏丹的统治，这是"文明力量与马赫迪的野蛮专制之

[1] David MacKenzie, "The Conquest and Administration of Turkestan", in Rywkin（Michael）, ed., *Russian Colonial Expansion to 1917*, London, Mansell, 1988, p. 216-217.

[2] *Journal d'un* écrivain [1872], Gallimard, coll. La Plé iade, p. 563-564.

[3] Robert M. Utley, Wilcomb E. Washburn, *Les Guerres indiennes*, Albin Michel, 1992, p. 108.

[4] Lettre au secrétaire à la Guerre, 21 décembre 1898, Brian McAllister Linn, *The Philippine War 1899-1902*, University Press of Kansas, 2000, p. 30.

[5] Discours au *Royal Colonial Institute*, doc. cit., p. 389.

间较量"的理想结局[1]。一年后，英国对布尔共和国进行干预，理由是南非的欧洲"外侨"（Uitlanders）深受阿非利卡人（布尔人）的奴役之苦，大不列颠对这些移民以及"无数的土著人种"深感同情[2]。

荷兰是一个相对平和的国家。在其征服苏门答腊岛北面的亚齐之前，荷兰教授兼作家维斯（Veth）对欧洲人颇有微词。他谴责了欧洲人的种族偏见，认为他们所表现出来的道德水准似乎并不比"土著人"高多少，最多只不过是披了一层"华美的外衣"。然而，买卖奴隶、抢劫、海盗、袭击商贩等行为都没有任何理由存在，而且"为了人类文明的利益必须将其终止"[3]。1896年，基督教民主党总理亚伯拉罕·库珀（Abraham Kuyper，1901—1905年在任）坚持认为，自福音之光渗透民心以来，荷兰人一直得到主的赐福，享受着上帝的恩泽，因而有责任让亚齐人也感受到"安全和和平的福祉"[4]。莱顿大学教授范沃伦霍文（C. van Vollenhoven）大力赞美了荷属印度的和平政策之后，将荷兰誉为"各民族的圣女贞德"，并希望自己的国家能够被赋予维护世界秩序的督查使命[5]。亚齐战争之际，荷兰制定了所谓的"道德"政策，强调自己是出于道德义务，是为了广大人民的利益，才风风火火地占领了其他国家的。在库珀的鼓动之下，1901年的"国王演说"第一次确立了这一主张的官方地位。

看到上述的例子之后，法国领袖们的做法就不足为奇了。美国历史学家爱丽丝·康克林（Alice Conklin）以及一些不太严肃的作者将眼

[1]　5 septembre 1898, *English Historical Documents*, p. 398.

[2]　Bill Nasson, *The South African Wars, 1899-1902*, London, Arnold, 1999, p. 49.

[3]　« Les Hollandais et la guerre de Sumatra », *RME*, janvier 1874, p. 5-8.

[4]　Maarten Kuitenbrouwer, *The Netherlands and the Rise of Modern Imperialism : Colonies and Foreign Policy*, Oxford, Berg, 1991, p. 271.

[5]　*Ibid.*, p. 323.

光仅仅局限于法国，试图从中找到一个民族特有的帝国文化要素，然而，就算我们可以研究法国人是怎样将"教化任务"这一概念付诸实践的，但从方法上来讲，也不可能不进行比较研究。说到底，"高卢治世"（Pax Gallica）与其他国家的治世几乎没有什么区别，只不过其目标中的普遍主义带有鲜明的法国特点，因此常常引起其他国家的不满，尤其是美国，正因为美国人的感受跟法国十分相似，这两个国家才成了仇敌。但是，是非之争不是重点，重点在于意识形态可以用来解释战争爆发的原因，而战争本身同样巩固着意识形态。我们首先要知道，正是因为战争已经发生，才会有人站出来为其正名。

第二章

战争的起源

$\vee$

殖民的因素常常成为人们的研究对象，这里我们不再赘述。我们只想像上一章那样试图还原某种心态，借以说明暴力是如何产生的。

经济扩张与领土帝国主义

就战争的成因而言，人们很容易将经济因素跟国力因素混为一谈。当然，两者之间确实有着密不可分的联系：资源的增加会带来国力的增长，而国力又能够带来资源。一切问题都是要弄清哪个因素占主导的问题。有时，当务之急就是要占有或巩固现有的商业地位或矿产资源，而领土征服只是这些野心所带来的结果。有时恰恰相反，扩张领土的思维逻辑占主导：战争的目的首先是开疆拓土，领土扩大也带来了原住民和移民人口的增长、土地资源和地下资源消耗的增加，以及商路的增多。

受马克思主义思想影响的历史学家更倾向于经济学解释。我们必须承认，某些战例确实只能通过这方面的原因来加以解释。显然，资本主义（即投资赚钱的能力）在欧洲的崛起，使长期贸易成了一个充满风险的、但常常带来丰厚回报的对外扩张结果。19世纪的工业革命增加了资本投入及出口产品和消费品的总量，同时也激励了这一类公司。这些公司与海外居民摩擦不断。长久以来，摩擦带来的风险已成为总体风险的一个部分。这类风险令人难以忍受。在人们的观念中，冒险的价值越来越像代表股票市场价值的抽象数字，而股票市价又取决于人们对涨跌的预期。因此，必须采取一些诱惑力巨大的举措，比如，大量增加惩罚性远征的次数，或是为了确保交易安全而控制重要的贸易路线。1933年，美国海军陆战队的一名老兵史沫特莱·达林顿·巴特勒少将（1881—1940年）表示：“美国的问题就在于，1美元的投资在美国只能盈利6%，而在海外投资可以达到100%，所以资本不会停留在美国，而是要流向海外。国旗跟着美元走，士兵则跟着国旗走。”[1]

　　但是，为经济服务的干涉主义并不是大规模对外扩张的唯一原因。这种行为从源头上就能够用其他逻辑关系来加以解释。国家权力的意志是对外扩张的最直观动因，与领土的联系大过与商业的联系：财富最主要的组成部分是土地和人，后者既可以用来征税也可以用来使用。这种逻辑比经济逻辑要古老得多，可以追溯到罗马帝国时期。自法国大革命以来，随着民族国家的发展，这个逻辑再次得以复苏。就像古代城邦一样，国家成了每个欧洲人赖以生存的实体。正是这些常与教会联系在一起的国家，承载着公民对安全保障、基础设施、繁荣经济和救济补助的愿望。满足这些需求的最好方式似乎就是实现国家的繁荣和伟大，就像日本人向所有人承诺的口号：“一个富裕的国家，一支强大的军队。”人们认为，庞大的殖民地建设一定能够为公有的物质遗产和道德遗产添砖加瓦。

---

[1] http://www.fas.org/man/smedley.htm.

　　按照这两种思维逻辑，欧洲国家和美国从一开始出发点就完全不同。所以，当我们看到大英帝国、荷兰和法兰西帝国最初遵循商业逻辑，而俄罗斯帝国遵循领土逻辑时，也就不足为怪了。当然，两者之间也没有看上去那么彼此对立。为了确保机构的安全并实行有效的税收，英国和荷兰很早就在亚洲建立并发展了领土基地。从19世纪初开始，英格兰就已经在印度拥有了一个真正的帝国，1876年的宣言只是为了昭示天下罢了。由此看来，英俄两国在波斯、阿富汗和中亚的边界发生冲突，也就是情理之中的事了。1840年以后，法国人开始在一定程度上赞同领土逻辑，并决定征服整个阿尔及利亚。

　　在美国最终将国界线确定下来（1890年）之前，领土逻辑一直都是主导逻辑。毫无疑问，这是一个在国际层面上更为谨慎的国家。但南北战争表明，国家统一这件事开不得半点玩笑。一场自发的运动会推动充满活力的庞大人口，向被认为是处女地的西部进发。在英国的统治区，尤其是加拿大、澳大利亚以及（一定程度上的）南非，也发生过类似的人口迁移。除了机构不同之外，美国与俄国扩张的根本区别在于，俄国人在高加索和中亚遇到了顽强的抵抗；而且俄国由于受到欧洲战事的束缚，只能在殖民事业方面投入部分精力。

　　征服者，特别是政府，多数时候更想拥有一个"有用"的国家。例如，人们一开始就认为，在爪哇或是阿尔及利亚的米提贾平原，只要花最低的成本就可以创建一个商业的、文化的甚至政治的基地。但是，低廉的价格通常只能维持一时而已。到了20世纪，领土构想占据了主导地位。在亚洲和非洲，一种集中领土的想法越来越占主导，并取代了海外商行的理念。该怎么解释这一趋势呢？贸易的压力使交流和干预不断增多，这是临时机构向长期机构转变的部分原因。但是，还有另一个原因，也就是忧患意识。1880年以后，所有国家都害怕自己在瓜分世界的冷酷竞赛中被超越。1873 年 4 月，荷兰阿纳姆的一家报纸根据"丛林法则"写道："跟所有殖民强国一样，比如印度的英国、阿尔及利亚的法国、印第安部落的北美和亚洲的俄国……荷兰有时也必须扮演征服者的角色，以维护自身的利益。"

在描写荷兰以及其他殖民强国共有的帝国主义形式时，荷兰历史学家亨利·韦塞林（Henri Wesseling）使用了"迟疑的""被动的"[1] 等词汇。列强们遵从优先占领原则，也就是说，如果一块无主之地位于某国已有领地的"势力范围"之内，该国就有权掌控这个地方。非洲的演变就是最为典型的例子，虽然 1885 年的柏林会议没有明确对大陆的瓜分，但会议所确立的条款让这片土地上的所有国家和独立政体在未来的几年内都消失了（除了利比里亚和埃塞俄比亚）。这些变化中最引人注目的，无疑就是那些影响英国支配权的变化。因为害怕欧洲列强的征服会剥夺他们原本拥有的出口工业和原材料来源，英国人不得不费尽心机，努力确保自己对政治的掌控，因为这是今后经济繁荣中不可或缺的因素。

需要指出的是，新殖民势力的关注点与老牌殖民强国有所不同。"先到先得"的指导思想与美国的历史紧密相连，自建国以来，美国就力图与法国、英国、西班牙相抗衡，以保证在扩张中获得必不可少的领土 [2]。大陆范围内的殖民扩张结束之后，美国又在 1898 年占领了位于太平洋的一片海外领地。德国的殖民现象出现得很晚。不过，在德国首相俾斯麦掌权的最后几年里（1884—1890 年），他反对殖民的态度有所动摇；此后的威廉二世皇帝更是极力要求推进殖民活动。

---

[1] Nicholas Tarling, *Imperialism in South East Asia.* "A fleeting, passing phase", London/ New York, Routledge, 2001, p. 136-137.

[2] John Lewis Gaddis, *Surprise, Security and American Experience*, Cambridge, Harvard University Press, 2004.

另一些有着辉煌历史的、如今已日薄西山的国家，例如西班牙和葡萄牙，正努力试图回到一线强国的行列。1912年，为了刺激议会投票支持对摩洛哥征服的预算，西班牙议会主席何塞·卡纳莱哈斯（Jose Canalejas）说道："西班牙怎么可能甘于从非洲消失呢？承受这份悲哀和耻辱的不是我一个人……"为了唤起人们对西班牙殖民主义者的回忆，以及1898年西美战争中西班牙无奈放弃古巴的历史，他又补充道："重回美洲已是不可能实现的梦想。但是，非洲的这片土地是历史赐予我们的应许之地，难道我们没有足够的道德依据和经济实力去占有吗？"[1]而葡萄牙人早就持同样的论调，先于他们的伊比利亚邻居走上了这条路。

法国的扩张动机让他们的处境十分尴尬。对法国而言，殖民既是强盛国力的必然结果，也是缓解国力衰落的权宜之计。与英国一样，法国的殖民征服首先是由贸易和工业的巨大活力引发的，但是自1830年起，尤其是1870年之后，法国人的看法发生了巨大的变化，他们认为殖民征服就算不是为报仇做好准备，至少也能对捍卫法国的"强国"地位起到至关重要的作用，用记者吕西安-阿纳托尔·普雷沃-帕拉多尔（Lucien-Anatole Prévost-Paradol）的话来说，这是能够"滋养我们伟大地位的最后一缕清泉"[2]（指阿尔及利亚）。意大利也处在一种复杂的思想状态中：跟德国人一样，意大利人希望通过海外扩张来证明自己年轻国家的伟大；但另一方面，他们也与其他拉丁强国一样，知道自己跟超级大国之间还存在着巨大的距离。1896年之后，他们的动机变成了复仇，希望为本国殖民军洗刷阿杜瓦战役这场有史以来最惨烈的失败所带

---

[1]　 « L'Aube du protectorat marocain », *BCAF*, mars 1912, p. 88.

[2]　 *La France nouvelle [1868]*, Michel Lévy, 1871, p. 416.

来的耻辱。

每个国家和每个大陆的具体目标各有不同，因为他们各自有着不同的地缘政治考量。

精确目标

领　土

在北美，殖民地的扩张势必缩小原住民部落的活动范围。例如，1851 年的《拉勒米堡条约》允许美国政府在达科他平原印第安人（尤其是苏人和夏延人）的领地上，建设军事机构并开辟道路。作为回报，这些原住民能得到联邦政府的保护，并且在未来的 50 年中每年取得 5 万美元地租收入。然而，当地仍然纷争不断，因为并不是所有的首领都签了约。有些首领无法理解为什么条约充满了限制且不可逆转。虽然条约中明令禁止他们使用武力，但如果发生内部矛盾或与殖民者产生纷争时，他们仍诉诸武力。此外，也并不是所有的条款都能得到贯彻执行，比如，参议院把发放地租的年限缩短至 15 年。1868 年，与苏人签订的第二份条约同样模棱两可：为了美国人的利益，苏人必须接受被限制在狭小的自留地的条件，并且尊重白人的机构，包括堡垒、通道以及未来的铁路。印第安人只希望自己的领地和生活方式得到保障，但是，美国却希望他们尽快放弃所有的一切[1]。加拿大的英国人所遇到的问题与美国人略有不同。位于苏必尔湖和落基山之间的鲁珀特地（Rupert's Land）原本属

---

[1]　Robert M. Utley, *Sitting Bull*, p. 119-121.

于哈德逊湾公司，但天高皇帝远，居住在这里的梅蒂人生活得自由自在，他们不愿加入刚成立的加拿大联邦，成为曼尼托巴省的一部分。

同样，俄国人为东进找了个借口。1885年，阿列克谢·库罗帕特金将军这样解释沙皇部队1840年以来的推进："在与俄国接壤的两片巨大草原上，居住着俄国人的两个敌对民族——吉尔吉斯人和土库曼人。俄国人是受到了刺激才向中亚进军的。在试图保护吉尔吉斯斯坦的过程中，俄国与一些处于无政府状态的亚洲部落发生了冲突，因而不可避免地征服了对方。"[1]库罗帕特金只不过是重申了当年希瓦远征（1839年11月—1840年2月）的理由：保证边境领土的安全，防止吉尔吉斯人在希瓦可汗的鼓动之下入侵；保证贸易往来以及商人的安全；此外，还有一条被重点强调的理由，就是必须要填补西边的奥伦堡要塞以及东边的西伯利亚要塞两条防线之间的空缺。

贸易与海外商行

纷争通常源于贸易利益的冲突。无论对错，想要让商品流入市场或获得商品，仅靠和平手段似乎是无法实现的。

远东地区，特别是中国，有着众多的人口和肥沃的平原，无疑是最令人垂涎的大陆。然而，东方的领导人拒绝西方的商人和传教士自由进入。鸦片战争（1840—1860年）开启了一段战火纷飞、充满了军事远征的动荡时期。"中央帝国"的周边地区，比如南部的缅甸、印度支那，北部的东北地区，先后吸引了英国、法国、俄国和后来的日本，他们一方面想掠夺资源，另一方面还想借助当地的道路，入侵中国这个从19

---

[1] « Les progrès des Russes dans l'Asie centrale », *RME*, 15 juillet 1885, p. 54-61.

世纪末就风雨飘摇的帝国。

在西非，许多摩擦都产生于欧洲贸易公司的代办与当地的领主之间，领主们企图提高交易税，而欧洲代办越来越无法接受。南非问题牵扯到的利益更多。英国帝国主义与阿非利卡人的对抗，早在1795年英国驻扎开普敦（直到1814年才被原主人荷兰人承认）的时候就已经出现了。布尔共和国的建立（奥兰治自由邦，尤其是德兰士瓦）加深了这一矛盾。1881年，战争结束后，德兰士瓦省重新获得了1877年失去的独立。但是，1886年威特沃特斯兰德金矿的发现，为这片土地引来了大批欧洲移民，再一次威胁了德兰士瓦省的独立。来自盎格鲁－撒克逊的外来移民，也就是所谓的"外侨"，因为他们的投票权对英国有利，所以得到了伦敦的支持，但比勒陀利亚政府却表示拒绝。事实上，在开普殖民地总督塞西尔·罗兹（Cecil Rhodes）和高级专员阿尔弗雷德·米尔纳（Alfred Milner）的一致支持下，张伯伦试图结束这两个共和国的独立状态。他之所以这么做，不是出于政治、经济的原因（虽然当地的投资已占英国资本输出量的10%），而是因为帝国的稳定受到了威胁。放弃对黄金生产的控制是不可能的，因为这是英镑不可或缺的保障。而任凭一个位于南部非洲的中心、资源丰富的国家发展壮大，也是不可能的。[1]

地缘政治的逻辑

推动这种逻辑的可能是来自"土著"势力与日俱增的威胁，或在更多的时候，是一种担心，担心欧洲的竞争对手会对潜力十足的地区发起挑战。

---

[1]　Voir Bill Nasson, *op. cit.*, p. 14-42.

非洲的主要河流是进入内陆的重要通道。因此，对这些河流的控制大大增加了与地方势力产生摩擦的概率。自费代尔布以来，法国人就一直是塞内加尔—尼日尔轴线的统治者，在那里，他们先后与图库洛尔人和萨摩里·杜尔的势力相抗衡。他们企图控制乍得的想法，又让他们不得不面对另一位帝国的建造者拉巴赫（Rabah）的特遣队。为了"国际协会"的利益，国王利奥波德二世开始对刚果盆地进行征服。而这个国际协会，实际上是一个以纯粹科学和人道主义为幌子、威力强大的帝国主义工具。英国人则在努力控制尼罗河盆地。该盆地从埃及一直延伸至大湖地区，中间穿过苏丹。自苏伊士运河（1869年）开凿之后，这里就变得十分有利可图。不过，他们必须面对1882年在埃及统治废墟上建立起来的马赫迪王国。这种不仅要控制交通干线，也要控制江河流域的野心，进一步扩大了扩张行动的范围，同样也导致英国与其他欧洲势力产生矛盾，并展开对抗。1898年，法国人和英国人毫无困难地解决了在尼日尔的竞争问题。不过，有些法国人对英国在尼罗河流域的优势表示怀疑，因而引发了同年发生的法绍达危机。

领土连续性引发事端，使得人们的贪欲不断增长。1815年之后，荷兰人得以在爪哇再次安营扎寨，但是，他们关心的是将势力范围扩展到邻近的岛屿和群岛。他们担心美国人、意大利人和德国人的野心，后来也对日本人心存忌惮。在阿尔及利亚安营扎寨的法国人，希望扩大控制范围，将突尼斯和摩洛哥也收入囊中，为己所用，以免这两个被视为阿尔及利亚"大门钥匙"的国家落入其他强国之手，特别要防范的是意大利人。法国人还对控制跨越撒哈拉沙漠的商道感兴趣，一方面是出于商路本身的价值（被高估了），另一方面是因为这样做就有可能将大沙漠以北和以南的领地联系在一起，形成一个"法属非洲板块"。

印度是英国商业繁荣的关键要素。出于保护印度的考量，英国不允许其国界线附近存在任何不受英国控制的领土，因为这样的地区要么可能直接对帝国构成威胁，要么可能落入他国手中。马拉塔联邦解体（1822年）之后，英国的注意力转向了信德省和旁遮普的锡克王国（Royaume sikh）。但是，这意味着要把目光放得更远。这就解释了为什么英国要与法国争夺埃及，甚至还要与意大利争夺苏丹的原因。不过，这两组对抗都无法与英俄之间的对抗相提并论。俄国从拿破仑统治时期起就非常害怕英国的扩张，亚历山大一世还曾与法国短暂和解并结成同盟，拿破仑还计划让法军跟沙皇军队组成一支庞大的侵略部队。在尼古拉一世统治时期（1825—1855年），俄国成功地将版图向阿富汗推进，似乎威胁到了喀布尔和开伯尔山口，或是坎大哈和波伦山口，又或者是赫拉特。这些都是征服者所选择的传统路线，因为通过这些地方马上就能到达印度河河谷。除了外部的危险之外，人们还担心侵略军的进攻会激起印度诸侯的造反[1]。有些文章激化了威胁，比如罗伯特·威尔逊爵士的《俄国1817年军事政治权力示意图》（*A Sketch of the Military and Political Power of Russia in the Year 1817*），或乔治·埃文斯上校写于1829年的《论入侵英属印度的可行性》（*On the Practibility of an Invasion of the British India*），后者发表时刚好发生了一场针对土耳其海峡的进攻。

有这种想法的主要是在19世纪之初就选择扩张领地并付诸行动的国家。后来的国家就没有那么幸运了。然而，引领这些国家的并不仅仅是什么机缘巧合。葡萄牙人发家靠的是一些古老的海外商行。西班牙人也一样，他们的落脚点是摩洛哥海岸一系列防御工事包围的城市要塞（包括1496年占领的梅利利亚、1508年占领的戈梅拉岛、1580年占领的休达，

---

[1]　Peter Hopkirk, *op. cit.*, p. 60, 116, 118.

以及1673年占领的阿卢塞马斯群岛）。帮助意大利迈出殖民东非第一步的是卢巴迪诺公司，该公司希望在欧洲与远东之间的海路上，拥有一个为轮船补充燃煤的驿站，然后在达尔马基岛和阿萨布湾站稳脚跟（1870—1880年）。从此以后，他们的目标越来越远，从厄立特里亚延伸到了埃塞俄比亚。而意大利占领昔兰尼加和的黎波里塔尼亚的动力，则是希望让罗马的继承人"重新出现"在这片深深刻有他们祖先印记的海湾上。

　　随着19世纪末的到来，各方势力的观察者越来越对其他势力的进展感到十分惊讶。法国船长贝古昂（Begouën）于1900年写道："从奥伦堡到印度河和北海（鄂霍次克海），从深谋远虑和坚持不懈两方面来看，俄国的征服行动可以说是历史上最成功的范例。"[1]他还对一位前辈的观点表示十分认同："这种不可阻挡的力量，永远都会让野蛮在文明的面前退却，而正是在这种力量的推动下，他们前进着，并将永远前进。"[2]这些进展使英国人十分恐慌，感到自己在印度受到了威胁。另一方面，俄国人则不惜以牺牲基督教的团结为代价谴责英国人给予土耳其人支持。他们还控诉了德里的宣传活动，认为这些宣传是在挑唆中亚统治者反抗沙皇的军队，还向前者保证能得到苏丹的支持[3]。法国在非洲的雄心壮志同样令英国人印象深刻，其中最让他们震惊的两件事就是议会批准了布拉柴在刚果缔结的条约（1882年11月），以及1891年巴黎与莫斯科缔结了疯狂的条约，结为同盟。然而，英国果敢坚定的

---

[1]　Préface du capitaine Begouën, des spahis sénégalais, à sa traduction de l'ouvrage du colonel comte Yorck de Wartenburg, chef de section au Grand État-major allemand, *La Pénétration russe en Asie*, Chapelot, 1900.

[2]　« Les marches-manœuvres des Anglais et des Russes dans l'Asie centrale », *RME*, octobre 1882, p. 187.

[3]　"M.A. Terentyef, Russia and England in Central Asia, vol. II , 1875, translated from the Russian, Calcutta, 1876", *in* Martin Ewans, ed., *Great Powers Rivalry in Central Asia, 1842-1880*, vol. IV, London and New York, RoutledgeCurzon, 2004, p. 49-53 et *passim*.

决心同样威慑了对手。费里的一位密友、法国历史学家阿尔弗雷德·兰博（Alfred Rambaud）指出，无论英国的执政党是谁，无论他们的意图是什么，"他们都带着或多或少的激情和谨慎，不断拓展国土"[1]。面临过于紧迫的威胁时，英国有能力实施危机战略，让俄国和法国为之付出代价。

直接原因

究竟是原因还是借口呢？要严格区分起来往往不是一件容易的事。通常，借口是一个能证明干预正当性的确切事故或事件。原因则是一个能直接引发更为严重问题的事件。但是很显然，借口是有预谋的，而原因则是在某种情境下导致严重事件本身发生的导火索。

1895年，有一篇刊登在《外国军事杂志》上的文章，总结了对独立地区的干预如何发展成军事征服的机制。通常，发起干预的是具有官方性质的外派使团。事实上，"一位带领着欧洲武装部队的政治官员，会迅速让心存疑虑或者不愿失去独立性的民众产生反感；任何事件都足以引发冲突，冲突又会被扣上帽子，要么被说成威胁，要么是屠杀；于是，接下来要发生的，就是为本国国旗所受的侮辱复仇，或是拯救生活在水深火热之中的同胞……"评论员补充道："确实，推动西方人把文明传播到野蛮国度的优越法律，在这种情况下派上了用场。"[2]这些评论印证了一个非常确切的事件。1895年3月，一支小型英国分遣队（1名

---

[1]　Préface à la traduction du livre de John Robert Seeley, *op. cit.*, p. XII.
[2]　« La campagne des Anglais dans le Chitral », *RME*, juillet 1895, p. 38-66, p. 42.

军官和46名队员）在营救被困于卡菲里斯坦（Kafiristan）奇特拉尔堡垒的罗伯逊少校的过程中被歼，这一事件引来了一支1.4万人的部队。由于奇特拉尔地处印度与阿富汗边界，十分接近俄国和中国的中亚地带，处于一个重要的地缘政治地带，因而英国反应更为迅速。

我们可以继续围绕这个问题进行讨论，事实上因时间和地点的不同，干预方式也是多种多样的。在文中，我们将给出一个总体的概述，虽然不是很全面，但似乎是颇有意义的。

事 件

有时候，为了便于计划的进行，侵略国会凭空捏造借口。最突出的战例发生在突尼斯，当权者不仅利用了突尼斯的克鲁米尔部落（Kroumir）与其邻国阿尔及利亚的乌勒那哈德部落（Ouled Nahad）之间的冲突，甚至还通过警察的干预来激化矛盾。1811年2月17日，突尼斯领事泰奥多尔·鲁斯唐（Théodore Roustan）声称，为了给一位在盗马事件中被杀的同胞报仇，300名克鲁米尔人闯入了阿尔及利亚的领土。3月30日，在两个正规法国公司的支持下，突尼斯与阿尔及利亚之间发生了更为严重的武装冲突。事件发生后数日，法国政府决定进行军事干预，并将其定性为治安行动，目的是确保阿尔及利亚边界的安全，防止"重大危险"发生，这种说法促使议会投票同意拨款。事实上，这些威胁是杜撰出来的，法国军队根本没有受到克鲁米尔人的任何反对，此后这件事也几乎无人提及，即使说起来也是带着嘲讽的口气[1]。同样，美国政府发动战争的理由也令他人蒙受冤屈。战争的实际目的，是正式

---

[1] Jean Ganiage, *Les Origines du protectorat français en Tunisie*, PUF, 1959, p. 661 sq.

向淘金者开放黑山，尽管遭到了当地印第安居民的反对。印第安人不愿服从美国的最后通牒，拒绝搬迁到印第安事务署附近的营地。这就成了美国最终开战的借口。[1]

　　欧洲民众在海外可能遭受的虐待也常常成为干预行为的理由。拿破仑三世时期，法国对交趾支那实施干预（1858 年）的借口，就是要保护在安南帝国遭受迫害的天主教传教士。20 世纪初，摩洛哥国家事务不断受到公开的及私下的干预，因此爆发了前所未有的政治和社会危机，这种危机又成了动乱的直接根源。1907 年，一名法国医生、马拉喀什门诊主任莫尚（Mauchamp）被暗杀，法国人首先占领了位于阿尔及利亚边界的乌季达，随后又抵达卡萨布兰卡，为 9 名不幸身亡的欧洲工人报仇。同年 7 月，一些修建城际铁路的西班牙工人遭到了里夫人（Riffi）的袭击，他们当时正在开采两个不久前刚刚得到开采权的矿区，而矿区正处在里夫人的领地。这次袭击使西班牙政府得以名正言顺地出手干预，这也成了攻占里夫的开端。当然，一切都不过是借口。法国人之所以坚持在摩洛哥推进，只是为了要走在德国人的前面，而西班牙人则是担心无法从中分得一杯羹。

　　有时候，干预的原因可能是为了镇压"土著人"而在附庸国采取的行动，至少按照国际法来说，也就是从列强的角度来看，这些国家已经归征服者所有。1854 年，约翰·劳伦斯·格拉坦中尉怀疑一名米尼孔朱人偷了一头属于移民车队的牛，并打算在酋长"猛熊"（Brave bear）的营地内逮捕这名嫌犯。一场枪战随之爆发，一名士兵当场被打死。不久，"猛熊"因伤势过重而离开了人世。此后，又有一辆驿车遭遇袭击，三名平民在袭击中丧生。正是这场"屠杀"，让威廉·S. 哈尼（William

---

[1]　Robert M. Utley, *Sitting Bull*, p. 175-196.

S. Harney）将军于 1855 年带领部队来到这里。[1] 1881 年 4 月，温伯伦纳（Weinbrenner）中尉奉命到奥兰南部逮捕造反修士布阿玛玛（Bou Amama）的两个信徒。他失去了理智，硬是要将他们绳之以法，言辞激烈，其中还夹杂着威胁。更糟糕的是，为了查看是否有人躲藏，他擅自闯入了一个帐篷，并扯下了将男人与女人的区域分隔开来的帘子，而在迪哈纳（Djehamna）部落的贝都因人看来，这是亵渎神灵的行为，因此犯了大忌。长老们先是假装服从他，然后以提供小吃为由，将他强行带入另一个帐篷，并处死了他。[2]

　　事实上，所有这些事件都无一例外地发生在殖民者希望掌控的地方。美国政府一直希望在北美大平原上建立政权。法国当局想在奥拉尼的高原部署警力，因为那里是纸莎草的产地，同时从战略上来看，其地理位置也有利于征服摩洛哥的行动。在这种思想之下，任何对侵占国士兵的反抗都是不能容忍的，都要被武装镇压。正如一位英国官员在 1900 年写的那样：必须"不惜一切代价，不计任何成本"地向当地人灌输尊重意识。[3]

严肃的动机：捍卫领土

　　列强也不总是小题大做。1869 年，梅蒂人路易·里尔（Louis Riel）夺取位于曼尼托巴境内、临近温尼伯的加里堡（Fort Garry），并宣布成立西北共和国。英国对此做出反应，不仅仅是因为同胞遭受虐待，甚至

---

[1] Robert M. Utley, *Sitting Bull*, p. 68-72.

[2] Pierre Boyer, « L'Odyssée d'une tribu saharienne : les Djeramna », *Revue de l'Occident musulman et de la Méditerranée*, Mélanges Le Tourneau, 2e semestre 1971, p. 27-54, p. 30.

[3] Colonel Sir T. Hungerford Holdich, *The Indian Borderland, 1880-1900*, London, Methuen, 1901, p. 4.

其中一人被处决那么简单。英国人还认为，新成立的加拿大联邦（1867年）的威信受到了威胁。这些说法语的造反者能够得到魁北克人的响应，而且如果英国自己无法将起义镇压下去，美国就会从邻近的达科他州和明尼苏达州赶来干预，而在那个时候，曼尼托巴与多伦多之间的联系还很不方便。

1873 年 3 月 26 日，荷兰发动了旷日持久的亚齐战争。他们之所以发动战争，主要是因为苏伊士运河的开凿拉近了欧洲与东南亚的距离，他们想巩固自己在这个地方的地位，又害怕被英国人、法国人或美国人抢先。1873 年 2 月，英国驻新加坡领事瑞德（Read）在一则消息中称，苏丹意图寻求美国或意大利的保护，而且这两个国家的海军部队已出现在该海域。这一消息让荷兰加快了行动的步伐。总督劳登（Loudon）指责亚齐苏丹"背信弃义"，并立即发出最后通牒，以战争相威胁，要求苏丹承认荷兰的主权。虽然海牙政府已经得到了罗马和华盛顿抚慰性的承诺，但仍对劳登听之任之。3 月 26 日，荷兰海军将领认为苏丹的答复没有完全承认其主权，于是开始了轰炸。[1]

1872 年，荷兰将埃尔米纳海外商行转让给了黄金海岸的英国人。与先前的荷兰人不同，英国人拒绝向阿散蒂王国继续缴纳贡税，并希望阿散蒂结束对欧洲出口贸易的垄断，但阿散蒂王国仍然一意孤行。于是，英国一得到商行，就发动了战争。阿散蒂王国随即对英国的宣战做出了回应，封锁了位于海岸角城堡与阿尼西之间的机构（1873 年 4 月）。被称为"咖啡国王"的科菲·卡里卡里（Kofi Karikari）最终战败，被迫同意签署了一系列条约，内容包括向英国支付 5 万盎司黄金（450 万金法郎），以赔偿造成的破坏，并放弃所有对英国殖民领地的复仇行动。

---

[1] Maarten Kuitenbrouwer, *op. cit.*, p. 88 sq.

此外，他还要保证贸易自由，在位于北方国界普拉河与首都库马西之间修建一条宽约 5 米的道路。国王还承诺废除人祭。但是，1874 年 9 月，在他退位之后，他的接班人并不愿意遵守条约。1895 年 10 月 7 日，国王普列姆佩（Prempeh）接到了最后通牒，要求他在 31 日之前必须做出答复，但他拒绝了。这又导致了新的冲突。英国的这次征伐可能早有预谋，因为军事准备和地形侦察从 9 月份就已经开始。其目的就是为了防止法国或德国在那里设立公司，并强化英国在该地区的权利。[1]

法国与达荷美王国（也称阿波美王国）关系的恶化也经历了类似的轨迹。1851 年，达荷美王国与法国签署了友好条约。1868 年，王国允许法国人在科托努安家落户，并于 1878 年正式确认了法国定居点。法国人希望进一步合并更多领土，但是王国拒绝接受，因为按照惯例，王国的每一寸土地都不可割让。另一方面，达荷美王国认为自己不必尊重邻国波多诺伏的领土。波多诺伏作为法国的保护国，多次遭到劫掠。法国规模甚小的驻军对此根本无能为力（1889 年）。波多诺伏曾两次试图与阿波美谈判，谈判中间，塞内加尔的军事司令阿尔弗雷德·多兹（Alfred Dodds，1842—1922 年）上校发动了一场小规模的军事行动，但没有带来任何决定性的改变。1892 年 3 月，终于出现了新情况，巴黎最终决定对阿波美国王贝汉津（Béhanzin）实施终极行动。多兹被任命为远征军长官，正如他在 8 月 16 日的总纲中所写的那样："达荷美国王用他的语言、态度和敌对行为消磨了法国政府的耐心。"[2]但事实上，迫于马赛贸易游说团体［西普里安·法布尔（Cyprien Fabre）、儒勒·夏尔–鲁（Jules Charles-Roux）］的压力，政府还是让了步。马赛贸易游

---

[1]　« Expédition contre les Aschantis（novembre 1895-janvier 1896）», *RME*, juillet 1896, p. 34-66.

[2]　Capitaine Édouard-Edmond Aublet, *op. cit.*, t. 1, p. 180.

说团体希望保障自己对棕榈油采购的垄断，以便在竞争中打败汉堡企业。在当地，商人得到了远征官员和部队的支持，因为后者认为有必要削弱当地政府的势力。这些压力使大西洋海军师长德屈韦维尔谈判达成的保护国条约失效了，但对远征拨款的投票却十分有利，尽管克里孟梭等人发出了反对的声音。占领阿波美王国是通向尼日尔下游至关重要的一步。

良知：奴隶的解放

在多数作战行动的过程中，都会出现反对奴隶制这个理由。这些行动经常被包装成我们今天所说的人道主义冲突。在东非，从苏丹到大湖地区，所有由英国、德国和意大利主导的战役，都以此为自己辩护[1]。为了输出文化和禁止奴隶贩卖，利奥波德二世于1876年创立了非洲国际协会。比利时人对刚果的征服，主要就是以这一协会的名义进行的。1879 至 1900 年，法国从塞内加尔到乍得发动了多场大战，主要对手有阿赫马杜·谢库（Ahmadou Cheikhou）、萨摩里、拉巴赫，战争的原因不仅因为双方本身是敌对或竞争关系，还因为想要终结他们大规模俘虏殖民部队随行人员的行为。早在 1892 年的达荷美战役之前，就有人指控贝汉津国王将圣多美的奴隶以每个男人 400 法郎、每个女人 250 法郎的价格卖给德国的分销商，再由后者卖到喀麦隆，或者经由比利时的分销商卖到刚果。

反对奴隶制固然有其内在的价值，不过有时也会成为殖民者彼此抨击的武器。1892 年，法国人指责德国商人向贝汉津购买奴隶，其目的

---

[1]　Henri Wesseling, *Le Partage de l'Afrique*, Denoël, 1996, p. 286-287.

主要是让德国政府放弃支持阿波美统治者。这项举措很有效果，因为这一问题成了人们质问德意志帝国议会的主要话题[1]。在有些情况下，向某个国家施压，迫使对方放弃对奴隶的压迫，甚至是为了遏制竞争对手的企业。1840年8月，英国的莎士比亚上尉离开了位于波斯和阿富汗边界的赫拉特，从希瓦可汗手中解放了俄国奴隶（但其他奴隶并没获得解放），并带走了其中约400人，在经过圣彼得堡回到英国的路上，他把这些人送到了里海沿岸的亚历山德罗夫斯克哨所，可见解放农奴并非出于纯粹的关怀或同情。多亏了莎士比亚，英国人找到了一条入侵印度的可行路线，他们打算夺走俄国人在敏感地区进行新干预的一切"人道主义"借口[2]。

被欧洲觊觎的"土著"政府，为了避免别国以打击奴隶制为名对自己进行干预，都半真半假地宣布要废除人口贩卖。就像奥斯曼帝国那样，先废除对高加索地区白人基督徒的奴役，1857年又废除了汉志以外其他地区对黑人的奴役。那些投弃权票的人至少也会像希瓦可汗1873年所做的那样，假装解放欧洲的俘虏。希瓦可汗想让俄国的考夫曼将军放弃征伐，为此送还了22名被扣押为奴的俄国同胞，但并没有成功扭转他的决定[3]。

不过，人们是否真的把人权问题摆在首要地位呢？在中亚，沙皇的征服还不足以让人口贩卖停下来。俄国的捷连季耶夫极力捍卫同胞的事业，他承认，无论是对撒马尔罕还是对希瓦的占领，都不能让布哈拉当地的集贸市场停运俘虏[4]。英国和意大利为了抑制红海上的奴役

[1] Capitaine Édouard-Edmond Aublet, *op. cit.*, t. 1, p. 114.
[2] Peter Hopkirk, *op. cit.*, p. 213-229.
[3] *Ibid.*, p. 213-229, 351.
[4] *Op. cit.*, vol. Ⅲ, p. 105.

而签署了一份协议，但是，据19世纪80年代末的探险家路易吉·罗贝基（Luigi Robecchi）所言，他们并没有做出任何实质性的行动以结束这一活动[1]。在人口贩卖被打击最严重的地区，甚至有人建议以政治命令的名义恢复贩运原则。1884年2月，当查理·戈登被召回喀土穆时，他不顾一切希望阻止马赫迪的胜利脚步，并且认为，若要与马赫迪作战的话，依靠奴隶叛军的首领是很有必要的。他发布了一则宣言，要将奴役制合法化；后来，在《泰晤士报》发表的一篇文章中，他又提出请求，释放昔日自己的手下败将、被囚禁在开罗的祖贝尔（Zobeïr）。祖贝尔是达尔富尔著名的黑奴制维护者首领，因此这个请求使戈登遭遇了"反奴隶制社会"的抨击。当然，格莱斯顿政府拒绝释放这个囚犯[2]。同样，比利时国王利奥波德二世选择让另一个团伙的重要头目迪布·提普（Tippou Tip）成为他在刚果东部的代表（1887—1892年）。

总之，欧洲人仍在打击奴隶贩卖活动，因为这往往是对手获取武器和弹药的资金来源。但在早些时候，欧洲部队加入美国人所谓的"特定机构"的情况并不少见。俄国人在高加索地区毫不犹豫地将囚犯当作奴隶贩卖，或把他们分发给军官。1894年，法属苏丹的每个港口以及上塞内加尔和上尼日尔河流域，都存在奴隶贩卖。贝拉（Beyla）司令甚至就主要靠它来推进当地的贸易[3]。最重要的是，征服者很少主动触碰社会结构，而是任凭时间和经济动荡来使之发生转变。奴隶制就是这些结构中的一种，奴隶主没有做好放弃奴隶的准备。奴隶，通常是仆人，只要很少的资源就可以让他们真正摆脱困境。

[1] Compte-rendu du livre de Angelo Del Boca, *Italiani Brava Gente ?*, Vicenza, Neri Pozza Editore, 2005, par Gilbert Meynier, mai 2006.

[2] Lytton Starchey, *Victoriens e´minents* [1918], Gallimard, 1933, p. 300-302.

[3] A.S. Kanya-Forstner, *The Conquest of the Western Sudan. A Study in French Military Imperialism*, Cambridge, Cambridge University Press, 1969, p. 228.

因此，俄国人占领希瓦之后，迫使可汗宣布废除奴隶制，但这项措施几乎只适用俄国同胞。其他俘虏（特别是三万波斯人）的状况并没有任何改变。法属西非奴隶制的废除直到1905年才正式开始[1]。用来收容因奴隶贩卖而在外漂泊的人口的"自由村"，更像是一个可服劳役人员的人力资源库。在马达加斯加，1896至1905年，执政官约瑟夫·西蒙·加利埃尼（Joseph Simon Galieni，1849—1916年）将军正在逐步废除奴隶制。在他看来，给"土著"发放津贴制是"废除奴隶制与完全自由工作之间的过渡手段"[2]。随着全面废除奴隶制而来的是普遍纳税。英国人坚持所谓的"印度"模式，奴隶只有在向裁判官提出要求后才能获得解放，这说明英国人在驱逐马赫迪主义者的时候，对消除苏丹的奴隶制并不那么积极。

"报复"

他们是否认为，为了他们的权利，一切痛苦的记忆都要进行惩罚呢，或在相互影响之下，这类冲突给当地带去或激化族群仇杀的精神呢？在法语中，众多行为被冠以"惩罚"（punitions）、"报仇"（représailles）、"报复"（vengeances）之类的描述，在英语中被描述为"复仇"（retributions）或"打击"（thrashings）。

对于认同"以牙还牙"的人来说，有些行动似乎是相对合理的。1842年4月16日，一支部队在罗伯特·索尔爵士（Sir Robert Sale）的指

---

[1]　Richard A. Pierce, *Russian Central Asia, 1867-1917 : a Study in Colonial Rule*, Berkeley, 1960, p. 33.

[2]　Lettre à A. Grandidier, Tananarive, 12 janvier 1901, général Joseph Gallieni, *Lettres de Madagascar, 1896-1905*, Société d'Editions géographiques, maritimes et coloniales, 1928, p. 67.

挥下进入喀布尔。这支部队被称为"复仇军团"（Army of Retribution），因为在此前的1月份，4 500名官员和1.2万名随从人员（包括官员仆人和搬运工的家属）从失守的城市向印度撤回的过程中遭到了屠杀。但是，这次撤离行动本来早就与阿富汗贵族达成了协议。1881年，富莱特斯（Flatters）上校和他的车队在尝试穿越撒哈拉沙漠的旅途中遭到背叛和屠杀。20年后（1902年），科特内斯特（Cottenest）中尉让阿哈加尔高原（Hoggar）的图阿雷格人贵族在提特（Tit）遭遇惨败，血染沙场（1902年5月7日），以此作为对20年前阴谋的回敬。

　　然而，这些"报复"虽然有充分的理由，但备受争议。1847年12月，被逐出摩洛哥的阿卜杜勒–卡德尔决定向法国人路易·菲利普国王的儿子和奥马勒公爵（duc d'Aumale，1822—1897年）屈服投降，阿尔及利亚总督随即向战争大臣强调指出，这次投降发生的地点，距离穆斯林修士西迪易卜拉欣（Sidi-Brahim）的墓地不远，"在这个战场上，埃米尔赢得了他最后的荣耀，天意似乎注定他也将在这里遭遇最后的也是最惨痛的挫折，这是对我们在屠杀中不幸遇难同胞的一种补偿"。一年前，蒙塔涅克（Montagnac）中校率领轻步兵第八营的残兵孤注一掷，奋力抵抗，但最终还是溃散而逃，那时正是这座修士墓为他们提供了庇护。1846年4月，这批被囚禁的幸存者中的大多数人被处死。但是，我们在这里讨论的是"复仇"，而不是"赎罪"。实际情况是，阿卜杜勒–卡德尔曾在一场正规战中击败了蒙塔涅克，而且他在屠杀囚犯的过程中并没有责任[1]。1885年1月26日，戈登于喀土穆之围期间被马赫迪主义者杀害。1898年，《泰晤士报》将乌姆杜尔曼的胜利视为对戈登之死的

---

[1]　Général Paul Azan, *Sidi-Brahim*, Horizons de France, 1945, p. 201.

复仇，这高调地证明了英国人有仇必报，从来不会让鲜血白流[1]。英埃部队总司令基奇纳在前总督府邸的废墟上组建了一个庄重的行政部门（9月4日）。事实上，戈登是在战斗中死去的，并非被违背战争原则的敌人所杀害，1896至1898年的远征主要是为了避开法国在尼罗河上游的威胁，以及减轻意大利人在阿杜瓦战败的压力。

　　实际上，这些字眼常常不是用来代指那些违背战争法则的反击行为，而是用来代指那些能让经历过失败的征服者振奋起来的行动。的确，野蛮行径为了给暴行正名，常常美其名曰"教化"。戈登死后被斩首，他的头颅呈现给了马赫迪，此举招来了强烈的谴责。1902年11月8日，基奇纳在喀土穆开设戈登学院（Gordon College）。此前，他亲自筹集创办学校所需的资金，在筹资活动上他对自己的同胞说，这项工作"以戈登之名，造福那个依赖我们施恩布德的民族，也是为了贯彻大英帝国的教化使命"[2]。此外，"惩罚"这个词也经常被用在那些顺从之后投身革命的人身上，他们违背了与殖民者之间的契约，因此被称为"造反者"，而这些承诺只是殖民者单方面的自说自话。

　　这些观念和行为远远得不到社会各个阶层的一致认同，但是，足以给所谓的"决策者"和执行者的行为提供支持，也足以让当时的人把殖民扩张视为一种宿命，但事实上，殖民扩张只不过是支配意识形态的产物。而这种意识形态既能在现实层面，也能在象征层面为民族利益服务。

---

[1]　5 septembre 1898, *English Historical Documents, op. cit.*, p. 399.

[2]　George Arthur, *Life of Lord Kitchener*, London, MacMillan, 1920, 3 vol., t. I, p. 254.

决策者

压力政策和压力团体

决策权往往掌握在执行机关，也就是政府的手里。首先，政府必须确信打仗能带来收益，而且必须要研究行动可行性的条件，例如外交和军事力量。在议会制中，也就是除俄国以外其他所有的地方，政府都要获得多数票才能获得财政的拨款，从而在行动开展时能够及时提供支持。但是，要做到这一点并非易事。准备工作根据行动的特点千差万别。如果征服者在需要登陆的地方没有基地，或该区域小得可怜，那么除了政府首脑的意见之外，宗主国做出的决定还要结合战争、海军、外交等部门诸位大臣的意见。比如，阿尔及尔远征军的行动就是如此。

一些具有特定职能的行政部门也要参与决策，比如，印度事务部和殖民部等部门。有时，这些部门很晚才会加入进来。在法国，自 1881 年设立的殖民地副大臣一直从属于海军部，1894 年才成立了独立的部级管理部门。意大利直到 1913 年才出现第一个殖民部（11 月 30 日），负责管理的黎波里塔尼亚、昔兰尼加、厄立特里亚以及索马里的各种机构。德国的殖民地最先是由殖民地外事部来负责的（由 1891 年和 1895 年的法律确立），而真正的殖民部直到 1907 年才诞生。俄罗斯帝国从来没有设立过这一机构。但是，俄国 1797 年在外交事务机构中创立了处理亚洲事务的部门。要在现有领土的基础上扩展殖民地，地方机构在绝大多数情况下都要与中央机关一起干预。设立在各个地区的地方政府听从大总督的指挥，有些单位则完全服从总督，各地的军事指挥官通常对他们言听计从。在欧洲，所有这些部门的性质是民事的。在国家管理混乱的殖民地，军队的作用显然要大得多，因为能保障总体职能得以实现的往往是军队。

显然，如果说政府是决策的唯一责任人，那么决策者就不可能对信念、意识以及不同阶层的建议或压力不敏感。这些压力不一定是必要的：俄国在东方的行动、英国在印度的行动、美国在西部的行动都是遵循了老做法，对相关国家的繁荣来说，好处是不言而喻的。另一方面，德国、法国、荷兰、意大利和西班牙等国家的扩张动机值得怀疑。18世纪80年代以来，英国的情形也是如此。用"殖民党"来形容推动远征者或团体恰如其分，他们在19世纪最后四分之一的时间里影响甚大。欧仁·艾蒂安（Eugène Étienne）在法国扮演的角色，或是约瑟夫·张伯伦在英格兰扮演的角色，则完美地说明了这种变化。作为殖民大臣，他们置身于一张能够把军队与商人联系在一起的网络中心。这些军人和商人都坚信民族主义甚至是沙文主义的理念，坚信国家的伟大与繁荣。

就法属非洲而言，约翰·肯尼亚－福斯特奈（John Kanya-Forstner）写道："战争中的每一场战斗都是政治性的，而不是军事性的；是在巴黎进行的，而不是在苏丹进行的。"[1]

在这个压力集团的内部，军队是否对殖民征服起到了巨大的推动作用呢？如果相信这一点，或许就过于夸张了。在大多数主要军事大国当中，最高层的主要工作是为欧洲冲突做好准备。这是所有陆军参谋部的主要任务，特别是在德国、法国、意大利和俄国。总体来说，对需要抽调自己兵力和装备而削弱国防的项目，最高指挥所发挥的作用是十分有限的。英国的情况则不同，保护英国首先是海军的使命。因此，英军军官不受干扰就能够对远方的行动运筹帷幄。1910年前后，欧洲的紧张局势迫使他们从一开始就得考虑介入混战。但他们比任何人都更了解自

---

[1]　George Arthur, *Life of Lord Kitchener*, London, MacMillan, 1920, 3 vol., t. I, p.183.

己的人员有限，因此只会在十拿九稳的时候才敢在某个方向冒险。

通常，负责实地指挥的高级官员或将军的态度与政客的往往存在很大差异。显然，在冲突即将爆发的时候，他们不会急着去推波助澜。米尔纳子爵是开普敦的高级指挥官，布尔战争的主导者，而反对他的政策的主要对手之一就是英军上将威廉·巴特勒（William Butler，1838—1910）。后者判断协定的可能虽然存在，但是战争风险过高，最终巴特勒在 1899 年 7 月辞职，因此丧失了战时指挥的大好机会。当然，这只是个别情形。海外军官往往征服欲过于旺盛。即使在法国本土这种心态很难占多数，但是在海外却有相当数量的传承者，他们的倡议不可能没有人附和。这种想法常常使他们忘记已获得的物质利益。他们的心中满怀希望，特别是年轻的人憧憬着在胜利后升官晋爵、光宗耀祖。出于职业习惯，他们认为靠武力解决问题最能确保长久的稳定。必须指出的是，他们行动的地区是已被宣称的占领区。他们斗志昂扬，压根儿没有想过要退却或离开。心怀希望而勇气倍增，这是驻扎在非洲的军人的典型心态，在法国军官中，怀着这种心态的有路易·阿希纳（Louis Archinard），在莫桑比克有葡萄牙人阿尔伯克基（Albuquerque），在非洲西南部有德国人魏斯曼（Wissmann），我们稍后还将介绍相关的具体战例。

规模概念

我们认为，用兵规模是政府决策中的根本问题。确实，几十名海员在太平洋岛屿或非洲海岸登陆，或者少量骑兵排在西部平原行动所需要的人力和物力，与英埃部队在苏丹或北非的大型作战相比根本没有什么可比性。可以说，前一类行动是在当地权力机构的主导下，借助手头现有的常规手段自发完成的，下达的命令也不太具体，仅仅起到维持秩序的作用。而后一类行动则要汇集并投入大量的人力和物力，需要制订真正的作战计划。一个国家无论军事潜力有多大，都不愿以削弱自身防御为代价介入劳民伤财的远征行动。唯一不用担心这种意外的大国，就是受海军保护的英国和受海洋保护的美国。因此，他们军队的规模相对比较小。

但是，另一个问题也不容忽视，就是展开作战行动的区域。如果战斗发生在一个国际公认的有权属地区，组织起来要相对容易一点，政府可以给派遣人员一定的自由。如果要征服某个一直具有独立地位的领土，那么情形就不一样了。如果作战行动威胁到竞争对手的利益或平衡，或者行动地点毗邻另一个欧洲国家的领地，那么，就必须要得到其他列强的许可。在这个过程中，外交准备与军事行动一样重要。特遣队的行动即使有所限制，也不可能在毫无保障的情况下贸然行事。

这些要素可以解释为什么没有任何一次扩张是遵循正常程序的，而是相反，先实施一系列推进，接着再进行巩固的行动，并多次反复实行。法国对北非的征服就是一个很好的例证。获悉伦敦内阁因国内问题引发的矛盾而陷入瘫痪之后，法国政府发动远征时丝毫不担心英国皇家海军的干预。但是，在征服阿尔及尔之前，法国犹豫了很长时间，这与当时法国正处在复辟王朝向七月王朝的过渡时期不无关系。但首要的原因是，1830至1834年的革命风暴之后，欧洲危机四伏。1834年，法国谨慎地选择了"有限占领"的策略，这一政策一直实行到1836年，即第一次君士坦丁远征。1841年底，法国政府才决定夺取阿卜杜勒–卡德尔的权力以实现全面占领。法国之所以如此小心翼翼，是因为法国政府曾经支持埃及穆罕默德·阿里帕夏（Méhémet Ali）提出的过分要求，英法的紧张关系亟待修复。此外，阿里帕夏的野心威胁到了奥斯曼帝国的领土完整，使得沙皇很有可能以捍卫苏丹为由向君士坦丁堡派遣部队，其实是为了实现对博斯普鲁斯海峡和达达尼尔海峡的控制。后来，议会主席弗朗索瓦·基佐精心维系的《友好协定》（Entente cordiale）诞生后，法国才吃了定心丸，开始征服阿尔及利亚。后来，基佐未来的接班人甘必大和费里则在德国的鼓励和英格兰的许可下，违背意大利的意愿开始征服突尼斯。直到 1912 年，法国人才铤而走险，他们先是进入了摩洛哥东部，随后又进入卡萨布兰卡地区，但仍以治安行动为借口。开始实施保护国政策并全面展开征服的时候（1912 年），他们早已得到了英国（1904 年）、意大利（1910 年）和德国（1911 年）的许可。

　　我们可以用同样的方法分析英国人在苏丹的进程，他们的每一个行动都与国际形势息息相关。英俄紧张局势缓和，1878 年签订了《柏林协定》，英国政府通过几场辉煌的战役巩固了自己在阿富汗的影响力。正是在这样的背景下，英国占领了埃及（1882 年）。但是，他们在尼罗河上的成功招致法国人不断的反对。法国人认为自己在埃及的"权利"受到了侵犯。而且，这次成功因马赫迪分子占领苏丹而蒙上了一层阴影：喀土穆沦陷，达尔富尔总督斯拉丁帕夏投降，南方省份（赤道省）总督艾门帕夏撤退到大湖地区，马赫迪的主要副手之一奥斯曼·迪格纳（Osman Digna）在红海的萨瓦金围攻英军。英国人没有做出什么反应，因为他们对俄国人在阿富汗边境的新进展感到忧心忡忡：在西北方向上，俄国人占据了梅尔夫（1884 年 3 月）。许多观察家认为，这是他们朝印度方向有史以来最大一次的推进，随后的 1885 年 3 月，他们又占领了位于波斯和阿富汗边境的彭迪（Pendjdeh），从那里他们可以徒步抵达赫拉特和坎大哈；在东北方向上，他们则在帕米尔不断推进（1893 年，帕米尔堡的建造给奇特拉尔山谷造成了威胁）。

　　因此，英国首相、自由党人格莱斯顿和他的继任者索尔兹伯里

（1886—1892年，以及1895—1906年）将牵制马赫迪主义者的任务交给了一支重组的埃及军队，答应给他们提供充足的财力支持。他们一致认为，马赫迪主义者的压力在第一阶段有利于遏制意大利的前进步伐[1]。此外，1881年，在一次失败的战役之后，英国签署了协议保证奥兰治和德兰士瓦的独立，因此，他们在南非一直低调行事。1895年12月29日至1896年1月2日，利安德·斯塔尔·詹姆森（Leander Starr Jameson）突袭失败，没能成功煽动"外侨"的反抗，对此英国也没有做出什么回应，因为这次突袭是开普殖民地总督塞西尔·罗兹一人做出的决定。直到1896年，情况才有所改变。《西姆拉协约》签订之后，俄国同意在帕米尔高原的俄国领地与印度领土之间设立一个阿富汗缓冲地带。英国与俄国的关系因而有了一定的缓和。意大利人在阿杜瓦战败之后，英国人害怕马赫迪主义者摆脱意大利人的威胁，转而对付自己，因此又重新开始征服苏丹。但是，这次行动还有另一个目的，那就是走在法国人前面，后者与埃塞俄比亚关系融洽，并派遣马尔尚占领了上尼罗河。直到后来，乌姆杜尔曼战役终结了马赫迪的历史，法绍达危机又让法国明确放弃了埃及，英国人这才重新在非洲开展了重大政治举措。英国与南非共和国的紧张关系终于引发了1899年的战争，这绝非偶然。

---

[1]　David Steele, art.cit., p.11-33.

第三章

战争的性质

$\vee$

绝对战争？

我们很难说用"全面战争"来形容殖民战争是否合适，因为这一词似乎更多地被用于两次世界大战。在殖民冲突中，没有让火力强大的部队在陆地上激烈对抗，也不像传统战争那样动用大量的工业资源，因此远远不能与这两次近乎极端的对抗相提并论。不过，博弗尔将军（Beaufre），一位与德拉特元帅（de Lattre）同时代的法国元帅，曾毫不犹豫地写道："殖民战争是一种全面战争，所有的政治决策难题都暴露无遗，而这些政治决策实际都是以战争为目的的。"[1]历史学家亨利·韦塞林（Henri Wesseling）也认同这一点。他认为，殖民战争通常至少遵循了克劳塞维茨（Clausewitz）所说的"绝对"目标：彻底地消灭对手。为了更好地理解这一点，我们有必要先回过头来理一理思路，从整体的角度来考量发生在19世纪的战争。

奇怪的是，在帝国殖民扩张的年代，人们对侵略战争并不看好。

---

[1]　Général André Beaufre, *La Guerre révolutionnaire*, Fayard, 1972, p. 101.

《大拉鲁斯辞典》是这样评价（或更确切地说批判侵略战争）的："罗马人对世界的征服，抑或欧洲在拿破仑统治下对世界的征服，产生过一定的积极影响。这是毫无疑问的。但是，谁又能断言如果一切按照正常的规律发展，就不会变得越来越好呢？飓风有时也能带来好处。但谁又能说这是人们所期待的呢？"这一观点在后来的许多批判性论述中被广为引用，比如随笔家莱翁·戈兹朗（Léon Gozlan）写道："无论是用宝剑还是用白兰地，无论是用《圣经》还是用鸦片来征服，都不过是换了一种掠夺方式罢了。"[1]

事实上，1815年之后，发生在19世纪欧洲的重大冲突大多有关民族独立。这些冲突产生于新的国家政体创建之后，理由是争取支配自己命运的权力。比如，意大利1859年的统一战争以及德意志1866—1870年的统一战争。在俾斯麦（Bismarck）看来，兼并阿尔萨斯—洛林，就是让一片"德国的土地"回归祖国，尽管这一观点是否成立还有待商榷。从某种意义上来说，我们甚至可以把美国内战也纳入民族冲突的范畴，因为美国内战的核心就在于民族的统一。以解放巴尔干地区各民族为目标的"近东问题"使得奥斯曼帝国变得岌岌可危，其中的冲突也体现了民族性这一规律。另外，除了美国南北战争以外，这些冲突都属于有限战争，无关乎政府的存续，而是有明确的目标，持续时间短，通常只有几个月。不过，政府在战斗中尽可能投入了更多的精力。

殖民冲突则似乎完全不同。核心不在于新的国家实体的建立，而是一个民族或多民族整体上能否保持独立本身的问题。一旦战败，被征服的民族就会受到各种制约，无法继续遵循自己的传统和本族人的统治，也不能再使用自己的语言。外国人会占有他们的财产和人口，并用某种

---

[1]　*Grand Dictionnaire universel du XIXᵉ siècle*, article « conquérants », t. Ⅲ , p. 959.

在其他地方制定的政策，以及不被这些民族所承认的政治宗教的律法来统治他们。这些事在当时很少产生巨大反响，除非捍卫独立的人本身就是欧洲人，比如布尔人。

此外，殖民冲突的目标没有限制，其目的无非就是要彻底吞并被征服的国家，使其在国际的视野中消失。可以是彻底消失，比如使之成为附属的殖民地；也可以是部分消失，比如使之成为保护国。后一种形式可以保留被征服国家的外在形式。虽然两种形式的区别不容忽视，只要比较一下阿尔及利亚与突尼斯、摩洛哥的发展状况就能发现，但在我们看来，这样的区别也不是最根本的，因为保护国地位各不相同，而且很容易被撤销掉。比如，加利埃尼准备消灭马达加斯加人的王权，并把大岛变为殖民地，这是他个人的决定，最多只是通知一下巴黎。殖民冲突虽然有野心勃勃的目标，但落实的手段则相对有限。1870 年普法战争期间，法国和德国把所有的力量投入了战争，只向海外派出了极少的一部分军队。也许，正是因为国家要求人民或人民代表为这些战争付出少，因此在本土，至少在表面看来只是留下了一些浅浅的痕迹。

当然，同一类战争中也有差别。并非所有的殖民战争都是征服战争，比如英国对中国、阿富汗和阿比西尼亚的远征就不是。另外，除了大规模的进攻，还有许多没有造成什么影响的小规模治安行动。不过，如果我们因此就认为这些远征不属于总的殖民体系的话，那就大错特错了。因为所有远征都要对军队进行训练，也就是要为未来更持久的战争做准备。不仅如此，这些远征能够加强西方军事大国在人们心目中战无不胜的形象，从而削弱或减少持久的抗争。因此，远征的前景十分开阔。再说，距离那么远，空间那么大，前景又怎么能不开阔呢？

决 策

正式宣战很罕见。应该说，不仅是殖民冲突，正式宣战即使在今天也是例外。1883年英国的一份研究报告显示，1770至1870年，发生在"文明国家"之间的敌对行动只有10次是提前宣战的；相反，110个战例是欧美列强政府在没有庄严宣战之前就挑起了战争。他们向亚非国家发动战争的方式亦然，何况这些战争是"反对野蛮部族的战争"[1]。局势的紧张和接连不断的事件，似乎足以为敌对双方敲响战争的警钟。

不过，某个明确的行为通常是激烈冲突的开端：向敌对方发出最后通牒。放弃有争议的领土、接受赔款或贡税、接纳欧洲居民是最为常见的条款。对方的拒绝或（更为常见的）含糊其词则会引发一系列干预。下达最后通牒的人可能是当地权力机关的长官，也可能是代表政府的官员或公务员。这是权力下放的首要信号，同时意味着所有总督和负责落实殖民政策的人团结在一起，形成了思想的共同体。史学家佩利西耶·德·雷诺（Pellissier de Reynaud）曾论及阿尔及利亚总督当雷蒙（Damrémont）将军与君士坦丁大公艾哈迈德的决裂，这一事件最终导致城市被占领，他这样说道："当雷蒙将军在贡税方面做了让步，也同意不在君士坦丁升法国国旗，然后送去最后通牒，大公的回答没有任何谈判的余地。至此，除了战争，已别无选择……"[2]但在特别重要的情况下，欧洲政府也可能亲自发出威胁信息。其中最好的例证之一是意大利给土耳其下达的最后通牒，随后意大利发动战争，意军在这场战争中

---

[1] « Des Hostilités sans déclaration de guerre », RME, 30 novembre 1884, p. 607-617. Analyse de *Official Copy. Hostilities without declaration of war. Compiled in the Intelligence Branch of the Quartermaster's General Department, by Brevet Lieutenant-Colonel J.-F. Maurice, Royal Artillery.*

[2] E. Pellissier de Reynaud, *Annales algériennes*, Anselin et Gaultier-Laguionie, 1836, 3 volumes, vol. 3, p. 240-241.

征服的领土就是后来的利比亚。1911年2月28日2点30分，意大利首相乔利蒂（Giolitti）通过外交部部长圣朱利亚诺向土耳其政府发出了一份最后通牒，要求对方在24小时内接受意大利对的黎波里塔尼亚和昔兰尼加的占领，但没有得到回复。意大利随即派出部队，并于10月5日抵达上述两地。

上述战争都是在内部辩论之后才发动的，而在内部辩论中民权起主导作用。当然，其自由度或多或少取决于当局。通常，政府必须考虑舆论，说服议会中的大多数议员并获得拨款。不过，对沙皇俄国来说，这些限制与现实是那么遥远，作家捷连季耶夫希望把英国政府的秘诀传授给自己的同胞，他相信，只要对读者说明公共舆论和新闻对政府的决策产生的影响就够了。他明确指出，议会制剥夺了英国女王的核心权力，并将权力交给了整个民族，这使英国的政治政策发生了诸多变化。他还指出，只有在反对党不代替领导人处理事务的时候，领导人的主张才真正有效。[1]接下来的几个例子，或许可以说明我们这位可敬的莫斯科观察家所察觉到的复杂性，但他似乎忽视了圣彼得堡法庭和圣彼得堡办事处的政治手腕。

在以"殖民党"的灵魂人物欧仁·艾蒂安为首的内阁中，非洲委员会主席埃米勒·卢贝（Émile Loubet）以达荷美王国部队的遇袭事件和法国的保护为由，向众议院提出了拨款的请求。众议院必须为增援提供资金，以保证对沿海机构的安全防范，以及对付科托努和波多诺伏周围长期的"游击战"。最后结果以376张赞同票、134张反对票通过了300万拨款（1892年4月11日）。4月15日，卢贝组织召开了一场特别会议，出席的有海军大臣戈德弗鲁瓦·卡芬雅克（Godefroy Cavaignac）、殖民

---

[1]　"M. A. Terentyef", *op. cit.*, vol. Ⅳ, p. 63, 81.

部国务秘书埃米尔·贾迈（Émile Jamais）、远征军总司令路易 – 亚历山大·波里耶·德利斯尔（Louis-Alexandre Brière de l'Isle，1827—1896年）、伯尔尼 – 德斯保尔德（Borgnis-Desbordes，1839—1900年）、比肖（Bichot）、海军作战队副督察长兼海军准将葛文（Gervais）、舰长富尼耶（Fournier）、指挥官兼记者奥德欧（Audéoud）。4月30日，陆军上校多兹被任命为远征军司令。直到7月13日，进军阿波美的决策才正式确定，此时，驱逐贝汉津被看作是长期和平所必需的条件。[1]

　　1895年，对马达加斯加的远征也是个值得关注的例子[2]。马达加斯加政府拒绝履行1885年签订的条约。为了将条约落到实处，1894年8月，外交部部长加布里埃尔·阿诺托（Gabriel Hanotaux）决定进行干预。8月29日，由四个部门（殖民部、战争部、海军部、外事部）的代表组成的联合委员会呈交了一份报告。报告列出了与远征军的规模、需求以及在塔那那利佛行动的相关建议。从1893年秋季开始，委员会还要求陆军部队、海军部队和海军陆战队进行深入研究，并将资料送达委员会。委员会的成员之一莱昂·德贝利埃（Léon de Beylié，1849—1910年）中校对该岛进行了秘密侦察。10月，法国专员夏尔·勒米尔·德·维里埃（Charles Le Myre de Vilers）发出的最后通牒只得到了一个含糊其辞的回应，这也就成了政府发动战争的借口。利用这一借口，政府试图让众议院投支持票，并强调经济利益（特别是留尼汪岛种植者的扩张机会）、印度洋的战略地位和国家荣誉。除此以外，议长夏尔·迪皮伊（Charles Dupuy）还提出了自信的问题。最终，战争拨款以372张支持票、207张反对票（11月23日）的票数获得通过。总金额

---

[1]　Capitaine Édouard-Edmond Aublet, *op. cit.*, t. 1, p. 138-166.

[2]　Voir supra, p. 24.

为6 500万美元，共派出男性1.5万人。12月7日，信贷法颁布。负责指挥的雅克·杜谢纳（Jacques Duchesne）将军被任命为临时委员会主席。该委员会被称为组织委员会，参谋长（正是前文提到的德贝利埃）和未来的远征军部队负责人在此就职[1]。

在其他地方，组建远征军的过程也很类似。决策的制定几乎永远取决于政治力量。1896年，索尔兹伯里勋爵决定在苏丹进行干预，决策速度之快使当地军人和埃及当局均感到十分意外。因为伦敦内阁认为，意大利预料之外的突然溃败和法国的野心对当地的安全防范造成了威胁。为此，内阁忧心忡忡地决定，将指挥部署的权力交给埃及部队总司令基奇纳，目的是限制白人部队的派遣，减少昂贵的开销。远征指挥官接到指示，要求以较慢的速度有条不紊地推进，以免遭遇失败[2]。政府的这种谨慎做法获得了议会的广泛支持[3]。

内阁一旦制定好决策，马上就交给技术部门（技术部门包括战争部、海军部、殖民部以及英国的印度事务秘书处）负责执行。领导人的任命无疑是最重要的，只要看看前辈，继任者就足以明确自己的使命了。由于范围相对有限，海外军官知道如何选拔人才。他需要全权负责远征军的组织。就算不能亲自撰写提交上司批准的指示，至少也要参与起草工作。在组建远征军方面，特别是在选择自己的参谋以及情报部门的官员时，他有很大的自由度。每一个伟大的领导人周围都有一个合作

[1] Y.-G. Paillard, "The French Expedition to Madagascar in 1895", in J.A. De Moor et H.L. Wesseling, *Imperialism at War. Essays on Colonial Wars in Asia and Africa*, Leiden, J. Brill, 1989, p. 168-188 ; *Lieutenant-colonel* Ditte, *Observations sur la guerre dans les colonies*, Lavauzelle, 1905, p. 22.

[2] Ian F.W. Beckett, "Kitchener and the Politics of Command", *in* Edward M. Spiers, ed., *Sudan*, p. 35-53.

[3] Ronald Robinson, John Gallagher, Alice Denny, *Africa and the Victorians. The Climax of Imperialism*, New York, Anchor Books, 1968, p. 346-354.

团队。出于崇拜和理想抱负，团队对他忠心耿耿。在阿散蒂战役中，加内特·约瑟夫·沃尔斯利（Garnet Joseph Wolseley，1833—1913年）将军就得到了雷德弗斯·亨利·布勒（Redvers Henry Buller）上校的效忠。早在加拿大时，布勒上校就出色地完成了各项任务，尤其是招募250名侦察兵这一任务使沃尔斯利将军对他欣赏有加。因此，在1882年的征战中，沃尔斯利将军把布勒上校召回埃及。不过这一次，布勒受到了批评，因为他高估了阿拉比帕夏的能力，放慢了行动的速度。在1885年远征苏丹的过程中，沃尔斯利对天赋异禀的军官查尔斯·威尔森（Charles Wilson）爵士十分偏爱，同时，还有两位年轻的未来军官基奇纳和雷金纳德·温盖特（Reginald Wingate，1861—1953年）也对他忠心耿耿[1]。但是，高层的压力是有限的。1898年，虽然基奇纳在苏丹可以完全自由地选拔军官，但还是必须遵从军队高层人士埃弗兰·伍德（Evelyn Wood）副将的特别命令，让温斯顿·丘吉尔加入了自己的部队。不过，哪怕是未来的首相，也只能作为编外人员自己承担费用和风险[2]。

　　准备工作一直都很细致。其中包括获取未来作战地点的情报，敲定并筹集资金，考虑交通、登陆、支援和换防等事宜。当然，还要做好防止与其他殖民大国产生摩擦所必要的政治准备。一位后勤军官就米哈伊尔·斯科别列夫（1843—1882年）将军对土库曼发动的战役写道："远征的准备工作往往比执行任务更复杂、更微妙。"[3]这意味着几个月时间的耽搁。远征阿尔及尔是在1830年2月7日确定的，但是，船队5月25日才从土伦起航。罗伯特·科内利斯·纳皮尔（Robert Cornelis Napier，

---

[1]　Edward M. Spiers, *The Late*, p. 286-287.

[2]　Winston Churchill, *My Early Life*, London, MacMillan, 1944, p. 182.

[3]　A. Prioux, sous-intendant militaire de 3ᵉ classe, *Les Russes dans l'Asie centrale. La dernière campagne de Skobelev*, Baudoin et Cie, 1886, p. 3-4. Première parution dans *RME*, 1884-1885.

1810—1890 年）对阿比西尼亚的远征确定于 1867 年 8 月，在此前三年半的时间里，英国政府一直在争取让阿比西尼亚释放被囚禁在马格达拉（Magdala）要塞的英国领事查尔斯·卡梅伦（Charles Cameron）上尉和同样被指控犯有间谍罪（但这只是欲加之罪）的几个欧洲人，但最终只是徒劳。直到 10 月份，负责在红海建造基地的人才得以登陆。这场战役始于 1868 年 1 月，4 月以攻克马格达拉而结束。我们姑且可以认为，执行之前的准备工作用时相对较短，这要归功于负责制订计划的行政部门。

行动的自由

长官一旦被任命，就有了高度的灵活机动性。正如 1882 年上塞内加尔战役结束后，海军部上校伯尔尼－德斯保尔德所写的那样，对殖民地来说，"领导者的行动自由"比在其他任何地方都更加不可或缺。[1]毫无疑问，这种自由是通信手段的迟缓或可靠性的缺乏造成的结果。别说是中央政府，就算是殖民地当局，如果想对其行动进行控制，那也只是妄想。即使有了电报，在 20 世纪初之前，指挥官的特权也没有从根本上被降低[2]。

但是，这种自由度的成因还不止通信技术的不完善。长官在执行任务时，应有绝对自由这一原则本身就被人们普遍认可。1842 年 10 月，英国军队的最高长官惠灵顿公爵给印度总督埃伦巴勒伯爵写了一封信。

---

[1] Martine Cuttier, *Portrait du colonialisme triomphant : Louis Archinard, 1850-1932*, Lavauzelle, 2006, p. 119.

[2] Daniel R. Headrick, *op. cit.*, p. 67.

埃伦伯勒刚到不久，正试图指挥作战。惠灵顿在信中告诉他，无论什么人都不可能在战役中远程指挥，对他而言也是如此。指挥权应当下放给当地的军官，而上级部门的作用应当是为他们提供充分的资源，指明可取的行动计划。一位老兵委婉地抱怨殖民地总督干预过多，他的话要看英语原文才能体会微妙的地方："你已经竭尽全力，但也许你本可以有所保留（You could not do more. You might have done less.）。"[1] 虽然中央政府（至少是军事当局，不过有时也会是民事当局）有很大的自由裁量权，但至多只是确保（或控制）殖民地信息的传递手段。这种做法缩短了上下级之间的距离，但有关的记录则非常少。就我们所了解的战例而言，比如在1881年突尼斯战役中，福尔摩尔将军（General Forgemol）的身边就有一名雄心勃勃的高级军官，也就是即将结束最高委员会副主席职业生涯的约瑟夫·布吕热尔（Joseph Brugère）中校，他能够与共和国总统儒勒·格雷维（Jules Grévy）的内阁直接联系[2]。

数年之后发生的一件事体现了相同的思想状态。1898年春，基奇纳对快速入侵尼罗河与阿特巴拉河交汇处的马赫迪主义者阵地的时机拿不定主意。他的下属在这一问题上持有不同的意见。他把自己的担忧告诉给了自己的上级、文职官员克罗默（Cromer）领事，并请教他对这一问题的看法。克罗默本人曾是一名军官，他将此事逐级汇报给了英国陆军部。然而，惠灵顿的继任者之一、沃尔斯利子爵对基奇纳说，他不必听取任何人的建议就可以发动进攻，并指责他向克罗默伯爵咨询的行为。在他看来，远在天边的人容易恐慌和怯懦，哪怕他们再优秀也不能

---

[1]　Henry Herbert Dodwell, ed., *The Cambridge History of British Empire*, vol. IV, *British India, 1497-1858*, Cambridge, Cambridge University Press, 1929, p. 521.

[2]　André Bach, *L'Armée de Dreyfus. Une histoire politique de l'Armée française de Charles X à « l'affaire »*, Tallandier, 2004, p. 266 sq.

信任。[1]

在众多负责人当中也有不服从指令的。查尔斯·纳皮尔（1782—1853 年）爵士曾奉命负责重新商议 1838 年与信德省的埃米尔签订的条约，但是，他自作主张入侵了这片 13 万平方公里的土地。该地区被他降服之后（1843 年 2 月至 3 月），他向当地酋长发送了一条消息。这条消息可以用一个拉丁语单词 peccavi 来概括，这个词翻译出来就是"我有罪"，通过这条消息，他既承认了抗命，又宣告了自己的功绩。虽然这句双关语是讽刺期刊《笨趣》（*Punch*）杜撰出来的，但纳皮尔的不宣而战还是引发了争议。参与争论的包括他的下属詹姆斯·乌特勒姆爵士（Sir James Outram），一位声名显赫的士兵，后来被称为"印度的贝亚德"。乌特勒姆指责纳皮尔领导了一场毫无意义且代价过高的战争。这个问题在 1844 年的议会中再次被提起[2]。阿尔及利亚总督比若（Bugeaud）元帅向他的继任者奥马勒公爵吹嘘说，自己曾"越过战争大臣的命令"，在摩洛哥乌季达的周边地带开展了对抗苏丹军队的伊斯利战役（1844 年 8 月 15 日）。的确，战斗前一天，他曾收到大臣的正式命令，要求他不要越过边界，但他决定不服从这一命令[3]。还有一个知名度略低的战例与南非总司令兼高级专员乔治·波默罗伊－科利（George Pomeroy-Colley）少将有关。在第一次布尔战争中，英国人与德兰士瓦的布尔人针锋相对，布尔人为了重新获得 1877 年失去的独立，发动了起义（1881 年 2 月）。其间，波默罗伊-科利接到了格莱斯顿通过国务秘书金伯利伯爵（Lord Kimberley）派来的任务，建议他暂时停火。

---

[1]　Lettre du 1ᵉʳ avril 1898, George Arthur, *op. cit.*, t. 1, p. 225.

[2]　Harold E. Raugh, Jr., *The Victorians at War, 1815-1914. An Encyclopedia of British Military History*, ABC/CLIO, Santa Barbara, California, Denver, Colorado, Oxford, 2004, p. 242-244.

[3]　Général Paul Azan, « Les Grands soldats de l'Algérie », *Cahiers du Centenaire del 'Algérie*, IV, Publications du Comité national du Centenaire de l'Algérie, s.d. [1931], p. 34.

然而，他并没有选择撤离战略要地马朱巴山以及控制德兰士瓦入口的朗峡，还无视有关布尔人已渗透到他所在位置的警告。布尔人成功地占据了高地，他们猛烈的进攻彻底打垮了英军（1881年2月27日）。

这种行为究竟是违抗命令还是铤而走险呢？如果没有总督埃伦巴勒伯爵的同意，或至少是暗示，查尔斯·纳皮尔可能并不会采取行动。比若之所以决定采取行动，是因为考虑到茹安维尔公爵（duc de Joinville）刚刚轰炸了丹吉尔（Tanger），于是在考虑周全后，他决定利用一种成功概率最大、且从未被明令制止的方式来确保他部队的安全。在他看来，下命令撤退的风险似乎更大，因为这会让边境的部落更加肆无忌惮地骚扰，而打一场胜仗反而能减少人们对他的质疑。至于波默罗伊－科利，与其说他违背了指令，倒不如说他破坏了指令。指令要求他转告敌方政府在"合理时间"之内回复，他利用了这一点。殖民地和英国本土之间的通信通常需要几天时间，但他用不了48小时就能攻克马朱巴山。

总之，结果决定了人们对动机的价值判断。无论是伦敦官员还是加尔各答军官都不可能恢复对信德地区的占领。英国首相罗伯特·皮尔（Robert Peel）只是让埃伦巴勒当了替罪羊。与之相对应的是，纳皮尔直到1847年才离开信德，1849年甚至又被召回印度[1]。比若虽然取得了胜利，因此获得了伊斯利公爵的称号，但人们认为这场胜利代价过高（27人死亡，100人受伤）。后来，为了避免与英国产生纠纷，他就没有派他的军队深入摩洛哥。相反，波默罗伊－科利的选择堪称灾难，阿非利卡民兵给他的部队造成了严重的损伤（80人死亡，57人被俘，160人受伤），他本人也在前线被子弹击中身亡。格莱斯顿依靠支持与南非白

---

[1]　Harold E. Raugh, Jr., *op. cit.,* p. 242-244.

人签订协约的多数派，实施了 20 年的和平政策[1]。

不可否认的是，上级权力机关的干预并不能保证成功，一些不幸的例子似乎可以证明这一点。奥雷斯特·巴拉蒂耶里（Oreste Baratieri，1841—1901年）将军就是在克里斯皮（Francesco Crispi）总理的鼓励下才决定向埃塞俄比亚进军的。但是，这一决定就算不是阿杜瓦战役惨败的唯一原因，至少也是其中之一。克里斯皮曾嘱咐巴拉蒂耶里说："为了军队的生存和君主的荣誉，要做好牺牲一切的准备。"（2 月 25 日）正是这番话促使巴拉蒂耶里采取了行动，或者说使他无法独立思考。在亚历山大·卢瑟（Alexandre Luzeux）看来，这类电报命令对"一个只有将军才有权利和义务回答的问题构成了刑事干扰，因为事情发生后，只有将军需要面对军队、国家和审判他的军事法庭。军事法庭不会审判他的下属、顾问，甚至也不会审判克里斯皮以及他具有煽动意味的电报"[2]。我们将在描述这场战斗的有关章节读到具体的细节。

将军的责任范围不仅限于军事行动。大多数时候，一旦击败敌对势力，部队长官还要拟定和平条件：承认旧政权或确立新政权，设定贡税，人口的安置，割让一块土地甚至整个地区。1879年秋，军功赫赫的弗雷德里克·斯雷·罗伯茨（Frederick Sleigh Roberts，1832—1914年）将军接到了进入喀布尔（女王的使臣卡弗格纳里少校和他的侦察兵不久前在那里遇害）的命令，他"在自己的军事行动范围内，被赋予了最高的政治权力"[3]。10月26日，占领这座城市之后，他在发表的宣言中强调说，

---

[1] Thomas Pakenham, *The Scramble for Africa, 1876-1912,* London, Abacus, 1991, p. 101-107.

[2] Général Luzeux,*Études critiques sur la guerre entre l'Italie et l'Abyssinie,* Lavauzelle, s.d. [1897], p. 54-55.

[3] Lieutenant-colonel Septans, *Les Expéditions anglaises en Asie. Organisation de l'armée des Indes (1859-1895). Lushai Expédition (1871-1872). Les Trois campagnes de Lord Roberts en Afghanistan (1878-1880). Expédition de Chitral (1895),* Lavauzelle, 1897, p. 175.

埃米尔雅库布汗（Yacoub Khan）已被废黜，该国的酋长现在必须要臣服于他。

长官的决定不仅可以不受上级权力机关的干预，还可以一人独断。1871年，罗伯特·纳皮尔将军负责指挥部队，攻打位于孟加拉和仍保持独立的缅甸边境的卢赛山山民，他拒绝让"外事部"派来任何代表。他强调说，政治责任与军事责任是密不可分的。印度总督支持了他的要求。罗伯特·纳皮尔认为，最高权力就在部队首长的个人手中，不属于其他任何人。而陪伴他的文职人员以及行政区内的居民，只能以政治顾问的身份来帮助他。如果他们强烈建议首长征求他们的建议，首长则可以随意决定究竟是否听取[1]。设立战争委员会的目的，如果不是为了让首长把意图告知下属，并听取他们可能提出的建议，而是为了就未来的行动向他们征求意见，则只会让首长遭到质疑，因为这样会使他显得缺乏个性、优柔寡断，这些特点会危及成功。"一位将军到了之后，如果他觉得自己还有必要考虑别人的意见，就说明他的个人能力没有达到他作为领导应尽义务的高度"[2]，法国将军卢瑟在评价意大利司令在阿杜瓦的态度时这样写道。

因此，大多数时候，军队的首长几乎拥有绝对的自由。然而，这种自由受到一个很大的限制：不能违反均势原则；不能打破外交官谈判达成或默许的分界线，侵犯国际边界。只有当英国和德国都默许了的情况下，法国才能进入突尼斯。在印度支那，法国人会限制自己的野心，防止与英国人发生口角。虽说他们于1905年、1911年在摩洛哥的举措招

[1] Lieutenant-colonel Septans, *Les Expéditions anglaises en Asie. Organisation de l'armée des Indes (1859-1895). Lushai Expédition (1871-1872). Les Trois campagnes de Lord Roberts en Afghanistan (1878-1880). Expédition de Chitral (1895)*, Lavauzelle, 1897, p. 73-74.

[2] Général Luzeux, *op. cit.*, p. 54-55.

致了德国的不满，但是，只有在列强达成广泛共识的前提下，他们才会占领这个国家。征服行动的推进能够让不同军队的队伍越来越靠近彼此，这时候，预先绘制在地图上的行动作战区就会被小心翼翼地缩减。虽然军队不总是那么谨慎、那么情愿，但任何时候都严格地遵守着契约的规定。

军事领土

组　织

一旦进行征服，或至少占领了一片领土之后，就必须建立一个由中央机关控制的行政机构。根据不同的情况，这个行政机构可以是海军部、战争部、殖民部，甚至是内政部。通常，这些部门希望有一个更内行的民事管理部门，以免行政失误。

这些机构不总是马上就有的，过渡期间的负责机构通常是一个受部队控制的行政部门（有时由海军负责，比如1858至1880年法国占领交趾支那就是其中的一例，但这种情况很少见）。为了保护整个国家，政府军会根据地方组织来安插他们的编队。军事区完全可以当作行政机构的管辖范围区划，领导这个军区的军官则集军事与行政职责于一身。例如，1900年3月20日，菲律宾远征军指挥官爱威尔·斯蒂芬·奥蒂斯（Elwell Stephen Otis）少将用领土军事部代替了战术部（第八团、第八师和第八旅）。领土军事部设有四个部门（北吕宋、南吕宋、米沙鄢群岛和棉兰老岛—霍洛岛），每个部门再往下分为大辖区和小辖区。奥蒂斯兼任部队司令和辖区总督。他是美军军政府的领导人，负责民事政府。除了安全之外，部门和辖区指挥官还要肩负司法、学校、邮政电报、道路桥梁、税收等重任。在基地中，有639个不同的岗位为占领和控制提供保障[1]。

这些美国军事史上罕见的安排，忠实地再现了其他列强的军队进行海外征服时的做法。自1885年起义以来，意大利在红海的领地都由战争部通过非洲办事处管控[2]。1890年6月，甘多尔菲将军（1892年，他的职位由后来遭遇灾难性打击的巴拉蒂耶里接替）得到了厄立特里亚民事与军事总督的头衔。占领利比亚并击溃土耳其之后（1912年），两名军事总督被任命为昔兰尼加和的黎波里塔尼亚两省的首领，直接接替了该国的两个前任。在他们每个人手下，还有一个负责民事属地的秘书长、一个负责军事属地的军事政策局局长和一个负责部队指挥的参谋长[3]。几乎就在同时，一位附属于外交部、驻在休达的军事驻外官员成了西属摩洛哥里夫地区的领导人，负责领导那里的军事和领事机构。同时，一位负责土著事务的代表担任秘书长一职[4]。

通常，这个体制持续的时间很短。1901年7月，奥蒂斯设立的机构在继任者阿德纳·霞飞（Adna Chaffee）上位后就被废除了。但有时候，被征服的国家会以军事属地为名，将这类管理机构保持很长时间。征服、"安抚"和动荡边境的安全问题都很难解决，这些问题也是军事属地存在时间延长的主要原因。前线的作者已深入探讨过北非和法属黑非洲的此类问题[5]。1830至1870年的阿尔及利亚或1880至1899年的

---

[1]　Brian McAllister Linn, *op. cit.*, p. 199-200.

[2]　*RME*, 15 mai 1887, p. 572-573.

[3]　*RMAE*, février 1913, p. 189.

[4]　*RMAE*, février 1913, p. 253.

[5]　Jacques Frémeaux, *L'Afrique à l'ombre des épées*（1830-1930）, 2 vol., Service Historique de l'Armée de Terre, vol. 1, *Des établissements côtiers aux confins sahariens*, 1993, vol. 2, 1995, *Officiers administrateurs et milices indigènes*, 1995.

苏丹是真正的军队属地，政治和行政几乎完全掌握在部队军官的手中。1895 至 1910 年间的马达加斯加和 1912 至 1925 年的摩洛哥，也是这种情况，不过非军事人员在这两个国家的作用很突出，这主要就是由于两位高级军事官员——总督加利埃尼和驻外官员赫伯特·利奥泰（Hubert Lyautey，1854—1934 年）的开放思想。而在撒哈拉沙漠地区，军事领土直到独立之前都一直存在。

这种行事方式往往不符合殖民大国的传统。因为根据传统，军队必须小心谨慎地避免让行动超过任务的范围。俄罗斯帝国则是个例外，将领既有军权也有民权。俄国先后在高加索、突厥斯坦和西伯利亚建立的军事区都由他们来负责。但是，这种部署不是仅仅涉及亚洲的附庸国，因为波兰、芬兰、乌克兰和克里米亚长期以来都有类似的体制[1]。

比如，在高加索，格鲁吉亚首都第比利斯的军事总督通过"高加索委员会"，直接听命于沙皇，且只依附于他。总督拥有广泛的监管权，只要政府认为合适，就可以暂停帝国实行的法令。总督独自任命官员，并将他们分配到名副其实的部级部门。辅佐总督的包括一个负责管理山区部落的"土著"领导机构以及一个负责乡村（法国人把这类乡村叫作"布莱德"，意思是没有战略意义的小村庄）的领导部门。库班州和捷列克州服从总督的领导。直到 1883 年，军事总督的权力才开始受限[2]。中亚情况也如此。人们试图让权力部门"民事化"，但没有获得成功。部队的军官抱怨军事行动中加入的平民过多，例如，营地助手、参谋或管制人员。按照他们的说法，这会导致不良习气的产生，降低军队在"原

---

[1]　John L.H. Keep, *Soldiers of the Tsar. Army and Society in Russia, 1462-1874*, Oxford, Clarendon Press, 1985, p. 317-320.

[2]　John P. Le Donne, « La Réforme de 1883 au Caucase », *Cahiers du monde russe et soviétique*, VII, 1967, p. 21-35.

住民"心中的形象。因为就当时的情况看来，只有得到人民的尊重，才能得到他们的顺从[1]。要相信，合理或不合理的意见都会传进高层的耳朵。一位沙皇时代的高级官员在 1912 年写道：突厥斯坦仍是俄国的军营，不仅军方所说的话易于理解，而且与平民相比，他们能够对"土著人"产生更大的影响。想要用一位"身穿礼服的总督"来取代一位"佩戴肩章的州长"，时机尚不够成熟。[2]

"挑起战争的体系"？

通常，在这些地区军队的侵略性最大。大臣戈尔恰科夫曾告诫沙皇亚历山大二世，要对边远地区的首领留有戒心，因为他们常常主动出击，却不顾大局。[3] 比如，西西伯利亚分队指挥官米哈伊尔·切尔尼亚耶夫（Mikhaïl Tcherniaïev，1828—1898 年）将军为了挽回一年前的失败，占领了塔什干（1865 年 6 月）。在做出决定之后，他收到了一个信封，并怀疑里面装着命令他暂缓任务的信，但他没有打开，也没有对任何人说。他是不是受到了佩利西耶（Aimable Pélissier）元帅的启发呢？佩利西耶的故事在法国家喻户晓，在塞瓦斯托波尔时，他收到了拿破仑三世给他下达的行动方案，但是由于与自己看法不同，于是他对皇帝的急电完全不予理会。他考虑到自己曾两度击败浩罕汗国的部队（4月 29 日和 5 月 9 日），并控制了塔什干的饮用供水，因此这时法军占据

---

[1] Eugen Schuyler, "Turkestan : Notes of a Journey in Russian Turkestan, Khokand, Bukhara and Kuldja, Chapters XIII-XV", [1876], in Martin Ewans, ed., *Great Powers Rivalry in Central Asia, op. cit.*, vol. VI, p. 222.

[2] Richard A. Pierce, *op. cit*, p. 90.

[3] William C. Fuller, Jr., *Strategy and Power in Russia, 1600-1914*, New York, The Free Press, 1992, p. 292.

上风。他认为应该抢在布哈拉的埃米尔带来救援之前出击。在他看来，如果还没有成功征服就撤退，反而会让他的部队暴露在危险之下，让对手变本加厉地侵扰他们。

通常，主动出击只要策略得当并取得成功，就能获得嘉奖。被称为"塔什干狮子"的切尔尼亚耶夫不仅赢得了沙皇亚历山大二世的祝贺，而且还成了新省突厥斯坦的总督。敏锐观察着对手进展的英国人认为，俄国中央政权的温和态度和军人的主动性甚至是侵略性相辅相成。次年，严寒的天气击溃了切尔尼亚耶夫的军队，他们不得不撤退，未能抵达并占领吉扎克（撒马尔罕北部的商业中心，隶属于布哈拉），政府这才将其召回（1866 年 2 月）。然而，一旦离开俄国，切尔尼亚耶夫就接到了塞尔维亚军队的指挥权，后来又重登突厥斯坦总督职位（1882—1886 年）[1]。1914 年中有一小段时间，塔什干甚至以他的名字命名。

亚历山大·卡尼亚-福斯特纳（Alexander Kanya-Forstner）研究的法属苏丹是另一个很好的战例。如果说法国政界原本就有针对上塞内加尔、上尼日尔和乍得的扩张计划，那么波里耶·德利斯尔、伯尔尼-德斯保尔德、路易·阿希纳、波尼耶（Bonnier），这些当地军事指挥官的主动性则加快了这一进程，尤其是阿希纳中校。他从殖民部副国务秘书欧仁·艾蒂安的手中获得了一场战役的授权（该授权言辞模棱两可，只是让他"尽力而为"），这场战役旨在消灭苏丹阿赫马杜·塔尔（Ahmadou Tall）的图库洛尔帝国，并夺取塞古（1890 年 4 月）。1891 年 4 月，他又针对法国霸图中另一个危险对手萨摩里发动了一场战役。即使没有任何授权的庇护，这场战役还是以占领上几内亚的康康大区为标志获得了圆满的成功。而且，阿希纳用来证明这场战争正当性的理由，

---

[1]　M.A. Prokhorov, ed., *Great Soviet Encyclopedia*, New York, MacMillan, 1981, T. 29, p. 116.

仅仅是法军有必要动用他所认为最合适的手段来确保自身的安全[1]。1893年回国的时候，他手中仍掌握着总督的权力。他违背接到的指令，独自领导了各项行动计划，并指挥了对阿赫马杜最后一个避难所马西纳省的侵略（1893年4月）。面对木已成舟的事实，巴黎只能妥协。尽管新任殖民部国务秘书泰奥菲勒·德尔卡塞（Théophile Delcassé）以制裁的名义拒绝阿希纳在苏丹第三次取得指挥权，但在1895年7月后者还是担任了殖民部办公室的国防主管。

在阿希纳的领导下，"民事化"管理苏丹的尝试化成了泡影。在通布图（Tombouctou），图阿雷格人一度统治着当地的居民，并妨碍那里的贸易，因此，尼日尔舰队的领导布瓦特（Boiteux）中尉应部分居民的要求肩负起征服通布图的重任（12月15日）。军事指挥官欧仁·波尼耶中校以提供援军为由与他会合，根本不考虑阿希纳的接任者，也就是民事总督阿尔伯特·吉洛德（Albert Grodet）发来的电报（12月31日）。吉洛德试图解除波尼耶的指挥权，但是未能获得成功。占领通布图之后，波尼耶为了跟副手约瑟夫·若弗尔（Joseph Joffre，未来的元帅）会合，开始撤退。就在这时，他遭到了贡达姆附近图阿雷格人的袭击（2月15日）。他的营地疏于守卫，很快就被攻陷，几乎全军覆灭（10名军官、2名欧洲军士、1名翻译和68名枪手）。这是法国在苏丹的征服过程中所遭受过的最严重的损失[2]。英勇的牺牲使他免受了责罚[3]。另一个不服从的事件也弥补了他的失败：若弗尔无视民事

---

[1]　A.S. Kanya-Forstner, *The Conquest*, p. 175.

[2]　Le rapport est publié au *Journal Officiel* en mars 1894. JO du 15 mars 1894, Rapport du capitaine Philippe, commandant à Tombouctou. A.S. Kanya-Forstner, *op. cit.*, p. 221.

[3]　Journaux de février 94（surtout 10）cités par Kanya-Forstner, *op. cit.*, p. 223 : *La Patrie, L'Autorité, L'Éclair, La Libre Parole*. Au contraire *La Politique coloniale, Le Siècle, Le Figaro, Le Temps, La République Française, Le Rappel, Le Radical, La Justice, La Lanterne* appuient les civils. *JO Débats Parlementaires Chambre*, 10 février, p. 171- 173.

上级领导的命令，向通布图进军，在与图阿雷格人多次交战（1893 年 12 月—1894 年 7 月）之后，强行在当地建立了法国权力机关。这次占领没有遭到什么质疑。

吉洛德总督没能在军官面前树立起绝对权威，这让他为波尼耶的死承受了很多不公正的责备。批评者指出，在当时的形势下，必须将政治职责和军事职责重新统一起来。蒙泰伊（Monteil）上校在孔格（Kong）附近遭遇的挫败说明，萨摩里在上科特迪瓦对法军构成了严重威胁。加上英国人在黄金海岸和尼日利亚日益活跃，法国需要扩大自己的领域，因此必须加速征伐。这些征伐由军队展开，他们轻装上阵，装备精良，只有军人才能以最低的成本组织起来。1895 年 4 月，吉洛德被特伦蒂尼（Trentinian）中校取代了。那里仍然是海军陆战队的管辖地，直到 1899 年，才与法属西非的邻近殖民地——脱离。这一时期，法英签署划界协议不久后，萨摩里投降（1898 年 8 月）似乎使军政府的维持变得无用武之地[1]。

问题与反对

军政府的延续并不是没有制造麻烦并引起不满。最著名的就是阿尔及利亚 1845 年建立的"军刀政权"。后者把该国的军事领地，也就是大部分地区，都置于总司令的权威之下。总司令行使总督的职能，师长则负责掌管领地的行政管理权。从这个特殊政权创建之初，就有很多人向其施压，企图使之消失。人们指控该政权打压"土著"人口，甚至通过人为地制造冲突、暴动来证明自身存在的合法性。拿破

---

[1]　Yves Person, *Samori*, Dakar, IFAN, t. III, 1975, p. 1490-1504.

仑三世对该政权的支持，成了他在"殖民"政党人士中不受欢迎的原因之一，后者因此加入了共和党事业。1870年，法兰西第二帝国的垮台和不久后法兰西共和国的成立，使得除了撒哈拉地区以外的军政府全部都被废除了[1]。

虽然确切地说，美国没有殖民地行政系统，但是也有类似的情形。处理与印第安部落关系的责任由不同部门分摊。1824年，总统詹姆斯·门罗（James Monroe）的战争部长约翰·卡尔霍恩（John Calhoun）创建了印第安事务局，1832年，国会法案正式通过了这一机构组建的提案。保留区的管理就交由印第安事务局来负责。事务局最先隶属于战争部，随后又在1849年与土地总署（General Land Office）同时交由内政部负责。总部最初靠近西部，位于密苏里州的圣路易斯，1869年又搬到了堪萨斯州的劳伦斯市。理论上讲，军队只负责领土安全。但是，这种分摊责任的方法并不能规避所有的问题。民事官员谴责军方添乱（他们专门披露士兵对印第安妇女的虐待），军方则认为，"印第安事务局的职员只不过是一个大型盗窃协会的成员，靠牺牲红种人和损害政府大发横财。"[2]有些军官甚至反复要求让印第安事务局回归战争部，1879年，纳尔逊·A.迈尔斯（Nelson A. Miles，1839—1925年）还为此写了一篇文章。这个问题被逐级向上层提交，直到出现在国会上，但却没有得到批准。

平民百姓的责备通常很难得到公正对待。即使不是在作战的时候，部队也总是用一种十分威严的态度对待部落和部落首领。但是，部队只要他们顺从，没有什么别的要求，部队甚至会保护他们免遭民官滥用职

[1]　Jacques Frémeaux, *L'Afrique à l'ombre des épées*, vol. 1, *passim*.

[2]　Régis de Trobriand, *op. cit.*, p.168.

权的侵害，这些公务员被招入经济部门的标准极低，审查也不严格，因此他们通常毫无能力，贪污腐败。广泛的土地基础对于维持阿尔及利亚的农牧生活方式以及美洲人狩猎、采集的生活方式至关重要，军官们对此也同意并支持。但是，这正是基本问题之所在：军政府的这种保护妨碍了殖民者的扩张，而扩张是不可避免且合乎殖民者愿望的。这种生活方式似乎将"土著人"冻结在了过时的社会经济结构中。因此，军事体制只能被视为一种过渡。民事力量的建立很少意味着军事力量立即消失。军事力量对持续的占领是必要的，但此后也就不再承担军事作战以外的任务。

在许多地区，政治权力与军事权力是共享的，而裁决权则掌握在民间力量代表的手里。在英属印度，大总督在1878年成为副王，是军队的最高首领。陆军大臣作为高级军官及日常顾问，与一名文职人员一起负责军事部的工作，协助他们的秘书处由将军和高级军官组成。总司令则作为委员会的特别成员，借助于该部门隶属于总督。军队的指挥和行政就是这样划分开来的。[1]这种情况比较罕见。大多数情况下，共享政治、军事权力的方法是把一个殖民地或一组殖民地的"高级政治、军事领导权"给予总督，他身边的将军担任部队的高级指挥官。19世纪末，法国的领地就是这样。只有军事领地（东京[6]、撒哈拉）才会出现权力的混乱。

荷属印度群岛的情况很典型。大总督通过殖民大臣代表国王。这赋予了他极大的特殊权力，使其成为最重要的人物之一，甚至超过了外交大臣[2]。除将军之外的所有军官都直接从他那里获取酬劳。部队指挥

---

[1]　Lieutenant-colonel Septans, *Les Expéditions anglaises en Asie*, p.13-15.

[2]　Maarten Kuitenbrouwer, *The Rise*, p. 42.

官行使着战争大臣的职责。军事预算在当地提出之后，需获得殖民大臣的批准[1]。通常，民事部门凌驾于军事当局之上，军事当局需服从征用，但在发生叛乱或战争时，民事当局则服从于军事当局，特别是协助他们处理情报事务，而军事法庭是唯一有效力的法庭[2]。1892年的亚齐就出现了这种特殊的情况，军方的指挥官同时也是民事总督，这是因为自1876年以来，该地区一直都陷于无休止的战争状态之中[3]。

军事部门或多或少都可以接受服从于民事权利。占领苏丹后，克罗默伯爵坚持认为自己的地位在基奇纳之上，后者是喀土穆的大总督，但也不得不依附于前者。克罗默要求基奇纳随时向他通报情况，并尽可能征求他的意见。他坚称民事事务比军事事务更加复杂、更加难办，并强调说上报信息和征询意见并不是什么集权[4]。这种形式正中其怀。值得一提的是，克罗默曾是一位军官，对军事很熟悉，大约25年前（1868—1874年）还进入过陆军大臣爱德华·卡德威尔（Edward Cardwell）的内阁。另一方面，基奇纳在成为印度陆军总司令之后，拒绝跟埃德蒙·埃尔斯爵士（Sir Edmond Elles）分享权力，埃尔斯是副王委员会的军事委员，角色类似于战争大臣。基奇纳要求只对副王乔治·纳撒尼尔·寇松侯爵（Lord George Nathaniel Curzon）负责，包括纪律、训练和部队部署的一切军事事务。寇松企图威胁基奇纳，指控他"军事专制"甚至是"违宪"，但最终白费力气。基奇纳得到了印度事务大臣圣约翰·布罗德里克（St John Brodrick）的支持，受伤的寇松不得不选择辞职（1905年8月）[5]。

---

[1]　« L'armée hollandaise », *RME*, septembre 1882, p. 153-161.

[2]　Philibert Dabry de Thiersant, *L'Armée coloniale de l'Inde néerlandaise*, Baudoin, 1885, p. 42.

[3]　« Les forces coloniales hollandaises », *RME*, janvier 1892, p.63.

[4]　Gorges Arthur, *op.cit.*, t.1, p.257.

[5]　*Ibid.*, p.203-224.

　　有时候，问题可以通过人为的手段来进行调控。1896年，此前一直隶属于海军部的德国殖民部队被分离了出去，军官"被认为是被海军或陆军划出去的干部"。对于这一做法，法国军官解释说，德国当局担心让军队暂时接受平民领导会有损他们的荣誉感。"这种虚构的设定通过剥夺殖民部队领导的军官属性保留了制服的尊严，让德国政府认为，这样做就能够让非洲领土上的军事机关服从于民事部门。"[1]毫无疑问，这是个极端的例子，反映了当时德国社会中军人的重要地位。当时，在军队服过一年役的年轻资产阶级在社会上更喜欢"用后备部队的军衔来宣传自己，而不是社会地位或职业地位"[2]。

　　参战部队只是征服政策的一个方面，政策本身服务于文化、商业、政治和战争等方面的多元扩张主义。但是，这并不能说明部队没有属于自己的历史，一个由我们所记载在这里的历史。在这个历史中，既有组成军队的人，也有他们所发动的战争的形式。

　　编者注

　　1.雅努斯之门：雅努斯（Janus）是古罗马神话中的起源神，也是罗马人的保护神。他有两张面孔，同时向前看和向后看，象征着世界上矛盾的万事万物。他的神庙大门战时开启，和平时关闭。

　　2.巴达维亚：今印度尼西亚雅加达。

　　3.范宁岛：塔布阿埃兰环礁的旧称，今属基里巴斯共和国。

　　4.黑非洲：指撒哈拉沙漠以南的非洲地区。

[1]　*RME*, mai 1896, p. 426.
[2]　Michel Kerautret, *Histoire de la Prusse*, Seuil, 2005, p. 440.

5.浩罕汗国：1514至1876年存在于中亚地区的国家。

6.东京：法属印度支那时代西方人用以指代以河内为中心的越南北部地区。越南人称其为北圻。本书中的"东京"均指此区域。

第二部分

殖民地的武装

第一章

概　述

$\vee$

需　求

　　殖民者在征服一个国家的时候，要向当地投入源源不断的兵力，但除了人员之外，他们将为之付出的努力也不容小觑。战役几乎总是要持续数月，甚至数年，才能取得初步的成功。比若比任何人都明白，夺取阿尔及尔只是没完没了的战争的一个序幕，他写道："维持征服所要的力量跟征服时投入的一样多，或者说几乎一样多。"[1]

　　欧洲列强在北非动用的兵力是最多的，一是因为那里的抵抗很顽强，二是因为北非靠近欧洲，交通便利。1830年7月，3.7万法国人在阿尔及尔登陆。在征服最为艰难的时期（1841—1847年），用兵人数为8万至10万人。1881年，突尼斯的占领军人数为4万人。1912年，利奥泰指挥的摩洛哥占领军人数为8万人。1859至1860年，在得土安战争期间，驻摩洛哥的西班牙军队人数达5.4万人之多（隶属于议会主席奥

---

[1]　Général Thomas-Robert Bugeaud, *L'Algérie, des moyens de conserver et d'utiliser cette conquête* [1842], *in* Général Paul Azan, *Par l'Épée et par la Charrue, écrits et discours de Bugeaud*, PUF, 1948, p. 121.

唐纳）。从1909年起，在里夫地区组建的远征军集结了近5万名军官和士兵[1]。1912年，意大利派往利比亚的人数也不下4.5万人，后来遇到重重困难之后，把人数重新增加至10万人。

在北非与黑非洲之间的中间地带，也就是上尼罗河地区，用兵的数量虽然较少，但是也不可小觑。基奇纳的部队在乌姆杜尔曼击溃马赫迪主义者的部队时，大约有2.6万人。在三年前的阿杜瓦战役中，意大利巴拉蒂耶里将军大约有1.5万名士兵，其人数近似于法国在马达加斯加的远征军人数。不过，因为黑非洲人口密度较低，当地的远征军人数相应也少得多。

1892年，法国派往达荷美的人数不到4 000人，征服苏丹时也从来没有超过4 000人。参与1873至1874年攻占阿散蒂的战役的人数不到5 000人，而在1895年战役中，参加的人数则减少至3 000人。葡萄牙人征战时只动用了2 000至3 000人的兵力。不过，臭名昭著的德国中将冯·特罗塔（von Trotha）最终召集了7 000名士兵，用以对抗非洲西南的赫雷罗人（1904年）。虽然这样的兵力对这个战场来说已相当可观，但是与英国人在1899至1902年为打击布尔人而动员的人数相比，则是小巫见大巫。那场战争完全是另一种风格，英国动用了将近45万人。

考虑到领土的连续性会带来诸多便利，俄国人在高加索地区的投入和法国人在北非的投入大致相当：1830年前后约3万人，1850年前后约20万人，而到了1890年前后则为10万人左右。

---

[1] *RMAE*, janvier 1910, p. 66-67 ; mars, p. 236-237.

1890 年前后的法属阿尔及尔与俄属高加索 [1]

	面积 （平方公里）	人口	欧洲人比例	兵力
阿尔及尔（除撒哈拉）	472 000	6 700 000	20%	100 000
高加索	667 000	3 700 000	12%	50 000

相反，征服中动员的人数并不多：切尔尼亚耶夫将军用不到 2 000 人的兵力就攻克了塔什干；考夫曼将军用 3 500 人的兵力就占领了撒马尔罕，并抵御了该国的多次反攻。1876 年，他指出，他的部队从未超过 4 000 人。斯科别列夫将军只用了 6 000 人就占领了土库曼斯坦的盖奥克泰佩。

即使在人口较多的亚洲地区，军队人数仍然很有限。印度军队大约有 20 万人，但每次战争的用兵人数也很少超过 5 万人。就俄国而言，军队的人数也不会超过 1 万人，这也是弗雷德里克·罗伯茨的部队从喀布尔向坎大哈进发期间（1880 年 8 月）战士的数量。1884 年 9 月，法国向东京派遣了 1.7 万人；1885 年 3 月，在谅山战役之后，这个数字上升至 3.5 万人，其中有 3 万欧洲人、9 名将军（包括总司令顾尔西将军）以及 700 名军官，这是第三共和国统治时期派往海外规模最大的远征军队 [2]。然而，这个规模也只不过是美国派往菲律宾人数（7 万人）的二分之一。

美洲对人员需求相对较少。1 200 人足以镇压里尔的第一次起义。美国参加印第安人战争的分遣队只有区区数百人。1876 年，针对苏人

[1]　Paul Vidal de la Blache et P. Camera d'Almeida, *L'Asie, l'Afrique et l'Océanie*, Armand Colin, 1890, p. 44.

[2]　Charles Fourniau, "Colonial Wars before 1914 : The Case of France in Indochina", *in* J.A. De Moor et H.L. Wesseling, *op. cit.*, p. 72-86, p. 75.

派出的三支部队一共不超过2 500人。相反，西班牙当局在两次古巴战争中建立了规模较大的部队（1872年前后为8万人，1896年为20万人以上，岛上居民约为150万人）[1]。

武装力量

殖民军队的体量

开始征服之前，预备役军人都是由殖民者本土兵员构成的，各国军队之间的差异极大。人口资源是第一要素。相比荷兰、比利时、葡萄牙，德国、美国、法国、英国、意大利、俄国，甚至是西班牙等列强显然更有优势。当然，征兵制度同样也举足轻重。

从这一点来看，优势不大的国家是英国和美国，部队里都是志愿兵。其他国家则采用强制性的征兵制，原则要求所有同一个年龄层次的年轻人都要服役。这一原则首先是在大革命时期的法国开始的，不久普鲁士也跟着执行（1814年），紧接着是葡萄牙（1855年），俄国（1874年），意大利、西班牙（1882年）。比利时直至1909年才予以采纳。表面上看，宪制性很强，但是这种制度只要求国家付出少许的努力，因为服役的时间漫长，而且建立在志愿或强制招募的基础之上，当然最常见的是两种方式同时采用。1840年之前，要维系10万人的欧洲部队，每年只要招募1.1万至1.2万人。[2]

---

[1]　« Les forces de terre de l'Espagne dans la péninsule et à Cuba » , *RME*, juillet 1872, p. 72-73.

[2]　Peter Burroughs, "An unreformed army?" , *in* David Chandler, ed.,*The Orford illustrated History of the British Army*, London, BCA, 1994, p.165.

20世纪初，和平年代的部队人数随政府征召比例的增加而增加，但兵员和可用资源体量的增长，并没有直接导致海外预备军人数量的上升。强化措施主要用于欧洲战场上的"大战"。应对"大战"是部队的首要任务，只在极少数情况下才会大量消耗兵力，导致本土军事力量的削弱。或者，把这些部队派往远方，让他们按兵不动。所以，这些国家就不能像从前那样，仅仅动用本土的兵力。另外，虽然公众对于国防任务容易接受，但对殖民远征却不以为然。法国就出现了这种情形，1870年之后，殖民地的强制军役只招收职业军人，偶尔出现的一些例外情况，恰恰能反证这个原则的有效性。职业军人在身体和精神方面更适合作战，正如尼格里（Négrier）将军于1884年对外籍军团的讲话中所说，他们愿意出生入死，南征北战，连那些"有去无回"的地方也无所畏惧。

列强所采用的解决办法因其地缘政治的不同而变化，当然，也要考虑各国特有的政治因素。如下表所示：

对比表：本土部队武装与殖民地部队

预算兵力 （和平时期）	本土兵力	殖民地部队
德国（1912 年）	625 000 人	7 000 人 （欧洲人占 10%）
比利时 （1900—1910 年）	42 000 人	刚果安全部队 1910 年有 17 000 人 （欧洲人占 3%）
西班牙（1876 年）	无	古巴 96 000 人
西班牙（1883 年）	130 000 人	360 00[1] 人 （古巴 25 000 人，波多黎各、菲律宾 8 000 人）

---

[1]　« Espagne : fixation des effectifs pour l'armée 1883-1884 », *RME*, août 1883, p. 189.

续表

预算兵力 （和平时期）	本土兵力	殖民地部队
西班牙（1908 年）	70 000 人	其中海外 10 000 人 （非洲 7 940 人，加纳利 1 745 人）[1]
西班牙（1913 年）	76 000 人	海外 50 000 人 [2] （摩洛哥 40 000 人，其中"土著人"占 5%）
美国（1898 年）	28 000 人 （以及 115 000 名民兵）	菲律宾至多有 15 000 名辅助人员 [3]
美国（1908 年）	38 000 人 （组织内共 112 000 人）[4]	17 000 人，其中"土著人"占 29 %， （菲律宾 12 000 人 古巴 5 000 人）[5]
法国（1863 年）	116 000 人 （扩招后 286 000 人）	100 000 人 [6] （墨西哥 40 000 人； 阿尔及利亚 40 000 人； 交趾支那 2 000 人； 罗马 18 000 人）
法国（1900 年）	500 000 人	90 000 人 （其中，第十九军团 55 000 人）
法国（1914 年）	750 000 人	200 000 人 （北非 140 000 人） "土著人"占 55 %

[1]　*RMAE,* avril 1908, p. 520.

[2]　« Les Forces militaires dans la Péninsule ibérique », *RMAE,* avril 1913, p. 335-336.

[3]　Brian McAllister Linn, *op. cit.,* p. 128.

[4]　« Réorganisation de la milice des É tats-Unis », *RMAE,* mars 1908, p. 311-313.

[5]　*RMAE,* mai 1907, p. 501.

[6]　Étude de Moltke faite à cette date, RME, mars 1897, p. 217-218

续表

预算兵力 （和平时期）	本土兵力	殖民地部队
英国（1846 年）	45 000 人	印度 23 000 人 其他地区 33 000 人 [1]
英国（1876 年）	95 000 人	印度有 63 000 名欧洲人及 193 000 名"土著人" 其他殖民地 23 000 人 [2]
英国（1888 年） （仅不列颠部队）	104 000 人 （爱尔兰 28 000 人）	107 000 人 其中 75 000 在印度以及 32 000 人在殖民地 （直布罗陀 5 000 人， 马耳他 7 000 人， 圣赫勒拿岛 250 人， 毛里求斯 450 人， 塞浦路斯 1 000 人， 埃及 4 000 人， 锡兰 1 300 人， 南非 4 300 人， 西非 1 000 人， 新斯科舍 1 500 人， 西印度群岛 2 400 人， 北美 1 500 人）[3]
英国（1900 年）	106 000 人	125 000 人 其中，印度 60 000 人，其他殖民地 60 000人（之所以人数激增是因为南非局势开始紧张，1870 年左右很少超过 24 000 人）

---

[1] Peter Burroughs, *in* David Chandler, *op. cit.*, p. 164.

[2] « La question militaire en Angleterre », *RME*, mars 1876, p.145-150.

[3] « Situation de l'Empire britannique à la fin de 1888 », *RME*, 15 janvier 1889, p. 51-56.

续表

预算兵力 （和平时期）	本土兵力	殖民地部队
英国 （1907—1908 年）	125 000 人	共 280 000 人，其中"土著人"约占 64 % （130 000 名英国人中有 75 000 人在印度、 55 000 人在其他殖民地）[1]。 印度 225 000 人，其中"土著人"占 66 %
意大利（1887 年）	226 000 人	5 000 人 [2]
意大利（1900 年）	230 000 人	7 000 人
意大利（1907 年）	275 000 人	5 800 人 （其中 5 000 名"土著人"）[3]
意大利（1914 年）	275 000 人	利比亚 62 800 人 （"土著人"占 16 %）[4]
荷兰（1879 年）	22 000 人 [5]	39 000 人 （其中 17 000 欧洲人）[6] （大约 10 000 人在亚齐）
荷兰（1910 年）	24 000 人 常备军	37 000 人 （其中 19 000 名"土著人"）[7] （大约 5 000 人在亚齐）

---

[1]　« Les Forces militaires anglaises en 1907-1908 », *RMAE*, janvier 1908, p. 37.

[2]　*RME*, 15 février 1887, p. 186.

[3]　« Troupes employées au Benadir », *RMAE*, février 1907, p. 200 ; « Corps royal des troupes coloniales (en Érythrée), *RMAE*, janvier 1908, p. 95.

[4]　*RMAE*, juin 1914, p. 806.

[5]　« La Hollande et son état militaire », *RME*, avril 1876, p. 239.

[6]　« L'armée hollandaise », *RME*, septembre 1882, p. 161.

[7]　Ce chiffre de 19 000 est de Joseph Chailley-Bert, *Java et ses habitants*, Colin, 1900, p. 48.

续表

预算兵力 （和平时期）	本土兵力	殖民地部队
葡萄牙 （1882 年）	25 000 人	6 500 人 [1] （西非 3 000 人， 莫桑比克 1 300 人， 印度 1 600 人， 中国澳门—帝汶 600 人）
葡萄牙 （1913 年）	30 000 人 （民兵）[2]	13 000 人 （其中"土著人"占 70 %）
俄国（1850 年）	9 个军团 700 000 人 （欧洲）	3 个军团（200 000 人？） （高加索、奥伦堡、西伯利亚）[3]
俄国（1871 年）	9 个军区	5 个军区：奥伦堡、高加索、东西伯利亚、 西西伯利亚（1865）、突厥斯坦（1867）[4]
俄国（1885 年）	9 个军区 700 000 人	5 个军区 高加索、突厥斯坦、鄂木斯克、伊尔库茨克、 阿穆尔河 [5] 40 000 人（突厥斯坦）[6]

显然，我们应该对这些部队的构成进行探究。

---

[1] « L'organisation militaire du Portugal », RME, juillet 1882, p. 33-42.
[2] « Les Forces militaires dans la péninsule ibérique », RMAE, avril 1913, p. 367.
[3] « Les états-majors dans l'armée russe », RME, 15 avril 1888, p. 385-401.
[4] Ibid.
[5] Ibid.
[6] RME, 28 février 1885, p. 384.

多种解决方案

海 军

　　海军是干预部队的首要组成部分，登陆部队由海军陆战队的士兵构成，必要的时候还有掌握军舰炮台的海员。德国人正是先通过海军示威，才迫使桑给巴尔的苏丹为德国东非公司（Deutsche-Afrikanische Gesellschaft）的业务提供了便利。该公司由卡尔·彼得斯创建于1884年，1885年12月正式成立。与此同时，即1884年12月，在海军准将冯·克诺尔（von Knorr）的指挥下，340名海军士兵从巡洋舰"俾斯麦号"和"奥尔加号"登陆喀麦隆的蒙戈河河口，协助镇压希科里镇（Hickory-Town）和约斯镇（Yoss-Town）反对贝尔国王（roi Bell）的叛乱，德国探险家纳赫蒂加尔以皇家特派员的身份向贝尔国王提议并签订了保护条约。巡洋舰"奥尔加号"全体船员由于给德国皇帝威廉一世的皇宫提供护卫而受到嘉奖。[1]

　　然而海员数量不多，说到底只能在陆上短暂地参与行动。因为军舰不可能无限期停泊，至少要保证能够迅速出海，去完成其他任务，或者在遇上恶劣的天气、锚地无法提供可靠庇护的时候逃往安全的地方，后一种情况时有发生。为了养护军舰，船员必须全体在岗。此外，由于缺乏武器装备和合适的训练，部队的军事实力不断下降。在1884年中法战争中，由海军上将李士卑斯（Lespès）所率领的一支600人的海军陆战队在中国台湾遭遇失败。杜谢纳上校指挥的增援部队从东京抵达，借助海军陆战队和非洲部队（包括非洲的部队和军营）扭转了局势。莫

---

[1]　*RME*, 30 juin 1885, p. 744.

里斯·卢瓦尔（Maurice Loir）中尉从中吸取教训，认为缺乏训练的海员要想投入战斗，就只能"在舰炮的保护之下、在文明程度不高的国家里进行短期行动。采用了欧式用兵方法的中国人，根据军号声时而分散，时而集合，潜伏在暗处开火。对于法国海军来说，他们早就很强大了"[1]。

海军陆战队是更为坚实可靠的部队。他们驻扎在港口，接受航海训练，隶属于海军部。但是，组织和装备则与地面部队相同。无论是英国皇家海军陆战队、美国联邦军的海军陆战队、法国步兵团和炮兵团、西班牙步兵方阵，还是德国海军陆战队，情况都一样。这些部队在殖民军事行动中名声大噪。尽管兵力不容小觑，但仍然无法满足殖民军的需要：1914年前后，西班牙的部队约有9 000人，英国1.5万人，美国1万人。法国是唯一的例外，各部队兵员总计约4万人，但内部组织与其他国家大有不同。

从此以后，每个国家都采用了一种特别的组织方式。

美国和俄国的大陆部队

美国和俄国都是只依靠一支部队。这两个国家的领土是连续性的，不需要特别建立一支部队进行海外行动。征服行动以及随征服而来的"安抚"是由普通的部队来完成的。不过，两国情况的差异十分明显。

除了1848年美墨战争以及独立战争，美国当时并没有遭遇其他任何威胁。联邦政府只需要一支小规模的部队，整个部队几乎都投入到

---

[1] *L'escadre de l'amiral Courbet, Berger-Levrault, cité par le commandant Lecomte, Lang Son, combats, retraite et négociations,* Lavauzelle, 1895, p. 396.

了西部的征服行动和治安管理当中。1834年，部队约有4 000人，1855年不到2万人，1897年不到3万人。独立战争期间，民兵部队（稍后还将提及）和像科罗拉多第三骑兵团这样的兵团取代了政府的部队。其中，科罗拉多第三骑兵团在奇温顿（Chivington）上校的指挥下，对夏延人和科曼奇人发起了进攻[1]。同样，投入战斗的还有另外一支部队，其成员被称为"镀锌扬基"（Yankees galvanisés）。这是一个囚犯同盟，他们不愿意在囚犯营里百无聊赖，而是更愿意前去攻打印第安人。美西战争动员了10万人参战，自此，派出海外远征军的问题开始被提上了议程。事实上，远征军的兵力从1907年的6.4万人增长到1916年的10.8万人，1901至1916年，年平均约为8.3万人[2]。虽然美国成立了"美国志愿者组织"（US Volunteer Organization），想动员3.5万人，并把他们分成24个步兵团和一个骑兵团。但尽管如此，兵力还是刚刚满足菲律宾的军事行动需要，甚至在1902年年中，暴动正式结束之后也是如此。[3]

俄国的情况有所不同。帝国通过南征北战建立起光荣的军事传统。俄国的人口状况足以在和平时期维持一支强大的部队，与其他列强相比，俄军即使不是效率最高的，也是人数最多的（1912年有130万人的兵力，约为德、法总兵力的2倍）。没有议会，农民似乎很顺从，皇帝可以随心所欲地根据政治需要而征兵。俄国在欧洲维持数量庞大兵力的同时，能够派遣所需的部队粉碎高加索人顽强的保卫战，以及用兵数量相对较少的中亚战争，而无须顾虑兵员人数和损失的问题。

---

[1]　Robert M. Utley, Wilcomb E. Washburn, *op. cit.*, p. 167-168.

[2]　Paul A.C. Koistinen, *Mobilizing for Modern War, the Political Economy of American Warfare, 1865-1919*, Kansas University Press, 1997, p. 94.

[3]　Brian McAllister Linn, *op. cit.*, p. 125.

英国：主要由殖民军组成的地面部队

英国没有真正意义上的殖民军。1.5万人的海军陆战队并不足以征服和占领一个3 000万平方公里的帝国。由黑人部队组成的殖民军从安的列斯群岛、非洲和亚洲（不包括印度）招募兵员，人数就更少了，1888年不足5 000人，1914年约1万人[1]。

事实上，尽管英国主要通过优先发展海军以确保国防，但行动主要靠的是陆军（约20万人），各部队都能被派驻远方。19世纪80年代，每个团由两个营（800人或1 000人）组成，原则上轮流负责驻外事务。还有一支战时成立的"野战部队"，但对于大部分远征行动来说，这支部队是多余的。一支远征军是汇集了若干个完整的营，甚至由若干个来自不同营的连组成的部队。例如，1895年，从印度返回的西约克郡（West Yorkshire）某营被召集参加对黄金海岸的阿散蒂人发动的远征。该营接到命令后，停在直布罗陀海峡，准备派出400人前往非洲；从10个不同的团里选出的人员被分成10个小组，每组25人，拼凑成了一个新的营。[2]

派出海外远征军和殖民地驻军换防是部队的义务，这项义务有时会遭到这样或那样的批评。有人指责部队没有得到充分训练就为欧洲出征，在远方的战斗中折戟沉沙。1880年，前副大臣亚瑟·奥特韦（Arthur Otway）提出建立一支海外特别部队[3]。查尔斯·迪尔克（Charles Dilke，1843—1911年）和斯宾塞·威尔金森（Spencer Wilkinson）在1897年合作出版的作品《帝国国防》（*Imperial Defence*）中也表示了同

---

[1]　« L'armée anglaise en 1889 », *RME*, 30 septembre 1889, p. 353.

[2]　« Expédition contre les Aschantis（ novembre 1895-janvier 1896 ）», *RME*, juillet 1896, p. 53-54.

[3]　Harries-Jenkins, *op. cit.*, p. 208. Voir aussi Donald G. Gordon, "The Colonial Defence Committee and Imperial Collaboration, 1885-1904", *Political science Quarterly*, vol. 77, n° 4, December 1962, p. 526-545.

样的看法。此后无人附和。后来，出现了创建一支不同于殖民部队的本土部队的构想，然而"计划还没有开始执行便胎死腹中"[1]。直到 1910年，英国远征军成立，英国才拥有了由 6 个师组成的完整部队，优先在欧洲大陆的战争中使用。

　　随着印度部队的诞生，英国拥有了一支真正意义上的殖民部队。它的命运与英国在南亚次大陆的统治历史一样充满了动荡。首先，这是一支服务于东印度公司的部队，其性质几乎是私人的。这种情况一直持续到东印度公司解体，也就是 1857 年印度民族起义和 1858 年伦敦成立更为直接的行政机构之后。1861 年，这支东印度公司的部队成了帝国的部队，既和英国部队的中央司令部更加紧密地联系在一起，又保留了自己的特色。构成殖民军的孟加拉、马德拉斯和孟买三支部队于 1894 年合并，重新组建成了四支部队，马德拉斯部队和孟买部队驻在南部，旁遮普部队和兴都斯坦部队驻在北部。部队中的各"土著"部队大规模参与殖民征服行动，前往中国内地（1839 年、1856 年、1869 年）、波斯（1856 年）、阿比西尼亚和新加坡（1867 年）、中国香港（1868 年）、阿富汗（1878 年）、埃及（1882 年）、缅甸（1885 年）、尼亚萨兰（1893年）、苏丹和乌干达（1896 年）[2]。1911 年，英国殖民军兵力约占欧洲殖民部队的三分之二，占大英帝国正规军的 40% 左右。

法国：一支复杂的分队

　　自 1870 年普法战争失败后，除了几个短暂的时期，法国部队的重

---

[1]　« Les Forces militaires anglaises en 1907 », *RMAE*, juin 1907, p. 584-593.
[2]　Ronald Robinson, John Gallagher, Alice Denny, *op. cit.*, p. 12.

心始终在欧洲战场上。因此，大部分法军都驻扎在欧洲，1900年时超过了40万人。驻扎在殖民地的部队约20万人，也是一个相当庞大的集体。

驻扎在殖民地的部队至少被分为两个规模相当的集体：非洲部队和殖民部队。非洲部队实际是一支北非部队，1914年拥有近15万人。这支部队先是征服了阿尔及利亚，随后，部队的特种部队（佐阿夫兵团、外籍军团、非洲猎兵、土著步兵、北非骑兵）也提供兵力参与对邻国突尼斯和摩洛哥的征服。1912年《非斯条约》签订后，特种部队的绝大部分力量被投入到了摩洛哥，1914年达8万人，而阿尔及利亚—突尼斯的总兵力约为6万人。殖民部队曾经为海军部管辖，被称为"海军部队"，直到1900年7月7日法令通过后才得到任用，归属陆军部。他们得到了来自法国本土部队和非洲部队的鼎力支持，参与征服了大片领土。第二帝国末期，其兵力约2万人，19世纪80年代的扩张活动使得人数显著增长，1914年达到了4万人左右，其中约有5 000名"土著人"。

在莱茵河地区和阿尔卑斯地区巩固防御，是议员们长期以来关心的话题。为此，军方负责人开始考虑将上述部队至少部分地纳入法国本土防御。从严格意义上来说，并不存在完全区别于本土部队的特殊殖民部队，但在这种情况下，根据让-夏尔·若弗雷（Jean-Charles Jauffret）的研究，所有企图将殖民部队与本土部队截然分开的计划都遭遇了拒绝。1873年以来，突尼斯部队和阿尔及利亚部队组成第19军团，后与法国的18个军团一道，成了法国的第19军团，其军事制度和本土部队越来越接近。此外，自从1900年法令颁布以来，殖民部队的一部分被安插在本土防御中，由三个师和一个炮兵旅组成，隶属于总体部署。成员共4万人，全部来自欧洲。其中，包括一些应征新兵，只有征得个人同意才能将他们派往殖民地。由此，真正的"殖民地"军人数量减少至3万，其中1.7万人在1914年前往海外服役。

　　20世纪初的这一情况并不能说明法国征召新兵不需要动员。完全由法国人组成的部队在1830年登陆非洲，由此衍生出了非洲部队；1845年，这支10万人的部队中，90%是法国驻军，也就是说，法国本土部队三分之一的兵力分布在地中海之外。随后，法国本土的部队继续为马格里布地区的叛乱和征服提供了必要的支援，对东京和马达加斯加也如此。

比利时和荷兰：彻底分离

　　比利时和荷兰主动与欧洲大国之间的竞争保持着一定的距离。两国人口较少，部队规模不大，军事实力也比较弱小。但是，两国的统治者未尝不想实施野心勃勃的殖民扩张政策。荷兰很早开始了对巴达维亚的统治，自那时起，荷兰在东印度建立起一个庞大的帝国，其人口和资源可以和法兰西帝国相提并论。至于比利时，最初由利奥波德二世以个人名义发起的殖民征服，其成果最终为国家所继承。两个王国都不愿把军费开支强加于民众头上，因而成立了完全独立于国家军队的部队，专门用于守卫远离本土的领地。

　　荷兰在东印度拥有一支特殊部队——荷兰皇家东印度陆军（Koninklijk Nederlands-Indisch Leger，简称KNIL）。1890年，该军拥有1 400名军官和3.3万名士兵，兵力超过了荷兰的本土部队。荷兰皇家东印度陆军由总督办公室掌管，总督被称为"国王陛下在好望角东部的陆军和空军最高指挥官"，对该军享有最高领导权。荷兰在美洲的属地也采用了同样的模式，但规模很小。1884年，他们的首长——苏里南的行政长官——手下有苏里南部队和库拉索部队，前者有20名军官和397名士兵，后者有9名军官和212名士兵。要知道，苏里南领土面积12.5万平方公里，只有5.2万居民，库拉索有2.4万居民，与荷兰在亚洲的领地上的2 600万居民相比真的是微不足道[1]。刚果最初是独立国，1908年被比利时政府接管。1885年，比利时在刚果成立安全部队。这是一支仅听命于国家的真正意义上的部队。1889年，总兵力为1 500人，1894年为4 500人，1907年为1.4万人，1914年增长到了近1.8万人。他们被分成23个连，派往不同的行政区域，其中还有一支后备部队、几个铁道连队、一支警察部队和几个特殊部队。除了真正意义上的士兵，1906年6月3日的法令还成立了另一个2 550人的劳工分支[2]。负责人弗朗西斯·达尼斯（Francis Dhanis，1861—1909年）上校从26岁到37岁在刚果作战10年；离开时，他被利奥波德二世授予男爵头衔，同时还获得了荣誉副总督的称号。

西班牙、葡萄牙：殖民部队和本土支援

西班牙和葡萄牙这两个老牌殖民大国采取的处置方法则更不一样。两国的殖民传统由来已久，但是没有能够建立一支庞大的部队，原因就在于资金短缺，就葡萄牙而言，还因为人口稀少问题。而且，对于这两个位于伊比利亚半岛的国家来说，来自欧洲的威胁相对较小，甚至说根本就不存在。所以，他们的本土部队不断投入了远征。

---

[1]　« Les forces coloniales hollandaises », *RME*, janvier 1892, p. 58-62.

[2]　« Organisation et recrutement de la Force publique au Congo », *RMAE*, août 1907, p. 176-179 ; voir aussi *Force publique, Congo belge*, Imprimerie de la Force publique, 1956, et Isidore Ndaywel è Nziem, *Histoire générale du Congo. De l'héritage noir à la République démocratique*, Bruxelles, Duculot, 1998, p. 302.

　　葡萄牙的原则是，先在每个领地建立一支特别部队。1869年改组后，成立了西非、莫桑比克和印度三支部队，并增加了中国澳门和帝汶岛的驻军，形成了一个特别部队。印度部队发动叛乱，军事镇压势在必行，部队的地位由此发生了改变：三个"海外营"的成立，可以与法国海军的部队相匹敌；每个营轮流驻扎欧洲、印度和中国澳门—帝汶岛，每个营地驻扎期为3年。这些营约有1万人，足以防守既得领地，如有必要，可获得来自本土部队的支援。1894年10月，正值莫桑比克洛伦索—马贵斯地区各部落大叛乱，600名士兵被派往该地区增援。1895年5月，一支2 000人的远征军在爱德华多·罗德里格斯·加尔哈多（Eduardo Rodrigues Galhardo）上校的指挥下登陆。对于一支在当时拥有2万人、1910年拥有近3万人（事实上可能更少）的大陆军来说，这个数目可谓庞大。后来，因为有了"土著"部队的加入，殖民部队的常驻兵员达到1.2万人左右。[1]

　　西班牙在古巴、菲律宾和波多黎各有常驻部队，1869年被取消，效仿本土部队改组成了兵团，其模式如下[2]：

1889年西班牙殖民部队

兵力 ＼ 殖民地 兵种	古巴	菲律宾	波多黎各
步兵	6个团+4个营	7个团	4个营
骑兵	3个团	1个连	
炮兵	2个连	1个团	1个连

[1]　《 L'État portugais de l'Afrique orientale et ses troupes coloniales 》, *RME*, septembre 1895, p. 186-196. Voir aussi René Pélissier, *Les Campagnes coloniales du Portugal, 1844-1941*, Pygmalion, 2004, p. 22.

[2]　《 Modification à la loi constitutive de l'armée espagnole 》, *RME*, 15 décembre 1889, p. 660-661.

除上述部队之外，还有摩洛哥海岸的要塞驻军。1893年，在那里驻扎的部队先是3个团，随后增至4个团，以及一个惩戒营，共5 000人，都归属于本土部队。志愿兵被优先派到了那里。如果人数不足，则从应征入伍的士兵中抽签决定增援人选，那些士兵本身就是抽签选中后入伍的。

在必要的情况下，所有部队都能够得到来自欧洲部队的增援。1893年10月，里夫地区的部落起义威胁到了梅利利亚，加泰罗尼亚总司令阿塞尼奥·马丁内斯－坎波斯（Arsenio Martinez-Campos）将军指挥创建了一支2.1万人的部队。为了满足战争需要，应动员6万大军中的一部分士兵来组成两支部队。1895年，在古巴叛乱期间，占领军先由马丁内斯－坎波斯指挥，后由瓦莱里亚诺·魏勒尔（Valeriano Weyler，1838—1930年）接替，西班牙本土派出的增援部队贡献突出，使占领军达到了20万人之多。1898年，西班牙帝国败北后重返北非；跟从前一样，北非的常驻军得到了本土部队的增援。1909年危机期间，几支部队全体出动，穿越地中海，这几支部队包括巴塞罗那、马德里和直布罗陀的猎兵旅，整个马德里分队，还有两个以特别方式组成的分队叫索托马约尔（Sotomayor）和安普迪亚（Ampudia）。这些部队由本土不同地区抽调的营组成，旨在把军事力量分配到全国[1]。

新兴力量：意大利的牺牲与德国的审慎

德国和意大利曾经全力打造国家部队，但在1880年之前仍然没能走上殖民征服的道路。当他们踏上这条路的那一天，军事力量的差异

---

[1] « Les Opérations autour de Melilla », *RMAE*, mars 1910, p. 237-267.

十分显著。意大利正遭遇极为顽强的抵抗运动，而且严重受制于军费短缺，而德国所面临的抵抗则要弱一些。由于领地与本土相距遥远，而且在欧洲前线的防御本来就使两国忧心忡忡，因此根本无心在海外挥霍兵力。

意大利部队司令部由于缺少专业化部队，从一开始就主要依靠本土部队。1885年，有3 000人远征埃塞俄比亚马萨瓦（Massaoua），他们被分成几个小分队，与意大利本土中央部队的现役连队，即佛罗伦萨第八军团、罗马第九军团和那不勒斯第十军团在一起训练。换防工作由设在那不勒斯的兵站负责。1887年初的几次败北让意大利被迫额外拨款500万美元，并促使1887年7月的法令被投票通过，根据这项法令，一支完全由志愿军构成的非洲特殊部队建立起来，后来成为殖民部队的皇家部队。但是，这支队伍只有238名军官和4 772名士兵，其中，"土著人"的比例不断上升，而总人数未见增长[1]。其他常设部队节奏如常，先后进军索马里和利比亚，由于兵力严重不足，难以建立起一支真正的殖民军。

因此，大规模的殖民行动要动用本土部队。1.2万名欧洲士兵前往增援常驻殖民军，组成了1887年厄立特里亚远征军[2]。意大利本土各分队共2.3万名士兵，构成了参加阿杜瓦战役（1895—1896年）的中坚力量[3]。动用了7万名士兵的利比亚战役也是如此。1911年的年末，每个分队都提供了一个营，随后每个兵团都被要求提供若干个部队。1914年，本土部队的比例达到了84%。

---

[1] RME, 15 février 887, p. 188-189 ; « L'organisation de l'armée italienne d'après la loi du 30 juin 1887 », RME, 1887, p. 376-380.

[2] RME, 30 octobre 1887, p. 506-507.

[3] RME, décembre 1895, p. 496-497.

1914 年利比亚占领行动 [1]

	军官	部队人数
利比亚殖民部队	130	4 900
为使殖民军人数达到规章要求而派遣的本土部队	520	18 900
派往战场的本土部队	1 050	27 500
厄立特里亚和索马里的"土著"部队以及派遣至利比亚的部队	250	11 500
总计	1 950	62 800

　　对于一支在和平时期编制人数不超过25万人的部队而言，这种抽调兵力的方式并非全无问题。1895年，有人认为必须动员相同数量的预备役军人，来替换本土被派至国外的现役部队士兵。到了1912年，意大利部队司令部不得不承认，欧洲一旦出现争端，将只能给三国同盟提供3个军团，而不是以往预计的6个——的确，这对于罗马来说，是一个从不符合其殖民野心的约束中脱身的好机会，要达到目的，就得请巴黎和伦敦大发善心 [2]。

　　德国部队司令部从不接受兵员削减，仅仅从其欧洲部队中抽调少数军官和士官负责管理各"土著"分队，后者成立于1888年，目的在于保卫东非达累斯萨拉姆的文迪（Vindi, Dar es-Salam）以及西南非洲的殖民机构。1891至1892年，"土著"分队被重新组织，命名为"Schutztruppen"（殖民地警备部队），其组织于1898年最终成形。部队的使命如下：维持秩序，保障安全，遏制奴隶贩卖。后来，德国在喀

---

[1]　*RMAE*, juin 1914, p. 806.
[2]　*RMAE*, novembre 1913, p. 427-428.

麦隆也建立了同样的分支部队，并附带地在多哥和新几内亚也建立了部队。这些分队最初附属于外交部，自1906年殖民部成立以后，便由殖民部通过一个军事办公室管理。唯一驻扎海外的建制部队，是从1897年开始驻在中国青岛租界的一个步兵营。这些常设部队兵力一向都在一万多人[1]。

西方联合部队

值得注意的是，在面对某些危机或者为了防止某些威胁的时候，欧洲各国的部队常常会结成同盟。的确，这已不再是为了某个同伴的利益而战，而是为了巩固受到威胁的经济利益或受到损害的传教活动。联合出征的优势，就在于各国政府只要极小的开支就可以收获两重政治结果：既给特定的对手施加强大的压力，又不会让任何一个国家单枪匹马出现在重要战场上。

有些军事行动鲜为人知，比如1845年6月英法联合进军马达加斯加。两艘法国轻型护卫舰和一艘英国大型驱逐舰出现在塔马塔夫港；马达加斯加女王腊纳瓦洛娜一世不久前曾下令将一批欧洲批发商驱逐出境，英法联合舰队此次前来，就是为了支持商人们的诉求。谈判请求遭到马达加斯加政府的拒绝后，在舰长约瑟夫·罗曼－德福塞（Joseph Romain-Desfossés）的指挥下，由238名法国士兵和80名英国士兵组成

---

[1] Kristen Zirkel, "Military Power in German Colonial Policy : The *Schutztruppen* and their leaders in East and South West Africa, 1888-1918", *in* David Killingray and David Omissi, ed., *Guardians of Empire. The Armed Forces of the Colonial Powers, c.1700-1964*, Manchester New York, Manchester University Press, 1999, p. 91-113.

的318人部队登陆并摧毁了塔马塔夫港[1]。英法联军1857年和1860年两次出征中国则更加臭名昭著。第一次出征的起因是一艘英国船只被扣押以及几名天主教传教士被处死,最终,少将查尔斯·范斯特劳本茨(Charles Van Straubenzee)领导的5 000人远征军和海军上将夏尔·里戈尔·德·让乌伊利(Charles Rigault de Genouilly)领导的一千余人远征军于1857年12月28日占领广州。3年后,清政府拒绝执行《天津条约》中商人和传教士可在中国自由通行的条款。于是,詹姆斯·霍普·格兰特(James Hope Grant)爵士率领的1.3万名英军和夏尔·库赞–蒙托邦(Charles Cousin-Montauban)将军率领的7 000名法军于1860年8月至10月进攻北京。

1900年,以援救被围困在北京使馆区的外交官的名义而对中国发起的进攻,也许是这种介入形式的极端表现。10.6万名来自8个不同国家的士兵被派往前线,其中有6个欧洲国家,再加上美国和日本。此外,还应当提到一支从东印度出发前来的荷兰舰队。然而,利奥波德国王提议比利时部队参与此次行动时,却被德国以比利时是中立国为由予以拒绝[2]。八国联军中只有极小一部分真正参与了战事;这些战事可以被看作一个帝国时代的终结。

---

[1] Capitaine Raymond Sereau, « Une opération franco-britannique à Madagascar », *RTC*, janvier-juin 1938, p. 149-160.
[2] Maarten Kuitenbrouwer, *op. cit.*, p. 242, 362.

表：1900 年前往中国的国际远征部队

国家	总司令	兵力
德国	冯·瓦德西元帅	22 500 人
奥匈帝国	无	500 人
美国	霞飞中将	5 000 人
法国	瓦隆少将	17 000 人
英国	盖斯利中将	20 000 人
意大利	加里奥尼上校	2 000 人
日本	山口素成中将	22 000 人
俄国	李尼维奇中将	17 000 人

第二章

欧洲军官和士兵

∨

军　官

总体特征

　　海军军官是首批任职海外的军官，在登陆部队中打头阵，一般都充当侵略部队中的先锋。比如，法国海军就在远东地区扮演了极为重要的角色。1863年，军舰舰长、未来的海军上将欧内斯特·都达尔·德拉格里（Ernest Doudart de Lagrée，1823—1868年）让法国国旗飘扬在柬埔寨王宫上空；在远征东京之前的战斗中，两名司令弗朗西斯·安邺和亨利·李威利分别于1879年12月和1883年5月在河内附近遇害……埃皮纳勒（Epinal）生产的许多版画和图像都描绘了这些人物。海军上将皮埃尔·德·拉·格朗迪埃（Pierre de la Grandière，1807—1876年）虽然并不怎么出名，但是1863至1868年，他是交趾支那真正的管理者；他的接班人马里·杜布雷（Marie Dupré）上将于1871至1874年在任，是进军东京的主要参与者之一[1]，不过他也没有太大的名气。

　　扩张行动需要更多的部队，这也就意味着需要有大批地面部队的干部。理论上讲，所有的欧洲部队都配有众多的现役军官部队。以 1912 年为例：当时的法军约有 3.4 万现役军官；俄军 3.5 万，不过纪律并不严；意大利部队 1.5 万；西班牙部队 1 万；英军约有 1.3 万军官，其中 3 000 人被派了出去，听从印度当地部队的指挥；葡萄牙有近 3 000 名军官，是荷兰军官人数（1 500 人）的两倍，但是，荷兰在东印度有一支由 1 300 名军官组成的特别部队。不同的是，这些军官都隶属于预备队。古巴战争期间，这种情况司空见惯，当时许多西班牙现役军官拒绝服役：80% 的军官都是预备役军人。因为部队的绝大部分是由新兵组成的。1897 年，由于缺少军官，另一条原则，即只有经验丰富的军官能被远派，也被打破了。只要同意在岛上服役，连资历低于一年的军校生，也能获得担任军官的委任[2]。

　　19 世纪，尤其是 1879 年以后，军官部队的专业度有所提高：前期的培训和长期的培训情况得到了改善；比起出身，立功成了晋升职务的先决条件；军衔的获得有了保障。但是，各个社会阶层的征兵情形变化并不大。大部分军官代表的还是欧洲的上层阶级。与其他国家相比，英国士兵中的贵族比例算是最高的。直到 1858 年，印度部队内部才开始禁止买卖军衔；全体部队直到 1871 年才实行了这一禁令。1912 年，仍有 9% 的军官属于贵族，32% 属于地主乡绅（landed gentry），59% 属于中产阶级，也就是说，大部分军官属于中小地主阶级；1830 年，这三个阶级的比例分别是 21%、32% 和 47%。20 世纪初期，62% 的军官毕业

---

[1]　　Voir Étienne Taillemite, *Dictionnaire des marins français*, Éditions maritimes et d'outre-mer, 1982.

[2]　　Sebastian Balfour, *The End of the Spanish Empire, 1898-1923*, Oxford, Clarendon Press, 1997, p. 12.

于公立学校，其中部分军官修读过预备课程[1]。1895年前后，俄国军校和军事学院招收了85%的贵族。1905年俄国在日俄战争中失败之后，军校才渐渐向平民家庭开放。在意大利、西班牙、德国和波兰等国，贵族、地主所占的比例仍然居高不下。哪怕是在法国，虽然大革命向中小资产阶级敞开军官部队大门，军官部队也要给年长的精英以及其价值观留下宽敞的空间。这种情形也就意味着一些贵族传统保留了下来，比如决斗。除了美军以外，其他所有部队可能都支持德国战争部长冯·黑林根（von Heerringen）将军的声明。在这位将军看来，以宗教顾虑或其他顾虑为由拒绝决斗的人，"在军官部队所形成的社会团体内是没有什么地位的"[2]。

　　无论如何，对于平民阶层来说，军官生涯依旧对他们大门紧闭。其实，无论在哪，要成为军官就要在付费学校完成学业，或至少提供出身、财产和教育方面的有力证明，这两个条件强化了精英主义这一特性。1902年，英国军校（桑赫斯特皇家军事学院培养炮兵和骑兵，伍利奇皇家陆军军官学校培养炮兵和工兵）一共培养了490名军官，而所需军官人数为662人。172人的空位大多由大学毕业生以及20岁以下、通过考核的民兵（领土卫队）军官来补缺，只有一小部分人来自士官部队（1900年仅48人）[3]。在别国的部队中，这一比例要稍大一些。法军开放的晋升渠道可能是最多的，尤其是圣麦克桑军校（l'Ecole de Saint-Maixent），能确保年轻士官获得肩章，此外，圣西尔军校和巴黎综合理工大学也建立了直接的晋升渠道；部分荷兰士官在坎彭（Kampen）军校获得了类似的晋升机会。

---

[1]　Harold E. Raugh, Jr., *op. cit.*, p. 21; Edward M. Spiers, *The Late*, p. 97.

[2]　*RMAE*, novembre 1912, p. 361.

[3]　Edward M. Spiers, *The Late*, p. 102-103.

获得晋升之后，还得要保住这一军衔。通常，除了极高军衔的军官，欧洲军官的薪水连必需品都买不上。制服和伙食费、马具或武器的采购以及各种修护服务都不包括在政府的预算之内。贵族式的生活难免诸多社交，这些需要也造成开支。因此，军官常常成了高利贷者的猎物。1914 年前，为了避免困境，在大不列颠，年轻军官入选部队的条件之一就是财富[1]。骑兵军官的薪水更微薄。伦道夫·丘吉尔爵士（Sir Randolph Churchill）让儿子温斯顿认清了这一点。桑赫斯特入学考核中，温斯顿的名次排在名单末尾，因而他不得不为专业学习付出巨大的代价[2]。不久之后，未来的首相希望离开部队，转而从事新闻和文学工作，因为中尉的薪水（年薪 120 英镑）在他看来根本不够花，而从事新闻和文学足以让他有一份更高的收入。

殖民地与宗主国

不同培养方向的军官都在各自的学校或部队内部接受相同的基础训练。从 1860 年起，基础训练的质量在各地都有所提升。不过，殖民地军官与宗主国军官之间仍存在很大区分。在英国部队，这一区分一开始并不明显，因为所有的部队几乎都有可能收到前往海外作战或驻守的命令。但是，参谋部队（Staff Corps）完全是个例外。参谋部队内聚集了印度部队"土著"部队的全体军官。1885 年，参谋部队共有近 2 000 名军官，略少于欧洲军官人数的一半。参谋部队于 1861 年建立，1891 年合并了孟加拉、孟买和马德拉斯三支部队，只接收从桑赫斯特和伍利奇

---

[1]　Robert Graves, *Goodbye To All That*, New Edition, London, Cassell and Co, 1958, p. 77.

[2]　Winston Churchill, *op. cit.*, p. 50.

军校直接毕业的军官，以及步兵团或骑兵团内有经验的年轻军官。三年的考核阶段过后，参谋部队军官就能正式担任职务。参谋部队也为运输部提供干部，运输部同时负责军需和辎重工作[1]。参谋部队军官还可能进行文职工作，或是进入政治部（外交界），或是进入司法机关、警察局和政府部门（担任长官）。但无论在哪里，他们都能保留军衔，并继续享有晋升的机会。

　　埃及部队中的军官数量远少于印度，我们可以把两者做个比较。理论上讲，埃及部队与英军是各自独立的；但实际上，埃及部队受制于英军，总司令（Sirdar）一直都是英国人：1882至1885年是埃弗兰·伍德，1885至1892年是弗兰西斯·格伦弗（Francis Grenfell），1892至1899年是赫伯特·基奇纳，1899至1916年是雷金纳德·温盖特。19世纪80年代，埃及部队军官和教官的人数上升到了30多人，部队总人数为6 000人；1905年，埃及军官增至99人，而军官总人数和土著士兵人数分别为665人和17 519人。1870年后，这种区分在法国部队中愈加明显。1912年前后，约3.5万名军官中，只有非洲部队的军官（约3 000人）和海上部队的军官（约4 000人，同时包括"白人"团和"土著"团）被派到了殖民地服役。在荷兰，这种区分就更为明显，宗主国部队和印度部队之间很少有人员交换，只有下级军官之间才可能对调工作[2]。

　　这些军官长期在海外服役。除了假期，参谋部队军官可能会在海外度过整个职业生涯。非洲部队军官的服役时间要短一些：在西非，自上世纪[1]初，他们总共要服三四轮役，每次18个月，每轮之间有6个月的

---

[1]　Détail donné par le lieutenant-colonel Ditte, *op. cit.*, p. 186.

[2]　« Les forces coloniales hollandaises », *RME*, janvier 1892, p. 58-86.

假期，加起来共有五六年的时间；在东非，他们一次要驻守两三年，期限只延长一次[1]。法国军官中实行"轮流"服役制，尤其是在 1900 年法案出于欧洲战争的需要，创建了殖民地部队后，他们轮流在宗主国和海外驻守，并逐渐对非洲或印度支那二者之一形成专门知识。一般情况下，殖民地的服役时间是三年，不过由于生活条件（印度支那、法属西非、圭亚那）过于恶劣，时间被缩短到了两年，在乍得甚至被缩短至20 个月。在祖国停留的时间总体上也是两年。不过，根据需要，也可能只停留一年[2]。

有些部队没有足够多的特殊部队，所以就招志愿兵前往海外服役几年。在西班牙失去殖民地之前，殖民地守卫军官需在海外驻留 6 年或9 年，在此期间与本国部队脱离关系[3]。德国军官的情况也很类似。殖民地的德国军官要离职两年或三年，这段时长视驻扎地点而定，后来（1896 年），他们甚至要先暂时被部队干部层或海军部队除名，而后再进入外交部殖民事务处[4]。同样，刚果安全部队中的比利时军官如果自告奋勇前往刚果，在名册中会显示，他们暂时被调往军事地图绘制研究所。海外驻留期结束时，他们会相应地重新入编，而且能获得年资[5]。

还有一些部队大量接收外国军官，尤其是荷属印度部队，1890 年接收了 65 名外国人，其中 48 名德国人，占总人数（973 人）的 7%[6]。刚果安全部队也是如此，不仅对欧洲的比利时军官开放，还特别对意大

---

[1] Anthony Clayton and David Killingray, *Khaki and blue : Military and police in British colonial Africa*, Athens, Ohio, University Center for International studies, 1989, p. 151, 199.

[2] Décret du 28 décembre 1900, *JMO*, 2, p. 681-686.

[3] Lieutenant-colonel Aristide Dally, *Les Armées étrangères en campagne (leur formation; leur organisation; leurs effectifs; leurs uniformes)*, Imprimerie de la Société de typographie, 1885, p. 100.

[4] *RME*, mai 1896, p. 426.

[5] « L'État indépendant du Congo et ses forces militaires », *RME,* mars 1895, p.210-211.

[6] « Les forces coloniales hollandaises », *RME*, janvier 1892, p. 58-86.

利和斯堪的纳维亚军官开放。其中一名丹麦军官奥尔森（Olsen）甚至在1920年荣升部队长官，获上校军衔。其他部队的情况则有所不同。例如，印度公司部队的法国人爱德华·德·沃伦（Édouard de Warren，1811—1898年）出生于马德拉斯，他的父亲是从法国移民过去的，也在东印度公司部队中服过役。所以爱德华先在部队里担任旗手，1832至1842年担任印度英军第五十五军团的中尉，后来定居法国，重新获得了法国国籍[1]。后来，美国人弗雷德里克·罗素·伯翰（Frederick Russell Burnham）在印第安战争中担任侦察兵，接着进入塞西尔·罗兹的英属南非公司服役。在布尔战争中，他指挥过罗伯特·贝登堡（Robert Baden-Powell）上校的侦察兵，最后以英国上校的军衔结束了自己的军旅生涯[2]。我们还能举出以外国人的身份在法国部队中服役的军官，尤其在外籍军团中，例如，丹麦中尉塞肖斯–汉森（Selchaus-Hansen），1903年他在奥兰南部遇害。不过，无论是行伍出身，还是直接受命，此类外籍军官人数都很少。1895年前，这些军官中大多数都是法国人[3]。

动　机

冒　险

虽然军官们面临不同的强制措施，但相同的是，不是所有军官都是自愿出征的。对一部分人来说，前往殖民地服役就等于流放，对于俄国军官来说就是这回事。突如其来的政治镇压使他们不得不前往殖民地。

---

[1]　Biographie par Françoise de Valence, *in* Édouard de Warren, *L'Inde anglaise avant et après l'insurrection de 1857* [1857], reed., Kailash, 1994, 2 vol., vol. 2, p. 291-404.

[2]　Rapporté par Evelyn Waugh, *A Tourist in Africa*, Mandarin, 1960, p. 33.

[3]　Lieutenant-colonel Henry Dutailly, « Les Officiers à titre étranger, 1831-1939 », *RHA*, 1981（1）, p. 5-22.

1825 年 12 月军事暴动未果之后，60 名军官和 2 400 名士兵被派往高加索地区的驻地[1]。后来，又有一批军官被派往那里，其中包括波兰部队的干部。有时，调离是对无能的惩罚，同样也能为名誉受损的职业生涯提供一个重新开始的机会。1870 年，俄国部队就清理了一批素质欠佳的军官，将他们送往突厥斯坦，另外一些要求同去的军官则试图弥补由于玩忽职守或作息不规律而失去的时间[2]。至少在 1880 年以前，许多法国军官并没有选择海军这一兵种，只是因为军校毕业考试排名靠后，才被分配到当时并不热门的海军。同样，除了正常的轮值之外，请求在外驻留的英国军官被看成"一无是处"或"调皮捣蛋鬼、磨洋工"[3]。

不过，有很多人是自愿远征的。他们受到海外的吸引，有时还想在那里度过整个的职业生涯。很多人想努力换个新职位，纷纷前往宗主国首都的大臣官邸，手里拿着前任上司和殖民地（军官们渴望前去的殖民地）当局的推荐信，殖民当局有时掌握最终决定权。所以，1910 年，意大利有了这样一条规定：根据殖民地部队指挥官的提议，自愿前往厄立特里亚的军官一经殖民地总督批准，即由大臣任命。马达加斯加的加利埃尼和苏丹的基奇纳这样的人物，谨慎地挑选着参谋部人员，不过，他们也不会忘记朝下级军官的档案瞥上一眼。

以职业生涯为目标的动机体现了探索和发现遥远国度的兴趣。从本质上来说，这种兴趣就是所谓的"对殖民地的向往"。对殖民地的向往首先意味着渴望探险。在只有插图本（大多以游记的形式）可以再现异国景象的时代，阅读很可能激发读者对书本内容的幻想和对书本之外的想象，让一些读者渴望亲眼一见幻想中的世界。

---

[1]　John L.H. Keep, *op. cit.*, p. 342.

[2]　Eugen Schuyler, *op. cit.*, p. 220.

[3]　Anthony Clayton and David Killingray, *op. cit.*, p. 208.

这种召唤首先是一种旅行的渴望，也就是跨过一条如今看来更为清楚严格的边界。旅行不在于用尽可能短的时间，毫不费力、日夜兼程地从一个地方到达另一个地方。人们要在海上航行几周才能到达殖民地，途中会发现自己熟悉的北半球星宿在慢慢消失，"新的星宿正在从地平线上"升起。人们一般都是靠双脚走遍殖民地，通过慢慢走动，逐渐走进异国他乡，与当地人交流，最终融入当地的风景。这趟"内心登临"之旅，要求人们完成一种转变，把旅行变成一次真正的教育，一次自我的改变。

对殖民地的向往，还包括对异国气候和风景的喜爱。一代代军官以浪漫主义的文笔和辞藻、或时髦旅游公司的激情，颂扬着壮丽而迷人的风景。年轻的利奥泰把闪烁着光芒的契立夫平原与"美丽却阴沉的、天空灰蒙蒙的欧洲风景"相比，形成了鲜明的对照。[1]霍尔迪奇（Holdich）对巴基斯坦西北边境省和阿富汗西北边境的玫瑰赞不绝口，说其美丽的程度足以给他带来"持续二十年的快乐"，这里还有堆积如山的甜瓜、葡萄、苹果、核桃、杏子，这都是"喀布尔市场的荣光"[2]。这种赞赏在普通民众中，或者说是一部分民众中口口相传：宽大的袍服美不胜收，裸露的身体赏心悦目；战士的器械、鸡冠状盔顶饰、羽毛、盾牌、胸甲、炫目的束腰外衣；陌生城市的魔力。是不是这些目击者自己出现了幻觉呢？他们是否试图打动读者呢？无论如何，他们表达了对异国情调的迷恋。这种迷恋最早只有西方人才有，如今扩散到了整个世界。而且，虽然这种迷恋反映的是带有资本主义和"全球化"特征的情感，但它与征服欲的关系微乎其微。

---

[1]　André Le Révérend, *Un Lyautey inconnu. Correspondance et journal inédits, 1874-1934,* Perrin, 1980, p. 76.

[2]　Colonel Holdich, *op. cit.,* p. 24-25, p. 32.

财　富

海外服役的经济优势不容忽视。根据德·沃伦的说法，在印度，下级军官的军饷翻了一倍，上级军官的军饷翻了两倍。在前往海外任职的军官中，上尉年薪相当于3万法郎，中尉年薪1.5万法郎。因此，一笔可观的存款不再遥不可及，因为单身军官每年的支出只有3 000法郎[1]。这样优厚的待遇可以一直延续，至少对于领导"土著"部队的参谋部队军官来说是如此。他们享有相当优越的条件，有每五年回欧洲休假一年的权利，而且在殖民地也有充足的假期。他们能领取各种津贴，如果能顶替缺席的战友或上级的话，还可以兼领后者一半的津贴，而且这种情况时常发生。所以，军官们就不会因为卢比贬值所造成的价格上涨和军饷购买力下降而受到影响[2]。军旅生涯结束时，退伍军官可以领取一份比其他军官多一倍的退休金[3]。这些特权，外加晋升的保障，就能说明为什么参谋部队征兵时没有其他部队那么奉行精英主义。

英国人赋予了分散在埃及部队和负责掌控"土著"军官的军官不可小觑的优待。他们的军衔比原来所在的英国部队的军衔高出一至两级，并按照军衔领取相应的军饷。类似的措施也存在于其他为殖民军效力的部队。1895年起，听命于外交部、在厄立特里亚服役的意大利军官享有各种津贴补助，他们实际上可以获得两倍的军饷。此外，如果连续服役的时间超过四年，津贴补助还会大幅提高[4]。可以想见，自愿前往利比亚的军官也会领到两倍的军饷，其中包括一份殖民军津贴。除此之外，还有额外多出20%的驻留津贴、装备津贴、按军衔分发的

---

[1]　Édouard de Warren, *op. cit.*, vol. 1, p. 217, vol. 2, p. 115.

[2]　George Arthur, *op. cit.*, t. 2, p. 187.

[3]　« La constitution et le fonctionnement de l'armée indigène des Indes anglaises », *RME*, 15 novembre 1886, p. 521, 30 novembre, p. 577-585.

[4]　« Les Troupes coloniales italiennes de l'Érythrée », *RME*, janvier 1895, p. 32.

年金，最后还有阿拉伯语津贴[1]。同时代的法国海军军官或非洲部队军官，以及分散在殖民地、由外交部负责的德国非干部军官也享有相同的待遇[2]。

殖民地还意味着额外的收益，也就是说，可以在打败敌人后分得奖金。这种做法类似于海上掠夺，但为了让被占领地区支付战争赔款并向其收取赋税，这种做法从理论上讲已经在欧洲被废除了。而在海外，这种手段依然完全合法。多数情况下，战利品被拿来拍卖，偶尔会被卖给原来的主人，商品则按规定分配，大部分（在阿尔及利亚是三分之二）需要上交国库，其余部分用来满足部队需要。这些机制的规范程度参差不齐，军事领袖经常会利用其中的漏洞，减少上交国家的份额，增加远征部队自己的份额，因为老实说远征部队的需求很多[3]。减少之后剩余下来的数额就进入了部队本身，根据军衔高低，将军的待遇超过军官，军官超过普通的士兵。但是，侵吞军饷的例子数不胜数，而且一定与级别挂钩。

下面就是一些典型的例子。1834年4月，一场短暂的战斗过后，一位库格（Coorg，德干半岛西南部）的邦主被废黜了，财产被查封。据德·沃伦汇报，他作为中尉参与了作战，所以领取了一笔6 000法郎的奖金，而出征的首领林赛（Lindsay）将军则领到了14万法郎[4]。几年以后（1843年），杜克罗（Ducrot）将军证实，等级最低的阿尔及利亚骑兵也能从阿卜杜勒－卡德尔（战斗发生于1843年5月16日）的随身财物中带回价值1 500法郎的战利品。这个数字足以让人想象出奥马勒公爵

[1]　*RMAE*, janvier 1914, p. 98-103.

[2]　*RME*, avril 1896, p. 334.

[3]　*Vie militaire du général Ducrot, d'après sa correspondance (1839-1871)*, publiée par ses enfants, Plon, Nourrit et Cie, 1895, 2 vol., T. I, p. 121.

[4]　Édouard de Warren, *op. cit.*, vol. 1, p. 361.

率领的殖民地军官可以从战斗中得到多少好处。但是，这些财富远不及英法联军从北京颐和园（1860 年 10 月）中掠夺的宝物。拍卖赃物之后，部分军官获得的份额达到了 9 000 英镑或 22.5 万法郎[1]。25 年之后，类似的做法仍未消失。占领基隆后（1884 年 10 月），远征中国台湾的海军有条不紊地组织搬运显贵手中最精美的物件："青铜或象牙佛像、中国的瓷器和上彩釉的陶器、木雕都被夺走了，装上了舰队的船只。"指挥官蒂里翁（Thirion）目睹了这些场景，他说，海军陆战队的步兵没有战友那种能放得下战利品的大货舱，他们为此遗憾不已[2]。当然，博物馆派代表到现场交易，收回了一部分艺术品。剩下来的宝贝就留在家里充当纪念品。

高级军官获益最多。数额可观的军饷通常都与官员的待遇挂钩。阿尔及利亚的比若元帅的年薪是 4 万法郎。20 世纪初，印度部队总司令每年能领取 16 万法郎的年薪。而作为协助总督工作的最高司法委员会的成员，他另外还能领取 24 万法郎，也就是说年薪总共是 40 万法郎。另外，还有一些奖金：布尔战争中，罗伯茨将军占领比勒陀利亚之后，不仅荣获嘉德勋章和贵族爵位，还获得了一笔高达 10 万英镑的奖金。他的继任者基奇纳在取得南非和平之后，获得了 5 万英镑[3]。至于战利品，将领们则可以狮子大开口。例如，在征服阿尔及利亚时，有人起诉将军们敛财，其中不仅有后来的元帅圣阿诺（Saint-Arnaud），还有库赞 –蒙托邦。库赞 - 蒙托邦身为统帅，在 1860 年远征北京时发了财，这次远征还为他赢得了八里桥伯爵的头衔。这场战争结束之后，他可能送了

[1]   Jack Beeching, *The Chinese Opium Wars*, London, Hutchinson, 1975, p. 320, 326.

[2]   Commandant Thirion, *L'Expédition de Formose (souvenirs d'un soldat)*, Lavauzelle, 1897, p. 23.

[3]   Harold E. Raugh, Jr., *op. cit.*, p. 202.

欧仁妮（Eugénie）皇后一条约值两百万法郎的项链[1]。查尔斯·纳皮尔（Charles Napier）从1843年的信德战役获取了7万英镑，约等于175万法郎。

　　除了掠夺财富之外，违法行为或侵吞公款的行为使得个人致富的道路更为便捷。不论是在征服阿尔及利亚之初，还是在征服突厥斯坦之时，都有人揭露此等行径[2]。在突厥斯坦，戈洛瓦乔夫（Golovachev）于1867至1877年任锡尔河州州长，因贪污而臭名远扬；总督考夫曼本人清正廉洁，但因为过于宽容而受到了批评，因为他过了好久才罢免那位州长[3]。在大部分被占领的国家，受贿是司空见惯的事，官员只能靠收受的礼物过活，所以如今所谓的"受贿"更是随处可见。不得不说，在大多数情况下，缺乏合格的职员和严格的账目管理，财务监督十分低效。

　　但是，我们不应根据上述内容想象出一幅安逸生活的画面。首先，不是所有政府都愿意或都能够合理嘉奖各自部队的干部。也许，英国军官是最闲适的。他们之中的"印度人"虽为帝国做出了无人能比的贡献，但是只受到了比"非洲人"稍好一些的待遇。相反，偶尔被戏称为"木薯军官"的葡萄牙人可能是最穷的。他们的薪水很少，还不能按时发放，所以很难一直保持正直廉洁[4]。那些经常忌妒拉芒什海峡²彼岸英国人的法国人，以及德国人和意大利人，则处于这两个极端之间。鉴于军官部队招募的人员很混杂，再加上沙皇统治既带有官僚主义色彩，又有自由放任的成分，因而俄国人的情况时好时坏。

---

[1]　B.L. Grover et S. Grover, *A New Look at Modern History of India,* New Dehli, Ram Nagar, 1998, p. 136.

[2]　Des exemples dans Eugen Schuyler, *op. cit.,* p. 247-250.

[3]　Richard A. Pierce, *op. cit.,* p. 69-70, p. 73.

[4]　René Pélissier, *Les Campagnes coloniales du Portugal,* p. 22-23.

另外，经济利益通常被看作是对殖民地潜在风险和考验的合理补偿。殖民地生活对身体造成了极大的伤害，我们之后还会发现早逝的可能性极大。德·沃伦写道，"人们如田间野草一般从这里经过；他们必须迅速收取报酬，否则还没有领到钱，就已经死了"。而且，出征会产生意想不到的开销。占领希瓦（1873年）之后，俄国的考夫曼将军向大臣申请了一份补贴，发放给每一位参战的士兵，因为穿越草地时，每人必须烧毁或扔掉一切个人用品[1]。驻地的生活成本很高，被派往印度的军官就遇到了这种情况。他们的生活费十分庞杂，比如，一名骑兵军官至少要养两匹战马、两匹猎马以及马球运动中必不可少的小种马。要是他指望不上个人收入的话，很快就可能负债累累，因为军饷实在是太微薄了，根本不能应付全部开销[2]。他需要等待晋升的机会，想好怎么还清债务。事实上，这些殖民地的军事干部只有获得高级军衔，才能真正享受到一份安逸。

战　争

对于选择了军旅生涯的人来说，根本的目的就是要打仗，就是要获得1815至1914年欧洲提供的不可多得的机会。丘吉尔提及他本人在印度部队中担任年轻骑兵中尉的经历时说道，未来的几代人"身心疲惫，饱受虐待，遍体鳞伤且厌倦战争，也许不能理解一个在长期和平年代成长起来的年轻英国军官第一次靠近真正的战场时，表现出来的那种如饥似渴、慷慨激昂的感觉"[3]。对于大多数法国海军军官来说，去海外与

---

[1]　Lettre à Milioutine, 15 juin 1873, *in* Martin Ewans, *Great Powers Rivalry in Central Asia*, vol. I, p. 204.

[2]　Winston Churchill, *op. cit.*, p. 50.

[3]　*Ibid.*, p. 91.

"当殖民者"是一回事。而且，在大多数情况下，战争更需要的是战士而不是士兵，更不仅仅是军人。个人的勇气和性格能比在欧洲得到更好的展现。欧洲的部队出现了官僚组织的倾向，且受制于臃肿不堪的指挥机器。

对于一位军官来说，战争并不能简单概括为发泄所美化的、导向性的好战本能。打仗，首先就是对人的指挥。从这一点看，殖民地军官的责任要比其他任何地方都大得多。由于通信的距离及其难度，小分队的指挥官有独立于自己的上级行动的自由，这种情况类似于他们的上级与本土之间的关系。1896年，加利埃尼在塔那那利佛没有电报，无法与马达加斯加最南端的多凡堡取得联系；频繁的暴风雨使得海上通道危机四伏。陆路交换一次情报需要45天。因此，他只能以总的指令为参照，至于其他，就不得不求助于"外省的、圈内的指挥官的直觉和开拓精神"，哪怕这意味着有时他需要隐瞒一些自己没能阻止的行动，比如对萨卡拉瓦（Sakalave）国王多埃拉（Toera）发起的一场毫无意义的战役，并将对方杀死，其实多埃拉已经准备投降[1]。这种自由度一直延伸至下级军官。在阿散蒂战役中，沃尔斯利将军强调，战斗可以被分解为完全依赖分队长官的诸多小分队[2]。阿尔贝·迪特（Albert Ditte）中校和比若所见略同，他认为，"在殖民地作战的部队，每个人都应当熟知当地的总体情况；因为驻军过于分散以及无法及时传递情报，所以就必须要借助自己所知的信息来发挥主观能动性。"[3]利奥泰认为，"这些区区的小中尉一旦当上哨所和侦察队长官，个个在六个月之内都锻炼出更强烈的主动性、更坚定的意志力、更持久的忍耐力以及更坚毅的人格，而

---

[1]　Lettre à A Grandidier du 6 février 1902, Gallieni, *Lettres de Madagascar*, p. 46.

[2]　Edward M. Spiers, *The Late*, p. 68.

[3]　Lieutenant-colonel Ditte, *op. cit.*, p. 285.

法国本土军官可能在整个职业生涯中都无法望其项背。"[1]

这些职责不但激动人心，而且还体现了执行人的能力，有利于他们的职务晋升。当时部队里的晋升很慢，令人心灰意冷，因而这一优势显得更令人垂涎欲滴了。1871 年，有人计算过，在英国部队里，要想成为一个上尉要 9 年的时间，要想成为一个中校要 23 年，而且后者根本无法得到保证[2]。而到远方任职，就能够加速晋升。就法国的情况而言，苏丹继阿尔及利亚之后成了军官们摘取累累硕果的舞台。例如，加利埃尼获得上尉军衔三年之后就当上了营长，年仅 32 岁，而在通常情况下，当上这一职位平均需要 10 年时间[3]。1883 年，20 岁的让-巴蒂斯特·马尔尚进入海军的时候，只是个普通的士兵，1885 年升为中士，1887 年从圣麦克桑军校毕业时已获得少尉军衔，1899 年，不到 36 岁的他就成了法国部队里最年轻的中校。1900 年，海军部队里的中尉要升到上尉一般需要 8 年，而本土的部队则需要 14 至 15 年。[4]

不要以为只要待在殖民地就能升迁。军官（士官）主要是在打仗的时候才有机会脱颖而出，并且有可能顶替阵亡者，特别是病亡者的职位。好的长官总是把可能性最优化。约瑟夫·沃尔斯利子爵认为，要尽量通过精挑细选成绩优异的、希望从战役中获益的军官来组成远征团。但是，这一现实不免被一些野心家所利用，因为他们并不满足于当全职军人，一旦出人头地就想方设法离开殖民地。有些俄国军官专门要求去臭名昭著的高加索服役，就是想在很短的时间内功成名就，因而他们

---

[1]　Hubert Lyautey, *Lettres du Tonkin et de Madagascar, (1894-1899)*, Colin, 1920, 2 vol., vol. 1, p. 84. Edward M. Spiers, *The Late*, p. 90.

[2]　Edward M. Spiers, *The Late*, p. 90.

[3]　Marc Michel, *Gallieni*, Fayard, 1989, p. 103.

[4]　Voir « L'Armée coloniale en péril », *BCAF*, mars 1910, p. 91-92.

常常被战友冠以"骗子"的绰号[1]。除了这些个案之外，军官们打仗和"带兵"的欲望都十分强烈。正如我们已经大书特书，这种现象并不能解释进行殖民征服的原因，但是能够说明为什么人们总是诉诸武力。很少有制度能遏制这一倾向。不过印度做到了，同意在这里服役的参谋部军官30年之后就能取得上校军衔。择优晋升制到了1900年才由基奇纳引进过来。

培　训

出征的时候，很少有人以某种方式做好了应对战役或海外兵役的准备。19世纪末，虽然中等教育比较重视历史和地理，但对殖民现状也只能做个简要的概述。年轻军官20岁就离开军校，几乎学不到什么高深的学问。学校的大纲至多给殖民地的历史和地理腾出一点空间，但随着殖民征服的扩张，这部分的教学内容不断丰富起来。1889年，在圣麦克桑军校开设的16门课程中，有两门是关于殖民地的[2]。说得更远一点，1836年，荷兰布雷达（Breda）军事学院引入了有关荷属东印度的教学内容，开始的形式是传授当地文化的基本概念，后来从1865年起转变为殖民战术[3]。应该说，在整个欧洲教育机构中，这个学校的学生被派往殖民地的比例最高：1889年，布雷达军校的338名军官中有148人进入了殖民部队。

---

[1] Moshe Gammer, *op. cit.*, p. 25.

[2] Philippe Boulanger, « Les Espaces coloniaux dans la géographie militaire française（1871-1939）», in Pierre Singaravélou（dir.）, *L'Empire des géographes. Géographie,exploration et colonisations, XIXe-XXe siécle*, Belin, 2008, p. 135-146, p. 143.

[3] J.A. De Moor, « Un des premiers manuels sur la gué rilla hors d'Europe : les guerres des Indes de P.F. Vermeulen Krieger », *Straté giques*, n° 85, 2005, p. 193-210.

　　宗主国内并不存在专门培养海外军官的院校。1870 年，印度部队转移至库罗讷，位于艾迪康姆（Addiscombe）、专为东印度公司培养军官的印度军事学院关了门。桑赫斯特军事学院的教学楼借机扩张，某些高等院校偶尔也接收待出征的军官。柏林东方语言学院就如此，1912 年夏季，在一届 265 个大学生中有 32 名军官，其中 16 人学了德国殖民地的方言[1]。1908 年，比利时人掌管刚果的时候，也对军官进行了一定的培训，旨在为国家武装力量配备干部：为此，13 名军官和 1 名士官在布鲁塞尔接受了为期两个月的培训。就军官而言，学习科目包括"刚果国家组织与行政管理运行研究、全国资源研究、国土与边界地理、有关刚果的国际条约研究、国际法与司法组织的基本概念、国家武装力量军事规章与刚果军事行动行为研究、殖民地卫生"。就士官而言，主要注重培养能够指挥黑人的军官。[2]

　　确实，这些缺失可以部分地通过个人的文化来弥补，尤其是通过读书和家教。这在军官世家司空见惯。例如，对 129 名桑赫斯特学院学生的出身研究表明，在 1890 至 1895 年进入参谋部的人当中，70% 是军官的儿子，其中在印度部队服役的比例（将近三分之一）不可小觑[3]。有些人还有可能出生在印度或曾在那儿生活过。实际上，真正的培训是通过与老兵、军官、士官，甚至是欧洲或"土著"士兵的实地接触展开的。从这一点看，在海外服役的特殊部队最有效果。在法国部队里，"土著"部队、"土著"骑兵和步兵才真正是数百名干部的学校。对东印度部队来说，西北边境部队，特别是 1846 年在旁遮普培训的向导部队、

---

[1]　*RMAE*, septembre 1912, p. 203, qui cite la *Militär-Wochenblatt* du 31 août 1912.

[2]　« Cours colonial », *RMAE*, janvier 1908, p. 83.

[3]　91 pères de cadets sont officiers, dont 29 à l'armée des Indes, et 40 cadets résident aux Indes (les 29 officiers déjà cités, plus 9 au *Civil Service*), Harold E. Raugh, Jr., *op. cit.*, p. 254.

廓尔喀第五团或者库拉姆民兵（Kurram Militia）、多支（Tochi）民兵、瓦济里斯坦童子军等民兵组织发挥了同样的作用[1]。也就是在这些部队里，新兵真正学到了专业内容，适应了当地的气候和生活条件，其中最优秀的还进一步了解了所在的国家和民众。

　　在殖民地服役不一定要学习当地的语言。19世纪中叶，爱德华·德·沃伦发现努力学习兴都斯坦语（由土耳其语、阿拉伯语和波斯语混合印地语的单词构成的混合语）的英国军官寥寥无几。这样的发现随处可以得到印证。指挥"土著人"的干部凑合着使用必要基础入门语言和部队进行交流，他们的话或多或少带有当地方言的特点：在北非使用阿拉伯语，在法属苏丹使用班巴拉语，在英属西非使用豪萨语，在东非使用斯瓦希里语。比利时安全部队招募的成员都是林加拉人，因而林加拉语便成了部队里的应用语言。应该说，由于被征服国家的语言多种多样（20多种主要语言，而在印度数量则超过1 000种），而且一名军官不太可能只在一个地方服役就能够出人头地，因此多数人不愿意为了偶尔才会用到的技能投入大量精力。此外，命令是用殖民国的语言下达的，"土著"士兵和干部听不懂或不怎么听得懂，因而要通过举例或者借助于明晰的手势来教育新兵。

　　但是，这种情况也有例外。印度民族起义之后，英国政府强制要求参谋部学习乌尔都语，也就是印度穆斯林使用的语言。1897年，只有获得乌尔都语初级水平的人才有可能被录用；见习者有三年时间来准备高级文凭，这成了正式任职并享有待遇的必备条件。他们取得进步后

---

[1]　William Barton, *India's North West Frontier*, London, John Murray, 1939, p. 101. 56. *RME*, mai 1897, p. 409-410.

可以获得奖金，学习印度斯坦语和波斯语的人享有同等的待遇[1]。法国人在北非的领地对说阿拉伯语和柏柏尔语的军官也如此。从1912年起，意大利战争部每年都会在殖民地（阿马拉、索马里、提格雷）为军官举办当地语言的比赛，获奖者每人获1 000法郎[2]。俄国人在圣彼得堡、塔什干、符拉迪沃斯托克（海参崴）就地开设了东方语言课（阿拉伯语、汉语、蒙古语、乌尔都语、波斯语、土耳其语）。这些课堂教学针对的不是部队军官，而是在被殖民地区从事情报和行政工作的人员，他们人数不多，但肩负着重要的使命。[3]

日常生活

　　殖民地军官的日常生活形形色色，五花八门。军营达到一定数量之后，就有可能在海外看到与欧洲相差无几的世俗生活。军官有朋友圈和舒适的甚至豪华的食堂，能让他们进行交际和娱乐。他们的家庭可继续与地位相当的地方家庭进行西式聚会：招待会、舞会、野餐、狩猎以及赛马等活动。在印度和埃及的部队，以及法国完成征服（19世纪40年代末）后的非洲法军部队就是这样。新加坡等一些重要的英国领地也如此。对于法国人来说，这类地方包括西贡、河内。对于荷兰人来说，就是巴达维亚。对于俄国人来说，则是第比利斯或塔什干。随着时间的推移，那里的城市生活跟欧洲军营越来越接近了。

　　但是，对于边缘的、孤立的、由小股部队把守的哨所来说，这样的

---

[1]　« La constitution et le fonctionnement de l'armée indigène des Indes anglaises », *RME*, 15 novembre 1886, p. 522-523.

[2]　*RMAE*, mai 1912, p. 427.

[3]　Voir la troisième partie, chapitre les grandes subdivisions d'armes, « Renseignement opérationnel et politique ».

生活则无法企及。那里的居住设施很简陋，食物品种也很单一，治安环境令人担忧。邮件无法正常送达。在多数情况下，军官不能携带妻儿。更何况可怕的环境、"土著"士兵的拳脚以及热带地区的疾病无论如何都是十分危险的。在战场上，家属带来的后果超越了人们的想象，1839年阿富汗战争期间，英国平民惨遭屠杀的例子彻底打消了这种不切实际的想法[1]。在1879年的战争中，家属不能随军。霍尔迪奇认为，这一点值得喀布尔人思考。从那个时候起，社会关系仅限于几个人，有时候真的令人难以承受。军官们常与当地的某个女人姘居，但这只是部分地解决了孤独的问题，因为他们无法真正融入"土著人"的生活。尽管许多东方社会对男性同性恋相对宽容，但同性恋，尤其是恋童癖，必须小心谨慎才对。1903年，赫克托·麦克唐纳（Hector MacDonald）自杀的悲剧就证明了这一点。这位伟大的战士，苏丹以及布尔战争的英雄，不得不以这种方式逃避发生在锡兰的丑闻，逃避军事法庭的诉讼程序[2]。一些名人，如基奇纳、利奥泰则表现得更加克制或更加隐匿。

烦闷时常来袭。酗酒和吸毒成为非常真实的风险。战胜这一风险的主要方法就在于保持一定的身体或智力方面的活动。在印度部队里，体育与荣誉密不可分。丘吉尔曾告诉我们，他所在的第四骑兵团在班加罗尔驻扎时如何于1897年脱颖而出，在海得拉巴迎战当地统治者尼萨姆的保镖，赢得了戈尔康达杯（Golconda Cup），1899年又和驻扎在密拉特的兵团竞赛并取得了胜利。无论在什么地方，只要有可能，骑马外出成了军官们的主要体育运动。19世纪末，网球潮方兴未艾。打猎能够改善日常生活，同样也受到了普遍欢迎。在军营图书馆借阅的、或本土

---

[1]　Colonel Holdich, *op. cit.*, p. 37.

[2]　Denis Judd, "The suicide of Hector Mac Donald, 1902. Sex and the Empire", *Empire, the British Imperial Experience from 1765 to the Present*, London, Harpers Collins, 1996.

寄来的图书能够打发漫漫的长夜，同样也能让驻军与当时的思想运动和重要的新闻保持接触。有些军官会督促下属从事这一类娱乐，比如，俄国将军考夫曼在突厥斯坦创建了军人俱乐部，其中设有阅览室，他还鼓励打猎，尤其是猎虎，为此他甚至给予奖励[1]。

欧洲士兵

职业军人

在相当长的时间里，征兵制强制士兵服役很长的时间，实际上让帝国拥有了一支职业部队。在俄国，1827年被征人员必须服役25年，1860年改为15年，并且要在现役部队服满8年，1874年的征兵法出台后降至6年，1890年又改为5年。法国的服役年限为7年，1875年改革之后下降至5年，且一直沿用至1889年。英国基本也是如此，英军部队只招志愿兵，1847年之前，服役年限很长（炮兵21年，骑兵21年），后来有所缩短（炮兵10年，其他部队12年，19世纪70年代根据情况可为6年、7年或8年）。[2]

通常，殖民战争采取的就是这种长期服役的征兵形式。20世纪初，服役年限缩短，但是征兵范围扩大了，这满足了和平年代培训更多军人、更好地分配负担的愿望。但是，被派往海外的必须是千锤百炼、经验丰富的人，这一观念始终没有动摇。国家大力提倡志愿服役，法国尤

[1]　« Le Turkestan... », *RME*, septembre 1878, p. 124-127.
[2]　« L'armée anglaise en 1889 », *RME*, 30 août 1889, p. 193-212.

其如此。1912年的2万名新兵中，1 500名选择了殖民部队，再次征兵的人数与之不相上下。这3 000个立志在殖民旗帜下服役数年的志愿者，是一批不可小觑的资源，这意味着要在海外养活1.7万人[1]。另外，法国人和英国人有可能征召其他专业人员，他们长期在部队里占据要职，这就是所谓的"土著"士兵。

地理身份

在殖民部队出现和确立的时期，每个殖民部队里的欧洲士兵显然都是这支部队所代表的强国的侨民，但这并不意味军队的建构完全不存在多样性。英国部队尤为明显，组成联合王国的四个民族在部队中所占比例差异悬殊。1882年，英格兰人和威尔士人占现役部队的70%，爱尔兰人占20%，苏格兰人占8%，20世纪初前两者比例分别为77.8%和13%[2]。爱尔兰人的比例大幅下降，1830年之前，在英国部队里的爱尔兰人占42%，大部分信奉天主教。在法国海军陆战队的志愿兵当中，很多人来自西部海岸省份和东部省份这些传统兵源地区。但科西嘉岛、巴斯克也出了不少名人。

外国人在这些部队里也有一定的地位，但人数屈指可数。1885年，外国人占军中总人数的2%[3]。通常，他们的数量会多一些，但是不会引人注目。在俄军中，如犹太人等被强制入伍者也会为俄国服役，他们被单独编成小分队。1892年被编入的2.6万人当中，俄国人、乌克兰人、

---

[1]　Ministère du Travail et de la Prévoyance sociale, *Statistique générale de la France. Annuaire statistique*, 1912, p. 281.

[2]　Edward M. Spiers, *The Late*, p. 131; *RME*, 1884, p. 507.

[3]　Lieutenant-colonel Aristide Dally, *op. cit.*, p. 32.

白俄罗斯人占 73%。波兰、波罗的海和犹太兵员（拿破仑一世以来必须
服兵役）则超过了 6%[1]。在美国，很多新来的移民、未来的公民也加入
了联邦部队，尤其是在美国内战期间。但有时候，他们的存在感也非常
高。显然，人们首先想到的是 1831 年在阿尔及利亚创建的法国外籍军
团，墨西哥战争期间他们在卡梅伦战役中的英勇壮举为外籍军团的传奇
奠定了坚实的基础。1900 年，外籍军团共有 1 000 人，非洲部队中欧洲
人则有 8 万人，海军陆战队的白人有 4 万人。但是，这远远不是一支纯
外国人部队：19 世纪末，外籍军团中有一半是外国人，另一半要么是
没能进入海军陆战队的退役兵，要么是拒绝为德国服役的阿尔萨斯－洛
林人[2]。

　　从比例上来说，荷兰人在开展海外军事行动时对欧洲兵员的依赖
远超过法国人。荷兰人再一次占领东印度的时候，部队人员是 1815 年
帝国战争之后被遣散的老兵，其中只有一半是欧洲人。另一半是非洲黑
人，克里米亚战争结束后，英国人解散了为此而组建的部队，这些处
于离职状态的军人来到了荷兰殖民军当中，取代了黑人的位置[3]。1885
年，荷兰殖民军当中，50% 是外国志愿军，尤其以德国人和比利时人居
多（各占 15%），还有法国人（6%）、瑞士人、奥匈帝国的侨民、丹麦
人、波兰人和罗马尼亚人。法国人中最著名的是阿蒂尔·兰波（Arthur
Rimbaud），他在那里待了一段时间（1876 年 7 月至 8 月）就当了逃兵，
后来下落不明。[4] 相反，捷克军医帕维尔·杜尔迪克（Pavel Durdik）在

---

[1] «La loi générale sur le recrutement et la composition des contingents en Russie», RME, août
　　1894, p. 119-152.

[2] André -Paul Comor, La Légion étrangère, PUF, 1992, p. 33.

[3] Philibert Dabry de Thiersant, op. cit., p. 7.

[4] Ibid., p. 8; Louis-Charles Damais, «Arthur Rimbaud à Java», Bulletin de la Société des Études
　　indochinoises, XLII, n° 4, Saigon, 1967, p. 335-339.

亚齐服役将近三年，并留下了趣味横生的回忆录，但其中不乏对荷兰政策的严肃批判[1]。不过，这个比例后来确实有所缩小。1892年，法国人、英国人、美国人、瓦隆人、既不懂荷兰语又不懂德语的外国人，以及非"土著"穆斯林都被拒之门外了。到了1912年，近1.4万名欧洲人当中几乎全部是荷兰人；只有1 000名德国人和500名比利时人，也就是说，外国人所占比例大约为10%。[2]

社会身份

每个国家都有本杰明·迪斯雷利在小说《西比尔》（*Sybil*，1845年出版）中所说的"两种人"，"这两种人之间，既没有联系，也没有同情；对彼此的习惯、思想和情感一无所知，简直像是生活在两个地区，甚至是两个不同的星球：他们是两种不同教育的产物，沐浴在不同的雨露中，遵循不同的组织方式，遵守不同的法律制约"[3]。不言而喻，士兵中的绝大多数都来自这两个民族中较不幸的一个，属于最贫穷的社会阶层。正是他们组成了绝大多数志愿军。

通常，民众对服役冷眼相待。爱德华·斯皮尔斯（Edward Spiers）写道，"在部队服役一直是一种地位低下、毫无尊严的职业"[4]。当兵的人常常来自无产阶级中受剥削最严重的阶层。他们可能是受到军饷的诱惑，也可能希望出去见见世面，或者说对武器有着某种向往。征兵对所有社会阶级一视同仁，这样可以避免兵源质量过低。但是，中产阶级或

---

[1] Ludvik Kalus, «Récits d'un médecin militaire tchèque à Aceh et en pays Batak（1878-1883）», *Archipel 72, Récits sur le Monde insulindien*, 2006, p. 239-249.

[2] *RMAE*, janvier 1912, p. 80.

[3] Benjamin Disraeli, *Sybil, or the Two Nations* [1845], Penguin Books, 1980, p. 96.

[4] Edward M. Spiers, *The Late*, p. 147.

富裕阶层长期以来都靠花钱买兵役来逃避这一义务。他们只认识未来的军官，而不认识其他投身军旅生涯的人。然而，1885年，有位观察家强调指出，在外籍军团和荷兰殖民部队中，其实存在多样的社会身份：在出身农村的士兵身旁，也有因头脑发热而参军的工匠和上层阶级[1]。但是，这些人的人数有待商榷。

　　19世纪，农民成了欧洲人口类别中最主要的成分，构成了征兵兵源的主体。通常，人们认为在田间干活的人能吃苦，且更服从指挥。因此，法国和俄国的士兵几乎与农民是同义词。英国在这一时期也如此，1871年，80%的士兵是乡下人、农业工人或手工艺者。若干世纪以来，他们都屈服于不幸的命运，无法想象有朝一日能够摆脱束缚。美国军队可能是唯一的例外，相当多的士兵是从东部沿海城市受苦受难的无产者中招募而来的。不过，来自城市或郊区的士兵人数不断增加，其中一部分是乡村人口迁移的结果。1898年，英国的农村人口比例是63%。在法国，城市人口在兵源中的比例也越来越高。甚至在俄国，农民兵已不再能够满足需要，造成农村义务越来越重，可能使农业生活都受到了干扰。因此，减少大学生所需支付的费用、扩大城市征兵规模势在必行。

　　生活方式，尤其是食物带来了体质的巨大差异。自拿破仑战争以来，法国士兵又小又瘦，与人高马大的英国士兵形成了鲜明对比。根据德·沃伦的观点，英国士兵的体重［1884年至少115磅（1磅≈0.454千克），约52千克］要比法国士兵重三分之一，也就是说，他们的食物质量占了优势。1876年，英国士兵的最低身高为1.63米，奥匈帝国、俄国、荷兰东印度的士兵为1.55米，法国和西班牙的士兵只有1.54米。19世纪，这样的小个头状况一直没有改变。为了满足

---

[1]　Philibert Dabry de Thiersant, *op. cit.*, p. 38-39.

需要，英国部队不得不降低要求，从 1869 年的 1.67 米降到 1876 年的 1.63 米，众所周知，到 1900 年甚至降低到了 1.60 米[1]。1912 年，美国士兵人高马大，一般超过 1.70 米。

除了身份，不同国籍的士兵所受的教育水平也不一样，这与政治上的努力、社会结构和生活水准有关。从这一点看，英国士兵所受的教育程度最高，根据乐观的数据，1841 年 63% 的人会读书写字，1873 年为 74%，1900 年为 92%。这种进步很大程度上归功于部队开办学校[2]。法国新兵和德国新兵在这方面的数据可与英国相提并论。这种状况与俄国士兵形成了鲜明的反差：1870 年，整个俄军里文盲的比例是 80%。尽管伟大的陆军大臣德米特里·米柳京（1861—1881 年在任）为开办学校、为士兵的教育作出了巨大努力，但是文盲率下降的速度仍然很慢，30 多年后的 1907 年为 50%，这一情形延缓了军事教育的步伐[3]。地中海国家的数据也是如此：比如 1886 年，46% 的意大利新兵是文盲。1896 年仍占 39%。从统计数据来看，南部地区较为落后：北方为 25%，南方为 54%。[4]

"坏分子"传奇

士兵的形象有时不尽如人意。在描绘英国部队的画作中，批判之声此起彼伏。德·沃伦指出，在印度的英国士兵中，只有 10% 是志愿兵。90% 的人是苦难、荒淫和酗酒的产物，是征兵易于得手的猎物。18

---

[1]　Edward M. Spiers, *The Late*, p. 122.

[2]　*RME*, octobre 1873, p. 207 ; 15 janvier 1888, p. 125 ; « Les Forces militaires anglaises en 1907 », *RMAE*, juillet 1907, p. 60.

[3]　« La Guerre russo-japonaise », *RMAE*, octobre 1907, p. 305-360.

[4]　*MME*, 15 février 1887, p. 187 ; *RME*, août 1896, p. 173.

世纪以来，招募手段几乎一成不变[1]。直至陆军大臣卡德威尔改革时期，也就是 19 世纪 70 年代，征兵官员被要求放弃在妓院招募新兵，避免招募"坏分子"[2]。到了 1888 年，招募者、负责接收的官员，以及带领新兵应募的士兵或平民可以获得 25 先令（1.5 英镑或 40 法郎）的奖金；后来，负责招募区的英国官员每召一个新兵，就可以获得 5 先令的奖金（0.25 英镑，约 6 法郎）[3]。在荷兰，1890 年时，将志愿者带到殖民站点的士官可以获得 10 盾（21 法郎）的奖金[4]。

　　新兵的质量令人担忧不已。"英国士兵简直就像一群野兽，不但野蛮粗暴，还引以为豪"，爱德华·德·沃伦写道。很多士兵是小罪犯、无力偿还债务的人、重婚者、与家庭或老板闹翻的人，他们签署入伍协议就是为了逃避追捕，免受牢狱之灾。对于他们来说，服兵役成了前往博特尼湾（Botany Bay，澳大利亚著名苦役犯牢狱）之路上的救生港[5]。1872 至 1875 年，平均每年离开英国部队的 2.2 万人当中，只有 25% 多一点的人合同到期或获得了提前离开的许可。剩下的人当中，有的死亡，有的因健康原因退伍，逃兵由于行为恶劣被驱逐或入狱的也大有人在，同样占 25%，其中被驱逐的比例为 8%。剩下的 17% 要受到或长或短时间的处罚[6]。但是，兵源的质量在改善。1890 年，40% 的新兵来自民兵，他们类似于国家卫队，每年自愿训练 20 天左右，他们为兵源质量提供了一定的保障。军队还坚持进行内部招募，也就是让士兵们的兄弟、儿子或遗孤参军，他们中的一部分还在随军儿童学校接受了教育（切尔西

---

[1]　Observé par la *RMAE*, juillet 1907, p. 60.

[2]　Edward M. Spiers, *The Late*, p. 11.

[3]　*Ibid.*, p. 123.

[4]　« Les forces coloniales hollandaises », *RME*, janvier 1892, p. 64-65.

[5]　Édouard de Warren, *op. cit.*, vol. 1, p. 208.

[6]　« Bilan annuel des profits et pertes de l'Angleterre en hommes de troupes », *RME*, janvier 1878, p. 19.

皇家军事收容所和位于都柏林的皇家爱尔兰军事学校）[1]。

其他部队的职业新兵也是声名狼藉，但这并不完全公允。如我们所知，殖民部队常常实行强制征兵制，因此兵员质量的低下反映的是中等水平民众的缺陷。法国外籍军团与荷兰东印度军队都或多或少对新兵质量有所控制。但是，部队却因与其他部队进行比较而无端地背负恶名，有的部队专门招募罪犯，比如1832年在非洲部队中成立的非洲营，其目的就是收容被判刑且已服刑期满的军人，从1889年起，还接收了入伍之前被判轻罪刑的新兵。不过，法国似乎是唯一在海外使用这种部队的国家。1895年的一份综述指出，意大利和德国直到那个时期还没有让这些部队参与过海外远征或占领行动。在亚洲殖民的英国和荷兰也都没有靠本土军队养活的惩戒部队。西班牙在梅利利亚、古巴和菲律宾维系着几个惩戒营，但几乎没有动用过。相反，葡萄牙军队征召了违反普通法被判刑的并被流放到殖民地的前罪犯，还接收了被军事法庭判罚到殖民地服役的士兵[2]。从另一方面看，有一位法国评论家说道，这些部队为其成员提供了一次自我救赎的机会："在敌人面前，其他部队的榜样作用以及激烈的战斗会重新燃起他们心中的竞争意识和献身精神，并且不止一次地，让这些社会的边缘人改过自新，为自己争得恢复社会地位的权利。"[3]

---

[1]　Edward M. Spiers, *The Late*, p. 129.

[2]　« L'État portugais de l'Afrique orientale et ses troupes coloniales », *RME*, septembre 1895, p. 187-188.

[3]　« Les corps disciplinaires à l'étranger », *RME*, décembre 1895, p. 409-424.

某种吸引力？

我们是否可以简要地谈及军人职业所具备的某种吸引力呢？军饷的收入预期似乎无法纳入考虑范围。通常，军人的军饷非常微薄，扣除伙食费之后几乎所剩无几。有时候，在俄国部队，甚至是西班牙、葡萄牙的部队中，军饷不但少得可怜，而且不能按时发放。在高加索和突厥斯坦，为数不少的军人需要另谋职业，才能填补军饷的缺项，比如从事修鞋、裁缝等工作，或者为当地居民提供一些带酬劳的家政服务（这一做法在欧洲相当普遍）[1]。英国部队的工资高于其他国家的部队，军饷水平也时有提高，然而即使就英国部队而言，军人的军饷仍然低于工薪阶层 [2]。

匮乏的不仅是金钱，孤独也伺机折磨人的心灵。海外军人常常是单身，但情况也并非总是如此。在英国部队中，部分军人的妻子长期随军。派遣到海外的队伍中，前往印度的每 100 个军人中，有 12 名女子随军；前往其他地点的每 100 个军人中，有 6 名女子随军。留在国内的军妻有权享有微薄的收入。克里米亚远征战役之后，这些办法不再继续实施。后来，男人独自一人出发，妻子则享受更大份额的军饷和死亡抚恤金。部队中批准结婚的比例很低：根据 1867 年制定的配额 [3]，仅有 7%（需服役满 7 年）。卖淫活动（如果我们认为卖淫是欧洲人传过去的，那就太天真了）在部队周围盛行，有时甚至是官方出面组织，但为了防止

---

[1]　Léon Tolstoï, "Hajji Murat", in *Russian-Muslim Confrontation in the Caucasus. Alternative Visions of the Conflict between Imam Shamil and the Russians, 1830-1859,* edited and translated by Thomas Sanders, Ernest Tucker et Gary Hamburg, London, RoutledgeCurzon, 2005, p. 84；Léon Tolstoï, « La Coupe en forêt » [1854-1855], *Œuvres complètes,* Stock, 1902, t. 3, p. 372；Eugen Schuyler, *op. cit.,* p. 229-230；« Le Turkestan... », RME, décembre 1877, p. 234-235.

[2]　Edward M. Spiers, *The Late,* p. 133.

[3]　Harold E. Raugh, Jr., *op. cit.,* p. 345-346.

性病传播，很快就被禁止了。普通士兵比军官更易无视服役规定，沉迷于赌博、酗酒和吸毒。

对穷人来说，部队至少提供了食宿和稳定的军饷，同时，部队也给他们的生活带来一些新的出路。部队中死亡率相当高，而且对管理"土著"部队的干部需求量很大，使得一个接受过基础教育的年轻人很容易晋升为士官。这一职位除了意味着能获得更多的军饷以外，也给军人带来了一些特权，有时是结婚的权利。大部分的士官是在部队内部培养起来的，但也有例外，比如在巴达维亚的干冬墟地区就设有士官学校。除法国、荷兰以及刚果的安全部队，士官几乎没有晋升为军官的可能，然而这似乎并没有阻碍他们施展个人的能力。但是，在俄国，情况有所不同。日俄战争之后，法国观察员认为，俄国士官在体制中的角色很不起眼，他们的地位与中产阶级在社会上所占据的平庸地位不无共同之处。[1]

海外战争是一个增加收入的大好时机，无论是军官还是士兵都有各种各样的津贴，有的甚至达到基础工资的两倍。按理来说，殖民地的生活成本要更高一些，因为欧洲人的饮食习惯在海外很难得到满足。然而，实际情况恰恰相反，他们通常能享受廉价劳动力带来的各种服务，比如洗衣服、维持基本的生存需要。因此，他们的收入就能更容易地负担军营外的住所，甚至足以跟当地的女人组成家庭。服役期满后，他们可以获得一笔与工龄成正比的抚恤金（法国军人以15年军龄为发放起点）。有些人在当地的政府或商业部门谋职。另外有些人则可以回到祖国，并得到一份专门为他们保留的工作。

也许，军队的吸引力另有原因。社会当中有一些人从事繁重的、单

---

[1]　*RMAE*, octobre 1907, p. 326.

调的日常工作，还受到来自家庭和社会强制性的约束，服兵役则为他们提供了逃离的机会。殖民部队虽然纪律严明，但相较于欧洲军队来说并没有那么形式主义。军人在这个群体里乐在其中，脱离了一切关系的束缚，不再肩负对孩子、未成年人的责任，也不再受限于亲缘法则，一切欲望在这个世界里似乎都没有了限制。军人虽收入微薄，但拥有征服者的地位，能让当地民众胆战心惊，对他们低声下气。另外，很多士兵和他们的军官对出游、探险怀有同样的爱好。部队使他们远离日常生活的单调，可以前往一些奇异的国度进行体验。当时，旅游费用昂贵，旅行对普通家庭的孩子来说可望而不可即。入伍宣传单充分利用了这一吸引力。回国后，军人自己往往在第一时间给别人讲述一些奇闻逸事。

以上这些动因使部队能够招募到一些志愿军，但数量有限，不至于使海外兵役受到极大的欢迎。但是，军队还可以依赖一些其他兵源。

地方民兵

总　览

在某些情况下，部队司令可以拥有由民兵组成的额外军事力量。这些志愿军从当地的白人群体中招募而来，承担着在空间（通常是一些重要地点的警卫）和时间（出现危机或叛乱的时期）方面都有一定限制的任务。在白人移民占多数的英、美殖民地，这种方法可能使用得最为频繁。这些部队除了完成常规的任务之外，还是远征派遣队的组成部分。1870 年，两支加拿大民兵部队和一个正规军营一起参加了红河战役，共同对抗曼尼托巴的梅蒂人临时政府。该政府是由路易·里尔领导的叛军组织。1885 年，当路易·里尔再次举起反抗大旗的时候，镇压的力量仅由 6 000 名当地民兵加上从西北部登陆的警察部队组成。在太平洋地区，新西兰的民兵则积极参与了对抗毛利人的战争。1882年，该民兵部队的人数超过了8 000人。在南非，招募志愿军的目的在于协同正规军展开反抗祖鲁人的战役。比如，布勒上校领导的"边疆轻骑兵"志愿军，招募地点在伊丽莎白港，其中有南非白人、英国人以及爱尔兰人。此外，还有"卡弗拉里亚步枪队"（Kaffrarian Riffles）、"贝克骏马队"（Baker's Horse）以及"德兰士瓦游骑兵"（Transvaal Rangers）。[1]

布尔战争的不同之处，就在于这场战争的参与者不仅有南非民兵，还有部分英国民兵，以及来自加拿大、澳大利亚和新西兰的民兵。另外，这些来自不同地方的志愿军还在当地组成了"殖民军"部队。1901年，部队编制人数约20万人，其中有志愿军5万人，如果把全部冲突中的动员人数都考虑进来，这个数字可能要翻倍。[2]在这场冲突中，伦敦政府成功地煽动起了"帝国"大团结的情感，并预言在大战开始的前几个月，威廉二世所说的"可怜的小部队"就会所向披靡。

在美国，由殖民者组成的民兵多次参与到印第安人战争之中。美国内战期间，民兵甚至替代了正规部队。其中，最有名的是由詹姆斯·亨利·卡尔顿（James Henry Carleton）将军率领的志愿军部队以及新墨西哥志愿军，后者的统帅是基特·卡森（Kit Carson）上校，他本人曾是一名出色的侦察兵。民兵展开了反对阿帕切人中的梅斯卡莱罗人和纳瓦霍人的残酷战争。萨利（Sully）将军利用艾奥瓦州、内布拉斯加州和达科他州的民兵来对抗苏人。[3]在美国南方邦联的阵营中，得克萨斯州召集了"地头蛇"，他们对当地地形了如指掌，打起仗来又无所忌惮，因此令人望而却步。

---

[1]　« La guerre du Cap », *RME*, 28 juin 1879, p. 340-344.

[2]　*RMAE*, septembre 1901, p. 171-172.

[3]　Robert M. Utley, Wilcomb E. Washburn, *op. cit.*, p. 167-168.

　　西班牙和法国有另一套军事传统，但两国采用的模式则很相似。第一次古巴战争中（1868—1878 年），西班牙人建了一个白人民兵团、三个有色人种民兵营、四个由解放的奴隶组成的民兵团以及四个骑兵队。[1]在阿尔及利亚，殖民总督效仿法国国民自卫军，在欧洲人和外国人中招募，组建了"非洲民兵"。1847 年，部队已达 4 000 人，1852 年，队伍总人数达到了 1.4 万人。同一年，总统颁布法令对这支民兵部队进行重组。颁布的重组法令明确表示，这支部队与国民自卫军不同，后者的建立只是为了"维护公共秩序"，"保障居民安全"，而前者除了以上两个目标之外还负责"保卫领土"。[2]民兵的任务仅限于轮流驻守以及主要位置的巡逻，这种做法在于缩减正规军中驻守人员的数量。

　　有些领土的人口较少，当局至少要努力组织一定的行政人员、商人以及种植园主，以确保殖民地位。在英国殖民统治下的印度，欧洲人和欧亚混血人总数不超过 15 万人，叛乱之后，他们中的一部分人组成了"印度志愿军"，其规模在 1885 年达到了 1 万人，1895 年总人数上升至 2.7 万人，据有效资料显示，其中还包括铁路职工。[3]这种人员配置跟荷兰有相似之处，后者的民兵部队被称为"市镇守卫"（荷兰语为 schutterijen），总人数有 5 000 人，其中有欧洲人（荷兰人或非荷兰人，1885 年大约有 4 万人）和一定数量被同化的人，这些人主要是"土著"基督徒（安汶岛、特尔纳特岛、美娜多），分布在爪哇、巴东、望加锡、特尔纳特、安汶以及帝汶岛。[4]民兵每周或每两周操练一次，有定期的

[1]　« Les armées espagnoles d'outre-mer », *RME*, septembre 1876, p. 177-181, p. 181 ; « Les forces de terre de l'Espagne dans la péninsule et à Cuba », *RME*, juillet 1872, p. 72-73.

[2]　Ministère de la Guerre, *Tableau de la Situation des Établissements français dans l'Algérie*, Imprimerie royale, nationale puis impériale, 19 volumes, 1838-1868, 1850-1853, p. 144-145.

[3]　Tony A. Heathcote, "The Army of British India", *in* David Chandler, *op. cit*, p. 377.

[4]　« L'armée hollandaise », *RME*, novembre 1882, p. 256-263.

薪水（旱季每月一次）。部队作战的时候，征调来的民兵主要从事驻守腹地的任务[1]。

　　其他的殖民地遵循类似的惯例。1888年，比利时颁布法令组建安全部队，同时宣布，在必要的情况下，刚果自由邦的所有职员、行政人员以及雇佣工人都可能被征入伍，形成一股服从军事化规章制度的武装力量。在厄立特里亚的意大利殖民者组成了一个总人数为1.7万人的"射手志愿军"（pelotons de tireurs volontaires），主要负责危乱时期城市的驻守工作。如此一来，正规驻守军就不用离开既定的守卫地点[2]。德国殖民者征调新兵主要是为了让他们在当地完成服役任务，强化部队的整体实力。

一个特例：哥萨克骑兵

　　18世纪时，哥萨克骑兵（Cosaques，哥萨克源于突厥语，有"逃亡者"或"强盗"之意）是一支由沙皇领导的国内非正规武装力量，从建立之初就带着鲜明的特殊性。他们是农民兵，之所以服兵役，就是为了取得人身自由，享有集体土地权。他们的法定服役时间长短不一。根据1835年的条例，服役时间为30年，包括25年的现役和5年国内服役。实际上，哥萨克人至少要执行两轮为期3年的任务和一轮国内服役，其间有两三年的假期。之后，俄国的强制兵役模式改变了。所有年满20岁的男子都有服兵役的义务，时间为12年，入伍之后便被纳入部队编制。大约有三分之一（6.6万人）要完成为期4年的在职兵役，其余三

---

[1]　Philebert Dabry de Thiersant, *op. cit.*, p. 40-41.
[2]　« Les troupes coloniales italiennes de l'Érythrée », *RME*, février 1895, p. 154.

分之二则比较幸运，接受每年一个月的军训。这些人员必须自己提供马匹、装备、马具，以及部分的武器。[1]

　　从整体上来讲，哥萨克军给俄国提供了巨大的军事潜能：彼得一世时期，总人数为2.2万人，分成41个团（polk）；亚历山大一世时期上升到10万人左右；尼古拉一世时期达到了30万人，151个团。1871年为20万人，1907年为23.2万人。[2]数据显示，1871年，现役的哥萨克军（约有6.5万人）构成了不低于13％的俄国部队作战力量。在拿破仑战争中，他们为正规军提供了优秀的轻骑兵，没有人可以忽视他们的力量。我们常常忘记的一点是，他们还有步兵组（库班地区三分之一的哥萨克军以及接近一半的奥伦堡人都是步兵）以及几组马匹牵引的大炮。[3]

　　哥萨克骑兵的历史与帝国对东部省份的侵略史是联系在一起的，其活动地点包括西伯利亚、高加索以及中亚地区。高加索地区的哥萨克骑兵分为库班哥萨克和捷列克哥萨克，托尔斯泰曾经称赞道：他们"从敌人那里借来衣物、装备、马具，甚至还有作战法"。我们很难把他们与山区的切尔克斯人区分开来，二者都戴着羊皮帽（帕帕克帽），穿着大大的外套（布尔卡），佩戴着军刀（恰西克军刀）。[4]乌拉尔河的哥萨克军在普加乔夫起义之后就失去了所有自治权，成了俄国军事力量从奥伦堡向巴什科尔托斯坦推进的力量。1836年，他们的总人数达到9 000人，以及大约3 000个民兵家庭[5]。1840年末，在突厥斯坦，哥萨克移民

---

[1]　« Les troupes irrégulières en Russie », RME, février 1872, p. 72-74.

[2]　RMAE, octobre 1907, p. 335.

[3]　« Les troupes irrégulières en Russie », RME, février 1872, p. 73 ; « Le service militaire des Cosaques du Don », RME, juin 1876, p. 318-322.

[4]　« Les forces militaires de la Russie au Caucase », RME, avril 1877, p. 225-230.

[5]　Alton Donnely, "The Mobile Steppe Frontier", in Michael Rywkin, ed., Russian Colonial Expansion to 1917, op. cit., p. 189-207.

在巴尔喀什湖的东北部，也就是后来的七河州定居，总人数在 1.2 万至 1.5 万人之间。在展现俄国当权者的主张方面，哥萨克骑兵功不可没，但他们也被指责过度砍伐森林以及挑起与 "土著人" 无休止的争斗。1873 年，希瓦归顺之后不久[1]，其他的哥萨克人在离希瓦不远的亚历山大罗夫斯克定居，以阿姆河，也就是古老的奥克苏斯河为依托。但是，领导集团对他们渐渐丧失了信心：根据一份 1871 年的报告，哥萨克人再也不能震慑本地军人，后者跟他们一样在马背上作战，武器也跟他们不相上下。流亡军这一自我认同也让他们的作战能力下降，向正规军求援的情况也屡有发生[2]。

基督教徒的部队？

西方的部队带有宗教信仰色彩吗？是的，至少原则上是。因为国家与教会并没有分开，后来出现了一个例外，那就是法国（1905 年）。在大城市，军事典礼和宗教典礼通常是在一起的，部队中配有指导神父。但若是说到细处，这种普遍性也存在很大差异。

首先，就不同的时代、不同的个体而言，宗教情感并非一直都很深，也不是始终整齐划一的。1840 年，法国驻非洲的部队大多是大革命和帝国时期的后代，部队更多是没有宗教信仰的，然而，1860 年的部队因受到天主教复兴和第二帝国崛起的影响而变得很虔诚。这两种相悖的潮流在第三共和国时期一直持续存在。去宗教化得到了部队中反教权主义领导者的支持，但是，有很大一部分军官通过对军人的教育来反

---

[1]　A. Woeïkof, *op. cit.*, p. 204.

[2]　Eugen Schuyler, *op. cit.*, p. 232.

对去宗教化。在拉丁民族掌权的部队中，大部分军人有天主教信仰，他们在反教权主义的阵营中占有相当大的比例，特别是在意大利，罗马革命之后，教权与政权分离。在英国则完全相反，共济会与已成为国教的新教以及反国教教派同时并存。在俄国，对东正教的信仰和对沙皇的崇拜紧密相连，不可分离，但是在军官这个团体中存在一定数量的无宗教信仰者。

一般来说，指导神父随军远征。编年史中保留了一段天主教士吉伯（Gibert）的回忆录。他曾在东京帮助带回伤者，埋葬并祝福死者。值得称道的是，这位教士对天主教、伊斯兰教和佛教采取一视同仁的态度[1]。偶然翻阅档案，我们发现当中提及了一个名叫马洛夫（Malov）的东正教神父，他跟随米哈伊尔·切尔尼亚耶夫将军征战，直到1865年攻占城市街道，占领塔什干，他自己才在这座城市定居下来，直至去世。除此以外，还有布尔德神父（Father Birdle），1898年在苏丹战争期间[2]，他在军人当中受到了极大的欢迎。这些教士满足了大部分军人最大的期待：没有跟军人生活不相干的说教性语言，只对他们的痛苦进行安慰，以天主教教义来平息他们对死亡的恐惧。无论是以天主教神父的身份，还是以新教牧师的身份，他们提供的这种帮助都得到了普遍的认可和接受。但他们的人数并不多：1912年，12名神父随远征军去了马达加斯加；1912年，4名神父被指派到摩洛哥远征部队中。单凭人数，还不够组成一支小小的派遣队或警卫队。

诚然，在一些作家的写作中，我们也会找到他们对战争的一些感悟，把征服和攻占看作上帝给予的至高荣誉，书中也介绍了一些西方天

---

[1]　Commandant Lecomte, *La Vie militaire au Tonkin*, Berger-Levrault, 1893, p. 150.

[2]　Peter Hopkirk, *op. cit.*, p. 309, 311 ; *My Early Life*, p. 348.

主教内部的英勇斗士如"狮心王"理查一世、圣路易、查理五世，以及东正教中的崇尚武力的圣人——圣乔治。我们是否可以认为，这些作品显示了部队的圣战主义意识形态呢？但是，这种看法大概是错误的。部队的唯一信仰是对国家的信仰，对统治者的忠诚。天主教神父，东正教神父，或新教牧师，他们都不带有传教的使命。他们为军人提供帮助，陪伴在痛苦的军人身边，建议他们进行一些宗教的事务。通常，这种态度与对占领地区居民的宗教信仰的漠视是紧密相连的。"土著"基督徒、生而信仰基督教和改信基督教的人，都可以享受到一种特殊的保护。一些军事力量的介入也常常是为了维护他们的利益，这种情况在亚洲表现得尤为明显。殖民军的等级制度遭到了破坏，1885年4月，一场声势浩大的弥撒活动正是表现了这一点。这场弥撒由河内的主教主持，纪念在征服战役中殒命的军官和士兵。列席者中，第一排是部队总司令波里耶；军官和士兵占满了教堂中殿，安南的天主教徒则占据着教堂的侧道。[1]抵抗或者反对天主教的人在体制上得不到支持：他们也以同样粗暴的态度对待信仰其他宗教派别的侨民，就像古巴人对待西班牙人，或菲律宾人对待美国人一样。

---

[1]　Commandant Lecomte, *La Vie militaire*, p. 316.

第三章

"土著"部队

$\vee$

　　无论如何，单凭欧洲部队是不可能实现征服的。由于各种条件的限制，欧洲部队数量上相对比较小，派遣和抽调需要经过很长的路程，对他们的使用一定要很谨慎。大多数的日常工作由从本地招募或者从其他殖民地招募而来的部队完成。他们更能适应严酷的热带气候，对于会致使欧洲部队大量死亡的传染病，比如疟疾或狂热病，他们也更有抵抗力。由于适应当地居民的生活方式，他们更容易以当地现有的资源来解决饮食和住宿的问题。当地军人的军饷按照亚洲的生活水平而不是欧洲的生活水平来发放，因此他们所领取的军饷更少。总体来说，本地军的军需费并不高。据威廉·巴顿（William Barton）估算，养护一个印度士兵的费用是养护一个欧洲士兵的四分之一[1]。根据让·加尼阿热（Jean Ganiage）搜集的数据，1880年，一个欧洲士兵的收入是每年1 015法郎，土著步兵为425法郎，安南猎兵为600法郎，民兵为230法郎[2]。

　　有些人从这样的招兵模式中看到了一种文明开化的途径，可以帮助

---

[1]　William Barton, *op. cit.*, p. 207.

[2]　Jean Ganiage, *L'Expansion coloniale de la France sous la IIIe République, 1871-1914*, Payot, 1968, p. 368.

殖民者进行"教化工作"。在殖民部队里当兵的经历与学校的文明开化教育异曲同工。一份呈送给利奥波德二世的特殊报告对此进行了详细说明，报告指出，"国家在建立'安全部队'的过程中把部分居民从野蛮中拉了出来。正如调查委员会所发现的那样，土著人在服役期间学会了尊重权威和规则，在一个道德和法则的学校里进行自我教育，掌握主要的纪律原则和优良习俗，然后当他们回到家中的时候，从某种程度上来说，从前服役的士兵就成了一种更为先进的文化推广者"[1]。从更为实用主义的眼光来看，我们会发现很多当过兵的人最后都成了殖民地政府机构的管理者（译员，或邮局和海关里的小公务员）。

无论如何，本土部队是殖民军事力量的一个组成部分，他们的力量不容低估。约翰·罗伯特·锡利（John Robert Seeley），这个给大不列颠人唱赞歌的人，1883 年在《英国的拓展行动》（l'Expansion de l'Angleterre）一书中认为，英国人只是征服印度的实际要素之一。他指出，这个次大陆是被一个英国军人只占五分之一的部队征服的。据他所述，英军胜利的原因可以被解释为，面对纪律严明的欧洲部队，当地部队组织能力薄弱；另一种解释是，此种严明的纪律很容易就传达给了在西方部队中服役的印度军人。他甚至写道："我们不能声称印度是被外国人征服的；印度在更大程度上是被印度人自己征服的。"[2]这一种论断随即蔓延至其他国家，甘地后来也用它用来鼓舞自己的同胞，勇敢地摆脱桎梏。"无论是自愿的、狂热的，还是屈从的、被迫的，恰恰是帝汶人自己以葡萄牙人的名义在压制着帝汶"，勒内·佩利西耶这样写道[3]。这些思考值得我们从更加广阔的角度来对它进行解释和评论。

---

[1]　« Organisation et recrutement de la Force publique au Congo », *RMAE*, août 1907, p. 177.

[2]　John Robert Seeley, *op. cit.*, p. 242.

[3]　René Pélissier, *Timor en guerre. Le crocodile et les Portugais (1847-1913)*, Orgeval, Pélissier, 1996, p. 313.

从非正规军到正规军

在对一个国家的占领期间，唯一的正规军自然来自国外，要么全部来自欧洲，要么或多或少地包含着部分所谓的"土著"部队，但都来自其他国家。例如，1895 年，参与侵略马达加斯加的是阿尔及利亚人和非洲东部的黑人；印度人则参与了对中国的侵略。但是，人们很快就意识到，要想占领一个国家就必须招募本地人充当向导和侦察员。欧洲的将领们招募一些当地的军人组成临时分遣队，目的就是为了加强远征军的力量。当地军人很快供不应求，由于白人部队不可能长期在同一个地区停留，同时也是为了减轻他们的任务负担，殖民者迟早都会建立一些"土著"正规部队，并使之成了占领国的常驻军。

但是，对土著军的使用也有其局限性。殖民负责人认为，征兵应该谨慎节制，因为对当地民众施加过重的兵役容易引发暴动，还可能因过分抽调劳动力而受到谴责。他们还认为对当地军人的欧化培养很危险。大量招募军人所产生的固定费用，最终还是由国家预算和殖民地预算来负担。人们发现，临时雇用当地战士只是满足了部队的部分需求。这些军人仍然接受老上司的直接领导，但要受到少数欧洲军官的掌控，而且以日结的形式取得报酬。通常情况下，他们从战败者那里获取战利品之后进行再分配，以这种方式维持着非正规军的长期运转。

实际上，除上述部队以外，还有无处不在的安全部队，他们接受高级行政官员和军官的领导（1900 年，荷属印度的安全部队总共有4 200 人）。在法国殖民的领土上，非洲的安全部队被称为"近卫"，在印度支那的则被叫作"土兵"。必要时，安全部队可以在军事机关的领导下参战，甚至可以被指派到远征部队。他们中的一部分人会被安排到敏感地区尤其是边境地带执行任务。除了游击战的天赋之外，这些分遣队还有其他优势。有了他们的加入，在争议地区采取军事行动就不会引起任何外交事端。这些有争议的地区包括法属撒哈拉和的黎波里、费赞的边界，这条边界甚至一度扩张至摩洛哥，乃至印度和阿富汗的边界。[1]

亚洲部队

毋庸置疑，英属印度军队是动员"土著人"数量最多的军队，至少从绝对数上可以肯定这一点。据英国人自己证实，1720年，法国人首先开始招募印度士兵，自1740年起，英国人开始效仿法国人的做法。上文提到过的锡利曾强调说，他的同胞从可憎的对手那里明白了两样东西：欧洲纪律严明而土著部队力量薄弱，以及这种严明的纪律很容易培养出效力于欧洲人的土著部队。[2] 18世纪末，效力于东印度公司的土著人有6万人，1805年这一数字翻了一倍，1857年则达到了30万人。[3] 虽然在印度土兵起义之后这一数目有所减少，但土著部队还是构成了一个数量可观的整体，1885年，"土著"人员总数为12万至13万人，其中有2 500名军官，1.2万名士官和下级军官，构成37个骑兵团和3个连、119个步兵团和1个营[4]。

在这个整体中还应该加入安全部队，总数为16万人，其中总监察官来自参谋部队或上缅甸的英国皇家警察局，后者建于1886年，目的是为了维护国家和平（1.8万人）。1897年，英国人在印度西北边境创立

---

[1]　Voir par exemple Martel (André) , « Le Makhzen du Sud-Tunisien (1881-1910) », *Cahiers de Tunisie*, 1960, 1963, 1966.

[2]　John Robert Seeley, *op. cit.*, p. 241. Il dit reprendre une opinion de son compatriote James Mill.

[3]　Tony A. Heathcote, *in* David Chandler, *op. cit.*, p. 381.

[4]　« L'armée indigène des Indes », *RME*, 30 avril 1885, p. 472-481.

了一支特殊的民兵队伍，旨在取代正规军建立对"部落地区"的守卫，确保对两国交界处主要山口以及隘道的控制，这个地区处在老边界线和杜兰德线之间，后者在1893年成了印度和阿富汗的新边界。20世纪初，这些民兵的总数达到三四千人。服役期满以后，他们组成了机动的预备役部队，随时为战争做准备，当局采用支付抚恤金的方式增强了他们与英属印度之间的归属关系。[1]

　　由于疏于操练以及武器老旧，被英军保护的王室控制的卫队并没有实际效用，尽管文件上显示的数目非常可观（1877年有38万人、4 000尊大炮）。这里需要排除那些协助正规军驻守北部边境的部队，他们得到了英国军官以及"土著"部队士官的培训和操练。当时，这种王室部队的人数很少：少于2万人（1900年，理论上的人员总数为8.5万人）。[2]由多格拉和廓尔喀人组成的克什米尔部队实力最强。因廓尔喀人而闻名的尼泊尔部队也进行欧洲化的操练。[3]另外，一些王室部队还参与了缅甸、南非以及对付义和团的战争。[4]值得注意的是，从1885年开始，阿富汗部队在英国的技术和财政支持下有了长足的发展，在后来抵抗俄国入侵的战争中，英国还持续为阿富汗部队提供帮助。

　　荷兰东印度公司建立于17世纪的爪哇，该公司从很早的时候就开始招募"土著人"，随后荷兰政府效仿了这一做法，并且在1796年取代了东印度公司。长期以来，他们十分信任那些由西非黑人奴隶组成的部队。这些奴隶在几年服役期满之后就可以获得自由。19世纪，由于禁

---

[1]　George Arthur, *op. cit.*, t. 2, p. 162-164.

[2]　Lieutenant-colonel Septans, *Les Expéditions anglaises en Asie,* p. 43-46 ; « Les forces anglaises aux Indes », *RME*, 15 mai 1885, p. 553-554.

[3]　Peter Hopkirk, *The Great Game*, p. 450.

[4]　Harold E. Raugh, Jr., *op. cit.*, p. 171.

止人口贩卖，当局被迫结束了这种制度[1]，只能从当地招募士兵。1890年，招募总数为1.8万人，其中有1.5万名欧洲人。民兵用于增强常驻部队的力量。殖民地总督范登博世（他以创立耕地体制而闻名，该体制于1830年在爪哇建立，强制爪哇人交出五分之一的耕地）开始考虑征用本地人，强迫每个地方长官，即区长，招募5 000人。另外，还应该加上后来的苏腊卡尔塔以及日惹王室的部队（1 000人），以及被称为普拉迪欧瑞特（2 000人）和巴里桑（2 600人）的"土著"部队。前面两支部队被正式编入欧洲部队，且由士官领导；第三支队伍则只是"土著"部队，但同样受到荷兰士官的领导[2]。作为荷兰人的邻居，葡萄牙人的做法则很不同：为了占领帝汶，除了召集非洲的正规军以外，还集结了由附庸小国（族长管辖区域）首领（族长）提供的可靠部队[3]。

　　法国方面，第一支"土著"民兵部队建立于1858年的交趾支那。安南土著步兵出现在1879年，东京步兵出现在1884年。1914年，人员总数升至1.3万人，有2.3万人驻守在印度尼西亚。他们以步兵为主，组成了一个安南步兵团和四个东京步兵团，但炮兵和工程兵队伍中的本地军人数量也在增加。同样需要留意的是公安军，即"国民警卫队"，他们在维护东京和平的战争中扮演了重要角色[4]。在签订了保护国合约以后，法国人把柬埔寨皇家部队也纳入了自己的部队编制。另外，为了抵抗来自中国武装部队的攻击，维护东京地区领土安全，泰奥菲勒·佩纳坎上校和约瑟夫·加利埃尼上校把边境地区的普通农民武装起来，组建了一支真正的民兵队伍（1888—1896年）[5]。

[1] philibert Dabry de Thiersant, *op. cit.*, p. 6-7.

[2] *RMAE*, janvier 1912, p. 79-80.

[3] René Pélissier, *Timor*, p. 26, 68, 292.

[4] Charles Fourniau, "Colonial Wars before 1914", art. cit., p. 79.

[5] Hubert Lyautey, *Lettres du Tonkin*, vol. 1, p. 160.

俄国人

　　俄国人口潜力很大，根本不需要招募什么正规的"土著"部队，况且欧洲士兵完全能适应驻地的气候。俄国在高加索的驻军（1877年超过8万人）以及在中亚的驻军（同期为4.5万人）组成了欧洲部队。1880年，俄国组建了一支5万人的步兵部队，由俄国军官率领，与印度军队的"土著"部队不相上下，再加上2万名令人闻风丧胆的阿富汗和土库曼骑兵的助力，让英国人感到如梦似幻，简直难以置信。[1]俄国唯一能称得上"土著"武装的，其实是哥萨克的穆斯林骑兵连。部队约可达到2.5万人，其中有数千名现役骑兵和一支隶属禁卫军的荣誉团[2]。

　　在高加索，到了1885年才开始施行强制兵役制度，针对的只是基督徒而已。从1887年起，穆斯林需要缴纳一项税款，但如果他们自愿加入一支特殊的穆斯林部队，就可以免交这一税款。每年，这支志愿部队都有固定的人数配额（1895年为2 400人）[3]。但是政策的实施很不顺利，因为要列出一个服从新规的人员名单。出身名门的阿米拉瓦里（Amilakhvari）王子是著名的格鲁吉亚将军，由他来领导10个营和15个骑兵连。他能够把论证与演说巧妙地结合在起，没有流一滴血就迫使彪悍的车臣人俯首帖耳，接受了这一政策。[4]其他高加索地区的民族则以老盟友的名义帮助了俄国部队。例如，大部分奥塞梯人信仰基督教，在抗击西邻卡巴尔达人的时候，俄国人曾经帮过他们。因此从19

[1]　« Les marches-manœuvres... », *RME*, art. cit., mars 1882, p. 148-149.

[2]　« Les forces militaires de la Russie au Caucase », *RME*, avril 1877, p. 225-230.

[3]　*RME*, 15 août 1886, p. 190. Voir aussi « Le Service militaire des populations du Caucase », *RME*, septembre 1895, P.197-218.

[4]　« Répression des troubles de la Tchetchnia », *RME*, 15 décembre 1886, p. 701-703.

世纪起，奥塞梯人就向俄军提供源源不断的兵源。1784年，俄国人正是在奥塞梯人的领土上，在捷列克河畔建起了弗拉季高加索，并由此开启了帝国的南征。1878年，奥塞梯的一支部队加入了对土耳其的战斗。1904年，为支援在中国东北的部队，1 500名高加索志愿兵组成了一个骑兵旅[1]。

起初，俄国人充分利用了土库曼的非正规骑兵，称他们为达吉特人（djighites）。这支部队类似于北非非正规军的骑兵部队。1894年，达吉斯坦的骑兵团招募了服役时间为一年的志愿兵。每名士兵入伍时，需配备一匹上了鞍的马和自用的刀具，国家仅为士兵准备一把步枪和一把左轮手枪。[2]沙皇手下的将军在必要时可调遣中亚可汗的部队，例如，1885年5月，在靠近梅尔夫的达克凯普里（Dach Kepri），俄军与阿富汗人交战，中亚可汗的分遣队就为正规军和科马洛夫（Komarov）将军率领的欧洲民兵提供了支援。作为回报，他们无须担忧英国将军会支援受保护的亲王部队。1906年，布哈拉的埃米尔为完成俄国沙皇的军事任务，抽调了受俄国皇家部队管理的1 000名士兵。但是，这些部队不在欧洲的管辖范围之内，没有经过很好的训练且装备很简陋，只有1850年款的老式活塞步枪。观察员认为，这种部队就是个"耍花架子的部队"[3]。上文已提及穆斯林士兵的问题。对于穆斯林来说，他们可不是理所当然要为信奉基督教的君主效力的。[4]

---

[1]　　*RME*, mai 1904, p. 472.

[2]　　*RME*, mai 1894, p. 428-429.

[3]　　« Note sur l'armée boukhare », *RMAE*, janvier 1906, p. 102-104.

[4]　　*RME*, mai 1882, p. 293-299.

从马格里布到苏丹

　　北非本地人在非洲军队中所占比例呈上升态势。在阿尔及利亚，"土著步兵营"（或称阿尔及利亚步兵）和北非骑兵营很快被组织了起来。一开始，这两支部队只起辅助作用，但是自 1841 年起都成了正规军。1841 年，这两支部队的兵力约 3 500 人，1843 年增长到近 1 万人。突尼斯成为法国的保护国之后，也有了新的部队，1912 年总兵力约 7 万人。当然，统计兵力时还应该把警力包括在内。例如 1902 年，弗朗索瓦·拉佩里那·多普尔（François Lapperine d'Hautpoul）少校创立的撒哈拉警队拥有极强的军事实力。法国占领摩洛哥之初，就在那里招募了当地人。这些部队得到了很好的管理，与正规部队只是在地位和较为松散的纪律方面有所差异罢了。[1]

　　法国人招募了数百名"莫哈兹尼斯"（moghaznis），也就是受掌管当地事务的军官委派或调遣的士兵。必要时，他们求助于北非部落成员，从地方军事长官领导下的归顺部落中进行非常规的、临时性的借调。根据需要，人数从几十人到几千人不等。自 1911 年起，西班牙人效仿法国人的这一模式，目的就是为了增强要塞的驻军。1913 年，西班牙占领里夫的驻军中就有正规"土著"部队（一般称之为正规军）。该部队听从达马索·贝伦格尔·福斯特（Dámaso Berenguer Fusté）将军的指挥，有逾千人的兵力[2]。自 1912 年起，意大利人采取了同样的举措。

　　英国人声称，直至 1914 年，英国人只有在帮助埃及政府重建财政秩序时才会干预埃及事务，他们致力于重组当地部队。1905 年，这支

---

[1]　Voir Jacques Frémeaux, *L'Afrique à l'ombre des épées*, *op. cit.*, vol. 2.
[2]　*RMAE*, août 1913, p. 170.

部队有近 1.8 万名"土著"士兵，达到了条约所限定的最大限额[1]。一部分"农民军"是强制征募而来的。这些士兵的能力很有限，根本无法抗击英国人和马赫迪部队。部队里的欧洲干部自以为提升了部队的军事水平，却对这些"黄皮肤的部队"没有什么信心。相对于这支部队，欧洲的管理者更喜欢埃及部队的另一个组成部分，即由苏丹黑人组成的"黑皮肤的部队"。这些人骁勇善战，且盲目地效忠长官。英国人借助部落的"土著"辅助部队的力量，将他们称之为"对英国人友好的良民"。就像在 1885 年为营救戈登而发起的战役中，基奇纳所领导的正是他们，在 12 年之后（1897 年 8 月），为阿奇博尔德·亨特（Archibald Hunter，1856—1936 年）将军的军队打头阵、第一批进入柏柏尔人居住地的也是这些人。1895 年，埃及部队中有 5 个黑人营，即 4 000 名男兵（以及 1 200 名女兵），他们皆为志愿兵，受英国军官指挥。农民营有 8 个（6 000 名男兵）。20 世纪初，黑人占骑兵人数的三分之一，占埃及步兵人数的三分之二。这里的黑人与那些为法国效力、很快获得美誉的西非部队齐名。

黑人部队

西 非

"塞内加尔步兵团"享有越来越高的声誉。这个部队的源头可以追溯到塞内加尔的法国当局对奴隶士兵的调用，这是当时在非洲常见的做法。这些"志愿兵"签下了长期合约（12~15 年），而作为交换，他们的主人也会得到一定的补偿。这一制度为法国当局提供了大量兵源，

[1]　*RME*, juin 1883, p. 736-746, *RMAE*, janvier-juin 1905, p. 165.

但在1848年因奴隶制的废除而被迫废止。此外，逃兵的人数多如牛毛。塞内加尔总督兼非洲部队前任军官费代尔布指出，想要维持当地士兵的招募，就要以丰厚的报酬、战利品的诱惑以及合身的制服来吸引真正的志愿者。1857年，他以阿尔及利亚步兵团为范例创建了第一个塞内加尔步兵营[1]。1859年，他麾下有1 300人，其中有500名"土著"步兵以及一支极有潜力的辅助部队[2]。

实际上，部队中的奴隶士兵占多数，他们有的是被政府从主人手里买来的，有的曾经是当地首领武装中的奴隶兵[3]。新型部队形成的时候，正处于法国对上塞内加尔和上尼日尔发动战争的时期，这些地区后来成了法属苏丹（1880—1890年）。部队中有大批阿赫马杜和萨摩里的旧部下。塞内加尔第一步兵团建立于1884年，直至1903年另外三个步兵团才相继建成，这其中不包括被派到各殖民地的营队。"塞内加尔步兵团"来自法属西非，后来在占领马达加斯加和法属赤道非洲时扮演了重要角色。他们也因在摩洛哥战役中的突出表现而声名大振。在这次战役中，两个营于1908年首次被派往摩洛哥，其他十余个营也在数年的时间内被相继派往那里。第一个马达加斯加步兵团成立于1896年。在三个马达加斯加步兵团当中，塞内加尔士兵的数量比当地士兵还要多。而在法属赤道非洲的部队（驻扎在乍得和加蓬的部队）中，情况也是如此。塞内加尔士兵的总人数由1857年的500人，增加到了1914年的1.5万人[4]。

临时招募也是屡见不鲜。费代尔布在塞内加尔打仗用的都是"志

---

[1]   Yves Saint-Martin, *Le Sénégal sous le Second Empire. Naissance d'un Empire colonial*, Karthala, 1989, p. 285.

[2]   *Ibid.*, p. 280.

[3]   Myron Echenberg, *Colonial Conscripts. The Tirailleurs sénégalais in West Africa, 1857-1960*, London, James Currey, 1991, p. 7-24.

[4]   *Ibid.*, p. 7-24.

愿兵"。这些"志愿兵"实际都是在村落首领的动员之下才应征入伍的。这一做法后来在苏丹被纷纷效仿，1880 至 1899 年间，这种部队数不胜数。这些部队由军官指挥，例如 1898 年成功地俘获了萨摩里的古罗（Gouraud）。当然，其他地方也会采取这种招募形式，1892 年为了开展达荷美战役，多兹获准招募了三个志愿步兵连。他们的服役时间只限于此次战争期间，待遇和正规军相同，外加 40 法郎的津贴[1]。参加马达加斯加战役的豪萨营，则是在不到两个月的时间里招募起来的。

　　起初，英国黑人部队是为了安的列斯群岛和几内亚湾的商贸站而创建的。1880 年初，驻守在西印度群岛（巴巴多斯岛、洪都拉斯、巴哈马）以及几内亚湾贸易点的两个团（近 2 000 人），于 1888 年合并为西印度群岛团（1 800 人）[2]。据 1876 年的一份报告显示，该团里的非裔黑人士兵占 60%，克里奥尔人占 40%。同样，还要加上当地的民兵，也就是豪萨士兵。部队的招募或多或少带有强迫的成分[3]。然而，这些部队并不能够满足扩张的需要。皇家尼日利亚公司归乔治·戈尔迪爵士（Sir George Goldie）所有，在尼日利亚河的中下游活动。该公司还成立了一个私人武装：皇家尼日利亚警队。1897 年，一支正规军，即皇家西非边境部队成立，目的是为了更有效地防御邻近地区法国人的勃勃野心，由弗雷德里克·卢加德（Frederick Lugard，1858—1945 年）少校领导。1901 年，英政府接管皇家尼日利亚公司后不久，就把其中的民兵并入了皇家西非边境部队，成立了一支跨区域的武装。其中包括一个团驻守尼日利亚和黄金海岸，一个营驻守塞拉利昂，以及一个连驻守冈比亚。部队中有约 1 万名士兵，其中 5 000 名驻扎在尼日利亚，

---

[1]　Capitaine Édouard-Edmond Aublet, *op. cit.*, t. 1, p. 151.

[2]　« Réforme de l'armée anglaise », juin 1882, *RME*, p. 339-344.

[3]　« La guerre des Aschantis », *RME*, décembre 1873, p. 290 ; 15 novembre 1888, p. 568.

3 500 名驻扎在黄金海岸。他们的开销由当地政府负责，战时还有政府补贴[1]。1899 年，卢加德升为准将，率领部队征服了尼日利亚北部的穆斯林公国，尤其是征服了索科托哈里发（1901—1906 年）。

英属西非在组建辅助部队方面提供了大量范例。第二次阿散蒂战争期间（1873—1874 年），所有率领 1 000 名士兵上战场的军官每天可以获得 10 英镑；每个士兵可获得 30 生丁左右的报酬，外加定量的米和肉。这种待遇募集了 2 万名士兵。士兵们听命于拉各斯前行政长官格劳夫（Glover）上尉，并由几个欧洲军官管理。他们配有武器，从某种程度上来说，也具有一定的组织[2]。在 1895 年对阿散蒂发起的行动中，有700 名隶属黄金海岸警队的士兵参战。贝登堡少校在海滨部落（克罗博和芒福德）中招募了 850 名侦察兵，让他们充当部队的前哨，负责部队侧翼和后方的安全，同时为部队打头阵[3]。

其他非洲部队

苏丹黑人士兵早就享有盛誉。1870 至 1880 年，埃及部队中有大量苏丹黑人士兵，跟西非部队一样，其中绝大多数是战俘。很多人曾在马赫迪部队效力。英国军官，例如基奇纳，很快就发现了他们的价值，把他们当战俘士兵来使用。1885 年 12 月，黑人团第九营（自称"蓝人"）在金尼斯（Ginnis）名声大噪。金尼斯位于科沙（Kosha）附近，地处尼罗河上游、瓦迪哈勒法南部。这是英国重组的军队第一次击败"德尔维什"（1885 年 12 月 30 日）[4]。

---

[1]　Anthony Clayton and David Killingray, *op. cit.*, p. 145-146.

[2]　« La guerre des Aschanti », *RME*, avril 1874, p. 193-198.

[3]　« Expédition contre les Aschantis（novembre 1895-janvier 1896）», *RME*, septembre 1896, p. 207-212.

[4]　« Les Anglais dans la haute Égypte », *RME*, 15 septembre 1886, p. 257-299, p. 297-298.

　　跟西非的情况一样，最初的东非部队也是一支私人民兵，英国南非公司为了征服洛本古拉（Lobengula）国王统治下的马塔贝莱诸国（地处未来的罗德西亚³的南部），雇用了这些东非部队。他们派出了两支2 000人左右的特遣队，于1893年10月攻陷了首都布拉瓦约^[1]。随后，1902年，英皇非洲步枪部队在非正规军和警力的武装力量的基础上成立，整合了中非步枪营（位于尼亚萨兰）、隶属东非保护国（后来成了肯尼亚共和国）的东非步枪营以及乌干达步枪营，后来又加进了一支索马里营（1904年），即索马里骆驼部队，目的是抗击"疯狂的毛拉"穆罕默德·本·阿卜杜拉·哈桑^[2]。

　　在南非，英国人毫无顾忌地利用黑人部队去镇压非洲民众。在与祖鲁人的战争中，就有好几个纳塔尔本地部队在纳塔尔成立的。他们组建了很多小队，其中有科克兰（Cochrane）上尉指挥的纳塔尔本地骑兵队。骑兵是从距离巴苏陀兰不远的纳塔尔边境招募的，个个都是一流的侦察兵，骑的是个人自配的马。在布尔战争，即"白人之战"中，战斗双方达成共识，黑人士兵只能以辅助部队、搬运工、侦察兵、司机或挖土工的身份参与战争。基奇纳直言不讳地说，他招募了1万名黑人充当侦察兵、掩体的守卫和向导。但是，他实际招募的人数可能多达3万人^[3]。梅富根包围战期间（1899年10月—1900年5月），在阿散蒂战役中经验丰富的贝登堡上校招募了500名黑人，用以充实他的驻军。但是，由于布尔人会毫不犹豫地朝黑人士兵开枪，因此他尽力对媒体隐瞒这一情况，并尽快解散了他们。此外，英国人招募了3万至5万名不配武器

---

[1] *RME,* janvier 1893, p. 87-89.

[2] Anthony Clayton and David Killingray, *op. cit.,* p. 200-205.

[3] Thomas Pakenham, *The Boer War,* London, Weidenfeld and Nicolson, 1979, p. 402 ; Nasson（Bill）, *The South African,* p. 172.

的黑人来充当司机和工人，有人甚至认为这些人的数量能达到 10 万人之多[1]。布尔人对士兵的需求远低于英国人，他们雇用了 1 万名黑人，但只是让他们充当搬运工或工人而已[2]。

　　1885 年，攻占马萨瓦之后不久，第一批意大利分遣队在厄立特里亚成立了。起初，分遣队由数百名从前的非正规军组成，负责保护沙漠商队和攻克前方的要塞，其中的士兵被称为"巴什波祖克"（sbachi-bouzouks）。渐渐地，这些"阿斯卡里"（ascari，阿拉伯语中"士兵"一词的变形）有了组织，成了一支隶属于非洲本土部队的正式队伍。与此同时，他们的规模也在不断壮大：1895 年，共有 8 个营（近 7 000 人），外加骑兵团和步兵团[3]。由于阿杜瓦战役的失败使得部队损失惨重，"土著"士兵的人数急剧下降：1905 年末，厄立特里亚剩下的"土著"士兵不到 4 000 人，外加驻扎在索马里的 1 500 名士兵。这些"被意大利人号令和监督"的士兵，经常被用于缓解正规军作战的压力[4]。1912 年之后，在那些地区招募而来的士兵中有很多都被汇集到利比亚的"土著"部队当中，与在当地招募的士兵并肩作战。

　　同样，德国人也需要黑人部队。1888 年 12 月，德非社团（Deutsche-Afrikanische Gesellschaft）的长官莱韦（Lewe）组建了一个规模不大的步兵民兵部队，即"阿斯卡里"部队。由于局势的恶化，该部队后来成为正规军，听命于赫尔曼·冯·魏斯曼。他手下的 55 名士官指挥着 1 000 名士兵，其中有 550 名苏丹人[5]。当非洲东部和西南部的护卫队组

[1]　Thomas Pakenham, *op. cit.*, p. 573 ; Isabelle Dor de Bernonville, « La petite guerresud-africaine（1900-1902）», *RHA*, 2ᵉ trimestre 2003, p. 55-65, p. 58.

[2]　*Ibid.*

[3]　« Troupes indigènes de l'Érythrée », *RMAE*, juillet 1912, p. 81-83.

[4]　« Les Troupes coloniales italiennes de l'Erythrée », *RME*, janvier 1895, p. 29, février1895, p. 453.

[5]　« Les Possessions coloniales de l'Allemagne », *RME*, 15 juillet 1889, p. 5-29.

建之时，"土著"士兵占很大比例。同样，比利时刚果安全部队的大部分士兵都是非洲人。

美国人

出于对奴隶起义的担忧，美国人在很长一段时期里都没有建立黑人部队。南北战争废除奴隶制以后，他们的顾虑有所减轻，因而也开始招募黑人战斗部队和辅助部队，人数据估超过30万人。战后，总统授权在和平时期也可以招募有色人种，这是一项创举。第九和第十两个骑兵团（43名军官，125名士官和720名士兵），以及第二十四和第二十五两个步兵团（35名军官，85名士官和388名士兵）都由黑人士兵组成，驻守在边防站[1]。他们在美国与印第安部落的战役中扮演了重要的角色，骑兵们还获得了"水牛战士"的称号。1898年，骑兵团参加了美国对古巴、菲律宾，甚至还有对中国的远征。

印第安人主要充当正规军的辅助部队。托马斯·S.杰斯普（Thomas S. Jesup）将军在第二次西米诺尔战争（1837—1838年）中成立的克里克团就是如此。南北战争之后，总统授命，除上文已提及的黑人，再招募不超过1 000名侦察兵。士兵主要来自克罗人、阿里卡拉人、奥色治人、肖肖尼人以及阿帕切人这些以优秀士兵著称的部族。事实证明，他们是优秀的战士，在一些长官看来，他们的作战效率甚至比正规军骑兵还要高。将军们亲自披挂上阵，一马当先，例如纳尔逊·A.迈尔斯（1839—1925年）、乔治·阿姆斯特朗·卡斯特（George Armstrong Custer，1839—1876年）以及后来的乔治·克鲁克（George Crook，1829—1890

---

[1]　« L'Armée des États-Unis en 1909 »，*RMAE*, septembre 1909, p. 329-331.

年）。后者曾在俄勒冈州领导肖肖尼人抗击派尤特人（1866—1868 年），在亚利桑纳领导皮马人和马里科帕人抗击阿帕切人（1872—1873 年），并领导肖肖尼人和克罗人在怀俄明州和蒙大拿州抗击苏人（1876 年）。在他的带领下，生活在亚利桑那州白山山脉的奇里卡华人（阿帕切人的一支）与著名印第安人领袖杰罗尼莫（Geronimo，1823—1909 年）作战（1885—1887 年），成了抗击自己阿帕切同胞的中坚力量[1]。

在 1898 年战争爆发之前，古巴和菲律宾的西班牙部队中大部分人都是"土著"士兵[2]。1868 年古巴起义期间，非正规军的数量已接近正规军（非正规军 5 万名士兵，正规军 6 万名士兵）。"土著"士兵会根据情况需要，组成骑兵营或骑兵团，或者规模更小的独立部队（步兵连、骑兵连、步兵排），形成各种形式的分遣队[3]。到了美国占领时期，美国人也会利用当地的人口资源，但使用规模比西班牙人小。他们在侦察团中组织了近 5 000 名菲律宾人（童子军），又把他们在刚刚征服的波多黎各岛上招募的一支部队（近 600 人）也并入其中。[4]

总之，结合先进的战术和装备，以上各种部署使得部队可以进行重大的军事调动，让兵员满足军事需要，并保持战略优势和武装优势。为了让部队高效作战，这样的军事调动也意味着需要高质量的军事管理。

征　兵

与招募欧洲士兵一样，"土著"士兵的招募者也并非对所有对象一

---

[1]　« Un Essai de manœuvre de guerre dans l'Arizona », *RME*, 30 juillet 1888, p. 65-79.

[2]　« Forces militaires et forces maritimes aux Philippines », *RME*, 15 septembre 1885, p. 317-320.

[3]　« Les forces de terre de l'Espagne dans la péninsule et à Cuba », *RME*, juillet 1872, p. 72-73.

[4]　*RMAE*, mai 1907, p. 501.

视同仁。面对不同的族群时，根据所了解或自以为了解的部队素质，欧洲人会采取不同的态度。因此，"土著"部队的构建是一次真正的人种志实践。在印度，负责征兵的英国军官甚至整理出一个教程，根据士兵的外部特征，长相和举止，分辨候选士兵的来源。有些人类学家甚至写道，这种做法从具有高度模糊性、变化性的现实情况出发，明确了不同种族之间的差异，将有助于人们构建真正的种族分类。当然，这种说法是夸大其词了[1]。

　　相反，当地人和他们的领袖并不只是被动地配合殖民者。战败后，他们所做的选择，就是或多或少地与征服者聚合在一起。宗教与种族的准则是密不可分的，相比共同的语言和故乡，共同的宗教仪式和信仰有时甚至能给人更为强烈的认同感。而且，社会各阶层对入伍的看法不一，对于为欧洲人效力这一行为，看法就更多了。因此，各种各样的举措出现了，下文将进一步加以描述。

条　件

合同与报酬

　　欧洲各国的领导人对于殖民部队有着不同的顾虑，使得各殖民军的长官制定了不同的服役时间和合同形式。欧洲各国领导人希望通过长期的训练来控制职业军人，好让他们更加训练有素，易于操控。但是，殖民政府并没有把这样的束缚强加给"土著"士兵。殖民政府考虑的是，这些民众刚刚臣服于他们的统治，可能难以接受长期的服役。为了让士

---

[1]　Pradeep Barua, "Inventing Races, the British and India's martial races", *The Historian*, n°58, 1995, p. 107-116.

兵的同胞重拾生活的信心，殖民政府也不能让士兵看上去像是欧洲人的奴隶。殖民政府很清楚，在西方法学家制定的严苛法律中，合同的概念是难以被当地民众所理解的。民众往往认为，想要军队保持昂扬的斗志，就要始终怀有为祖国献身的精神。殖民政府更希望能够通过经常性的征兵和部队的组建，适时选择更加优秀的士兵。

起初，部队里并没有什么条条框框，招募的士兵基本都是非正规军。单独入伍的士兵效忠于一名军官并服从他的指挥。军饷条件在入伍时双方已商妥，特别是在那些征战的岁月，统帅有时会获得战利品，因而享有很大的财政自由。士兵可以毁约，只要在提前告知他的长官情况下就可以选择退役；长官也可以毁约，辞退他不信任的人。这一时期，非正规军始终秉承这一准则。正规军的补充部队比较有组织纪律，例如摩洛哥的土著部队和法国撒哈拉步兵连。补充部队与正规军享有等额的军饷和补助金。但是，该政策完整地保留了委任准则，也就是说，士兵可能在没有得到提前通知的情况下被解雇。当然，他们也并非不受约束。我们可以发现，战俘和奴隶，尤其是在非洲，成了终身服役部队的基础。

但是不久之后，殖民政府有了更加正规的部队部署，"土著"士兵就被收编到了正规军当中。他们的合约期相对较短，但可以续约，以便延长服役的时间。印度在1857年叛乱之后所发生的变化与本章关系不大。1885年前后，士兵的服役时间为16至24岁，此后继续服役的期限为3年，且可以续期，一共有7次续期机会，共32年。但是，士兵在提前2个月告知长官后即可退伍，这样的规定可以防止很多不满情绪的发生[1]。此外，不同的部队都实施了同样的方案：起初，塞内加尔土著

---

[1]　George Arthur, *op. cit.*, vol. 2, p. 239.

步兵团中的服役时间为2年，阿尔及利亚骑兵团的服役时间为3年。自1890年起，服役时间才有所延长。法国部队中，平均服役时间增加到了4至5年。1912年的法令规定，阿尔及利亚志愿兵的服役时间将延长至4年，在法属西非部队的服役时间将延长为5至6年，而且士兵可以再服役，最长时间为15年。这样的规定遵从的是部队的现行制度。一般来说，士兵可以在皇家西非边境部队服役6年，外加在预备役服役3年[1]。但是与该规定相反的是，越是刚成立的部队，士兵服役的合约期就越短，目的是为了将士兵的束缚维持在可接受的范围之内。1895年，意大利人将厄立特里亚的"土著"部队的服役时间限定为1年，士兵可以再次服役。签订合约的同时可以配以宣誓。皇家西非边境部队的新兵在宣誓时，穆斯林可以面向《古兰经》起誓，基督徒则向《圣经》起誓。没有信仰的人可以轻触刺刀起誓[2]。

志愿入伍原则不断遭到修改和破坏。招兵士官的那些煽动人心的小伎俩，包括在小酒馆里引诱年轻人酒后签约，在爪哇和黄金海岸随处可见[3]。由于每个地区都必须提供一定数量的"志愿兵"，因此征兵常常会得到当地显贵的配合。在刚果，比利时人开始每年征3 000人，后来增加到6 000人。实际上，这就是强制性服役，这一属性之所以没有被广泛认可，是因为征兵人数只占总人口的很小一部分。法国人则建立了征兵制。自1904年在安南和东京建立该制度之后，法国人又于1908年在越南、1912年在阿尔及利亚和法属西非相继建立该制度。征兵采用抽签方式，可以找人代替入伍。奖励制度则可以降低征召的强制性[4]。但

[1]　Anthony Clayton and David Killingray, *op. cit.*, p. 178.

[2]　*Ibid.*, p. 178.

[3]　Jaap De Moor, "The recruitment of Indonesian Soldiers for the Dutch Colonial Army（c.1700-1950）", *in* David Killingray et David Omissi, ed., *op. cit.*, p. 53-69, p. 58.

[4]　*BCAF*, mars 1912, p. 128-129.

是，法国政府对这种兵源的利用慎之又慎。1914 年，征兵制所召集的几千名士兵只占法国殖民地"土著"部队中很小的一部分，阿尔及利亚人和印度人大约占总人数的 15%[1]。

　　服役的报酬各有不同。首先，我们来了解一下正规军的军饷和补贴情况。例如，达荷美战争时期（1892 年），多兹上校成立了第四豪萨狙击营，士兵的每日军饷为 1.3 法郎（0.5 法郎的军饷加 0.8 法郎的粮补），在服役 15 年之后，军饷增加至每日 1.45 法郎。在每年年初，士兵会得到一部分补贴，根据士兵服役的年限，服役时间分别为 2 年、4 年、6 年的士兵，相应得到的补贴为 40 法郎、45 法郎、50 法郎不等。士兵若被授予军功章，每年就可获得 100 法郎；被授予荣誉军团的奖章之后，每年就可获得 250 法郎[2]。这样，每个士兵每月约能得到 40 法郎。这一金额与其他非洲部队的军饷差不多：1895 年，意大利的厄立特里亚步兵团，士兵每月军饷为 45 法郎，也就是每日 1.5 法郎；德属东非的"土著"士兵，每月可得 37 至 56 法郎，相当于每天 1.2 至 1.8 法郎，每年 450 至 675 法郎[3]。相反，刚果安全部队的士兵每月仅能得到 6 法郎，也就是每年 72 法郎，每日 0.21 法郎。每日军饷中，他们只能得到 0.14 法郎，剩下的三分之一被留作退伍金，在士兵即将退伍时发放[4]。

　　我们可以将这些军饷与 1885 年印度部队的军饷进行对比：步兵的每月军饷为 7 至 10 卢比（折合 17.5 至 25 法郎），骑兵的每月军饷为 27 至 30 卢比（折合 67 至 75 法郎）。没有入伍津贴，也没有高额的奖金。最优秀的士兵顶多有可能获得射击、剑术、体操比赛的奖金，由营队的资

---

[1]　2 148 d'après Henri Eckert，*Les Militaires indochinois au service de la France*（1859-1939），thèse Paris-IV, 1998, dactyl., p. 220.

[2]　Capitaine Édouard-Edmond Aublet, *op. cit.*, t. 2, p. 162-164.

[3]　*RME*, avril 1896, p. 334.

[4]　« L'État indé pendant du Congo et ses forces militaires », *RME*, mars 1895, p. 189-213, p. 206.

金发放，甚至由军官们自掏腰包[1]，更有甚者，由于步兵要自己承担衣食的开销，骑兵则要承担马匹的开销，他们的军饷也就显得更微薄了。这就部分反映出士兵的军饷与他们的作用是不成比例的。长久以来，由于士兵生活水准低下，所以当权者认为没有必要提高他们的军饷。士兵表现出强烈的不满之后，基奇纳重新评估了士兵的军饷，提高了部队装备的开支，加强了一些诸如警察行业的竞争。士兵月薪增加了 2 至 3 卢比，增幅在 10% 至 45% 之间[2]。

除了现役士兵领到的军饷，"土著"部队也同样享有抚恤金。补贴的金额很大，加上士兵的平均寿命不长，分期支付的时间不会拖得过长，因此发放的金额显得很高。在印度，士兵服役 15 年之后，伤残补贴上升至每月 4 卢比，也就是每月 10 法郎。士兵服役 22 年之后，退休津贴升至每月 7 卢比，也就是每月 17.5 法郎。烈士家属有时能得到士兵的养老金。有些人认为这样的报酬过高了。1899 年左右，阿尔及利亚土著部队的士兵年薪在二级士兵的 560 法郎至下士的 635 法郎之间，服役 23 年后，还能拿到 750 法郎退休金，即每月约 60 法郎。有人认为军饷过高，是因为士兵会选择延长军旅生涯，造成士兵的老龄化问题。后来，部队将发放退休金的应计役龄缩减至 12 年，金额减少至 144 法郎，也就是每月 12 法郎，这个决定使得许多人气愤不已。最终，在 1912 年，部队将最少应计役龄提升至 16 年，金额提升至每年 360 法郎，也就是每月 30 法郎[3]。

---

[1]　« L'armée indigène des Indes », *RME*, 1885, p. 480.

[2]　George Arthur, *op. cit.*, vol. 2, p. 193-197.

[3]　Chiffres de solde dans capitaine Passols, *L'Algérie et l'assimilation des Indigènes nord-africains: étude sur l'utilisation des ressources militaires de l'Algérie*, Lavauzelle, 1903, p. 106-107 ; capitaine Clément-Grancourt, « Nos Indigènes nord-africains dans l'armée nouvelle », *Revue militaire générale*, 1924, p. 271.

杂　费

给欧洲士兵免除的大笔开销，必须从他们的收入中扣除掉。起初，让"土著"士兵至少在驻扎期间自己负责吃住问题，似乎不无可能，甚至合乎情理。对他们来说，在当地找到习惯吃的食物，由妻子或者用人按照他们的饮食习惯进行烹饪不是难事。通常，"土著"士兵自备简单制服以及就地现制的设备，骑马的士兵就是马匹的主人，骆驼骑兵也是骆驼的主人。唯一的区别就在于军备上，"土著"正规军通常配备政府提供的武器，补充正规部队的（本地军人）带的是自己的步枪。对于政府来说，这种方式很经济。然而，这些开支并没有大到明显减少一个优秀士兵希望从兵役中获取的资源。

20 世纪初，印度部队的情况就很能说明问题。步兵由国家出资武装，除了在海外驻扎或在国界以外的地方服役的士兵，其余的人都要保障自己的日常供给。他们大多数还要自己搭建住处。根据"斯兰达尔制度"，骑兵自备制服、武器（除了枪支和弹药）、装备，通常还要有一匹能载两个男人的小运输马。投入的资本约为 500 卢比（750 法郎）。骑兵自备食物和牲畜的饲料。他们自己修建营地并在行军中准备扎营工具、牲畜以及运输手推车[1]。为了便于运输，部队与当地供应商签订合同。"土著"部队往往装备不佳，尤其在持久战中难以更新装备[2]。

由于各个部队条件有别，首次服役、二次服役、高资历者以及其他享有高津贴者的酬劳计算方式错综复杂，不同国家、不同时期的情况也各不相同，因此很难对不同部队士兵的酬劳进行比较。此外，有一部分收入并不会出现在会计的账本之中，比如战时部队提供的战利品。但是

---

[1]　« La cavalerie silladar dans l'Inde », *RME*, juillet 1893, p. 54-62.

[2]　Tony A. Heathcote, *in* David Chandler, *op. cit.*, p. 381.

我们可以说，这些优势的所有者与各国普通农民相比，无论如何有着更多的资源。特别是在可支配货币极少的人群当中，就更明显了。例如，在1885年的印度人中，一个普通步兵的收入达到了农业工人收入的两倍。在英国人的眼里，这笔钱可以养活一个家，因为印度人能适应简朴的生活条件。在20世纪初的阿尔及利亚，每年750法郎的退休金，也就是每月大约60法郎可以让退休的人在家乡过上"老爷"般的生活。一个身份低微的农民每年大约有400法郎的收入；一个农业工人每天1.50法郎，一年工作50天，也就是每年75法郎，而且这样的收入并不稳定。与此相比，每年大约500法郎的稳定军饷和360法郎的退休金，优势已然非常明显[1]。

出于相同的原因，"土著"士兵的军饷不能与欧洲士兵的相提并论。欧洲士兵的收入是按照本国的生活水平来确定的，通常很高。19世纪70年代初，根据斯皮尔斯的计算方法[2]，一个普通英国步兵的军饷每天1.56法郎，骑兵是1.875法郎，炮兵是1.90法郎，一个月也就是46至57法郎，差不多是印度部队士兵的两倍[3]。法国士兵的收入与之区别不大，不管怎样，这似乎不是什么丑闻。高收入是远离故土的一种补偿方式，法国士兵的收入水平要能满足服役之后重新回到法国生活的需要。"土著"士兵的军饷是个必须精打细算的严肃预算问题，特别是考虑到欧洲士兵从本国迁移过来需要交通费，运输殖民地无法供给的食物（例如葡萄酒、小麦面粉）也需要费用，这些都要算到军饷之中。

---

[1]　Chiffres dans Gilbert Meynier, *L'Algérie révélée, la guerre de 1914-1918 et le dernier quart du XXᵉ siècle*, Genève, Droz, 1981, p. 135-136.

[2]　Edward M. Spiers, *The Late*, p.11.

[3]　*Ibid.*, p. 133.

军事偏好

亚　洲

　　1847年，印度部队中有近200个不同的民族，而且分布十分不均。印度部队主要是由恒河山谷中部的婆罗门和奥德的拉杰普特人组成。1857年，这种结构变化不大。印度教徒在步兵中占主力，印度的穆斯林在骑兵中占主力。随后，征兵范围扩大到包括锡克教徒、廓尔喀人和印度西北地区的穆斯林。1875年，孟加拉部队占士兵编制人数的一半以上，有7万名"土著"士兵。这些优秀的士兵大部分是从北方招募来的。除了占大多数的穆斯林，有17%的锡克教徒，13%的拉杰普特人和7%的廓尔喀人[1]。大约1920年，旁遮普的穆斯林（有时也被称为印度的"枪手"）大约占据士兵人数的一半，还有12%是尼泊尔的廓尔喀人[2]。

　　下述这10个民族（"尚武种族"）被看作是最强健士兵的来源。印度独立前夕，除了旁遮普人、"严肃且桀骜不驯的"查特人、"拥有敏锐的头脑且行动轻巧的"普什图人（此名来自当地通用方言"普什图语"，主要由阿夫里迪人和瓦济里人使用）、"像英国人一样结实的"多格拉人、拥有"皇家血统且高大英俊的"拉杰普特人、"不知疲倦的"马拉塔人、"骄傲而专横的"锡克教徒、"沉着冷静的"马德拉斯人，还有"敏捷爱争吵的"孟加拉人以及廓尔喀人，他们堪称是"世界最优秀士兵"[3]。对这些士兵的招募方式依据的是1815年尼泊尔的相关法律。这些

---

[1]　« L'armée indigène des Indes », *RME*, 30 avril 1885, p. 481.

[2]　Henry Herbert Dodwell, *The Cambrige History of India,* vol. VI, *The Indian Empire, 1858-1918,* Dehli, Chand § Co, 1958, p. 402.

[3]　Lieutenant-colonel Stevens, *Fourth Indian Division*, Toronto, Mc Laren and Son, s.d.［1947］planche hors-texte.

优秀的士兵有着不同寻常的耐力和力量，手擎巨大的廓尔喀刀的样子让人看一眼就胆战心惊。他们的忠诚经得起任何考验，1857年他们拒绝参加叛乱就印证了这一点。第二次阿富汗战争（1878—1880年）之后，罗伯茨勋爵坚持要求把他们的人数增加一倍。后来，他们被组成了10个团，每个团有2个营。1897年，135个骑兵中就有31个是锡克教徒，122个步兵中有19个锡克教徒[1]。

　　一开始，荷属印度部队的负责人对爪哇招募的士兵心存疑虑，他们认为爪哇人既不可靠，战斗力也不强。因此，他们更倾向于从埃尔米纳海外商行（就是当时荷兰在几内亚湾的殖民地）招募一些黑人士兵。1837年，他们与阿散蒂人签署了一份条约，使大约2 000名男性（1842年又增加1 600名）入伍。1872年的条约迫使荷兰放弃了连接黄金海岸的埃尔米纳，将其主权让给英国，英国则以放弃苏门答腊作为交换。这一条约断了荷兰人征兵的源头[2]。此后，荷兰开始招募马鲁古群岛中安汶岛的士兵，他们以基督徒特质、坚定不移的忠诚以及正直而著称[3]。1911年，来自安汶岛的士兵占总编制人数的13%（3.6万人中有5 000人），占"土著"编制人数的四分之一左右。他们大多数成为步兵，每6名步兵中就有1名安汶岛人。步行宪兵队也有一半人来自安汶岛，那是一支由1 200名亚齐省男子组成的精锐部队[4]，在行动中，甚至几次有人提及要与这些人一起殖民这个地区。由于损害了当地人的利益，因此他们注定要灭亡。[5]特尔纳特和西里伯斯的当地人也是重点招

[1]　*RME*, mars 1897, p. 209.

[2]　« L'armée hollandaise », *RME,* novembre 1882, p. 259.

[3]　Jaap De Moor, "The recruitement of Indonesian Soldiers", *in* David Killingray et David Omissi, ed., *op. cit.*, p. 53-69.

[4]　« Budget de la guerre », *RMAE*, janvier 1912, p. 79.

[5]　Maarten Kuitenbrouwer, *op.cit.*, p. 268.

募对象。[1] 但是，最终他们的征兵范围还是扩大到了爪哇人，而且比例有所增加。

非 洲

法国人使 1857 年从塞内加尔招募的步兵名噪一时。沃洛夫人或图库洛尔人被视为最优秀的兵源。甚至在法国占领苏丹的时候，仍然沿用了"塞内加尔人"这个名称，这也帮助班巴拉人提高了名声。迪特中校认为他们举世无双，盛赞他们的耐力和战斗力，在任何气候条件下都不会生病或情绪低落。"勇敢、热情、有活力、有纪律、骁勇善战、神气威武，塞内加尔土著步兵最大限度地展现了土著士兵的典型特点。"[2] 至于英国人，非洲西部的英军主要依靠豪萨人，英国人认为他们优于黄金海岸的人，后者因与欧洲人接触，甚至因为教会学校华而不实的教育而堕落了。从 19 世纪 60 年代开始，克洛维（Clover）舰长从逃亡奴隶中招募了第一批豪萨士兵和约鲁巴人。在 1872 至 1873 年的阿散蒂战役中，他们的价值得到了体现。[3]

苏丹士兵在东非普遍得到赏识。他们是马赫迪部队的主力军，同时也是英国人组织的埃及部队中最坚实的主力。苏丹人向东非的英国殖民地输入了大量的士兵。1890 年，他们占编制总人数的三分之二左右，祖鲁人或萨维人（Sahouélis）是在当地招募的。高大的身材和强壮的体魄使他们成了香饽饽，意大利人也会招募他们，尤其会让他们担任高山

---

[1]　Général baron Lahure, *Souvenirs milirtaires. Indes orientales. Îles des Célèbes,* Dumiane, 1990, p.56-57; W. von Bremen, *Die Kolonialtruppen und Kolonialarmee der Hauptmächte Europas,* Bielefeld und Leipzig, Verlag von Velhagen und Klasing, 1903, p. 66.

[2]　Lieutenant-colonel Ditte, *op. cit.,* p. 59.

[3]　Anthony Clayton and David Killingray, *op. cit.,* p. 224.

炮兵。[1]其他地方也有一些优质的兵源可供选择：在英属尼亚萨兰，安古鲁人（Anguru）占士兵人数的近三分之一，数量排在约奥人（Yao）和尼扬贾人（Nyanja）之后。

　　种族这种字眼从来没有任何非常准确的指代对象。人种的混杂、欧洲官员人类学知识的空白，特别是对效率的担忧，很快就把这些种族名称变成了"士兵"或"土著步兵"的同义词，而不关心其内容的准确性。例如，许多西非边防部队的士兵并不是豪萨人。他们通常来自各个殖民地的周边地区，有的来自法国领土，有的曾经是塞内加尔土著步兵，征兵负责人几乎不担心他们合同是否到期或是当逃兵。德国人也招募外国殖民地的投敌士兵：在喀麦隆，一半的新兵来自尼日利亚、塞拉利昂或利比里亚。有传闻说，这种开放式征兵并非没有商业化的背景。他们认为来自外国殖民地的志愿者，在退伍之后可以成为优秀的德国产品的宣传员。[2]此外，随着时间的推移，征兵扩大到被征服的少数民族。1914年，一位法国官员遗憾地表示，土著步兵部队"挤满了莫西人、豪萨人、颇尔人、无家可归的男孩或大城市的流浪者"，却忽视了"优秀的土著步兵班巴拉人。他们这些温顺的、有着简单的本性和强大的灵魂的人为我们征服了苏丹和马达加斯加"。[3]

　　此外，正如刚果的比利时人所证实的那样，有些人总是走到哪就在哪招兵买马。刚果自由邦当局首先招募来自"海岸的志愿者"，也被称为"桑给巴尔群岛人"，也有来自拉各斯或塞拉利昂的豪萨人。他们的征兵活动与英国刚到东非时相似，征兵源头迅速就枯竭了，于是便

---

[1]　 « Les Troupes coloniales de l'Est africain allemand », *RME*, décembre 1894, p. 461-479, p. 463.

[2]　 Anthony Clayton and David Killingray, *op. cit.*, p. 178.

[3]　 Jacques Frémeaux, *L'Afrique à l'ombre des épées*, vol. 2, p. 273.

求助于拥护奴隶制的前任首领，他们被称为"阿拉伯化者"。这些被称为"巴特特拉"（Batetela）并与自称"博尼"（Bauni）的士兵是从各个族群中招募来的，主要来自中部族群［库苏（Kusu）、松尼（Sonye）、卢巴（Luba）、刚尧加（Kanyoka）、特勒拉（Telela）］。"班加拉人"说的就是利奥波德市河流上游的族群（意为"河流中的人"或"水中的人"），最终成了国家部队的代名词，就像当时的班巴拉人成了塞内加尔步兵的代名词一样。[1]

生活方式

爱德华·德·沃伦在描述19世纪40年代的印度部队时指出，临时军营看起来不像军队：士兵不穿军装，而是穿便服、男衬裤，戴无边圆帽；很少看到有什么武器。武器总是放在仓库里，这么做倒不是出于对土著士兵的怀疑，而是为了避免事故的发生。[2]

与欧洲部队相反的是，"土著"士兵通常生活在西方长官的眼皮子底下，与家人一起住在仿照传统村落临时搭建的营房里，所以表面上看他们也不是那么好战。这样就不会使他们放弃传统的生活方式，至少不会完全放弃。为了保证秩序的稳定，部队负责人鼓励这一做法。因此，"土著"士兵的生活方式让后勤处省去了很多麻烦，尤其是生活必需品的供应和饭食的准备工作。为了维系家庭的和睦，他们把已婚的男子与未婚的分开。军官通常代理办事处并充当平易近人的法官角色。传统习俗是有严格规定的，士兵自己解决饭食，也的确更方便他们遵守饮食禁

---

[1]　Isidore Ndaywel è Nziem, *op.cit.*, p. 299 et 467.

[2]　Édouard de Warren, *op. cit.*, vol. 1, p. 228.

忌。宗教信仰活动享有自由，传教活动并不受鼓励。在印度，情况并非总是如此。而印度兵变使人们意识到了这种做法的重要性。英皇非洲步枪部队中有穆斯林，也根据需要有天主教或是新教的布道牧师，他们中间有些人是作为顾问而存在的。[1]

同样，在北非，骑兵一家老小都生活在一起，而土著部队的士兵和骆驼骑兵生活在村子里。但是，英法殖民地中黑人部队的村庄尤其发达。获准随军的妇女数量随军人等级的变化而变化（普通士兵有一个女人，士官有两个，资历高的士官有三个）。有时候，新兵会被分配一个配偶，而这个女人可能是以前某个士兵的妻子[2]。妇女中也存在对应的等级：在英皇非洲步枪队中，士官的妻子会选举一位领导者，称为"撒拉金·玛格里"（sarakin marguri）4，这个角色有个典型的标志，即佩戴挂在红布条上的铜牌，并且可以获得一份特别军饷[3]。甚至在战场上，女人和孩子也常常随军，由他们来保证大部分的后勤供应。

亚洲也有类似的做法：在1884年的战役中，来自东京的步兵的女人负责搬运"饭锅、食物和换洗衣服"，"这些女人聊着天，像顽皮的孩子一样相互呼唤，有时所有人都开怀大笑，露出她们的黑牙和槟榔一般凹凸不平的脸颊。那是特遣队中最嘈杂的时刻，也是最有趣的时刻"。[4]荷兰人遵循类似的传统，只是这种特权已扩展到欧洲人的妻子（也是"土著人"）中，无论是在军营还是在乡下。女人要服从军纪，听从命令，准备食物，维护设备和武器。每个士兵都有一块土地可供使用，可以在上面建一座房屋和一个花园，士兵每晚必须归队，但家人可以在这

---

[1] Anthony Clayton and David Killingray, *op. cit.*, p. 233.

[2] Attesté pour les *KAR*, *Ibid.*, p. 243.

[3] *Ibid.*, p. 187-188.

[4] Capitaine Leconte, *L'Armée française au Tonkin, guet-apens de Bac-Lé (23-24 juin 1884)*, Berger-Levrault, 1890, p. 31-32.

里住。这项措施受到了受益者的欢迎，而剥夺这一特权的惩罚则具有巨大的威慑力量[1]。

　　他们的衣着也特色鲜明。印度部队的服装当然是最耀眼的。1878年，记者在马耳他看到了廓尔喀人穿着鲜红色袖口的深绿色制服；孟买执矛骑兵穿着蓝色宽松式束腰外衣，戴着蓝色包头巾；孟加拉步兵的制服则是由红色上衣和灰色包头巾组成的。法国部队中的塞内加尔土著步兵刚开始仿照阿尔及利亚步兵，穿天蓝色制服和肥大的军裤。就像北非骑兵的呢斗篷或红色上衣一样，这套土耳其风格的服装，以及北非骑兵穿的长斗篷、红上衣，大大提升了他们的威望和魅力。然而，应该指出的是，随着19世纪末的到来，他们衣着越来越简化，逐渐接近欧洲部队的装备样式，更加便于作战。不过，传统残留的迹象仍然存在。所有非洲部队的士兵都要戴一种圆筒形无边红毡帽，也叫非斯帽或土耳其帽。印度的包头巾以及印度支那的平顶帽也都必不可少。穿厚重的靴子并不是强制要求，但是欧洲的靴子似乎不适合当地的气候和习惯。

　　制服着装不但尊重了民族差异（不强迫穆斯林戴帽子，当时穆斯林非常厌恶这样的穿戴），也强调了穿戴者的身份。甚至可以说，这身行头的目的就是让"土著"部队更易辨识。因此，1857年印度兵变之前，"土著人"的服饰和英国人很相似，但暴乱发生后，包头巾取代了筒状军帽，宽长裤取代了紧身裤。这个例子的确比较极端。与此相反，值得注意的是，"土著"骑兵部队的欧洲军官喜欢炫耀地穿着东方的或极具东方特色的奇特服装，像佐阿夫轻步兵团或哥萨克骑兵这些白人部队的穿戴，与模仿他们的人十分相似。

---

[1]   Philibert Dabry de Thiersant, *op. cit.*, p. 32.

并列与混杂

至少在初期，征兵有一定的种族同质性倾向，特别是非洲，征兵工作由部队首长（通常是连队的队长）直接负责，通常在同一区域中进行，征召的对象则是具有善战特点的同质性团体。随着征服范围的扩大，自然就会出现一定的混杂情形。一般来说，各小队的划分以欧洲人制定的行政区划为基础，以地区为划分依据，但不同地区之间的边界具有任意性。按照这一原则，为法国服务的"塞内加尔"部队也是以殖民地为单位招募的，这就使得其民族构成越来越多样化。荷兰人一开始在每个营并置一个安汶岛连（实际来自其他岛屿）和两个爪哇连，由一个欧洲人连队监督。后来，他们建立了混合连队，把当地的各个"种族"招募到一起。这项措施在1910年扩展至全军，但不是没有士官的抗议。有些国家的做法则恰恰相反，例如法国部队把安南士兵与东京士兵分开，以示对于越南两个保护国的区分。

并不是所有人都会这么做，特别是印度部队的英国负责人。起初，饮食禁忌和印度教徒的种姓问题导致混杂编队的想法根本是天方夜谭。男人共同生活在一起，但互不来往。"每人在家里吃饭、抽烟；几乎早晚才出门、做敬拜或沐浴。"[1]因此有必要创建同质的部队。而暴动的出现并没有改变这种做法。人们顶多会把不同来源的小分队并置在一起，防止大规模起义的发生。1885年，孟加拉部队采用了"分类连队"体系，也就是将不同的种族或种姓的连队并置在同一个团里（两个锡克连、两个婆罗门和拉杰普特连、两个旁遮普穆斯林连、一个阿富汗边界

---

[1]　Édouard de Warren, *op. cit.*, vol. 1, p. 228-229.

的普什图连、一个多格拉山民连)。[1] 唯一的同质部队是传说中的廓尔喀
部队和先锋团。先锋团由马扎比志愿兵组成，这原本是个受到歧视的锡
克族种姓，但后来成了"北方部队的精英"。不过，到了 1893 年，军中
情况显得相当稳定，足以让英国放心地把"连队分类"体系改成了"分
类兵团"体系，也就是说，每个团的人员组成都是同质化的。孟加拉
部队中有 6 个拉杰普特团，2 个来自贾特团，4 个穆斯林团，2 个廓尔喀
团。[2] 1903 年基奇纳改革后，这个制度也被应用在马德拉斯和孟买的部
队中，这两个地区直到那时都还没有投降。[3] 印度部队中的每个团都有
一个独特的编号。

　　在厄立特里亚的意大利人也是这么做的。首先，他们想到的是创
建同质的、合成的部队，把穆斯林新兵和基督徒新兵分开。最终，他们
还是选择了把"种族和宗教混合在一起，以杜绝任何叛乱甚至是阴谋的
可能"。因此，他们决定每个连队都应有一半基督徒、一半穆斯林，营
也一样，只有在班的层面才是同质的，"使其成为一个家庭，由士官负
责"。连队可与部落进行比较，上尉相当于部落领袖，由两名意大利中
尉和两名"土著"少尉协助。[4]

　　我们是否可以提一下士兵们的社会来源呢？很大程度上，这与我们
之前说过的欧洲士兵的情况相似。除非为了摆脱贫困，职业军人的身份
只对少数人有吸引力，他们面临生存危机，或者由于一些特殊情况难以
融入"公民"社会。即使有武器诱惑，到西方部队服役也很少在人们的
考虑范围之内。部队的生活环境常常是怪异的、令人窒息的，甚至是可

---

[1]　« L'armée indigène des Indes », RME, 30 avril 1885, p. 481.

[2]　RME, juillet 1893, p. 64-65.

[3]　John Strachey, India, its administration and Progress, London, McMillan and Co, 1903, p. 440.

[4]　« Les Troupes coloniales italiennes de l'Érythrée », RME, janvier 1895, p. 26-50, p. 46-47.

耻的，微薄的军饷不足以弥补这些损失。所以，"志愿兵"要么是俘虏，要么就出身卑贱。

事实上，传统社会的平民阶层一般都把骁勇善战视为一种值得尊重的品格，参军的种种不利也就在这种价值判断中得到了补偿。在印度，沃伦写道，"部队中，社会各个阶层相遇、混杂，却不会有失体面。这里是唯一拥有这种特权的地方。军人这一职业能提高人的身份，贱民可以和最高等级的婆罗门同处一室；军事部门令人求之不得：被接纳是一种恩赐，被遣返则是一种惩罚。"[1]必须注意的是，补充和辅助部队的组织更加灵活，可以在一定程度上打破成规，并尊重成员的生活方式。因此，部队通常成了热门行业，尤其是骑兵部队。

从当地雇佣到投入远征

最初，"土著"部队的征兵主要用于征服和占领征兵来源地的国家，至少是附近地区。"土著"士兵对本土熟悉，对于气候、食宿没有适应方面的困难，因此成了有价值的辅助人员。军官可以选择并留住最好的士兵，而把其余的打发回去。一开始，"土著"士兵即便同意为征服者服务，也并不愿意远离他们的家乡，既是为了离他们的家人近一些，也是为了遵守习俗或宗教禁令。例如，在迁移的过程中，高等种姓的印度兵不会在公共厨房里吃饭；在海上，他们只能靠出发前所带的食物供给日常。1856年的《通用征兵法案》（*General Service Enlistment Act*）允许孟加拉的印度部队到海外执行任务，而不仅仅只有孟买和马德拉斯的部队会被远派，这被认为是1857年起义的原因之一。然而，这种情况

---

[1]　Édouard de Warren, *op. cit.*, vol. 1, p. 228-229.

并没有能够持续下去。虽然"土著"部队在殖民地驻守，原则上是在当地服役，但其中一些部队越来越多地被要求组成远征军，远离他们的家乡。

　　根据需要，印度部队会被派遣到任何地方。1858 年以后就是这种情况。《印度政府法案》（*Government of India Act*）规定，只要议会同意，就可以把印度部队派遣到印度以外的地方，除非发生紧急情况或需要抵抗入侵。这些士兵主要参加了三次远征中国行动（1842 年、1860年和 1900 年），以及对阿比西尼亚（1867 年）、埃及（1882 年）和苏丹（1886 年、1896—1899 年）的远征。1878 年，他们甚至出现在欧洲。在英俄危机期间，他们中间有 7 000 人受命加强马耳他的驻军防卫。英国政府以此向俄国人发出警告，劝他们不要滥用在土耳其的胜利成果。迪斯雷利首相将这种表现称为"帝国的爱国主义精神"。当时的总司令沃尔斯利指出，由于这支部队几乎具有无限的可再生能力，英国因此成了一个伟大的军事强国，而不仅仅是一个海上大国。[1]

　　法国人也是如此。第二帝国时期，阿尔及利亚的土著步兵被派到墨西哥进行战斗。第三共和国时期，他们又被送到印度支那和马达加斯加。塞内加尔土著步兵也参与了对马达加斯加的进攻，然后加入了摩洛哥远征军。法国议会，尤其在马达加斯加远征后，反对法国新兵参加远征，导致本国部队无法参与远征，因此"土著"部队就更加不可或缺了。葡萄牙人很乐意将"土著"士兵派遣到远方作战，这些非洲人主要都被派往帝汶。[2]意大利人招募的东非士兵则在利比亚作战。

---

[1]　« Les armements actuels de l'Angleterre », *RME*, mai 1878, p. 280-284.

[2]　Bruce Vandervort, *Wars of Imperial Conquest in Africa, 1830-1914*, UCL Press, Padstow, UK, 1998, p. 156; René Pélissier, *Les Campagnes coloniales du Portugal*, p. 164.

"土著"领导

要是没有当地军官的帮助，欧洲人自己是无法管理殖民地的部队的，当地领导与当地人相熟，因此成了欧洲人必不可少的助手。土著军官只占少数，而士官和下级军官则非常多。

殖民地的非欧洲人通常被认为是庶民或外国人，因此他们不能拥有军官这一职衔，尤其不能进入培训学校。在这一点上，法国人独树一帜，拥有最开放的态度。享有法国公民头衔的帝国土著人有资格进入军校，并且在职业上获得成就，至少理论上能与宗主国国民平起平坐。少数军官是黑人或混血后裔，大多数都是安的列斯人。最有名的黑人将军要数阿尔弗雷德·多兹，他出生于圣路易斯，祖父是冈比亚的英国人，娶了一位法国和塞内加尔混血女人；他的父亲也娶了一位黑白混血女人。[1]在马格里布，提拔"土著人"的做法可以追溯到征服战争的英雄时期，比如本·达乌德（Ben Daoud）上校，他于1890年退休，时年53岁。他是杜艾尔（Douair）地区阿迦（奥斯曼帝国文武百官长官的敬称）的儿子，这个地区的部落很早就不再效忠土耳其人，改为新征服者服务。本·达乌德在拿破仑三世的保护下于1858年在圣西尔军校学习。[2]卡迪少尉1887年进入了综合工科学校，但最终未达到中校军衔。

俄国人的态度也差不多。总体来说，帮助当地精英获得欧洲教育的想法被认为是轻率的。只有在高加索地区，少数离群索居的人才能通过进入军队或行政部门成为世袭贵族。我们所指的穆斯林将军约有10位，如阿列哈诺夫将军（Alikhanov，1846—1907年），他来自达吉斯坦的一

---

[1]　Luc Garcia, *Le Royaume du Dahomé face à la pénétration coloniale*, Karthala, 1998, p. 118.

[2]　Biographie par l'interprète Ismaël Hamet, *BCAF*, juillet 1912, p. 273.

个家族，长期支持抵抗政策，是梅尔夫的第一任总督。哈萨克斯坦草原和中亚地区都不会涉及这种晋升问题。考夫曼给米柳京写信说，虽然把布哈拉埃米尔的儿子送到圣彼得堡学习大有裨益，但让他一直待在那里则有害无益，因为他可能会指出俄国的弱点并大肆夸张。[1]只有在当地的现存结构之内，保持当地的等级制度与政治管理并存，权力才能得到认可。

　　以"土著人"的名义服役仍然是可能的。与欧洲军官相比，这种情况很少。印度军官就是个典型的例子。他们不能得到任命，因此地位很不稳定。他们全部出身于军官学校，而且是否能晋升只能靠随机选择。他们的军饷是欧洲人的一半，理由是在自己国家服役的"土著"军官负担少，比欧洲的年轻军官生活得更好，甚至还能省下一笔钱。[2]很少有人能够达到中尉的级别，即使达到也至少需要15年，平均要有22至26年的资历。最幸运的人也没有任何希望超过上尉的级别（骑兵中的苏巴达尔或雷萨达尔）。他们甚至不能被英国军事医院收治，只能由每个营的"土著"医务室提供护理，理由是（这不是想象出来的）遵守印度教严格复杂的宗教禁忌。他们要服从英国军官，甚至是最低等级的军人。任何一个英国军人，甚至是普通的士兵，都无须向他们敬礼。

　　这种情况得到了所有高级官员的认可。1885年，当时印度部队赫赫有名的领导人罗伯茨勋爵认为，不论他们的教育程度、才智或勇气如何，如果改变对待他们的方式，就损害了欧洲人的优越观，在他看来，

---

[1]　Tashkent, 25 août 1869, in Martin Ewans, *Great Powers Rivalry in Central Asia 1842-1880*, vol. I , *Documents*, p. 159.

[2]　« La constitution et le fonctionnement de l'armée indignène des Indes anglaises », *RME*, 15 novembre 1886, p. 521-522, p. 525.

这是英国统治的基础。他还反对为军官建立一所特殊学校[1]。而1902至1909年间指挥印度陆军的基奇纳勋爵虽然没有正式反对改革，但也宣称变化可能会破坏部队的稳固。他最多也只是坚持英国军官对待同等级的印度同行应该遵循"尊重政策"。他提醒士兵们说，这些人往往出身高等社会阶层，是优秀、骄傲、敏感而且易怒的人。因此，他建议对他们要以礼相待（称呼他们用"您"，而不用"你"），为他们搬一把椅子，跟他们聊两句天。[2]尽管如此，直到20世纪30年代，英国人才百般不情愿地容忍印度军官进入"白沙瓦俱乐部"。事实上，这样的等级制度是殖民秩序的完美反映，一个很少有人质疑的殖民秩序。

其他部队也是这样对待"土著"军官的。大多数这类"土著"军官都是出身于军校的前任士官，他们对所获得的荣誉称号和有规律的军饷很知足，尽管军饷很微薄。他们听命于欧洲官员。达伯理·德·蒂尔桑（Dabry de Thiersant）写道，荷属印度部队对于生存处境毫无怨言，因为"和其他未开化民族一样，欧洲军官和士官被赋予的指挥权在他们（印尼士兵）眼里，是文明开化的征服者在行使其天然的权威"[3]。法国人迪特甚至写道，他们的存在就是个错误。"在我们看来，土著军官就不应该存在。"确实必须"用一切手段阻止欧洲人成为土著的下属"，不能让欧洲士兵置于"土著"军官的指挥之下。[4]的确，如果在法国部队里规定，在军衔平等的情况下，"土著"军官必须服从于欧洲军官，那么隔离政策就不会像在英国部队中那么严密，就会产生对殖民秩序的质疑。1924年，步兵军官克莱蒙－格朗库尔（Clément-Grandcourt）上

[1]　George Arthur, *op. cit.*, t. 2, p. 177.

[2]　*Ibid.*, p. 182.

[3]　Philibert Dabry de Thiersant, *op. cit.*, p. 30.

[4]　Lieutenant-colonel Ditte, *op. cit.*, p. 84.

尉用格言的形式，说明了他认为在印度部队和在非洲的法国部队都应当实行的两项原则："一是欧洲人不能听从土著军官的命令，二是欧洲人和土著人尽量少接触。"[1]

然而，驻印英军中当地军官的数量很大。1857年前，人们总认为他们的素质不高，但1857年之后他们的素质提高了不少，一方面是因为征兵标准更加精英化，另一方面是因为他们的确接受了更好的培训。1889年，当地军官的总数达到了2 759人，占率领"土著"部队的全部军官人数的63%。同样的情况我们只能在埃及部队中看到，而埃及部队其实算是一支外籍部队，至少从理论角度来看是这样。率领苏丹营队的干部全部是英国人，而8个埃及营队中就有4个营队配备的是埃及军官，剩下4个营队则采取混合干部的领导方式。[2]但除此之外，在其他任何地方，"土著"军官都很少见。1882年，《外国军事杂志》特意报道了这么一件轰动的大事情：马耳他皇家炮兵团（仅369人在编的小兵团）的军官全部都是马耳他人。尽管马耳他人信奉基督教，也可勉强算作欧洲人，但实际上他们总被视为"土著人"[3]。非洲甚至出现了一种倒退，"土著"军官的军衔仅保留至1907年，从那之后，他们全部被撤职。直到1942年，"土著"军官的身影才再次出现在非洲部队中，第一位军官来自尼日利亚。

同样，驻非部队中"土著"军官的人数也很少，而非洲军官的数目甚至更少。1917年，马格里布的军官大约有250名，其中约有200名来自阿尔及利亚。法国部队中只有6名非洲军官，他们分别是2名少尉和4名中尉。安南军官只在历史上短暂出现过。意大利也采用了

---

[1]　Capitane Clément-Grandcourt, art. cit., p. 382.

[2]　« Les Anglais dans la Haute Égypte », *RME*, 15 septembre 1886, p. 297-298.

[3]　« Réforme de l'armée anglaise », *RME*, juin 1882, p. 339-344.

这种顺势做法：厄立特里亚营队中的每个土著步兵连都设有1名意大利上尉、2名意大利中尉，以及2名"土著"少尉。俄国也表现出类似的谨慎态度。1888年，担任印度总督的寇松侯爵访问中亚地区，此时俄罗斯对该地区的征服行动刚完成没几年，当他看到众多穿着军官服装的"土著人"为"伟大的白人沙皇"[1]效命时，他大受震撼。从实际数据来看，穆斯林军官的人数一直不多。1914年，他们的总数只有186名（从上校军衔到上尉军衔）。[2]他们当中有一名叫作阿布杜-阿齐兹·达夫列什（Abdul-Aziz Davleshin）的上校，是沙皇部队解散之前总参谋部在亚洲分设的最后一位指挥官。[3]

除了军事当局的不信任，或许还有一些客观原因可以解释"土著"军官人数少的原因。在他们的社会中，充分接受过欧式教育、足以成为优秀军官的人很少。另外，与欧洲的传统大家庭不一样，当地的大家族对军队的条条框框完全不感兴趣。如果碰上部队正在招募非正规军，贵族子弟只要在本族战士中间当个领导就满意了。有时，贵族会把他们的儿子送到各特遣队的指挥部中，也不需要给他们安排什么特别的军衔。所有部队都指望通过这个步骤，给各自的非正规部队选拔领导。

相反，"土著"士官和下级军官在任何部队中都是一个庞大的群体。在法军的一个连队中，每8名欧洲中士对应着4名"土著"中士，而每12名"土著"下士才对应1名欧洲下士。1865年，驻非部队中已有接近400名"土著"士官。1914年之前，法国海军陆战队各层级的"土著"士官总数可以忽略不计。但到了1914年，其总数已接近800名，同期欧

[1]　Peter Hopkirk, *op. cit.*, p.442.
[2]　Alex Marshall, *The Russian General Staff in Central Asia, 1800-1917*, London, Routledge, 2006, p.65.
[3]　*Ibid.*, p.191.

洲士官总数为2 700名[1]。在有些部队中，譬如荷属印度部队或比属刚果部队，"土著"士官不可能妄想站到更高的位置。[2]这种情况一般说的是老兵：1名阿尔及利亚的土著步兵需服役7年才能得到下士的军衔，10年或11年才能升为中士。他们的出身都很卑微，基本上从没受过教育。他们的知识仅限于将规章条例以及军营生活常规背得滚瓜烂熟。1905年，当局就曾为法属印度支那的"土著"士官建造了一所七塔学校，但其他地方很少有人能上培训学校。殖民军官们认为，他们当中只有很少一部分人梦想着能戴上肩章，他们会有这样的梦想，主要还是因为想拿到更高的工资。基于以上这些情况，人们很少会把他们和欧洲士官同等看待，而是倾向于把他们视为欧洲士官的替补者、辅助力量。他们虽然站在最接近部队核心的干部位置上，但只能扮演中间人的角色。

[1]　Pierre Carles, « Le Sous-officier aux Colonies », *RHA*, 1986（2）, p.54-65, p.60, 61,59.

[2]　*RMAE*, août 1907, p. 178.

第四章

欧洲人与"土著人"

$\vee$

如果说"仅凭英国人的力量，印度就被征服了"这样的说法显然有些不妥，除去悖论的因素，"印度人自己征服了自己"这样的说法也是不对的。英国人在实现宏图大志时动员了很大一部分潜在的本地力量。实际上，正是在欧洲人与"土著人"组合之后，殖民部队才得以形成；准确来说，殖民部队不再是经典的欧洲部队，更不是"土著"部队，而是两者之间微妙的、复杂的且脆弱的结合体，就像殖民体制自身一样。

不同的素质

欧洲人

总的看来，人们对欧洲部队的素质予以很高评价。欧洲军英勇地驰骋疆场，严守纪律，听从指挥，在厄运面前毫无怨言，随机应变，这样的赞歌在一个又一个部队的上空响彻云霄。每个部队都展现了自己的特色，并得到了各自的军官和外国军官的认可。法国士兵总给人这样的印象："头脑聪明，干劲十足，步履轻快，笑容满面"，但也"容易被撼动"。[1]基奇纳指出，英军精神面貌的一大特色就在于"缺乏想象力"，因此造就了他们无所畏惧的态度。托尔斯泰笔下的俄国士兵大多是"俯首帖耳"的形象，从他们身上我们可以看到基督教徒的美德——"温柔、耐心、听从上帝的旨意"，还有"一种波澜不惊的沉着以及对命运中所有可能的苦难不屑一顾"。[2]半个世纪之后，法国观察员得出了同样的评论："他们有耐心且吃苦耐劳，无惧死亡，长久以来，任何见过行动中俄军的人都承认，他们确实具有这样的品质。"这些品质可以归功于国家的贵族政治结构和宗教教育。但另一方面，俄军常常被认为缺乏首创精神，这是因为他们接受的训练不够。[3]他们也常常被视为差劲的射手，至少在初始阶段是这样。差劲的主要原因是缺乏训练，一个士兵很少有射击的机会。上校从部队发放的款项中节省出部分物资，使自己从中受益，在这种好处的刺激下，他往往定量分配子弹和粮食。[4]英国士兵被认为是绝佳射手，他们每年训练一个士兵时消耗的子弹有 300 颗之多。[5]

　　叛乱的情况不是完全闻所未闻。最有名的当属"白色叛乱"（White Mutiny）。这是由印度部队中，尤其是孟加拉地区的部分兵团发起的，因为他们在 1859 至 1861 年间被转移到了皇家部队。[6]但是，我们对欧洲士兵要提出特别批评的，就是他们的潜逃行为。逃兵问题是英军的一块心病。1871 至 1875 年，逃兵数超过了 8 万人。1883 至 1887 年，英国

[1]　*Manuel d'Infanterie à l'usage des sous-officiers et caporaux*, Lavauzelle, 1910, p. 34.

[2]　Léon Tolstoï, « Les Cosaques [1852] » *in Œuvres Complètes, op. cit.*, t. 3, p. 370-373.

[3]　« La Guerre russo-japonaise », *RMAE*, octobre 1907, p. 322-323.

[4]　Rapport du compte de Castillon, consul à Tiflis, au ministre des Affaires étrangères, 27 mai 1844, Alexandre Bennigsen, « Un Témoignage français sur Chamil et les guerres du Caucase », *Cahiers du monde russe*, VII（1966）, p. 311-322, p. 318.

[5]　Édouard de Warren, *op. cit.*, vol. 1, p. 213.

[6]　Peter Stanley, *The White Mutiny : British Military Culture in India* , New York, New York University Press, 1998.

的全球逃兵率在4%至6%之间浮动。新兵逃跑的情况最多，他们因各种借口进了军营，初次体验军营生活后感觉很差。四分之一的逃兵是在入伍后的前3个月逃走的[1]。剩下的则是为了躲避外派。指挥部只好在宣布出发消息时封锁军营，警察监控桥梁和火车站[2]。美国部队中也有类似情况：1895—1904年，美国的逃兵率平均是4.5%，且呈现上升趋势（1902—1904年是6.1%，1905年是7%，1906年是11%）。造成这种现象的原因，除了新兵素质很一般之外，还因为民事劳动提供了诱人的高薪。必须指出的是，美国跟大多数国家不一样，法律并不把士兵逃跑视为一项罪行。因此，逃兵就算被抓回去也不会有太大风险。[3]

其他地区的逃兵往往需要承担较大风险，身处非洲或亚洲的白人很难在人群中不被发现。此外，非洲和亚洲的"土著"军官在军事统领者提供的金钱诱惑下热衷于抓捕逃兵。但是，只要逃兵拿出一点表示皈依的行动，敌方的穆斯林军官也许就热烈欢迎他们。几百名俄国逃兵有可能就这么加入了沙米勒的阵营。[4]不得不说的是，高加索地区的服役情况既不得军官之心，又不受士兵待见。托尔斯泰曾经转述过叶尔莫洛夫（1777—1861年）将军的一句名言："在高加索地区服过10年以上兵役的军人要么变成酒鬼，要么就是娶一个堕落的女人。"[5]在有些地方，士兵出逃的比例更大，因为逃兵能够混进庞大的白人群体并轻松转业。1850至1860年，澳大利亚和新西兰的年均逃兵率都达到了4%。

---

[1]　« L'armée anglaise en 1888 », *RME,* 30 août 1888, p.207.

[2]　« Mœurs militaires anglaise. Un départ pour le *Foreign Service* », *RME,* 8 mars 1879, p. 126-128.

[3]　*RMAE,* mai 1907, p. 502 ; « L'armée des États-Unis en 1909 », *RMAE,* septembre 1909, p. 193-208.

[4]　Moshe Gammer, *op. cit.,* p. 253.

[5]　Léon Tolstoï, « Les Cosaques », *op. cit.,* p. 245.

"土著人"

从整体来看，人们一般认为拥有好领导的"土著"部队素质就很高，即使该部队是临时组建的。远征马达加斯加（1895年）前，豪萨营队在2个月内组建完毕，苏丹辅助军则于1898年在几内亚参加了攻占锡卡索（Sikasso）的行动，这两支部队都受到了迪特中校的赞扬。[1] 这些部队在耐力和场地适应能力方面无人可及。他们不易受到疾病的侵扰，满足于粗茶淡饭，所需的交通工具也不用很多。他们可以减轻欧洲部队的驻军压力，缓解部分行军重担，尽管印度特遣队的众多仆人已让印度部队各纵队在资源匮乏的国家中步履维艰。辅助兵团虽然很不稳定，容易溃散，但他们在探索、追踪敌情方面是高手。"他们就是纵队的搜寻犬；他们嗅出异常后就会追赶猎物，然后把猎物带回来。"尽管有时候他们看上去并不可靠，但纵队长很善于利用他们。一旦他们表现出了"犹疑和反感"，并向正规部队靠拢，这就说明敌人一定正在靠近。[2] 无论如何，他们至少起到了遏制某些不良分子的作用。这些不良分子一旦被放任自流，就可能会加入敌军的阵营。

我们能相信这些部队的忠诚吗？答案通常是肯定的。暴乱很少发生。几乎不会有哪位军官像驻扎在喀麦隆的德国人那样，非但没有给来自达荷美的狙击手（一共五十多个人）支付足够的报酬，还让人当着士兵的面鞭打他们的妻子，由此引发了一场范围不广但足以令人担忧的起义（1893年12月）。[3] 刚果自由邦的驻军尤其缺乏组织纪律性，经常产生各种纠纷：卢卢阿布尔（Luluabourg）发生驻兵叛乱之后，从卢

---

[1]　Lieutenant-colonel Ditte, *op. cit.*, p.69.

[2]　« Manuel tactique à l'usage des troupes de l'Indochine », *RTC*, 1921, P.146-159.

[3]　Robert Cornevin, *Histoire de la colonisation allemande*, PUF, 1969, p. 64-65.

阿拉巴上游的湖泊到开赛河上游，十几年内军事行动都无法向外拓展
（1895年）；达尼斯上校率领的先遣部队在苏丹边境上发起了尼蒂尔非
（Ndirfi）起义（1897年）；刚果的博马（Boma）也发生过"辛卡—卡萨
堡叛乱"（1900年）。[1] 正规军一般不会出现暴动，两个隶属于埃及部队
的苏丹营队叛乱应该算是极个别的现象，虽然他们的价值得到了承认和
尊重，但他们还是在喀土穆发动了叛乱。究其原因，除了军饷的延误之
外，他们可能受到了英军在南非战败消息的影响。[2] 不过从现实情况来
看，士兵们从不会选择在战斗过程中发动叛乱。

　　说实话，"土著"部队只发动过一次大规模起义，也就是1857年的大
暴动。但这次叛乱之所以给英国人留下了很深的印象，是因为该事件完
全让他们难以理解。此外，我们必须指出，这次叛乱仅涉及北部的部队，
也就是我们所说的孟加拉部队，其中有45个团（北部共74个团）发动了
起义，最终有24个团被解散或解除了武装。同样是在这支表现优异、人
数众多的部队中，有一些优秀部队（廓尔喀军人，一些由锡克人和穆斯林
组成的骑兵团）并没有参与其中。另外有两支部队几乎与此次暴动无关，
东部部队（孟买）中只有2个营队参加了此次活动，西部部队（马德拉斯）
则无一参加。即使是在暴动的部队中，英国军官及其家属也大多没有受到
牵连，还被转移到了安全的地方。谋害欧洲人的是士兵们自己不认识的起
义者，有可能是起义的农民。不仅如此，"土著"特遣队还配合完成了大
部分的镇压行动。占领德里的部队中有三分之二都是"土著军"，更不要
说开拓者、牵动物的人以及杂役中有多少"土著人"了[3]。

　　整整20年之后，沃尔斯利毫不犹豫地指出，他在东方士兵的身上

[1]　Isidore Ndaywel è Nziem, *op. cit.*, p. 282-303.
[2]　David Steele, art. cit., p. 28.
[3]　Edward M. Spiers, *The Army and Society, 1815-1914*, London, Longman, 1980, p.124, 134.

看到的主要品德就是忠诚，对待"给他盐吃"的人的忠诚，这样的发现让他觉得很惊讶，因为他认为部族之间根本不存在多少对契约或宣誓过的信仰的忠诚。他还赞扬了他们的正直，回忆了反叛者在大起义期间的光荣举动。在发动起义之前，他们竟然把部队交付给他们的货箱里的物资还了回来。他还补充说，皇冠上的宝石交给印度兵看管比交给欧洲兵更可靠。[1]诚然，这些话也许是说给俄国人听的，他们和格罗杰科夫将军一样，认为印度帝国的主要威胁并不在于沙皇部队的攻击，而在于由英国人组建的印度部队的内部暴动。[2]但总体来说，所有的欧洲军官都很信任他们的正规军。他们认为正规军头脑简单，易于管理。德·沃伦曾如此描述印度兵："他们就是一群孩子、好孩子，因为他们质朴、纯真，且带着一种人畜无害的温柔；他们只要在军官身上看到一丝善意，就会心存感激，绝对忠诚；他们坚信自己的军官在科学、体力、勇敢、计谋方面都更高一筹，甚至是魔力方面。在他们眼中，军官就连魔法也学会了。"[3]

　　但是，起义风险并不是我们需要考虑的唯一因素。虽然最好的"土著"部队素质也不错，但他们还是比欧洲军逊色一些，一般来说，"土著"部队不可能超过欧洲军。人们对他们的评价很容易动摇。他们会因紧张、握不住枪而受到斥责。有些时候，他们还会溃逃。考虑到他们的野蛮性格以及可能造成的安全问题，部队领导限制了他们的军备。因此，"白人"部队很有必要长期驻扎在殖民地，一方面是为了防止殖民地遭受可能出现的外部侵略，另一方面是为了确保远征队伍的司令可以

---

[1]　« L'armée des Indes par le général Wolseley, extrait de la *North American Review* », RME, septembre 1878, p. 121, p.153.

[2]　« Les marches-manœuvres... », art. cit., *RME*, novembre 1882, p.251.

[3]　Édouard de Warren, *op. cit.*, vol. 2, p. 107-108.

调用白人士兵，至少能用他们去支援"土著"兵团。下面所举的例子五花八门，但实际情况大同小异。

组合体

原　则

从未有人想过要将欧洲军与"土著"军长期放在同一个组织结构中。唯一一次例外似乎发生在葡萄牙部队中。1895年，葡萄牙在东非（莫桑比克）的4个步兵营和炮兵分遣队同时招募欧洲志愿军和"土著"志愿军。[1]他们之所以能够保持统一，是因为大多数军官都是欧洲人，并且随着等级的上升，欧洲军官的比例越来越高，直至垄断。

比　例

大型部队与驻地

一个部队如果看上去拥有非凡的执行力，那么在其内部，欧洲军的比例一定很高。1914年，印度的英国部队以及非洲的法国部队都享有这样的声望。显然，这两支部队的任务就是要确保两大强国各自最为重要的殖民地能得到保护。此外，由于俄国人对印度虎视眈眈，北非也受到来自德国和意大利的威胁，因此殖民军还要防止这些殖民地遭受外部侵

---

[1]　« L'État portugais de l'Afrique orientale et ses troupes coloniales », *RME*, septembre 1895, p. 187-188.

略。除此之外，驻守非洲的法国部队还要准备赶赴欧洲战场参与战争。

　　在印度部队中，很长一段时间英国人都对欧洲军比例相对较低这一状况不以为意：1857年大起义发生时，欧洲军所占的比例大概是七分之一（4万名欧洲军对应的是24万名土著军），19世纪20年代以来该比例持续下降。[1] 英国人从这段时期中得到了惨痛教训，他们开始增加欧洲军的数量，以期重新获得平衡。1859年调查委员会建议，至少要有8万名欧洲军。[2] 这项建议得到了采纳，因为从19世纪70年代开始，英军除了要应付叛乱，还为阿富汗边境上俄军的威胁而苦恼。1874年，欧洲兵有6万名，1887年增至7.3万名，而同期印度士兵的数量分别为12.8万和15.3万，这就意味着在此期间欧洲军在全部军人中所占的比例都超过了30%。[3] 1906年，军人总数为22.5万，欧洲兵恰好占了三分之一（7.5万人，而在英国，正规军的人数却不足20万）。[4]

印度部队表

研究案例	欧洲特遣队	土著特遣队	总数	欧洲军所占比例	土著军所占比例
印度部队（1857年）[5]	40 000	300 000	340 000	12%	88%
印度部队（1869年）	64 858	120 000	184 858	35%	65%
印度部队（1908年）[6]	75 702	148 996	224 698	34%	66%

---

[1]　Edward M. Spiers, *The Army and Society*, p. 121.

[2]　*Ibid*., p. 136.

[3]　*REM*, juin 1874, p. 298-299 ; Tony A. Healthcote *in* David Chandler, *op. cit.*, p.392.

[4]　« Le Budget de la Guerre anglaise pour l'année 1906-1907 », *RMAE*, octobre 1906, p. 350-355.

[5]　Edward M. Spiers, *The Army and Society*, p. 121.

[6]　Ibid., p. 138.

　　欧洲军的分布并不均匀。1859 年委员会曾建议，相比于孟买、马德拉斯这些离边境较远的驻地，军队的注意力应该更加集中于北部地区，如孟加拉部队。[1]这份建议得到了认真考虑。1874 年，恒河沿岸驻守了 1.3 万名欧洲士兵；最易受攻击的地区——旁遮普，则汇集了 1.6 万名驻兵，印度河河口 1 200 名，印度中部地区 1 万名。相反，整个孟加拉都看不到欧洲军的身影；越过蒂鲁吉拉帕利（Trichinapalli），到达印度半岛最南部，同样看不到任何欧洲驻兵。缅甸只有 2 200 名驻兵，并且不同于西北边境线的是，东边境线的守卫工作只交给了"土著"军负责。[2]

　　当基奇纳根据俄军的威胁势力重新对印度部队排兵布阵时（大约1905 年），他把印度部队均分为两大块（各 12 万人）。作战部队包括 9个步兵师，每个师下设 3 个旅（每个旅包括 1 个欧洲营和 3 个印度营，即共有 27 个欧洲营和 81 个印度营），除此之外还有 8 个骑兵旅，每个骑兵旅下设 1 个英国团和 2 个印度团。每个师都驻扎在一条战略铁路线附近，以便能快速前往北部，或是在内部发生混乱时参与调停。驻兵部队也会尽可能选择气候适宜的地区。内部安全军由 1 个英国骑兵团和 14 个印度团构成，步兵则由 25 个英国营和 45 个印度营共同编成。[3]

　　英国驻军在埃及的演变过程与印度部队的变化情况很相似。1882年，7 000 名士兵组成了占领军，他们驻守在开罗、伊斯梅利亚和亚历山大港，一方面是为了控制这个国家，另一方面是为了保护，以防仅靠埃及部队不足以牵制马赫迪起义者的情况出现。此后的数据几乎没什么变化：1895 年，英国驻军共 5 000 人，不久之后一个由英国士兵和

---

[1]　Edward M. Spiers, *The Army and Society*, p. 136.

[2]　*RME*, juin 1875, p. 298-302.

[3]　Tony A. Healthcote *in* David Chandler, *op. cit.*, p. 392.

印度士兵共同组建的2 500人的旅也加入了前者的行列，此时的部队规模与1912年的一样。[1]埃及部队的总人数在1880年前后达到了6 000人，1905年达到了1.8万人，与埃及人相比，欧洲人所占的比例低于三分之一。

"土著"军似乎在非洲部队中所占比例更高，约占50%，如果我们研究一下1914年的数据，就会发现该比例甚至高于50%。阿尔及利亚的士兵总数为将近6万名，其中欧洲兵有3.5万名，他们当中2.5万人是应召入伍的，9 000人隶属于外籍部队，而"土著"兵有将近2.6万人，其中1 000多人是塞内加尔人。在摩洛哥，8万名士兵中有4万名是欧洲军人，包括7 000名海军陆战队成员和4 000名外籍军人。除欧洲军外，还有3万人是马格里布士兵，最后1万多名是塞内加尔步兵。19世纪50年代之后，欧洲人的比例大幅上升：比若总督任期结束前，驻守在阿尔及利亚的正规军总数已超过9万人，其中"土著"士兵的人数却不足1万。[2]

我们把这些数据与荷属印度的情况进行一番对比，就会得到一些有趣的发现。1890年，欧洲军的势力几乎占了所有驻扎于此的军事力量的一半。20世纪初，荷军中有将近1.5万名欧洲人，而全部驻军力量有将近3万多人。但10年之后，欧洲军所占比例才刚刚过三分之一。英军与荷军的比例均出现了相对下滑，不仅是因为大型的军事斗争已结束，还因为他们需要全盘保护各自的属地，因为越来越多的势力正觊觎他们的地盘。1905年后，在愈发嚣张的日军势力的威胁下，这样的情况就更严重了。

---

[1]　« Préliminaires de l'expédition d'Égypte au Soudan », RME, août 1896, p. 110-116.

[2]　Jacques Frémeaux, Les Colonies dans la Grande Guerre : combats et épreuves des peuples d'outre-mer, Éditions 14-18, 2006, p. 26-33.

荷属印度部队 [1]

年份	军官	欧洲士兵	"土著"士兵	士兵总数
1890	1 406	14 984（45%）	18 185（55%）	33 169
1912	1 350	11 491（38%）	19 075（62%）	30 566

对于一些比较平常的任务，殖民地负责人只需派遣欧洲士兵比例更低的部队。一份有关1914年法国部队的研究结果就强调了这种不同：

法国殖民驻军（1914年8月）

驻地	白人	"土著人"	总计	白人占比 /%
印度支那	11 000	14 000	25 000	44
马达加斯加	2 500	6 500	9 000	28
法属西非	2 500	14 500	17 000	14
法属赤道非洲	700	6 500	7 200	10
总计	16 700	41 500	58 200	28

我们注意到，白人所占的百分比与外部防御的需求成正比。印度支那离中国边境很近，并且是"远东地区的法国阳台"，所以似乎最需要坚实的防御力量。法属西非与法属赤道非洲都无须畏惧驻守在多哥以及喀麦隆的薄弱的德军势力，不仅如此，他们还享受着毗邻英国殖民地的地理优势，因此两者的情况与前者完全不同。除了达喀尔据点，守卫法属西非的任务几乎全部交给了塞内加尔士兵。由于马达加斯加也是一个

---

[1] « Les forces coloniales hollandaises », *RME*, janvier 1892, p. 58-86 ; *Les Armées des principales puissances en 1912*, Chapelot, 1912, p. 289.

重要的战略地点，驻兵中白人比例也不低，处于中等水平。[1]

　　厄立特里亚红海一带的意大利驻兵与马达加斯加驻兵的情况差不多。1895年初，意大利驻兵队伍中欧洲军官和士兵的人数分别增至171名和1 332名，而"土著"军官和士兵的人数分别为37名和4 401名，这就意味着欧洲军在意大利驻兵队伍中占25%。[2]

属性	欧洲部队	混合部队	"土著"部队
兵种	1 个追击营 1 个炮工排 1 个医护排	1 个炮手连 1 个工兵连 1 个铁路连 1 个步枪连	4 个步兵营 1 个骑兵连 2 个山区炮兵团
总人数（士兵）	947 名意大利人	792 人（其中 385 名意大利人）	3 994 名"土著人"

　　欧洲士兵主要负责看守堡垒以及一些战略要点。原则上，他们不参与作战，因为他们很难承受恶劣气候条件下的行军任务，就连食物供给也常常不合他们的胃口。于是，作战任务就交给了质朴且能吃苦的混合部队与"土著"部队，况且损失这些兵力也没有什么大碍。阿杜瓦事件从反面证明了这一选择是多么明智。征服利比亚期间，意军招募了大量欧洲士兵，但意大利与奥斯曼帝国缔结和平条约之后，厄立特里亚和索马里招募的士兵却占了总人数的十分之九。[3]

---

[1]　Lieutenant-colonel Ditte, *op. cit.*, p. 72.

[2]　« Les Troupes coloniales italiennes de l'Érythrée », *RME*, janvier 1895, p. 49-50.

[3]　Marco Scardigli, « Les Ascaris, bras indigène du colonialisme italien », *in* Carmen Bernand et Stella Alessandro, coordinateurs, *D'Esclaves à soldats. Miliciens et soldats d'origine servile (XIIIe-XIXe siècles)*, L'Harmattan, 2006, p. 365-369.

训练与武器

总体来说，"土著"部队只要存在，就必定是步兵和骑兵这两种形式。把适用于欧洲士兵的方法运用到不熟悉欧洲军事文化的士兵身上，这样的做法似乎不是很妥当。而且，最好不要对他们太粗暴。他们当中有很大一部分人与辅助军享有类似的地位，至少初始阶段是这样。说到底，我们也不一定要把他们变得跟欧洲士兵一模一样。正因如此，他们的训练不太拘泥于形式，规范也没有那么详细。给他们教规章制度时所用的教学方法也没那么严格。就这样，英国人向他们灌输了"机械学习"的方式，即让他们以唱诵的形式将指令牢记于心。[1]法国人则抛弃了传统的左右脚口令，利用颜色的区别来教踏步走（左脚用白色标记）。他们学习的战场指令也没有那么深入。德国的冯·魏斯曼认为，新招募的非洲士兵从一开始就已经是身体素质良好、惯于使用武器的军人了，他们对这个地区的气候、地形都很熟悉，因此肯定能应付这些艰苦的环境。他们只需适应一些简单的变化，譬如学习列队行走、无序排布、站方阵，熟悉消防纪律和刺刀的使用方式等。他觉得晚上让这些士兵在露营地畅快地载歌载舞并没有任何坏处。[2]

一般来说，这些部队配备的武器比欧洲部队要笨重很多。在19世纪80年代，印度部队中的"土著"部队使用的是1866式史奈德步枪，而欧洲部队配备的则是1871/1879式马蒂尼-亨利步枪。直到1892年，马蒂尼-亨利步枪才完全取代了史奈德步枪，1898年，英军驻乌姆杜尔曼的"土著"部队还在使用它们。而欧洲特遣队使用的则是李-恩菲尔德步枪。1892年，达荷美的塞内加尔步兵配备的是1873式格拉斯步枪，

---

[1]　Anthony Clayton and David Killingray, *op. cit.*, p. 227.

[2]　« Les Troupes coloniales de l'Est africain allemand », *RME*, décembre 1894, p. 461- 479, p. 465-466.

而欧洲陆军使用的则是 1886 式勒贝尔步枪。1895 年，利奥泰不禁感叹道，1.2 万名东京"土著"狙击兵仍使用着这些格拉斯步枪，它们因使用时间过长已经起不了什么作用，而与他们为敌的"海盗"却用上了带弹匣的武器。[1]其他部队亦是如此。德国人给他们的非洲士兵发放的是 1871 式短枪，而他们自己使用的却是性能优异的 1888 式毛瑟枪。刚果安全部队的黑人士兵收到的是 1868 型阿尔比尼单发式步枪，而他们的军官分到的却是 1888 式毛瑟枪——比利时部队配备的就是这种枪。关于这点，人们给出的最常见的理由是，型号老旧的武器一般都操作简单，而且更加耐用。史奈德步枪、马蒂尼 – 亨利步枪以及格拉斯步枪都是后装枪，但都是单发，因此欧洲军官可以更好地控制火药数目。人们通常觉得"土著"士兵会浪费自己手中的弹药，一方面是因为他们缺乏冷静的头脑，另一方面是因为他们的战斗性太强。不过，欧洲军官并不会因为给土著士兵分配的武器比较落后、欧洲特遣队的优势明显而掉以轻心，他们一直保持着谨慎的态度。

"土著人"在炮兵部队中只处在次要岗位。从总体上来说，加入炮兵部队属于欧洲干部与士兵的特权。之所以这样分配人员，是因为在被征服国家的社会中，很少有人具备相关的技术能力。不过，征服者显然也是想自己垄断高级武器，尤其是大炮。但在另一种特殊的部队，工兵部队中，"土著人"却没有受到这样的排斥。上述情况在印度的英国部队中十分明显。1857 年之前，存在一些印度人组成的炮兵团，但他们也确实受到了限制：有些技术，比如用瞄准器瞄准，就是欧洲士官的专利；炮被套在牛身上而不是马身上，大大地降低了其灵活程度[2]。在发生叛乱之后，除了使用

---

[1]　Hubert Lyautey, *Lettres du Tonkin*, vol. 1, p. 258.

[2]　Édouard de Warren, *op. cit.*, vol.1, p. 389.

某些轻型炮或者山炮之外，"土著"部队中实际上已经不再有炮兵：1885
年，他们只有6个山炮组，而欧洲部队则拥有77个炮组，其中包括50组野
战炮和27组要塞炮[1]。法军的情况也差不多。虽然有许多"土著"作为副
炮手与驾驶员进入了"混合型"炮组，但是不能担任瞄准手[2]。1897年，卢
瑟将军指出，在厄立特里亚的意大利山炮组中有15名意大利人（其中4名
为军官）和163名"土著人"。他认为，这种情况是"出人意料"的，因为
"总体上讲，在其他国家的殖民部队中，土著人在炮兵部队里只能担任驾
驶员，充其量是副炮手。开火只能由欧洲人来执行"。[3]

　　一张1890年荷兰部队的图表也很能能说明问题：欧洲人（不包
括军官）在步兵部队的比例是44%，而在骑兵部队和炮兵部队中则
占60%。

部队的主要构成（1890 年）

	军官	欧洲人	欧洲人总和	"土著人"	总和	欧洲人占比 / %
参谋部	57		57		57	100
步兵	696	11 000	11 696	15 000	26 696	44
骑兵	29	448	477	360	837	57
炮兵	127	1 524	1 651	1 080	2 731	60
工兵	74	374	448	206	654	69
医疗	199	748	947	417	1 364	69
总和	1 182	14 094	15 276	17 063	32 339	47

---

[1]　« Les forces anglaises aux Indes », *RME*, 15 mai 1885, p.546.
[2]　Lieutenant-colonel Ditte, *op.cit.*, p.85.
[3]　Général Luzeux, *op.cit.*, p.31.

并 列

总体来说，"土著"部队和欧洲部队是同时存在的，二者所占比例各不相同，但遵循着来自经验的种种规则。例证很多，不胜枚举。比如，辉煌时期的印度部队就很能说明问题。总体原则是，在一个旅内部，每一个欧洲营要与两个"土著"营混合起来，并以欧洲炮兵部队来增援：

印度部队中旅和师建议组织（1885 年）[1]

部队	英国步兵	"土著"步兵	英国骑兵	"土著"骑兵	炮兵	工兵
步兵旅	1个营	2个营				
骑兵旅			1个团	1个团	1个轻骑炮兵连（英国）	1个工兵大队（"土著"）
混合旅	1个营	2个营		1个团	2个马拉炮兵连（英国）	1个工兵大队（"土著"）
混合师（2个旅）	2个营	4个营		2个团	1个轻骑炮兵连 2个马拉炮兵连（英国）	1个工兵团 2个工兵大队（"土著"）

这套系统一直沿用至第一次世界大战，不过也有过细微的变化：在大型战争中，基奇纳使用的每一个大队都由同质化的士兵组成，而不是像在"小型战争"中一样使用混合大队，他解释道，这是因为两种战争规模不同，而重要的原因是，如果把欧洲部队整编在一起，欧洲部队就

---

[1] « Les forces anglaises aux Indes » , *RME*, 15 mai 1885, p.550.

会非常"贪食",因此这样能最方便地为他们提供军需。[1]

营与营之间的并列,也就是说,"土著人"与欧洲人共同属于规模在500至1 000人之间的部队,这在法国部队里是通行的。迪特中校回忆道:已经有人提议建立真正的混合部队,尤其是加利埃尼,他建议将"海军陆战队"与土著步兵连结合为一个营。用这样的方式组织起来的混合部队应该可以满足其自身一切需要。在纵队中,因为欧洲士兵难以忍受气候的考验,"土著"分遣队能减轻欧洲人的痛苦,分担"痛苦的杂役、白天在大太阳下站岗、急行军等任务"。反之,欧洲士兵则能确保驻扎地的维护和舒适,因为他们有工匠(木工、铁匠、皮匠、泥瓦匠、马蹄铁匠)。然而,在加利埃尼看来,这种部队构成只能是暂时性的。[2]生活方式差异,以及以"战术后备军"为名保留白人部队的愿望,造成他对此始终抱有怀疑的态度,他认为互补性与安全性缺一不可。

不过,荷兰人在印度尼西亚并没有采用这一模式。他们的原则是永远不要把欧洲分队与"土著"分队分开来,无论是在营地(房间分开,但彼此相邻)还是在战区,这有利于随时保持监视。领导阶层认为这种怀疑会悄无声息地在"土著"之间传递,甚至会得到理解,因为在家庭或部落关系之外,他们彼此之间几乎不会产生信任。[3]抱持着这样的想法,东印度部队的负责人毫不犹豫地在混合制的道路上越走越远。直到1912年,欧洲连队与"土著"连队实际上在营中混合存在。大部分情况下是每6个连中有2个欧洲连,除了某些所谓精英营里有4个欧洲连之外。骑兵团全部是欧洲人,而在炮兵部队里,欧洲人的人数占比稍微过半。由于"土著"连与炮兵连兵力的增加,欧洲人的高比例在战争

---

[1]　Lettre à Lord Roberts, 4 décembre 1904, George Arthur, *op. cit.* , t.2, p.167.

[2]　Lieutenant-colonel Ditte, *op.cit.*, p.77-80.

[3]　Philibert Dabry de Thiersant, *op. cit.*, p.31-31.

中会有所降低。[1] 从1912年起，连队内部开始实行混合制：每个连中有4名军官、64名欧洲人、33名安汶人和94名"土著人"，因此，每个营包括18名军官、260名欧洲人、134名安汶人和377名"土著人"。[2]

作战兵力

与军队和驻地的总体构成一样，作战部队的构成也会根据任务性质和"土著"部队的可信度而变化。这些关于人员结合的因素产生了三种模式：有人认为有必要通过保留一支欧洲后备军来确保"土著人"的忠诚；有人想要通过向"土著人"展示白人部队和他们在一起并像他们一样在战斗，来消除他们自认为是牺牲品的印象，从而提高有色人种部队的士气；有人试图根据经验，有时也会根据传统，挑选出最为精锐的、不同出身的战士。例如，根据《印度支那部队战术使用手册》（*Manuel tactique à l'usage des troupes de l'Indochine*），印度支那士兵组成的分队能打头阵，进行第一阶段突袭、演习和埋伏。在这些任务中，他们由于熟悉地形和当地敌军，总体表现十分出色。相反，在某些武力行动，尤其是防卫中，他们需要一支欧洲部队为他们提供持续的支持。必须"避免让他们独立承担需要灵活性和隐蔽性的角色"。[3]

最早的远征是为了宣扬欧洲部队的优越性。有时候，领导层希望通过限制对"土著人"的招募清楚地展示这一优越性。在1873年的战役中，沃斯利坚持要用一支主要由白人组建的部队打败被邻国认为战无不胜的阿散蒂部队，这样才能体现白人部队在非洲作战的能力。[4] 无论

---

[1] W. von Bremen, *op. cit.*, p.68. Voir aussi « Les Hollandais aux Indes orientales », *RME*, août 1873, p.33-35.

[2] « Budget de la guerre des Indes orientales pour 1912 », *RMAE*, janvier 1912, p. 78-81.

[3] « Manuel tactique à l'usage des troupes de l'Indochine », *op.cit.*, p. 145.

[4] Bruce Vandervort, *op.cit.*, p.92.

如何，欧洲士兵只有 2 500 人，另外还有大概 1.2 万名非常规士兵。他们组成了常规部队的先遣部队。在先遣部队获胜之后，他们开始蹂躏该国的东部地区，使得统治者被迫求和。[1]然而，这种做法很罕见。1895 至 1896 年对抗阿散蒂人的远征中，极少有欧洲部队参与，而 1900 年的远征中，欧洲人实际上只有一些干部而已。[2]

再者，"土著"部队的野性使他们获得了越来越多的雇佣机会，有些战役甚至仅仅由他们来参与。迪特曾提过，1870 年罗伯特·纳皮尔将军指挥对抗卢赛人的战役时，队伍中有 1 900 名印度"土著"士兵。这些士兵由 37 名英国军官和 51 名"土著"军官领导。他还提及了詹姆斯·凯利（James Kelly）上校指挥的行军，这个纵队中有 400 名锡克教先锋、40 名克什米尔工兵以及 800 名印度非常规士兵，再配上少数英国军官，他们长途跋涉 350 公里，前往支援被围困在奇特拉尔的部队（1895 年春）。从 1896 年 7 月到 1898 年，马尔尚使团行走了将近 7 500 公里，并穿越非洲西部，其中有 8 名军官［包括查尔斯·曼金（Charles Mangin）］、7 名士官，以及大约 150 名非洲土著步兵。实际上，敌军是一些人数少、武器少的部队，他们无法展开激烈的反抗，通常进行一些短期的骚扰。迪特评价道："如果要与组织不严的敌人开展长期作战，欧洲部队的参与是必不可少的。"[3]但是，欧洲部队的参与实际上非常少。

最常见的情况是，非洲特遣队实际包括欧洲部队的小部分核心力量，并与"土著人"常规军和非正规军结合。陆军上校蒙泰伊在 1884

---

[1]　« La guerre des Aschanti », *RME*, avril 1874, p. 193-198.

[2]　D. Killingray, "Colonial Warfare in West Africa, 1870-1914", *in* J.A. De Moor et H.L. Wesseling, *op. cit.*, p.145-167, p.162.

[3]　Lieutenant-colonel Ditte, *op.cit.*, p.68-69.

年写道，白人步兵在一个千人纵队中的比例不应该低于五分之一。但是1890年4月，由陆军中校阿希纳指挥、攻占苏丹塞古城的特遣队中，有742名常规军（其中欧洲兵72人）和增援的1 200名非正规军[1]，欧洲人的比例远低于五分之一的配额。葡萄牙人攻占非洲殖民地的过程也呈现出了相同的特点。在几内亚，据勒内·佩利西耶计算，他们分别任用了8 400名常规军，以及4.2万名部落武士，常规军大多数都是"土著人"。[2] 但是在亚洲的帝汶岛，1844至1936年间，他们只长期招募了2 000多名常规军，剩下的人包括6 000多名当地居民和10.8万多名武士。1912年，为了平定全国"大叛乱"，他们建立了4支特遣队，大约有400名非洲和印度常规军、一千多名民兵（当地居民）和大约6 000名非正规军。[3]

不过，如果遇到更为强劲的对手，欧洲部队就会增兵。例如，1885年东京的远征步兵部队，足足有大约1.5万人，包括3个阿尔及利亚土著步兵营（2 284人）和6个东京土著步兵营（6 335人）。欧洲部队由3个海军陆战队营、2个外籍军团营、1个非洲营和3个本土步兵营组成，共计6 164人。炮兵部队（1 173人）和不同服务部门（不包括运输）都是欧洲人。我们可以认为，白人部队的比例占50%。[4] 同样，在1895至1898年试图重新占领苏丹的战役中，英军负责人认为，不能只任用埃及人或苏丹人组成的"土著"部队。虽然这些部队从1885至1889年起，曾经打败过马赫迪军队，并保护国家不受外来侵略的威胁，但是，为了将战火南引，似乎有必要用欧洲部队来支援这些部队。因此，在乌姆杜

---

[1]　Martine Cuttier, *op. cit.*, p. 385.

[2]　René Pélissier, *Timor*, p. 313.

[3]　*Ibid.*, p. 271.

[4]　Commandant Lecomte, *Lang-Son*, p. 41-44.

尔曼战役中，基奇纳为每一个英国师（共 8 200 人，分为 2 个旅）部署了一个人数是前者两倍的埃及师（共 1.76 万人，分为 4 个旅）。

随着时间的流逝，以及控制能力的加强，人们对"土著"部队的信任感也就越强。1885 年，人们认为印度支那部队在特遣队中所占比例的合理上限应为三分之一，后来提高到了二分之一，到了 1905 年，人们认为即使占三分之二也不会出现什么风险。[1] 实际上，在特遣队的构成中，"土著"连和欧洲连的数量是相当的，但是，欧洲连的士兵数量是"土著"连士兵的二分之一。[2] 1925 年，黑非洲甚至有人证实道："气候和供给困难使得欧洲部队不被特遣队任用，特遣队仅仅由在编的土著部队组成。"[3]

然而，采取平等对待"土著"部队和欧洲部队的部署似乎是不可能的。在 1900 年远征中国的时候，抨击英国部队的声音不断增加。英军的欧洲部队主要分布在南非，因此英军别无他法，只能向远东派去了一支由印度士兵组成的远征军，而其他国家的部队都由欧洲部队组成。[4] 在德国皇帝威廉二世夸张的煽动之下，各国使馆希望向中国人宣扬西方大国的威武形象，英军的参与由于损害形象而受到了指责。相反，来自美洲大陆的黑人士兵在这次远征中几乎没有受到关注。

---

[1] Lieutenant-colonel Ditte, *Observations*, p. 72.

[2] « Manuel tactique à l'usage des troupes de l'Indochine », *op. cit.*, p .433.

[3] Ministère de la Guerre, *Manuel à l'usage des troupes employées outre-mer,* Imprimerie nationale, deuxième partie, 1925, fascicule II, p. 202.

[4] Général Henri Frey, *Français et alliés au Pé-Tchi-Li, campagne de Chine de 1900,* Hachette, 1904, p.55-57 ; général Régis Voyron, *Rapport sur l'expédition de Chine,* Lavauzelle, 1904, p. 81-83.

第五章

战斗的工具

∨

凝聚力的要素

各种传统因素奠定了部队的凝聚力。

部队编制

锡利一针见血地指出，在以少胜多攻克印度的部队中，"土著"士兵多于欧洲士兵，由此可以得出的结论是："差异不在于种族，而在于纪律、军事学，在很多情况下还包括指挥的差异。"这句话揭示了英国的胜利并不在于所谓的英国人的优越性。[1] 一位法国司令让·柯林（Jean Colin）在殖民战争中看到了这样一种情况："当才能、训练和指挥都非常优越时，人数都显得不那么重要了。"[2]

这说明欧洲干部、军官以及士官都很重要，不过，士官的重要性

---

[1]　John Robert Seeley, *op. cit.*, p. 241.

[2]　Général Colin, *Les Transformations de la guerre*[1911], Economica, 1989, p. 208.

常常被人们忘记。英国人吉卜林曾高度称赞"无名士官"的能力，"一个穿着卡其色制服的简朴之人"，用训练白人士兵的方法训练了黑人士兵。[1] 利奥泰更强调殖民军基层干部的才能和计谋，并以外国观察者的身份发出了赞美之词："你们的士官无所不能。我发现他们担任过工头、农学家、战士：他们什么都在行。"[2] 法军殖民地"土著"部队的高水平也许正是来自强大的欧洲士官管理。这类似于法国部队的编制（对于一个110人的法国连来说，理论上要有3名军官和9名士官）。例如，1902年安南-东京部队的分配如下[3]：

"土著"部队的欧洲编制

	欧洲低级军官	欧洲士官	士兵	干部／士兵占比
白人部队	153	438	6 010	9.8%
"土著"部队	265	811	11 745	9.2%

这样的编制在所有地方都一样吗？亨利·弗莱（Henri Frey）将军在1900年写道，在印度的"土著"部队中，每300人中约有1名欧洲军官和4名欧洲士官，欧洲军官占比远低于英国部队的编制（比如1912年，在英国部队中，15.3万人中有1万名军官和2.2万名士官，即干部占比约20%）。他认为有这比例就够了，数量极其庞大的"土著"部队的价值已足以补偿欧洲人的占比。1878年左右，每个印度步兵团中，共计16名印度军官和7名英国军官（包括医生，合8名军官），而每个

---

[1] "Paharao and the Sergeant", in John Rudyard Kipling, *The Complete Verse*, London, Kyle Cathie limited, 1990, p. 249.

[2] Pierre Carles, art. cit.

[3] *RTC*, 1902, p. 599-604.

骑兵团有 13 名欧洲军官。[1] 工兵连中包括一两名来自工程师行业的欧洲军官和 5 名同为欧洲人的士官。

　　另一方面，弗莱指出，在意大利的苏丹军队中，虽然苏丹干部远远不如印度干部有能力，但意大利干部在部队中占有的比例极小（1887至 1895 年，一个连的兵力由 200 名"土著人"增长到 300 名"土著人"，但只有 4 名意大利军官）。这也就解释了他们为什么在阿杜瓦战役的领头旅轻而易举地被阿比西尼亚人击溃，而且萎靡不振。[2] 事实上，在非洲，这类需求更为强烈：在西非边防部队中，1930 年左右，白人军官＋士官/黑人部队的比例为 4%。作为这支部队的创建者，弗雷德里克·卢吉认为这个比例完全足以满足平时的需要，但应该在战时提升到10%。[3] 在英皇非洲步枪队中，直到 1939 年战争时，每个连有 1 名准尉或 1 名上士（相当于 1 名军士长或军士），每个排都有几名副排长。[4] 德国非洲民兵部队的编制也差不多：在非洲东部有 117 名军官和士官，占比 6%。法国部队编制下干部的比例似乎要更高。法国部队的一个"土著"连（平均 150 人），从理论上来说，应包括下列欧洲干部：3 名军官、1 名军士长、1 名上士、1 名中士、1 名司务长下士、6 至 8 名下士。[5] 荷兰部队的编制规格与之相当。在 1885 年左右的荷属印度，一个"土著"连（约 150 人）配有 12 名欧洲人，其中 4 名是军官。[6]

　　"土著"部队的编制不应被忽视。"土著"军官在印度部队中有着重要的地位。在任何地方，"土著"士官和下级军官的参与是必不可少的。

[1]　« L'armée des Indes par le général Wolseley, extrait de la *North American Review* », *RME*, septembre 1878, p. 121-123.

[2]　Général Voyron, *op. cit.*, p . 63.

[3]　Anthony Clayton and David Killingray, *op. cit.*, p. 150.

[4]　*Ibid.*, p. 214.

[5]　Lieutenant-colonel Ditte, *Observations*, p. 83.

[6]　Philibert Dabry de Thiersant, *op. cit.*, p. 48-49.

欧洲军官时常夸赞他们的优点：刚毅且有威信、在战争和阅兵中着装齐整、忠心耿耿、无条件遵从接收到的命令。克莱蒙·格朗库尔上尉写道："虽然不确定他们是否真的明白我们发出的指令，但可以肯定的是，他们会竭尽全力执行。"[1]

纪　律

这些部队所受到的粗暴管理在今天是难以想象的。法国、普鲁士及奥地利的部队在18世纪就已取消了体罚，但在其他国家的部队中，军事法庭直到19世纪仍然能够判处严酷的体罚。在大不列颠，根据每年由议会投票通过并作为《军事法典》（*Code de Justice militaire*）的《部队纪律与规章》（*Army Discipline and Regulation*），军事法庭长期有权判处鞭刑，最高鞭打次数逐渐减少，由500次降至1846年的50次。1868年，在1名士兵死于鞭刑之后，该刑罚才在和平时期被废除。但是，部队依旧保留了鞭刑，行为严重者会被处以最高25鞭的惩罚。1881年，鞭刑在格莱斯顿的发起下才真正被废除。[2] 针对逃兵的烙刑直到1871年才被取消。[3] 俄国取消刑罚的进程与之基本相同。直到1859年，长官可以随意判决鞭打的次数，而在1863年之前，军事法庭判处杖刑，最高可达1 000下。[4] 将这些刑罚替换为监禁也并不一定是好事。法军在非洲的军事劳改所，也就是乔治·达理恩（Georges Darien）在1890年描述的臭名昭著的"惩训连"（biribi），构建了一个极其可怕的世界。[5] 此

---

[1]　Général Clément-Grancourt, art. cit., p. 385.

[2]　*RME*, n° 535, 16 septembre 1881, p. 171.

[3]　Edward M. Spiers, *The Late*, p. 73.

[4]　John L. H. Keep, *op.cit.*, p. 364-369.

[5]　« L'armée anglaise en 1889 », *RME*, 30 août 1889, p. 206.

外，还需强调的是：法国人并不畏惧在殖民地建立军事劳改所，而荷兰部队的军事罪犯被送去荷兰服刑，因为"荷兰人说，一个欧洲人在殖民地接受刑罚是一种痛苦，而且还会损害统治者的威严"[1]。

　　然而，这只是纪律系统中一个极端的部分。平时，日常规章给予了领导层实施惩罚的权力。大多数情况下，惩罚的界限不外乎领导的理性或人性：对于一切过错，严格地判以禁闭、监禁、徭役。可能另外还会有一些默许的惩罚，这些惩罚有可能变成酷刑。比如，非洲部队就有臭名昭著的"坟墓"：迫使犯人在大太阳下的一个覆盖着帐篷布的坑中窒息而亡；或者"烤仔鸡"，将人的手足一并缚在背后，让他保持这个姿势数小时，先是感到不舒服，后来便会觉得无法忍受。西方的美国部队会实行隔离、弓背与封口（人坐在地上，嘴巴被封上，双臂抱膝，手腕被捆住，在膝盖下方、臂弯上方穿过一根棍子），拉伸（四肢作大字形捆绑）、禁闭在一个令人窒息的场所（汗屋）、反复浸入水流、背负一整袋砖头疲乏不堪地行进，悬吊拇指、手腕或上臂。[2]

　　"土著"部队里的纪律不一定更严酷。虽然他们实行同样的惩罚制度，但是，至少在一开始，即使是常规军的"土著"士兵，也几乎不可能在服役和举止的细节方面受到与欧洲士兵一样的管束。也许，他们志愿入伍的动机比大多数欧洲士兵更为积极，这些"土著人"具有比欧洲新兵更强的意愿。据爱德华·德·沃伦所述，对欧洲士兵的纪律约束比对印度士兵更严，他观察到，不酗酒的习惯避免了许多不法行为，也使得东方人的行为举止相对于欧洲年轻人的"轻浮享乐"而言更为稳

---

[1]　Philibert Dabry de Thiersant, *op. cit.*, p. 40.

[2]　Robert M. Utley, *Frontier Regulars, the US Army and the Indians, 1866-1891*, New York and London, McMillan, 1973, p. 84.

重。[1] 与其惩罚他们，不如结束他们的行伍生涯似乎更为简单有效，将他们免职并代之以其他新兵，会让他们失去薪水以及各种福利。这套程序很少对欧洲士兵使用，对他们要实行严格得多的约束。

诚然，体罚并非闻所未闻，而且在欧洲部队逐渐取消体罚的时候，"土著"部队仍有继续沿用的趋势。这种情况在非洲尤为明显。在英国部队中，杖刑或鞭刑确实在西非边防部队和英皇非洲步枪队的黑人士兵身上使用过，直到1941年才被禁止，但实际上仍然存在。[2] 德军的非洲士兵也有相同的遭遇。他们的规章细则只是写道，鞭刑不能公开执行，也不能直接由一名欧洲人执行。在意大利部队中，不论出身，任何士兵都不能受到体罚的禁令只持续了很短时间。章程规定，对"土著人"可处以1至5日禁闭或5至50下鞭打。在法国部队中，体罚一般是禁止的，但偶尔也会施行。军官认为士兵更希望被体罚，因为受到惩罚之后就不会在他们的档案里留下污点。惩罚措施有罚款或监禁，那些从未被关过禁闭的人会认为监禁比罚款更难熬。[3] 这一评价与意大利人的相反，意大利人认为监禁比较轻松，也正是因为监狱没有足够的威慑作用，所以他们允许进行体罚，这恰恰是"土著"军官以及下级军官自己提出的要求。

指　挥

但是不管怎样，我们不能认为士兵令行禁止只是因为受到鞭笞的威胁。对于欧洲士兵和"土著"士兵来说，从小生活的环境已经让他们

---

[1]　Édouard de Warren, *op. cit.*, vol. 1, p. 229.
[2]　Anthony Clayton and David Killingray, *op. cit.*, p. 181-182, 238.
[3]　*Ibid., loc. cit.*

习惯于遵守种种烦琐的限制，而且，比起欧洲士兵，"土著"士兵更是如此。大多数士兵都明白，自己与部队签过协议，所以把遵守部队的规章制度看作是分内的事，而并不去讨论规章制度的设定。他们总是毫无怨言地服从上级，因为一旦想要追求平等、表现个人的能力，就很容易受到上级的粗暴对待。个人的能力指的不是作战能力，更不是指决策能力，因此并不总是很容易被发现。那些士兵希望部队的干部能保障他们的日常饮食，坚定地引导他们向着某个目标前进，带领他们勇敢地战斗。他们还会原谅上级的失败，把种种不顺归咎于命运不好或者行政人员能力不够。正是因为这样，尽管切姆斯福德将军和布勒将军分别在与祖鲁人和布尔人的战斗中遭受挫败，但是，英国士兵的士气却并没有受到影响。

然而，在军官与士兵之间始终横亘着一条鸿沟。迪巴拉伊指出，如果某人从士官一下子变成了军官，那么他就会发现，"无论是周遭环境，还是他自己，一切都发生了变化……自己现在成了一个人物，进入了那些级别最高的领导的社会阶层"。[1] 在不同的部队里，军官与士兵的差异也有所不同。爱德华·德·沃伦认为，英国的军官"努力表现出自己与自己指挥的士兵没有任何共同之处。他们永远用一种残忍的冷漠远离那些士兵，这种冷漠是我所看到的最具侮辱性的情感"。而且，除了有严格的等级关系之外，根据规章制度，军官不能与士兵有任何接触。[2] 后来，这些限制延伸到了等级制度中的各个层面。第一次世界大战期间，罗伯特·格雷夫斯（Robert Graves）拿到了一份他所在部队将军的通报，告知各位军官一个下士因允许一个小士兵直呼其名而被免职，并严

---

[1]　François du Barail, *Mes souvenirs,* Plon, 1897, 3 volumes, T. I, P. 168.

[2]　Édouard de Warren, *op. cit.,* vol. I, P. 207.

正提醒全体士兵不要再犯错误，因为这是队伍管理懈怠的表现。[1]

但是，在"土著"部队，军官与士兵之间的距离似乎并没有那么明显。虽然听起来有点自相矛盾，但这可能是因为在欧洲人和"土著人"之间的文化、宗教和种族差异足以让他们彼此保持距离，而相同国籍的人之间，这些差异却不太明显。另一个原因是，尤其是对于亚洲和非洲的部队来说，统帅的形象更多建立在对上级的尊敬之上，而不是规章制度。他们之所以尊敬上级领导，是因为他们的社会地位较高，尤其是因为他们有权惩罚士兵，但更重要的是他们还有权犒赏士兵。掌权者希望拥有家长式的权威，至少是部分权威。这种等级秩序不一定排斥那些欧洲文化所不能容忍的亲切举止，而只是强调士兵应该忠心耿耿。管理塞内加尔步兵的法国军官让下级士兵对他们以"你"相称，而且，在合适的场合还与士兵握手。马尔尚的副手巴拉捷把法国军官的这种行为与英国军官的行为进行了比较，认为前者更利于部队的管理。然而，与对待白人士兵相比，英国军官对待苏丹或印度的士兵似乎更加宽容。但是，在印度部队里，军官对士兵的亲善也只不过表现为军官用"伙计"一词来称呼士兵。[2]

士　气

在欧洲的部队中，很久以来士气一直起着加强战斗力的作用，能让每个部队感受到团结一致。从古至今，士兵们都明白部队的胜利取决于作战时的团结。除了这个经验性的真理之外，有人还提及了最新的科研

---

[1]　Robert Graves, *op. cit.*, P. 159.
[2]　Anthony Clayton and David Killingray. *op. cit.*, P. 220.

成果：1884 年，德国中校冯·德·戈尔茨（von der Goltz）引用了达尔文在《人类起源和性选择》（1871 年）里的观点："与毫无纪律的强盗相比，正规士兵的优点主要在于战士对其他战友的信任。"[1]

部队的名称赋予士兵一个鲜明的身份——可能是地域身份，也可能是个人身份。如今，大多数的欧洲部队仍然如此。自法国大革命以来，法国部队就完全以国家为单位。除法军以外，其他部队的名称都采用某省份的名称，或者与某个君主或王子的名字有关。这样，每个部队都能记住曾参加过的战争或做出的壮举。军旗象征着团结，从古至今，这个纯象征性符号只有在阅兵之日才被亮出来，因此它的动员力也非同寻常。作战时，士兵可以把军旗展开，作为整合部队的信号，并且激发大家的斗志。每位士兵都知道，如果让敌军夺走了军旗，那将是多么大的耻辱。这种自尊心导致不同的小组或部队之间展开了非常激烈的竞争，甚至发展成了恶意的敌对行为。部队的领导通常也与士兵一起参与到恶性竞争之中，并不加以制止。沃尔斯利引用过一位"伟大的军官"曾经说过的话。那位军官觉得，在刚刚发生的开普敦战役中，如果对他的对手进行排序，那么首先是炮兵部队，其次是骑兵部队，排在第三位的才是那些非洲人。不过，这番话的对象不是已习惯当地情况的部队，而是那些没有进行任何调整就被调到非洲，行动时就像在欧洲本土战场上作战的英军。[2] 只有一起对抗平民的时候，部队之间的纠纷才能消除，因为人们很容易把失败归咎于平民。

士气并不是欧洲部队所独有的。很快，那些"土著"部队也受到了士气的感染，"土著"士兵跟欧洲士兵一样，对自己是某个大名鼎鼎的

---

[1]　《 Notes sur l'instruction des troupes 》, *RME*, octobre 1884, P. 449-450.

[2]　《 Petites opérations militaires, par le général Wolseley 》, *RME*, 15 mai 1887, P. 519.

精英部队的一员而感到自豪。尽管白人士兵与有色人种之间存在隔阂，但有时候，共同作战的经历使他们彼此更为尊重和感激。吉卜林举了一个例子，他说，廓尔喀人和苏格兰高地兵建立了兄弟般的友谊。第二次阿富汗战争（1878年）期间，廓尔喀士兵和锡福斯高地兵团（Seaforth Highlanders）的苏格兰士兵被编入了同一个旅，很可能就是从那个时候起，前者把后者当成了"兄长"。[1] 罗伯茨勋爵出身贵族阶级，同时受到苏格兰人和廓尔喀人的拥护。1885年，在发生于尼罗河上游的金尼斯战役中，第九苏丹军由于战胜马赫迪起义军有功，收到了另一支苏格兰部队卡梅伦高地军送给他们的军旗，后来，双方还并肩参加了乌姆杜尔曼战役。但是，这样的情况是很罕见的。

许多将军意识到团结不能只局限在某一个军营或部队。在英国的兰斯洛特·基格尔（Lancelot Kiggell）将军看来，"勇气、活力、决心、恒心、耐力、无私、纪律……任何成功都离不开这些秘诀，而我们却经常忽视这些品质，只想到了新式大炮、手枪和刺刀"[2]。因此，将军们要求自己领导的所有部队首领都要努力增进士兵之间的团结。1895年，俄国著名军事作家、尼古拉军事学院前任校长、基辅第十二军团的首领米哈伊尔·德拉戈米罗夫（Mikhaïl Dragomirov，1830—1905年）将军传达了一系列建议，法军负责人也觉得不无道理，并加以采纳。作为"巫师"学派，而不是"技师"学派的带头人，德拉戈米罗夫认为理应学习俄军的英勇顽强、甘于奉献、不畏痛苦、不惧死亡的品质。[3] 他对步兵说："不要把你的子弹打在没用的地方：子弹打得要少，但每一颗

---

[1]　"The Drums of the Fore and Aft", John Rudyard Kipling, *War Stories and Poems*, Oxford University Press, 1990, P. 25.
[2]　Harries-Jenkins, *op. cit.*, P. 197.
[3]　William C. Fuller, Jr., *Strategy and Power*, P. 304.

都要瞄准了再打。勇敢地扑向敌人，如果不这样做，等待你的就是死亡和溃败。如果敌人攻击你，那就发射子弹吧。只要你还有一口气，就不要移动身体。这样一来，10 个或 15 个手持刺刀的人足够顶得上 100 个敌人。"他又对炮兵说："不要想着你自己：步兵部队和骑兵部队不会抛弃你；多想想用你射出的炮弹尽可能地帮助大部队吧……如果敌人攻击你，只要他还没到你的身边，那就保持原来的姿势，继续射击。挥起你的军刀，甚至用上你的长柄刷。"[1]

　　没有参与战争的人更应该团结起来。在欧洲的许多战争期间，部队的将领会不假思索地扔下受伤的战士，他们觉得敌军会赦免甚至照顾伤者。但是在海外，情况却并非如此。即使那些受伤或生病的士兵拖慢了行军的速度，也永远不能抛弃他们，这样才能保证他们不被敌军杀害或伤害。这对于部队的士气来说十分重要。所有殖民部队似乎都已把这项义务看成了一种荣誉。丘吉尔面对印度部队，也提到了这种义务。一本越南的法语教材里写道，"无论付出什么代价，永远都不应把任何人扔到强盗手里，不管他已经死去，还是仍然活着"，这是一种"不可推卸的义务，往往会影响到整个部队的行为"。[2] 这一原则在任何地方都是适用。例如，在 1885 年的苏丹战争中，大家把伤员放在部队的中间，而并不在乎这样做使部队行进的速度放慢了多少。在日常生活中，他们也非常强调热情待客之道：任何经过某个部队岗哨或驻地的军官，都必须受到宾至如归的欢迎和招待，对军官唯一的限制是，不能非法延长在该地的停留时间，过度使用招待者的资源，因为那些资源往往也是十分短缺的。基奇纳巡视印度期间，考虑到这个规定，全程 4 万英里（即约

---

[1]　« L'éducation militaire du soldat russe », *RME*, mars 1895. P. 273.

[2]　« Manuel tactique à l'usage des troupes de l'Indochine », *op. cit.*, P. 155.

6.4万公里）的旅途都是在一辆特殊的火车里解决自己的食宿问题。

这种团结也带有对个人的剥削：凡是出于集体目的的个人英雄主义，都被看作为了集体而牺牲自我的最佳典范，会得到勋章，用以表彰做出英雄事迹的个人和他所在的集体。个人英雄主义使军官和士兵焕发光彩，得到了人们的欣赏，在海外远征中，受到嘉奖的功勋不计其数。英国维多利亚十字勋章设立于1856年，其创新之处就在于，只奖励给作战英勇的人，完全不考虑受勋者的军衔和等级。该勋章于1857年在印度颁发；到了1867年，开始在其他殖民地颁发。1837年，印度公司设置了印度功勋章，后来，英国维多利亚十字勋章作为印度功勋章的补充，成了印度帝国勋章，并于1902年改名为"印度功绩勋章"。[1] 1893年，法国颁布了一份法令，文件中介绍了各个殖民地战场，并宣布设立殖民地勋章。"土著"士兵从一开始就有权获得这个勋章，而英国部队的士兵到了20世纪初才受到与欧洲人同等的对待。除了这些国家勋章之外，还有许多其他纪念勋章或地区勋章，例如，法兰西第三共和国的四种殖民勋章（柬埔寨王家勋章、贝宁之星勋章、光明章和昂儒昂之星勋章，旨在花极少的费用来表彰士兵在海外的功绩）。

军人的荣誉也会通过地名得到彰显。法国人多用这种方式纪念名人，俄国人同样也如此。1907年，他们在费尔加纳省建立的中心机构就被命名为"斯科别列夫"。因此，我们需要在这里介绍一下那些在战争中大名鼎鼎的将军的名字。

---

[1] Harold E. Raugh, Jr., *op. cit.*, P. 38-39.

高级长官

想要记录历史，就必须记录大人物的生平，帝国的缔造者们在殖民军事史中占据着优先地位。有时，通过这些大人物的功绩回首他们的军事生涯，更有利于读者理解历史。比起文章的篇幅，我们更注重把战争的氛围描述出来。这些人有自己的个性，历史也在他们的身上留下了深刻的痕迹。但除此之外，他们的过人之处其实首先体现在独特的管理方法上：他们是部队的组织者，既遵循殖民军的治军理念，又懂得发展这些理念。在此，我们不可能介绍殖民战争的全部军事领袖，甚至都无法列出一份人数有限的名单，所以，我们将着重介绍那些最为妇孺皆知的名人。而且，我们不会在法国的将领上花费太多的笔墨，因为法国的读者往往更了解本国将领。最后，我们选择根据时间顺序介绍各位将军，这是进行整体介绍时最恰当的方法，而且尽量不做解释，以免强加给读者先入为主的偏见。

法兰西第一帝国战争岁月中的一代将领及其继承者

有趣的是，高加索战争、印度战争、英国战争、荷兰战争和阿尔及利亚战争的征服者都是曾经参加过拿破仑战争的老兵，都曾经在当时所向无敌的部队里效力，都曾经在最惊心动魄、关乎绝续存亡的战争中冲锋陷阵。俄国的叶尔莫洛夫将军尤为如此。自博罗季诺战役以来，他一直担任炮兵部队的首领，并于1814年与反法同盟一起进攻巴黎。1816至1827年，他担任了高加索部队的首领。1827至1830年之间接任这一职位的是伊万·帕斯克维奇（Ivan Paskevich，1782—1856年），他曾在奥斯特里茨战役中崭露头角。这段经历与1814至1847年任阿尔及利亚总督的比若颇为相似，后者在这场著名战役中是帝国卫队中的一名轻步兵下士。锡克战争中最著名的将军之一——陆军元帅休·高夫（Hugh Gough，1779—1869年），和比若一样，也在"半岛战争"中声名鹊起。众所周知，"半岛战争"是英国人给西班牙战争起的名字。印度土兵起义中的将领科林·坎贝尔（Colin Campbell，1792—1863年）爵士也在这场战争中树立了自己的声望。1806至1810年，路易·波拿巴是荷兰的国王，荷兰人费迪南德·魏莫伦-克里格（Ferdinand Vermeulen-Krieger，1782—1865年）曾在路易·波拿巴的部队里当过官，参加过对德国和俄国的战争，还当过俘虏。回国后，他又重回军旅开始为奥兰治亲王效力。维也纳会议后，英国归还了印度尼西亚的领土，而魏莫伦-克里格也参加了再次占领印度尼西亚领土的行动。美国的埃德蒙·彭德尔顿·盖恩斯（Edmund Pendleton Gaines，1777—1849年）是1812年英美战争的一名老兵，参加了1817至1818年和1835至1836年攻打佛罗里达州的塞米诺尔人的战争。[1]

以上这些人最突出的一个特点就是充满了干劲，想要毫不留情地打击敌人。叶尔莫洛夫以残暴闻名，他声称想让自己的名字能比堡垒的坚石更好地守卫边疆，让自己的命令在"土著人"的眼里比死亡更无法逃避。[2]比若把他的计划总结为这样一句话："要让阿拉伯人臣服，让法国国旗成为在非洲大地上空飘扬的唯一旗帜。"[3]人们给比若起了许多绰号，在穆斯林家庭里，他的名字成了食人魔的代名词，被用来吓唬不听

[1]　James W. Silver, "Edmund Penddleton Gaines and the Frontier Problems 1801-1854", *The Journal of Southern History*, August 1935, P. 320-344.

[2]　Gary Hanburg "A commentary", in *Russian-Muslin Confrontation in the Caucasus*, P. 175 ; Moshe Gammer, *op. cit.*, P. 34.

[3]　Proclamation du 22 février 1841 aux « Habitants de l'Algérie », Général Paul Azan, *Par l'épée*, P. 80.

话的孩子。[1] 有些人从这些话里看到了对殖民地人民灭绝式的镇压和种族歧视，心里非常不满。不但如此，对于除了欧洲人之外的其他种族和人民，这些伟大的将领也并没有网开一面。帕斯克维奇在亚美尼亚打了胜仗之后，被封为埃里温伯爵，后来，1830 年，由于抗击波兰起义者的英勇行为被封华沙伯爵，到了 1849 年，他又带兵镇压武装革命的匈牙利人。至于比若，与传说不同，他并不是特朗斯诺楠（Transnonain）大街屠杀案中的刽子手，但是，可以说这件事（1834 年巴黎起义时，这条街上某间房子里的所有居民在短时间内全部被杀害）与他有一定的关系，因为他毕竟对维持秩序持有自己的观点。

要对领地的组织和管理方法进行完善，往往是 19 世纪前 20 年出生的那代人所做的事。但也不尽如此：战争即将结束时，比若成了非洲战争的实践家和理论家。他实行一种"土著政策"，并要求该政策中的原则代代相传，他还与阿拉伯办事处有往来。的确，那些新方法是他与年轻的对手克里斯多夫·朱肖特·拉莫里西埃（Christophe Juchault de Lamoricière，1806—1865 年）将军共同想出来的，尽管他不想承认这一点。荷兰的魏莫伦–克里格曾于 1816 至 1821 年和 1831 至 1834 年两次到访印度，1829 年，他发表了一部作品，描写了当地士兵的战术和作战方法，成为军事领域的先驱。1896 年，殖民军官范德马滕（K.van der Maaten）在哈莱姆发表了上下两卷的军事著作《印度战争》（*Les Guerres des Indes*）。[2] 他的后辈范史威腾（van Swieten，1807—1888 年）是西苏门答腊的总督，提倡渐进的发展模式和间接的管理模式，很少进行征战，并且在 1859 年对西里伯斯岛的战争中，将理论付诸实践。离

---

[1]　« Bichuh » selon Hocine Aït Ahmed, *Mémoires d'un combattant*, Sylvie Messinger, 1983, P. 15.

[2]　J. A. De Moor, « Un des premiers manuels sur la guérilla hors d'Europe : les guerres des Indes de P. F. Vermeulen Krieger », art. Cit.

职之后，范史威腾于1864至1866年间，在议会担任阿姆斯特丹代表，1867至1873年领导自由派组织"杂志"（Tijdschrift）。该组织提倡废除爪哇的"文化体系"。66岁时，范史威腾又被征召，领导军民武装力量，指挥对亚齐的第二次征战。[1]

亚历山大·巴里亚京斯基（Alexandre Bariatinski，1814—1879年）亲王也是这个时代的人。他从21岁起，几乎一直在高加索服役。1856年，在沙皇亚历山大二世的支持下，42岁的巴里亚京斯基当上了部队首领，在这个职位上干到了1863年。他团结了一批能力出众的军官，其中包括智囊团的带头人、俄国部队未来的领袖米柳京，成功地调整了山区作战策略，利用敌军士兵疲惫不堪的状态，迫使沙米勒在1859年投降[2]。他把高加索地区变成了一块试验田，为沙俄部队在欧洲之外的征战做出了贡献。针对山区人的管理，他进行了一些调整，任用了前任君主指定的一些干部（穆斯林官员）。针对穆斯林地区，他帮助国家确立了中立的政策，希望以此减少起义。同时，他也是最早提出一个宏伟的亚洲战略，并且提议制订进军印度计划的人之一。在克里米亚战争期间，俄国因此而掌握了给英国人施加压力的法宝。在他的追随者中，切尔尼亚耶夫和罗曼诺夫斯基（Romanovski）最为著名，他们两人在突厥斯坦功勋卓著、家喻户晓。[3]

我们可以通过中亚的总督康斯坦丁·彼得洛维奇·冯·考夫曼（Konstantin Petrovitch von Kaufmann，1818—1882年）将军来了解中亚地区。1861至1865年，这位杰出的将军曾与他的朋友米柳京合作，对部队进行改革。1867年7月，他到达塔什干，负责管理突厥斯坦，并且

---

[1]　Maarten Kuitenbrouwer, *op. cit.*, P. 46, 48.

[2]　Moshe Gammer, *op. cit.*, P. 279, 290.

[3]　Alex Marshall, *op. cit.*, P. 34-42.

在军事、行政、财政和外交方面掌握了巨大权力，是俄属突厥斯坦的首位总督。[1]他打败了布哈拉部队，随后占领了撒马尔罕，把希瓦和布哈拉两个汗国变成了沙皇的保护国。那时，浩罕汗国已被俄国侵占，变成了费尔干纳省。通过这些举措，考夫曼一步步巩固了俄国的地位。那时，很多人想利用沙俄在中亚的力量给印度施加压力，考夫曼也是其中之一。在进行人口统计的基础上，他建立起了真正的城乡行政管理，尽量让那些被选举出来且靠村镇或城市的税收发工资的"土著人"来管理。同时，他也提出了一套发展农业的宏伟计划。他在自己的职位上工作了近15年，直到1881年5月，因为身体原因离开了岗位。1882年，他在塔什干去世。根据他生前的要求，他的骨灰就被埋在了那里。他说，埋在那里，是为了让以后的任何一个俄国人待在那片土地上时都不会感到惭愧，因为那片土地已完全变成了俄国的土地。[2]后人觉得考夫曼是一个非常正直廉洁的将军。无论是在突厥斯坦还是别的地方，很少军官能给他人留下这样的印象。[3]他与费代尔布正好同龄，1854 至 1865年，后者担任法属塞内加尔殖民地的管理者和总督，也是法兰西第三共和国的一位重要人物。

　　要说那个时代的英国大人物，当然不能漏掉罗伯特·科内利斯·纳皮尔。他出生于科伦坡，其父是一位军官，在进攻科内利斯堡的时候被爪哇人袭击，受了致命重伤。罗伯特在印度的部队中度过了整个职业生涯，但真正让他脱颖而出的是他率队出征埃塞俄比亚时的突出表现。1867年10月，他在马萨瓦南边的祖拉上了岸，从 1 月底开始行军，并

---

[1]　　Richard A. Pierce, *op. cit.* P. 22-23.

[2]　　Voir correspondance dans Martin Ewans, *Great Powers Rivalry in Central Asia 1842-1880, vol. I, Documents*, RoutledgeCurzon, 2006, P. 157-235.

[3]　　David MacKenzie, art. cit., P. 218-231 ; Richard A. Pierce, *op. cit.*, P. 102.

于4月10日在马格达拉城堡附近的阿罗季（Arogee）打败了阿比西尼亚国王特沃德罗斯。那时，好几个大诸侯都已经背叛了国王，阿比西尼亚部队里只剩下不到1万名士兵。4月12日，国王释放了被囚禁的英国领事和传教士（国王扣押这些人质正是此次出征的借口），但拒绝投降。4月13日，纳皮尔向几乎已经是一座空城的城堡发起猛攻。特沃德罗斯宁愿选择自杀，也不愿被敌军俘虏。这场持续了9个月（从10月到次年6月）的战役，因为占领了一个距红海的港口600公里、海拔2 500米的阵地而被人们交口称赞。此战为纳皮尔赢得的声誉超过了此前他的所有功绩，甚至连1849至1856年他在旁遮普担任水利、道路和公共建筑负责人这种突出的成就都无法与之相提并论。1870至1876年，他担任印度总督，随后担任直布罗陀总督。1883年，他被提拔为陆军元帅，同时还被授予了马格达拉和卡林顿男爵的头衔。

生于19世纪30年代的一代人：维多利亚时代的伟大将军

这一代人在克里米亚战争中首次走上了前线。在这些人当中，有维多利亚时代最著名的两位将军，他们分别是坎大哈、比勒陀利亚和沃特福德三地的伯爵弗雷德里克·斯雷·罗伯茨，以及开罗子爵加内特·约瑟夫·沃尔斯利。

这两位将军的名字都和英国部队最著名的那些行动密不可分。罗伯茨伯爵出生于恒河流域的坎普尔，其父是印度部队的一位军官，后来当上了将军。罗伯茨19岁时加入印度公司的军队，到46岁时，已经官至少将（准将），功绩显赫。但是，真正使他声名远扬的是第二次阿富汗战争。他率领6 000名士兵攻占了喀布尔，随后，面对6万名阿富汗士兵的进攻，他从城中撤离，并在喀布尔西边的谢尔布尔重新集结军队（1879年12月14日）。在12月24日，他成功击退敌人的夜袭，重新占领了喀布尔。次年夏天，他的部队完成了那次著名的行军——从喀布尔一直走到坎大哈。他本人则在途中发了高烧，行军途中有一段时间必须躺在一种相当于救护车的军用担架上前进。他的3个旅共有1 000名士兵，给了阿富汗部队致命的一击。[1] 这场战役使他成了英国最优秀的将军。1885年，他担任印度部队总司令，负责次年年底对缅甸的战争，后来，他一直负责管理西北边境，直到1893年返回英国。这时他已经61岁，在印度度过了41年。

　　加内特·约瑟夫·沃尔斯利早年曾在亚洲服役，但与罗伯茨不同，使他声名鹊起的不是他在印度的成就，而是1869至1870年间在加拿大，以及1873年抗击非洲西部阿散蒂人的战役。此外，他在英国部队的高层领导中也有一席之地，尤其是在陆军大臣卡德威尔进行改革期间。无论在哪，他都因为自己出色的管理能力锋芒毕露。1869年，他出版了《士兵战地勤务手册》（*Soldier's Pocket Book for Field Service*），到1889年为止，这本书一共再版了4次。从军用的供给到面对间谍和记者应采取的对策，这本书涉及了部队作战时的所有需求，以及如何满足这些需求等问题。[2] 他把实践与理论相结合，奉承他的人甚至说，在部队里"加内特爵士所说过的话"都"百分之百地正确"。他最大的成就就是1882年，在自己49岁时指挥了埃及战役。在这期间，他为了出其不意地占据塞得港，而先在亚历山大港假装登陆；随后又率军前往伊斯梅利亚；最后，他们彻夜行军赶上埃及的部队。事实证明，他的所有这些决定都是明智之举。他的名字与惠灵顿公爵韦尔斯利（Wellesley）的名字

[1]　Lieutenant-colonel Septans, «Les trois campagnes de Lord Roberts en Afghanistan»,*in Les Expéditions anglaises en Asie*, P. 129-267.

[2]　Harold E. Raugh, Jr., *op. cit.*, P. 308.

相近，这个趣事也常被人们挂在嘴边。1885年，营救戈登失败这件事几乎没有降低加内特的威望：人们谴责的主要对象是优柔寡断的格莱斯顿，而不是在部队管理方面出类拔萃的沃尔斯利。1894年，沃尔斯利担任陆军元帅，次年11月，又成为英军总司令，该职位从1856年起一直由维多利亚女王的叔叔、现年76岁的剑桥公爵担任。

再说说查理·戈登。他毕生的职业生涯都与军事管理密不可分。1860年征战北京（第二次鸦片战争）期间，他担任"常胜军"司令，这是一支由美军组成、清政府出资组建的部队，由戈登指挥镇压太平天国起义军。[1] 6年之后，他开始为埃及政府工作，于1873至1876年担任赤道几内亚总督；随后，于1877至1879年担任苏丹总督[2]。这些高级职务放大了他的性格缺陷，而一名准将如此急躁的性格实在是让人难以忍受，他本人也因此不得安宁。苏丹的动乱似乎给了他一个新的机遇：1884年1月，他奉命通知埃及政府，为疏散人员做准备，随后被任命为总督。2月12日，他到达了喀土穆，可是此后不久，那座城市就被马赫迪的军队攻陷了。于是，他组织了大约8 000名士兵拼命抵抗。可惜援军来得太慢，这是对他致命的一击：1885年1月26日，他手握武器，死在已经沦陷的城中。此时，他已经被围困了317天，全英国人的心也悬了317天。[3]

然而，布尔战争给这两位将军造成了重创。1897年，加内特·沃尔斯利患上了健忘症，力不从心，无法保证高效地完成工作。别人认为，英国部队准备不周和作战计划不力不无关系。而且，在"黑暗的

---

[1]　Shen Lien-Chih, *Rôle du général George Gordon dans la répression de l'insurrection des Thaï Phing (mars 1863-juin 1864)*, Thèse de doctorat de l'université de Lyon, 1933.

[2]　John P. Dumn, *Khedive Ismail's Army*, Routledge, 2005, P. 91.

[3]　Jacques Delebecque, *Gordon et le drame de Khartoum*, Hachette, 1935.

一周"中失利的 3 位将军也都是他的弟子：威廉·加塔克（William Gatacre）爵士带领 3 000 名士兵打了败仗；梅休因勋爵（Lord Methuen）带领 1.3 万士兵在马格斯方丹失利；表现最差的是雷德弗斯·布勒爵士，12 月 13 日，他带着 2.1 万名士兵和 44 门大炮，在科伦索被布尔将军路易斯·博塔（Louis Botha）手下的 4 500 个"乡巴佬"和 5 门大炮打得惨不忍睹。沃尔斯利选择了辞职。1899 年，他的对手罗伯茨应邀接替了他的职位，成功地扭转了局面。尽管如此，当罗伯茨 1900 年年底与基奇纳交接工作、出发前往英格兰准备接替沃尔斯利担任总司令时，战争远远没有结束。由于罗伯茨希望不要通过武力手段强行占领约翰内斯堡，所以，他并没有摧毁敌军，而是通过谈判要求对方撤离。而且，比勒陀利亚的行军速度也不够快，没能截住敌人；反倒是他的部队于 1900 年 3 月起实施的"焦土战术"，可能激怒了对方，招致了激烈的反抗。[1]

　　鉴于上述情况，其他部队都注意避免使军官仅仅通过殖民战争就能达到无人能及的地位。但在法国的军官中，也有例外，比如路易·亚历山大·波里耶·德利斯尔将军。他是海军陆战队的一名军官，曾于 1860 年随军到达中国，1866 年去了交趾支那，随后，成了法国海军部殖民部队办事处的领导。1876 至 1881 年，他担任塞内加尔总督；1885 年率军侵略中国；最终升任海军部队总督察员。安托万·尚齐（Antoine Chanzy，1823—1883 年）将军的名声则更多地来自 1871 年领导卢瓦尔部队的突出成果，而不是指挥阿尔及利亚战争。1843 至 1870 年，尚齐在阿尔及利亚战败，而后在 1873 至 1879 年又回到那里担任总司令。提起美国的军官，人们会想到乔治·克鲁克将军。在他的上司、著名的威

---

[1]　Bill Nasson, *op. cit.*, P. 192.

廉·特库姆塞·谢尔曼（William Tecumseh Sherman，1820—1891年）看来，他是印第安战争中表现最突出的军事领袖。或许，他并不是一位完美无缺的军人，因为1876年6月17日，他在玫瑰花河（Rosebud）休息时，差点就遭到苏人和夏延人的突袭。尽管他重新控制了局面，但是决定在结束了一整天的战斗之后暂时后退，使得敌军士气大增。[1] 几天后，卡斯特小心翼翼地前往小比格霍恩战场，但是乔治·克鲁克却没有跟卡斯特会合，而是犹豫不决，延误了时间。不管怎样，乔治·克鲁克脑子很清楚，坚定地支持让印第安人担任侦察兵和战士。同时，他也支持谈判，这一点在与阿帕切人的战争中有所体现。此外，他还是一个信守诺言的人。1886年3月，他的上级菲利普·亨利·谢里登（Philip Henry Sheridan，1831—1888年）将军命令他永远不能释放杰罗尼莫领导的阿帕切人战俘，但克鲁克曾经向他们做出承诺，保证他们在东部被关押两年之后，就能重新得到圣卡洛斯（San Carlos）保护区。因此他拒绝执行命令，甚至不惜要求找别人来接替自己的职位。战争结束后，他仍然努力维护战败者的权利[2]。

然而，诞生大人物最多的时代还是19世纪40年代。这一点是可以理解的，要知道，从1880年开始，发生了许多重要的战争，而出生于19世纪40年代的人，到了1880年以后恰好四十岁上下，正是做出一番事业的年纪。

---

[1]　Robert M. Utley, *Sitting Bull*, P. 193-194.

[2]　Bruce Vandervort, « Review Essay : Small Wars in North America », *JMH*, January 2004, P. 233-238.

生于19世纪40年代的一代人：战胜者和战败者

这一代人中，既有建立丰功伟绩的人，也有面对困境化险为夷的人。提起建功者，人们会想到法国的古斯塔夫·伯尔尼－德斯保尔德。1880至1883年间，他是高河地区第一任高级指挥官，并且坚决地率领殖民军来到了后来的法属苏丹。他在印度支那领导过多场战争，声名远扬，随后在担任部队总司令期间不幸去世[1]。提起解除困境的人（他们其实并非有意为之），人们则会想到西班牙的瓦莱里亚诺·魏勒尔。1896年，这位加那利群岛的前任将军、菲律宾的前任总督在古巴接替了马丁内斯·坎波斯元帅的职位，因为有人认为后者过于温和[2]。瓦莱里亚诺·魏勒尔在这个职位上只做了一年多，他的镇压方法虽然对于打击起义者游击队有显著成效，但却贻人口实，尤其是他首创的平民集中营政策，被想要干预古巴事务的美国人抓住把柄，大肆宣传，指责该政策造成了大量人口死亡。

米哈伊尔·斯科别列夫是最有名的俄国人之一。他在征服中亚的战争中成长起来，并且很早就得到了考夫曼的赏识。随后，1875至1876年，他又在平定浩罕汗国的过程中大显身手。他率领部队走过了海拔超过4 000米的山路，到达帕米尔高原上的喀拉库勒湖。在后来的俄土战争期间，他又因普列文之围声名大噪，保加利亚人还为他建造了一尊雕像以表敬意。1881年，他攻克了盖奥克泰佩，到达了事业巅峰。陀思妥耶夫斯基曾在《作家日记》中赞扬过这场战役的胜利，说他向亚洲人证明了"白色沙皇战无不胜"（在沙俄时代，白色是皇室的代表颜色，

---

[1] Biographie *in Hommes et Destins : Dictionnaire biographique d'outre-mer*, Publications de l'Académie des Sciences d'Outre-Mer, t. IV, 1981, p. 95-105.

[2] « L'Espagne et l'insurrection cubaine », *RME*, novembre 1897, P. 338-412.

因此沙皇也常被称为"白色沙皇")。"白将军"成为流行的人物形象，影射斯科别列夫总是穿着同一件袍子盛气凌人地骑在马背上。1882年，斯科别列夫到法国游历，他在那里也是家喻户晓。尽管斯科别列夫是泛斯拉夫主义运动的一位代表人物，但是在39岁时就英年早逝，没能扮演更重要的角色。

另一位将军的职业生涯也是有始无终，虽然结束得没有斯科别列夫那么早，但后果却更加严重。这就是同时期的意大利将领奥雷斯特·巴拉蒂耶里。他参加过"千人军"远征，于1872年加入皇家军队，是著名的政论家和军事作家，也是殖民扩张的支持者。与担任过多尔多涅省（Dordogne）议员的比若一样，他是不可多得的严格意义上的"政治家"士兵，自1876年以来，他就一直在意大利议院中占有席位。1892年夏天，他强势的左派支持者拥戴他成为厄立特里亚总督。在军事和政治方面，他拥有很大的权力，被称为"副王"。[1] 他过着十分奢侈的生活，阅兵式、招待会和各种节日源源不断；他还扩充兵员，并建造了一个由道路和电报构成的邮政网，致力于发展商业和进行殖民扩张；此外，他在所有领域都制定了相应的法律。[2] 然而，从1893年起，他不得不服从弗朗西斯科·克里斯皮总理的管理。当他希望快速地扩张时，克里斯皮却要求实行温和的政策。后来，总理让他发起进攻时，他又犹豫不决。战争的失败是残酷的。阿杜瓦战役后，他受到了战争委员会的问责，尽管他声称自己履行了应尽的义务，委员会仍痛斥他没有能力。就这样，他的军事生涯在54岁那年画上了句号。他不再参加任何公共活动，只在《非洲回忆录》（*Mémoires d'Afrique*）中为自己进行徒劳的辩护。1897

---

[1]　Angelo Del Boca, *Gli Italiani in Africa Orientale dell' Unità a la Marcia su Roma*, Roma, Bari, Laterza, 1976, P. 384.

[2]　*Ibid.*, P. 489-490.

年，这本书在都灵出版。

在19世纪40年代出生的人中，还有一位战败的名将：小比格霍恩战役中的失利者，第七骑兵部队的乔治·阿姆斯特朗·卡斯特中校。但是，正是这场战役结束了印第安战争，开启了美军的海外远征之路。在那次吃了败仗后，"水牛比尔"·科迪的朋友纳尔逊·A.迈尔斯重新建立起当地秩序，苏人给他起了一个绰号——"熊皮大衣"。后来，在与阿帕切人的最后一战中，迈尔斯取代了克鲁克，带领一支部队整个夏天都在墨西哥的领土上追踪"叛军"。1886年9月4日，阿帕切人的首领杰罗尼莫终于投降。1890年12月29日，苏人在伤膝河遭遇大屠杀，迈尔斯试图把这项罪名推给他的下属福赛斯（Forsyth）上校和萨姆纳（Sumner）上校，而在那之前，正是他命令两位上校用武力强迫信仰"鬼舞"的印第安人交出武器。"鬼舞"是一个濒临灭绝的民族在绝望中产生的救世主信仰。1898年，迈尔斯作为部队的总司令参与了美西战争，其间他最杰出的战绩就是指挥部队在波多黎各登陆。后来，他成为波多黎各的第一任管理者。

国内战争和印第安人战争中的很多其他老将则负责攻占菲律宾。埃尔韦尔·斯蒂芬·奥蒂斯（1838—1909年）少将被任命为韦斯利·梅里特（Wesley Merritt）的副手，负责组建远征军。1898年5月，这支部队从旧金山启程。1898年8月，奥蒂斯接替梅里特，成为总司令和菲律宾群岛总督。1899年，他战胜了菲律宾独立主义解放军，获得了第一阶段的胜利，但在接下来的战斗中，他的部队无法适应游击战策略。到了8月，他在士兵中间已是众叛亲离。自1900年5月起，亚瑟·麦克阿瑟（Arthur MacArthur）和阿德纳·霞飞先后接替了他的职位。这两个人分别出生于1845年和1841年。亚瑟·麦克阿瑟的儿子正是大名鼎鼎但备受争议的"二战"将领道格拉斯·麦克阿瑟（Douglas MacArthur）。

1902年，抵抗军似乎已被歼灭，此后，由阿德纳·霞飞负责摧毁对方的军事管理。[1]

生于19世纪50年代的一代人

在这一代人中，最重要的英军将领无疑是基奇纳勋爵。他在巴勒斯坦的侦察队中洗濯磨淬，从1882年起又参加了埃及战争，并因此于1892年升任埃及军队总司令。由于他具备指挥经验，而且对埃及尤其熟悉，因此得以克服众议，于1896年奉命征服上尼罗河地区。事实证明，他是一位配得上与前辈沃尔斯利相提并论的优秀组织者。乌姆杜尔曼战役的胜利树立了他作为苏丹总督的威严。他在苏丹一直任职到1899年12月。后来，他被调至南非，先是担任罗伯茨勋爵的副手，又于1900年接手了他的职位。布尔人的投降也要归功于他。1902至1909年，他在担任印度军队指挥官期间，对这支军队的营区建设、财务管理，以及铁路和电报通信网都进行了深度重建。短暂地在英国居住了一段时间后，1911年，基奇纳又以"英国代理人"的身份回到开罗，取代从1882年起统治埃及的克罗默伯爵，真正成为埃及总督。直到第一次世界大战爆发，他才离开这个岗位。

荷兰将军约翰·B.范贺茨（Joannes B. van Heutsz，1851—1924年）也属于这一代人，他领导的几场战役为无休无止的亚齐战争画上了句号，他的名字也因此与这项功绩紧密地联系在了一起。在这几场战役中，范贺茨将猛烈的攻势与谈判政策结合在一起，而为他出谋划策、贡献出谈判这一妙计的顾问，正是伊斯兰文化专家克里斯蒂安·斯诺

---

[1]　*RMAE*, janvier 1907, P. 90-91.

克·胡格伦治（Christiaan Snouck Hurgronje，1857—1936年）。荷兰人不遗余力地歌颂范贺茨的成功，在布尔战争初期，人们甚至用他的仁慈来反衬基奇纳在南非的残暴。1904至1909年，他由于功勋卓著，被提拔为大总督，但在其任期中，有人指责他所负责的一些行动暴虐无道，这成了他总督生涯中的污点。[1] 不过，这些指控远不能与阿德里安·迪特里希·洛塔尔·冯·特罗塔（Adrian Dietrich Lothar von Trotha）所受的指控相提并论，后者于1896年参与镇压坦噶尼喀的赫赫人起义，后来又参加了镇压义和团运动，这在德国殖民军官中相当少见。可悲的是，他之所以举世闻名，却是因为他1904年在非洲西南部打压赫雷罗人叛乱时的残暴手段。他的一个同胞，1910年死于雅温得的汉斯·多米尼克（Hans Dominik）上尉，在喀麦隆时也恶贯满盈，因此他在英国、法国和德国都声名狼藉。

或许也正是在这个年代，法国几个大人物相遇了。其中最著名者当属约瑟夫·加利埃尼。他先是担任苏丹军领袖（1886—1888年），随后管理东京军事区（1892—1896年），最终又在1896至1905年间担任马达加斯加总督。他似乎在殖民军中引领了一个崇尚缓慢前行、步步为营的“学派”，他们依靠的是政治行动，而不愿诉诸劳民伤财的大型军事行动。加利埃尼对共和国怀有一片赤子之心，他和他的同道者都认为，帝国的壮大应该与民族的复兴相伴而行，或许还有助于驱散以往失败的阴霾。相比之下，比他年轻1岁的路易·阿希纳的声望就显得黯然失色了，后者虽然推动了法国征服苏丹的进程，却远不如加利埃尼足智多谋，也没有在非洲干出名堂。

加利埃尼在马达加斯加时，约瑟夫·若弗尔正在他手下担任工程

---

[1]　Maarten Kuitenbrouwer, *op. cit.*, p. 321.

兵上校，负责修筑迪迭戈－苏亚雷斯的海军站。若弗尔曾参加过中法战争，后来又在东京服役3年（1885—1888年），1887年，位于河内东南方70公里处的巴亭发生叛乱，法军因此包围了这座红河三角洲重要中心，若弗尔在此次行动中表现突出。在苏丹时，他夺取了通布图，从而弥补了波尼耶上校率领的纵队所遭遇的灾难。在此之后，他的职业生涯在法国本土延续，1911年，他接过被加利埃尼拒绝了的职务，当上了总参谋长。但是，加利埃尼真正的信徒还是赫伯特·利奥泰。虽然利奥泰并不隶属于海军陆战队，而且40岁以前的大部分军旅生涯都是在法国度过的，但他于1894至1897年跟随加利埃尼先后前往东京和马达加斯加进行远征，并因此把加利埃尼视为自己在殖民战争方面的导师。他学习加利埃尼，尽量最低限度地使用武力，代之以谈判和搜集情报。他还通过建立市场、学校和和医疗机构等方式，努力减轻占领时期军队的负担。1900年，他在《军队的殖民作用》（*Du Rôle colonial de l'armée*）一文中阐发了这些理念，并发表在《两大陆评论》（*Revue des Deux Mondes*）上。不过，他是真正在非洲确立了殖民扩张的人文主义学说大师地位的，他先是在1903至1910年担任阿尔及利亚和摩洛哥边境的指挥官，1912年起又担任驻摩洛哥总司令。

从某种程度上来说，赫伯特·利奥泰是不是与弗雷德里克·卢加德有几分相似呢？卢加德先后在印度、苏丹和缅甸担任军官，1888年到尼亚萨兰开始为私人企业非洲湖泊公司（African Lakes）效力。1890年，他又加入了不列颠东非公司（Imperial British East Africa Co），在此期间，他在法国和德国的虎视眈眈之下，把布干达变成了英国的保护国。1897年，殖民部大臣约瑟夫·张伯伦把他调往西非，抵御法国的扩张。在此期间，他组建了西非边境部队，并于1901至1906年间在北尼日利亚殖民地担任高级专员。1912 年，卢加德再次被召回尼日利亚，负责组织尼日利亚南北地区的融合，并被授予大总督的职务，这个称号他一直保留到了 1918 年。"一战"过后，他成了一位殖民方法理论家，他所提倡的方法（双重委任）强调征服者强权。他还是国际联盟长期托管委员会、国际反奴役委员会的成员，并担任国际非洲协会主席，因此有着举足轻重的地位。

这一时期，葡萄牙的优秀将领也层出不穷。17 世纪，葡萄牙的东印度殖民地被荷兰人夺走，巴西殖民地又于 1820 年独立，而正是 19 世纪 50 年代的这一批将领，为葡萄牙打造了"第三殖民帝国"。他们被称为"1895 年代人"，还有人给他们起了"百人队长"的绰号。1890 年，英国为了保护本国殖民地罗德西亚，不允许葡萄牙人把莫桑比克和安哥拉两个殖民地相连。这一批"1895 年代人"立志雪洗这一耻辱。此外，他们还想在莫桑比克加沙王国的恩古尼人中树立威信，以此来弥补 1834 年葡萄牙遭受的重创。若阿金·奥古斯托·穆齐尼奥·德·阿尔伯克基（Joaquim Augusto Mousinho de Albuquerque，1855—1902 年）就是其中的佼佼者。1895 年 12 月，他最知名的成就是俘虏了加沙国王刚刚哈纳（Gungunhana），他也因此在 1896 至 1898 年间担任殖民地皇家代理人。后来，他又抓捕并处死了阻碍征服道路的最后负隅顽抗者之一——马季加纳（Maguigana），此次远征来回一共 820 公里，阿尔伯克基凭借这桩成就官至司令。1898 年，他被召回里斯本，却在这里自杀身亡，提前结束了他的职业生涯。他的追随者众多，其中包括他手下的总参谋长、1906 至 1907 年任殖民大臣的艾利斯·德·奥内拉斯（Aires de Ornelas，1866—1930 年），以及莫桑比克省总督、安哥拉总督爱德华多·奥古斯托·费雷拉·达科斯塔（Eduardo Augusto Ferreira da Costa，1864—1907 年），后者也被认为是殖民管理方面的大理论家[1]。

另一个成就斐然的葡萄牙人则是在帝汶建功立业的，这就是何塞·塞莱斯蒂诺·达席尔瓦（José Celestino da Silva，1849—1911年），他于1894年以中校身份登陆，1896年获得自治权，帝汶从此不再属于中国澳门。葡萄牙国王卡洛斯一世赋予他总督的职责，他掌握这个职位长达14年，直到1908年才离职。勒内·佩利西耶毫不犹豫地把他比作加利埃尼。他提倡高效统治，也就是允许文化发展和咖啡出口。他还以一系列残酷的行动为代价（从1897至1908年进行了不下18次战役），将帝汶建设成了一个货真价实的殖民地，"虽然前途仍然未卜，美中仍有不足，但已经'顺服'、管理有方，而且相对'欧化'了"[2]。

整体特点

诚然，我们不能用个人际遇概括定义一类人。但拉开一段距离来看，我们仍然可以找到一些频繁出现的特点。

这些名将都能恰当地平衡暴力威慑和外交手段，这种能力也是历代征服者的过人之处，从恺撒到拿破仑都是如此，而且虽然他们经常受到道德批判，但其行动却从未因此受到阻碍，他们的威望也很少因此而被玷污。比若在实施秋风扫落叶般的劫掠时从不手软，但同时也建议手下的军官对待归顺者要济弱扶倾、伸张正义。在管理西北边境部落的问题上，基奇纳不赞成寇松鼓吹的"压路机"式管理方法，而是倾向于实行能为当地领袖所认同的政策。1901年2月，他在南非与布尔人领袖进行

---

[1]　Bruce Vandervort, *Wars of Imperial Conquest*, p. 146.

[2]　René Pélissier, *Timor*, p. 137.

了谈判。强制战败者无条件投降并不是他的主意，而是他手下的民事官员阿尔弗雷德·米尔纳与约瑟夫·张伯伦提出来的。基奇纳本人的想法起初非常极端，比如1901年6月，他曾威胁要把所有拒不投降的人流放到马达加斯加或斐济。但是，当布尔人最终投降后，他又出手干预，确保战败者不会过分受辱。[1]

　　我们不能指望在这些人身上看到虚怀若谷的美德，因为他们都在殖民战争中得到过担任最高军事领袖的机会，而且其中很多人，虽然不是全部，都在相当年轻的时候就做到了这一点。不过，有些人显得尤其野心勃勃。特别是阿尔芒·勒鲁瓦·圣阿诺（Armand Leroy Saint-Arnaud，1798—1854年），他得益于比若的保护，在阿尔及利亚战事开局不利的情况下成功地力挽狂澜，并且由于拥护拿破仑三世政变而被授予高职。斯科别列夫也是如此，考夫曼曾于1870年给米柳京写信，说斯科别列夫野心过大，而且会独揽胜利的功劳，牺牲他人的利益。[2] 相信善恶有报的人应该会对这两人的悲剧结局感到快慰。克里米亚战争期间，56岁的圣阿诺因为患重病而被免除了总司令的职位，斯科别列夫则未满40岁就英年早逝。不过正义的天平似乎忘了对另一个有名的野心家进行审判：1932年，"苏丹人"路易·阿希纳带着一生的荣誉去世，他的出生地勒阿弗尔更是对他无限尊崇。

　　无论如何，他们每个人都个性强烈，而且通常都精力充沛、身强力壮，组织能力强，能在身边吸引一众拥护者。这些性格特点让他们树敌无数，至少会引来竞争者的愤恨，但有时却在士兵中间大受欢迎。"比若老爹"的形象之所以深入人心，可能就是因为他十分关心士兵们的福

---

[1]　Bill Nasson, *op. cit.*, p. 210, 203.
[2]　Tashkent, 30 septembre 1870, *in* Martin Ewans, *Great Powers Rivalry in Central Asia 1842-1880*, vol. I, *Documents*, p. 180-181.

祉，而且对他们执行任务以外的行为非常宽容，尤其是对和平民打架斗殴以及劫掠这类事件睁一只眼闭一只眼。罗伯茨勋爵被士兵们亲切地称为"鲍勃"，在军中人气很高，而沃尔斯利和基奇纳则与他相反，虽然他们的实际能力有目共睹，但他们的严厉冷峻和表面上的不近人情却使人们敬而远之。基奇纳还有一些令人捉摸不透的奇怪爱好，比如收集瓷器，他的藏品通常来自战场；在德兰士瓦战争期间，他还能抽出时间驯养八哥；他也和很多英国将领一样，喜欢园艺和花草。他在印度当总司令时种的兰花还得了奖，他对此非常骄傲。

　　虽然他们大多数都倾向于用行动解决问题，而不喜欢前思后想，甚至有时也会冲动行事，但我们不能因此而贬低他们的聪明才智。他们中不乏一些不同凡响的文化人。精通其他欧洲国家的语言是他们常见的技能，这与当时的贵族成员一样。高加索地区的俄国高级官员普遍会说法语，以至于他们有时会直接用法语交流，以防泄露机密。加利埃尼从未对学习感到过倦怠，他经常练习意大利语，向自己的家族血脉致敬，但他也会说英语和德语。基奇纳从小就开始说法语，后来又依照情报官的传统，学习了土耳其语、阿拉伯语，后来还学了兴都斯坦语。还有很多将领深受文学界的感召。沃尔斯利就经常与小说家亨利·詹姆斯（Henry James）以及诗人阿尔弗雷德·奥斯丁（Alfred Austin）来往。利奥泰在投身殖民事业之前，就习惯于参加巴黎的沙龙，参军后也不忘提高自己的修养，一直和他人保持频繁的书信往来，还有条不紊地准备竞选法兰西学院院士，并于1912年实现了这个愿望。很多军官都出版过著作。他们中有些人，如沃尔斯利，在军旅生涯结束后于1903年出版了一本回忆录——《一个士兵一生的故事》（*The Story of a Soldier's Life*），他在其中为自己已完成的事业辩护。[1] 但是，还有很多人，比如加利埃尼，一边执行任务，一边就把战役和旅行用文字记录下来，他们想要建功立业、执掌大权的野心在这些记述中几乎不加遮掩地表露了出来。由于有些作者对当地情况了如指掌，因此有些作品具有实实在在的文献价值。[2]

　　不言而喻，在战场上，军官之间会结下深刻的情谊，有时这种羁绊非常持久。我们也已经提到过加利埃尼和利奥泰、考夫曼和米柳京的关系。罗伯茨对乔治·怀特一直非常信任，沃尔斯利也很依赖雷德福斯·布勒；基奇纳把阿奇博尔德·亨特视为自己的左膀右臂，后者似乎也是为数不多的能让基奇纳听取建议的人。我们还能想到，范贺茨与科莱恩（Colijn，1869—1944 年）合作密切，后者日后在政坛取得了举足轻重的地位，并于 1911 年当上了战争大臣，最后还曾经担任过荷兰皇家石油公司的总裁，该公司在爪哇岛和苏门答腊岛开采石油。随着战争的推进，所有将领都会慢慢从众多军官中挑出最优秀的人才，他们之间则会形成互帮互助的关系。下属期待着长官为自己树立表率、传授经验，但也常常希望得到保护和事业上的帮助。作为交换，他们的"保护神"则要求他们坚持不懈的自我奉献和始终不渝的绝对忠诚。因此，我们经常把围绕在沃尔斯利身边的军官"圈子"称为"非洲圈"，并把这些人与沃尔斯利的对头罗伯茨身边的"印度圈"相提并论。不过，在征服阿尔及利亚时，非洲军中的军官内部也存在过小团体，比若的追随者和拉莫里西埃的追随者各成一派。征服苏丹时，也曾出现过以波里耶·德利斯尔、伯尔尼－德斯保尔德以及阿希纳为代表的"苏丹军官"游说团。

---

[1]　Garnet Wolseley, *The Story of a Soldier's Life*, London, Constable, 2 vol., 1903.

[2]　Lire plus loin dans cet ouvrage le passage « Savoir scientifique et renseignement » ; voir aussi Jacques Frémeaux, *L'Afrique à l'ombre des épées*, vol. 2, p. 128-134.

编者注

1.上世纪：本书中指18世纪。

2.拉芒什海峡：La Manche，英吉利海峡在法语中的名称。

3.罗德西亚：今津巴布韦。

4.撒拉金·玛格里：意为"军营女王"。

第三部分

组　织

第一章

部队的划分

∨

兵种的划分效仿了殖民国家本土部队的组织模式。装备直接产自欧洲，并没有根据殖民战争的特殊需要对装备进行什么改进。

1888年，英军中的21.1万名军官、士官、士兵主要分成3个兵种：步兵占67%，炮兵占17%，骑兵占9%；[1] 其他兵种只占7%，其中不到3%的是工兵，剩下的负责铁路、医疗和后勤保障。后来，为了改善勤务效果，只是对这一比例进行了小小的调整而已。如果我们考虑到殖民战争仍然是相对原始的战争形式，也就不会感到很意外了。

骑　兵

骑兵的使命

在整个殖民战争中，骑兵完全不是什么高级兵种。有很多因素制约

---

[1]　« La situation militaire de l'Empire britannique à la fin de 1888 », *RME*, 15 janvier 1889, p. 53.

了马匹在军事冲突中的使用。将战马运到海外要比运人难得多。在热带国家，当地的马种很少，而且很少为人所使用。欧洲的马又水土不服，而且深受寄生虫之苦。茂密森林的中心地带根本无法通行。而且，马要消耗大量的水和草料，而这些东西几乎在所有地方都是稀有资源，至少也会出现季节性短缺的情况[1]。另外，马的耐力也是很有限的：据估计，在合成部队中，骑兵无法进行50公里以上乃至75公里的急行军；就算勉强完成，经过一番折腾，马会过于疲惫以至于无法载物。人们只能把骑兵当作马背上的步兵。对以移动能力为王牌的特遣队来说，这就成了严重的不利因素。

然而，在运输邮件、侦察敌情和快速支援时，很难不用到马匹。骑兵队还能追捕战败的敌人，扩大战果。因此，欧洲人创建了由欧洲人组成的轻骑兵。法国人在1832年组建非洲骑兵部队之前，先在阿尔及利亚雇用轻骑兵和猎兵。他们还雇用了许多正规军和非正规军的"土著"骑兵，比如北非骑兵。俄国人一直以来都依靠哥萨克骑兵，但对突厥斯坦骑兵的敏捷也赞赏不已。沃尔斯利很看重印度的骑兵，认为他们比哥萨克的骑兵具有更大的优势。印度骑兵骑的马通常很矮小，例如马格里布的柏布马或阿拉伯马和波斯马（体高1.43米~1.51米）。哥萨克骑兵则骑北高加索马（捷列克马、库班马，源自卡巴尔达马）或者南高加索马（卡拉巴赫马，与阿拉伯马相近）。达到一定军衔的军官更喜欢从欧洲带来自己的坐骑，比如奥马勒公爵在攻克沙米勒的部落时，就骑着爱尔兰的高头大马。但如果能够在当地找到好的马种，他们也会选用。比如，突厥斯坦的大型马，据说这种马是"阿拉伯马和当地马的杂交品种，是古老的帕尔特马的后代，甚至有传说认为这是亚历山大大帝的爱

---

[1]   « Les tendances actuelles de la cavalerie russe », *RME*, 15 mars 1885, p. 267-284.

马布西发拉斯（Bucéphale）的后代"，斯科别列夫就在其中选了一匹当自己的坐骑。

因此，大量的训练或比赛出现了，其目的就在于训练士兵，通过给予获胜者金钱或实物奖励（比如一些布料）来打造竞争意识。在马格里布，阿拉伯骑兵的骑术表演是仪式活动不可或缺的一个组成部分。人们还发现，在马球运动中，英国人和印度人势均力敌。沃尔斯利十分欣赏后者在跑马拔桩游戏中的敏捷度：他们将两脚长的帐篷桩（60厘米）打入泥土，露出地面的部分不到七八厘米，然后骑在马背上用枪尖将其拔出[1]。俄国人则非常欣赏中亚骑士在叼羊运动中所表现出的灵活性。比赛过程中，骑士们分成两方，争抢一只公山羊（过去用活羊，1889年前后开始用砍了头和蹄子的羊）。骑士与坐骑之间的亲密程度，大概只有牧民能够感同身受："特克骑兵对马匹的喜爱程度，像极了阿拉伯人对良种母马的依恋。"[2]

自然，骑兵通常会出现在辽阔的大陆平原上。美国骑兵于1821年解散，1832年重新组建成了美国第一龙骑兵团，主要维持阿肯色州和密苏里州以西的秩序，特别是要防止被驱逐到这里的部落（肖尼人、乔克托人、切罗基人、德拉瓦尔人）与一直居住在这里的部落（科曼奇人、基奥瓦人、夏延人、威奇托人、奥萨格人）之间发生战争。此外，还要组织车队[3]。在美国内战前夕，有骑马团和2个骑兵团，服务于十

---

[1]　《 L'armée des Indes par le général Wolseley, extrait de la *North American Review* 》, *RME*, septembre 1878, p. 154.

[2]　《 Les chevaux du Caucase et du Turkestan 》, *RME*, 15 avril 1889, p. 393-406.

[3]　John K. Mahon, "Indian-United States Military Situation, 1775-1848", *in* William Strutevant, ed., *Handbook of American Indians*, vol. 4, *History of Indian-White Relations*, Washington, Smithsonian Institution, 1988, p. 144-162.

来个步兵团和4个炮兵团，不过主要是为步兵团服务的。[1] 1866年的法律规定，骑兵团的数量为10个，其中有2个黑人团。人们认为骑兵不仅能通过袭击震慑部落，而且能够防止亚利桑那州和新墨西哥州的战士逃到墨西哥。[2] 哥萨克骑兵在俄国部队中的地位同样也很重要。他们善于侦察和躲闪，是集中优势兵力的大师，平时分散各地，在特定情况下为发起新的攻击而集合在一起。

但是，骑兵也会出现在一些无法充分发挥优势的地方。一部法国教材中记录，占领东京时，非洲骑兵队发挥了巨大的作用：探险，保证特遣队安全，运送邮件，有时骑兵还会下马进行战斗，但极少卷入冲突或追捕行动。教材里还提到了日后撒哈拉连组织者弗朗索瓦－亨利·拉佩里纳（François-henry Laperrine，1860—1920年）上尉，他率领半个骑兵连参与了北黎（Bac Lé）事件[1]，在东京的边界跟清政府的正规军交战（1884年6月15日）。[3] 塞内加尔和苏丹的骑兵队参与了非洲的军事行动：达荷美战役期间，多兹于1892年组建了一支主要从塞内加尔招募而来的骑兵（约200人），因而为他的特遣队增色不少。

虽然骑兵有机会用冷兵器、军刀和长矛来攻击孤立或溃败的对手，但是很少参与大规模的进攻，因为骑兵基本上没有什么冲击力。他们只能震慑数量不多的、或没有任何防备的、或不习惯跟骑兵对手交战的士兵。因此，有位目击者写道，面对很少出现在平原西北边境山区的居民，骑兵们发挥了极为神奇的作用。[4] 但在果敢的"土著"骑兵或步兵面前，骑兵的作用就不怎么大了，他们总是需要步兵在附近支援。在伊

---

[1]　Robert M. Utley, "Indian-United States Military Situation, 1848-1891", *in* William Sturtevant, ed., *op. cit.*, vol. 4, p. 163-184, p. 163-164.

[2]　« Un Essai de manœuvre de guerre dans l'Arizona », *RME*, 30 juillet 1888, p. 65-79.

[3]　« Manuel tactique à l'usage des troupes de l'Indochine », *op. cit.*, p. 155-156.

[4]　Colonel Holdich, *op. cit.*, p. 236.

斯利战役中，莫里斯上校自以为胜券在握，草率地让骑兵队对付大批的摩洛哥士兵，因而犯下了"大错"，直到贝多将军派来3个步兵营支援才得以脱身[1]。

骑兵最常见的策略是先利用其快速移动能力抵达战场，然后下马进行战斗。因此，尽管"长刀传奇"因约翰·福特（John Ford，1894—1973年）的电影而无人不知、无人不晓，但是美国骑兵仍然很少使用马刀，通常是下马作战。哥萨克人冲锋时会排成一排，以所谓的"熔岩"阵形或拼刺刀的形式来发起进攻，但是，他们也习惯作为步兵进行战斗：脚踏大地，向敌人疯狂扫射。他们认为这样才更有效，因为能够打消任何撤退的想法，背水一战。[2] 西班牙人或许是在对抗法国的半岛战争中学到了经验，在镇压第一次古巴暴动时大规模使用了骑马部队。1876年，西班牙部队一共有38个骑马游击连，由志愿军官管理。而且，每个正规猎兵团或营都能提供一个骑兵分队（50人），组成反游击队。[3]

骑马步兵

骑马步兵的概念在很大程度上来说是英国人发明的，当时这种叫作"骑马步枪手"（Mounted Rifleman）的部队在印度、非洲和埃及的大部分农村地区活动频繁。英军甚至在奥尔德肖特成立了一所培训陆军军官的专门学校，好让他们回去之后也能训练自己部队里的士兵。这个兵种在布尔战争中作用很突出。严格意义上的骑兵在实战中容易出现失误，

---

[1] Capitaine Henri-Jean Mordacq, *La Guerre au Maroc, enseignements tactiques des deux guerres franco-marocaine (1844) et hispano-marocaine (1859-1860)*, Lavauzelle, 1904, p. 32.

[2] « Le Turkestan... », *RME*, septembre 1878, p. 158.

[3] « Les armées espagnoles d'outre-mer», *RME,* septembre 1876, p. 177-181.

三番五次在旷野里遇袭，无法给指挥部提供足够的情报。阿非利卡人指责使用骑兵是极其野蛮的行径。[1] 因此，相较而言，骑马步兵部队更受青睐，他们一天小跑着就能行军60至80公里。骑马步兵最终发展到大约8万人之多，不但包括正规军（1.6万人）、英国义勇骑兵（2.2万人）和南非志愿军，还有来自加拿大（4 000人）、澳大利亚（1.3万人）和新西兰（6 000人）的志愿军。[2] 后来，每个常规步兵营里都会配备一支骑马步兵连。不过，这种做法的效果备受争议，外国观察者认为部队统帅总是把这些小分队跟步兵拴在一起，或者把他们安插到无力承担重要任务的薄弱部队，结果完全糟蹋了他们的机动优势。[3]

　　骑马步兵中有个特例，就是骆驼机动队。殖民战争中，最早把骆驼当成坐骑的大概是拿破仑在埃及组建的单峰骆驼队。那时，法国人几次试图征服阿尔及利亚，然而收效甚微。沃尔斯利为了支援戈登，要从库尔提（Korti）出发，穿越大沙漠、避开尼罗河河湾一直抵达买特迈（Metemmeh）。为此，他组织了一支"沙漠纵队"，其中包括一支2 000人的骆驼部队，既有步兵也有骑兵。每个骑骆驼的士兵都由一名"土著"骑手陪伴。结果惨不忍睹，由于缺少经验和训练，这支部队在远征中贡献寥寥。不过，1888年之后，这支部队经过重建，在后来的战争中功勋卓著。

　　真正的骆驼部队，也就是说能够独立训练骆驼并在驼背上进行长距离行军的部队，要数19世纪末征服撒哈拉沙漠的法国人。在1902年的提特战役中，科特内斯特身先士卒，率领一支从阿拉伯部落沙姆巴（Chamba）招募来的小分队，沉重打击了阿哈加尔高原的图阿雷格人，

---

[1]　La *RMAE* signale que ce débat a été largement étudié dans la *Revue de Cavalerie*.

[2]　« L'infanterie montée en Angleterre », *RMAE*, mai 1904, p. 385-415, juin 1904, p. 481-503.

[3]　« L'infanterie montée en Angleterre », *RMAE*, mai 1904, p. 385-415, juin 1904, p. 481-503.

打破了他们不可战胜的神话。同年，陆军指挥官弗朗索瓦·亨利·拉佩里纳指挥了一系列撒哈拉战争，意图控制阿尔及利亚境内的撒哈拉沙漠。放眼南望，海军部队的军官把很多游牧民纳入麾下，招募了一些摩尔人、图阿雷格人、图布人和黑人散兵，在毛里塔尼亚、苏丹、尼日尔和乍得进行军事活动。阿拉伯突袭部队直到1920年末仍然让人心存忌惮，骆驼部队的任务就是镇压他们的奇袭。经过不断的迁移（他们管这叫作"游牧民化"），他们跟着当地部落跑遍了整个国家。部队中的军官对当地人实行一种家长式的管理，其他部队纷纷效仿法国的做法。1907年，德军用骆驼骑兵在卡拉哈里沙漠追击叛乱的霍屯督人。这支部队的长官，冯·艾尔凯尔特上尉（von Erckert）在1908年3月16日的战争中身先士卒，战死沙场。

步 兵

行 军

步兵无论何时都是排兵布阵、针锋相对、争夺阵地的基础。步兵的第一要务和最大特点就是行军。吉卜林借"英国大兵汤米·阿特金斯"的话说：

> 我们步行，跋、跋、跋、跋涉穿越非洲
> ……靴、靴、靴、靴子抬起又落下[1]

---

[1] John Rudyard Kipling, "Boots（Infantry Column）", *The Complete Verse*, p. 383.

第一次世界大战之前，包括"一战"在内，步行是部队最常见的移动方式。考夫曼说过，有一次他的部队走了1 000俄里（1 000多公里），从阿姆河一直走到苦盏，仅仅休整了一天就马上投入战斗。[1] 不过，对于各种交通工具，他们也是来者不拒，尤其是船舶和火车，他们所用的站台极其简陋，就拿苏丹站台来说，既没有座位，也没有遮阳的地方。代步工具很少见，而且只限于某些交通要道。士兵们通常靠双脚就能抵达目的地，更重要的是，部队行军时表现出的磅礴气势能向占领区的民众展示军威。因此，行军本身就是一种控制手段。比若曾经写道："步枪的控制范围不过二三百米，双腿却能征服方圆四五十里（160至200公里）。"[2]

每一段行程的距离没有定数。根据《泰晤士报》的描述，每段行军一般要走12至15英里，也就是20至25公里；一次行军15至20英里（25至32公里）就算是远征了；超过这个距离，就可以称之为强行军。[3] 非洲殖民部队中的法国军官个个行军能力过硬，估计一支训练有素的纵队能在十八九个小时里连续行走六七十公里，并承受连续四五天每天四五十公里的跋涉。[4] 当然，这只是个平均数字。罗伯茨勋爵曾下令让手下一支数万人的部队在20天内（8月9日至28日，分24段走完）从喀布尔走到坎大哈，两地相距约500公里（318英里），平均每天24公里（实际单日的最长和最短行军距离分别为34公里和18公里）。途中地形复杂，即使在阴影下气温也接近40摄氏度，况且沙漠中鲜有树木，夜里气

---

[1] Lettre à Milioutine, 2 novembre 1876, in Ewans（Martin）, *Great Powers Rivalry in Central Asia 1842-1880*, vol. I, *Documents*, p. 214.

[2] Général Bugeaud, *L'Algérie. Des moyens de conserver et d'utiliser cette conquête*, Dentu, 1842, p. 16.

[3] « Les derniers événements militaires en Afghanistan », *RME*, n° 513, 1880, p. 220-226.

[4] Capitaine R.J. Frisch, médecin-major H. David, *Guide pratique en pays arabe*, Berger-Levrault, 1892, p. 153.

温会骤降到0摄氏度。[1] 在尼罗河平原的基奇纳部队，为了保证1.5万人到达喀土穆时精神抖擞，秩序井然，一天只能前进13至16公里。

步 枪

步兵用来武装自己的步枪不仅仅是个工具而已。这种作用突出的单兵武器是士兵形影不离的战友，持枪者必须十分注重对自己的枪进行维护和保养。遗失枪支，或更糟糕的弃枪逃跑行为要受到战争委员会的裁决。步枪在其性能不断改进、效率不断提高的过程中，受到重视的程度始终不减当年。[2]

英国步枪 [3]

类型	长度（英尺）	重量（磅）	口径（英寸）	射速（发）	射程（米）
棕贝丝	4.7	10	0.75	3/分	100
米涅	4.6	9	0.702	3/分	800
恩菲尔德	3.3	8.14	0.577		1 200
马蒂尼－亨利	4.15	9	0.45	10/分	1 000
李－梅特福	4.1	9	0.303		1 800/3 000

在19世纪初的殖民战争中，人们仍然使用拿破仑战争时期（法国第一共和国十年、十一年到1816或1822年）的步枪。法军用的是前装滑膛枪，没有瞄准镜，子弹是16.7毫米的球形铅弹。这种步枪的机械

---

[1] Lieutenant-colonel Ditte, *op. cit.*, p. 278.

[2] Bruce Vandervort, *op. cit.*, p. 48-49

[3] Ronald Robinson, John Gallagher, Alice Denny, *op. cit.*, p. 182-183.

结构用起来十分费力。而且，每次开枪前都要用牙把弹壳咬开，把火药、弹头和填弹塞倒出来，再用一根通条把它们装进枪管，一共至少需要 12 个步骤，因此射速极慢（2 分钟 3 发）而且后坐力大，难以控制；燧石点火装置经常出现不发火的情况，枪的射程也非常有限（其距离上限为 300 米，但实际上可能仅有 100 米，50 米以内才能达到理想精度）。[1]公认性能最好的英国棕贝丝步枪所用的子弹稍微大一些（大约 19 毫米）。

　　改进步枪性能的第一步，就是提高射速和精度。19 世纪 30 年代，击发枪取代了燧发枪。用雷汞击发药的铜质点火装置降低了哑弹发生的概率，在潮湿的天气效果尤其明显。法国枪型使用的子弹口径为 18 毫米，重 25 克（此前的弹壳是纸制的，里面包有火药），有效射程约 100 米。后来的步枪又进一步改进了膛线。虽然法国在 1837 年就造出了第一批这种型号的步枪，但直到 1851 年，英国人开始使用米涅弹之后才得到推广。米涅弹得名于它的发明者，法国上尉克劳德 – 爱迪尔内·米涅（Claude-Étienne Minie，1810—1879 年）。这种子弹用送弹棍很容易就可以从枪口装弹，射出时子弹膨胀并在膛线的作用下发生旋转，射击精度和射程大幅提高：100 米以内可以达到百发百中，400 米以内的命中率高于 50%。而老式步枪在 100 米以内的命中率只有 75%，400 米内只有 5%。不过，使用米涅弹并不能改变射速。[2] 法国部队从 1847 年开始使用这种武器，俄军也差不多同时引进了这种枪（他们在塞瓦斯托波尔领教了英国的新型恩菲尔德步枪的威力）。1857 年，英国指挥官下令给"土著"部队配发使用米涅弹的李 – 恩菲尔德步枪，弹壳表面涂有牛

---

[1]　Lieutenant-colonel Jean Capdevielle, *L'armement et le tir de l'infanterie*, Dumaine, 1872.

[2]　Major-general J.F.C. Fuller, *L'Influence de l'armement dans l'histoire, depuis les débuts des guerres médiques jusqu'à la Seconde Guerre mondiale*, Payot, 1948, p. 128-129.

油或猪油。这项决定引发了印度民族的造反，当然这场叛乱还有很多其他更深层次的原因。[1]

　　1866年，火器界出现了真正翻天覆地的变化，法军开始使用从枪械后部装弹的夏塞波步枪，能把11毫米的子弹以375米/秒的初速射出（以前的枪型初速只有300米/秒），每分钟可以射击十几次。瞄准器的表尺最大可以调到1 200米。1867年，法军在和苏丹南部的士兵交战时首次使用了夏塞波步枪。同年，英军在阿比西尼亚远征中也使用了同样的枪型。他们把恩菲尔德步枪改装成了从后部装弹的史奈德步枪，但性能并不理想（初速378米/秒）。史奈德步枪很快被马蒂尼－亨利步枪取代（1871年），后者是英国在19世纪后半期的殖民战争中使用的主要步枪枪型。与法国继夏塞波步枪之后所使用的格拉斯步枪一样，史奈德步枪很快用上了金属弹壳。其他部队也装备了与这些步枪性能旗鼓相当的武器。沙皇的部队使用的是伯丹步枪（10.67毫米口径），这种枪的第一款和第二款分别定型于1868年和1871年，是用发明者、美国工程师伯丹的名字来命名的，但很久之后才投入使用，而且在1877至1878年的俄土战争中，在马蒂尼－亨利步枪面前，它的实际表现相形见绌。[2]荷兰人到1867年才把前膛枪（库恩步枪）改装成后膛枪，后来在亚齐远征中采用了11毫米口径的博蒙特步枪（由E.博蒙特设计，马斯特里赫特的制造商制造）。美军用的是斯普林菲尔德步枪，意大利人的配枪则是由瑞士工程师设计、在贝瑞塔制造的维特利－维塔利步枪。

　　后膛枪除了性能好之外，还能够让射手采用卧姿射击，这在以前是不可能的。第一批连发武器差不多同时出现。但这时的连发武器大多是

---

[1]　Édouard de Warren, *op. cit.*, vol. 2, p. 172 sq.

[2]　« L'armement dans l'infanterie russe », *RME*, août 1872, p. 110-111.

轻型武器，比如著名的卡宾枪属于温彻斯特M1873杠杆步枪，它的弹仓能装15发子弹，每分钟能射击三十多发。不过，这种枪的穿透力弱，射程短，机械结构容易受生锈或灰尘的影响，所以并没有得到广泛的运用。1878年，法国海军和海军陆战队用上了奥地利工程师克罗巴查克设计的11毫米口径、能装7发子弹的连发步枪。1878年，意大利部队采用了能装4发子弹的维特利-维塔利步枪。但是，这时候的火药还是黑火药，士兵在集体射击时很快就湮没在浓重的黑烟里。正是由于这个原因，被英军选中用来接替马蒂尼-亨利步枪的李-梅特福步枪（载弹量为8发，7.7毫米口径，估计能在2 500米以内保证精确打击，初速610米/秒）刚投入使用就被淘汰了。

　　1884年，法国人保罗·维埃利（Paul Vieille）发明了无烟火药，终于弥补了黑火药的缺陷，使得连发步枪得以推广。这种火药威力巨大，枪管的口径缩小了，射手能够有足够的弹药进行高速射击，还避免了密集、持久的射击所造成的积垢阻塞。法国于1893年改造了勒贝尔M1886步枪，使初速达到701米/秒，有效射程为400至800米。虽然他们用的还是过时的10发式克罗巴查克弹仓，但射速能达到每分钟15至20发。其他国家的部队争相模仿，常常青出于蓝而胜于蓝。从1895年起，英国用载弹量为10发的李-恩菲尔德弹匣式步枪取代了李-梅特福步枪，在布尔战争中效果斐然。[1]俄国部队采用了M1891莫辛-纳甘步枪。

　　在德国，多种型号的毛瑟枪先后出现，后来的M1898毛瑟枪在很长时间内享有世界最好步枪的美誉。没有能力独立制造步枪的国家常常购买毛瑟枪。葡萄牙的殖民部队就曾经装配过毛瑟枪（1885年配有

---

[1]　*RMAE*, octobre 1906, p. 353.

6 000 支），1895 年改用斯太尔（上奥地利）提供的 4 000 支克罗巴查克步枪。1894 年，毛瑟 – 帕拉维西尼步枪成为意大利部队的正式用枪。美国人在古巴战争和菲律宾独立战争中见识了西班牙毛瑟枪的厉害（尤其是 1893 弹夹装弹款），于是，赶紧把他们在丹麦许可下生产的 M1892 克拉格 – 约根森步枪换成了 M1903 式斯普林菲尔德步枪，并一直沿用到第二次世界大战前夕。[1]

机 枪

1862 年，美国人理查德·加特林发明了机枪，但机枪在实战中的应用要晚得多，这可能是因为法军上校威尔谢·瑞菲（Verchère de Reffye）改良的机枪在 1870 年的普法战争中表现得不尽如人意。由于研发过程过于保密，军中既没有训练有素的机枪手，也没有人来指导，所以这种机枪在实战中效果不佳也就不足为奇了。加特林机枪有 6 至 8 个枪管，环绕着一条中轴，呈圆周排列，理论上每分钟最多能发射 1 200 发 11 毫米子弹，而实际只有 350 至 600 发。从 1880 年起，加特林机枪开始淡出历史舞台，取而代之的是诺登菲尔德机枪，这种机枪比加特林机枪轻很多（诺登菲尔德机枪重 50 千克，加特林机枪重达 190 千克），速度却快两倍（能在 150 秒内发射 800 至 1 000 发马蒂尼 – 亨利子弹，甚至能在 5 秒内射击 70 发）。[2] 1885 年，英军在苏丹使用了一种双管加德纳机枪。这种机枪重 120 千克，射速为每分钟 500 发。这些特点各异、性能参差的机枪都要通过手柄操作。有些部队偏爱射速比较高、

---

[1]　Brian McAllister Linn, *op. cit.*, p. 101.
[2]　« Des batteries de mitrailleuses », *RME*, août 1872, p. 119-120, 123-126, 140-141, février 1881, p. 88.

有多个旋转弹膛的转膛炮。法国的 1878 款 37 毫米哈齐开斯炮就是其中之一，最初用来保卫堡垒，每分钟能发 80 发，经常一打就是好几盒炮弹。美国人在打击印第安人的战争中，尤其是在伤膝河大屠杀时就使用了这种武器。英军在布尔战争中所用的"砰砰炮"［炮弹口径为 1 英寸（25.4 毫米）的马克沁–诺登菲尔德火炮］和哈齐开斯炮异曲同工。这种转膛炮可分为两种：47 毫米和 57 毫米。

马克沁自动化工序的出现使机枪取得了革命性的进步，这种方式利用后坐力产生的能量让子弹自动上膛。马克沁机枪于 1890 年投入市场，1891 年开始为英军服务。开始时，它使用的是马蒂尼–亨利子弹，后来换成了装填无烟火药的李–梅特福子弹。马克沁机枪不但射速高（500~650 发 / 分），射程长达 2 000 米，跟以前的枪型比非常轻（约 40 磅），而且机械结构精巧，只需两人就能够操作。从 1894 年起，德国人得到许可开始制造并使用马克沁机枪，意军同样装配了这种机枪。而法国人则选择了 1900 年开始使用的哈齐开斯机枪，它简约敦实，跟勒贝尔步枪使用相同的子弹。

机枪的重点无疑在于射速，但精度同样不可忽视。跟加农炮一样，机枪实际上是个"不长眼"的武器，它的子弹发射路径几乎完全不受射手的控制，这点与步枪恰恰相反。[1] 不过，跟加农炮不同的是，机枪在射击后不需要重新瞄准。因此，兵员数量一定的步兵部队可以借助机枪让火力成倍增强。研究那个时代的专家都认为一挺机枪抵得上一个一百多人的普通连队。[2] 1898 年，西莱尔·贝洛克（Hilaire Belloc，1870—1953 年）写了《现代旅人》（*The Modern Traveller*）这首诗，其中有几

---

[1]　*RMAE, avril* 1910, p. 330.
[2]　*RME,* 15 mai 1884, p. 570.

句颇为脍炙人口：

> 天塌或地陷，马克沁在手，
> 敌人却没有。

　　诗人在这里讽刺一些人把马克沁机枪视作武器至尊，指望靠它能解决世间的所有问题、匡正一切邪僻的想法。

　　事实上，机枪也不是完美无缺的。它的重量和体积很大，运输所要用的弹药对于规模较小的分队来说十分困难。而且，它的有效射程也就一千来米，除非目标非常集中，否则实际应用会受到很大限制。最让人头疼的是，它极易卡壳。虽然无烟火药和结构上的改良减少了故障的概率，但风险依然存在。因此，把击退敌人的全部希望寄托在机枪身上，显然是欠妥的。鉴于机枪有这些特点，再加上它才刚刚出现，战争指挥官们一般会把它交给炮兵而不是步兵使用。[1]直到第一次世界大战之后，机枪（准确地说是自动步枪）才成为步兵小分队的常规武装。值得一提的是，1921 年，机枪没有给东京"海盗"的士气造成多大打击，不过对方还是迅速地撤离了被炮弹轰炸的区域，这证明了火炮在殖民战争中所起的作用。[2]

---

[1]　*RMAE*, mars 1912, p. 173-187.
[2]　*RTC*, 1921, p. 151-152.

炮　兵

炮兵是战场上所向披靡的武器，不过几乎一直被欧洲人所独占。人们几乎无法想象离开炮兵之后仗还怎么打。斯科别列夫用它来发动进攻，甚至把它安排在队伍的最前方，靠它保护步兵部队，他还借用著名军事家苏沃洛夫（Souvorov，1729—1800年）的话说：炮兵“无往不胜”。不论是驱逐敌人，还是攻克堡垒城池，大炮都是必不可少的工具。它的最大缺点就在于材料、部件、炮架和弹药太重，运输成本高昂，而且会拖缓部队的行进速度，迫使部队只能在地形最平缓的地区行动，给敌人以逃之夭夭的机会。[1] 为了尽量减少这些弊端的影响，人们会优先采用轻型野战炮或山炮。这两种炮机动性强，必要时还可以拆卸，这样一来即使它们的威力稍逊一筹，但如果敌军根本没有大炮或者大炮性能不好，这点缺陷也就显得无关紧要了。

在阿尔及利亚殖民战争期间，法国人经常使用8磅铜炮。这种炮口径约为103毫米，能发射重达4千克的装有炸药的炮弹，500米以内的打击精度一般，对于1 000米外的目标则有50%的命中率。炮车（包括装在炮架上的炮管，前车和弹药箱）套在牲畜上，重达1吨多。[2] 120毫米口径（这是对格里博瓦尔火炮系统为数不多的改进之一）的山地榴弹炮也很常用，能把4千克的弹药以弯曲弹道发射到600米开外，爆炸产生的弹片能飞几十米。它长不足1米（720毫米），重约100千克，运输很方便，所有附件和炮弹都一起用骡子驮运（25头骡子组成一队，牵引火炮主体以及附件和弹药），是作战部队的常规装备，在比若元帅麾

[1]　« Petites opérations militaires, par le général Wolseley », *RME*, 15 mai 1887, p. 519.

[2]　Guillaume Piobert, *Traité d'artillerie théorique et pratique*, Bachelier, 1852, passim.

下尤其不可或缺。[1] 这种炮的射速大约是每分钟2发。俄军在高加索地区使用的是与之类似的轻型8磅加农炮，射程为600米，重106千克。[2]大炮的发展进程跟步枪基本一致，时间也几乎是重合的。先是1858年给滑膛炮的炮膛加上了膛线，19世纪60年代末又出现了从后部装填弹药的火炮。与此同时，青铜也被钢材取而代之。

　　但火炮的改良是一个漫长的过程。举例来说，法军的1858款4磅加农炮是一款口径为86毫米的前装线膛铜炮，大约重330千克，装在一座木制炮架上，它的最大射程为3 000米，但实际射程要近得多，直到将近1886年它还在苏丹殖民战争中发挥着作用。[3] 这种炮退役后填补空缺的是1878款80毫米邦格山炮。它重约300千克，用碳钢铸造，炮膛内有膛线，从后部填装弹药，炮架高1.05米，这些特点使得它可以在狭窄的小路上移动，还可以拆卸成三部分并用骡子甚至人力背运。不过，迪特中校对它的性能评价不高：初速很低（249米/秒），有效射程在1 500至2 500米之间。[4] 不过迪特中校认为，其他部队的装备也好不到哪里去，如果我们参考一下俄国的1883款63.5毫米山炮，就会发现此言不虚。俄国的这种炮比法国炮要轻很多（99千克），可拆卸成四部分用军马运输，使用4千克的炮弹，初速和法国炮相差无几（284米/秒）。[5] 还有一些火力更强的武器：1890年，阿希纳在攻打塞古的城墙时用了95毫米口径、炮弹内装有炸药的拉赫托尔炮。在此之前的围城行动中，面对固若金汤的土质城墙（"塔塔"），其他轻型火炮，尤其是80毫

[1]　Lieutenant Jean Campana *L'artillerie de campagne, 1792-1901, étude technique et tactique*, Berger-Levrault, 1901.

[2]　Moshe Gammer, *op. cit.*, p. 306, note 2.

[3]　*RME*, mai 1872, p. 312.

[4]　Lieutenant-colonel Ditte, *op. cit.*, p. 219.

[5]　*RME*, mars 1892, p. 267-268.

米炮的局限性暴露无遗，拉赫托尔炮的威力令人惊愕，城墙刚被炸开一个口子，城里的敌军就四散逃亡，整座城市不战而降。[1] 但这样的例子少之又少。1906年，大多数殖民战争中接替80毫米炮的是65毫米山炮，重400千克，可拆成四部分，每部分100千克上下。它的射程更远（约5 000米），射速更高（15发/分），但威力相对较小（初速330米/秒）。

英国人也沿着同样的道路前进着。在1873年和阿散蒂人的战争中，他们使用了一种76毫米口径的小型7磅炮，抛去炮架的重量为68千克，加上炮架重125千克，射程3 600米，初速439米/秒。[2] 这种炮用到了印度战场，在非洲则被用来对付祖鲁人，在1879年的阿富汗、1882年的埃及也见到了它的身影。英军装备有8磅滑膛榴弹炮，口径为114毫米，重120千克。[3] 印度的英军用的主要是一种76毫米的9磅炮，不套车时重305千克，套车后重406千克。到了1885年，这些炮才陆续被改装成后膛炮。1860年，这种型号的火炮还被用在中国战场（12磅阿姆斯特朗膛线炮），但效果并不显著。[4] 19世纪末，出现了一种12磅后装炮（76毫米口径），配有液压制退机并使用了无烟火药，射程4 500米。当这种火炮在南非已显得过时的时候，1902款10磅炮（2.75英寸口径，即69毫米）出现了，它的射程可达6 000米，可以拆分成小块由5匹骡子来驮运。[5]

这一时期的末尾出现了初速更高的新型野战炮，主要用在北非战场。著名的75式主要是由法国部队使用，但是，西班牙人也有这种武

---

[1]　Martine Cuttier, *op. cit.*, p. 337, 385-386.

[2]　« L'artillerie anglaise en Égypte pendant la campagne de 1882 », *RME*, 30 avril 1887, p. 478-493.

[3]　« La guerre des Aschantis », *RME*, décembre 1873, p. 292.

[4]　Harold E. Raugh, Jr., *op. cit.*, p. 6.

[5]　À propos de l'ouvrage du General Major R. Wille, *Gebirges und Kolonial Artillerie*, Berlin, R. Eisenschmidt, 1911, *RMAE*, janvier 1911, p. 60.

器。在1909年被派往里夫山脉的伊比利亚部队中，有一组有四座75式史奈德炮的炮组，后来又增配一组，用以强化他们原有的老型号装备（一组90毫米炮，以及一组四座相当于法国80毫米火炮的70毫米克虏伯大炮）。1910年，荷属印度军队用的是宗主国配发的75毫米克虏伯大炮。这种炮型质量不如史奈德炮，但胜在轻巧，炮车仅重1 500千克（法国的75式炮车重1 885千克）。[1]

那么，这些大炮的先进性主要体现在哪里呢？射速的提高几乎微乎其微，因为在法国的75式大炮采用液压气动制退机之前，每打一炮都要重新让炮筒归位，这大大延缓了大多数火炮的开火速度。即使加速射击，也不过每分钟4发。不过，射程从大约1 000米提高到了后来的6 000米，有效射程从几百米提高到了2 500到3 000米。[2] 但实际上，这两项改进算不上意义重大，因为在殖民战争中，敌军一般都是近在眼前。比如，进行围城时，炮手要在很短的距离内打击目标：1837年围攻君士坦丁堡时，打击距离为300米，这与中亚战场报告的数字差不太远（150俄丈，即320米）。

跟以前相比，这些设备更加安全可靠，能进行越来越多角度的瞄准，炮弹种类越来越多，效率越来越高。这些才是最能体现进步的地方。测距仪和测角仪提高了射击精度，无烟火药改进了大炮的推进力。同一时期出现的麦宁炸药让炮弹爆炸时的威力倍增。尽管如此，一些老式装备还是一直被沿用至19世纪末，比如，葡萄弹可以把炮弹或者金属片投到几百米以外的地方。再比如火箭炮，由英国工程师威廉·康格里夫（William Congreve）改良自18世纪末一些印度人用来对抗英国殖

---

[1] *RMAE*, novembre 1910, p. 368.

[2] Harold E. Raugh, Jr., *op. cit.*, p. 26.

民者的武器，这种炮主要在西班牙使用，不过效果不尽如人意。镇压印度民族起义时，英国人还在使用康格里夫火箭炮，直到1880年对抗阿比西尼亚的阿散蒂人和后来的祖鲁人时，才改用了精度更高的黑尔火箭炮。火箭炮所起到的作用主要是心理震慑。[1] 有时，炮手还会用照明弹辅助射击，因而罗伯茨勋爵得以在1879年12月24日的黎明到来之前，就向喀布尔的阿富汗部队开火。[2] 俄国人也用这种武器对付草原上的骑兵。19世纪80年代，测距仪和测角仪的使用提高了它的精度。

　　大炮的使用规模之大令人咋舌。1885年，英国在印度有50组9磅（76毫米）前装线膛炮，有些是固定安装的，有些套在牲畜上，每组6门大炮，一共300门，其中有一半部署在孟加拉。他们还拥有几组用大象拉动的18磅巨型炮和臼炮。[3] 1900年，英军在南非部署了407门火炮，外加144挺机枪。[4] 1907年，在英军的28组马拉火炮中，有14组被派往海外，150组固定火炮也派出了51组，这还不算用于海防的炮组。[5] 一般说来，轻装部队有几门大炮就足够了，但有时也需要集结大量火炮，尤其是在围城的时候。1873年，荷兰部队调动了74门后装炮围攻亚齐苏丹的"克拉通"（一种有防御工事的宫殿），当时这种装备才刚刚在殖民地出现。1881年，为了攻克盖奥克泰佩，斯科别列夫动用了32门轻型火炮（87毫米口径，初速442米/秒）和4门重型火炮（106毫米口径，初速374米/秒）。[6] 1898年受命夺取喀土穆的炮兵部队配有44门炮（其中有9磅加农炮、6磅榴弹炮，甚至还有2门40磅的巨炮）以及

[1]　Harold E. Raugh, Jr., *op. cit.*, p. 287-288.

[2]　Peter Hopkirk, *op. cit.*, p. 394.

[3]　« Les forces anglaises aux Indes », RME, 15 mai 1885, p. 543-554.

[4]　Lieutenant-colonel Ditte, *op. cit.*, p. 223.

[5]　RMAE, décembre 1907, p. 565-566.

[6]　« Ouvertures des brèches dans les fortifications en pisé », RME, 15 mai 1885, p. 555-562.

20挺机枪，尼罗河地区炮兵的36门加农炮和24挺机枪也前来支援。[1]

有一种使用重型武器的好办法，那就是在条件允许的情况下把它们安置在有轨移动平台上。沃尔斯利在埃及正是使用了这种方法，他征用了两列埃及火车，车身上装有金属板作为保护，并在车上装了轻型炮和一些机枪。这两列火车的其中一列由海军指挥（当时的海军将领是日后赫赫有名的约翰·费舍尔爵士，当时是"英勇号"的舰长），另一列则为皇家海军所用。这两列临时拼凑起来的"装甲火车"当时效果平平，但这种做法在后来的布尔战争中得到了推广，也取得了更大成功。当时，铁路网上有二十多列列车往返巡逻，负责保证补给车队的安全。它们还负责给作战部队提供即时的火力支援。因为车上装有探照灯，所以即使夜里也能作战。每列列车车头处有一节负重车厢，用来引爆地雷。[2]

另一种比较便捷的运炮方式是水路运输。在1875年的缅甸战役中，一支舰队沿伊洛瓦底江溯流而上，驶向曼德勒，装备着加德纳机枪和诺登菲尔德机枪的炮兵和几艘配有漂浮炮台的平底船则在舰队前列和侧部保驾护航。在乌姆杜尔曼，基奇纳掌握着3艘小吃水深度（0.76米）的萨布伦装甲汽船，这些船是为了远征开罗而专门在英国打造的，分别命名为"苏丹号""梅利克号"和"谢赫号"，每艘船上都有3架高射速的哈齐开斯炮（1门6磅加农炮、1门12磅加农炮和1门15磅榴弹炮）和3台有旋转枪架的马克沁机枪，机枪的摆放位置较高，以便越过河流两岸的陡坡进行射击。指挥这些炮兵的是另一位声名显赫的英国海军，时年

[1] Edward M. Spiers, "Campaigning under Kitchener", in Edward M. Spiers, ed., *Sudan*, p. 64-65.

[2] Paul Malmassari, *Une expérience militaire sous-estimée: les trains blindés français de la révolution industrielle à la décolonisation. Étude technique et tactique comparée. 1826-1962*, thèse université Paul-Valéry/Montpellier III, 2007, p. 231, annexe p. 177 sq.

27岁的海军上尉戴维·贝蒂（David Beatty），他将在第一次世界大战中担任皇家海军将领。

飞机到了20世纪初才开始支援部队的行动，意大利是第一个在殖民战争中使用飞机的国家。1911年，意军为了占领利比亚，派出了5架飞机（由法国制造）参与的黎波里之战；这个数字到1912年增加到了17架。同年，第一批飞机在摩洛哥着陆，战争指挥官决定组建一支常规空军部队，由克利夫纳中尉担任指挥。[1] 1913年，西班牙也在他们的占领区用了飞机。[2] 不过现在看来，当时的飞机虽然外表吓人，却没有起到多少实际的作用，它们更适合执行侦察任务，而不是载着枪炮进行攻击。

军事工程

如果没有掌握以扎实深入的物理化学知识为基础的制造技术和使用方式，炮兵就不可能在战斗中发挥作用。不过，这些技能绝不仅仅只用来造枪造炮。部队需要建造桥梁、道路、铁轨来运送兵力，还要修筑隐蔽处和防御工事，并保持通信顺畅，而大部分海外殖民地都没有完备的基础设施，因此这些地区就更需要兴修军事工程了。工程小分队时刻跟随着战斗部队，为他们开辟道路、铺设轨道和电报线路，有时还要负责浮空器的正常运作。多种多样的需求催生了各种专门部队，比如法国殖民地的报务兵。英国则于1884年组建了皇家工兵团电报营。在布尔战

---

[1]   « La TSF et l'aéroplane au Maroc », *BCAF*, octobre 1911, p. 392.

[2]   Sebastian Balfour, *op. cit.*, p. 186.

争期间，这个营队铺设了长达 1.8 万英里（将近 3 万公里）新线路并修复了 9 000 多公里老线路，使 1 300 万条信息得以送达。[1] 美国陆军通信兵则在菲律宾铺设了电报线路并加以利用。我们将会在后面的章节看到更多与他们的活动相关的例子。

　　人手不足的时候，有欧洲士兵来增补。突厥斯坦边境部队的一个连一般有 20 把斧头、10 把铁锹、5 把十字镐和 25 把"凯特穆尼"（一种结合了铲子和镐的工具），有半数士兵能拿到工具。[2] 法国外籍军团以及一般法国部队因参与海外大型军事和民事工程而美名远扬。利奥泰就曾在 1900 年发表的《军队的殖民作用》一文中盛赞了这一做法，而法军也确实当之无愧。但是，后来越来越多的"土著人"加入了工程兵队伍。在印度充当工程兵的都是步兵中的马扎比锡克人（锡克教徒中的低等级者），担任指挥的英国军官通常没有什么特别的资历，或者根本就是一些"土著"士官。[3] 值得一提的是，1840 年，这些劳力是从"贱民"中招募的。他们是欧洲士兵和当地妇女结合所生下的孩子，在军营中长大，被当成欧洲人抚养。人们认为他们比纯种的"土著人"身体素质更好，也更骁勇善战。[4] 殖民者经常与当地雇佣兵并肩执行任务：在建造中亚铁路时，就有 2 个连的俄国士兵（500 人）和 2 个连的波斯工人（320 人）一起铺设铁轨，另有 200 个波斯工人负责最后的校准并在铁路下面填充道砟，还有大约 50 个波斯工人负责安装与铁路并行的电报线。

　　为了指导工作，部队中有工程师军官。法国的工程兵军官是巴黎综合工科学校的毕业生，跟炮手一样在梅斯的学校接受过训练，1870 年

---

[1]　Harold E. Raugh, Jr., *op. cit.*, p. 107.

[2]　« Le Turkestan... », *RME*, décembre 1877, p. 234-235.

[3]　« Le chemin de fer anglo-afghan », *RME*, 15 mai 1889, p. 513-529.

[4]　Édouard de Warren, *op. cit.*, vol. 1, p. 341.

以后培训地点迁至枫丹白露。英国皇家工程师则毕业于伍利奇皇家陆军军官学校，1830 年起转移到查塔姆学校。鉴于他们执行的任务意义重大，有些工程兵军官被提拔到了很高的职位。1914 年，两个同盟国的指挥官，一个是生于 1850 年的赫伯特·基奇纳，另一个是晚了两年出生的约瑟夫·若弗尔，就分别来自皇家工程师学院和工兵部队。基奇纳在苏丹战役中一战成名，这场战争与其说是战略和战术的胜利，倒不如说是后勤的胜利。若弗尔则凭借他在中国、印度支那和马达加斯加修筑的防御工事开始崭露头角。不过在他们之前，还有很多伟大的将领也是从工兵部队起家的，比如英国的罗伯特·纳皮尔以及俄国的康斯坦丁·冯·考夫曼。还有些更具传奇色彩的人物同样有过在工兵部队服役的经历，比如查理·戈登，他曾被派到格雷夫森德待了 6 年（1864—1871 年），负责修筑泰晤士河的防御工事。

即使不像上述几位一样位高权重，工程兵仍能在军中扮演至关重要的角色，比如加拿大的 E. 佩西·吉鲁阿尔（E. Percy Girouard），他先是参与修建了加拿大太平洋铁路，又于 1896 至 1898 年间指导了苏丹战争中的铁路建造工程。在担任埃及铁路负责人时，他被罗伯茨勋爵挑中，一起前往南非并担任铁路负责人。他在军旅生涯的后期官至准将。[1] 中亚铁路的修建则让安年科夫将军声名远扬。当时他手下有差不多一千多人和一列有 42 节车厢的火车，他不但指挥着铁路修建、材料运输，还要解决住宿、物资分配和医疗卫生问题。[2] 从某种角度上讲，安年科夫很像英国的詹姆斯·布朗爵士，后者克服了地形坎坷的问题，为印度的公共工程部开辟了从俾路支斯坦到坎大哈的线路。

[1]　Harold E. Raugh, Jr., *op. cit.*, p. 275.
[2]　René Koechlin, *Voyage en Asie Centrale, Paris-Samarkand, 1888,* La Nuée Bleue, 2002, p. 98 sq.

通信技术

同样，远距离通信技术的发展引人注目。在很长的一段时期内，部队之间的通信只能靠传统的邮件，速度快慢不一，步行信使的时速为8千米每小时，骑马的速度则是步行的3倍。信件传送机制长期以来是必不可少的。19世纪70年代末，考夫曼将军在中亚创立了一套十分出色的通信系统，每隔25至30公里就设置一个补给食物并提供替换马匹的驿站。[1]欧洲殖民者也把通信手段带到了殖民地，填补了当地在这方面的知识空白。比如说，荷兰人从1888年开始在印度尼西亚使用信鸽，只需24小时就能把信息从亚齐传到南边2 000公里以外的巴达维亚。

当时的一些新兴技术一般只能执行静态任务，1791年法国开始使用的夏普扬旗通信系统就是如此。这个系统要求每隔10公里设一个通信站，每个站台立一根长杆，长杆顶端用铰链连接3块可以活动的木板，不同的位置组合代表不同的字母。在天气晴朗的情况下，这个系统的通信速度可以达到200千米每小时。法国在阿尔及利亚殖民扩张期间利用该系统建立了一个通信网络，经常帮助被困的部队解围。不过，这种方法还没来得及在其他部队中传播，就被19世纪50年代出现的摩尔斯码赶下了历史舞台。这种设备铺设起来更加快捷，可以架在立柱顶端也可以直接铺设在地面。根据路面复杂情况的不同，铺设速度快则每小时2公里，慢则每天2公里。[2]这种代码比夏普的简单得多，也更加易识读。

快速传递信息的技术给了殖民者很大的优势，比如说，他们可以

---

[1]　Richard A. Pierce, *op. cit.*, p. 182-184.
[2]　« Manuel tactique à l'usage des troupes de l'Indochine », *op. cit.*, p. 445.

在发生起义的时候迅速通知部队戒备。德·沃伦和一些军事权威敏锐地发现电报是镇压大叛乱成功的关键因素之一，印度士兵暴动的消息瞬间就传递到了拉合尔、阿格拉、坎普尔、贝拿勒斯、加尔各答和孟买，驻扎在那些地方的英军将领因此得以占据先机，早于叛乱者做出行动。不过，也不该忘记当时还有一些更为传统的通信方式，比如，被称为"哈卡拉"（harkaras）的传信使。[1]电报有助于作战信息的交换。基奇纳向喀土穆进军时，在极短时间内沿尼罗河铺设了一条电报线，有时一天就能铺24公里，他就这样和开罗取得了联系，并得以在最佳状态下安排后勤补给和组织换防。不久，他又在南非战场上布置了1 310英里（2 100多公里）的电报线。菲律宾总督亚瑟·麦克阿瑟曾说过，要不是部队从1900年就开始铺设并使用长达3 000英里（4 800多公里）的电报线，纵然有15万人的兵力，也不可能完成1898至1902年对菲律宾的"安抚"。[2]

　　不过，无论是电报还是19世纪末出现的电话，都不能时刻紧随部队的行动，尤其是一些战术性的转移。战斗小分队不应被线路和笨重的接收器束缚手脚。此外，电报线很容易被敌军切断（在苏丹战争中，为了预防这种情况的发生，工兵把线路埋到了地下或者尼罗河底，还在电线杆上架设了假线路以诱骗蓄意的破坏者）。[3]当时的无线电技术还不完善，因此除了用邮件的方式来传递急件，部队进行转移时，还用军号声互相通报。如果人数较多，他们就演奏能表明部队身份的进行曲。

　　实现远途通信还有一些其他的方式。英国人或许是受到了海军的启发，用摇旗的方法来传递信息，很快他们就在旗语中应用了摩尔斯码。

---

[1]　Édouard de Warren, *op. cit.*, vol. 2, p. 210.

[2]　Brian McAllister Linn, *op. cit.*, p. 203.

[3]　George Arthur, *op. cit.*, t. 1, p. 201.

他们把信号旗挂在 2 米长的杆子上，用不同的摇动幅度来代表点和线。这种旗语在 5 至 7 英里（8 至 10 公里）外也能看见[1]。还有一种工具叫作日光反射信号器，1880 年这种方法在阿富汗战场试用并卓有成效。这种仪器利用镜面反射日光传递摩尔斯码，在天气晴朗的情况下，士兵能用望远镜清晰地接收到 80 公里外传来的信息，每分钟能传达 12 至 15 个词（旗语的通信速度是每分钟五六个词）。1879 至 1880 年，罗伯茨勋爵在阿富汗就是用这种手段来调度手下分队的，作战时也不例外。

在实践中，部队将领应灵活结合各种通信手段以发挥它们各自最大的优势。在瓦隆将军手下各个分队之间的联络系统就是个很好的例子。当时（1892 年 3 月），瓦隆将军手下的两支部队（分别有 700 至 1 000 支步枪）在位于越南河内东北部约 80 公里处的东京安世县行动。那个地区被茂密的森林覆盖，树林里很难找到道路，而敌军固若金汤的抵抗阵地就隐蔽其中。法国部队要先把这些隐蔽处孤立地包围起来，然后再一举攻下。白天瓦隆将军在制高点利用日光反射器与行动小分队取得联络。行动小分队也时时刻刻向他通报自己的位置，白天使用热气球，晚上则利用篝火和烟火。队伍之间相互沟通的号声也有非常明确的规定，以免一些从法国部队中逃走的叛徒把他们引入埋伏。比如，"当两个队伍距离很近但不能看见彼此的时候，相互确认身份的号音是'先吹《大檐帽》，然后吹两声长音'"。[2]

最后，值得一提的是浮空器。它不但能让部队通报自己的位置，在地形平坦的地方还能充当侦察站。此外，浮空器还会对敌人产生一种威慑的效果，让他们知道自己的一举一动都被对方尽收眼底。浮空器的使

---

[1]　Harold E. Raugh, Jr., *op. cit.*, p. 106.
[2]　Lieutenant-colonel Ditte, *op. cit.*, p. 267.

用可以追溯到大革命时期，此后屡见不鲜。1885 年在哀鸿遍野的苏丹战场，杰拉德·格雷厄姆爵士（Sir Gerald Graham）的部队印证了浮空器的威力。他们用一个系留气球控制了一大片方形区域中的 8 000 名士兵、1 752 头骆驼、1 040 匹骡子和 1 773 名骑手。那些人当时（4 月）正准备与苏丹的"德尔维什"将领奥斯曼·迪格纳驻扎在萨瓦金西南部的部队会合，可是，他们的努力都是徒劳。[1] 同年，在波里耶·德利斯尔远征谅山的队伍中也有飞艇驾驶员。但是，浮空器在 1895 年马达加斯加的殖民战争中则没有派上用场。战争初期几乎没什么敌军，所以这种工具也就无用武之地，反而会拖缓轻装部队攻占塔那那利佛的速度。[2] 1900 年，国际远征军从中国天津向北京行军的途中也用了热气球进行侦察；在布尔战争中，英军也大量诉诸这一手段。侦察机在殖民后期才开始介入战争，主要在北非使用，但很快就确立了不可或缺的地位，而战斗机发挥的作用很有限。

科学知识与情报

科学与帝国主义

部队所应用的科学技术不但是西方国家征服别国的利器，也是他们的自信源泉，对于其他国家的了解起到了同样的作用。科学与帝国主义的密切联系，从拿破仑战争时期就已经凸显出来。征服者相信自己是知

---

[1]　*RME*, 15 avril 1885, p. 444.
[2]　Lieutenant-colonel Ditte, *op. cit.*, p. 229.

识甚至是理性的代表。这是殖民者意识形态最强大的组成部分之一。地理发现，或更确切地说是勘探考察，只要打着科学的旗号就能名正言顺地进行，而这些探索行为又为殖民征服打下了基础。长期积累下来的研究成果有助于征服者更好地了解身处的自然和文化环境。有时候，科研不过是个幌子。1839年3月俄国决定远征希瓦。当时，俄国人就以研究咸海为名掩饰他们的军事准备，以求尽可能地延迟英国人前来支援可汗，或者说，延迟可汗与当地其他统治者结成联盟的时间。[1]

在所有的人文和社会科学中，地理学无疑是与殖民征服关系最为密切的学科，它的发展与欧洲国家版图的扩大始终是同步进行的。举几个例子来说吧，巴黎地理学会1821年就存在了，伦敦和圣彼得堡分别于1830年和1845年创立了同样的组织。意大利地理学会于1867年在佛罗伦萨建立，马德里地理学会于1876年创立。还有一门学科地位跟地理学旗鼓相当，它以社会为研究对象，在19世纪通常被称为人类学。巴黎和伦敦分别在1859和1863年建立了人类学学会。这些掌握在大学教员和研究员手里的科学知识也正是部队孜孜以求的情报。但是，跟科学家不同，部队的目的不是对知识客观无私的追求，而是征服和统治。不过，为了更快地实现这一野心，必须要有高度的精确性和客观性。他们感兴趣的学科相互之间都有联系，比如地质学、政治经济学，与气候、土壤、动植物相关的科学，还有对当地居民及其生活方式、世系组织、礼仪、宗教、习俗的研究。因此，在最渊博的学术团体中有平民也有军人，这也不足为奇。他们秉承着相同的目标，共同促成了西方知识体系的建立。

---

[1] "A Narrative of the Russian Expedition to Khiva", *in* Martin Ewans, ed., *The Great Game, Britain and Russia in Central Asia*, vol. VIII, *op. cit.*, p. 69-79.

在这里，能举出很多颇有说服力的例子。让－巴普蒂斯特·马尔尚因横越非洲而获得了一枚由巴黎地理学会颁发的金质奖章。弗朗西斯·荣赫鹏（Francis Younghusband，1863—1942年）是喜马拉雅山脉的探险者。长达8个月的征战后，他与一千多名士兵一起进入拉萨，并迫使中国西藏接受英国的"保护"。他甚至在1919年成为伦敦皇家地理学会的会长。有些军事将领虽然自己成不了大学者，但不遗余力地帮助科学的发展和传播。尼古拉·普热瓦利斯基（Nicolas Prjevalski，1839—1888年）可能是俄国最负盛名的中亚探险家，他的探险活动得到了战争部和圣彼得堡地理学会的资助。考夫曼将军作为圣彼得堡科学院的通信会员，曾大力支持人种志、地理学和自然历史学的研究（有500部著作在他的保护下出版），还创办过一个博物馆和一个图书馆，其中收藏了所有在书籍、报刊中出现过的、与突厥斯坦相关的资料。[1] 到了1912年，圣彼得堡已经有了一个地理学会、一个东方研究学会、一个农村经济学会、一个科技学会和一个医学会。加利埃尼在担任马达加斯加总督期间，利用被罢黜政府的印刷厂创办了一份《官方报》（*Journal officiel*），还有一本名为《新》（*Vaovao*）的马达加斯加语周刊，后者被当作"宣传法国影响力的喉舌"。他还创办了一本以地理学和人种志为主要内容的月刊以及一份年刊。他于1902年创建了"马达加斯加学院"，旨在推进语言学和人类学研究。

世间的知识门类众多，关系错综复杂。在此，我们只想简单地展示一下这类非实体控制工具的获得过程。

---

[1]　A. Woeïkof, *op. cit.*, p. 168.

地形学

多亏了以往的一些研究，尤其是地形勘探的成果，殖民者在出征之前就能在国内获取一部分所需要的信息。在这些宝贵的文献中，最著名的大概要数1808年工兵营营长伊夫·布廷（Yves Boutin）从阿尔及利亚带回来的资料了，当时他被拿破仑秘密委派为一次可能进行的登陆行动做准备。1830年，战争大臣德·布尔蒙（de Bourmont）将军担任远征军指挥官时，就将这份报告的原稿作为主要参考文献，并结合一些后来的资料进行了核对和补充。在他的命令下发表并分发给军官们的《供非洲远征军参考的阿尔及尔历史、统计学与地形学概述》（l'Aperçu historique, statistique et topographique sur l'Etat d'Alger à l'usage de l'armée expéditionnaire d'Afrique）还大段引用了这份报告的原文。人们认为，除了重现布廷所绘制的"地图、平面图和剖面图，并根据布廷本人在《回忆录》（Mémoire）中所写的内容进行了一些修正，再加上一些新发现的知识"，这份教材已"没什么可补充的了"。

人们在殖民扩张的道路上走得越远，资料也就越完善。先驱探险家们沿着行人最多的路径深入异国并把经历记录在案，他们的报告扩充了人们的知识，昔日的探索之路后来也成了殖民部队行进的常规路线。夏尔·德·富科（Charles de Foucauld）在1883年6月到1884年5月之间进行了一次相对机密的旅行，返乡后他撰写了著名的《摩洛哥侦察报告》（Reconnaissance au Maroc），为此他走了不下3 000公里路，其中有2 250公里此前从来没有人涉足。[1] 这部著作被视为人类征服地理科学

---

[1] Jacques Frémeaux et Daniel Nordman, «La Reconnaissance au Maroc de Charles de Foucauld», in *Sciences de l'Homme et conquête coloniale, constitution et usage des sciences humaines en Afrique (XIXᵉ-XXᵉ siècle)*, Paris: Presses de l'École Normale Supérieure, 1980, p. 79-104.

的标志，并得到了巴黎地理学会的认可，在 1912 年的殖民扩张中给部队提供了宝贵的参照。通过对旅行者和本地商人进行询问，人们画出了第一张通往未知国度的路线图，并派出公务人员甚至"土著人"进行实地考察。虽然他们没有接受过符合西方标准的教育，但至少能提供一些主要的信息点，测量出两个节点之间的大致距离，并把粗略的地形图画在专门为此设计的沙盘上。有些使者还为完成这项任务接受了一定的系统培训。

在德里以北 230 公里处的印度边陲城市台拉登，英国人在"喜马拉雅的阴影中"组织了一支从属于英军地形勘探队的地理小组。小组教练（首任教练是工程兵军官托马斯·蒙哥马利上尉）的任务主要是培训"潘迪"（pundits），也就是勘探员。受训者则是印度、旁遮普及廓尔喀的"土著"士兵或雇工。他们能使用一些测量仪器（罗盘、照准仪、六分仪以及用来测量海拔的沸点温度计），大多数人还会巧妙地乔装，利用衣物、手杖或转经轮来掩饰自己的身份。他们不能把收集来的情报记在地图上，否则有可能会暴露自己的位置，而是用自己的母语写在本子上。这样一来，就不必让欧洲士兵在敌对领地冒险，也不会引起其他列强的注意。不过，还是有一些身先士卒的军官亲自从事侦察行动，比如英国地形勘探队的麦克奈尔（MacNair），1883 年，他曾秘密往返于印度、俄国和阿富汗边界的奇特拉尔地区和吉尔吉特地区。[1] 他收集的资料后来由政府出资编成了一系列回忆录。编好之后，作为机密文件分发给高级公务员和相关的军事将领。[2]

绘制地图则需要更长的时间，因为要保证地图精准，就要花费数年

---

[1]　Colonel Holdich, *op. cit.*, p. 2-3, p. 265.

[2]　« Note sur le service géographique dans l'Inde anglaise », *RME*, 30 octobre 1886, p. 449-464; voir aussi Peter Hopkirk, *op. cit.*, p. 329-332.

的时间来核对资料。1885 年，通过海军工程师地理学家们的精密勘察，安南—东京的沿海地区以及红河三角洲的地图终于诞生了。此前，远征军军官波里耶·德利斯尔只能靠在顺化市拿到的安南地图指挥印度支那的军事行动。这些地图固然珍贵，但绘制原则与法国的大相径庭。1886 年，河内地形局成立，从此这个机构的科学探索成果就与殖民征服的进程齐头并进。[1] 如果这方面的资料缺失或有误差，后果就不堪设想。在 1895 年的埃塞俄比亚战争中，意大利指挥部只有比例尺为 1：400 000 的地图，而且还是靠旅行者叙述绘制的，错误连篇。结果是，欧洲官兵习惯的那套定位方法（以村庄、房屋或教堂作为定位点）在这里完全行不通。[2] 美军登陆古巴时也缺少地图的帮助，但他们的损失没有意军那么惨重。在菲律宾，他们则发现西班牙人传下来的地图根本靠不住。英军在布尔战争期间意识到了自己对南非地形的无知，导致他们多次受挫，莫德尔河之战（1899 年 11 月 28 日）给他们的教训尤为惨痛。

因此，要想取得精准可信的资料，就得依靠入侵和占领。每支部队，或者每次侦察的任务中，至少要有一个军官拿着罗盘、秒表和六分仪把一路上的重要地点、险峻通道、水域以及可能获取给养的地方标记出来。有了这些尽管粗略却非常实用的记录并进行定位之后，考察人员就能够很快地绘制出一个地区的精确地图。负责测绘的也不再是没有专业知识且常常军务缠身的武将，而是有军官头衔的地形测量学学者。这些数据之精准与他们在欧洲进行的测绘相比，毫不逊色。这样一来，部队将领就可以在指点江山时胸有成竹了。地图绘制工作在边境地区更早

---

[1]　Lieutenant-colonel G.de Martonne et Jean Martin, éd.,*La Carte de l'Empire colonial français*, Georges Lang, 1931, p. 96-102, *in* Exposition coloniale internationale de Paris. *Les Armées françaises d'Outre-Mer.*

[2]　« Consi dérations sur la campagne d'Abyssinie. Conférence faite à Turin par le général Gazzurelli », *RME*, février 1897, p. 165.

熟，也更精细，这有利于与周边的列强和睦相处，当然也是为了未来的远征做准备。阿富汗边境地区的地形图，就是在1893年以及后来划定国界的过程中绘制出来的。[1]

印度地图的绘制工作从18世纪中期就开始了。到19世纪80年代中期，英国人手上已掌握了大量各种比例尺的印度地图（大到1∶760，小到1∶16 220 160，最常见的则是用0.25英寸或1英寸表示实际距离1英里的比例尺，也就是1∶252 000和1∶64 000）。驻扎在加尔各答的地形勘察队有近200名成员，其中有40名军官（20名工程兵军官和20名参谋队伍军官），他们中的大多数是掌握指导权的高级军官。队伍里还有相当数量的"土著人"，以下孟加拉人居多。殖民者一般认为印度雇佣兵"既懒散又软弱"，但头脑聪明，善于绘画，富有耐心，心灵手巧，而且只要给一点工资就心满意足（每月8至10卢比，或16至20法郎）。除了中央军之外，还有一系列驻扎在地方的部队。一位法国观察员指出，印度籍士兵的总数仅次于俄国士兵，比世界上其他任何殖民国家的兵员数量都要多。俄国于1822年成立了一支由地形学学者担任军官的部队。

有些指挥官对于这种控制手段尤为关注。1874年，年轻的基奇纳中尉参与过巴勒斯坦（1874—1878年）和塞浦路斯（1878—1882年）的地图绘制工作；1885年，他还加入了英、法、德三国讨论限制桑给巴尔苏丹领地的委员会。1896至1898年，他指挥了苏丹战争，并下令绘制了一份覆盖面积为100万平方英里（约259万平方公里）的地形图。这与威廉·希克斯（William Hicks）情报匮乏的境况形成了鲜明的对比，因此基奇纳的队伍在行军时总是踌躇满志，而希克斯从尼罗河地区向欧拜伊

---

[1]　Colonel Holdich, *op. cit.*, p. 2-3, p. 265.

德进军时则惨遭失败。[1] 布尔战争期间，英军情报处长官乔治·亨德森（George Henderson）上校监督地形学专家绘制了 1.5 万平方英里，即约 4 万平方公里南非地图，在一定程度上也是接受了基奇纳的指令。[2]

作战情报与政治情报

无论是厉兵秣马、选择战地、与对手谈判，还是在刚刚征服的领地上开阶立极，仅仅有勇武善战的普通军官还是不够的。部队参谋部还要有合格的情报官，他们对队伍所处的自然和人文环境了解深刻，可以辅佐上级做出明智的决策，研究当地语言，必要时还能率领非正规军和"土著"队伍行军或者镇压暴乱。这类人才的缺失会造成灾难性的后果。阿杜瓦战役失败后，意军的教练指挥官加祖雷里（Gazzurelli）将军曾哀叹道，意军部队中没有人能争取到当地人的信任，否则就能套出准确的情报了。[3] 与之相反，基奇纳在布尔战争期间大力开展情报工作：1902 年，他的野战情报部中有 140 多名军官、上千名特工和编外平民工作人员，其中有白人也有黑人。[4]

英国人很早就想到让驻印度部队中的军官执行这种任务了。印度总督威廉·本廷克勋爵（Lord William Bentinck，1828—1835 年在任）曾招募 20 多个语言专家组成了一个特别办事处，委任他们粉碎图基教的颠覆活动。[5] 但是，部队最为关注的还是外部安全问题。孟加拉第六国

[1]　Gwyn Harries-Jenkins, *op. cit.*, p. 191.

[2]　Bill Nasson, *op. cit.*, p. 151.

[3]　« Consi dérations sur la campagne d'Abyssinie. Conférence faite à Turin par le général Gazzurell i», *RME*, février 1897, p. 164.

[4]　Bill Nasson, *op. cit.*, p. 210.

[5]　Lawrence James, *The Rise and Fall of the British Empire*, Londres, Abacus, 1994, p. 221.

家轻骑兵队的亚瑟·康诺利（Arthur Conolly）中尉曾受印度理事会会长埃伦巴勒爵士的委派，横穿了高加索山脉的俄国领土，又冒着生命危险试图前往希瓦未果，最后决定取道波斯前往阿富汗。他途经赫拉特、坎大哈和奎达，又从波伦山口返回印度（1829—1830 年）并带回了丰富的军事和地理资料。[1] 本廷克大概是用"大博弈"一词指代英俄竞争的第一人，吉卜林 1902 年出版的小说《基姆》（*Kim*）让这个说法广为人知。1832 年，另一位年轻军官亚历山大·布尔内斯（Alexander Burnes）中尉接受了埃伦巴勒爵士的派遣，侦察了可能的入侵路线（1832 年），他先后抵达了喀布尔和布哈拉，是首批会见阿富汗埃米尔多斯特·穆罕默德（Dost Mohammed）的人之一。他的战友埃尔德雷德·波廷杰（Eldred Pottinger）在波斯人受俄国驱使围攻赫拉特时向赫拉特大臣伸出了援手（1836 年 11 月—1837 年 9 月）。然而，这些人的命运都以悲剧收场：康诺利和他的一位同事斯托达特（Stoddart）在布哈拉执行任务时，被可汗下令斩首（1842 年 6 月）；布尔内斯在喀布尔暴乱之初就惨遭暗杀；同一时期，埃尔德雷德·波廷杰则沦为阶下囚，虽然后来重获自由，但在 32 岁时因病早逝。[2]

　　印度民族起义发生之后，英国政府预见能力之贫乏暴露无遗，不过即便如此，真正的常设军事情报机关也始终没有建立起来。印度部队在参谋队伍的支持下得以重组，通过印度文官制选拔出来的公务员能力出类拔萃，其中还有一些前军官和外派军官。在英国看来，这足以保障未来统治的稳定。直到 1878 年，印度总督立顿勋爵（Lord Lytton）才创建了一个规模很小的军情机构。据说，这是因为他认为英国对印度的

---

[1]　Peter Hopkirk, *op. cit.*, p. 123 sq.

[2]　Charles Allen, *Soldier Sahibs, the Men who made the North West Frontier,* London, Abacus, 2000, p. 12.

了解还不如对非洲多。不过，当时英国关注的焦点还是在俄国的威胁上。位于西姆拉的情报部只有为数不多的军官、几个办事员和地图绘制员，他们的主要任务是收集资料并翻译相关的俄语著作。1884年，情报部的创始人，印度部队的军需官（即副司令）查尔斯·麦克格雷爵士（Sir Charles MacGregor）写了一份资料翔实的报告——《印度的防御》（*The Defence of India*），他不但把这份报告呈给上级审阅，还发给很多将领参考。[1]

印度西北边境上的军官外交手段高明，同时也具备卓越的领导才能，他们总有办法让英国的利益得到满足。在这类将领中，有"俾路支斯坦之王"罗伯特·桑德曼（Robert Sandeman），他从1876年起接管了奎达和波伦山口地区；有查尔斯·汤森（Charles Towshend），他在1892至1893年间控制了位于克什米尔西北方向的古比斯要塞，那里毗邻俄国、中国和阿富汗边境。还有沃伯顿（Warburton）上校，白沙瓦1879至1896年的助理警长。他出生于1842年，父亲是一名英裔爱尔兰炮兵军官，母亲是阿富汗贵族，因此他还与多斯特·穆罕默德沾亲带故。[2]另一些从事与情报信息相关工作的军人也发挥了举足轻重的作用，比如詹姆斯·布朗爵士（Sir James Browne），他领导了1883至1887年从苏库尔到坎大哈的铁路修建工程。这位工程兵军官在阿富汗度过了青年时期，精通当地方言，因此成功取得了波伦山口地区居民的帮助，使得铁路修建十分顺利。

非洲战场上同样人才辈出，其中最著名的大概就是霍雷肖·赫伯特·基奇纳了。这位工程兵军官先是被委派了一系列地形勘探任务，后

---

[1]　Popplewell（R.J.），*Intelligence and Imperial Defence, British Intelligence and the Defence of the Indian Empire, 1904-1924*, London, Frank Cass, 1995, p. 11-22; Peter Hopkirk, *op. cit.*, p. 422-426.

[2]　Colonel Holdich, *op. cit.*, p. 185-187, 193; Gwyn Harries-Jenkins, *op. cit.*, p. 177.

来以少校军衔在埃及服役。他学会了阿拉伯语，又在探索西奈半岛的过程中学会了骑骆驼，后来在营救戈登的行动中铩羽而归。他手下有一支在当地招募的骆驼骑兵队，也就是阿巴比德边疆部队（Ababedh Frontier Force），曾伪装成贝都因人，跟从威尔逊上校，在萨瓦金与栋古拉之间的沙漠中穿行，身携巨金（1884年5月时的1万法郎），用于沿途购买情报和服务。[1] 他在喀土穆行军时曾向雷金纳德·温盖特爵士求助。温盖特从1889年起担任埃及部队的情报处长官，后来接替基奇纳成了埃及部队司令官，1899至1916年任苏丹总督。

阿尔及利亚的阿拉伯办事处是法国人对殖民地进行长期有效管理的工具。第一个阿拉伯办事处成立于1833年，当时的负责人是野心勃勃的年轻上尉拉莫里西埃。在比若担任总督期间，这个部门正式建立起来，虽然只有200人，但在殖民扩张和法国在殖民地的初期行政管理中的作用不容小觑。领导者都是优秀的阿拉伯语或柏柏尔语专家，司令官在进行战争筹备和制定政策时都要征求他们的建议。1870年，法国为了在阿尔及利亚实行民事行政管理，解散了阿拉伯办事处，但仍以其他名义（如土著事务部、情报部）继续为马格里布的殖民工作服务。很多如雷贯耳的名字都与这个组织有关，比如阿尔及利亚的让－奥古斯特·马尔戈利特（Jean-Auguste Margueritte）、费迪南·拉帕谢（Ferdinand Lapasset），撒哈拉的弗朗索瓦·拉佩里纳，还有在摩洛哥与利奥泰并肩作战并备受赏识的亨利·贝里奥（Henri Berriau）。海军中并没有类似的传统，也许是因为没有理论支持，也可能是因为缺少人手。利奥泰在印度支那担任司令时，就曾抱怨过东京战区没有具备专业地形知识的军官，导致他在安排边防和海防士兵轮班周转时只能碰运气，兵

---

[1]　George Arthur, *op. cit.*, vol. 1, p. 63-64.

力很不稳定。[1] 但是，陆军高官必须要行使此类职能。加利埃尼刚到非洲时被任命为塞内加尔政策指导上尉，他先在麦地那和巴富拉贝之间的地区执行一系列侦察任务，后来又负责与阿赫马杜治理下的图库洛尔帝国进行谈判并签订条约（1881年的《楠戈条约》），使之成为法国的保护国。

俄国参谋部在1846年成立了一个地理与军事数据部，目的是统筹他们在乌拉尔以东地区以及高加索地区的政策。1886年，米柳京于1863年创办的总参谋部亚洲分部得到了重组。其职能非常广泛，负责这个地区内的所有军事活动、通信、边境问题以及帝国在行军过程中的调查研究。与附近接壤国家的交往，也在这个部门的职责范围内。然而，这个机构的规模很小，由1位准将或者参谋部上校领导，另有3名参谋部军官、1名地形学家军官和1名平民监督员辅助工作。[2] 该机构与俄国外交部甚至内务部的亚洲部分协同工作，主要处理穆斯林问题，但这些部门之间也时有对抗。[3]

在殖民地区，一些军官获得了高加索、突厥斯坦和西伯利亚军区的管理权。这些职位，尤其是在突厥斯坦，可以说是让人趋之若鹜的美差，最优秀的或最狡猾的士兵争先恐后，把它当作一步登天的跳板。在这些岗位上的生活条件和受到的待遇，也确实比普通军官好得多。[4] 成功上位的军官首先要接受基础的实践培训，然后再根据具体职能进行补充培训。从1883年起，一些军官还被派到外交部或建于1899年的符拉迪沃斯托克（海参崴）东方学院学习。[5] 不过，这些措施似乎收效甚微。

[1] Hubert Lyautey, *Lettres du Tonkin*, vol. 2, p. 53.

[2] « Les états-majors dans l'armée russe », *RME*, 30 avril 1888, p. 480.

[3] Alex Marshall, *op. cit.*, p. 26.

[4] Eugen Schuyler, *op. cit.*, p. 221-223.

[5] *RMAE*, janvier 1906, p. 103.

1912 年，战争部分别在符拉迪沃斯托克（海参崴）、塔什干和第比利斯创办了 3 个培训班，22 名军官要在这里接受一年一度的培训。为期 8 个月的预备课程结束之后，他们就会被派往远东、印度、波斯或土耳其驻扎，具体地点根据各自的特长和专业而定。[1]

其他部队虽然没能得到这么多专业人员的指导，但所有部队中都有负责语言教学、管理本地支持者以及与当地领袖联络的军官。美国的约翰·格利高里·伯克（John Gregory Bourke）上校就是其中之一。他早年自愿入伍投身内战，从西点军校毕业后，在北美印第安人战争的主要将领之一乔治·克鲁克将军手下做了 16 年副官，成了第一批研究阿帕切、纳瓦霍和霍皮部落的专家。

现在，是时候让我们把目光投向实地战争了。部队是如何一步步走上战场的呢？部队又是如何进行军备和物资补给的呢？这两个问题将在下面的章节中找到答案。

---

[1]　*RMAE*, janvier 1912, p. 88-89.

第二章

交 通 运 输

$\vee$

　　船只不仅负责运送部队的中坚力量，还要运送很大一部分坐骑动物和驮畜，以及生活用品和战略物资。这样才能保证战争初期建立的军需仓库始终充盈，确保部队能够随时出击。英国人在这类贮藏和运送设施的建设上可谓是先驱，位于泰晤士河畔的伍利奇不但坐拥皇家陆军军官学校，皇家军工厂也于1878年在这里落成。[1] 因此，系统研究那些重要的运输港口，比如法国海军部队的驻点（尤其是土伦、布雷斯特、罗什福尔和瑟堡），将会大有裨益。

海上交通

轮船的表现

　　众所周知，由于材料质量的提高，以及港口和中途停靠点的修缮，

---

[1]　Edward M. Spiers, *The Late*, p. 279 qui cite Bailes（H.），"Technology and Imperialism: a Case Study of the Victorian Army in Africa"，*Victorian Studies*, 24, 1980, p. 82-104.

海上交通线在 19 世纪得到了迅猛发展。人数众多、武装日益精良的部队如今能够通过这种方式得到充足的生活必需品和弹药供应，他们因而能走得更远，出征时间更长。肩负最重要任务的远征队规模从 1 000 人到 4 000 人不等。通常情况下，海外驻军换防时所转移部队的体量也大致相当。正是因为具备了这样的条件，在 1892 至 1893 年的调动季，共有 15 894 名英国官兵、540 名妇女和 602 个孩子出发前往英属印度，而 13 350 个男人、506 个妇女和 1 072 个孩子得以重返故乡。[1] 1905 年，法国部队对于海运船只吨位的要求是每个人 1 个净吨位，每匹马 6 个净吨位，每辆车 8 个净吨位（净吨位是总吨位减去机器和供给品的体积。1 净吨位 =1 总吨位 ×0.6 ）。与法国相比，英国的标准要更高些。沃尔斯利在《士兵战地勤务手册》中要求远航船只的排水量必须达到每人 4 吨，每匹马 10 吨，还要装上前线所需的装备和补给。这样算下来，一支 1 000 人的部队需要排水量为 5 570 吨的船只来运送，一组 6 门大炮则需要 3 000 吨的运输船。[2]

从货物装船时起，船长就开始履行他的职责直到卸货结束。他除了要保护船只和货物的安全，还要保证物资足量且按时的供应。[3] 然而，在海军眼里，船长绝不仅仅只是为远征军摆渡的船夫。水手们对于来自高层的军事指令并不总是言听计从，在第一次阿散蒂远征期间，英国皇家海军认为任命加内特·沃尔斯利爵士为远征军统帅是对拉各斯总督、海军上尉约翰·格劳夫的侮辱。时任陆军大臣卡德威尔不得不动用他的全部影响力来支持这一决策。格劳夫只好屈尊领导一支豪萨人组成的非正规军，这支部队后来比陆军晚到了库马西，结果根本没有发挥什么军

---

[1]   *RME*, septembre 1893, p. 240-241.

[2]   Lieutenant-colonel Ditte, *Observations*, p. 92-94.

[3]   *Ibid.*, p. 112-113.

事作用。

　　殖民初期，由于商队的木制帆船吨位很有限（勉强超过六七百吨），所以每次出海都要集结大量的船只。1830年法国远征阿尔及利亚的时候，租用了357艘商船才让3.6万名官兵和4 000匹马全部登船，其中法国船119艘，外国船238艘。[1] 将近40年后的1867至1868年，英国远征阿比西尼亚的时候，动用了205艘帆船和75艘汽船。不过虽然部队规模与上一次相当，军人和船员加起来共有4万人，但这次一起上船的还有3.5万只动物，其中包括6 000头骆驼和44头大象。[2] 19世纪末期，随着用金属做船身的汽船得到普及，海运取得了显著的发展。船只吨位轻而易举就能突破3 000吨，即净吨位1 800吨，载重量可达数千吨。

　　即便如此，远征还是一项规模浩大的行动。英国为了组建1882年的埃及远征军，不但调来了直布罗陀和马耳他的部队，还从英国本土召集了一些队伍，并启用了大约1万名预备役军人。其中一部分本土士兵和预备役军人用来替换这两个根据地的驻兵。英军还借调了一部分印度部队。最后，远征队中共有3.2名官兵、8 000匹马、5 000头驮畜、1 000辆车、60门大炮和所需弹药、38个锻炉……从英国出发的部队全靠60多艘海船运送，船队中还有两艘医疗船和两艘装着蒸馏净化水装置的轮船。他们7月10日登船，8月9日就开始在亚历山大港登陆。而从亚洲出发的部队（大约5 000人）晚些时候才到达苏伊士，这也就是为什么沃尔斯利要等到9月才率军从伊斯梅利亚出发，沿运河向开罗发起进攻。[3]

---

[1]　E. Pellissier, *op.cit.*,t.1,p.31;Lieutenant-colonel Ditte,*op.cit.*,p.90, donne 572 navires de commerce.

[2]　Harold E. Raugh, Jr., *op. cit.*, p. 4.

[3]　*RME*, août 1882, p. 93, 116, septembre, p. 141-145, p. 173.

　　海运在其他战役中的表现也旗鼓相当。1895年，英军把对抗阿散蒂人需要的1 000多人、1 500吨军备和弹药以及各种给养运到目的地，只用了5艘军舰，其中还有1艘还被改装成了海上医疗站。[1] 同年，法国用三十多艘船把1.5万人组成的远征队送达马达加斯加。[2] 1896年，意大利派了29艘军舰给埃塞俄比亚战场送去支援。这些船的平均吨位从2 000到4 000吨不等，在那不勒斯与马萨瓦之间往返了50次，其中有些还连续来回了两三次，一共运送了1 352名军官、35 000名士兵、8 000头牲畜和7 000多吨生活物资和武器装备。[3] 同样是1896年，11艘海轮载着1.5万西班牙士兵为镇压1月23日（第一艘船出发的日期）至3月3日（最后一艘船抵达的日期）的古巴暴乱提供了决定性的支援。[4] 1900年，1万名法国国际远征军乘坐17艘轮船前往中国。[5]

　　轮船航速的提高令人瞩目。1830年5月25日，一支舰队从法国出发，短短5五天后，也就是30日，就在400英里（约640公里）外的阿尔及利亚靠岸。不过，由于遭遇恶劣天气，登陆行动不得不被推迟，船队在马略卡岛的帕尔马临时停靠，直到6月14日，也就是开船3周后，船上的乘客才再一次踏上陆地。在意埃战争中，从那不勒斯经由苏伊士到达马萨瓦的航程为2 200英里（约3 500公里），意大利船队在12月16日至3月8日之间陆续出发，并于12月25日至3月20日之间抵达，平均航行时间为10天。[6] 阿杜瓦战役后，意大利派出了最后一批增援部队，

[1]　« Expédition contre les Aschantis (novembre 1895-janvier 1896)», *RME*, septembre 1896, p. 191-228.
[2]　Lieutenant-colonel Ditte, *op. cit.*, p. 91.
[3]　« Les Italiens en Afrique », *RME*, février 1897, p. 123.
[4]　« L'Espagne et l'insurrection cubaine », *RME*, novembre 1897, p. 396.
[5]　Général Voyron, *op. cit.*, p. 113.
[6]　« Les Italiens en Afrique », *RME*, décembre 1896, p. 443-480.

这114名军官和3 666名士兵3月11日开始登船，26日完成登陆。[1]法国国际远征军从土伦到天津的航程为9 000英里（约1.45万公里），用时在38至51天之间。

属于国家的海轮数量不多，且作用仅限于护航、传递信息以及运送高级官员。用于交通运输的船只一般都是向平民租用的，后来则越来越多地由航运公司提供，并通过协商决定是征用还是出租，只有在少数特殊情况下才会购买船只。与日俱增的商船队成了有着坚实后勤保障的大型航运公司，足以满足国家对船只的需求。在租用船只时，国家会优先选择与本国公司合作，在保证盈利的前提下，如果市场仍有利可图，也不排斥外国公司的供货。荷兰的KPM，也就是皇家航运公司，承担了荷兰1894年龙目岛和1898年亚齐的远征军航运任务。除了航运公司，一些专门负责运输组织工作的公司也起到了不可忽视的作用。托马斯·库克（Thomas Cook）于1841年创办的库克事务所是一家主营旅游业务的公司，但也参与组织了1882年的埃及远征和1885年的苏丹远征。该公司负责将英军的800条小船从亚历山大引领至瓦迪哈勒法的尼罗河第二瀑布，以便上尼罗省的英军转移，收费标准是每艘船1 000法郎。后来，在1896至1898年至关重要的进攻中，仍是由库克公司的汽轮（46至73米长，6.5至10米宽，时速18公里）负责远征军在开罗与阿斯旺之间的转移。

用于交通运输的轮船只经过了少量改造，船上有供人休息的吊床和为动物特制的厩棚，以便上船后尽可能限制后者的活动。法国人就对1879年英军派往开普敦的增援船的装船方式赞赏有加。很多民用轮船被改装成了运兵船。比如，伯恩斯和卡纳德公司（Burns et Cunard）的

---

[1]　« Les Italiens en Afrique », RME, février 1897, p. 123.

汽轮"俄罗斯号"能运载1 000人。士兵登船仅用1个小时，每12人为一组被带到甲板上安排好的地方各就各位，整个过程有条不紊。桌上已摆好热气腾腾的饭菜，还准备了《圣经》和一些圣歌集，供士兵们补充精神食粮。每张桌子上方都装有用来挂吊床的钩子和放枪的枪架。还有一些轮船在改造时特意建造了马厩。比如，法国大西洋海运公司往来于勒阿弗尔和纽约之间的"法兰西号"邮轮，就曾被用于运送法国第十七长矛轻骑兵队的272匹战马，马匹事先被卸掉了马蹄铁并关进铺了干草的马厩，人们借助绳索和滑轮把它们吊上船，整个过程仅用了5个小时。[1]

　　但是，也不是所有远征都能这么井然有序，1898年的古巴远征就是"美国战争史上混乱和低效行动的一个突出战例"[2]。在这次行动中，美国政府希望选择一些吃水深度小的轮船，但这些船很难找得到，最后他们只租到了31条船。第一批的1.7万名士兵在佛罗里达东海岸的坦帕港上船，只能勉强挤进船里，几乎连落脚的地方都没有。登陆的过程同样很艰难，他们于6月22日到达古巴东南海岸离圣地亚哥不远的锡沃内和代基里，既无枪炮防身，又无粮食果腹。[3] 幸好美军将领很快从中吸取了教训。麦金利总统的战争部长罗素·A. 阿尔杰（Russell A. Alger）雇用了银行家海克尔（Hecker），让他以租用和购买的方式弄到了一批轮船，并改装成了专门用来运送部队和装备的运输船。坦帕港不再作为军港使用，而是由设施更齐全的纽约、纽波特纽斯和查尔斯顿取而代之。在后来的几个月中，联邦部队领导的殖民远征军尝到了这些改进措

---

[1]　« La guerre du Cap. Le départ de renforts », RME, 15 mars 1879, p. 140-145.
[2]　*American Military History, The ROTC Manual For Senior Division Army ROTC Units*, Harrisburg, Pennsylvania, Military Service Publishing Company, 1953, p. 158.
[3]　Lieutenant-colonel Ditte, *op. cit.*, p. 184-185.

施的甜头。发往波多黎各的部队一路顺风顺水；奥蒂斯少将的菲律宾远征军在旧金山登船时效率极高。[1] 战争结束后，交通部成了负责维持美国与其殖民地关系的常设机构。

登陆条件

欧洲部队很少在登陆时受阻。即使敌人奋起反抗，不管用的是野战炮还是要塞炮，海军的坚船利炮都能轻松地化解攻击，让远征军畅行无阻。1882 年 7 月 11 日，英国对亚历山大进行了轰炸，在皇家海军 16 英寸（406 毫米）、11 英寸（279 毫米）和 10 英寸（254 毫米）口径的重炮面前，埃及地面上的火炮毫无招架之力。登陆时，一支训练有素的部队要首先轻装上阵，建立一个桥头堡。在 1873 年英国和阿散蒂人的对阵中，打头阵的是海岸角志愿军和数量相当的豪萨人临时部队，110 名海军和 300 名西印度军团的士兵，这些人全部听从哈雷（Harley）上校的指挥。1894 年 12 月至 1895 年 1 月期间，法国在征服马达加斯加前夕，迪迭戈–苏亚雷斯和留尼汪岛军事基地派出了几支海军陆战队作为先头部队，梅钦格（Metzinger）将军率领 2 个步兵营（其中一个营由阿尔及利亚步兵组成，这也是马达加斯加唯一的土著步兵营）随后赶到，并带来了一组大炮和半个工兵连。[2]

登陆的关键就在于如何把部队、士兵、牲畜和军备从战舰上卸下来。一般说来，最困难的莫过于在没有现成设施的海滩上找到安全便利的停靠点。众所周知，法国人利用地中海 7 月份的好天气，在阿尔及利

---

[1] Paul A.C. Koistinen, *op. cit.*, p. 83-85.
[2] Lieutenant-colonel Ditte, *op. cit.*, p. 19.

亚西北部的西迪费路支岛（Sidi Ferruch）的海滩上成功登陆。在140艘小型海船和平底驳船的帮助下，部队的转移速度相对较快，从凌晨4点开始到正午结束，使得部队能够迅速投入战斗。而军备的转移则持续了几天。有的海岸还会遇到特别的难题。比如，当几内亚湾出现涌潮现象的时候，贸然进入不但难度大，而且非常危险。1873年，为了克服这些困难，指挥黄金海岸远征行动的英国参谋部想出了分步登陆的办法：士兵们在外海下船改乘小型护卫舰（由拖船牵引），一直航行到小艇的吃水深度无法前进的位置为止；"土著"划桨手驾驶着特制破浪艇在这里接应，并把他们带到尽可能靠近的海岸。每个士兵再由两个脚夫背到岸上，此外，有人负责搬运他们的装备和行李。[1]

　　有时候，在登陆之后，部队还有条件进行一些简要工程的建设。英军为了便于阿比西尼亚的军事行动，在厄立特里亚的祖拉湾修建了一座石码头，也就是阿奈斯利湾港口。有时候，远征军还能找到现成的登陆设施，比如，建于1891至1892年间的科托努码头，实际上"码头"这个词远不足以表达它所能发挥的作用。这个设施全长280米，底部用螺丝固定着一些金属支柱，支柱之间用横梁和风撑连接。码头上有一个44米长的停靠处，轮船就在这里靠岸。停靠处继续延伸为一座236米长的窄步桥（5.3米宽）并一直通向地面。桥上有一条轨距为0.80米的双线铁路，铁路在停靠处加宽到四线，同时在停靠处还有4台旋臂式起重机。[2] 这个码头能让船队免受涌潮的侵扰，给法国的达荷美远征军帮了大忙。随着欧洲在殖民地站稳脚跟，他们终于有了真正的港口：摩洛哥的殖民军已不需要抢滩登陆，甚至用上了首批港口设备；英军在布尔战

---

[1]　《 La guerre des Aschantis 》, *RME*, mars 1874, p. 170-173.

[2]　Lieutenant-colonel Ditte, *op. cit.*, p. 116.

争中可以全权支配开普和纳塔尔港口。

登陆一旦完成，漫漫行军路就要开始了。虽然法国部队在西迪费路支岛登陆后，只走了二十多公里就到达了阿尔及尔，但这样的情况实属罕见。行军路程很可能比这长得多，因此要建立一条途中分布着物资站的补给线，就是要分步行军。所建补给线的形态必须事先经过长期的研究，正如卢瑟将军1895年所写的那样："如果没有充足的人员和补给站，那么在枪林弹雨之下，临阵磨枪是不可能安排好军事运输的。不管付出多大代价，都要把货物集中在条件好的地方，如果必要的话，可以远离远征的目的地，而且除非人员和物资都准备妥当，否则就不要让他们上船。"[1] 根据地理条件和需求量的不同，部队采取了不同的方案。

要把部队送上战场，道路还是万事之本。最初，人们只能利用当地已有的路径。但这些道路充斥着各种险阻，比如河流或大炮，还有补给队难以通过的狭道，所以终究还是需要对它们进行扩建和修整。当法军在阿尔及利亚扩张时，坑道兵和工兵总是走在最前列，为后面的队伍清除丛枝灌木，搬走巨石，填平沟壑，或者在光滑的过道上凿出台阶。需要的时候，还会在山地开拓新的道路：1857年的卡比利亚战争也称"十字镐战争"，工兵用18天时间修成了一条28公里长的路，让朗东（Randon）元帅进入阿伊特伊拉腾的阿尔巴（Arba des Aït Iraten）（也就是未来的国家要塞）。[2] 除此之外，还有一些更加令人称奇的工程。1871至1872年英军在印度和缅甸的交界处和卢赛人交战，鲍彻（Bourchier）将军下令修建了一条长166公里的路，用来输送他麾下的1 500名士兵、1 400名苦力和100头大象。这条公路连接了卢基浦尔（Luckipur）和彻

---

[1]　Général Luzeux, *op. cit.*, p. 35.
[2]　Victor Almand et E. Hoc, *Le service du génie en Algérie*, Berger-Levrault, 1894, p. 14.

浦伊（Chepuy），途中有些地方的海拔超过2 000米。[1] 1872至1873年，英军为了到达库马西，在赤道附近的森林中修建了一条200公里长的路，并搭建了不下237座桥，其中建在普拉河上的桥长达60米。不过，应当注意的是，这个办法并不是百试百灵。修路需要花费大量的时间和人力，而且如果是在热带地区，因施工而无法转移的工人和部队可能面临生命危险。因此，水路交通和铁路交通更符合战略需求。

内河水路运输

总　览

水运或许是最受青睐的运输方式，因为不需要进行施工，只要有几艘蒸汽船就能畅行无阻。船型的设计始终在不断完善。19世纪末期英国制造的亚罗船（Yarrow）长30米，宽5.5米，吃水深度只有0.45米，还能拆卸成便于运输的小块。这种船利用燃木蒸汽机驱动安装在尾部的桨轮，航行速度可达10节（18千米每小时）。船员在甲板上活动，甲板上方还有一个用来摆放轻型火炮的装置。[2] 英国人在非洲南部，尤其是赞比西河上曾大量使用这种船，法军在达荷美战役中也使用过同样的船型。[3] 法国人远征北京时，用过另一种70吨的可拆卸蒸汽船，船身长25米，吃水深度为30厘米，船上装有一门60磅的加农炮。[4] 但这些船造价

---

[1]　Lieutenant-colonel Ditte, *op. cit.*, p. 122.

[2]　« Les Moyens de transport employés par les Anglais dans leurs expéditions africaines », *RME*, mai 1895, p. 423.

[3]　Capitaine Édouard-Edmond Aublet, *op. cit.*, t.1, p. 144.

[4]　Jack Beeching, *op. cit.*, p. 281.

高昂，维护难度较大，所以并不常见。殖民地本地制造的船只，比如非洲和美洲的独木舟以及中国的平底帆船，也常常为殖民军所用。后来，还出现了一些更加坚固，或者适应性更强的船，比如欧洲的木制、钢制甚至铝制的平底驳船和小型护卫艇。大多数船员都是本地人。在法属非洲，"拉普托"（laptot）一词从18世纪开始成为"土著"水手的代称，这个词可能是从沃洛夫语中借过来的。

　　法国人在西非非常依赖水运。塞内加尔河是他们深入内陆的早期要道。1857年7月，费代尔布就是用2艘蒸汽船，载着500名士兵，深入内陆900公里，把被围困了97天的麦地那要塞从图库洛尔国王艾尔·哈吉·奥马尔（El Hadj Omar）手中解救了出来。但是，旱季和雨季的交替给水运提出了难题。一年中最多只有4个月时间（7—10月）可以利用较高的水位把补给从塞内加尔河口的圣路易运到麦地那附近的卡伊，船行到这里就会被湍流拦住。在这个时间段以外，河道都无法通航。从11月到次年6月是这里的旱季，要到达尼尔就要经过400公里的陆路跋涉。1884年，法国人把一艘名叫"尼日尔号"（Niger）的小型蒸汽船拆分成几部分运到巴马科，并把它投放到尼日尔河中。这条船于1887年8月在通布图首次露面，由海军上尉卡伦（Caron）指挥。1894年，海军中尉布瓦特指挥着"尼日尔号"和另一艘汽轮"智者号"（le Mage），在波尼耶上校之前到达通布图，并参与了占领该城的决定性行动[1]。5年后，尼日尔的舰队规模已扩大到6条铝制驳船、26条钢制驳船和32条木制驳船，船上有400名"土著"水手以及几名欧洲军官和士官。[2]

　　1892年，日后成为将军的多兹上校手下的达荷美远征军拥有2艘炮

---

[1]　A.S. Kanya-Forstner, *op. cit.*, p. 137, 151, 220.

[2]　Lieutenant Auguste Gatelet, *Histoire de la Conquête du Soudan français (1878-1899)*, Berger-Levrault, 1901, p. 489.

舰：一艘是"侦察兵号"（l'Eclaireur），这原本是加蓬的奥果韦河上的一艘民用蒸汽船，被军方从联合运输公司（les Chargeurs réunis）买来后重新命名为"珊瑚号"（Corail）；另一艘是"欧泊号"（l'Opale），这艘炮舰装有亚罗船厂制造的桨轮，法国人在英国买下这艘炮舰后用特制的运输船把它从伦敦运了过来。[1] 后来"黄玉号"（la Topaze）也加入了这支舰队，这条船是由卢瓦尔河冶金造船公司（la Société des Forges et Chantiers de la Loire）制造的；"翡翠号"（L'Emeraude）[2] 则是舰队的另一个新成员。这些战舰跟随殖民部队从科托努进军到波多诺伏，穿过沼泽区之后（8 月 17 日—9 月 1 日）又从韦梅省一路北上抵达波各萨（Poguessa）（9 月 13 日—10 月 1 日），部队从这里转而西进，从陆路向阿波美进发（10 月 6 日—11 月 7 日）。这些炮舰上载有 21 吨弹药和大炮，曾不止一次为部队提供火力支援，并掩护伤员撤离。舰队中还有一些小船，船上装有足够部队用上 10 天的给养和草料。

水路在非洲中部也发挥了很大作用。比属刚果就是被一支沿水路推进的部队占领的。著名探险家亨利·莫顿·史丹利（Henry Morton Stanley）让人把一条汽轮拆成零件，从 400 公里外的海边背到这里，这也是蒸汽船第一次在马莱博湖上航行，从此以后，刚果再也不是船舶的禁区了。利奥波德的部队也效仿这种做法。1887 年 5 月到 10 月期间，6 万名搬运工沿同一条路线运送了将近 992 吨货物，其中大部分都是组装船只需要用到的零件。船只的购买和保养占了 1887 至 1896 年刚果自由邦投资总额的 90%。1895 年，史丹利瀑布下游航行着 6 艘国有汽轮，上游还有 12 艘，这还没有算上民用船只。[3] 有些汽轮甚至还留名史册，

---

[1]　Capitaine Édouard-Edmond Aublet, *op. cit.*, t. 1, p. 146-147.

[2]　Lieutenant-colonel Ditte, *op. cit.*, p. 150.

[3]　Bruce Vandervort, *op.cit.*,p.137, qui s'appuie surtout sur les travaux de Jean Stengers.

比如"莱昂·布洛特号"（Léon Blot），这是一艘可拆卸军舰，由殖民地主管埃米尔·让蒂（Émile Gentil）于1897年在乍得首次使用，它的军旅生涯一直延续到第二次世界大战，2004年，它的船首被放到弗雷瑞斯的海军博物馆展出。还有一则令人津津乐道的逸事，马尔尚将军曾经征用了刚果主教的一艘小汽轮，并用它完成了一部分远征的路程。

亚洲的殖民行动也少不了水上交通工具。1885年，波里耶·德利斯尔将军在东京的殖民部队中至少有26艘炮舰和蒸汽艇，船上有一千多船员和60名军官，全部听从海军司令加拉切（Galache）的调遣[1]。同年，在哈利·诺斯·达尔林普尔·普伦德加斯特（Harry North Darlymple Prendergast）将军的命令下，1.4万名印度军乘"伊洛瓦底号"沿着跟它同名的江流向上缅甸进发，并在仰光和八莫（Bahmo）之间进行定期航行。普伦德加斯特将军指挥着27艘汽轮，这些船的甲板上装有本地制造的铁板和压紧了的棉花包作为保护；他还另外掌握着70艘平底大驳船。他们还有一个宝贵的优势：船上的平民船员对河流的情况了如指掌，因此部队的行进在炮舰的护卫下如履平地，沿途攻占了一个又一个滨河城市。这支部队在10月底出发，11月28日到达曼德勒（Mandalay），一共行进了大约600公里。[2]

俄国人同样看重水路运输。在此我们可以提及俄国的咸海舰队在征服中亚时所做的贡献。1847年，帝国舰队的第一艘军舰驶入了这片海域，由于北边的锡尔河和南边的阿姆河都注入咸海，这为俄军先后进军塔什干和费尔干纳，然后进入希瓦和布哈拉创造了条件。俄国的第一艘蒸汽轮船由瑞典制造，1850年启航。随后，它从哈萨利（Kasalinsk，

---

[1]　Commandant Lecomte, *Lang-Son*, p. 44.

[2]　*RME*, 30 novembre 1885, p. 633-635, 15 décembre, p. 698-699.

一号要塞）出发到达塔什干附近的钦纳兹（Tchinaz），穿行了整条锡尔河，其中溯流而上用35天，顺流而下用19天。阿姆河的可通航河段于1873年修建完成，起点在努库斯城中三角洲的最高点，到泰尔梅兹结束，跟撒马尔罕在同一纬度。1882年，咸海舰队被取消并代之以阿姆河舰队，这支舰队直到1913年还存在，而且一直属于部队。阿姆河上的运输量始终很大（1908年经过的乘客总量为22 000人，货物12 500吨），而锡尔河则逐渐冷清下来。[1]

复杂的军事行动

一次航行任务很少能一气呵成。交通工具应该根据地形的变化而变化，并合理地将各种交通方式结合起来，因而选择合适的运输方案是一个复杂的决策过程。

在这方面，1870年的红河战役是一个值得研究的战例，这场战役由加内特·沃尔斯利爵士指挥，目的是镇压梅蒂人的暴乱。1869年，路易·里尔领导的反叛者占领了加里堡，沃尔斯利在多伦多集结了一支1 200人的队伍朝这里进发。目的地和出发地相距1 200英里（将近2 000公里），处在连地图都没有标注的沙漠地带[2]。这支部队先是乘火车走了94英里（151公里），到达休伦河东岸的科灵伍德。在那里乘上汽轮横渡休伦湖和苏必利尔湖，航行534英里（859公里）后在苏必利尔湖西岸的桑德贝停泊。可是，当他们来到属于美国领土的苏圣玛丽时却发现，要想避开汹涌的激流，就要取道两湖之间的运河，但他们的武

---

[1]　A. Woeïkof, *op. cit.*, p. 287-288.

[2]　Gwyn Harries-Jenkins, *op. cit.*, p. 210.

器装备无法从这里通过，于是他们只得把装备从船上卸下，用人力肩扛手提跨过了这段狭道。通过苏必利尔湖后，部队又在陆地上前进了48英里（77公里），从舍班多温湖（Shebandowan）开始用水陆联运的方式行至310英里（498公里）远处的伍兹湖，然后用同样的方法又推进了260英里（418公里），最终抵达温尼伯湖，也就是加里堡所依傍的红河注入的湖泊。

　　为了克服障碍，沃尔斯利使用了特制的船只。这些船长9米，宽2米，吃水深度很浅（满载时76厘米），船上有2根扬帆用的桅杆和6只桨。每条船由2个船员驾驶，能承载9名士兵和他们60天的口粮，以及每人100发子弹。每6条船编成一队。英军为此招募了400名被称作"旅行者"的船员。其中四分之一是易洛魁人，他们为远征做出了"不可估量"的贡献，但大部分"旅行者"是在多伦多街头随便找来的乌合之众，表现不尽如人意。[1]途中至少要进行47次从一条河段到另一条河段的转移，河段之间的距离短则20米，长则2 500米。每次转移时都要先把船上的物资和装备卸下来，然后，由士兵用一种印第安人发明的绑在身前的带子搬运货物，每个人要往返10次才能搬完。转移时"旅行者"还要清理道路，铺上柔软的圆木，每30个人拖拽一艘船在这些木轮上前进。就这样，镇压部队在暴动发生10个月后才抵达战场。漫长的准备工作使部队的出发日期推迟到了1870年5月12日。虽然他们5月底就到达了桑德贝，但由于前往舍班多温湖需要开辟新路，所以一个半月后才到达（7月17日），然后用40天走完了余下的570英里（将近1 000公里），平均每天25公里。加上在长达250公里的水路上船队有时会拉得很长，因此，8月20日，整支部队才在温尼伯湖畔的亚历山大堡

---

[1]　« L'expédition de la rivière Rouge en 1870 », *RME*, 15 janvier 1885, p. 9.

（Fort Alexandre）集合完毕。24 日，加里堡不战而降，里尔逃往美国。接下来要做的就是安排返程，10 月份他们回到了多伦多。[1]

　　1884 年 8 月，沃尔斯利接到命令，前往喀土穆解救 3 月份被伊斯兰"德尔维什"包围的戈登，这一次他的方法没有奏效。当时他的部队和军需品在上尼罗省瓦迪哈勒法的上游集合，准备登上 800 艘加拿大榆木轻舟。每条船长 9.5 米、宽 2 米、深 0.8 米，吃水深度很浅，船上有 2 根桅杆和 2 面风帆，12 柄船桨，能搭载 12 名乘客和一些装备给养。由于重量轻（486 千克），所以在遇到难以通过的水道时可以用人力轻易抬起。船员将包括埃及总督手下的 784 名士官和士兵，以及 1 000 名埃及人或努比亚人，另外还有来自加拿大的 7 名军官和 380 名"领航员"，266 个利比里亚克鲁人。[2] 然而，负责造船的 50 多个英国承包商很晚才接到任务，结果这批船 10 月才到达亚历山大。同时加入船队的还有 4 艘汽轮，其中 2 艘埃及轮船分别长 15 米和 30 米，另外 2 艘船是英国特别为这次远征制造的，长 30 米，宽 6 米，吃水深度 0.6 米，在 50 马力的引擎和船尾桨轮的驱动下，航行速度可达 8 至 9 节（约 15 至 17 千米每小时）。除此之外，船队中还有当地的一种三桅帆船以及一些简易小船。直到 12 月份，发动进攻所需的一切要素才在第三瀑布另一边的库尔提就位。这些延误在一定程度上导致了行动的失利，在后来的很长一段时间内格莱斯顿首相都不愿接受这次失败。[3]

[1]　« L'expédition de la rivière Rouge en 1870 », RME, 15 janvier 1885, p. 5-16.

[2]　« Les Moyens de transport employés par les Anglais dans leurs expéditions africaines », RME, mai 1895, p. 421.

[3]　Ibid., p. 420-422.

铁 路

总 览

　　如果没有可通行的航道，铁路也是便捷的交通方式。它不但能让队伍从战场巧妙脱身，还能迅速输送部队，从而使殖民部队得以养精蓄锐。铁路还为殖民者的往来和最终的定居创造了便利的条件。此外，它还具有强大的象征意义。铁路"在被袭的土著眼中是欧洲人强大力量的实体化象征，让他们不得不心生敬畏"[1]。在美国人修建横贯大陆的铁路时，谢尔曼将军断言，它将充当"文明与野蛮的战争中的先锋部队"[2]。1885年，罗伯茨说铁路比任何教化官都管用，而且还能带来10倍于成本的经济回报。[3] 很多人还把铁路比作罗马大道。

　　如果说人们第一次为军事目的修建铁路是在克里米亚战争期间，那么殖民战争中第一次用到铁路大概是英国的阿比西尼亚战争。罗伯特·纳皮尔将军下令修建了一条从红海边的祖拉通向马萨瓦南部库梅里（Koomayli）的铁路。这条铁路全长12英里（约19公里），横跨了一片沙漠地区，所用到的材料和工人都是来自印度。工程从1867年12月开始，但是由于工具老旧且不专业，所以1868年5月才竣工，而英军已在4月13日取得了决定性的胜利（攻占马格达拉要塞）。但值得一提的是，在未完工的铁路上英军用蒸汽机车拉着火车，运送了2.4万名士兵和1.3

---

[1]　« Les Moyens de transport employés par les Anglais dans leurs expéditions africaines », *RME*, mai 1895, p. 407-423, p. 409.

[2]　Robert M. Utley, *Frontier Regulars*, p. 410.

[3]　Peter Hopkirk, *op. cit.*, p. 439.

万吨装备。[1] 这个新事物终究没有被人遗忘。[2]

　　有时候，铁路甚至是殖民扩张的先声。夏尔·德·弗雷西内（Charles de Freycinet）是巴黎综合工科学校毕业生和发展法国铁路网的支持者，因此他自然大力提倡修建横贯撒哈拉沙漠的铁路工程。1879年，议会投票决定为这项工程的准备工作提供80万法郎贷款。1881年，富莱特斯上校第二次远征失利并惨遭图阿雷格人杀害后，铁路西进的进程受阻，但这一事件在非洲军心中点燃了熊熊的复仇火焰，更加坚定了他们征服"阿尔及利亚人"的信念。同时在苏丹进行的铁路修建工程彰显了上塞内加尔—上尼罗省这一主干入侵路径的重要地位。1879年起政府决定在卡伊和巴富拉贝之间修建一条130公里长的铁路并为这项工程拨款，但这笔钱中的一部分被军事行动挪用。1883年，在1 350万法郎的总支出中，有将近一半（650万）都被用来修建防御铁路的堡垒、巩固炮舰队或者扩招步兵。由摩洛哥工人负责修建的铁路本身只往前修了17公里。占领行动倒是在伯尔尼－德斯保尔德的带领下扩大到了尼罗河上的巴马科。[3] 到1886年，多亏了加利埃尼的努力，这一情形才有所改善：1887年5月，铁路终于修到了巴富拉贝；但直到1896年才最终到达巴马科。

　　铁路运兵的方式给战争带来了革命性的变化。1876年，俄国的一项估算结果表明，如果一条单线铁路每天驶过15班火车，那么把一支1 000人的部队送到100公里外的地方所需要的时间将缩短86%。[4] 铁路的优越性在1885年里尔领导的第二次暴动被镇压的过程中可见一斑。加

---

[1]　Harold E. Raugh, Jr., *op. cit.*, p. 274.

[2]　« Les Moyens de transport employés par les Anglais dans leurs expéditions africaines », *RME*, mai 1895, p. 410-411.

[3]　A.S. Kanya-Forstner, *op. cit.*, p. 106.

[4]　« De l'application des voies ferrées au transport des troupes en Russie », *RME*, octobre 1876, p. 238.

拿大太平洋铁路公司从1881年开始修建铁路网，米德尔顿（Middleton）
将军和他手下的6 000名士兵借助铁路可以直插叛军阵地的心脏温尼伯。
起义于3月份爆发，4月份英军开始进行镇压，6月平叛就基本完成。而
在1870年第一次平叛行动中，沃尔斯利带领的1 200人5月份出发，8
月份才到达目的地。[1]同样，德国人也认为，如果斯瓦科普蒙德和温得
和克之间没有铁路连接，他们也不可能平定赫雷罗人的暴动。这条铁路
每天能向内陆运送50吨货物。行动负责人冯·特罗塔将军为了接近赫
雷罗人的藏身地，甚至下令把这条铁路延长到瓦特贝格高原边缘的奥塔
维，这里距离海岸仅570公里，只不过由于意大利工人罢工等原因，这
个计划没能实现。[2]

　　当然，铁路的运输速度和运输量也不是无限的。1894年，据《外
国军事杂志》估计，当时正在修建的跨西伯利亚铁路主要的作用是方便
阿穆尔州驻兵的换防，但不能指望它会给远东的军事行动带来什么重大
的影响：要把6万人送达乌苏里江要五六个月，加上已经到位的4万人，
还是不能保证在合适的时间内让10万名士兵进入备战状态。[3] 10年之后
的日俄战争证实了这一估计。部队常常只能建造铺设起来比较容易的
轻便铁路，比如米轨或者轨距为0.6米的德科维尔式铁路（标准轨距是
1.435米，俄国铁路轨距为1.52米，印度为1.676米），这样的铁路的最
大承重只有2吨。[4] 不过，这也足以满足殖民战争的需要了。即使在修
建铁路所需物资不足的情况下，西方人还是有时间搜集资源，因为宣战
的主动权通常都掌握在他们的手里。

---

[1]　*RME*, premier semestre 1885, passim.

[2]　« Les troupes de communication du Sud-Ouest africain », *RMAE*, février 1906, p. 207-208;
　　　Bruce Vandervort, *op. cit.*, p. 198-199.

[3]　« Le Chemin de fer transsibérien », *RME*, 1894, p. 345-397.

[4]　Lieutenant-colonel Ditte, *op. cit.*, p. 117.

一些实例

1875年左右，印度已经有了7 000英里（1.1万公里）的铁路网。[1]
当国内安全受到威胁时，铁路网能迅速将部队集中，在需要进行海外军
事活动时也能把部队尽快运送到港口。在与俄国的博弈中，英国人很快
意识到要想限制对手在阿富汗的扩张野心，通往北方的铁路能起到至关
重要的作用。1878年，与印度的整个铁路网相连的旁遮普铁路一直通
向孟买和加尔各答，但在迪拉姆（Dhjilam）戛然而止，这里距离白沙
瓦还有290公里，而白沙瓦恰恰是开伯尔山口的入口，也经常被当作向
喀布尔进军的起点。经过了3年的施工后（1880年），这条铁路被延伸
至拉瓦尔品第，距离目的地还有110公里。又过了1年，铁路终于修到
了印度河对岸的白沙瓦。1883年，印度河上的钢梁桥也正式落成，这
座桥分上下两层（上层是铁路，下层是公路），全长416米，桥面高出
最低水位线33米，从此以后，英军终于可以摆脱对涨潮的依赖，随时
进入阿富汗。同时，英国人还开辟了一条从波伦山口到达坎大哈的路
线。这个工程从印度河上的鲁格枢纽站开始，经过连接海得拉巴和白
沙瓦的铁路要道，中间曾经因为格莱斯顿政府拖延付款而停止了一段时
间，1883年又重新启动，并于1885年加速进行。这条线路全长444公
里，一直通到阿富汗边境的恰曼地区，距离坎大哈只有110公里。它所
经过的路段地势险峻，有些地方海拔超过2 000米，为此英国人竭其所
能，修建了不计其数的桥梁和隧道。[2]

---

[1]　« L'armée des Indes par le général Wolseley, extrait de la *North American Review* », *RME*,
　　　septembre 1878, p. 154.

[2]　« Le chemin de fer anglo-afghan », *RME*, 1889, p. 513-529.

　　与之相比，俄国铁路网显得要落后一些。1865年英国人就发现圣彼得堡和伏尔加河畔的下诺夫哥罗德之间已有铁路连接；从伏尔加河一直到里海的水路都可以通航，俄国的蒸汽轮船舰队在这里巡游。[1]但是1880年以前，俄国在亚洲的领土都没有任何铁路。也正是从这时开始，俄国铁路开始飞速发展。第一段横跨里海的铁路从里海东岸的乌祖马达（Ouzoumada）（后来的起点变成了克拉斯诺夫斯克）出发，向东230公里到达克孜勒阿尔瓦特（1880—1881年）。跟他们的对手英国同时停工了一段时间之后，沙皇的工程师又拾起了这项工程，把俄国在中亚新征服的领土连接了起来。在平坦的路段，施工速度最快每天能达到7公里，如果地形比较复杂每天能推进2.5公里。法国人勒内·凯什兰（René Koechlin）对此赞叹不已，他认为，法国人在修建横跨撒哈拉的铁路时应向俄国人看齐。[2]1886年，铁路修到了梅尔夫。1888年，它跨过阿姆河抵达撒马尔罕，河上的木桥长2 075米，造桥用的木板都是从俄国运来的。这样一来，从撒马尔罕到圣彼得堡就只有7天行程了。[3]塔什干和费尔干纳分别在1898年和1899年通了铁路。也是在这一年，一条长315公里的支线从梅尔夫修到了阿富汗边境的卡拉泰佩（Kara-Tépé）。这里距离阿富汗港口城市赫拉特才120公里。1900年，俄国人决定修建从塔什干直达欧伦堡的铁路并于1904年完工，打破了这个地区与世隔绝的状态。

　　但是，铁路一直没有穿越土耳其、波斯、阿富汗这些夹在英俄两大帝国之间的国家，部队也就很难在这两国领土之间来往。这种情况不但与这三个国家的贫困落后有关，也是英俄政府外交关系紧张的结果，两

---

[1]　Peter Hopkirk, *op. cit.*, p. 313, citant Rawlinson dans Quarterly Review de, 1865.

[2]　René Koechlin, *Voyage en Asie Centrale, loc. cit.*

[3]　*RME*, 15 mai 1888, p. 575-576.

国在君士坦丁堡、德黑兰和喀布尔竞争激烈，剑拔弩张，但又相互妥协，尤其在 1907 年以后，两国达成了一些协议。为了谨慎起见，英国人最多也就是保养从白沙瓦到阿富汗首都之间的铁路罢了。

失　败

　　修建铁路最核心的问题是时间。战争打响时，如果没有现成的线路，很难及时修建一条可以使用的道路。1870 年，加内特·沃尔斯利爵士在为与阿散蒂人打仗（1873—1874 年）做准备时，仔细研究了普鲁士人对铁路的运用，还就这个主题在奥尔德肖特召开了一场研讨会，并下令把修建 30 英里（50 公里）铁路所需的原料从英国运到施工地。结果很糟糕：光是卸货就很困难，铺设所需的时间也太长了。可以想见，火车头在没有轨道的路面上寸步难行。沃尔斯利一到战场，就赶紧下令把还没发货的原料拦在了英国。但他本来给部队增加负担的计划还是给他招来了一片骂声，因为这次远征的目的是疾速"惩罚"阿散蒂人，所要经过的线路也无法事先确定，因此不能肯定有没有修建铁路的条件。[1]

　　英国人的另一次失败发生在 1885 年，当时他们决定修建一条大约 450 公里标准轨距的铁路，把红海边的萨瓦金与尼罗河上的柏柏尔人居住地连接起来，这样镇压马赫迪暴动的部队就能便捷地到达战场。这项修筑工程由一家民间企业负责，可结果没有给战争状况带来丝毫的改善。沃尔斯利曾建议修建耗时较短的米轨，可是他的提议没有被

---

[1]　« Les Moyens de transport employés par les Anglais dans leurs expéditions africaines », *RME*, mai 1895, p. 412-413.

采纳。由于有关部门采取了不闻不问的态度，铁路只修了35公里。因此，在很长一段时间里，英军只得利用埃及政府在英国人到来之前修建的铁路绕过了第二和第三瀑布。这段53公里长的米轨不但年久失修，亟待重建，而且由于铺设在沙地上，沙子很容易进入机器，导致铁路使用难度加大。[1]另一方面，基奇纳交出了一份成功的答卷，他从1897年就开始一步步把瓦迪哈勒法的铁路延长至尼罗河与其支流阿特巴拉河的交汇处。这项工程全长600公里，其中有360公里穿越沙漠区，这极大地帮助了英军取得苏丹战争的胜利。英国为了实现帝国主义野心，计划用铁路把开普敦和开罗连接起来，当时他们不但正在修建卢克索－阿斯旺铁路，另一项更加大胆的工程，南非铁路网的建设也在进行中，基奇纳作为这一计划的忠实支持者，他所选择的轨距与这两段铁路都相同。[2]

　　铁路还有一个缺陷，就是经常要检修，还要从其他地方抽调额外的人手负责护卫工作，因而这些人的行动范围就被限制了。战争指挥官为了方便得到增援和补给，不敢轻易让部队分散，这使他们的灵活性大打折扣，也让敌人很容易预测他们的行为。布尔战争初期就出现了这种问题。英军为了夺取铁路要道，在布尔人国家的国境线上发动了一系列战争，却遭遇了"黑暗的一周"。1899年12月10日，威廉·加塔克爵士在斯托姆贝赫战败，没能阻止敌人占领从东伦敦港口到奥兰治的铁路线。12月11日，梅休因勋爵在马格斯方丹失利，没能解除金伯利之围，也因此没能控制开普敦到约翰内斯堡的铁路。最后要说的一次失败

---

[1]　« Les Moyens de transport employés par les Anglais dans leurs expéditions africaines », RME, mai 1895, p. 411-412.

[2]　George Arthur, op. cit., t. 1, p. 207.

发生在莱迪史密斯，这是从德班到约翰内斯堡铁路线上的一座重镇。乔治·怀特在尼科尔森峡谷被皮特·茹贝尔（Peter Joubert）击败并从11月2日（"黑色星期一"）起被封锁在那里，他手下有一千多士兵被俘。12月13日，英军总司令雷德弗斯·布勒爵士试图突围的时候又遭遇挫败。过了119天，直到1900年2月底英军才突出重围。从那以后，罗伯特和基奇纳就把全部精力用来提高部队的机动性了。

人　员

士　兵

在战争中，士兵本身就是首要的交通工具。1844年在阿尔及利亚应征入伍的路易·伯杰（Louis Beugé）这样描述他们：总是挂着棍子，步枪枪口朝下用背带吊在左肩上。背上背着一种叫作"方片A"的背包，用铺盖和搭帐篷用的帆布卷成一卷包住，上面摞着饼干袋、宿营用的羊皮裤，还有一个用来在路上喝咖啡的白铁皮饭盒。背包后面还挂着一把斧头、糖和咖啡。这些物什在包上堆得高高的，从背后看连他们头上戴的军帽顶都被挡住了。[1] 有时，他们还要额外背上动不动就重达三十多千克的柴火。

但事实证明，就算是在欧洲或者北非，过度的负重也会大量消耗士兵的体力，而在热带地区甚至有可能危及他们的生命。一些"土著"士兵拒绝背包，因为他们认为携带无关紧要的东西是战士的耻辱。马格里布士兵对像骡子一样扛着大包小包的做法深恶痛绝。印度人也一样：一

---

[1]　Gustave Laurent, « La Campagne d'Algérie et la Révolution de 1848, souvenirs de Louis Beugé», *La Révolution de 1848,* mars 1913-février 1914, p.198, 309, 359, 494, p.323.

般说来，印度兵的随身行李只有一支步枪、一些子弹盒、一个布袋和一个水壶。因此，为了减轻士兵负担并保证粮食和装备跟上队伍，把一部分负重任务交给脚夫、牲畜和车辆是最主要的方法。

脚　夫

运送物资时，用后背扛、像非洲人一样用头顶或者学亚洲人用竹竿挑效率极低，那都是万不得已才会使用的方法。一次行军一般要走25公里，一个人平均最多只能携带30千克物资。[1] 大概只是一头配有驮鞍的骡子所能运送重量的四分之一。中国苦力是最吃苦耐劳的，能背三四十千克的重物走35公里，而马达加斯加的布尔加（bourjanes），也就是职业脚夫只能背25千克。1873年，在黄金海岸，每个男性的负重是50磅，也就是22千克，而女性（当时也招募女性）是40磅，即18千克。由于需求量激增，为此招募的人手也相应迅速地增加，导致行进的队伍拉得很长，人员组成也更复杂。然而，由于一些山区道路狭窄，驮畜根本无法通过，在寄生虫肆虐的热带雨林则会大量死亡，因此，脚夫仍是军中必不可少的组成人员。根据非洲脚夫数量的平均值计算，部队共招募了8 500人给大约4 000名士兵做脚夫，其中有男人也有女人，另外还有6 000人被征为修路工。[2] 亚洲战场上也有脚夫。1884年东京开战前夕，波里耶·德利斯尔将军就征募了4 500名苦力。[3]

这些人的工作强度极高，还要忍受劳累和疾病的折磨。按照当时的标准来看，他们的工资不算少。1873年黄金海岸的英军付给脚夫的

---

[1]　« Les Moyens de transport employés par les Anglais dans leurs expéditions africaines », juin 1895, p. 524-540, p. 525-526.

[2]　Edward M. Spiers, *The Late*, p. 294.

[3]　Commandant Lecomte, *Lang-Son*, p. 183-206.

报酬是每天 1 先令，也就是 1.25 法郎，外加 0.75 升大米，1895 年涨到了每天 1.5 法郎。[1] 达荷美脚夫的报酬是最低的，每人每天能拿 0.5 法郎、500 克大米和 22 克盐。相比之下，非洲步兵的报酬是每天 1.3 法郎和 0.8 法郎的生活补贴。东京士兵的月薪是 6 皮阿斯特（换算成法郎在 15 至 30 法郎之间，也就是每天 0.5 至 1 法郎）。士兵则不需要背那么重的行李，享受的待遇更好，报酬发得也更及时，还能经常分到奖金和战利品，而且战争结束后就能返回家乡。招募脚夫通常使用强制手段。1873 年英国海军在和阿散蒂人开战之前，就曾大肆在沿海地区强行搜刮壮丁。尽管如此，开小差的现象极为普遍。为了避免这种情况，沃尔斯利的参谋长、运输负责人波默罗伊-科利甚至一边扫荡这些村庄一边烧毁村民的茅屋。[2] 为了补充人手，他们还从西印度群岛调来 2 个黑人兵团以及一些凡特人（Fanti）临时部队，因而多了一笔军饷支出。[3] 1895 年，有关远征期间强制劳动的法令正式出台，允许部队招募 1 万人从事必要的劳动，不过逃跑的大有人在[4]。其他地方的情况也如此。东京的波里耶·德利斯尔曾参加过 1860 年对中国的远征，他本想按照当时的做法雇用中国脚夫，因此派人去中国香港招募，但最终失败了。于是他只好用本地找到的苦力来代替。英军占领谅山后，被招募的一部分人因为害怕恶劣的气候而逃跑，这是可以理解的，毕竟当地环境夺走了很多人的生命。还有些逃兵是为了避免与中国人发生冲突，兵员的流失给尼格里将军在中越边境领导的军事行

---

[1] « Les Moyens de transport employés par les Anglais dans leurs expéditions africaines », art. cit., p. 527-528.

[2] Edward M. Spiers, *The Late*, p. 295.

[3] « La guerre des Aschantis », *RME*, mars 1874, p. 173.

[4] D. Killingray, "Colonial Warfare", *in* J.A. De Moor and H.L. Wesseling, *op. cit.*, p. 164-165.

动造成了很大影响。[1] 荷兰人为了避免这样的情况发生，使用了大量苦役犯作为劳工（在1874年第二次亚齐远征中，使用了3 000名"自由"脚夫和300名苦役犯）。

为了改善逃兵的状况，欧洲部队逐渐制定了一些更容易为劳工所接受的指标。1895年第二次征讨阿散蒂人时，脚夫们的报酬比以前稍微多了一些，而且一旦跨过普拉河进入敌人的领地，每人每天就能额外得到军需处配发的455克干粮和227克肉类，不过这还是比士兵的食物少得多（干粮和肉类各682克）。每个脚夫受雇的时间只有8至10天；每到一个宿营地，他们还要用树枝树叶给自己搭一个住处，以免感染肺炎或痢疾；每完成一个阶段的行军，他们都要接受体检。军规还要求"脚夫应遵守严格的，甚至是苛刻的纪律"，因为人都会不惜一切代价逃避"辛苦的，甚至可憎的，却必要的劳动"。[2] 有一些文章义正词严地为这些规定辩护，宣称如果没有这些要求，不同种族的新兵就不可能和平相处，也不会愿意在一起工作。

脚夫接受完全军事化的管理。他们每人都有一块标有编号的身份牌，被分成小组且每组都有一个负责人（女性脚夫的负责人也是女性），这些负责人听从"土著"士官和欧洲军官的指挥。此前一年，在多兹率领的达荷美远征军中，管理方法的官僚气息很重。每个脚夫有一份标号的身份档案，上面登记着他的姓名、所住的村庄、他的负责人的姓名以及他服役的期限。档案编号能显示出他所在的单位或部队（比如333至351号都属于野战医院），每个脚夫要把一片写有档案编号的纸板挂在

---

[1]　Capitaine Lecomte, *L'Armée française au Tonkin*, p. 35.

[2]　« La Guerre en forêt équatoriale », *RTC*, 1921, p. 246-283, 340-377, p. 270.

脖子上。[1] 队伍里的 2 000 名脚夫戴的帽子颜色各不相同，每种颜色对应着他们所属的不同的组别（绿色代表参谋部，蓝色、红色和黑色分别对应步兵的 3 个小组，白色代表行政部门，棕色代表卫生队）。法国驻印度支那部队中的脚夫由"卡伊"（caï，管理 20 人的小组，相当于下士）和"多伊"（doï，管理 40 人的小组，相当于中士）管理。他们手拿长杆，在行军时用来整顿队形。脚夫也可以被编成排，由欧洲军官管理。

　　在非洲，脚夫在战争结束很长时间后仍然要持续工作，如果没有这种强迫劳动，占领区哨所的物资供应就难以维系。据比利时军官贝克（Becker）的回忆，在刚果招募脚夫一直很困难，而且成本相对较高，每人每月要花 20 至 25 法郎（也就是每天 0.66 至 0.83 法郎，但还要扣除伙食费）。交通命脉上的人力运输业由政府垄断，尤其是在利奥波德维尔与马塔迪的出海口之间：任何个人未经授权禁止私自招募脚夫，脚夫也必须持有执照才能从事这一工作。脚夫最怕的就是背井离乡，为了不让他们离家太远，人们发明了一套驿站制度，在行军路上沿途雇用附近地区的居民。[2] 这种做法毋庸置疑提高了工作效率，但劳工的负担是否真的因此有所减轻，则有待考证。

牲　畜

　　只要有可能，人们都会尽量用驮畜或者能牵引重物的牲畜来代替人力。经验教会人们在殖民战争中根据动物各自的特点来让它们各尽其

---

[1]　Ordre général n° 26, Organisation des auxiliaires porteurs accompagnant la colonne expéditionnaire, 4 août 1892, Capitaine Édouard-Edmond Aublet, *op. cit.*, t. 1, p. 194-197.

[2]　« Les Moyens de transport employés par les Anglais dans leurs expéditions africaines », art. cit., p. 525.

用，不但要考虑承重能力，还要考虑它们需要多少食物和水。

各种驮畜的能力 [1]

	负重	速度	日行距离
马	90 千克	6 千米 / 小时	30 千米
骡	90 千克	5 千米 / 小时	30 千米
驴	45 千克	4.5 千米 / 小时	
牛	70~90 千克	3~4 千米 / 小时	20~25 千米
骆驼	145~180 千克	4 千米 / 小时	25~40 千米
大象	350~500 千克	5 千米 / 小时	

马和骡子

　　在论及专门用来负重的牲畜之前，首先要注意骑兵的坐骑在驮运方面也做出了卓越的贡献：在1879年的祖鲁战争中，英国皇家第十七长矛轻骑兵用的爱尔兰挽马平均能负重126千克，这包括了骑兵和他们的行囊的重量。[2] 在同一时期，俄国的马能负重139千克，其中骑兵体重占82千克，行囊57千克。布尔战争时期，每匹马的平均负重为116千克（骑兵的平均体重是65千克，外加16千克的武器和36千克的装备和食物）。[3]

　　马和骡子都有一个共同的缺点，就是在需要的时候不一定能在当地找到。1879年的祖鲁战争中，英军除了拥有2 200头当地母骡子之外，另外从肯塔基和密苏里运来了400头，又从阿根廷运来400头。在南非

---

[1]　« Les Moyens de transport employés par les Anglais dans leurs expéditions africaines », art. cit., p. 524-540.

[2]　« La guerre du Cap », *RME*, 28 juin 1879, p. 343-344.

[3]　« L'infanterie montée en Angleterre », *RMAE*, mai 1904, p. 385-415, juin 1904, p. 481-503.

战争中，他们购买的 10 万匹马和骡子有的来自美国和阿根廷，还有的来自匈牙利、澳大利亚、意大利、西班牙以及塞浦路斯。法国人在征服马达加斯加时，从海上运来了 7 000 头骡子，其中有 2 000 头是在法国购买的，4 300 头购自阿尔及利亚，450 头来自阿比西尼亚。1900 年，法国前往中国的远征军中唯一的一支炮兵队从法国带去了 1 528 头骡子，从阿尔及利亚带了 76 头，在中国只买了 79 头。[1]

　　总体而言，马不适合在殖民战争中使用，但也有一些特别健壮的品种属于例外。比如北非的柏柏尔马，或者南非的开普敦马，在平坦的路面上每小时能跑 6 公里，每天能跑 30 公里，原产于印度西北部的勃固矮种马体能也很好。马饮水量很大，而且有时不容易喂养。经验证明，新鲜草料和燕麦在热带国家长得更好，在其他地区却难以获得。1884 至 1885 年，东京战役期间，由于没有足够的干草，士兵们就用稻谷（未脱壳的水稻）甚至青草喂马，结果马匹大量死亡。用法国发来的成捆的干草做饲料效果比较好，但这种做法太花钱，而且草料也不易保存。最后人们发现一种生长在交趾支那的花生叶可以用来喂马。[2] 骡子比马更有用。它们各方面的能力都跟马不相上下，但食量比马小得多，只不过对饮用水的质量要求很苛刻。它们还很擅长泅水。[3] 据沃尔斯利将军的估计，一头用谷物精心饲养的骡子一天能跑 20 至 25 英里，也就是 30 至 40 公里。殖民军偶尔也会用到驴子，这种牲畜吃得也很少，不过负重量则超不过 45 千克。

　　无论是马还是骡子，甚至是驴子，都有能够拉车的优点，这样一来

---

[1]　Lieutenant-colonel Ditte, *op. cit.*, p. 174.

[2]　Commandant Lecomte, *Lang-Son*, p. 112-113.

[3]　« Moyens de transport employé s par les Anglais dans leurs expéditions africaines », art. cit., p. 530-534.

所能运输的物品重量就能达到驮运的2倍，甚至4倍。由于每一头驮畜一般都要一个牵动物的人引领，所以用牲畜拉车还相应地节约了人手。如果运送的是食物，只要装车方法得当，还能减少畜力或人力背运时因摇晃造成的损耗：牲畜拉车时每天的粮食损耗率只有四十分之一或五十分之一，而背运则高达二十分之一。但是，拉车也存在局限，对路面状况要求比较高，坡度要相对平缓，最多5%至16%。[1] 因此，这种方法在殖民初期并不常用。在印度，英国人从19世纪80年代才开始用骡马套车代替牲畜驮运。2头套上车的骡子能拉动800千克的重物，遇到坎坷崎岖的地形时还可以把车卸下，给它们装上驮鞍改为驮运。[2] 1878至1879年，欧洲部队在祖鲁王国用骡子和牛牵拉四轮货车，每10头骡子拉一辆车，车上能装1吨货；接近敌人时则改用较小的两轮货车，用4到6头骡子来牵引。[3]

在北非，法国部队大量使用了一种叫作"阿拉巴"（arabas）的货车，这种车一般是木制的，有两个轮子，起源于地中海和一些东方国家。"阿拉巴"轮子以上的车身部分比较低，因此坐起来很稳。上面有一个结构简单的平台，靠两三头骡子拉（在摩洛哥，骡子并排套在车上），能运450千克货物。[4] 这种车既结实又容易维修，因此直到1900年马格里布的车队仍然在使用，远征中国的部队中也有"阿拉巴"的身影。根据所套牲口数量的不同，所运输的物品重量从400至700千克不等。由于车轮半径大，轮缘窄，加上轮轴很靠后，因此整体的重心位于

---

[1] Roulet（capitaine），Conférence aux officiers du 4ᵉ RIC à son retour de Madagascar, cité par le lieutenant-colonel Ditte, *op. cit.*, p. 188.

[2] *Ibid.*, p. 168-169.

[3] « Moyens de transport employés par les Anglais dans leurs expéditions africaines », art. cit., mai 1895, p. 414-415.

[4] Capitaine Georges Peyris, *Randonnées au Maroc, 1911-1913*, Berger-Levrault, 1924, p. 39-42.

拉车的牲口与货物之间，使得车轮相比其他车型而言不容易陷进地面，即使在泥地和沼泽地也游刃有余。[1] 俄国人在高加索地区使用了一种同名的类似工具，鉴于这里与东方国家文化相近，这种现象也不足为奇。一个俄国人在土库曼斯坦旅行时，注意到当地也有这种车辆。[2]

法国人想靠科技进步制胜，大力推广一种勒菲弗尔车（Lefebvre）。这种车于1886年问世，采用了坚固的金属构造，储物箱是棱长约1米的立方体，密封性相对较好；有两个车轮子，中间有弹簧相连接。[3] 每辆车只需一头骡子牵拉，载重量在250至300千克之间，而一头骡子所能驮动的重量最多只有100千克。这种车在东京和达荷美战场上首次亮相[4]，虽然使用规模很小（达荷美战役中只用了29辆勒菲弗尔车，大部分运输工作是由脚夫完成的），但却功不可没。因此，在马达加斯加战争爆发前，法军一下预定了五千多辆勒菲弗尔车。这个决策把所需招募的人数量降到了不到8 000人，如果继续使用驮畜的话，就需要1.8万到2万名牵动物的人，而事实证明这种规模的招募简直是天方夜谭。[5] 然而事与愿违：要使车辆到达目的地塔那那利佛，就必须从海边修一条500公里长的道路。这项工程限制了士兵的行动，耗尽了他们的体力，还让他们受到致命热病的威胁。8月初，也就是战争开始2个月之后，部队距离目的地还有300公里路程。最后部队不得不放弃使用车辆，给牲畜卸车，让炮兵用木头和包装用的帆布赶制成驮鞍给牲畜戴上，只保留了一种当地的小型双轮人力货车，每辆车用两三个人或推或拉，能装300千克货物。这一过程花费的力气可想而知。这一决策保障

---

[1]   Lieutenant-colonel Ditte, *op. cit.*, p. 162-167.

[2]   A. Woeïkof, *op. cit.*, p. 139.

[3]   Lieutenant-colonel Ditte, *op. cit.*, p. 162-167.

[4]   Capitaine Édouard-Edmond Aublet, *op. cit.*, t.1, p. 192-193.

[5]   Général Aubé, « En Mission à Madagascar », *RTC*, janvier-juin 1938, p. 491-507.

了远征的顺利实施，这些车马装备跟随轻装部队入住并控制了马达加斯加的首都。

其他动物

在荒原地区就要用双峰驼和单峰驼来代替骡马。骆驼是负重能力很强的动物：一头中亚双峰驼能背运200至250千克重物，这是骡子或马负重量的2倍；北非的单峰驼则能负重150千克。但它们套上车之后的表现并不好（比如1895年骆驼曾在突厥斯坦被用来拉大炮）。虽然骆驼吃苦耐劳，但其耐力也不是无限的。虽然它们能长时间不喝水，却要经常吃草，不然就会因体力衰竭而很快死亡，这就限制住了每段行程的距离。它们的行进速度也相当慢（大约4公里/小时）。不过不同的品种各有千秋，原产于平原地区的骆驼更适应纯沙沙漠，而来自山地的骆驼在布满石子的砾漠则表现更好，在它们不习惯的环境里役使它们，肯定必败无疑。

牛在南非的开阔地带经常被当作役畜。它的优点就在于能够在野外觅食，因此不像骡马那样要自备草料。英军在祖鲁王国使用的运输车是一种长5.5米、宽1.8米、高1.5米的巨型货车，每辆车都需要用八九对牛来牵引。器材、牲口和牵动物的人都是向当地白人定居者租用的。每辆车能装1至1.5吨货物，但是，走起来慢得像老人一样（4公里/小时）。虽然一次连续行进的距离能达到20至22公里，但因为要时不时停下让牛吃草，所以每周只能前进100公里，平均每天也只有15公里。[1]波里耶·德利斯尔在东京也用牛来当牵拉牲畜，因为他发现没法用它们

---

[1] « Moyens de transport employés par les Anglais dans leurs expéditions africaines », art. cit., p. 414-415.

驮运货物：一给它们戴上驮鞍，它们就大发雷霆，把鞍弄坏，或者干脆原地躺下，拒绝前进。但作为牵引牲畜，它们却能拉500千克的重物连走20公里，每干一天活休息一天。它们很好养，一点草和一点盐就够了。[1] 东非的德国部队役使的是瘤牛，冯·魏斯曼对这种动物平和、健壮和吃苦耐劳的特性赞赏有加。

　　大象是一种令人啧啧称奇的动物，无论是庞大的体积、灵巧的肢体，还是隐藏在憨厚外表下的智慧都让人惊叹不已。印度部队经常用大象来牵引最重的大炮。一前一后套在车子上的两头大象能拉动重达一吨半的40磅口径要塞炮；如果遇到困难，前面的那头大象可以被卸下来转移到后面推动车辆前行。有些大象甚至还到海外作业，1867至1868年，阿比西尼亚战争中就有这样的例子。除了力大无穷之外，大象还有很多其他优点：能轻易踏平路障或者用象鼻把挡路的枝蔓连根拔起，从而在丛林中开辟一条道路，蹚过水塘对它们来说是小事一桩；它们甚至还能完成一些细活，比如把大炮安装到炮架上。但是，大象很难喂养，而且容易受惊吓，所以在枪林弹雨的战场上要用牛来代替它们。此外，虽然印度部队的铁路运输体系越来越完善，而且机动性得到了很大的提高，但是，用火车运送大象比运送其他动物要难得多。所以，从19世纪80年代起，大象的使用数量开始减少。殖民军步兵上尉鲁莱（Roulet）曾说，大象"与其说是一种实用的交通运输手段，倒不如说是使用者耀武扬威的道具"[2]。这份威严也是印度部队保留它们的原因。在柬埔寨等其他亚洲国家，役使大象的情况总体而言还不算多。[3] 而试图驯养非洲象的结果，比如刚果国际协会所支持的一些尝试，最终都不

---

[1]　Commandant Lecomte, *Lang-Son*, p. 114.

[2]　Capitaine Roulet, Conférence aux officiers du 4ᵉ RIC à son retour de Madagascar, *op. cit.*, p. 188.

[3]　Lieutenant Gaudel, *Du Transport de l'artillerie au Cambodge. Colonne expéditionnaire de 1885-1886*, L. Baudouin, 1889.

尽如人意。

人对动物的役使不能超过它们的极限：如果没有足够的水和食物，负重过多或行程过长，都有可能让它们倒地不起。牵动物的人无微不至的关心和兽医精湛高明的医术都只不过是权宜之计。在阿比西尼亚战役中，虽然纳皮尔的部队在行军途中给患病和受伤的牲畜修建了5个休养场，每100公里设置一个，但部队中役畜的损失率还是高达25%，也就是1.1万头。导致死亡率如此之高的原因有很多，先说在祖拉，动物被安置得过于拥挤，其次是因为照顾失当，鞍具调整得也不合适；最后，有些部队把不同的牲畜混在一起使用，加剧了它们的疲劳。[1] 但不管条件是好是坏，战争中的损耗都不可避免。在南非战争中所使用的51.8万匹马中，有三分之二，也就是34.7万匹，最终没有逃过死亡的厄运。[2]

骆驼在干旱地区的作用是无可取代的，虽然它们因吃苦耐劳著称，却十分脆弱。1879至1880年期间，英军在阿富汗战场损失了4万头骆驼。俄国人在突厥斯坦的统计数字也一样惨不忍睹：1873年，在考夫曼向希瓦行进的队伍中，1万头骆驼中有1 200头伤亡；另一支部队从哈萨利（Kasalinsk）出发时带了3 000头骆驼，到达阿姆河时死亡数目已过半，在行程的后半段，平均每公里就有15头骆驼倒下。这支部队因此不得不扔掉很多辎重，尤其是很多用来渡水的工具，这给他们的过河行动平添了诸多困难。[3] 时间再往后推几年，斯科别列夫在盖奥克泰佩远征时所带的2.8万头骆驼中，有十分之九死在了途中。[4] 法

---

[1] « Les Moyens de transport employés par les Anglais dans leurs expéditions africaines», *RME*, juin 1895, p. 539.

[2] John Keegan, *Histoire de la guerre. Du néolithique à la guerre du Golfe*, Dagorno, 1996, p. 239, d'après Marquess of Anglesey, *History of the British Cavalry*, t. IV, 1986, p. 297.

[3] « Les transports dans l'expédition de Khiva », *RME*, janvier 1874, p. 4-5.

[4] Lieutenant-colonel Ditte, *op. cit.*, p. 171.

国人的状况也很糟糕：据计算，在他们征服阿尔及利亚南部的古拉拉（Gourara）、图瓦特（Touat）和提迪凯勒特绿洲的过程中（1900—1901年），总计征用的3.4万头骆驼中至少有2.4万头死于饥饿和疲劳。它们的尸骨在此后的数年间一直散落在这条路上。

牵动物的人

　　无论是驮畜还是牵引车辆的牲畜都需要有人引导和照顾。由于所需人数很多，每头牲畜和每辆车都需要一个负责人，因此牵动物的人的招募工作也成了个大问题。无论是上级命令还是常识都要求给这些人应有的待遇。在盖奥克泰佩远征的途中，车队负责人应遵守章程，明确规定，给这些牵动物的人分组时考虑到他们所属的部落和家庭，士兵"严禁辱骂、嘲讽牵动物的人；牵动物的人的工资和生活物资必须足量发放"[1]。1903年，法国的撒哈拉远征部队行动指导中也规定："应鼓励'苏克拉'（sokrar，即牵动物的人）与士兵和睦相处，严防士兵虐待牵骆驼的人"，因为"他们是不可或缺的编外人员，理应受到公正对待"。[2]

　　开拓新的殖民地时，仅仅在当地很难凑足所需的人手，这与本地人无法满足殖民者对脚夫的需求的原因一样：过度劳累、背井离乡。为了准备远征阿比西尼亚，驻扎在印度的英国人走上孟买街头招兵买马，他们招募的对象包括破产的"土著"商人、被遣散的欧洲士兵、其他部队的欧亚混血儿以及游手好闲的流浪汉。这种东拼西凑的非正式劳工中有很多人不服管教、好吃懒做，或者虐待本应由他们照顾的牲畜，结果

---

[1]　A. Prioux, *op. cit.*, p. 55.

[2]　Colonel d'Eu, *Instruction sur la conduite des colonnes dans les régions sahariennes*, Chapelot, 1903, p. 5.

在战争的前3个月就有2 100人被赶出了部队。[1] 1895年，在马达加斯加战争中扮演了至关重要角色的8 000名车队护送员中，只有400个马达加斯加人，其中大多数是岛屿北部的萨卡拉瓦人。还有1 400人来自东非（阿比西尼亚、索马里、科摩罗）。法属西非也提供了500个苏丹人。余下的5 500人则是在阿尔及利亚招募的，主要来自卡比利亚地区。一位军事历史学家曾写道："塞内加尔和卡比利亚的护送人员也许才是这场战争中名副其实的征服者。"因为正是他们从头至尾保障了战争中最为基础的、关键性的后勤供应。况且他们是在食不果腹、衣不蔽体、饱受虐待和疾病折磨的情况下完成这项壮举的，这更加令人钦佩。在这次远征中，有1 000多个卡比利亚人丧生，还有一些选择了逃跑，另外一些人则揭竿而起。

---

[1]　Edward M. Spiers, *The Late*, p. 294.

第三章

后勤工作

∨

后勤在殖民地的地位比在其他地方更重要。把一支有战斗力的部队集合起来需要大量物资支持。物资规划所依据的基础数据是将要上前线的人数。在此基础之上，还要加上骑兵的坐骑以及炮兵的规模，结合预计战争可能持续的时间，我们就能计算出所需的生活用品和弹药数量，然后决定如何安排交通运输。经过了一系列相对复杂的计算之后，还要把负责运输的人员和牲畜的日常消耗算进总预算里。

需求量

食物与行李

无论何时，食物都是部队在战场上保持战斗力的核心要素。高加索的征服者之一帕斯克维奇元帅有句名言：不想办法喂饱部队的人打不了胜仗。[1] 持续稳定的供应固然必不可少，不过更重要的是不能饿着肚子打仗：在乌姆杜尔曼战役打响（7点45分）之前3个小时，也就是4点45分，基奇纳就让士兵们吃上了早餐，餐品有粥、饼干还有罐头肉。[2] 他在1904年写给罗伯茨的信中说："你也知道'英国大兵'是什么德性，如果不吃东西就不愿意打仗。"[3]

　　很多部队都依靠当地资源养活自己。跟19世纪的其他战争一样，殖民战争中的劫掠行为屡见不鲜。在阿尔及利亚战争期间，法国人学会了"小偷小摸"这个词，并用它来指代士兵的偷盗行为。[4] 还有很多军事行动通过刻意制造饥荒来削弱当地人的抵抗力，比如抢走他们的家畜或者掠空他们的地窖。但是，有些国家本来就已贫弱不堪，被战争折磨得千疮百孔，抢劫搜刮根本无法满足需求，或者当地饮食传统跟欧洲人的口味和肠胃不合，战场上的士兵受不了。因此，为了提供舒适的条件并防患于未然，必须提前从各国运来大量物资。厄立特里亚战争就是一个极端的例子，为了给士兵供应肉食，他们直接从俄国运去了一批活畜（这在中非高原上引发了一场动物流行病）。[5]

　　食品包装也很重要。人们从经验中学到大多数食物（面粉、脱水蔬菜、大米和糖）在运输时应装在锌制容器或者镀锡铁皮容器里，并用锡焊住，隔绝空气、昆虫，并防止被盗。容器之外，还有一个木头框架以便装卸。液体如果装在金属容器里就会变味，所以运输起来更为棘手。

[1]　William C. Fuller, Jr., *Strategy and Power,* p. 236.

[2]　Edward M. Spiers, "Campaigning under Kitchener", art. cit., p. 69.

[3]　Lettre du 4 décembre, doc. cit.

[4]　Capitaine Alphonse-Michel Blanc, *Types militaires d'antan, généraux et soldats d'Afrique,* E. Plon et Nourrit, 1885, p. 76-77.

[5]　J. Lonsdale, "The Conquest State of Kenya", in J.A. De Moor et H.L. Wesseling, *op. cit.,* p. 87-120, p. 101.

玻璃虽然易碎，但通常还是运输液体比较理想的容器。[1] 尼古拉·阿佩尔（Nicolas Appert，1749—1841年）于1810年发明的罐头在1820年左右逐渐普及。法国部队直到克里米亚战争时才开始使用罐头食品（其中大多数来自英国），1870年它们被推广到全军，这才成为军中必备的物资[2]。海军司令部对罐头最感兴趣，并推荐海军部队食用罐头食品。1886年，他们往东京派送了15吨沙丁鱼罐头。[3] 英国人很快就意识到了罐头和脱水食品的价值。[4] 他们首先使用了当时刚刚出现的盒装军粮，后来这种形式在第一次世界大战中被广泛接受。

　　我们从一个例子就能够看出战争中的食品运输量之大。1873年，阿散蒂部队中的6 500个士兵（这是经过夸张的理论数字）30天的食品供应量是400吨。每人每天能分到682克面包，682克新鲜肉类（或者455克罐头肉），一些脱水洋葱和巧克力。如果其中某种食品短缺，就会用蔬菜罐头和肉汤替代。每个士兵都随身携带够吃36小时的食物，非紧急情况不能打开。[5] 当然，实际运输量也可能会有所减少。在非洲战场上，法国和葡萄牙部队就没有随军携带这么多物资，法军主要是为了提高转移速度，而葡萄牙部队则是因为储备不足。这无疑会对士兵的健康状况造成影响。饮用水的重要性一点不亚于食物。在炎热干旱的地区，一个人一天大约要喝1.5加仑水，大概七八升。有时这些饮用水

[1]　Lieutenant-colonel Ditte, *op. cit.*, p. 233.

[2]　Martin Bruegel, « Un sacrifice de plus à demander au soldat: l'armée et l'introduction de la boîte de conserve dans l'alimentation française: 1872-1920 », *Revue Historique*, 1995, p. 259-284; « Du Temps annuel au temps quotidien: la conserve aseptisées à la conquête du marché , 1810-1920 », *Revue d'Histoire Moderne et Contemporaine*, 1997, p. 40-67.

[3]　Claire Fredj, Jean-Christophe Frichou, «La Sardine à l'huile et son adoption par les militaires français», *RHA*, à paraître.

[4]　C. Prescott and L.D. Sweet, "Commercial dehydration", *Annals of the American Academy of Political and Social Science,* vol. 83, May 1919, p. 48-69.

[5]　« Expédition contre les Aschantis（novembre 1895-janvier 1896）», *RME*, septembre 1896, p. 499-500.

也要千辛万苦地从远处运来。即使就地能找到水源，也要考虑水质的问题，在寄生虫肆虐的热带地区尤其要小心。

不过，食物不是部队指挥官唯一的顾虑。为了保障宿营条件，部队行军和转移时还要携带大量的物资。在印度殖民部队携带的物资中，行李占了相当大的比重：1879年参加阿富汗战争的欧洲军官每人能分得80磅宿营用品和同样重量的个人用品；普通士兵每人享有30磅物资，22人共用一顶帐篷；"土著"军官和士兵分别只能分到40磅和20磅物资。每个欧洲连队大约会携带240磅厨房用具，"土著"连队（75人）则是160磅。[1]

牲畜的口粮问题也不好解决。巨大的需求量仍是主要问题，下面的表格中给出的数据可能只是最低限度。举例来说，1886年在非洲作战的意大利部队中的马和骡子每天需要5千克燕麦和4千克干草料。

驮畜的食物消耗 [2]

	配给 / 天	水 / 天
马	5 千克燕麦	至少 27 升
骡子	2 千克谷物 /5 千克燕麦	27 升
驴	1 千克谷物和 4 千克干草料	22 升
牛	2 千克谷物和 5 千克干草料	至少 27 升
骆驼	5 千克大麦或稻草	68 升（每 2 至 3 天供应一次）
大象	6 千克谷物和 90 千克干草料	至少 180 升

---

[1] « La guerre de l'Afghanistan », *RME*, décembre 1878, p. 260-262.

[2] « Les Moyens de transport employés par les Anglais dans leurs expéditions africaines », art. cit., juin 1895, p. 524-540.

人类在艰苦的条件下只要心中尚存对柳暗花明之日的憧憬，就能够苟延残喘，但动物一旦挨饿超过极限就会永远倒下，因此它们的饲料更要足量供应，马虎不得。英国第十九轻骑兵队的马匹，在1882年埃及战争初期的表现很不俗。据部队指挥官赫伯特·斯图尔特（Herbert Stewart）说，在第一次向苏丹买特迈的行军过程中，这些马连续55个小时滴水未进，只吃了1磅谷物。[1]

一支部队的各种需求加在一起产生了一个天文数字。1880年，罗伯茨在阿富汗战争中担任军需官，跟他一起上战场的有1万人，他每天要为3 000名欧洲人提供1 500千克肉类、1 800千克面包、340千克大米、250千克糖、70千克茶叶、350千克盐、900千克蔬菜和90加仑（400升）朗姆酒。给"土著"（7 000人）则要供应1.4万千克"阿塔"（atta，一种全麦面粉）、2 000千克"达拉"（dhall，糖类）和700千克酥油。牲畜则每天消耗12吨谷物和12吨草料。[2] 1885年，波里耶·德利斯尔在东京的部队（7 000人）每天需要9.5吨食物，其中从军需仓库送来的169箱饼干占了6.5吨，另外，还要在本地获取12.5吨肉类和马饲料。[3]

弹 药

弹药也是个大问题。随着武器射速的加快、种类的增加以及装备的多样化，弹药的需求量也越来越大。使用后膛单发步枪时，一个士兵打

---

[1] « Les Moyens de transport employés par les Anglais dans leurs expéditions africaines », art. cit., juin 1895, p. 531.

[2] « Les derniers événements militaires en Afghanistan », *RME*, n°513, 1880, p. 225.

[3] Commandant Lecomte, *Lang-Son*, p. 192.

一仗大概只需要100发左右的子弹。因此，1880年罗伯茨在阿富汗率领的1万人大概需要100万发子弹。几年后，沃尔斯利估计每个士兵所需要的子弹数量超过200发，其中士兵随身携带60发，另外的140发由车队负责运输。[1] 这位名将也许还记得1873年他给部队运送子弹的艰辛往事。当时他给士兵（不到3 000人）使用的史奈德步枪提供了100万发子弹，平均每人三千多发。[2] 1885年，法国人向谅山进军时，每个士兵随身携带了120发子弹。车队还另外装着至少816"小"箱弹药，每箱1 500发子弹，也就是共122.4万发，也就意味着每个士兵有150发子弹可用（士兵总数为7 000人）。部队出发地的弹药库中可用的子弹数量上升到了250万发。[3] 连发步枪的出现没有造成这个数字的大幅上涨：1905年，加利埃尼估计每个士兵所需子弹数是280发[4]。

炮兵所需的弹药也要计算在内。虽然炮弹重量很大，但由于大炮射速缓慢，因此不会造成很大的运输负担，炮兵的射击速度之所以那么慢，一方面是大炮本身的特点使然，另一方面则是出于节约炮弹的考虑，射击过于密集会导致准确性降低。在欧洲大战中，大炮的发射总次数很少。1870年，德军的每门大炮只发射过225次（从1870年7月至1871年1月，德军的1 000门大炮共发射过22.5万次）；1878年的俄土战争中，俄国的加农炮平均每门发射过125次。而殖民战争中对炮弹的需求量更小。远征谅山时，波里耶·德利斯尔使用的80毫米山炮平均每门发射过100次。为了攻克这个地区，部队中的4组炮（共22门80毫米山炮）在7次对战中一共消耗了1 567颗炮弹，平均每门炮发射了71次。

[1]   « Petites opérations militaires, par le général Wolseley », RME, 15 mai 1887, p. 521.

[2]   Bruce Vandervort, op. cit., p. 96.

[3]   Commandant Lecomte, Lang-Son, p. 194.

[4]   Général Joseph Gallieni, Madagascar. La Vie du Soldat. Alimentation. Logement. Habillement. Soins médicaux, Chapelot, 1905, p. 48.

在驱驴之战中，这支部队从早上10点30分到晚上5点一共发射了不到500发炮弹。[1] 几年以前，英军在埃及使用的7磅阿姆斯特朗榴弹炮每门得到的炮弹配额是200发。

跟其他物资一样，弹药的需求量也不容忽视。运输各种种类的军械总是需要相当数量的脚夫或者役畜。以火炮的运输为例，每门野战炮平均要6匹马来拉，较轻的炮型则需要4匹。每门炮还配有一个同等重量的弹药箱，也需要同样数量的马匹牵拉。[2] 在殖民地使用的一些重量更轻的加农炮并没有减轻多少运输负担，因为要把它们拆分成几部分运输，就会增加所需的牲畜或劳工的数量。配有25发炮弹的法国80毫米山炮要用16至32个脚夫才能完成转移。[3] 一组四门65毫米火炮要用16头骡子拉动；另外40头负责驮运炮弹，还有30头运送各种其他用品。[4] 英军在埃及使用的7磅榴弹炮每门都要用18头骡子才能完成转移，其中9头用来移动炮体、配件以及200发炮弹（榴霰弹、炮弹、弹药箱），另外9头则用来做替补。[5] 运送2挺机枪（为了防止因为其中一挺出现故障而停火）要用到22头骡子（2头负责运送枪械，20头负责机枪所需的2.4万发子弹），或者54名苦力。[6]

看了这些数据，我们就能明白为什么殖民部队的军官对19世纪末出现的连发步枪、机枪甚至射速较快的大炮总是存有疑虑了。留恋19世纪70年代那些原始武器不见得是故步自封的表现，也不是沉湎于往昔的荣耀，而是实事求是地考虑到使用这种武器的士兵不会轻易浪费

[1]　Commandant Lecomte, *Lang-Son*, p. 478-479.

[2]　« Le canon de campagne de l'avenir », *RME*, janvier 1892, p. 15, février, p. 155.

[3]　Lieutenant-colonel Ditte, op. cit., p. 219.

[4]　*Larousse mensuel illustré*, mars 1911, p. 150-152.

[5]　« L'artillerie anglaise en Égypte pendant la campagne de 1882 », *RME*, 30 avril 1887, p. 478-493.

[6]　Lieutenant-colonel Ditte, op. cit., p. 223-224.

珍贵的弹药，倒不是因为它们的价格昂贵，而是因为重量太大，运输成本太高。

其他人员

士兵是战场上的贵族，因此他们身边经常跟着众多仆役。印度部队的随从规模大到了夸张的地步。爱德华·德·沃伦仅仅是中尉军衔，却带着8个仆人：1个贴身侍从及其助手，1个饲马员，还有1个人专门搭帐篷，1个专门割草，1个负责帮他扛食物和饮料，另有2个牵动物的人负责照顾托运行李的牛。[1] 将近半个世纪之后，战场上的英国军官还能享受每人携带5个仆人的待遇（其中3人为军官本人服务，另外2人照顾他的战马）；3个军官组成的一个小组还另外多配1个仆人。"土著"军官没有跟英国军官平等的福利，而是2个人共享1个仆人。普通士兵也有仆人。每个英国连队中分配2个负责运送饮用水的脚夫和1头驮牛，每个印度连队分配1个脚夫。担架员也应该算进去，他们充当了护士的角色，每6个担架员负责1台担架，对应10个英国士兵。[2] "土著"骑兵还有些特殊需要："印度士兵认为亲自给马割草、喂水或者从事其他一般由低种姓者完成的下贱工作有损自己的尊严。"因此，每个骑兵都配有1个割草员、1个饲马员和1个马夫。

其他人员也要考虑在内。大型工程（开路、铺设铁轨等）需要大量劳动力、战俘或者征用的壮丁，这些人至少要有东西可吃，即使简单凑合也好。在更多的情况下，这些重要服务的很大一部分是由随军的平民

---

[1]　Édouard de Warren, *op. cit.*, vol. 1, p. 167.

[2]　« La guerre de l'Afghanistan », *RME*, décembre 1878, p. 260-262.

完成的。印度部队中跟着很多"土著"手艺人（石匠、铁匠、制革工），他们负责保养维修日常用品，给马上鞍辔、钉马掌。穆斯林或印度教的宗教人员则服务于人们的精神需求；还有代笔人帮大家与家人保持联系。很多部队采用了这套体系。"土著"士兵的家人也会随军转移，其中的妇女会承担做饭等基础性的任务。当然，这一众随行人员的生活物资原则上不由部队提供，而要他们自己掏腰包。不管怎样，鉴于他们为部队做出的重大贡献，指挥部也不能完全无视他们，并保证在行军的时候带上他们所购买的生活用品。

辎重队

为了满足各种需求，所需要的物资数量之多超乎想象。在 1879 年的祖鲁战争中，切姆斯福德共运送了足够维持 6 周的 1 500 吨弹药、食品和各种装备。每个营每天都需要 1 吨食物（1 英吨，即 907 千克）、1.5 吨木柴、9 顶帐篷（干燥的状态下总重量为 4 吨）、9 吨宿营装备、2 吨备用弹药。[1] 1899 年，在菲律宾的一个 75 人的美国连队，光是食物和弹药每 5 天就要用掉 1 吨。[2] 不得不承认，盎格鲁－撒克逊人的负重能力的确更强：据艾蒂安·佩洛兹上校（Étienne Péroz）说，西非的法国士兵每人只背 30 磅（约 15 千克）行李和食物就心满意足，而英军每人能背200 磅。[3] 不过，这个差距有没有被夸大还有待考证，法国人为了弥补自身后勤的薄弱，更多地利用当地资源，这些都没有被统计在案。

[1]　Edward M.Spiers, *The Late*, p. 282.

[2]　Brian McAllister Linn, *op. cit.*, p. 91.

[3]　David Killingray, "Colonial Warfare", *in* J.A. De Moor and H.L. Wesseling, *op. cit.*, p. 156.

　　部队的巨大需求量导致必须有相应的运输工具，尤其当人们无法指望水路和铁路时更是如此，而这种情况又非常普遍。迪特提出一项原则："远征殖民部队中的运输工具应按照至少每人一匹驮畜的标准计算，或者用其他运输能力相同的工具替代。"[1]如果达不到这个标准，指挥官就应终止或加快行动，否则部队有可能自身难保。1896年2月28日，巴拉蒂耶里将军贸然与阿杜瓦的埃塞俄比亚人开战，正是因为当时他手头的物资只够让这支1.4万人的部队坚持到3月2日。

　　如果用脚夫搬运物资，队伍的人员总数就会变成原来的1.5倍到2倍。1873年的阿散蒂战役中，一个有651名普通士兵和30名军官的兵营需要650名脚夫，其中217人负责搬运士兵的随身物品（1个脚夫为3个士兵服务），240人负责抬伤病员，40人负责给30个军官背行李，70人搬运弹药，还有一些负责搬运大炮（9个脚夫运送一门拆成小块的7磅小型炮）。1874年第二次远征亚齐时，荷兰将军范史威腾的部队（约1.3万人）中有3 000多名苦力和同样数量的苦役犯。[2] 根据荷兰部队的标准，每1 000名欧洲士兵的每日补给需要900个苦力搬运，1 000名"土著"士兵则需要将近700个苦力。

　　法国方面的数据也差不多。1885年，波里耶·德利斯尔在谅山的部队中有7 000名战斗人员，4 500名苦力，每名苦力负重30千克，其中2 300人负责背运行李和生活用品，1 000人搬运大炮，800人负责医疗器材，还有400人负责通信设备、财物以及宪兵司令的物品。牛车只有100辆左右。[3] 英国1900年派往中国的远征部队中有1万名士兵，以

[1]　Lieutenant-colonel Ditte, *op. cit.*, p. 186.

[2]　« Les Hollandais et la guerre de Sumatra », RME, mai 1874, p. 297-303; septembre 1874, p.153-160; F.-H. Boogard, colonel d'artillerie hollandaise en retraite, *L'Expédition de Lombok*, Baudoin, 1896（extrait du *Journal des Sciences militaires*）, p. 6.

[3]　Commandant Lecomte, *Lang-Son*, p. 183-206.

印度人为主，跟他们在一起的还有2 000个仆人和4 000个苦力。[1]预计的各种需求量越大，所需的脚夫就越多。根据迪特的算法，要为500名士兵提供15天的生活给养需要1个旅的人手，也就是大约3 000人。招募时，还要在此基础上多招40%（10%做管理人员，20%用来替换体弱的人，10%用来防患于未然）。[2]

使用牲畜当然能节省一部分脚夫，但所需牲畜的数量也同样庞大。1个美国步兵连转移时需要一辆6头骡子拉的货车陪同；而1个骑兵队因为要携带草料则需要3辆车，也就是18头骡子。[3]同一时期（1897年），美国西部所有岗哨所需的8万吨各类物资中，有3.2万吨要用牲畜拉的货车运送，其余的4.8万吨用铁路运输。[4]一旦作战持续时间或路程延长，需求量就会陡然剧增。切姆斯福特在祖鲁王国用2.5万头牛和3 000头骡子拉了2 500辆货车，足以为2万到2.5万名士兵供应物资。他率领的纵队中有7 000名欧洲士兵和2 000名"土著"士兵，还有一支由2 000头马和骡子组成的车队以及1万头牛。迪特曾从理论上估计，要为一支有5 000名士兵、2 000头骡子、距离基地400公里的部队提供补给，光是食物就需要12吨，运送这些物资要用3.6万头骡子或者1.8万辆勒菲弗尔车。有关迪特的具体算法，请参见下面的注释。[5]

由此可见，因为牲畜需要看管和引导，驮畜或车队会变得非常庞

---

[1]　Général Frey, *op. cit.*, p. 55.

[2]　Lieutenant-colonel Ditte, *op. cit.*, p. 182.

[3]　Robert M. Utley, *Frontier Regulars*, p. 49.

[4]　Paul A.C. Koistinen, *op. cit.*, p. 61.

[5]　Lieutenant-colonel Ditte, *op. cit.*, p. 180-181. [Il calcule qu'1 mulet et son porteur mangent 6 kg/jour, soit 60 kg/10 jours, 1 mulet fait 100 km AR en 10 jours et porte 120 kg. Pour délivrer 12 t/jour au km 400, il faut transporter le double depuis le km 300, soit 240/jour ou 2 400 mulets ; pour délivrer 24 t au km300, même chose depuis le km 200, soit 48 t et 4 800 mulets; pour délivrer 48 t au km 200, même chose depuis le km 100, soit 96 tet 9 600 mulets ; pour dé livrer 96 t au km 100, même chose depuis le km 0, soit 192 t et 19 200 mulets.]

大。在中亚，牵动物的人和作战人员的比例从1∶5到1∶4不等，一个牵动物的人能带4到5头骆驼，一般每个士兵分配1头骆驼，但有时也需要两人分享1头。如果使用车辆，那么所需的牲畜数目就会有所减少，通常1辆车对应2到3个士兵，一种在南非使用的货车能装5个士兵，但这是极个别情况。这种车由18头牛牵拉，载重量可达2.5吨，只需要一个车夫和一个走在前面的引路员两人操作。[1]在1882年的埃及远征中，跟随印度步兵出征的用人和引路员大约是战斗人员的七分之一；骑兵队中的这一比例达到五分之四。英国步兵部队中的随行人员比例则高达五分之一，甚至四分之一；在骑兵部队中，战斗人员还没有非战斗人员多。[2]1880年8月，罗伯茨手下的1万名士兵拥有8 000名随从，负责照顾8 000多头牲畜，包括4 500头骡子、1 000头驴和3 500匹马。然而，这还是为了以最快的速度行军削减规模之后的结果。在局势相对和缓的时期，随行人员的数量甚至更多：1900年，一支1 000人的英国部队远征中国，带了1 640头牲畜，220辆车，至少1 800个仆役（也就是说，每2个人就有1头骡子，每4个人共享1辆车，平均每个战斗人员有将近2名仆役），根据法国将军弗莱的说法，这是英国殖民部队里的标准配置。[3]其他部队的随从数量即使没有这么多，也不可能是个小数字。

局限性

　　如此浩浩荡荡的队列造成的首要恶果就是拖缓了部队的脚步。整支部队的行军速度要将就行动速度最慢的成员，因此很难超过每小时3

---

[1]　Lieutenant-colonel Ditte, *op. cit.*, p. 168-169.

[2]　« L'armée indigène des Indes », *RME*, 30 avril 1885, p. 475, 477; « Les forces anglaises aux Indes », *RME*, 15 mai 1885, p. 545-546.

[3]　Général Frey, *op. cit.*, p. 55.

到 4 公里，这还不算停下来休息的时间。每天行进的距离也只有 20 公里多一点。纳皮尔的部队的行军速度是 8 公里／天，结果用了两个半月才到达目的地（1 月至 3 月），返程只用了一个半月（4 月至 5 月）。如果是装备轻便的短距离行军，部队行动得就快些：如果队伍中的成员训练有素，能达到每小时 5 至 6 公里，一次能连续行军 2 到 3 小时，偶尔还能更长一点。[1]

大部队的另一个缺点就是会堵塞道路，很容易引发混乱。行军部队的队列很少会兵分几路，也不是总有条件排成宽阔的阵仗，而是绵延成长长的纵队，尤其当队伍中成员身份混杂、脚力各异、无法以同样的节奏前行时更是如此。如果一支 4 000 人的队伍带上他们的辎重排成两列纵队，队伍就会长达将近 14 公里。行军速度之所以缓慢，原因之一就是队首走到营地时，队尾还在路上：如果一支队伍长 14 公里、每小时前进 4 公里，先头部队等待的时间就长达 3 小时；第二天队尾的人又要花同样的时间才能再次出发，也就是说仅仅集合就要花大约 7 小时。

队伍庞大笨重，相应的灵活性也就很低。沃尔斯利认为 1887 年英军在印度边境山区的一系列失利都与部队成员携带的物资过多有关。因此，他提议只带上最基本的行李、厨具和医疗设备。在他看来，这样做虽然会使物质条件艰苦一些，但能最大限度地保证行军的安全高效。据他估计，要打一场持续 30 天的战役，队伍里的非战斗人员至少要达到战斗人员的五分之二。[2] 辎重队也是敌军所觊觎的对象，因此，保障它的安全也会占用很大一部分兵力。用库罗帕特金的话说，中亚的俄国部

---

[1]　« Manuel tactique à l'usage des troupes de l'Indochine », *op. cit.*, p. 180-181.
[2]　« Petites opérations militaires par le général Wolseley », *RME*, 15 mai 1887, p.513-529.

队最后成了"自己车队的护卫"。

最后，随行车队还有一个严重缺陷，那就是它本身也要消耗大量物资。但这些需求不可能被无限满足，一旦供不应求，不管是人还是牲畜都不得不忍饥挨饿。非洲热带地区的村庄已经被抢尽、榨干到一粒米都没有留下，不能给一个正常兵营提供行军所需的物资，也没有能把他们送到海边的交通工具。在祖鲁，一次性调集50辆车是很难的，没有足够大的牧场让拉车的900头牛吃草。在撒哈拉，如果随行部队人数过多，不管是人还是骆驼，都没有足够的水喝。当然这些是极端情况，但同样的道理适用于任何时间和地点。以上所列的局限性说明，一支队伍的实力和随行人员的数量成正比，但最多也不能超过几千人，一次作战所能持续的时间只有几周，不然就会耗尽所有物资；作战也要注意保存火力，因为弹药的供应是有限的。

这些问题虽然没有阻止殖民者的脚步，但可以用来解释很多地缘战略失败的原因。俄国沙皇受到亚洲地区指挥官尼古拉·索伯列夫（Nicolas Sobolev）等一些参谋部军官的怂恿，计划进攻印度，虽然不是完全不切实际，但却违背了上述原则。[1] 斯科别列夫属于头脑清醒的那一派，坚决反对这项提议，并且指出要想攻占盖奥克泰佩，他手下的5 000个士兵需要2万头骆驼运送生活物资。他认为按照这个比例，就算把全亚洲的骆驼都找来，也不可能凑足全部俄军所需的60万头骆驼。20年后，这一情况几乎没有变化。根据法国人的计算，英国人能利用印度的铁路网集结上万人，俄国人要想对英军构成严重威胁，就要组织同等级别的兵力从赫拉特行军550公里到达坎大哈，理论上讲，这样规模的行军需要20万头骆驼，也就是说要倾尽全国的资

---

[1]　Alex Marshall, *op. cit.*, p. 143.

源。[1] 这个例子暴露了俄国在这方面的无知，亚历克斯·马歇尔（Alex Marshall）指出，直到 1905 年它才在战败的打击下猛然惊醒，开始填补过去的空白。[2] 但随着知识的增加，俄国对占领印度的态度越来越悲观（1907 年英俄关系缓和后，这种行动的可能性就更渺茫了）。

分段补给线的安排

我们已经明白后勤管理的重要性。后勤工作自然包括建立物资储备，但召集人员和物资、把他们组织成队列也是后勤工作的一部分。英国人从克里米亚战争的惨痛教训中吸取了经验，因此把交通运输完全交给部队掌控（1856 年发明了军运列车），19 世纪 70 年代末建立的军需与交通参谋部和军需与交通部队在 1882 年的埃及战争中立下了汗马功劳。后来，这些部门都被并入陆军且统一命名为陆军后勤部队（1888 年）。印度参谋部队的一些精英军官也曾在交通部效力，包括后勤服务和铁路运输。这恰恰证明了队列组织工作的重要性。[3] 殖民战争给那些一门心思琢磨战略和战术的人敲了一个警钟，提醒他们优秀的军事将领首先应该是合格的组织者。赫伯特·利奥泰刚到殖民地任职时，他的新上司、参谋部指挥官加利埃尼对他说：“我只关心结果。至于使用什么手段是你的事。你要保证生活用品、军备补给以及各种物资时刻处于就绪状态，物资重于一切，因为这是部队自由行动的前提。”[4]

安排补给线的第一步，就是修建仓库以储存军事行动中可能需要

---

[1]　« Possibilité d'une campagne russe vers l'Inde », *RMAE*, novembre 1902, p. 300-316.
[2]　Alex Marshall, *op. cit.*, p. 158 sq.
[3]　Détail donné par le lieutenant-colonel Ditte, *op. cit.*, p. 186.
[4]　Hubert Lyautey, 17 avril 1896, *Lettres du Tonkin,* vol. 1, p. 178.

用到的物资。然后，就可以开始设计分段行军的方案，保证部队在行进
中能得到物资供应，并最终顺利到达目的地。为此要尽可能地利用各种
交通工具各自的特点。罗伯特·纳皮尔爵士在阿比西尼亚前往马格达拉
要塞时就很好地应用了这一原则。在他带领的队伍中，除了4万名各类
人员（其中有1.4万士兵）之外，还有超过4万头牲畜，包括1.8万头骡
子、1.2万头骆驼、7 000头牛、2 000头驴、1 500匹马，还从孟买运来
了44头大象。行程的第一段从祖拉开始直到距离海岸线100公里远的
阿迪格拉特，这段路程海拔超过2 500米。纳皮尔派锡克工兵修建了一
条路并用一种叫作“马耳他人”的小型骡车以及印度式牛车作为交通工
具。之后的行程分为两部分：到瑟纳费为止（50公里）的交通运输靠
骡子拉车或驮运，还有牛和骆驼；而从瑟纳费到马格达拉（450公里）
的地形坎坷不平，因此用上了大象（负责运送12磅阿姆斯特朗线膛后
装炮）、配有驮鞍的骡子和骆驼。[1]

　　部队将领在前进过程中很少和后方基地断开联系，而弗雷德里
克·罗伯茨从喀布尔到坎大哈的行军（1880年8月）是一个著名的例
外。用法国上校赛普唐（Septans）的话说，“一支部队竟在一段时间内
完全放弃通信，这实在令人震惊”。不过，这也是权衡利弊的结果。7
月27日，乔治·斯科特·布伦斯（George Scott Burrows）将军在迈万
德和阿富汗埃米尔阿尤布汗（Ayoub Khan）开战，战败之后被困在坎
大哈。罗伯茨的上级、阿富汗北方野战部队司令官唐纳德·斯图尔特将
军（Donald Stewart）向总督里彭勋爵（Ripon）提议实施营救。此时一
雪战败之耻是印度英军的当务之急（962人战死，100支步枪、2门大炮

---

[1]　« Les Moyens de transport employés par les Anglais dans leurs expéditions africaines », art. cit., juin 1895, p. 538-540.

和2个团的军旗被敌人缴获）。

这支队伍共有1万名士兵（其中大约有3 000名欧洲人）和8 000名随行人员（包括2 000名担架员），誓不丢下任何一个伤病员。骑兵队中有2 000匹马，负责运输任务的是3 000匹小型马、5 000头骡子和1 000头驴，还有750头骡子拉来的一整支炮兵部队保驾护航。为了减轻负担，除了每个士兵自己的弹药（共7万发，每人70发），部队另外只留了30万发备用子弹。所带的食品也非常少：欧洲士兵有够用30天的茶、朗姆酒、糖和盐，以及5天的面粉，而"土著"士兵的配额只够支持5天。不过，考虑到季节因素，指挥官知道他们能在沿途的村庄征收到每天所需的10吨面粉和喂牲口用的9吨谷物。任务结束后，他们不打算原路返回，因为在这条路上走过一次他们就会耗光所有可用的资源。[1] 我们在之前已经说过，罗伯茨的部队8月13日启程，28日到达目的地，总行程500公里。

1895年，杜谢纳将军的轻装部队攻取塔那那利佛之后，也有过类似的经历。杜谢纳的远征部队奉命开辟一条新路，使车辆可以到达塔那那利佛，但从7月开始，长达3个月的奔波征战已经使部队筋疲力尽，于是将军决定改变战略。他先在8月底把路修到了距塔那那利佛200公里远的安德里巴（Andriba），那里的仓库存有250吨粮食，从那里派出一支疾行队沿一条通常只有脚夫才会走的小径继续前进。这支队伍由5 000名战斗人员组成，也就是整支远征军理论人数的三分之一，每个人都是其中的佼佼者（有"土著"步兵、外籍军团士兵、海军成员）。他们只带了几门轻型炮和够吃二十几天的干粮，由2 000名牵动物的人

---

[1]　Edward M. Spiers, *The Late*, p. 281, « Les derniers événements en Afghanistan », *RME*, 1881, p. 220-226.

引导 2 800 头骡子驮着这些物资。9 月 14 日，这个小分队正式出发，两组工程兵走在他们前面简单地整修道路，好让牲畜顺利通过。他们每天走 10 公里多一点，中间还和敌军发生过几次短暂的交火，花了半个多月，终于在 9 月 30 日到达塔那那利佛并对这座城市进行了炮轰，很快就使它屈服了。

大规模远征

系统化进军

前面提到的军事行动中都有相当大的偶然因素，但与之相比，还是步步为营更加稳妥。赛普唐上校总结英国人采取的方法是首先把路程分段，并尽可能把补给送到最远的营点。只有补给已到达行程终点之后大部队才能出发，这样他们才能以最好的状态从大本营走到目的地，发动决一胜负的攻击。1871 年的缅甸行动（卢赛特遣队）、1873 年和 1896 年的阿散蒂行动、1882 年的埃及行动和 1884 至 1885 年的苏丹行动都是这个原则的例证。[1] 接下来，就让我们具体分析一下 1873 年的阿散蒂战役、1881 年俄国的盖奥克泰佩远征，以及 1896 至 1898 年基奇纳的苏丹远征。

---

[1] Lieutenant-colonel Septans, *Les Expéditions anglaises en Asie*, p. 128.

沃尔斯利远征库马西

库马西是阿散蒂的首都，人口大约为4万人，距离海边150公里，中间隔着一片难以穿越、病菌丛生的树林。为进行这次远征，英军做了有条不紊的准备工作。司令官加内特·沃尔斯利爵士带领一小批士兵（常规军，不足3 000人）于1873年10月登陆。总行程被分为几部分，每一段都分配一队工人。12月底，这条路已往前推进133公里并到达普拉河畔。工人在河上架起一座桥，队伍继续前进到距离目的地75公里的地方。一路上每隔10英里（大约16公里）就建有一个储备充足、设施齐全的营点。因此，小分队到达那里时毫无倦意并开始集合。新修的道路把将近2 000人送到距离目的地25公里的地方。1874年1月31日，交战双方在阿茂弗（Amoafo）一战定胜负，英军战胜了阿散蒂人，并于2月4日不费吹灰之力占领了这座城市。英军这时已经没有粮食，2月6日沃尔斯利又率军返回海边，在他身后只留下一片硝烟尚未散去的废墟。逃亡的统治者科菲·卡里卡里13日接受议和。2月16日英军登上了返程的船。[1]

1895至1896年，英国强迫阿散蒂王国成为英国保护国的时候，虽然对当地情况已有更深的了解，但所用的方法仍然与以前大同小异。参加过上一次阿散蒂战役的弗朗西斯·斯科特爵士（Sir Francis Scott）这次成为主帅，带了大约1 500人的部队在海岸角堡集合。他们征用的1.2万名工人事先已整修好道路，还在路上设了宿营点。从出发点到普拉河（116公里）渡河处之间的路程分7段完成，为了练兵，前几段路程较短，部队也借机于1895年12月31日在距离库马西130公里处集合完毕。接下来，部队继续前进，没有与敌军发生冲突，一些工兵比他

---

[1] « La guerre des Aschantis », *RME*, janvier 1874, p. 145-146, mars, p. 170-173.

们早几天出发设置了宿营点。与20年前不同的是，这次远征没有发生战争。1月17日，部队进入库马西，接受了新任国王普伦佩（Prempeh）的臣服，并把他带到海边迫使他签订了一份保护协定。由于很多士兵得病，所以这次返回海边的速度也很快。2月7日，部队开始回国。[1]

俄国的盖奥克泰佩远征

斯科别列夫是1880年3月盖奥克泰佩远征军的统帅，他为这次远征进行了周密的准备，誓为俄国洗刷1879年战败的耻辱。准备工作用了6个月时间，从1880年5月一直持续到10月。远征军的第一个基地设在1869年占领的克拉斯诺夫斯克，距离目的地大约400公里。然后，南边的米哈伊洛夫斯基又被定为补给线上的起点。俄军在这里设置了储存生活用品和弹药的仓库。蒸馏水设备解决了水资源稀缺的问题，每天能为部队提供30万升水。安年科夫担任军事运输主管，在他的指挥下中亚铁路线开始铺设。1881年初，这条铁路不超过100公里，大部分路段轨距都很窄，但是为穿越这个十分不稳定的地形区创造了便利条件。有了铁路，部队就可以很方便地向巴米输送物资，这是俄军6月份占领的城市，距离部队出发地300公里，离目的地一百多公里。储藏着8 000人的6个月的生活用品、2 000万发子弹和够75门大炮发射1.5万次的炮弹。从7月开始，俄军就开始在盖奥克泰佩周围进行严密的侦察。征服计划的第二步，就是占领目标附近的埃基恩－巴提尔－卡拉（Eghien-Batyre-Kala），也就是萨穆尔斯克（Samoursk）（12月12日）。预备围城

---

[1] « Expédition contre les Aschantis（novembre 1895-janvier 1896）», *RME*, septembre 1896, p. 193-196.

的部队在这里集合。战争在1月初打响，虽然被包围的当地人进行了激烈的反抗，但是1月24日，这场战争还是以俄军成功攻占这座城市而结束。

英军进军苏丹：从沃尔斯利的失败到基奇纳的成功

如果补给线的起点离目的地太远，就会出现各种问题。1884年，以营救戈登为目的的喀土穆之战就是一个活生生的例子。一次又一次的延误积少成多，当然产生了不堪设想的后果。当时，格莱斯顿想尽可能避免被拴在苏丹战场上，并且似乎怀疑戈登是因为想强迫政府介入而故意在喀土穆按兵不动。身在萨瓦金的格雷厄姆将军本来完全可以出兵救援，但是，格莱斯顿却命令他4月份回国。喀土穆的英国领事埃弗兰·巴林（Evelyn Baring）将军，也就是未来的克罗默伯爵，小心翼翼地提出了营救的建议，之后就回到了英国一直待到9月。幸好，战争部长哈廷顿（Hartington）勋爵强烈要求实施营救，甚至以辞职相逼，行动拨款这才在8月5日投票通过。而首相直到8月23日才决定任命沃尔斯利为埃及部队指挥官，并清楚地下达了10月8日向喀土穆进发的命令。

方案的拟定工作从9月开始，沃尔斯利想从埃及出发沿尼罗河航行（将近1 000公里，还要经过河湾），而不是从红海边的萨瓦金出发后先到达柏柏尔人居住地（这条路只有400公里，但要穿过沙漠，而且柏柏尔人居住地在5月份已被"德尔维什"控制）。他的副手威廉·巴特勒（William Butler）已开始筹备沿河线路上的营点，后来这条路线又被延长至栋古拉，全长达1 663公里。[1]要完成这次远征先后需要乘坐火车

---

[1]　Harold E. Raugh, Jr., *op. cit.*, p. 147.

（行进436公里）、汽轮（850公里），穿越瀑布时，还要交替使用骆驼和帆船或有桨船（150公里），最后再走水路（227公里）。整个行程被分成几段，每一段由一位负责交通运输的指挥官管理。此外，还设立了4个医疗部门，由4位专业医生负责。

1884 至 1885 年沃尔斯利远征路线分段

阶段	距离（公里）	交通方式	瀑布
开罗 / 艾斯尤特	369	铁路	
艾斯尤特 / 阿斯旺	508	水路（汽轮）	
阿斯旺 / 菲莱	15	铁路	通过第一瀑布
菲莱 / 瓦迪哈勒法	338	水路（汽轮）	
瓦迪哈勒法 / 萨尔拉	53	铁路	通过第二瀑布
萨尔拉 / 达尔（Dal）	100	水路 / 陆路(骆驼)	多次穿越急流
达尔 / 凯柏尔（Kaibar）	164	水路	
凯柏尔 / 哈内克（Hanneck）	53	陆路	通过第三瀑布
哈内克 / 栋古拉	63	水路	

物资用了很长时间才运达库尔提，所以直到1884年12月底，两支部队才从那里集合出发。这时，他们离目的地还有600公里。然而各种延误继续仍在发生。1月17日，威尔逊上校的"沙漠纵队"在阿布科里（Abu Klea）一战中艰难取胜后，在距离苏丹首都还有150公里的买特迈停了下来。在这里，4艘汽轮与他会合，他们一个月前就从喀土穆启航，给威尔逊带来了戈登的最新消息和他的日志。24日，威尔逊决

定带着一支小部队（20名欧洲士兵和240名苏丹士兵）登上其中的两艘船，但是，等他们1月28日中午到达喀土穆的时候，看到的却是马赫迪部队的旗帜在总督府飘扬，这时距离城市沦陷已过去两天。而"河流纵队"在科贝坦（Kirbetan）遭遇了一场恶战（2月10日），厄尔（Earle）将军在战斗中丧命。他们于2月21日到达距离阿布艾哈迈德（Abou Ahmed）42公里的胡艾拉（Huella），不料接到了撤军的命令。被派往萨瓦金支援当地军事行动的格雷厄姆将军也在托弗莱克（Tofrek）战役（1885年3月）中元气大伤，不得不撤退。

这场战役说明速度和稳妥难以兼得。在面对"德尔维什"这样可怕的强敌时，英军为了优先保障安全，的确付出了惨痛的代价。而这次失败不仅仅要归咎于格莱斯顿最初的迟疑和威尔逊最后的犹豫，只不过他们经常被当作代罪羔羊，尤其是格莱斯顿。根据沃尔斯利的设想，要想在阿斯旺南部、第二瀑布（瓦迪哈勒法）和第三瀑布（科切赫南部）之间组织防守，就要疏散栋古拉（7月5日）和上努比亚的士兵。这些地方和开罗相距十几天的路程，中间由铁路相连，在11月至12月他们连续遭遇了多次袭击，但仍然坚守。[1]

意大利在阿杜瓦战败后，英国政府决定派基奇纳重新夺取这座城市。这次行动则完全是另一番景象了。大本营设在阿卡莎（Akasha），距离开罗1 500公里，在瓦迪哈勒法以南130公里处。基奇纳在这里建起了布满碉堡的堡垒，很快这座1896年3月不战而得的小村庄便进入了防御状态。6月初，一支由3个旅组成的部队在这里集合，由埃及英军总司令的左膀右臂阿奇博尔德·亨特将军指挥。交通状况与上一次相比有了很大改善，从开罗到阿斯旺不但可以乘坐埃及三桅小帆船和库克公

---

[1]　« Les Anglais dans la Haute Égypte », *RME*, 15 septembre 1886, p. 257-299.

司制造的汽轮，还可以选择铁路。当时，铁轨已修了564公里，而且预计1897年就能完工。经过阿斯旺以后，部队跟1885年一样利用铁路通过第一瀑布，然后在通航条件极佳的尼罗河从菲莱到达瓦迪哈勒法。不过，为了避开接下来的第二瀑布和一系列湍流，部队又拿起了修路工具，把1885年修了一半的铁路完成了。这条铁路从瓦迪哈勒法（1896年6月6日，英军在菲尔克击败了一支2 000人的"德尔维什"部队后，于8月开通了这条铁路），一直延伸到萨丁方提（Sadin Funti），途经阿卡莎和科切赫，避开了尼罗河的一个小河湾。英军回收并利用了之前废弃的轨道，根据地形的不同，每天能铺设的铁路距离从400米到2 500米不等。栋古拉就在此地上游160公里的地方，乘汽轮通过第三瀑布之后就能到达。[1] 9月23日，英军成功占领了这块已经被马赫迪驻军清空了的阵地。这次首战告捷对英国来说意义非凡，标志着1896年的战争告一段落。英军控制了全省以及麦洛维和库尔提，1897年，铁路沿着河流一直通到了第三瀑布南边的科尔马（Kerma）。[2]

这时，1885年困扰英军的问题又出现了。水路虽然很有保障，但由于河流在阿布哈迈德（Abou Hamed）西边拐了个大弯，所以水路的行程更长；通过第四、第五和第六瀑布的时候也要费一番脑筋；而且要让1.5万人的部队加上所有物资登船，还需要大量小艇，但这些可能根本无法实现。要想穿越沙漠直接到达柏柏尔人居住地或买特迈，也凑不齐足够多的骆驼。英军想出的对策是修建一条从瓦迪哈勒法到阿布哈迈德的铁路，这就是苏丹军用铁路。轨道铺设工作从1897年1月开始。8月7日，阿布哈迈德被占领，一个月后（9月5日）柏柏尔人居住地也

---

[1]　« Préliminaires de l'expédition d'Égypte au Soudan », *RME*, août 1896, p. 126-145.
[2]　« Expédition égyptienne au Soudan », *RME*, novembre 1896, p. 384-395.

被攻克。12月，英国和意大利达成一致，意大利认为占领城市的成本太高（相当于每年9.2万英镑），因此把这些领地转让给了英国，英国人控制了从卡萨拉到苏丹与厄立特里亚交界处的区域，再继续向南进军也就更有保障了。

1898年4月，英军和马赫迪部队在尼罗河与阿特巴拉河交汇处的阿特巴拉进行了一场激战（4月8日），马赫迪部队被赶出阿特巴拉，英军的3 000士兵、1 300匹马和64门大炮则在这里集合扎营。

1898 年基奇纳远征路线分段

阶段	距离（公里）	交通方式	瀑布
开罗 / 纳格马迪 （Naghmadi）	640	铁路	
纳格马迪 / 阿斯旺	230	水路（汽轮）	
阿斯旺 / 舍拉尔 （Shellal）	8	陆路	通过第一瀑布
舍拉尔 / 瓦迪哈勒法	380	水路（汽轮）	
瓦迪哈勒法 / 阿特巴拉	600	铁路	通过第二瀑布

英军后方基地在开罗，位于此地下游近2 000公里处，两地由铁路连接：在苏丹乘火车走600公里从阿特巴拉到瓦迪哈勒法；在尼罗河上换成汽轮航行380公里到舍拉尔；为了避开第一瀑布，从舍拉尔步行8公里到达阿斯旺；继续乘船沿尼罗河航行230公里到达纳格马迪；再乘火车走640公里抵达开罗。有了这套方案，从1月起援军只需11天就能从开罗到达距离瓦迪哈勒哈370公里的阿布哈迈德（这时铁路还没有建

成）。铁路完工后，每天能运送300到350吨货物。[1] 8月底尼罗河涨潮的时候，英军司令官终于率领着他的炮艇、汽轮和200艘帆船跨过了到达喀土穆的最后300多公里。

在上面举的例子中，英国人只需要组织一条补给线。但是，有些行动比这要复杂得多。

战略性安排

俄国进军突厥斯坦

俄国人特别擅长大规模活动，这是因为有些地方缺乏必要的自然条件导致他们不得不如此。其中，最主要的限制就是冬天的酷寒。1839年，奥伦堡总督佩洛夫斯基（Perovski）将军在阿姆河畔攻打希瓦绿洲时惨遭滑铁卢，这场失败让俄国在此后的30年中没有往这个方向扩张。[2] 1873年他们终于又一次尝试这个夙愿，组织了一场新的远征，不过为了避免重蹈覆辙，他们把时间选在了初春。参与这次行动的有不下5个纵队。他们从距离目的地几百公里远的不同基地出发，以目标为中心聚拢。第一纵队从奥伦堡（位于目标北部1 500公里处）出发，由韦罗夫金将军指挥；另外两队分别从锡尔河下游的哈萨利和撒马尔罕（目标以东1 000公里）西南边的吉扎克出发，突厥斯坦总督考夫曼负责协调这两个纵队的行动；最后两队中的一队从克拉斯诺夫斯克出发，由马尔科佐夫上校指挥，另一队从亚历山德罗夫斯克出发，指挥官是洛马金上校，他们的基地在里海东岸希瓦以西800公里处。这样行动的目的

---

[1]　Edward M. Spiers, "Campaigning under Kitchener", art. cit., p. 62-63.

[2]　« L'Asie centrale et les opérations des Russes contre Khiva », RME, juillet 1873, p. 40-44.

是防止敌军部落把火力集中到一个目标上。每支纵队的人数从 3 000 到
5 000 人不等，远征军中总共有大约 1.4 万人，甚至可能有 2 万名职能各
异的战斗人员。

　　这段经历足以证明仅靠陆路交通行军之难，但同样显示了俄国人协
调行动的能力之强。比如，马尔科佐夫率领的部队曾遭遇致命疾病，士
兵大批死亡，于是他决定让队伍原路折返，甚至把物资和大炮都丢弃在
路上。[1] 从突厥斯坦出发的队伍分别于 3 月 18 日和 3 月 23 日启程，但也
举步维艰。考夫曼首先要面对暴风雪的考验，然后是缺水。这两支队伍
5 月 16 日在克孜勒库姆沙漠南部会师，然后一起向希瓦进发。韦罗夫金
比他们稍早一点到达希瓦，他于 4 月 7 日从埃姆宾斯克（Embinsk）出
发，5 月 12 日在咸海南岸的昆格勒与洛马金的队伍会师，然后沿阿姆河
逆流而上。几支队伍集合完毕之后，攻城行动才开始（6 月 9 日）。突厥
斯坦汗国很快投降，并与俄国签订了一份保护协定（7 月 14 日）。7 月
底，从塔什干和奥伦堡出发的部队 10 月底返回了驻地，第一批士兵 10
月初到达，第二批在走了 2 个月之后也到达了营地。里海部队 8 月 21 日
出发，9 月 24 日返回。[2]

英军与 1879 年阿富汗战争之始

　　大规模调动部队也可能是为了辅助另一个军事行动。1879 年 10
月，罗伯茨指挥 6 500 人从舒塔尔加尔丹山口向喀布尔进发，但实际
上，参与行动的一共有将近 2.2 万人，兵分三路。戈登（这位将领与查
理・戈登同姓）率领一支 4 000 人的纵队进入舒塔尔加尔丹山口和泰尔

---

[1]　Richard A. Pierce, *op. cit.*, p. 31.
[2]　Yorck de Wartenburg, *op. cit.*, p. 36-41.

（Thal），负责罗伯茨与古勒姆山谷的联络。布朗将军率领开伯尔山口纵队控制从白沙瓦到甘多马克的道路，并组织了一支移动纵队以便跟喀布尔保持直接的联系。这个纵队被分散在四个区域：罗斯将军的队伍驻守白沙瓦；多兰将军的队伍位于白沙瓦和巴萨瓦尔（Basaval）之间；阿巴斯诺特将军在波萨瓦尔（Bosaval）和贾拉拉巴德以及甘多马克之间；高赫将军的部队则在更前方与戈登将军的纵队联络。在白沙瓦和拉瓦尔品第共有5 000名后备军。不要忘了唐纳德·斯图尔特将军在奎达和坎大哈还有9 000名士兵，沃特森将军在古拉姆山谷另有9 000人。这样一来，占领军的总人数就达到了4万人，分布地区前后相距600多公里，其中3.1万人的任务是保障喀布尔纵队周边一定范围内地区的安全。[1] 1880年3月，英军再一次向喀布尔进军，也同样经过开伯尔山口，有1.5万人奉命从白沙瓦开始把守沿途的17个岗哨，而行军部队只有1.2万人。

行　军

行军秩序

组织行军时最让指挥官感到棘手的问题，就是如何让部队和辎重队在行进过程中保持和谐同步，不发生混乱。部队一般很早就出发，以便避开气温最高的时段。在印度，行军部队在黎明时就启程（2点45分起床，4点30分先头部队出发），这样才能确保中午到达目标营地。但是，

---

[1]　« La nouvelle invasion de l'Afghanistan », *RME*, 11 octobre 1879, p. 168-170.

这么一大群人和各种牲口在黑暗中跌跌撞撞难免乱作一团。沃尔斯利进行红河远征时，为了可能延长的航行时间，充分利用了北方夏天（8 月中旬）漫长的白昼。每天 3 点吹起床号，天一亮部队就上船，天黑前一小时航行结束，其间分别于上午 8 点和下午 1 点各休息一次。[1]

如果行军途中没有遭遇威胁，部队就能根据各自行进的缓急分成不同的梯队，每个梯队按自己的节奏进发，不受前方梯队扬尘的影响。非洲的部队最常见的行军顺序是：欧洲步兵在前，然后依次是“土著”步兵、炮兵部队、车队和牲畜。虽然大原则是让速度最快的最先出发，而且“土著”士兵更擅长行军，但为了让欧洲人享受更好的行军条件，他们被安排在最前列。[2] 这样做的结果是队伍拖得很长，最后出发的人很晚才到达营地。以奇特拉尔战役为例，1895 年 4 月 11 日，这天计划要走的路程是 26 公里，路上没有什么大的阻碍，先头部队早上 8 点出发并于下午 14 点 30 分到达；而最后面的牲畜队（4 000 头骡子和 300 头骆驼）早上 10 点出发，晚上 20 时 30 分才抵达。[3] 行军人员自然得不到充足的休息时间。如果行军地点是在开阔的郊外，不需要走现成的道路，这种情况就会有所改善，因为队伍中的成员可以分散成横排并肩前行，车队也能分成好几个平行的队列，驮畜分在部队左右两边排成十几个纵队，这样就可以缩短队伍的长度，也能减少扬尘。[4]

当队伍靠近战场时，保护辎重队的安全就很重要了，因为夺取部队物资经常是敌人发动突袭的目的。而一旦失去补给，轻则输掉战争，重则全军覆没。山区狭窄的道路让辎重队不得不排到队伍的后半部分。步

---

[1]　« L'expédition de la rivière Rouge en 1870 », *RME*, 15 janvier 1885, p. 11-12.

[2]　« Manuel tactique à l'usage des troupes de l'Indochine », *op. cit.*, p. 180-181.

[3]　Lieutenant-colonel Septans, *Les expéditions anglaises en Asie,* p. 339.

[4]　"A Narrative of the Russian Expedition to Khiva", *in* Martin Ewans, ed., *The Great Game, Britain and Russia in Central Asia*, vol. VIII, *op. cit.*, documen h.t.

兵大部队走在前面，必要时负责开路，后面还跟着一支精锐后卫队，以防敌军攻其不备。另外，还有一些小分队走在地势更高的山上，保护侧翼。平原地带队形的排列方式更加多样。[1] 如果没有急迫的威胁，那么只要能保证队伍的基本安全就足够了，这类工作主要由小规模的正规的或临时的骑兵队负责。在突厥斯坦，由哥萨克骑兵分队为行军部队探路。在队首和队尾还分别有一个工程兵、炮兵和步兵组成的分队；最后，如果辎重队很长，还会在中间插入其他起保护作用的小分队。[2]

在面临较大的威胁时，就要采取更严格有序的固定阵形。步兵组成一个四方形，把辎重队、炮兵和骑兵围在中间，整个防御阵形呈正方形或长方形。在伊斯利战役中，比若将军史无前例地使用了菱形阵形，这个战术也为他带来了一定的声誉。但是，万变不离其宗，无论排成什么样的形状，这种部署方式都摆脱不了本质上的缺陷，不但部队的灵活性大大降低，而且队伍中的成员要忍受令人窒息的扬尘，行进速度很慢，甚至走走停停，这样行军非常累人。1898年英军远征苏丹期间，加塔尔将军所率领的以坚韧刚毅著称的小分队，就因为严格执行这套列队规范而受尽折磨。俄国人也没有少吃苦头。考夫曼曾写道，任何地方的尘土和中亚一比都是小巫见大巫。这也就是为什么即使有敌军威胁，指挥官还是尽可能把部队分散成多个梯队，分别行军，辎重队的侧翼由骑兵保护时也可以采用这种方法。[3] 但不管怎样，固定队形仍然没有失去用武之地，因为它能便捷地切换成殖民战争中常用的作战阵形。

---

[1]　Capitaine R.J. Frisch, médecin-major H. David, *op. cit.*, p. 141-144.

[2]　« Le Turkestan... », *RME*, septembre 1878, p. 156.

[3]　Capitaine Mordacq, *op. cit.*, p. 29.

扎　营

　　如果部队需要在敌军附近宿营，保护辎重队不受突袭就更有必要了。方形仍然是防御效率最高的队形。多兹上校在阿波美远征期间，让"土著"步兵和欧洲步兵轮流驻扎在队伍四面，形成一个宽约150米、长165米的长方形，四角则由炮兵队把守。其他成员就待在这个长方形内部，中心则是上校本人和他的参谋部。这2.5万平方米的空间内集中了1 300名士兵和1 800名脚夫（和70多头骡子），人口密度为每平方公里12.4万人。[1] 为了防止敌人靠近，宿营部队会采取各种防御手段。其中一种用多刺灌木建成的栅栏最为常见，法国人和英国人通常按照这种工具的阿拉伯语名称把它叫作"则里巴"。1887年，沃尔斯利还提议，在这些栅栏周围的地面上撒满玻璃碴，这招对付赤脚行走的敌军非常有效。19世纪末，带刺铁丝网出现了。这种工具第一次被用于实战可能是在1895年的莫桑比克，当时一支约有600人的葡萄牙部队在营地被6 000名敌军袭击，多亏了这种新道具，他们才得以成功御敌。[2]

　　突厥斯坦的俄国人采取的防御措施则更加牢不可破：他们把马车辕木朝内，一辆接一辆紧靠在一起，组成一道屏障；如果没有车辆，就用牲畜背的货物代替；行军过程中，他们把最适合充当盾牌的货物安排在队列外围，有需要时能迅速形成一个临时战壕，给士兵提供掩护；牲畜的排位更靠里，因为如果它们被敌军抢走，会给部队造成严重的损失；炮兵、工程兵和参谋部位于最中间。[3] 这种方法类似于布尔人用的马车堡垒：一辆辆马车车轴对着车轴停放，车轮被连在一起，形成一个

---

[1]　Capitaine Édouard-Edmond Aublet, *op. cit.*, t. 1, p. 210.

[2]　Bruce Vandervort, *op. cit.*, p. 154.

[3]　« Le Turkestan... », RME, septembre 1878, p. 154-157.

方阵，并在外围挖出一个壕沟加强防御。由于布防要花很长时间，所以还要组织侦察兵和巡逻队防止敌军在此期间突然袭击。一旦马车堡垒建成，营地就有了来自壕沟和马车防线上的双重保护。

这种防御手段在南非应用广泛。1838年，著名的阿非利卡将领安德利斯·比勒陀利乌斯（Andries Pretorius）手下500名手持燧发步枪的士兵在血河（Blood River）迎战1.2万个使用标枪的祖鲁战士，战斗持续了2个小时，比勒陀利乌斯正是用了上述方法以少胜多，化解了敌方的进攻。3 000名袭击者在这场战争中丢掉性命。英国人积极向布尔人学习，而且获益良多，日后成为陆军元帅的埃弗兰·伍德上校在坎布拉（1879年3月29日）的经历就是一个例子。当时，他的部队用两道牢不可破的马车堡垒当掩护，马车之间用土制的棱堡填补，终于战胜祖鲁敌军，取得了一场重大的胜利。士兵被分成两组，分别从马车上方和下方开火，加上炮兵的助力，不但击退了敌军的所有进攻，还让对方损失惨重。[1]这次胜利帮助英国抹去了不久前伍德在赫洛巴内（Hlobane）惨败的记忆，也让他们对更为惨烈的伊散德尔瓦纳战役（1月21日）释怀了，这两次战败都是向占有人数优势的对手贸然进攻的结果。

困扰宿营地指挥官的问题还远不止这些。其他难题还包括非交战时期如何保管士兵的枪支。按照传统方法把步枪架成枪束，并不能防止一些胆大包天的敌人潜入营地偷走几支。解决的办法就是用一条锁链把枪支捆起来，但这样一来又很难迅速把枪取下并进入警戒状态。所以，士兵们宁愿牺牲一点睡眠质量，也要自己保管好自己的枪支，休息的时候把一条手臂穿过枪带，西班牙人在得土安、法国人在东京都是这样做

---

[1] «Moyens de transport employé s par les Anglais dans leurs expéditions africaines», art. cit., juin 1895, p. 415-417.

的。[1] 选择合适的扎营地点至关重要，这不仅是为了免遭伏击，也是为了躲避当地人采用欧洲人所知甚少的策略。沃尔斯利发现，非洲和北美的草原上的人经常用火来对付敌军，所以扎营时就要尽量选择水边，或者在营地周围清出有一定宽度的防火带。[2]

编者注

1.北黎事件：发生于清法战争中的一个事件，中国称之为"观音桥事件"。

---

[1]　Capitaine Mordacq, *op. cit.*, p. 116.

[2]　« Petites opérations militaires par le général Wolseley », *RME*, 15 mai 1887, p.513-529.

第四部分

战 争

第一章

对　手

∨

殖民统治几乎从来没有以和平方式实现过。海外人民为了抗击侵略者，会集结起与其社会成分一样复杂的部队。抵抗有时来自当地为保护自己的村庄和农田而战的居民，有时也可能来自当地的国家军队。这些国家有的历史悠久，也有的才刚刚诞生。但是，新生国家抵御外敌的决心更加坚定，因为他们的统治者之所以建立国家，就是为了回应外国的侵略行为。有很多事例都能体现这些对手的多面性。欧洲人通常都能做到心怀敬畏。当他们低估对手时，结果常常令他们追悔莫及。

资　源

士　兵

大多数被西方强国侵略的国家都有很多刚强勇毅的战士，但他们不是正规意义上的军人。激励这些战士的最大动力是向族人证明自己的价值，或者是满载战利品而归，他们可能附属于统治者的正规军，而且不管正规军规模大小，他们都是其中不容忽视的一部分。如果没有来自中央的统一指挥，他们的抵抗活动既可能是大规模的正面对峙，也可能是纠缠不休的小打小闹，还可能是各种形式的游击战。

马背上的民族以其超凡的灵活性最为人所忌惮。他们卓越的驯马技巧以及在马上气定神闲的姿态使得他们和自己的坐骑配合得天衣无缝。经过循序渐进的训练，土库曼斯坦部落中的帖克马¹一天能跑 18 至 20 个小时。骑手不需要马刺，也很少使用马鞭，因为要使用这些道具就得掀开马背上的遮盖布。[1] 斯科别列夫评价中亚的土库曼骑兵时曾称赞他们："非常勇敢，骑术高超，对武器的使用炉火纯青。"那些养骆驼的部落与他们相比也毫不逊色。在撒哈拉，沙姆巴部落的阿拉伯人和图阿雷格人在训练坐骑的手段方面登峰造极，法国的骆驼骑兵队也只好把他们招进自己的队伍，向他们讨教知识。

其他民族也让欧洲骑兵赞叹不已。比如美洲大陆上的拉科塔苏人（西苏人），一个多世纪以前，他们从明尼苏达河出发迁移，跨过了密苏里河，也正是在这时他们开始驯马。他们的矮种马只吃草原上的青草，既没有上马掌，也不佩戴马鞍和马具。他们对马十分爱惜，在崎岖不平的地方就下马让马和骑手并排而行。[2] 德·特罗布里恩将军经常把他们比作联邦军，虽然联邦军其实很少骑马。[3] 非洲草原上的原住民对骑兵也不陌生。伟大的富拉尼征服者奥斯曼·丹·福迪奥（Osman Dan Fodio）在现在的尼日利亚利用强大的步兵建立帝国之后，他的继任者很快又回到了以骑兵为主的传统。艾尔·哈吉·奥马尔跟他的继承者阿赫马杜

[1]　« Les chevaux du Caucase et du Turkestan », *RME*, 15 avril 1889, p. 393-406.

[2]　Robert M. Utley, *Sitting Bull*, p. 35-36.

[3]　Allan Millett and Peter Maslowski, *For the Common Defense. A Military History of the United States of America*, New York, The Free Press, 1994, p. 254.

也是一样。不过，骑兵在热带气候区比较少见，一方面是气候使然（舌蝇太多），另一方面也有文化原因，但上沃尔特的莫西人是个例外。早在17世纪，荷兰殖民者就把马引入南非，布尔人战斗力的基础就是勇猛可怖的骑马步兵，丘吉尔说他们在马上作战的技能"仅次于蒙古人"。他们骑着不知疲倦的矮种马，能完成出人意料的长途奔袭。1901年6月到11月之间，史末资将军就是这样跨越了1 100英里（约1 700公里）的路程，从德兰士瓦到达开普敦的中心。[1]

　　除此之外，每个民族也都有自己的军事特长。黑非洲有很多令人闻风丧胆的战斗部队，比如祖鲁武士和达荷美女战士，还有很多民族都以骁勇善战著称。连丛林里的民族都可能成为危险的敌人，因为他们深谙隐身之法，擅长埋伏战。印度尼西亚的马来人是使用冷兵器的高手，荷兰人面对他们也不敢有丝毫懈怠。在龙目岛战争中，女人也披挂上阵参与了游击战。[2] 而征服亚齐地区的行动更是从1873年一直持续到1908年才完成。这个地区面积大约3万平方公里，有55万人口，被利奥泰称为"荷兰人的卡比利亚"[3]。这是一场"腥风血雨、永无休止的激战，亚齐人所表现出的顽强、狂热和勇猛在殖民战争的历史上几乎无出其右者"[4]。美拉尼西亚的一些民族，比如新西兰的毛利人，虽然因为与世隔绝而在科技上落后于世界，但他们也有让人刮目相看的才能和技巧，甚至能弄到大炮来强化他们的防御工事。

　　山地居民更加令人生畏，比如居住在印度西北边境的普什图人和他们的阿富汗邻居车臣人，或者阿尔及利亚的卡比利亚人。他们是一往

---

[1]　George Arthur, *op. cit.*, t. 2, p. 45.

[2]　F.-H. Boogaard, *op. cit.*, p. 29.

[3]　Hubert Lyautey, *Lettres du Tonkin*, vol. 1, p. 45.

[4]　« Les Hollandais et la guerre de Sumatra: l'expédition de Samalanga », *RME*, 30 janvier 1887, p. 106.

无前的步兵，百步穿杨的射手，常常还是巧夺天工的匠人，能修复破损
的武器。阿富汗人更是能造出各种形式的武器。他们在扰敌方面也无人
能比，托尔斯泰曾提到，在高加索地区，真正的对战直到俄军已经占领
一个村庄并开始撤军时才打响：这时，部落军队才出现在俄军视野中而
且越来越多，试图利用有利的地理位置克敌。[1] 一位法国军事观察员研
究了科马洛夫将军在达什科普里（Dach Kepri）战役中取得的胜利后认
为，虽然俄军此后继续前进到了阿富汗边境处的旁遮普（1885 年 3 月），
但未来能走多远还很难说。他指出英国人与阿富汗人交战时，虽然在平
地上能轻而易举地击败对手并占领他们的村庄，但随后却难逃驻军被包
围、通信被切断、小分队被屠杀的厄运，因此没法在当地站稳脚跟。[2]

　　有一部分反对殖民者的势力不属于农耕集体，而是靠控制一部分
地区过活的武装力量。在印度支那有一些被法国人统称为"海盗"的人
就属于这一类。这些"大部队"主要由中国"海盗"组成，从 1885 年
活跃到 1891 至 1892 年，掌握着 500 至 800 支步枪，是法国占领东京时
被打败的"黑旗军"的余部。1921 年的一项研究表明，这些人也有从
事商业活动的，在中国资本家的组织和资助下在某些固定地区牟利，活
动范围一直到达红河三角洲。另一些团伙没有这么活跃，他们建立了一
些"军事营地"，很多当地人也加入其中。他们很少远离边境，疆界的
另一边就是他们的避难所。从 1908 年起，一些所谓的"改革大军"开
始在这个区域出现，他们是中国的革命者，被政府军挫败后来到东京避
难。[3] 这与 1900 年左右苏丹萨赫勒地区的情况多少有些相似，来自摩洛
哥南部不受管制地区的战士经常向那里发动侵袭。他们的目的通常是搜

---

[1]　Léon Tolstoï, « Les Cosaques », *op. cit.*, p. 399.

[2]　« Le combat de Dach Kepri », *RME*, 30 septembre 1885, p. 321-332.

[3]　« Manuel tactique à l'usage des troupes de l'Indochine », *op. cit.*, p. 49-62.

刮战利品，尤其是抢夺奴隶，但意识形态分歧也是他们向信仰万物有灵论的黑人以及信仰基督教的法国人宣战的原因。

防　御

那些被炮火袭击的民族对防御工事和修挖战壕绝不是一无所知。亚齐的"克拉通"宫殿除了有围墙守护，四周还种植了排列非常密集的竹林，很难砍断，此外还用路障、陷阱和削尖的木桩强化防御效果。中亚的城市则筑起带有锯齿的高墙，挖出数米深的护城河，并建起好几层的城楼保护城市侧翼。在非洲，苏丹国王使用或者新建一些威严壮观的堡垒，在当地语言中被称为"塔塔"，堡垒的墙壁用黏土或砖头制成，在太阳下晒干后非常坚固，底部厚达三四米，高也有三四米，城墙顶部一般呈钝锯齿状，还有士兵站岗。

小村庄的防守也很严密。东京的村庄通常用土堤围住，有时还会修建高1.5至3米、底部宽2至2.5米的黏土围墙，并种上"密集而又尖利"的竹子，城内还有一道围墙，两道围墙之间一般隔着五六米宽的护城河。外围墙上有四五个窄小的双开门，进门后还要沿着走廊拐一个九十度的弯才能走到内部围墙的门。村庄里面的小胡同迂回曲折；每两到三座房子（用柴泥建成）组成一组，用围墙围起来；到处都是"池沼、壕沟、竹丛、小片的花园和荆棘丛"[1]。非洲赤道附近的丛林中，一道接一道的木篱阻断了通向村庄的道路；这些村庄的侧翼则由砍倒的树木、木桩或者底部埋有尖刺的地洞和壕沟护卫。[2] 西方部队的指挥官攻占这些

---

[1]　« Manuel tactique à l'usage des troupes de l'Indochine », *op. cit.*, p. 230-233.

[2]　« La Guerre en forêt équatoriale », *RTC*, 1921, p. 262.

村庄之后，为了不让这些防御工事妨碍未来的侵略可谓绞尽脑汁，他们在土坝和竹篱上凿出缺口，派人修剪灌木丛，拆除双围墙，还修建了南北、东西方向呈十字形的大道。[1]

有些土著民族还很擅长因地制宜，根据本地特点修筑防御工事。太平洋上的毛利人会建造一种叫作"帕"（pa）的城墙。这种城墙大约 90 米长，50 米宽，4.5 米高，由坑道和三重木篱组成，再垫上亚麻叶用来缓冲投射物的冲击，城墙上还有射击点以及供守军藏身的地方。1863 年 11 月，邓肯·卡梅隆爵士（Sir Duncan Cameron）用了 1 300 人、连续发动 3 轮进攻才攻克了朗吉里里（Rangiriri）的"帕"，而且伤亡惨重（38 人战死，92 人受伤）。[2] 东京的"海盗"则把村里的围墙巩固一番当作自己的据点或隐蔽处，并在墙外挖出壕沟防止敌人靠近，或者埋伏在附近的水塘里，只露出眼睛，等敌人走得很近时一枪毙命。[3] 菲律宾的游击队将领在各个村庄或部落里招募战士，队中有受过欧洲军事训练的士兵（主要是西班牙部队的逃兵），这些游击队员躲在战壕里，并用金属轨道或金属板把壕沟盖住。[4]

武 器

当地战斗人员用的武器也是五花八门。殖民初期，弓、箭以及各种冷兵器的使用还很广泛，即使那些最有声望的部队也不例外。在 1842 年前后的第一次鸦片战争中，清政府名称响亮的皇家部队（"八旗

---

[1]　« Manuel tactique à l'usage des troupes de l'Indochine », *op. cit.*, p. 174-175.

[2]　Harold E. Raugh, Jr., *op. cit.*, p. 227.

[3]　« Manuel tactique à l'usage des troupes de l'Indochine », *op. cit.*, p. 230-233.

[4]　Brian McAllister Linn, *op. cit.*, p. 105.

军""绿营军""五营")与英军交战时几乎没有单兵火器。祖鲁人仍在使用长矛和盾牌。有些地方虽然火器比较普及，但其性能却迟迟没有进步。印度和阿富汗的战士经常装备着火绳枪（杰撒伊步枪），马格里布人则使用燧发枪（穆卡拉枪），这些枪的枪管很长，准确性较高，射程也比较远，但装弹很慢而且穿透力非常差。19世纪中期以前，这种枪尚且足以抵御欧洲部队配发的步枪，但当西方的军事工业腾飞之后，就被远远地甩在了后面。不过，由于一些欧洲商人无视政府的禁令，把武器走私给了这些当地人，他们的枪支军火也慢慢变得更普及、更现代化了。

非洲的故事尤其广为人知。西方人长期以来都向沿海地区的非洲人供应军火，以便后者在战争中帮他们俘获市场所需的黑奴。这样交易来的步枪数量相当多。19世纪70年代，阿散蒂人用的是一种叫作"长丹麦"（Long Dane）的枪，长6英尺（1.80米），重20磅（约9千克），比英国的史奈德步枪长40厘米，重5千克，但无论是射速还是射程或穿透力都远远不及后者。[1]赤道丛林中的战士的燧发枪或击发枪甚至更加落后。但是，即使只有原始的武器，他们的力量也不容小觑，在自然环境的掩护下，他们能够近距离射击（20米，甚至10米），而且经常连发数枪，使敌人身受重伤。[2]

很快，反抗者就取得了进步。一些黑人统治者，比如萨摩里或者布干达国王（当地语言中称国王为"卡巴卡"）穆特萨（1856-1884年）开始自己制造步枪。其他大多数国家还是从外国买入，只要有钱，他们的一切需求都能得到满足。1885年，英国在柏林西非会议上提议限制

[1]　Bruce Vandervort, *op. cit.*, p. 16, et p. 88 qui cite Edgerton, *Fall of the Asante Empire*, p. 55-56.

[2]　Pour biblio, voir John P. Dunn, *op. cit.*, p. 88.

军火买卖（并附带地限制卖酒），但没有被采纳。1890 年 7 月 2 日签署的《布鲁塞尔会议议定书》，禁止出售后装枪的条款也没有得到严格执行。萨摩里始终都能在塞拉利昂的弗里敦从英国人手里买到武器。法国人估计：在 1890 至 1891 年之间，达荷美统治者贝汉津一共买入了 5 000 支步枪。从他们占领阿波美后得到的资料推断，仅海口城市威达的批发商（尤其是德国人）就卖给他们将近 2 000 支各种型号的步枪：温彻斯特、夏塞波、阿尔比尼、史奈德、斯宾塞（包括皮博迪步枪，一种能与马蒂尼 - 亨利媲美的美国步枪）、3 门加农炮、3 挺瑞菲机枪和几十万发子弹。[1] 其中的夏塞波步枪是 20 年前巴赞在梅斯投降后普鲁士人缴获的，每一把都血债累累。

　　布尔人国家没有费什么力气就从德国买到了 5 万支非常现代的 1893 年款毛瑟枪（其中德兰士瓦买了 3.7 万支，奥兰治买了 1.3 万支）以及所需要的弹药。在 1899 年爆发的冲突中，他们用这种枪给英国人造成了重大损失。英军的部队总是被单独活动的射手骚扰，但由于敌人用的是无烟火药，又没法确定射手所在的方位。在科伦索战役中（1899 年 12 月 15 日），博塔率领的布尔士兵在图盖拉河北岸筑起堡垒攻打英军，英军伤亡惨重，不得不撤退。为了打乱敌人的阵脚，英军炮兵司令朗（Long）上校没等步兵跟上就让炮兵打了头阵，这是以往与原始士兵打仗时常用的招数，朗上校自己也曾用这招在乌姆杜尔曼大获全胜。但这一次，藏身在暗处的布尔人从 1 200 米开外的地方就能开枪射击，很多骑在马上的军官中枪身亡，也包括司令本人以及罗伯茨勋爵的儿子，幸存下来的士兵则四散逃亡。[2] 布勒将军只好中止战争，下令撤退，扔下

---

[1]　Capitaine Édouard-Edmond Aublet, *op. cit.*, t. 1, p. 111.
[2]　Bill Nasson, *op. cit.*, p. 133.

了10门加农炮，还损失了1 000名士兵（而对方只损失了四十几人）。

同样的变化也在亚洲发生了。英国情报部门估计，从1901至1907年有9.4万支马蒂尼－亨利步枪被走私到阿富汗，或经由阿拉伯、波斯湾、阿富汗和波斯抵达西北边境省。[1] 除了走私，印度西北边境的部落还在当地制造枪支：白沙瓦南边克哈特山口的作坊仿造的欧洲步枪，虽然使用寿命较短，但却非常精准。霍尔迪奇上校在1901年说道，虽然英军在1881年战胜了瓦济里斯坦人，但到了1898年，同样的场景却不太可能重演了，因为这时当地部落的武装已有了很大进步，英军难以躲避他们的攻击。1910年，封锁海湾的战术反而比直接进攻更有效，但为了躲避普什图人的武装攻击，拖了很晚才得以实施。军火走私在摩洛哥也一样存在：从20世纪初开始，里夫人就装备上了现代化武器，以雷明顿步枪为主，也有一些毛瑟枪和马蒂尼步枪。他们还进口弹药，但需要的时候也能自己制造。[2]

游牧民族也取得了很大的进步。一些已经归降的部落会向军火贩子购买武器，苏人再通过他们取得枪支，甚至直接与军火贩子交易，或者在战斗中缴获，他们在与联邦部队作战时用的是从加拿大的梅蒂人那里得到的温彻斯特连发卡宾枪。这种枪比美国人在1873至1892年间配发的斯普林菲尔德单发后装枪效果更好。[3] 很多军官甚至普通士兵都自己掏腰包购买更现代化的武器，免得到时候占下风。[4] 在中亚，土库曼人也抛弃了弓箭和老式火枪，改用了现代化武器。1885年，俄国人库罗帕特金强调指出，帖克人对他们手上的600支速射枪的使用十分熟

[1]　Lawrence James, *Raj. The Making and Unmaking of British India*, London, Abacus, 2003, p. 404.

[2]　« Les opérations autour de Melilla en 1909 », *RMAE*, février 1910, p. 97-120.

[3]　Allan Millett and Peter Maslowski, *op. cit.*, p. 254.

[4]　*American Military History*, p. 147.

悉。他写道："英军在阿富汗和苏丹的失利以及法军在东京战败的事实都说明，亚洲和非洲的民族已完全有能力跟欧洲部队抗衡，甚至击败他们。"他呼吁欧洲强国不要以牵制竞争者为由给这些民族提供武器和教官，不过我们已经发现，这个倡议并没有得到响应。[1]

士　气

据一位法国观察员的报告，沙米勒让部队俯首听命靠的是"独立自由的感受、虔诚狂热的信仰，以及对强取豪夺的爱好"[2]。这个定义十分中肯。由于殖民者不但是来自完全陌生文化的外国人，而且居心叵测，因此显得比一般的敌人更加险恶，当地人感到自己有责任拒绝被他们统治，这种感情或许就是战士们坚定信念的来源。他们能凭着对王朝的一片忠心出生入死，在所不惜，就像 1885 年发动"勤王运动"的安南农民一样。有时，即使是单纯原始的反感情绪也能让人鼓起勇气，比如赤道非洲村庄中的战士就是一个例子。在少数情况下，他们甚至会建立新的国家。1898 年 6 月，曾经反抗西班牙殖民者的菲律宾领袖艾米利奥·阿奎纳多（Emilio Aguinald）宣告成立共和国，并与美国占领军展开对抗。

如果"独立自由的感受"还是一个比较中立或偏向褒义的说法，那么"狂热"这个词就有失偏颇了，显然是想要诋毁对手。但不能否认的是，宗教的确在反抗殖民的战争中占据了举足轻重的地位。在当地人眼

---

[1]　« Les progrès des Russes dans l'Asie centrale », *RME*, 15 juillet 1885, p. 61.
[2]　Alexandre Bennigsen, art. cit, p. 318.

中，征服者首先是异教徒，或者是本土宗教的敌人。这不是虔诚与否的问题（当时的欧洲人也有一些是狂热的教徒），而是人们不可能在不牺牲自己的信仰、传统和制度的前提下怀着平常心加入一个完全陌生的社群。要让他们服从这个社群的指令，更无异于把本土价值观置于水深火热之中。最后，蔑视战利品的诱惑是超凡入圣的表现。不过尽管如此，在自古以来的部落战争中，战利品都是给战士光荣的报偿，而欧洲人充足的粮食、衣服、武器和火药对当地人有极大的吸引力。在很多战争中，抢劫辎重队都是"土著"战士的主要目标。

这些战士的勇猛是毋庸置疑的，他们甚至对死亡的痛苦不屑一顾。西方人征服的对象跟他们一样，相信战死沙场是一个人的生命所能成就的最高荣誉之一，战死者不但会在凡间被人称颂，在冥界也会享受永恒的嘉奖。除了尼罗河谷一些古老的农耕民族和远东大河流域三角洲地区的居民，尚武的传统几乎无处不在。这些民族过着艰苦朴素的原始生活，比如，沙漠荒原上的民族时常要忍受饥荒，这种情况反而赋予了他们百折不挠的惊人忍耐力。村庄或部落之间战争频仍，有时是为了争夺土地、牲畜和奴隶，有时仅仅是为了荣誉，为此他们熟练地掌握了使用武器的技巧和一些基本的战术。女人们有时也会披挂上阵。但大多数时候，她们的任务就是对勇士高唱赞歌，对懦夫冷嘲热讽，借此激发男人的自尊心。

宗教仪式能使人更加斗志昂扬。成年礼颂扬对痛苦的漠视，这些仪式标志着男孩正式成为男人。在北美等地，最勇猛的战士会把自己的功绩文在身上，比如第一次打败敌人、第一次受伤，举办仪式时，这些战士就会被召集到一起享受盛宴，狂欢舞蹈。[1] 有时他们会在大战

---

[1]　Robert M. Utley, *Sitting Bull*, p. 143.

来临之前举行宗教仪式。伊散德尔瓦纳战役之前，祖鲁国王塞奇瓦约（Cetshwayo）给士兵举行了一场净化仪式，让他们服下催吐药并呕吐在一个大坑里，然后让他们禁食。还有些部落首领会诉诸魔法。在马格里布、黑非洲以及印度，很多巫医相信某些咒语能让敌人瘫痪。正因如此，在 1905 年德属东非发生部落起义时，起义军首领金吉基泰里·纳瓦里（Kinjikitile Ngwale）才会声称自己能把敌军的子弹变成水（水在当地语言中是"马及"），所以这场叛乱也叫"马及马及起义"。[1]

有些人面对死亡时不但无所畏惧，而且真的认为自己刀枪不入，有些人还心甘情愿地以身殉道。在龙目岛和巴厘岛征服中，当地战士在毫无胜算的情况下选择主动走到荷兰士兵面前。当地人把这种行为叫作"普普坦"（puputan）。在龙目岛，这样的仪式性集体自杀事件发生过两次，一次在 1894 年 11 月 22 日，另一次在 12 月 22 日[2]，将近 20 年之后的 1906 年 9 月 20 日，在今天巴厘岛的政府所在地丹帕沙，贵族和平民、拿着长矛和标枪的男人以及妇女和儿童，一齐走进了敌人的炮火中，当时人们并没有联想到马萨达的犹太人和他们"永不陷落的马萨达精神"。

在各种激励人抗击侵略的动因中，"吉哈德"是至高无上的，这个概念本来指的是信徒所做出的"努力"（也就是"吉哈德"的字面意义）——为守护伊斯兰的领土（Dar el-Islam）而战。诚然，伊斯兰教徒不是抵抗殖民侵略的唯一力量。所有宗教可能都起到了类似的作用。当英国在印度进行扩张时，印度教显然给他们造成了很大阻力，但锡克教的力量也不容低估。1857 年的大叛乱，刚开始是由信仰印度教的士兵发动的，但后来也有穆斯林参与进来，子弹润滑油问题是他们叛乱的原

---

[1]　Bruce Vandervort, *op. cit.*, p. 202.

[2]　Nicholas Tarling, *op. cit.*, p. 141-142.

因之一，还有些人是为了响应反叛者恢复莫卧儿王朝的号召。埃塞俄比亚的天主教徒，或者说广义上的基督徒对意大利人不满的原因，其中就包括没有宗教信仰这一条，这可能是事实，也可能只是他们的想象。埃塞俄比亚皇帝孟利尼克甚至想和以强硬著称的穆斯林马赫迪部队联合对抗意军，不过这个提议被马赫迪方面拒绝了。[1]

然而，伊斯兰教在抵抗斗争中的地位十分特别。由于这个宗教在殖民地国家中传播极广，因此成为起义者最常用的反统治手段，还为一些领导者建立新的国家提供了有效的工具。最后，它还曾经奇迹般地让几个相互敌对的武装组织联合起来共御外敌。要知道，殖民战争常常是历史矛盾的延续或重启。法国、西班牙和意大利在地中海地区进行的殖民战争，正好发生在16世纪伊斯兰国家与基督教国家厮杀的古战场上，而俄国人入侵亚洲的路线，也与沙皇以自卫和保护宗教正统性为名发动的一系列战争的路线相吻合。

我们还可以把1834至1859年沙米勒在高加索地区的行动与阿卜杜勒–卡德尔1832至1847年在阿尔及利亚的行动做一番比较。他们都是虔诚甚至狂热的信徒，也都依靠宗教团体的支持，前者借用了纳格什班迪教团（Naqshabandi）的"塔里卡"（tariqa）概念，后者则是"卡得里亚"（quadrya）。他们两个人都是伊斯兰教的改革者，致力于推广戒规严格的伊斯兰教义，但又不排斥科技进步。他们禁止赌博和饮酒，甚至不允许吸烟，还要求戒绝奢侈，鼓励信众把所有财产用来购买武器和马匹以便参与圣战。最后，他们两个还都实行无情的威权统治。阿卜杜勒–卡德尔分别在1837年和1840年让非斯的乌理玛（伊斯兰教学

---

[1] R.H. Rainero, "The Battle of Adowa on 1st March 1896: a reappraisal", *in* J.A. De Moor and H.L. Wesseling, *op. cit.*, p. 189-200.

者）发布两次"法特瓦"（伊斯兰赦令），强调穆斯林内部团结的重要性。他管理国家的方式是"将法律握在手心里"[1]。亚历山大·贝尼格森（Alexandre Benningsen）也曾说沙米勒的统治是"独裁专制"，他用扣押人质的方法保证各村落首领的忠诚，还会毫不犹豫杀死地方派来的贵族代表。有意思的是，他们投降之后互相给了对方充满敬意的评价。沙米勒被软禁在俄国的时候，曾赞扬过阿卜杜勒－卡德尔对大马士革基督徒的援助；后来阿卜杜勒－卡德尔又请拿破仑三世向沙皇求情，允许沙米勒到麦加朝圣。[2]

　　1845 年，阿卜杜勒－卡德尔的势力逐渐瓦解，而宗教在抵抗运动中的地位却有增无减。1845 年春天，布马扎（Bou Maza）开始在达拉（Dahra）的广大山区活动，并自称受到神（马赫迪）的神秘预言的指引，肩负驱逐侵略者的使命，他也是"救世主"的原型。这些人是通俗伊斯兰文化的代言人，出身常常扑朔迷离。这时，教派团结的重要性已开始显现出来，奥拉德西迪谢赫人（Ouled Sidi Cheikh）和大卡比利亚地区发动暴乱，赛努西教派试图建立政治组织，这些事件都进一步证实了教派团结的意义。赛努西教派由阿尔及利亚人穆罕默德·本·阿里·赛努西（Mohammed Ben Ali as-Sanusi，1787—1859 年）创建，他在非洲创建的第一个"扎维叶"位于昔兰尼加的杰格布卜绿洲，处于奥斯曼帝国的统治范围之内。短短几年之内，他的影响力就扩大到了撒哈拉整个地区。当然，苏丹的马赫迪运动也是体现教团团结重要性的标志性事件。后来，黑非洲的统治者们也开始根据本族文化特色进行宗教

[1]　Jacques Berque, *Maghreb, histoire et sociétés*, Alger, SNED, Gembloux, Duculot, 1974, p. 65-81. Voir aussi Mohammed Harbi, *L'Algérie et son destin*, Arcantè re, 1992, p. 104.

[2]　Général baron Saint-Cyr Nugues, *Le Général Colson. Sa mission en Russie et son voyage au Caucase*, Dumaine, 1872, p. 92.

改革，比如位于今尼日利亚北部的一些富拉尼酋长国，在提泽尼亚弟兄会的支持下建立的图库洛尔帝国；还有萨摩里，他自称"阿尔马米"（"阿尔马米"是阿米尔·穆米尼的变形，即"信众的领袖"），还得到了迪奥拉族（Dioulas）穆斯林商人的帮助。

那时的学者对于伊斯兰教派总是逃脱不了一种过于简化的印象，"把它们描绘成组织结构森严、活动隐蔽的社团，但其实并不是所有阿尔及利亚的伊斯兰教派都是如此，其他地方这种情况更是凤毛麟角"。这种偏见在19世纪80年代尤为明显，1884年，阿尔及利亚总督府土著事务处的负责人路易·里恩（Louis Rinn）司令官向上级报告，提醒他们"从巽他群岛到大西洋上的泛伊斯兰运动，可能会对欧洲在非洲和亚洲的利益构成威胁"。同年，地理学家亨利·迪维里耶（Henri Duveyrier）发表了一篇文章，他在文中写道，赛努西教派的活动无孔不入，并怀疑这个教派与马赫迪运动有同谋关系。[1] 很多人相信正是他们谋害了富莱特斯考察团，认为他们的组织中有超过300万名成员，在从红海到大西洋的整个非洲前线进行反抗法国人的活动。[2]

随后，伊斯坦布尔苏丹阿卜杜勒-哈米德（1876—1909年在位）为了保卫他的帝国，号召全世界穆斯林团结起来（泛伊斯兰主义），这一呼吁让很多人如坐针毡。有些英国人把1897年印度西北边境发生的暴乱与前一年亚美尼亚屠杀基督徒的事件联系起来，怀疑暴乱者是受了土耳其传教士的怂恿，只不过英军攻占喀土穆、粉碎苏丹的马赫迪运动后，抑制了暴乱分子的躁动情绪。[3] 荷兰政府在这一年发现，很多朝圣

---

[1] Jacques Frémeaux, *La France et l'Islam depuis 1789*, PUF, 1991, p. 99-100; *RME*, 15 avril 1884, p. 385-387.

[2] Jean-Louis Triaud, *La Légende noire de la Sanûssiyya. Une confrérie musulmane saharienne sous le regard français*, Éditions de la Maison des Sciences de l'Homme, 1995, T.1, p. 330-346.

[3] Colonel Holdich, *op. cit.*, p. 340.

者前往麦加后一去不复返，并揭发了土耳其领事在巴达维亚的活动。[1]
1907 年，基奇纳仍然认为，泛伊斯兰运动威胁到了印度边境的军事稳
定。而俄国人则焦虑地看到不同地区、不同种族的穆斯林联合起来反抗
帝国的权威，在日俄战争中遭遇失败后，这种焦虑更是与日俱增。[2] 这
次战败动摇了当时普遍存在的"白种人"部队优于"土著"部队的信
条，证明了所有"土著"部队都不容小觑，因此在一定程度上让被殖民
者备受鼓舞。

"土著"部队

西方模式

　　英国人遇到过的最可怕的部队可能要数拉合尔王国（旁遮普）的锡
克人了。从兰季德·辛格摩诃拉者（Maharaja Ranjit Singh，1839 年去
世）统治时期起，他们就具备了一支英勇无畏、训练有素而且装备精良
的部队。虽然这支部队保留了"卡尔沙"（即"纯洁"）这一名称并且
仍然从宗教中取得战斗的动力，从而成了抵御近代伊斯兰扩张的强大势
力，但这支部队也经历了深刻的变革。他们的武器大多是拉合尔本地手
工业者制造的，质量堪比英国武器。其他国家也有仿制欧洲武器的，比
如，埃及的穆罕默德·阿里帕夏（1805—1849 年在位）以及他的儿子
易卜拉欣，他的孙子伊斯梅尔（1863—1879 年在位）也试图效仿，并

---

[1]　Maarten Kuitenbrouwer, *op. cit.*, p. 239.
[2]　Richard A. Pierce, *op. cit.*, p. 249-261.

且对欧洲武器的模仿程度比其父亲和爷爷高很多。埃及有个装备齐全的沿海防御工事，另外在开罗以南20公里、运河的两条支流汇合地卡拉特萨伊德（Qalaat Saïdieh）还有一座坚固的要塞。[1] 步兵装备可以比肩欧洲最精良的部队：他们的米涅步枪是在米涅本人建立的工厂生产的，还配有1864年款雷明顿滚轮式闭锁步枪，射速很快。步枪是从美国买来的，但子弹则是本地制造的。他们的炮兵部队有非常先进的加农炮，其中包括克虏伯炮和加特林机枪。这支部队征服过苏丹，曾在非洲以外的很多战役中冲锋陷阵，比如克里米亚战争、墨西哥战争、克里特战争、巴尔干战争等。

摩洛哥部队曾在马格里布地区享有盛誉，但在1844年的伊斯利战役中败给了法国人，1860年又在得土安被西班牙人打败，摩洛哥苏丹穆莱·哈桑（1864—1894年在位）意识到摩洛哥部队的弱点并大力进行了整顿。他用常备正规军代替了以前以武装部落（"吉什"）为基础的组织体系，并分别在梅克内斯和非斯建了一座军火库和一座弹药库。几乎同时，阿富汗统治者，尤其是谢尔·阿里（1863—1878年在位），开始仿照英军模式组建部队，并不断进行现代化建设，有时还利用英国在阿富汗的利益，谨慎地借用他们的援助。据英国媒体报道，1878年他们已有了3.7万名步兵，其中半数配有恩菲尔德步枪，有6 000多名骑兵以及一支野战炮兵队。[2] 1880年7月27日，乔治·斯科特·布伦斯将军在迈万德被1.1万敌军打得落花流水，对方装备了恩菲尔德步枪、30门大炮，其中有6门英国制造的12磅阿姆斯特朗后装炮，炮兵的操作也

---

[1] « L'armée égyptienne », RME, août 1882, p. 103-109.

[2] Capitaine Viktor T. Lebedev, Russes et Anglais en Asie centrale. Vers l'Inde. Esquisse militaire statistique et politique. Projet de campagne russe, traduit du russe par le capitaine du génie Cazalas, de l'EM de la 18ᵉ division d'infanterie. Chapelot, 1900, p. 57. Il cite un certain Tizenhausen, Aperçu de l'Empire britannique.

十分娴熟。1893年，阿布杜尔拉赫曼汗（Abdurrahman）和H. M.杜兰德上校达成协议，在边境为英国提供便利，英国则允许阿富汗进口欧洲武器，由于当时"喀布尔的军工厂已能够制造最现代化的武器"，英国人也就不觉得这个协议没有什么不妥了。[1]

部队要实现现代化，经常需要欧洲教官的帮助。锡克部队的整改就是在参加过帝国战争的老兵指导下完成的。这些教官中最有名的是让－弗朗索瓦·阿拉尔（Jean-François Allard）将军，他曾经是布律纳（Brune）元帅的副手，直到1839年在白沙瓦去世前，他一直是锡克部队的最高指挥官，跟他一起担任教官的，还有让－巴蒂斯特·文图拉（Jean-Baptiste Ventura）将军和克劳德－奥古斯特·库尔特（Claude-Auguste Court）将军。埃及部队则面向西方各国军官寻求帮助。美国军官查尔斯·波默罗伊·斯通（Charles Pomeroye Stone）就曾在1869至1882年间担任总参谋长一职。[2] 戈登统治下的苏丹有很多西方人，其中有意大利人罗慕洛·杰斯（Romolo Gessi），他在加扎勒河地区负责镇压奴隶；普鲁士人爱德华·施耐茨（Eduard Schnitzer）是部队里的首席军医，他更广为人知的称号是"埃米恩帕夏"，他也是赤道省的总督；还有达尔富尔总督奥地利人鲁道夫·斯拉廷（Rudolf Slatin）。摩洛哥人招募了一些欧洲军官，比如，苏格兰人麦克林恩（MacLean）曾为年轻的苏丹阿卜杜勒－阿齐兹（1894—1908年在位）担任顾问，此外，摩洛哥还接受了英国、法国、意大利和西班牙的军事任务。

有些部队是战争期间筹建的。阿卜杜勒－卡德尔为了在最好的状态下进行战争，也为了强化他的权威，想建立一支包含几个营的正规

---

[1]　*RME*, janvier 1894, p. 86.

[2]　John P. Dunn; "American in the Nineteenth Century Egyptian Army. A Selected Bibliography", *The Journal of American History*, January 2006, p. 123-136.

军，由军官队或士官队负责管理。这支部队配备的是欧洲装备，有些是1837至1839年停战期间从法国购买的，有些是从摩洛哥买的英国装备。火药是本地生产的，他甚至还建了一所制造火炮的工厂和一所步枪制造厂，但都没有存在很长时间。跟他齐名的沙米勒试图在高加索地区阻截俄国人时，不约而同地做了同样的事。这两位埃米尔都借助于外国人和逃兵的力量，只不过一个面向法国，另一个面向俄国，但他们的队伍中也有穆斯林教官。沙米勒招募了一些曾在埃及军中服役的切尔克斯人，这一做法可上溯到马穆鲁克王朝，阿卜杜勒－卡德尔则吸收了一些来自突尼斯和的黎波里塔尼亚的军官。[1]

其他部队是按照自己的原则组建的，完全没有参考欧洲的模式，即使有所借鉴，也非常有限。

非洲部队

祖鲁人的部队可能是非洲南部最精锐的部队，由祖鲁统治者恰卡（Shaka，1828年去世）于19世纪初组建，实行义务兵役制。每四五年，年满15岁的年轻人就被招募并编入同一个军团（impi）。这个团的成员服役到一定年限时，就与同一部队中其他服役时间更长的团合并。19世纪70年代末，这样的士兵约有4万人，分属于14个部队，部队分为两翼，每个部队中有一个团或多个团，每个团之下又分成50人左右的连。[2] 根据士兵所配备的盾牌颜色不同，这些军团被分为白团和黑团，持白盾的都是军中精英（这些士兵被国王允许可以结婚，并要剃光头），

---

[1]　Moshe Gammer, *op. cit.*, p. 229-230, p. 261.

[2]　« Les adversaires des troupes anglaises au cap de Bonne-Espérance », *RME*, 1ᵉʳ février 1879.

其他人则持黑盾，他们的主要武器是攻击范围只有十几米的标枪，尤其是"祖鲁王"短矛，这是一种装铁制矛头的近身格斗武器，严明的军纪和坚不可摧的战斗阵形极大地弥补了装备上的缺陷。虽然祖鲁部队已经渐渐有了一些火器，其中包括19世纪70年代末获取的几支后装步枪，但很少使用。[1]

更让西方人震惊的是，达荷美王国竟然还有女战士，而且她们还是全国唯一的常规军。全国所有女孩，上至公主下至奴隶都要接受选拔。按照严格的等级顺序，对脱颖而出的女孩进行编制。她们必须保持独身，接受无休无止又极其严苛的训练，最后被分为3支部队。第一支部队是步兵队，配有步枪（主要是1822款卡宾枪）、弓箭和大刀（刀片长45厘米）；另一支部队是炮兵队；第三支是女猎手。和平时期，她们为国王服务，还有可能承担情报工作。战时，她们则代表王国三分之一的兵力。女战士打起仗来勇猛顽强，宁愿奋斗到全军覆没也决不投降，这让法国军官目瞪口呆。[2]

19世纪中期，有些西非国家的创建者使用的练兵之法虽然很平常，但同样令人闻风丧胆。应召入伍的志愿者或者学徒，一方面向往通过圣战来驱逐异教徒，另一方面也受到丰厚战利品的诱惑。此外，他们还采用武力迫使战俘倒戈。昙花一现的图库洛尔帝国的缔造者艾尔·哈吉·奥马尔（1794—1864年）曾组建过一支以骑兵为主的部队，他们买来的步枪型号五花八门，还缴获了法国人的4门加农炮。为了获取人才，尤其是为了得到修筑防御工事和制造火药的技术，他从欧洲殖民地招募了一些合作者。他率领部队用10年时间征服了塞古和卡尔塔的

---

[1]　« La guerre du Cap », *RME*, 15 février 1879, p. 82-83.

[2]　Hélène d'Almeida-Topor, *Les Amazones, une armée de femmes dans l'Afrique précoloniale*, Éditions Rochevignes, 1984, p. 122-128.

一些班巴拉人城邦，以及伊斯兰王国马西纳。从曼德人中招募的萨摩里部队（1898年）则以步兵为主力。所有士兵被分配到10个不同的地区，其中2支精英部队直接受萨摩里指挥，他身边另外还有一支个人护卫队。所有人都要定期训练，但通常一次只会动用5支部队，其中4支负责行动，另一支充当后备力量。[1] 有些士兵配有后装步枪，甚至是克罗巴查克连发步枪。[2] 当时的评论者都十分肯定他们的勇气。[3] 这些士兵中有一部分人后来转而在法国部队中服役。他们中的铁匠（有可能是在圣路易的军火库接受的培训）会给弹壳重装火药，修理包括连发步枪在内的各种型号的步枪，甚至还会制造后装步枪。[4]

另一支虎狼之师、马赫迪穆罕默德·艾哈迈德·阿卜达拉的部队终结了埃及在苏丹的统治，直到1898年被基奇纳打败之前，阿卜达拉的继任者哈里发阿卜杜拉希（Abdullahi）还凭借这支部队执掌了大权。这支部队的中流砥柱是"辅士"，意为麦地那先知穆罕默德的同伴。他们来自达尔富尔边境上的游牧部落巴卡拉（Baqqara），接受招募之后被分成了黑旗、绿旗、红旗三个分队，每个分队之下又分成若干个营。大多数士兵用长矛做武器。后来这支部队又有所扩充：及哈迪亚（jihaddiyya）是一支装备了线膛步枪的部队，由努巴人或其他尼罗河地区部落的囚犯组成；哈里发身边有一支9 000人的私人护卫队，名为穆拉齐米亚（Mulazimmyya）。英国士兵被他们打起仗来疯狂的勇气所震撼，又因为他们留着卷曲的长发，所以把他们叫作"长毛"（fuzzy-wuzzy）。[5]

---

[1] A.S. Kanya-Forstner, *op. cit.*, p. 99.
[2] Bruce Vandervort, *op. cit.*, p. 132.
[3] A.S. Kanya-Forstner, *op. cit.*, p. 187.
[4] Bruce Vandervort, *op. cit.*, p. 132-133.
[5] Robert Escarpit, *Rudyard Kipling, Grandeurs et servitudes impériales*, Hachette,1955, p. 49.

　　阿比西尼亚人是马赫迪的对手之一。虽然英军在 1867 至 1868 年的战争中打败了他们的国王特沃德罗斯，但他们自己也付出了惨痛的代价。纳皮尔和他的同伙看到"这个风光壮美的非洲国家竟有这样一群勇猛好战的居民"，感到十分震惊。[1]特沃德罗斯的继任者约翰尼斯四世曾在 1875 至 1876 年两次成功击退埃及人。他的部队使用的是雷明顿速射步枪，其中一些是从埃及部队中缴获的。英国人出于拉拢阿比西尼亚人一起对付苏丹人的目的，也向他们提供了一些武器。这些武器后来派上了大用场，帮助他们在马萨瓦以西 20 公里处的道加里（Dogali）重创意大利部队（1887 年 1 月 25 日）：在这场战争中，意军中校克里斯托夫利斯（Cristoforis）率领的 500 名白人士兵被阿鲁拉（Alula）的 2 000 名武士袭击，险些全军覆没[2]，他们的 500 支维塔利步枪也被战胜者收入囊中。为了削弱阿比西尼亚皇帝尼格斯的力量，意军跟他的竞争对手梅内利克（Ménélik）达成协议，同意为后者提供武器。1889 年，约翰尼斯四世在买特迈跟马赫迪部队作战时战死沙场，梅内利克成功夺权。之后，梅内利克在吉布提总督莱昂斯·拉加德（Léonce Lagarde）的支持下转而投靠法国。因此，他可以买到格拉斯步枪和哈齐开斯速射炮，但同时也并没有切断与意大利的军火买卖关系，意大利还贸然允许马萨瓦自由进口弹药。[3]在他组建部队的过程中，俄国和法国还以地理考察的名义，秘密派遣过海军炮兵队的克洛谢特少校等一些军官为他担任顾问。欧洲工匠则负责帮他维护装备。[4]

　　在这里，我们虽然不能一一列举所有的非洲部队，但阿非利卡的部

[1]　« Les Italiens en Afrique »,*RME*,mai 1896, p. 383; Edward M. Spiers, *The Late*, p.276.

[2]　*RME*, 15 février 887, p. 188-189.

[3]　R.H.Rainero, "The Battle of Adowa", *in* J. A. De Moor and H. L. Wesseling, *op. cit.*; Angelo Del Boca, *Gli Italiani*, p. 547, 699.

[4]　Bruce Vandervort, *op. cit.*, p. 132-133.

队不能不提。英国人在1880至1881年第一次跟布尔共和国发生冲突时，大致摸清了这两个小国的军事实力。当1899年战争爆发时，他们的民兵部队实行义务兵役制，士兵都受到过良好的训练，骑术高超，配有毛瑟步枪，分成一个个突击小分队，由选拔出来的精英士兵担任长官。他们还有强大的炮兵部队（配备克虏伯加农炮和史奈德加农炮），担任指挥的军官在德国或荷兰接受过培训。他们还拥有马克沁机枪。由于他们对当地情况非常熟悉，因此，情报工作高效精准。一些黑人非正规军组成的分队则提供了基础的交通和医疗服务。[1]

然而，所有这些部队在面对西方人时通常只能获得局部的胜利，却不足以彻底击溃对方，这其中的原因值得我们一探究竟。

弱 点

兵 力

我们不能想当然地认为"土著"战士和欧洲士兵对峙时，总是人多势众，其实很多当地部队的人员数量非常有限。举例来说，1881年法国介入突尼斯时，突尼斯摄政王的常规军中估计只有1.5万名左右的步兵。由于军饷不能按时发放，他们为了养活自己还要从事各种其他劳动，这又把实际兵力减少到了1 200人左右。[2] 苏丹穆莱·哈桑虽然德高望重，但他的部队编制人数也并不突出：1886年跟随他南下的部队有2

---

[1]　Bill Nasson, *op. cit.*, p. 57-67.
[2]　« Notice sur la Tunisie », *RMAE*, mai 1881, p. 249-274.

万名士兵，其中 1.2 万至 1.3 万人是步兵，分属 32 个步兵营，政府骑兵有 8 000 人，炮兵部队中有 500 名士兵、几门山炮以及一挺机枪。[1] 中亚汗国布哈拉在抗击俄国时，只能抽出 1.4 万名没受过什么训练的正规步兵和同等数量的骑兵。[2]

即使是改革者和国家的缔造者也面临人员和装备的问题。阿卜杜勒－卡德尔的部队人数最多的时候也只有 8 000 步兵、2 000 骑兵和 240 个炮兵。假设沙米勒所依靠的 4 万到 5 万名武士没有被高估，他统帅的正规军也不过几千人而已：比如在 1843 年 10 月，他的部队中有 1 900 骑兵、1 500 步兵和 5 门大炮。[3] 在黑非洲，虽然萨摩里的部队有时可能达到几万人，但其中的中坚力量实际也不超过几千人。[4] 至于那些历史更久远的国家，情况也没有什么不同。据贝汉津的对手说，他手下有一支 1.5 万至 1.8 万名战士组成的强劲部队，但只有一支由女战士组成的正规军（最多 6 000 人），而且只有一部分人配枪。余下的部队都是装备不全、组织混乱的武士。布尔人曾组织过一支 87 365 人的部队，其中有 2 120 名外国志愿者和 1.33 万名开普敦和纳塔尔的阿非利卡人，对于总人口只有 25 万人的奥兰治和德兰士瓦来说，这个比例已经很高了。但是，他们一次性派上战场的人数从不超过 4 万人，而且在 1902 年 5 月，英国人估计他们的战斗人员数量已下降到了 1.1 万人。[5]

有些民族可以用来抵抗侵略者的部队甚至薄弱得离谱。印第安部落的主要生活方式是捕猎食草动物，因此他们的生活区域非常分散。7 个

---

[1]　« Une expédition du sultan du Maroc dans sa province du Sous », *RME*, 28 février 1887, p. 193-214.

[2]　*RME*, mai 1882, p. 293-299.

[3]　Moshe Gammer, *op. cit.*, p. 147, p. 22.

[4]　A.S. Kanya-Forstner, "The Conquest", p. 136, parle de 50 000 soldats.

[5]　Thomas Pakenham, *The Boer War*, p. 572.

拉科塔苏人部落中总共还不到1.6万人，战士不足4 000人。[1] 此外，还有很多印第安人死于野牛的攻击，他们对白人带来的天花病毒也没有免疫力，另外，酒水贩子卖给他们掺假的酒也导致了大量死亡。他们每次战争中能动用的战士很少超过1 000人。长期以来，令人生畏的图阿雷格人和阿哈加尔人主要依赖沙漠的庇护。在提特战役中，他们只能组织起大约300名战士，而且战死的100多名士兵对当地贵族来说是个重大的人口损失。[2]

当然，也不是没有例外。1840年，锡克部队据估计有14万人，其中有4.5万正规步兵和6 000骑兵，炮兵部队实力也不俗，有400门固定火炮和野战炮。19世纪70年代，埃及部队的人数很可观：1875年由于征兵力度大，500万总人口中士兵占到了9万人。哈里发·阿卜杜拉希的苏丹部队中有10万多人，其中有6万人驻扎在乌姆杜尔曼，其他人则负责镇守北方省份。[3] 1896年阿杜瓦战役前夕，梅科内恩（Mekonnen）公爵，也就是海尔·塞拉西（Haïlé Sélassieé）的父亲，帮助梅内利克皇帝集结了8万到10万名步兵、8 600名骑兵和42门火炮。[4] 1907年，基奇纳在笔记中写道，阿富汗部队约有10万名正规军、500门火炮，可能还有3.5万名非正规军。[5] 据估计，1898年印度西北边境地区至少有20万名战士和4.8万支步枪，其中有将近8 000支后装枪，一批活跃的武器贩子给他们提供军火。10年后，这支部队就发展

[1] Robert M. Utley, Wilcomb E. Washburn, *op. cit.*, p. 135.

[2] Commandant Cauvet, *Le Raid du lieutenant Cottenest au Hoggar*, Collection Raoul et Jean Brunon, Marseille, 1945.

[3] « Préliminaires de l' expédition d'Égypte au Soudan », *RME*, août 1896, p. 118-120.

[4] "The Battle of Adowa", in J.A. De Moor and H.L. Wesseling, *op. cit.*; Angelo Del Boca, *Gli Italiani*, p. 547, 699.

[5] George Arthur, *op. cit.*, vol. 2, p. 241-242.

到了 30 万人和 15.7 万支步枪，包括 9.2 万支后装枪。[1]

　　这些被殖民地区的兵力之所以薄弱，显然与当地人口问题脱不了关系。19 世纪北美洲和非洲的人口本身就比较少，殖民活动只起到了雪上加霜的作用。密西西比西部只有不到 40 万印第安人。突尼斯在摄政时期的人口只有 100 万多一点。阿卜杜勒-卡德尔在全盛时期，也只能控制阿尔及利亚西边一半的领土，人口也只有 100 万左右。在高加索地区，效忠于沙米勒的车臣人和达吉斯坦人不超过 20 万。但是，印度和远东地区不存在这样的人口问题。他们似乎有取之不尽的兵源，不过，这还是不足以组成规模庞大的部队。资源贫乏也会给部队规模造成限制，士兵难以按时领到军饷，有时甚至什么都拿不到。但对将领的忠心、对祖国的热爱和对丰厚战利品的向往能弥补资源方面的缺憾。

　　战场上最核心的问题，还是有没有足够支持长期战争的后勤补给。殖民战争的双方都很清楚后勤的重要性，被殖民者也不是没有后勤供应。莫尔达克将军（Mordacq）在研究了 1844 至 1849 年的摩洛哥战役之后曾写道，很多摩洛哥显贵专门为苏丹或部队指挥官提供军需补给，并帮助他们组织行军和宿营，因此他们的后勤工作并不仅仅停留在设想阶段，而是已经落到了实处。[2] 但是，他们的后勤系统无论如何也无法跟欧洲的同日而语，欧洲的后勤以物资充盈的供应线为基础，所有供应线都通过水路和铁路与物资贮存中心相连，利用便捷的远距离通信技术，欧洲人能迅速把所需的农业和工业物资调到指定的贮存中心。何况，很多被殖民的国家根本没有后勤可言。部队行进过程中只能靠士兵随身携带的物资，或者带上一群牲畜为士兵提供肉食。其他需要就要靠

---

[1]　Lawrence James, *Raj*, p. 403 ; George Arthur, *op. cit.*, vol. 2, p. 241-242.
[2]　Capitaine Mordacq, *op. cit.*, p. 19-23.

征用和劫掠来满足了，这当然有损部队在当地民众心目中的形象。

这种行军方式使得大规模的"土著"部队无法长时间保持集结状态，他们因而也就失去了胜算，而欧洲部队的物资无论组织得是否合理，跟"土著"部队相比通常优势十分明显。即使当地人的大部队能够集合起来，但是也无法坚持很长的时间，更无法取胜。此外他们还面临传染病的威胁，这也是大规模部队的克星。1874年，大批阿散蒂人感染了天花和痢疾，导致对抗英国人的力量大大降低。1894年，贝汉津本想把一批携带有病毒的牛卖给法国人也让他们染上病毒，结果却让自己的士兵被传染而大量死亡。因此，一支西方部队只要有几千人，就基本不会在人数上被对方拉开太大差距。在这种情况下，强大的火力足以让他们重占上风。

武 器

诚然，西方部队的武器也不一定都很先进：沃尔斯利曾抱怨过子弹质量太差，而他驻扎在埃及的士兵配备的军刀和刺刀也很劣质。[1] 不过，跟对方的装备相比，这些武器已经很优越了。反抗军的大部分装备都很陈旧：突尼斯部队用的是燧发枪改装而成的击发枪，布哈拉部队则使用滑膛击发枪。即使是那些兵力充足、组织严密的部队，他们的武装质量通常也很不完善。马赫迪士兵手上的3.5万支步枪中，只有2.2万支相对先进的雷明顿步枪，但是都非常老旧，而且士兵们为了减少重量，会把枪管锯短，这影响了枪的准度和射程，而且他们并不重视甚至完全忽视枪支的保养。因此，随着西方人武器不断进步，

---

[1]　Edward M. Spiers, *The Late*, p. 42.

他们也就变得越来越脆弱。由于缺少军火专家，他们的武器一旦损坏就很难修复。总体来说，大部分直接跟欧洲人兵戎相见的部队或其他武装组织所使用的武器型号年代久远，有的甚至已破烂不堪，或者他们干脆使用冷兵器。即使像锡克部队那样的虎狼之师，在武器方面也存在同样的混乱。这大大削弱了部队的火力，还使他们无法统一开火。同时，弹药的质量也有待提高。

欧洲人的对手普遍很少用枪或不善于用枪。阿散蒂人就是个很典型的例子。他们打仗时通常分三拨轮番进攻。每一拨士兵到达指定位置就开火，然后由后面一拨到达的士兵顶替。然而，1873 年与英国人打仗的时候，他们的枪支已经过时，错误的使用方法又使这些步枪的威力大打折扣：他们把火药倒进枪身而没有夯实，然后又塞入铅块、钉子甚至石头，还不使用填弹塞。这样做能发出震耳欲聋的声响而且威力惊人，但"子弹"到了一定距离就会四散开来，而且射手为了抵消后坐力，不得不把枪抵在髋部，因此打击 50 米以外的目标时几乎毫无准度。[1] 同样的问题十分普遍：即使偶尔有一两个优秀的射手，这些部队整体的射击情况还是十分混乱：射击角度过高，命中率过低。除了装备劣质之外，缺乏训练也是导致发生这种情况的主要原因，屈指可数的几个欧洲教官没法为整个部队提供培训，何况这些外国军事代表团的首要目的，就是扩大本国的政治影响力并开拓装备贩卖市场。[2]

火炮的质量就更差了，大多数非西方国家还在使用破烂的、迟钝的、射程很近的重型要塞炮。这些大家伙曾经威震一时，奥斯曼人就是凭借这些大炮夺取君士坦丁堡的。但是现在，这些炮几乎已经没法使

---

[1]　Bruce Vandervort, *op. cit.*, p. 16, et p. 88.
[2]　Bahija Simoun, « L'apport européen aux réforems militaires », *Maroc-Europe*, n° 199, p. 139-175.

用。19世纪70年代中期，亚齐王国遭遇荷兰入侵，亚齐苏丹所退守的城堡有50门防守炮，但只有1组还能使用，其他的与其说是武器，还不如说是博物馆里的展品，其中有些是16世纪的土耳其火炮，与穆罕默德二世差不多属于同一个时期。旁边的一些炮则能追溯到拿破仑时期，甚至还有17世纪英王詹姆斯一世送给他们的礼物。这些炮大多数已完全无法使用，很多连炮架都没有，其他的则卡在城墙的砖石上，因而没法瞄准。[1] 马赫迪部队只有75门大炮，大多数都是射程很短（七八百米）的铜质炮，使用的弹药都是本地制造的劣质品。[2] 有些例子说出来，可能会让欧洲人感到好笑。1888年西藏人用小型火炮抗击英军时，要由一名士兵扶住炮尾进行瞄准，其他人则要按住炮身，否则发射时产生的后坐力会把炮身从支架上冲下来。[3] 唯一的例外是锡克部队的炮兵，英国人认为他们和欧洲部队可以平起平坐。

购买优质武器的需要本身就可能削弱部队的力量。装备昂贵的价格都转化成了压在人民身上沉重的赋税，还有可能像埃及那样造成财政赤字，最后沦落到依赖欧洲财政援助的地步。有些地方，比如黑非洲，人们使用的主要交易货币或者获取资源的主要手段是劫掠小村庄，以及通过阿拉伯商人贩卖人口。萨摩里也是这样做的。显然，这种有违人权的做法只会削弱实施者的威严，并让帝国主义者借机披着人道主义的外衣乘虚而入。这种行为所导致的最直接的后果，就是受害者很容易就会归顺外国人的统治。

---

[1] « Les Hollandais et la guerre de Sumatra », *RME*, août 1874, p. 70.

[2] « Préliminaires de l' expédition d'Égypte au Soudan », *RME*, août 1896, p. 118-120.

[3] « L'expédition anglaise du Sikkim en 1888 », *RME*, 15 octobre 1889, p. 441.

战士的素质

虽然所有民族都有优秀的士兵，但是很少具备与西方部队抗衡的实力。举例来说，印第安部落之间的战争绝不是阿瑟·佩恩（Arthur Penn）导演的《小大人》（*Little Big Man*，1969年）那类当代虚构作品中所描述的小打小闹。相反，其血腥惨烈的程度完全超乎人们的想象。这些战争不是以一个部落征服另一个部落为目的的，参战的士兵希望通过在战场上的勇武表现来取得个人荣誉，并希望满载战利品凯旋。因此，如果敌我双方实力悬殊，他们不会执意开战。如果他们估计从战争中捞不到足够的物质回报，就会觉得没有必要跟敌人拼命。奇袭在他们的战争中起着决定性的作用。如果少了这一步，士兵的士气就不够高涨，进攻多半会以失败告终，不但跟对方士兵作战时会落于下风，即使对手是会使用武器并利用货车当掩体的平民也难以取胜。一般来说，以伐木为业的梅蒂人或者淘金者不靠骑兵也能抵御敌人的攻击。

同样，其他民族的部队装备也许更加精良，但是并不以摧毁对方部队为目的。阿拉伯士兵就是这样。早在1835年一位阿尔及利亚士兵就对佩利西耶·德·雷诺上尉说过："没人愿意被杀死，在这一点上你们和我们都是一样的。但是，我们在恐惧压过了冲动时就会撤退，因为没有人限制我们。但是，你们的士兵即使已经惊慌失措，仍然必须坚守岗位，因为你们已经习惯盲从，而那些对你们发号施令的长官则把毫无理由地送死当成自己的职业，而且这种观念已经在他们脑子里扎下根了。"[1]贝都因人也是一样。著名的托马斯·爱德华·劳伦斯（Thomas Edward Lawrence）上校说过，"阿拉伯骑士打仗就像做生意

---

[1]　E. Pellissier de Reynaud, *op. cit.*, t. 3, p. 328.

一样，以安全为重"，他们的第一要务是夺取战利品，因此很少能够成功追击或消灭残存的敌军。还有些迷信的人把白人说成是有超自然力量的生物，认为他们取得战争胜利与内在优势无关，而是因为用了高级的魔法，结果有些民族的人断定不可能战胜他们，于是就放弃了反抗。[1]

即使这些国家拥有欧式部队，也还是不像真正的欧洲部队那样英勇，做不到灵活变换、组合阵形，也不像欧洲人一样在军纪和部队精神的引导下紧密团结。美国人维克多·戴维斯·汉森（Victor Davis Hanson）在一篇出色而又缜密的论文中曾暗示，那些特征是西方人的特质，难道果真如此吗？这种看问题的方法似乎过于简单。如果我们认同这种观点，那就很难理解为什么布尔人的表现跟非洲人如出一辙。唯一的解释就是他们在与非洲人长期接触的过程中被同化了。按照当时观察者的说法，这些"农民组成的民兵个人作战能力极强"，但是，指挥官却不能让他们遵守纪律，也无法在全军推行统一的战略。[2]事实上，非西方部队在资财方面的劣势有一系列的历史原因，与之相比，思想精神特点的影响力就只能退居其次，除非我们忽视不同社会和政治体系所产生的不同效果，而把种族或思想精神分出三六九等。

部队统帅的指挥也不是没有问题。将领最擅长的是政治，他们能利用自己的权力或声望在松散的联盟中充当黏合剂。著名的印第安苏人亨克帕帕部落首领坐牛就是这样的人物。他的部落是拉科塔人的一个分支，他在其中不但是赫赫有名的战士，更是印第安抵抗军的精神向导，

---

[1] Jean Stengers, "King Leopold's Congo", 1886-1908, *in* Roland Oliver and G.N. Sanderson, ed., *The Cambridge History of Africa*, vol. 6 (c.1870-c.1905), Cambridge, Cambridge University Press, p. 334.

[2] « Études sur la guerre sud-africaine », *RME*, avril 1901, p. 311.

即便某些美国报纸宣称他曾是西点军校的学员！[1]但这样的领袖不一定有同样优秀的军事领导力。不过，"土著"部队中也有很多有能力组建部队、运筹帷幄、鼓舞士气的将领。像阿卜杜勒－卡德尔、沙米勒、萨摩里那样的人物和布尔部队中的将军都具备这样的能力。他们不但能操练部队，随时都能亲自披挂上阵，还有不同凡响的战略战术智慧，能够策划出复杂的行动并成功将之付诸实践。很多优秀的殖民军将领遇到他们，也要退避三舍。但是，虽然他们自己拥有过人的勇气和人格魅力，却很难找到同样优秀的部下，他们需要的不是武士，而是令行禁止的士兵，更是有勇有谋的管理人员、能服从各项指令的士官以及各级军官。此外，"土著"部队还缺少在战场上有效组织并指挥部队的参谋部门。

招兵买马并不是一件容易的事。好的战士常常最不愿意屈从于权威，组织有序的行伍在他们眼里无异于牢笼。在东方尤其是这样。因此，这些国家只好强行征兵，埃及年轻人到了一定年龄之后就得服兵役，黑非洲则将战俘为己所用。从理论上讲，用这些强制措施招募来的兵员并不比西方部队的差。他们与殖民军在殖民地招募的"土著"分队十分相似。然而区别就在于，这些部队不能保证按时发放军饷和生活物资。他们唯一养活自己的方法，就是打了胜仗之后向被征服者征税，不过更常见的做法是在战败国进行劫掠，这样即使不能积累什么财富，至少也不至于白打一仗。一旦战败或遭遇困境，就会出现逃兵现象，甚至整个部队土崩瓦解。装备上的差距会造成士气低落。最后，除了祖鲁部队等一些例外情况之外，"土著"部队一般很少能得到专业的指导，即使有，也远不足以战胜敌人，这在很大程度上是因为他们没有或缺少能培养新兵的管理人员。军官和士官生涯对精英没有多少诱惑。一名贵族

---

[1]　Robert M. Utley, *Sitting Bull*, p. 219-222.

会把拿起武器、带领部下冲锋陷阵视为理所当然，但是，要他时刻服从纪律、遵守对所有士兵一视同仁的军规则不那么容易，让他听命于来自其他部落或种族的上级更是难上加难。一部分决策是委员会做出的，不强制所有人都服从，战争期间也如此。因此，等级原则在他们那里并不适用。

"土著"部队中的士兵即使都同根同源，也难免相互龃龉。一般来说，部队是属于个人的。但是，以个人效忠于领主为特点的封建制或爱国主义，不足以建立与欧洲部队势均力敌的力量。安南的嘉隆皇帝（死于1820年）对来自法国的影响持非常开放的态度，他手下的士兵超过10万，其中一些受过欧式的训练。他还有一支优秀的炮兵队，以及一套由法国工程师建造的防御体系。法国人拿它们毫无办法。同样，摩洛哥部队虽然在穆莱·哈桑的领导下相对强大，但离了这位苏丹就无法维系了。穆莱·哈桑死后，这支部队没能镇压反抗继任者的暴动，更是无力阻止欧洲人使用武力进入"财富之国"。锡克部队经历了同样的瓦解过程，创始人去世后，这支部队流失了大量追随者，部队将领也不再那么坚定果决。穆罕默德·阿里帕夏率领的埃及部队曾拥有一流的战斗力，但是1876年3月在古拉（Goura）败给了埃塞俄比亚皇帝，损失惨重。英军来犯时，他们只能予以勉勉强强的反抗，后来被马赫迪部队从苏丹扫地出门。马赫迪部队虽然很原始，却是让欧洲殖民者最心惊胆战的部队之一。

有时候，部队虽然有意革新，但会遇到很多限制。埃及总督伊斯梅尔的部队就是个典型范例，他所招募的西方管理人员素质都不高。1865年以后，他招了很多参加过美国内战的老兵，但这些人内部分歧严重，前北方部队和前南方部队彼此对立，水火不容，而且都看不起埃及士兵，既没有展现出精神领导力，也不能进行有效的指挥。当地军官则来自四面八方。受统治者器重的土耳其 – 切尔克斯军官看不惯那些说阿拉伯语的军官，把他们排挤到一些无足轻重的职位上，后来又由于经济原因而把他们的军饷减半，导致了阿拉比帕夏的起义，这也成了英国控制埃及的借口。他们甚至在语言上都无法达成一致：军官之间说法语，而 1920 年以前给士兵下达命令时使用的都是土耳其语，被大多数人使用的阿拉伯语却不是官方语言。被强行招募入伍的埃及农民受教育程度普遍很低，而且待遇很差，营养不良，还饱受种种虐待。[1]

---

[1]　John P. Dunn, *op. cit.*

第二章

对手：战术与战略

∨

大型战役的战术缺陷

正是因为部队指挥官不通战术，才无法根据战况选择合适的作战计划。一般很少有别出心裁的部队阵形。如果部队人数多，就会自然而然地采用被祖鲁部队称为"牛角"的阵形，摩洛哥和马赫迪部队所说的"新月"指的也是同样的阵形。如果对方不善用兵法，使用这种阵形可以把他们包围起来。[1] 莫尔达克上校曾经记述了这种阵法在实战中应用的场景："部队组成新月的形状，炮兵位于中心并由步兵支援；这个策略的核心目的，就在于包围敌人并尽可能强化前排兵力。当双方相距大约500步的时候，骑兵疾驰而出，在距离敌人200步远的时候开枪射击，然后迅速返回，补充好弹药之后再进行下一次冲锋，如此来回往复。在此期间，步兵一直守在队伍的中心，或分布在两翼伺机而动，当己方骑兵在敌人的队伍中间撕开一个突破口的时候，他们就向对方的骑兵或步

[1]　Bruce Vandervort, *op. cit.*, p. 11-12.

兵队伍发起猛力进攻。"[1]如果两军不发生激烈的冲突，这种阵形则无法发挥最大的效用：祖鲁部队不会像罗马军团那样排成整齐的行列，而是无序地进行波浪式进攻。阿拉伯骑兵也不会专门向对方的步兵冲锋。如果部队中有炮兵，他们也不会与另外两军进行战术配合。

　　而且，一旦队形排列得不够坚固，这种做法就会带来很大风险。在阿杜瓦战役中，埃塞俄比亚部队利用自己的人数优势淹没了意军的队列，加祖雷里指挥部队分步骤行动，成功击败了意军："先从正面威慑敌人，并包抄对方的一侧或两面夹击"，然后"让3到6名士兵组成的小分队巧妙地运用地形进行冲锋，并向敌军开火"，最后"让整列士兵猛地进入敌人的队伍"，"大批冲进对方队伍的士兵发出震耳欲聋的嘶吼，战友们互相激励，由于人多势众，而且每个人都热血沸腾，加上冲锋速度很快，他们几乎是所向披靡，势不可挡"。[2]

　　最好的部队善于以守为攻。锡克部队让不同兵种组成的部队整齐列队，并以炮兵为主力。布尔部队的指挥官则把部队部署在壕沟里并用带刺铁丝网防御，有时候采用老办法，用货车把自己的部队围护起来。等到英军组成进攻的阵形，他们才离开掩护，用他们最新型的毛瑟枪在很近的距离（1 200米，甚至几百米）将敌人一举击破。但是，这种战术本身就带有明显的局限性，布尔部队的士兵又缺乏训练，装备也比不上对手，因此，组织更加严密、装备更加精良的欧洲部队在战场上仍然占据不可辩驳的优势。尽管如此，英国印度公司还是打了2场战争、总计6次战役，才最终战胜了锡克部队。跟所有印度部队一样，他们没有那么轻易屈服，但主要弱点就在于缺少战略上的指导，面对来势汹汹的

---

[1]　Capitaine Mordacq, *La Guerre au Maroc*, p. 18-19.

[2]　« Considérations sur la campagne d'Abyssinie. Conférence faite à Turin par le général Gazzurelli », *RME*, février 1897, p. 163-166.

英国人灵活性不足。无论如何，锡克部队还是一个危险的对手，用哈利·史密斯（Harry Smith）将军的话说，有时候，战争的胜负就像掷骰子一样那么偶然。布尔部队也一样，他们在"黑暗的一周"（1899年12月）中多次击败英军，迫使后者不得不使用前所未见的强硬武力。

　　另外，虽然夺取敌军要塞能够方便自己调遣部队，给己方部队增加武器、弹药和生活物资储备，但"土著"部队很少有能力做得到。他们的炮兵不够强大，也不善于使用地雷和炸药，因此很难用武力控制防御坚固的堡垒，更不用说控制一整座城市了。实施围城也同样很难，因为如果被围在城里的敌人物资储备充足，围城者反而因为人数多，处境更加窘迫。使用这一战术并大获成功的唯一战例，就是马赫迪部队对喀土穆实施的包围。不过，戈登还是在城里强撑了10个月（1884年5月12日—1885年1月26日，共317天），而且要不是英国援军姗姗来迟，也许结局就大不相同了。

　　相反的战例则数不胜数。1857年，艾尔·哈吉·奥马尔在上塞内加尔包围梅迪纳失败，城中只有六十多个守军和海员，大多数是塞内加尔人，还有4门大炮，由混血平民出身的官员保罗·霍勒（Paul Holle）指挥。围城部队没有大炮，也没有其他办法攻破城墙。在守军的攻击下，他们甚至无法靠近城墙架起云梯。4个月之后（4月到6月）费代尔布赶在城内守军弹尽粮绝、被迫投降之前及时介入，解除了封锁。1899年战争初期，布尔部队在战争前期也没表现出更高的效率。他们在无谓的封锁行动（梅富根、金伯利、莱迪史密斯）中消耗了过多资源，而不是在获得第一场胜利后乘胜追击。罗伯特·贝登堡爵士在梅富根之围中坚守了7个月（1899年10月13日—1900年5月17日），这一功绩让他在43岁时就被提拔为英军中最年轻的准将。但是评论者认为，这算不上什么壮举，并指出贝登堡手下的士兵不比对手少多少（一千多英军对战 2 000 布尔士兵），而且储备十分充足，但是只有白人才能享受这些物资，黑人被当作外人，因而围城行动一开始他们就被驱逐出去了。

游击队

冲突很少能在大型军事行动、战役或封锁之后得到解决，而是常常转化为游击战。反殖民部队由于人数少，装备欠佳，难以在正规战争中与西方部队直接抗衡，因此经常采取这种方法。

特　征

从 18 世纪起，法语中就有"小战争"这个词，后来西班牙人在付出了惨痛的代价之后，把这类行动称为"游击战"。游击战的首要特点，就是以小规模部队为目标发动一连串短暂的进攻，出其不意是其制胜的法宝。比若将军最欣赏的部下之一圣阿诺在谈论阿尔及利亚战争时说道，"所有行动都是小型化的"[1]。如今，我们用"低强度冲突"来描述这种现象。这个表述强调了火力的强度，但忽视了游击队员一般比正式战场上的士兵勇猛得多，也没有突出这种战斗方式给平民造成的负担。欧洲人最初接触"小战争"是在欧洲本土，从西班牙到奥斯曼土耳其帝国边境都有过这种形式的战争，法国西部一些省份也用这种方式来对付革命势力。到了 19 世纪，"小战争"的战场就转移到了殖民地。当卡尔维尔少将还只是上校的时候，写过一本名为《小战争》(*Small Wars*)

---

[1]　Quatrelles L'Épine, *Le Maréchal de Saint-Arnaud*, Plon, 1928, 2 vol., T.1, p. 316.

的作品，1896年第一次出版，布尔战争之后又有所增补。他在书中把
"小战争"与殖民战争画上了等号。他说这类战争包括"强国吞并蛮族
领土的征服战争，以及为惩戒其殖民地邻近部落而进行的远征"。对于
抗击西方殖民侵略的抵抗者来说，游击战优点颇多。

　　小规模战争有利于"土著"士兵发挥自身的特长——持久、节约、
灵活，这些特点在大型战争中就失去了优势。弗莱上校写道，他们"能
很快进入积极勇猛的状态，这也弥补了他们战术指导上的不足"[1]。由于
他们对当地情况了如指掌，因此无论是隐蔽行动还是突然出击或组织埋
伏，他们都能游刃有余，胸有成竹。他们有扎实的群众基础，而且有很
多当地人在对方阵营中当侍从和脚夫，所以他们有一套消息灵通的情报
网络。"不管营地有什么新闻，"沃尔斯利将军记述道，"迟早都会传到
敌军的耳朵里。"[2]游击战的模式更像当地的氏族部落冲突，偏向于使用
奇袭和诡诈而不是进行列队战争。这些小对战能让更多年轻人和出身平
凡甚至地位卑微的人脱颖而出，而在传统战争中，只有出身显赫世家的
将领才有资格调遣那些劲旅雄师。

　　反抗部队很清楚，要想抵制欧洲人的殖民行为，就必须发动一系列
小对战。阿卜杜勒－卡德尔最后一次参与的大型列队战役是1840年5月
12日的穆阿伊亚（Mouaïa）山口战役，失败后，他很快就放弃了这种
作战方式。穆阿伊亚山口是卜利达和麦迪亚之间的必经之路，当时，阿
卜杜勒－卡德尔想把瓦雷（Valée）元帅拦截在那里。战败当天，尽管他
对占领的阵地实施了严密的防守，最终还是被法军逐个击破，他从此便
意识到这种作战方式是无益的[3]。1841年6月，他不得不放弃所有被法

[1]　Général Frey, *op. cit.*, p. 120.

[2]　« Des opérations de nuit », RME, 30 octobre 1889, p. 477-493, 15 novembre, p. 596-597.

[3]　Charles-Henry Churchill, *La vie d'Abd El Kader*, Alger, SNED, 1974, p. 206-208.

军占领的地盘。他给比若写了一封信，信中说道："我们只在自己认为时机合适时打仗，你知道我们不是懦夫。我们会坚决反抗你带来的所有武装力量，这听起来像是疯子说话，但我们会耗得他们筋疲力尽，扰得他们心烦意乱，把他们逐个击破；这里的气候也会给我们一臂之力……你难道不知道当鸟的翅膀掠过海面会激起波澜吗？你在非洲的动作也有同样的效果。"这番言辞让未来的元帅圣阿诺钦佩不已，他称赞道："这是何等的理智，又是何等正义而高尚的情感啊！"[1] 伊斯利战役爆发前不久，摩洛哥埃米尔曾劝带队将领不要在敌人正面扎营，否则会给对方树立目标，让他们产生抢夺战利品的想法。[2]

有些欧洲人甚至认为，游击战是东方部队成功抵抗西方殖民者的唯一办法。查理·戈登曾多次指挥部队镇压太平军起义，他在1880年向清政府推荐了这种战法，用以防范俄国的攻击。他建议清政府的部队尽可能避免列队战争，而是不断骚扰敌军。他反对守城时负隅顽抗到最后一刻的做法，认为这样只能导致守军全军覆没，而是应让敌军占领防守无望的城市，通过拦截给养车队的方法来消耗进驻的敌军。他提倡士兵使用现代化的后装步枪，但推荐使用比较原始的款式，射程较近（最多1 000米），适用于近身战，他还反对这些部队配备炮兵，以免平添累赘。这种简单的组织方式的优点之一，就是无须向欧洲军官请求支援。[3]

戈登写的这篇文章或许是受到了中国传统军事理念的启发，当然也结合了戈登本人的亲身经验，5年后越南农民在文人的号召下发动勤王

---

[1]　Alexandre Bellemare, *Abd el-Kader, sa vie politique et militaire*, Hachette, 1863, p. 277; maréchal de Saint-Arnaud, *Lettres du maréchal de Saint-Arnaud*, Calmann-Lévy, 1895, 2 vol., T. I, p. 262.

[2]　Capitaine Mordacq, *op. cit.*, p. 39.

[3]　« Mémorandum publié le 7 juillet 1880 dans le China Mail », *RME*, octobre 1883, p. 449-464.

运动反抗法国殖民时所用的方法，似乎就借鉴了戈登的理论。领导起义的将领中有很多还与太平天国运动有联系，他们所采用的战术让殖民者花了10年时间（1885—1895年）才真正占领了东京和安南。[1]那么，这篇文章在欧洲是否产生了影响呢？鉴于戈登死后名声越来越大，这也不是没有可能。这篇文章让我们联想到阿非利卡人所使用的策略、英国人托马斯·爱德华·劳伦斯以及1916至1918年阿拉伯人反抗土耳其人的"沙漠暴动"。不知道另一位善打游击战的将领，"灌木战"大师、德国上校保罗·冯·莱托－福尔贝克（Paul von Lettow-Vorbeck）有没有读过这篇文章。[2]

那些能把游击战融合到整个战略的将领让这种战争形式享有盛誉，也让殖民者忧心忡忡。最家喻户晓的战争通常策划也最缜密、持续时间最长，但这并不意味着无数场其他战争就要被打入记忆的死角，在发生地以外的地方不是被人遗忘，就是完全不为人知。在法国，有谁听说过1836至1846年，哈萨克人在克涅萨热汗的领导下保家卫国的故事呢？

游击战略

灵活性是游击战士的王牌。俄国士兵由于分布在各个岗哨，因此对后勤补给非常依赖，而沙米勒正是靠骑兵的快速出击扰乱俄军，并避免参加以大批步兵和炮兵为基础的大规模战争。他率领的部队以几百名发誓效忠于他的精兵为核心，另外还有一些来自各个村庄的战士，他们从15岁就开始参与战斗。埃米尔的代表负责保持部队良好的状态，管理

---

[1] Charles Fourniau, *Vietnam, domination coloniale et résistance nationale*, Les Indes Savantes, 2006, p. 429-459.

[2] Général von Lettow-Vorbeck, *La Guerre de brousse dans l'Est africain, 1914-1918*, Payot, 1923.

装备和战马[1]。士兵非常坚强，他们在播种后40天收获玉米，两次的收成能养活他们一整年。武器是他们唯一的财产。他们据守山地，使俄国人很难接近他们，但他们不能部署强大的驻军，因为给养很难输送到那里，冬天尤其如此。[2]

部队的灵活性使其可以充分利用空间。在阿卜杜勒－卡德尔的正规步兵部队被消灭之后，他保留了一支几千人的骑兵队，足以发动突袭，骚扰敌军，同时他的核心部队不断从部落中吸收成员并进行突袭。法国人本以为已把他压制在摩洛哥，但他在1845至1846年初发动的战争，还是让"所有懂点军事的人由衷地敬佩"。他带着几千名忠心耿耿的骑兵在摩洛哥边境和阿穆尔山之间的高原游走，勇敢出击，不断阻挠敌军实施计划。法国人在报告中写道："我们不知道怎么才能抵挡他们的袭击。"1845年9月至1846年5月，他向法军发起袭击，对方被迫动用了18支部队才让他们打道回府。[3] 这时，法国部队已疲惫不堪，此前他们也从未取得过真正意义上的胜利，或许游击队并不是被法军逼退的，而只不过是因为收割季到了，所有人都要投入农业生产。

有些将领真的会选择制造真空地区的战略。萨摩里刚开始与法军对峙时，不但尽量避免进行列队战，还采取了一种可怕的焦土政策。从1892年起，他放弃了之前在苏丹和几内亚边界夺取的领地，在原有领地以东500公里的上科特迪瓦建立了新的国家，并组织国民进行大规模的迁移。一部分部队在后方打掩护战，另一部分则在新领地展开战斗，迫使当地国家屈服。1895年3月，蒙泰伊上校的部队由于物资匮

---

[1]　Moshe Gammer, *op. cit.*, p. 118.

[2]　Alexandre Bennigsen, art. cit., p. 318.

[3]　Lettre du capitaine Cler, du 2ᵉ d'infanterie légère d'Afrique, Camp de Kef-el-Fifa, sur l'oued Besabir, 18 janvier 1846, *Campagnes d'Afrique, 1835-1848, Lettres adressées au maréchal de Castellane*, Plon, 1898, p. 458.

乏，损失惨重，无法阻止萨摩里占领孔格，只得撤退。这场战争一直持续到1898年。[1] 萨摩里并不是第一个使用这一战略的人：在他之前，艾尔·哈吉·奥马尔与法军作战时也是先进行撤退，在双方部队之间制造出一片"无人区"以便自保。这一行动经常被比作"希吉拉"（Hijra），在穆斯林眼中，这与先知穆罕默德在伊斯兰元年带领信众进行的迁徙作用相当。

荷兰人占领亚齐的"克拉通"后，在"克拉通"神庙原址的所在地科塔拉贾（Kota Radja）要塞留下了3 000人，因而他们成了当地游击队骚扰的对象。荷军指派因战术保守受到诟病的范史腾登应敌。1878至1881年，K. 范德海登（K. Van der Heijden）利用焦土政策实施"积极防御"战略，获得了不俗的成效（他为此摧毁了500个村落），但他最终还是因为手段过于残暴被召回了。[2] 1879年，3.7万名殖民士兵中有1万人被游击队牵制，也就是说，总兵力的四分之一都动弹不得。接替部队管理殖民地的平民总督也无力回天。他们在1884年开始搭建的屏障最终也沦陷了。对这种战略的批判持续升温，尤其是胡格伦治和范贺茨强烈呼吁必须采取更主动的政策。

为了管理殖民地，荷兰政府扶植亚齐将领腾昆·奥马（Teungkun Omar）为傀儡并为他提供军火。1896年，后者决定发动叛乱，情况危急，必须马上实行疏散。[3] 最终，荷兰人放弃了单纯防守的战略，转而以攻为守。在这场战役中，曾因平定龙目岛叛乱而声名远扬的雅各布斯·维特（Jacobus Vetter）少将表现卓越。这种战法实际上是给部队分

[1] Lieutenant-colonel Parfait-Louis Monteil, *Une Page d'histoire militaire coloniale. La colonne de Kong*, Lavauzelle, 1902.

[2] « Les Hollandais et la guerre de Sumatra: l' expédition de Samalanga », *RME*, 30 janvier 1887, p. 97-106; Maarten Kuitenbrouwer, *op. cit.*, p. 109.

[3] Octave J.A. Collet, *Terres et peuples de Sumatra*, Amsterdam, Elsevier, 1925. p. 107.

配了更大的权力。范贺茨负责政策的实施，在他背后有一支由"土著人"组成的、由欧洲军官管理的宪兵队。他们声称这种策略更加"道德"，更加体贴平民百姓，关键是能更合理地安排当地"土著人"的权利。这场战争一直打到1903年腾昆·奥马战死、最后一位苏丹继任者投降之后才告一段落。但是，小规模的冲突直到1913年还时有发生[1]，直到1916年这一地区都是由退役军人来管理的。[2]

19世纪末期，游击队开始采取更加现代化的手段。1895年古巴暴动的首领马克西莫·戈麦斯（Maximo Gomez）和他的部下安东尼奥·马塞奥（Antonio Maceo）用捣毁种植园和炼糖厂的方法使整个国家的经济陷入瘫痪。他们从古巴岛的东边（古巴圣地亚哥省）开始将起义之火烧到西边。他们的骑兵部队成功地躲过了西班牙部队的追击，抵达哈瓦那南部的波索雷东多（Pozo Redondo），后来又一边战斗一边退往东部。他们的行动揭开了一系列冲突的序幕，直到1898年美国介入之后这些斗争才告一段落。1990年开头的几个月中，布尔部队在一些年龄较大的将领（皮特·茹贝尔68岁，皮特·克龙涅65岁）的指挥下，采取了较为传统的战术。但在一些重要阵地失守之后，一批年轻将领（路易斯·博塔36岁，扬·史末资30岁）带领他们转入了游击战模式。为了减轻负荷，他们的骑马步兵丢掉了一部分笨重的战车，并削减了突击队的人数（最多2 000人）以便提高行动的自由度。1900年末，当英军司令罗伯茨勋爵宣布战争已基本结束时，他的继任者基奇纳则认为，应该再耐心地观察一段时间。战争的确又持续了2年之久。1899年2月5日，菲律宾阿奎纳多解放组织（Libération d'Aguinaldo）的部

---

[1]　Maarten Kuitenbrouwer, *op. cit.*, p. 273-277.

[2]　E.-H. Kossmann, *The Low countries*, p. 406.

队在"马尼拉战役"中被打败，转而开始通过发动游击战让美国在新占领的地盘无法立足，一边拖延时间一边期待时任总统麦金莱（William MacKinley）的对手、民主党人威廉·詹宁斯·布莱恩（William Jennings Bryan）当选总统。[1] 虽然最后麦金莱成功连任，阿奎纳多不幸被俘，但是该组织的抵抗行动一直坚持到了1902年。

然而，除了古巴的两次起义和菲律宾抗击西班牙统治的运动，其他使用这些策略的行动都以失败告终。这又是怎么回事呢？

弱 点

游击队的装备相当落后。游击队将领根本不可能像他们的革命设想那样扩张部队，成长为能与西方部队匹敌的强大势力。他们最多只能发动小袭击，打击对手的信心。有时，他们似乎完全做好了实现目标的准备。1841年，法国在第比利斯的领事苏扎内伯爵（comte Suzannet）记录道，很多俄国将军对殖民体系心存不满，且信心低落。"几乎所有人都在咒骂俄国跨过高加索疆界的那一天。"[2] 第二年，也就是1843年4月，沙米勒在塔吉克斯坦北部和东部抢先俄国一步，入侵了当地的阿瓦尔人国家，占领了大多数要塞，甚至曾短暂封锁了一支敌对部队，俄国人的信心因而进一步受到打击。当年9月，沙米勒占领了塔吉克斯坦东部，粉碎了孙扎河上建起来的防线，让俄国半个世纪以来的殖民努力毁于一旦，让沙皇速战速决的野心成了笑话。[3] 1845年秋天，非洲的法军

---

[1] Brian McAllister Linn, *op. cit.*, p. 187.

[2] Michel Lesure, « La France et le Caucase à l'époque de Chamil à la lumière des dépêches des consuls français », *Cahiers du monde russe et soviétique*, 1978, 5-65, p. 37 [tiré de RDM avril 1841 p. 50-106].

[3] Alexandre Bennigsen, art. cit., p. 312.

将领也遭遇了同样的挫败，阿卜杜勒－卡德尔在摩洛哥突然出击，再次燃起了原本看似已经熄灭了的战火。

但是，西方人并没有一蹶不振。事实证明在消耗战中，防守的一方往往比进攻的一方要付出更大代价。进攻方即使无法无限更新兵力，但至少比对方容易做到。防守者则十分脆弱。他们打不到几千公里外的入侵者，而为他们提供资源的人口又被对方紧紧控制着。他们无力对边防岗哨施以援手，于是这些站点有时全无防御，就像美国西部所谓的"要塞"一样，其实只不过是一些临时营房。战争也不可能总在合适的时机爆发。在播种季和收获季，那些定居民族就不得不搁置游击战。而像美洲印第安人那样的游牧民族在气候适宜的时候就会四散狩猎，冬天则聚集在防守脆弱的营地。入侵者可以利用这一时期发起进攻，或养精蓄锐。

抵抗者在时机上不占优势，也很少能组织统一的战线。即使是最德高望重的将领也难以举全国之力支持游击战。我们时常看到一个地区奋起反抗，而其邻居则完全无动于衷的现象。因此，在阿尔及利亚殖民战争最胶着的时候，这个国家的东部地区（君士坦丁省，大卡比利亚地区）却还纹丝不动，参加战斗的主要是阿尔及利亚境内本初子午线以西的地区。菲律宾起义也是一样：在菲律宾群岛的77个省份中，有34个都没有参与战斗。其他几乎所有地区的情况都差不多。[1] 即使是一些大规模起义，合作水平仍然较低，勒内·佩利西耶在谈到反抗葡萄牙部队的帝汶岛起义军领袖时曾用过一个比喻，在这里也同样适用。他说，这些将领喜欢"扮演孤独的猎人而不是团结的群狼"[2]。不同派别或不同种

---

[1]　Brian McAllister Linn, *op. cit.*, p. 185.
[2]　René Pélissier, *Timor*, p. 313.

族之间的分歧和对立是造成这种状况的主要原因，而这对于殖民部队显然非常有利。

我们可以通过几个例子来更好地理解这一情况。阿卜杜勒－卡德尔领导的穆斯林和阿拉伯改革派没能说服与土耳其人联盟的旧贵族，也没有得到卡比利亚人的合作；沙米勒的同盟屈指可数，他指望不上格鲁吉亚的基督教部落，也不能依靠阿塞拜疆的什叶派，甚至连高加索西部跟他一样同属逊尼派的穆斯林也不愿配合。哈萨克人与东边的卡尔梅克人（蒙古人）之间的矛盾削弱了中亚的抵抗能力。希瓦、布哈拉和浩罕这三个汗国互相之间也是矛盾不断。布哈拉则是费尔干纳山谷居民与北乌兹别克人交战的战场。[1] 艾尔·哈吉·奥马尔和阿赫马杜以及萨摩里创建的非洲国家暴动频仍。菲律宾南部的穆斯林（摩洛人）和信仰基督教的起义者向来不合，他们起初对美国人的到来持开放态度，直到基督教起义者被击溃之后才参与战争。美洲印第安人也只是部分形成了联盟，小比格霍恩战役不久前，坐牛把苏人联合了起来，并拉拢了北部的夏延人（1869年）。但这个联盟中的成员和其他部落还是存在矛盾，其中一些克罗人还给美国部队输送侦察兵。赫雷罗人首领塞缪尔·马哈赫雷罗（Samuel Mahaherero）于1904年1月发动起义反抗德国殖民，但没有得到邻居部落纳马人的支持，纳马人首领亨德里克·维特布伊（Henrik Witbooi）早在战前就开始与欧洲人合作了。

以上事实说明，在被殖民地区几乎不存在超越嫌隙的民族国家意识。唯一表现出真正民族主义的是南非的阿非利卡人，但他们还要借助黑人，尤其是祖鲁人的帮助，而战争后期祖鲁人的态度也让他们万

---

[1] David MacKenzie, art. cit. p. 210.

分焦虑。[1] 不过如果假以时日，这种民族感也有可能越来越强。1857
年印度民族起义只波及了北部和东北部的一些省份，叛乱过后，爱德
华·德·沃伦说道，印度人内部缺乏团结精神，不会对英国势力造成威
胁。但是他又强调说，对起义的镇压会埋下"仇恨的种子，一种共同
的情感将从中萌芽，这是一个团结的民族诞生的第一步"。他认为，英
国的统治会加速当地人团结一致的趋势，但在一个世纪甚至更长时间
内不会威胁到殖民统治。[2] 他确信在争取独立的过程中，民族主义者一
定会尽力拉近自己与历史上反殖民的战争英雄之间的关系，比如印度
尼西亚领袖艾哈迈德·苏加诺（Achmed Soekarno，1901—1970 年）就
提醒人们，他的外祖父是巴厘岛的烈士之一，而几内亚领袖塞古·杜尔
（Sekou Touré，1922—1984 年）则会跟萨摩里攀上亲戚。[3]

当然，众所周知，宗教也可以煽动民众的情绪。德·沃伦经过观
察和分析之后充满信心地得出结论说，只要英国人不触碰印度人的"宗
教理念"，尤其是"种姓观念"，他们在印度的统治就没有任何风险。而
殖民者在实践中也很快学会不要在这个领域冒险。况且，宗教矛盾实际
上并没有那么一触即发。信仰什么、虔诚与否或是否信教都不是发动战
争的理由。只要宗教活动不受干涉，殖民者也不强行传教。宗教不再是
武装反抗的精神支柱，而是变成了集体认同感的归宿。宗教中的高层至
少会在表面上对殖民者表示臣服，作为交换，他们得以保持其精神领袖
地位。

屈服已是大势所趋，不过原因多种多样，纯粹的腐败也是其中之

---

[1]   Thomas Pakenham, *The Boer War*, p. 567.
[2]   Édouard de Warren, *op. cit.*, vol. 2, p. 274.
[3]   Ahmed Soekarno, *An Autobiography as told to Cindy Adams*, The Bobbs-Merril Cᵒ, New York, 1965, p. 19.

一。这些联盟或参与者很容易被黄金（或者是白银，这种贵金属比黄金更受欢迎）收买，殖民者常常会用他们在海外或其他殖民地攫取的财物支付一笔补偿金，而收买这些贫穷团体的成本并不算高。T. E. 劳伦斯（T. E. Lawrence）是1916年阿拉伯起义的主要发起者之一，他曾写道：“有一件事是所有起义的死敌，那就是背叛。任何组织内部都有见钱眼开的小人，如果敌人不是把钱花在反宣传上（这种行为对保守者从来不曾奏效），而是用来收买他们，我们就全无反击之力了。”[1] 1879年，英国军官卡瓦纳里（Cavagnari）率领的代表团遭遇暗杀，罗伯茨根据受害者的军衔付给向他举报凶手身份的人50至125卢比奖金（1卢比=2.30法郎），每回收1支英国步枪也能获得3卢比奖金。不过，被殖民者屈服的主要原因还是消耗过大：对峙持续的时间越长，当地人吃的苦头就越多，不但战争本身会让他们苦不堪言，敌人在当地实行的政策也令人难以承受：他们抢劫牲畜，毁坏庄稼和存粮，甚至还在村中纵火。

　　另外，经济形势的变化让反抗者对殖民者越来越依赖。几乎所有人都要靠西方商人提供至少部分装备，这些装备不仅限于火器，图阿雷格人最好的刀刃所用的钢材来自索林根，这是莱茵河畔最负盛名的刀工厂。布料、酒精等产品需求量也很大。被殖民者通过协约完全臣服于殖民者后，他们的依赖性就更强了。印第安人就是一个极端的例子，他们用一部分牧场换来了美国政府的货物供应。他们的武器、弹药、刀具等一些生活用品，还有臭名昭著的威士忌（实际上是掺了水的劣质酒）甚

---

[1] Lettre de Thomas E. Lawrence au futur maréchal Wavell, 21 mai 1923, in *Guérilla dans le Désert, 1916-1918*, traduction française de l'article publié en 1921, présentation de Gérard Chaliand, Complexe, 1992, p. 86.

至一部分食品，都是通过购买或者政府发放的方式取得的。[1] 此外，一些居民还要靠殖民者在殖民地创造的工作岗位挣得工资。1879 年，英国人在被俘的阿富汗游击队员中选出"英语说得跟英国工人一样好"的人，让他们在半岛和东方轮船公司（Peninsular & Oriental）担任助理机械师。[2] 在莫桑比克，很多参加过抗葡战争的当地人受雇在纳塔尔或德兰士瓦从事农业或者当矿工。大量柏柏尔游击队员在战场上英勇无畏，连法国军官都对他们敬佩不已。但当他们迫于天气原因不得不中断游击活动时，也会毫不犹豫地来到殖民地的工地工作。

因此，在所有的殖民地，和平与战争几乎总是同时存在，贵族和平民之间总有不可调和的矛盾。在历史上曾经声名显赫的世家大族总想维持他们的地位和遗产，一旦发生动乱，他们就首当其冲，而如果他们选择臣服，就能保住甚至巩固既得利益。那些在侵略战争的乱世中脱颖而出的新兴势力则恰恰相反，他们希望通过战争进一步强化其地位。老一辈和新一代之间也有同样的矛盾：老一辈一般满足于通过谈判达成协议，而年轻人则血气方刚，迫切地想证明自己的勇气和实力，扛起未来领袖的大旗，因此他们更加好战。欧洲的新老士兵之间也有类似的分歧，老兵们向往和平，好早日告老还乡，年轻军官则梦想一战成名。在评价 1897 年印度西北边境的马拉坎德战役时，丘吉尔也得出了这样的结论。[3]

---

[1] John K. Mahon, "Indian-United States Military Situation", *in* William Sturtevant, ed., *op. cit.*, vol. 4, p. 162.

[2] Colonel Holdich, *op. cit.*, p. 192.

[3] Winston Churchill, *op. cit.*, p. 146-147.

外部支援的失败

总体情况

需要指出的是，"土著"政府几乎指望不上外来的援助。他们不但得不到什么军事支援，连一个躲开敌人、重整旗鼓的庇护地都无福享受。

很多参战者会得到邻国的同情，例如，阿卜杜勒－卡德尔出于战略考虑接受了摩洛哥的统治，并在自己的部落被抓后带领残兵退守到摩洛哥领土。1880年，清政府曾将3万人派往东京帮助安南国抗击侵略者。但是，这些努力最后都以失败而告终。法军毫不犹豫地向摩洛哥苏丹穆莱·阿卜杜拉赫曼（Moulay Abderrahman）宣战，摩洛哥在伊斯利战役中失败后与法国签订条约，答应把阿卜杜勒－卡德尔逐出摩洛哥（1844年9月）。这项协议没有马上执行，但3年之后，随着这位埃米尔在摩洛哥的影响力以及法国的外交压力与日俱增，深感不安的摩洛哥苏丹出兵围剿阿卜杜勒－卡德尔，导致后者最终不得不向法国投降（1847年12月）。法国政府用同样的外交手段向清政府施压（1884年），后来又发动了战争（1884年8月—1885年4月），清政府因此不得不终止对越南的一切支援。暹罗是越南的另一个邻国，英法两国于1896年1月15日签约，把它作为缓冲国。幸亏如此，暹罗国王才勉强保住了王位，因此在越南问题上暹罗完全置身事外。

奥斯曼帝国的苏丹虽然享有"信徒的长官"（commandeur des croyants）的地位，但是也无力帮助求助者。法国占领君士坦丁堡的附属国奥斯曼阿尔及尔的时候，对他的抗议根本就充耳不闻。后来，他试图充当亚齐苏丹与荷兰人之间的调解人，但也无功而返。[1] 最后，还是荷兰

---

[1] Maarten Kuitenbrouwer, *op. cit.*, p. 107.

人凭借武力解决了冲突。在这次事件中，他介入的理由只是维护穆斯林的团结，但1881至1882年，法国和英国分别把殖民的目标指向了突尼斯和埃及，这两个国家虽然基本独立，但始终没有完全断绝与奥斯曼帝国的宗主关系。这次当土耳其苏丹提出抗议时，英法两国仍然把他的不满不当回事。1912年，土耳其试图阻止意大利部队占领的黎波里塔尼亚和昔兰尼加，结果在战争中遭遇了失败，罗马政府付给欧洲列强一笔补偿金，让他们不要插手。结果这些国家一个也没有介入，只是袖手旁观而已。

从这场战争能够发现，试图抵挡西方强国入侵、保持独立的国家一般都遭遇了希望的破灭。整个19世纪期间，欧洲国家同心协力在世界范围内担当仲裁，瓜分新扩张的领地时，即使有对抗也不会爆发。沙皇俄国与大英帝国之间有过持续时间最长、对欧洲秩序威胁最大的对抗，但是，他们从来没有挑起过争端。英俄两国之间尽管发生过小冲突，但一般都是隔着阿富汗远远地相互观察。1907年，他们终于达成和解，确定了各自的势力范围。唯一的例外，就是西班牙与美国之间发生了古巴战争。该地区确实很长时间没有被其他强国宣布占领，这场战争总算结束了这一反常现象。

试图建立海上帝国的列强之间也出现了其他对抗，海上霸主英国则扮演了裁判的角色。长期以来，英国政府对本国价格低廉的商品自信满满，没有什么理由反对欧洲国家建立商行。众所周知，革命战争爆发后，法国和荷兰获得英国的允许重建了殖民帝国。英国并没有阻止法国在阿尔及利亚的殖民，也没有反对荷兰征服印度尼西亚。他们承认荷兰人在苏门答腊的统治地位，又跟荷兰人共享了婆罗洲。后来，面对欧洲海上强国的扩张行动，英国政府也没有下令禁止，而是试图引导其扩张方向，而他们自己则守护着认为最重要的领地，并力图避免淡出国际事务，始终保持着自身的影响。尽管法国同情埃及（实际是因为法国在这里有利益关系），但也没有能够阻止英国人在那里驻扎。英国人没有如萨摩里所愿，帮助当地人对抗法军。虽然英国人坚决反对葡萄牙人殖民安哥拉与莫桑比克之间的地区，因为这影响了他们连通开普敦与开罗的计划。不过，他们也没有帮助莫桑比克加沙国王刚刚哈纳抗击葡军。

沙米勒和布尔人

沙米勒的例子很有特点。他是一个逊尼派教徒，与强大的邻国波斯以及什叶派的卡扎尔王朝关系十分紧张，同时又面临俄国和英国的巨大威胁。1837至1838年，他曾试图向君士坦丁堡苏丹和埃及的穆罕默德·阿里帕夏求助，但这两个君主之间的矛盾导致这个方案根本无法实现。埃及与土耳其交战时，沙米勒曾短暂地接受过埃及的帮助。1839年，埃及部队进军安纳托利亚，切尔克斯人在帕夏的鼓励下发动起义，反对俄国在黑海沿岸驻军，这也为沙米勒深入车臣创造了条件。[1] 但是，埃及的支持只持续了很短的时间，1840年穆罕默德·阿里迫于伦敦的威胁，放弃了跟奥斯曼帝国的对抗。因此，沙米勒不得不向土耳其宫廷求助，但是他们给予的援助意义不大。克里米亚战争期间，他想与土耳其联手，因为当时土耳其部队的目标是俄国在高加索地区的核心领地格鲁吉亚。土耳其苏丹除了把他提拔为奥斯曼军队的将军，几乎没法给他提供其他任何帮助。英国政府担心帮助沙米勒使英国偏离主要目标，因而也不愿插手其中。法国政府对此毫无兴趣。1857年，英法两国在圣彼得堡和解之后，沙米勒向他们求助的声音没有得到任何回应。[2]

---

[1]   Moshe Gammer, *op. cit.*, p. 114-116, p. 260-261.

[2]   Michel Lesure, « La France et le Caucase », art. cit.

布尔人虽然是白人，但是在抗英过程中孤立无援。荷兰确实对他们十分同情。下至贫民，上至达官贵族（威廉明娜女王和凯珀首相），都把他们视为"新荷兰人"的代表。在莫桑比克，来自荷兰的资助者为修建连接德兰士瓦与迪拉果阿湾（baie de Delagoa）的铁路做出了巨大贡献。另外，法国和德国的舆论也倒向布尔人一边。这时，英国在殖民问题的解决中发挥了举足轻重的作用。各国政府都投其所好，没有一个能够或愿意冒险触怒英国。布尔人所能获得的帮助仅仅来自一些志愿兵而已。1900 年 12 月，年迈的克鲁格总统专程到访欧洲，在巴黎、柏林和海牙受到了热烈欢迎，但没有获得任何实质性的帮助。美国政府对英国在古巴战争期间的中立态度心存感激，加上在伦敦发现了有利可图的投资项目，迫不及待地想从英国的财富中分得一杯羹，因而采取了保守态度。[1] 被关押在集中营里的布尔平民大量死亡的消息传出后，引发了广泛的同情。劳合·乔治曾表达过忧虑，但欧洲列强无一采取行动向英国施压。[2] 荷兰人仅仅只是在 1902 年 2 月尝试调停，但是被英国外交部傲慢地予以拒绝。

如果反抗者放弃战斗逃往邻国，最好的结果则是得到庇护。坐牛逃亡到加拿大的时候（1877 年 5 月），得到了当地政府的妥善安置。骑警队队长保证他获得维多利亚女王的保护。但是，造成紧张局势的原因多如牛毛。美国政府状告苏人频繁劫掠。这些新来者与当地原住民部落相处不甚融洽。由于野牛数量的减少波及了加拿大草原，导致食物匮乏，需要加拿大人给他们提供给养。最终，渥太华政府督促避难者接受美国的劝降并回国，同时要上缴马匹和武器。作为交换，他们得到土地和食

---

[1]　Bill Nasson, *op. cit.*, p. 164.
[2]　*Ibid.*, p. 222.

物供应。坐牛渐渐失去了民心，不得不于1881年7月投降。

有些历史片段可以展现美国政府是如何维护边境治安的。1885年，梅蒂斯人和加拿大西北边境的印第安人发动暴动时，美国将军特里（Alfred H. Terry）的部队在边境建起了一道"防疫封锁线"，旨在拦截逃亡者并使之缴械，以及防止仇视英国的爱尔兰芬尼亚兄弟会成员和其他部落的印第安人一起参与暴动。[1] 或许这是为了回报几年前加拿大对他们的体谅。墨西哥常常是"造反者"的逃亡之地，美国政府对这个国家就没有那么恭敬了。有些将领获准行使"追索权"，比如1883年5月，克鲁克和他的部队出现在亚利桑那州南边的马德雷山脉，攻击了阿帕切人分支奇里卡华人的营地中心，用强大的威慑力让他们暂时返回了美国国土。克鲁克的继任者迈尔斯也如法炮制。1886年夏天，劳顿（Henry W. Lawton）上尉跨越国境追捕印第安传奇人物杰罗尼莫，最终迫使他举手投降。

殖民冲突的不对称性与节奏

一番思考之后，现在有必要对殖民冲突的特点总结一下，否则一切会显得很空洞。在当代研究者心目中，这些冲突大多数都是"不对称的"。也就是说，对阵双方的其中一方装备简陋，而另一方则是配备着顶尖武器的现代化部队。"土著"部队很少能在装备方面跟欧洲对手平起平坐，锡克部队也许是个例外。英国本土及其印度领地上的大量资源让旁遮普望尘莫及。此外，根据这些对抗的特点，研究殖民战争的理论家将大多

---

[1]　*RME*, 15 avril 1885, p. 444.

数冲突分成两个阶段：征服与安抚。这种划分法主要得益于利奥泰《军队的殖民作用》一文及其分析。此文刊登在《两大陆评论》杂志中，后来，博弗尔将军在《革命战争》（ *La guerre révolutionnaire*，修订版）中又再次提及了这一划分。[1] 这两个步骤类似当代军事行动中的"战略性胜利"与"稳定"。不过，现在的说法更中性，也更明确。

在第一阶段，殖民者要通过一场或多场战役来快速粉碎对方有组织的抵抗，并占领主要城镇和战略要地。这是殖民征服要走的第一步，利奥泰在文章中强调："首先要攻击一个具体的目标，比如金字塔、阿尔及尔、登吉尔泰佩（Denghil-Tepé）、阿波美等，一举摧毁对方的有生力量并挫败其士气。然后，必须要打击一些顽强的将领，比如阿卜杜勒-卡德尔、沙米勒或萨摩里。"他还说，在这一阶段要用上"全部资源和战术以及现代科学，进行周密的准备并在战场上战斗到底"，因为"这是节约时间、人力和金钱的最好办法"。第二阶段一定比第一阶段的时间更长。在这一阶段，循序渐进、有条不紊的占领手段代替残酷的暴力，但绝不能完全放弃武力。面对组织混乱的敌人，这种方法很有效果，"因为执行安抚工作的政府权力集中，拥有强大的现代化工具"[2]。博弗尔表示，有时一场殖民战争会持续数代人之久，从政治学或社会学的角度来看，安抚阶段通过增加双方的接触，能让当地民众习惯接受统治。从财政角度来看，延长安抚阶段有利于入侵者把战争成本均摊到整个过程。如果他们使用了当地的人力和物力资源，甚至还能降低殖民占领的成本。

我们将在接下来的两章中继续对这两个步骤进行研究。

---

[1]　Hubert Lyautey, « Le Rôle colonial de l'armée », *Revue des Deux Mondes*, 15 janvier 1900, p. 308-328; du même, *Lettres du Tonkin*, p. 275-276; général André Beaufre, *op. cit.*, p. 21-23.

[2]　Général André Beaufre, *op. cit.*, p. 23.

第三章

大型军事行动

∨

正面对抗

殖民战略的指导方针有相当一部分来自常识。首先要尽可能使用最少的兵力对付敌人。朗格卢瓦（Langlois）将军曾说，发动殖民战争的首要条件是"占据人数优势，要保证每一支独立的部队在遇到敌人时都能用数量压倒对方，或者至少坚持一段时间"[1]。因此，要避免拆分兵力，否则部队会被逐个消灭。要注意躲开敌人巧妙的军事部署，比如灵通的情报部门、隐藏在远处的侦察骑兵或高效的联络渠道。

人数优势指的不是绝对的数量，而是相对于敌军的火力和行动力优势，但是有个底线。当兵力少于一定数量时，最好不要出击，以防不测。拿破仑说过："2个马穆鲁克骑兵能杀死3个法国人；但100个法国骑兵就不会害怕100个马穆鲁克骑兵；300个法国骑兵就能打败同等数量的马穆鲁克骑兵；而1 000个法国骑兵就能招架1 500个马穆鲁克

---

[1] Général Langlois, *Enseignements de deux guerres récentes, guerres turco-russe et anglo-boer*, Lavauzelle, sd [1904], p. 142.

骑兵，这就是战术、秩序和随机应变的力量。"[1]比若曾声称，如果让他率领一支小型部队与阿拉伯士兵战斗，不管对方是2万人还是六七千人，对他来说都无所谓。"因为对于一支纪律散漫、组织混乱的部队来说……人数的作用可以忽略不计"，只要士兵们相信这一真理，"他们的士气就不会被敌军庞大的数量所压倒"[2]。1880年，斯科别列夫在一次训练中说："我们将用敌人没有的武器打败敌人，也就是充分利用我们的纪律和速射步枪。我们将利用结构紧密、灵活多变的阵形取得胜利，使用打击精准的火炮，团结一致，整齐划一。我们的士兵被纪律、责任和战友情谊紧紧地联系在一起，这样，军人手中的刺刀就更加厉害，这样的集体才是真正强大的部队。"[3]

　　西方将领一般都希望进行正面对抗，因为这种战争形式能体现西方部队在组织、战术、火力和决心上的全面优势。正面对抗能缩短战争时间，从而降低战争中的金钱和人力支出。比起战斗中的直接损失，更可怕的是疲劳以及在恶劣天气中无休止的行军所导致的疾病。这种损失比战争伤亡更加惨重。最重要的是，军官在正面对抗中能发挥更大的作用，而游击战更多地依靠捉摸不定的运气。按理说，除了极少数的例外，"土著"将领出于同样的原因竭力避免针锋相对的对抗。当然，出于各种各样的原因，他们也接受正面交锋，比如仗着人多势众或因为宗教信仰而过分自信，或急于保护家园不受侵略者的蹂躏，或是因为缺乏后勤保障而无法长时间维持一定数量的兵力。

[1]　Charles Ardant du Picq, *Études sur le combat. Combat antique et combat moderne* [1904], Economica, 2004, p. 100. Noter que cette citation a retenu l'attention de Thomas E. Lawrence, *Guérilla dans le désert, op. cit.*, p. 57. Elle figure dans Ferdinand Foch, *Des Principes de la guerre* [1903-1904]. Présentation par André Martel, Imprimerie nationale, 1996, p. 431. C'est sans doute là que Lawrence, lecteur de Foch, a pu la trouver.

[2]　Général Paul Azan, *Par l'épée*, p. 67.

[3]　« Deux instructions de combat du général Skobelev », *RME*, mai 1881, p.271-274, p. 273.

在这类战争中，反抗者可能会向殖民军队发起突然袭击。1892年9月14日，多兹从贝宁的多格巴（Dogba）出发，企图攻占阿波美。9月19日，他遭遇了贝汉津部队的猛烈袭击（据法国军官说，对方士兵誓死血战到底），每次出击要持续数个小时。同样的突袭分别于10月4日、14日、15日、20日和11月2日和4日反复发动。后来，反抗者减弱了进攻强度，改为每天对侵略者进行骚扰。[1] 正面对抗以大型列队战役的形式发生，比如，法国与摩洛哥之间的伊斯利战役（1884年8月15日）、英国人和锡克人在1845至1864年和1848至1849年的两场战争，以及英国人与马赫迪部队之间的乌姆杜尔曼战役。

火力与战术

武器的进步增强了欧洲部队的应敌能力。19世纪初，由于武器性能的限制，士兵必须等敌人靠近才能实施打击。朗格卢瓦将军说："使用滑膛武器时，步兵的射击距离达200米左右，炮兵的实际有效打击范围达三四百米。"[2] 这样的武器效率令人心惊胆战。高加索地区的山民所用的步枪射程只有60至80米[3]。阿罗季一战中（1868年4月10日），阿比西尼亚国王特沃德罗斯被300米外的一发子弹命中身亡，对方是印度军队中的旁遮普第二十三部队，使用的是1853年款米涅步枪。18世纪，苏沃洛夫曾经指出，射击的最佳距离是距离目标300步，很多俄国军官直到1878年仍然把这一点当成金科玉律，并认为使用速射枪时，

---

[1] Hélène D'Almeida-Topor, *op. cit.*, p. 122-128.

[2] Général Hippolyte Langlois, *Ibid.*

[3] Moshe Gammer, *op. cit.*, p. 306, note 2.

射击距离不应该超过400米。[1]

　　但是，随着时间的推移，步枪的射程越来越远，火力也越来越密集，能从很远的地方给敌人造成损失。同时，无烟火药的出现让士兵比使用黑火药有了更加清晰的视野。20世纪初，未来的元帅斐迪南·福煦估计步兵的攻击范围大概为1 500米，而炮兵则是其3倍，也就是4公里。[2] 如果敌人跑步前进，几分钟就能跨过这段距离。如果一个连有100人，排成长100米的战线，每分钟大约能射击800次（每人8次），那么这个100米的战线在8分钟内就能射出6 400发子弹。如果有可能，军官们会在某个精确的距离外放置一些石头或标杆，让士兵把瞄准器调到同样的距离。采用这种方法能对射击进行预调。

　　当然，这些都只是纸上谈兵。士兵在精神紧张或受伤的情况下，他们的表现也会受到一定的影响。根据长期观察，射击者总是瞄准过高（克伦威尔曾命令士兵"瞄准敌人的鞋带"）。而有时刺刀的重量又会使射击角度偏低。因此，在非洲带兵作战的法国军官都避免在枪管上安装刺刀（第五军团第一次在阿尔及利亚作战时，就因为把刺刀装在枪口上而被冠以"叉子团"的绰号）。[3] 打过几十发子弹后，托枪的左臂会感到很疲劳，放在扳机上的右手则让射击角度向右偏移。吉卜林在一篇短篇小说中描写道："五声炮响让整个部队笼罩在浓厚的烟雾里，士兵眼前一片模糊，沉重的刺刀使枪口向右下方低垂，而他们的手臂为承受马蒂尼步枪强大的后坐力已疲惫不堪。"这篇小说的灵感来源或许是1878至1880年发生的第二次阿富汗战争。[4] 由于种种原因（先天性近视，"土

---

[1]　« La question du tir d'infanterie aux grandes distances », *RME*, janvier 1878, p. 11.

[2]　Ferdinand Foch, *op. cit.*, p. 322.

[3]　Gustave Laurent, « La Campagne d'Algérie et la Révolution de 1848, souvenirs de Louis Beugé », art. cit., p. 365.

[4]　John Rudyard Kipling, "The Drums of the Fore and Aft", *War Stories and Poems*, p.28.

著"士兵经常感染眼部炎症），士兵们的视力不是很好，但他们开火时的威力并不因此而减小。19世纪末，由于机枪的出现，武器杀伤力越来越大。在乌姆杜尔曼战役中，"德尔维什"始终被英埃联军的火力控制在800米开外，即使最勇敢的或最幸运的反抗者也无法靠近距他们50米远的地方。

由于弹药价格昂贵、供不应求且难以及时补充，因此军官十分重视节约。为了控制火力，他们首选齐射方案，对付"土著"部队尤其如此，因为后者更容易受到震慑。这个方法一直沿用到19世纪中叶，此后就被现代化部队所抛弃了。或许是因为这一点，从20世纪初开始，提高武器射速似乎没有什么必要了。即使在机枪出现之后，这种观念也没有根本改变。很多人认为，自动化武器在一个小目标上浪费了过多子弹。查尔斯·格温爵士（Sir Charles Gwynn）在1934年的《帝国政策》（Imperial Policy）中写道，对付大规模暴乱时，最好使用容易控制和指挥的武器，其目的不是毁灭敌人，而是阻止他们前进并迫使对方让步。因此，很少需要用到破坏力强大的武器。[1]

出于同样的考虑，取代老一代11毫米口径步枪的小口径（7至8毫米）无烟火药步枪并没有受到普遍欢迎。有些英国军官认为，李－梅特福步枪在短距离作战中，阻止敌人的能力不如马蒂尼－恩菲尔德步枪，并不能有效抵御对方的冲锋（不过在枪决犯人时作用就不一样了）。[2]为了弥补这一缺陷，他们采用了"达姆弹"（马克Ⅳ型步枪），这种子弹产自印度加尔各答附近的达姆兵工厂。弹尖中空，一旦击中目标

---

[1]　David French, *Raising Chrchill's Army: the War against Germany, 1919-1945*, Oxford, Oxford University Press, 2000, p. 81.

[2]　Lawrence James, *Raj*, p. 410; Lieutenant colonel-Septans, *Les Expéditions anglaises en Asie*, p. 17.

就会爆裂，能最大程度阻止对方前进。"西北边境"部队在蒂拉赫战役（1896—1898 年）中就使用了这种子弹对付阿夫里迪部落，19 世纪末，"达姆弹"在非洲战场得到了广泛应用。[1] 由于造成的伤害过于残忍，因而在 1899 年的《海牙公约》中这种子弹被禁止使用。英国拒绝完全服从这一规定，但认可公约的有效性，同意至少在"对白人的战争中"履行。布尔人和英国人似乎至少暂时践行了这一承诺。[2]

炮兵所遵从的原则跟步兵大同小异。虽然火炮的射程比步枪远，但经常会近距离开火。布尔战争中，炮兵的打击距离在 2 500 至 3 000 米之间，步兵则是 1 000 米。[3] 为了实施精准打击，火炮在队伍中的位置一般比较靠前。《印度支那部队战术手册》（ _Manuel tactique à l'usage des troupes de l'Indochine_ ）建议把炮兵部署在火线上，以便发挥其最大效用。为了不妨碍步兵发起进攻，炮兵通常部署在侧翼，且极少被置于后方，因为炮弹性能有限，越过己方部队向对方开炮十分危险，一旦出现差错，也会打击进攻者的士气。[4] 炮兵承担的风险一般较低，因为对手常常没有火炮或者火炮性能较差，步枪的精准度也不高。而突然出现大批"土著"袭击者把前排火力封锁，或缴获与限制火炮的可能性也非常少见。

开战之前，部队常常在夜间行军，这样就能在黎明时接近敌人，在敌人没有部署好前哨时打他个措手不及。在泰勒凯比尔之战中，沃尔斯利就采用了这一战术。他事先根据行军速度（非常缓慢，每小时 1 英里）做了缜密的打算，凌晨 1 点半命令部队出发，并如期到达对方阵

---

[1]　David Killingray, "Colonial Warfare", *in* J.A. DeMoor and H.L. Wesseling, *op. cit.*, p. 146-167.

[2]　Edward M. Spiers, *The Late*, p. 288; Thomas Pakenham, *The Boer War*, p. 251; Bill Nasson, *op. cit.*, p. 246.

[3]　Harold E. Raugh, Jr., *op. cit.*, p. 26.

[4]　*Ibid.*, p. 25.

地。为避免混乱，他把手下的2个小分队分别派到不同的地方。由懂得
通过星星的位置判断方位的海军负责引导，整个行军过程悄无声息，参
与行军的士兵严禁吸烟，连划一根火柴都不允许。为了保密，一切指令
都是到了最后一刻才下达。夜间行军能够保证在一天中天气最凉爽的
时候开战，通常这是个非常有利的因素。莫尔达克将军曾警告官兵们
说："非洲的太阳一旦升到地平线，就会造成大溃败。"[1]1844年8月14
日，在阿尔及利亚与摩洛哥边界发生的伊斯利战役中，比若将军凌晨2
点率军出发，走了20多公里之后，在将近9点钟的时候与摩洛哥部队交
火，并在中午前结束了战斗。这时气温已达60摄氏度，即使在阴影下
也达45摄氏度。[2]

包围敌军或截断敌人虽然是个基础战术，但在殖民战争中很受用。
许多优秀的将领就是用这种方法赢得了辉煌的胜利。弗莱上校提出的建
议是"抓住一切机会挫败对手的士气，先攻击敌人的侧翼和后方，直到
他们无路可退时再从正面出击"[3]。这种做法让敌人恐慌无比，当他们发
现要回身应敌的时候，会主动终止战斗或打道回府。正面袭击一般跟迂
回战术配合使用，即使是天不怕、地不怕的敌人，当他们的退路被切断
的时候，也会被这种战术击退。1881年，霍尔迪奇上校在一场与瓦济
里人的战斗中写道："边境上没有一个部落能承受背后袭击。"[4]

罗伯茨勋爵曾多次在印度使用这种战术。有一次，阿富汗部队把英
军堵在洛加尔河附近的隘路，这里距离喀布尔10英里。罗伯茨知道阿
富汗人插到了他的后方部队与先头部队之间，所以他决定不等后方部队

---

[1]　Capitaine Mordacq, *op. cit.*, p. 30.

[2]　Jacques Frémeaux, « La bataille d'Isly », *RHA*,n° 1, 1987, p. 13-23.

[3]　Général Frey, *op. cit.*, p. 120.

[4]　Colonel Holdich, *op. cit.*, p. 63.

赶上就发动攻击。他面向隘路，从乔治·怀特少校率领的右翼抽调了一部分兵力，组建成一支精英小分队（2 600人，由贝克将军指挥），命他们绕过对方的据点，登上河边的山脉，从左后方袭击敌军。他冒险只留了一千多人防守营地，并扬言麦克弗尔森（Mac Pherson）会带兵赶到，希望能够以此来震慑敌人。第七十二苏格兰高地师、第五旁遮普步兵队和第五廓尔喀部队成功抵达了阿富汗人的制高点，随时都能进行包抄，并阻断他们前往喀布尔的道路。这一系列行动使得怀特得以出击并占领隘路。[1]

正面袭击或列队袭击

正面袭击法也经常使用。在1882年的埃及战争中，面对防守严密的埃及部队，沃尔斯利认为迂回包抄劳神费力，而且有可能遇到埋伏在尼罗河三角洲农耕区的伏击，不如直接出击。[2] 苏格兰高地师在皇家海军的帮助下，用刺刀攻下了埃及人的围墙和壕沟。[3] 1897年10月20日的德尔盖战役也是个正面出击的典型战例。马赛厄斯（Mathias）上校带领卡梅隆高地团第一营，在西北边境迎战侵扰开伯尔山口的阿夫里迪人。600名士兵跟在风笛手后面，从戒备森严的阿富汗人手中夺取了一座陡峭的山脊，代价是7人死亡（其中有1名军官），31人受伤。这场战役为后来的威廉·洛克哈特爵士（Sir William Lockhart）指挥的蒂拉赫野战部队（5.3万名官兵、2万名随行者和7.1万头用于运输的牲畜）

---

[1]　Lieutenant-colonel Septans, *Les Expéditions anglaises en Asie*, p.182-187; Charles E. Callwell, *Small Wars* [1896], *Petites guerres*, trad. fr., préface de François Géré , Economica, 1998, p. 206-207, carte p. 208.

[2]　« Rapport officiel de la bataille de Tel el-Kébir », *RME*, novembre 1882, p. 267-271

[3]　« Des opérations de nuit », *RME*, 30 octobre 1889, p. 477-493, 15 novembre, p. 596-597.

开辟了道路。后来，这一天也成了这个营的节日。

在丛林中打仗，有时也会用到横队队形。在专家看来，丛林战跟夜战有很多相像之处：没有参照物可以用来确认周遭的情况，而且士兵们很容易惊慌失措。让士兵排列成行有利于在较大区域内进行梳篦式搜索，每个小分队与邻近的小分队保持联络，情报和指令很快就能从队伍的一端传到另一端。沃尔斯利在与阿散蒂人的战斗中，让同族士兵组成一个排，每个排的成员固定，以保证内部和谐。每个连中有4个排，其中3个排的步兵组成链形，第四个排则充当预备队。整支部队排成整齐的队列前进，以便保持联络，防止疏忽大意。为了防御敌人的包围，前线尽量拉宽。1874年，2 000名士兵用这种方法组成了一条长达6公里的战线。遇到阻碍的时候，士兵们停下脚步，做好掩护，有条不紊地开火。[1]

意大利人在阿杜瓦战役之前也经常使用横队队形，有时甚至牺牲队伍的纵深。1893年12月，阿里蒙蒂（Arimondi）上校在距离马萨瓦300公里外的阿科达特作战。他让几个土著连队紧紧排成一行并由炮兵提供支援，另外组建了第二路横队作为后备力量，在需要时支援第一支队伍。他们用这种方法凭借2 000人打败了一支来自卡萨拉的1.4万人的马赫迪部队，其中好几千人配有雷明顿步枪。一位法国评论员称赞这种战术与在欧洲采用的战术有些相似之处。好处就在于能把火力发挥到极致，避免浪费弹药，同时还保留了灵活变换阵形的可能性。这位评论员还说道，由于敌人习惯了朝埃及步兵方阵横冲直撞，猛然遇到这种战术很可能不知所措。奥雷斯特·巴拉蒂耶里将军在库阿提特战役（1895年1月12日）运用了同样的部署，并以3 500人战胜了阿比西尼亚亲王

---

[1] « La guerre des Aschantis », *RME*, septembre 1874, p. 65-66.

曼加夏（Mangascia）指挥的1.5万名士兵。他把三分之二的兵力部署在第一排，另外三分之一作为后备军排在后排正中，并让非正规军跟在左翼后面。当敌军右翼包围他的左翼时，他调动后备队成功解围，甚至还通过变换前线队形成功击退敌人，并保住了撤退路线。[1]

在以上的战例中，这些按照欧洲战术组成的进攻阵形都是由步兵作为屏障，以紧凑的队形行进。"土著"士兵个人装备的现代化程度虽然有限，但也在稳步发展。这导致西方部队的队形部署虽然紧密，但相比以前松散了许多，并且由好几排构成。队伍通常分3列，一列负责开火，一列负责支援，还有一列作为后备军。一般来说，步枪射击之后，就会有一轮刺刀冲锋紧随其后。根据意大利部队在19世纪80年代末的规定，步兵在距离敌人700米时就要开火为进攻做准备；相距400米时，主力部队就要组成密集队列。这时，要提高射击速度（6发/分）并展开攻势，一次前进五六十米；双方距离200米时，整条战线开始持续射击（12发/分），然后就是最后的刺刀冲锋。[2]刺刀常常扮演至关重要的角色，因为如果敌军人数较多，或阵地比较隐蔽，仅凭步枪不可能迫使对方让步，而且这种做法还有助于节省弹药。

克敌制胜的决心是取得胜利的关键。在英军即将向阿散蒂人开战之前，沃尔斯利曾对士兵们说道："士兵们、水手们，切记黑人对你们怀有迷信般的恐惧；你们要保持冷静，往低处瞄准，放慢射击速度，冲锋到底。"[3]他鼓励部队指挥官命令士兵以最快的速度勇往直前，并要大声呐喊，震慑敌人：进击速度缓慢会被敌人视为害怕的表现，并激发对方的攻击性。但无论何时，队形不能乱，松散队形是最理想的，负责战斗

---

[1]　« Les troupes coloniales italiennes de l'Érythrée », RME, février 1895, p. 165-169.

[2]　« Les arems portatives et les munitions dans l'armée italienne », RME, 15 février 1888.

[3]　RME, septembre 1874, p. 66.

的有3个排，另有1个后备排。[1] 托尔斯泰和在他之前的很多作家都曾在作品中描写道，近距离作战是少之又少的。1878年，俄国上校科斯坚科（Kostenko）曾有过这样一段描写："步兵枪口的火光，互相交叉的刺刀，一组组大炮和一片'乌拉！'的喊声让亚洲人胆战心惊，落荒而逃。"[2] 这时，丧命于步兵的利剑和刺刀下的不是战士，而是逃兵。[3] 然而20世纪初期，有些人认为步枪射程普遍增加使敌人难以靠近，冷兵器的使用减少了，结果反而增加了欧洲部队的作战成本。[4]

方　阵

列队进攻不是没有危险。这样的部署容易被敌人从背部包抄，这也是"土著"将领经常使用的一种战术；此外，队列还有可能从某个点被击破。卢瑟将军强调说，面对敌人大规模的猛烈进攻，要想把列队队形运用到极致，指挥官必须"有冷静的头脑和敏锐的观察力"，并迅速想出调遣部队的对策。[5] 最重要的是，负责保护辎重车队的守卫力量常常不足以抵御敌军的奇袭，接下来的战役可能会因此失利，甚至部队本身有可能被歼灭。为了避免上述风险，必须采用方形阵形，虽然这种阵形早在拿破仑期间在欧洲就已经过时了，在殖民地却保留了下来。英军少将卡尔韦尔（Callwell）在1896年出版的书中为这种阵形花了很多笔墨。近10年之后，法国人迪特再次将这种行军方式拉回了人们的视野，"部队组织相似的民族之间打仗时，很少使用这种方法，但在殖民战争

---

[1]　« Petites opérations militaires, par le général Wolseley », *RME*, 15 mai 1887, p. 513-529.

[2]　« Quelques mots sur la tactique russe avant la guerre », *RME*, janvier 1878, p. 6.

[3]　Léon Tolstoï, "Hajji Murat", in *Russian-Muslim Confrontation in the Caucasus*, p.94.

[4]　Capitaine Mordacq, *op. cit.*, p. 106.

[5]　Général Luzeux, *op. cit.*, p. 34.

中屡见不鲜"[1]。方阵的缺点很明显：整支队伍的行进速度受辎重车队中最慢的成员限制，所以速度迟缓；士兵常常要在乌烟瘴气、尘土飞扬的情况下保持队列整齐，因此很容易疲劳。但相比之下，方阵还是利大于弊。

首先，方阵是步兵对抗骑兵最重要的手段。因此，18世纪的欧洲部队常用这种方法对抗东方部队，奥匈帝国和俄国对抗土耳其、法国对抗马穆鲁克骑兵都用了这种方法。俄国将领斯科别列夫曾说，在开阔的战场上，排成排的士兵很快就会被对方的骑兵吞没。相反，如果士兵合理地集中在一起并持续开火，就有很大胜算。他由此推断出"密集队形在中亚可以所向披靡"[2]。T. E.劳伦斯在描述德国人在叙利亚战役（1918年）中被阿拉伯人逼退的场景时写道："在这里，我不禁要为残害了我的兄弟的敌人感到骄傲。他们背井离乡3 000公里，看不到希望和方向，承受着足以使人精神崩溃、丧失勇气的恶劣条件。然而，他们的队伍依然十分坚定团结，井然有序，他们高昂着头颅，一言不发，在潮水般汹涌的阿拉伯和土耳其部队中开辟了一条生路，就像一艘乘风破浪的战舰。遇到袭击时，他们就停下脚步各就各位，按照指挥官的指令开火。他们沉着冷静而又果断利索，没有一个人发出一声哭喊，实在是不同凡响。"[3]

方阵经常用于进攻。这样，队伍在迎敌而上的时候不容易遭到突袭，也能保证辎重队的安全。切姆斯福德勋爵在乌伦迪与祖鲁部队交战时（1879年7月4日），指挥部队（共5 000名士兵，其中4 000个欧

---

[1]　Lieutenant-colonel Ditte, *op. cit.*, p. 287.

[2]　« Deux instructions de combat du général Skobelev », *RME*, mai 1881, p. 271-274, p. 273.

[3]　Thomas E. Lawrence, *Seven Pillars of Wisdom* [1935], *Les Sept Piliers de la Sagesse*, trad. fr., Payot, 1969, 2 vol., T. 2, p. 400.

洲人，另有 1 300 匹马、12 门炮和 2 挺加特林机枪）组成了一个前后窄、侧面长的长方形。他们先用火器打退了进攻的非洲士兵，把对方挡在了 30 米以外的地方，然后第十七长矛轻骑兵团中的 3 支骑兵队在欢呼声中冲出方阵，追击溃退的祖鲁士兵，很快非正规骑兵队也跟了上去。整场战斗只持续了半个小时（9 点至 9 点 30 分）。英军方面只有 10 人死亡、87 人受伤，而祖鲁部队则损失了约 1 000 人。这次战役发生在坎布拉战役之后，为祖鲁战争画上了句号。[1]

在达荷美战争后期（1892 年末），多兹用相近的人数部署过同样的阵形。他先让部队组成平行的纵队前进，方便士兵从三面迅速列队，然后变换成前沿宽阔的横列。当部队行至距离阿波美 20 公里处的阿卡帕（Akpa）时，敌军的抵抗变得十分激烈，于是他下令士兵组成方阵，不仅在宿营地，在丛林行军时也要保持这种队形。他认为这样便于将领指挥，尤其是当前沿遭遇阻碍时，能够很容易地下令改变方向。他还强调说，这样一来他们的车马和伤员就能得到更好的掩护。受到攻击时，方阵可以先用火力压制敌人，然后再利用小规模反击脱身。"指挥官下令挫败敌人的第一批冲锋，恢复对手下士兵的控制，然后，士兵根据命令开火 3 到 4 次，并派出 1 到 2 个连在战鼓声中进行冲锋。"这种做法能缩短作战的时间，因为虽然达荷美人十分骁勇，但还是抵挡不了来势汹汹的冲锋，一旦刺刀杀到面前，他们的防线就彻底溃散了。[2]

为了克服正方形或长方形阵形僵硬死板的缺陷，人们想出了一些更加灵活的部署方式。其中最著名的，或许也是最完善的，就要数比若在 1844 年伊斯利战役中的战术。这种战术即使不是由他首创出来的，在

---

[1]　Victor Davis Hanson, *Carnage et culture. Les grandes batailles qui ont fait l'Occident*, Flammarion, 2002, p. 375.

[2]　Capitaine Édouard-Edmond Aublet, *op. cit.*, T. 1, p. 300.

这场战役中也被他发扬光大了。这就是菱形阵。部队不是正面进攻敌军的某一面，而是由一个营朝对方阵形的一角行进。其他营排在这个营左右两侧，每个营列成纵队，彼此之间相隔一定的距离。骑兵和车队位于中心。这样每个营在交火时就能保持独立，如果其中一个营被消灭或撤退，也不至于导致整个部队分崩离析。队列之间的间隙可以方便炮兵开炮，还可以让骑兵在冲锋或归队时轻松进出队列。西班牙人在得土安战役中模仿了这一战术。[1]

　　方阵向来被认为是坚不可摧的，因此，当殖民者听说方阵被撼动或者被消灭时会感到万分震惊。那些有能力威胁到方阵的"土著"战士，在很长时间内会让人闻风丧胆。其中，苏丹的马赫迪部队的名声最为显赫，他们不费吹灰之力就打败了威廉·希克斯将军率领的埃及部队（喀什吉尔战役，1883 年 11 月 1 日），然后又战胜了瓦伦丁·贝克（Valentine Baker）将军的埃及部队（艾尔泰伯战役，1884 年 2 月 4 日）。1884 年 3 月 13 日，杰拉德·格雷厄姆将军的两个大队在塔马伊（Tamanieh，或 Tamai）战役中被敌军击破。这次，格雷厄姆手下全是英国士兵，其中包括著名的"黑卫士"——苏格兰皇家高地警卫军，被"拿着长毛棍棒、赤膊上阵的黑人"所打败，这令他们备感耻辱。不得不说格雷厄姆下令发动的进攻是个错误，这等于打开了方阵的一边，让敌人长驱直入。幸好士兵们虽然被打散，但仍然临危不乱。另一个大队的骑兵及时赶到，救他们于危难之中。

　　此后，马赫迪部队一直严重威胁着英军的防线。在解救戈登的行动中，赫伯特·斯图尔特将军的"沙漠纵队"（1 500 人）在阿布科里（Abu Klea）被大约 1 万名敌军袭击（1885 年 1 月 17 日）。在他的方阵左

---

[1]　Capitaine Mordacq, *op. cit.*, p. 26-29.

侧，有一个供加德纳机枪开火的开口，但机枪出了故障，这个开口成了敌人入侵方阵的突破口。斯图尔特的副手伯纳比（Burnaby）中校不幸阵亡。最后，在进行了一场惊心动魄的近身战之后，英军终于重新掌控战局，但付出了74死、94伤的代价。不久之后（1885年3月22日），英军与奥斯曼·迪格纳率领的部队交战，格雷厄姆的一位下属麦克尼尔（MacNeill）在托弗莱克（Tofrek）扎营时遭到突袭，损失惨重（117人死、179人受伤或失踪，还损失了176名随行人员和500头骆驼）。

这些败绩，至少是局部的失败招致了不少批评。当时，重量级军事理论家帕特里克·麦克杜格尔（Patrick MacDougall）将军指出，方阵不但笨重，还降低了纵队的战斗潜力。如果敌人只从一面进攻，就只能发挥四分之一的火力。方阵四角更脆弱，很容易被对方包围。最后，如果战场上同时有多个方阵，有可能会误伤自己。[1] 还有一些人认为，方阵并不是在所有场合都适用的：在山区就派不上用场，在丛林地区更是根本组织不起来。而比若采取的队形虽然灵活，但不够严密坚固。不过，支持四边形阵形的人还是占多数，他们强调欧洲部队靠这种部署在数不胜数的战斗中取得了胜利，或者至少得以幸存下来。直到20世纪30年代初，法国部队还在摩洛哥沿用这种战术。后来，敌军的武器越来越先进，能在远距离外实施攻击，方阵由于太容易被袭击，才被弃之而不用。

---

[1]　Edward M. Spiers, *The Late*, p. 290.

大型战役

下面的所有战役都以"辉煌的胜利"宣告结束。在 1844 年 8 月 15 日的伊斯利战争中，比若的对手是有 2.5 万人的摩洛哥贵族部队。他组织士兵形成"野猪头"阵，即由步兵组成一个灵活的菱形，并让炮兵包裹其侧翼。英军凭借这一战术成功击退了摩洛哥骑兵的冲锋，并夺取了对方将领西迪·穆罕默德（Sidi Mohammed）所占的阵地。[1] 1849 年 2 月 21 日，高赫（Gogh）将军带领 2.5 万名士兵，在距离拉合尔 100 公里处的古吉拉特邦以少胜多（对方的锡克部队有 5 万人），取得了决定性的胜利。他之所以能够取胜，是因为他的火炮数量更多（英军有 100 门炮，对方只有 60 门），而且威力也更大。因此，他只用了 2 个小时就使希尔·辛格（Shere Singh）将军的炮兵溃不成军，然后又化解了对方步兵的反击。这一战过后，英国吞并了旁遮普（并把著名的光之山钻石献给了维多利亚女王）。[2] 俄国在中亚也打过一些漂亮的胜仗：1860 年，800 名俄军在阿拉木图大败 2 万名浩罕士兵；1866 年，俄军在伊尔贾尔（Irdjar）又以 3 000 人把布哈拉埃米尔的 4 万大军打得一败涂地。[3] 在泰勒凯比尔之战（1882 年 9 月 13 日）中，在距离伊斯梅利亚 30 公里、开罗以西 60 公里处的平缓的运河上，加内特·沃尔斯利爵士的部队（1.1 万名步兵，2 000 名骑兵和 60 门炮）仅用了 35 分钟就打败了阿拉比帕夏的埃及部队（2.6 万名步兵，2 500 名骑兵和 60 门炮）。英国部队有 57 人死亡，382 人受伤，30 人失踪。正如沃尔斯利所言，"这场小战役是英

---

[1]　Capitaine Mordacq, *op. cit.*, p. 31-33.

[2]　Ronald Robinson, John Gallagher, Alice Denny, *op. cit.*, p. 154-155.

[3]　Moshe Gammer, *op. cit.*, p. 201-207, note 34 p. 385.

国部队漫长的历史中指挥最棒的一场"。[1]

16年后的乌姆杜尔曼战斗进一步证明了西方部队压倒性的优势。他们傲慢无比，这场战斗在1898年9月2日6时45分打响，11时30分就告一段落。有人写道："这不是战争，而是处决。"[2]有人甚至把它称之为一场"屠杀"。这场战争中，基奇纳指挥着2.5万人（8 200名英国士兵，1.75万名埃及和苏丹士兵，44门炮和20挺机枪，另外炮艇上分别有36门炮和24挺机枪）与6万名"德尔维什"进行战斗。战争前半段在哈里发阿卜杜拉希的都城乌姆杜尔曼以东12公里处进行。基奇纳让部队组成3 000米长的战线，分成两列，用栅栏做掩护，每个营有一个连作为后援，行列之间的间隙布置了大炮和机枪。英国人在左边，靠着尼罗河（由利特尔顿和沃科普带队），在他们右边是17 600名"土著"士兵，然后是苏丹人（由麦克斯韦尔和麦克唐纳带队），右边是埃及人（由刘易斯带队）。利特尔顿（Littleton）身后是第二十一长矛轻骑兵队，而埃及骑兵（骑兵和骆驼部队）则占据了科莱里山的制高点。柯林森（Collinson）率领着一支埃及后备军待命。阿卜杜拉希手下先是有很多作战勇猛、严守纪律的士兵死于2 800米外的炮艇和炮兵的攻击，双方相距2 000米时，他们又遭遇了机枪的扫射。两军相距1 500米时，步枪开始射击，并且当距离缩小到800米时杀伤力达到顶峰。很少有进攻者能靠近一步。为数不多的幸运儿借着地形的掩护走到了距离对方500米的地方，但还没来得及跟对方短兵相接就死于炮火之下。冲锋骑兵在50多米外的地方被消灭。40分钟之后，这场突袭就彻底失败了。

8点30分，基奇纳认为战斗已经结束，没有全面观察当时的情况就

---

[1]　Harold E. Raugh, Jr., *op. cit.*, p. 319-320.
[2]　Charles E. Callwell, *op. cit.*

指挥部队组成梯队向乌姆杜尔曼进发，左翼走在前面。但是，他低估了对方保留下来的力量。贸然冲锋的第二十一长矛轻骑兵迎面撞上了隐蔽在地堑中的 2 000 名敌军；2 分钟之内，他们就损失了 5 名军官和 65 名士兵（一共 400 人），其中 21 人死亡。其他人只好下马一边战斗一边等待援兵，这才获救。[1] 麦克唐纳将军率领的苏丹部队见状停止了行进。他们先是在右侧受到了来自西南方向黑旗军的攻击，后来，绿旗军又突然出现在科莱里山，从西北方向发起进攻。麦克唐纳的部队不得不右转 90 度以回应新一轮袭击。这个漂亮的阵线变换得到了军事评论家的一致称赞：最右边的营原地旋转，其他营则赶快从左边跟上。在此期间，其他队伍继续向南行军，于是在麦克唐纳和刘易斯的部队之间就出现了一道缺口。可是，他们的敌人没想到抓住这个机会，这个漏洞也很快被沃科普率领的英军填补上了。

11 点 30 分，一切都结束了。[2] 乌姆杜尔曼的防御工事被炮兵、炮艇粉碎，第三十七炮兵连的榴弹炮打坏了马赫迪陵墓的围墙，并打穿了穹顶，乌姆杜尔曼不战而降。[3] 在这次战斗中，英埃部队死亡不超过 50 人，而对方损失的人数可能超过 1 万人。在阵亡的 50 人当中，长矛轻骑兵的死本来是可以避免的。[4] 纪念戈登将军的赎罪仪式结束之后，埃及部队总司令率领 8 000 名士兵与法绍达的法军会师。

[1]　Gwyn Harries-Jenkins, *op. cit.*, p. 174.
[2]　George Arthur, *op. cit.*, t. 2, p. 237-242.
[3]　Edward M. Spiers, "Campaigning under Kitchener", art. cit., p. 64-65.
[4]　Gwyn Harries-Jenkins, *op. cit.*, p. 174.

城　市

夺取城市

　　夺取城市在殖民战争中跟在欧洲的战争同等重要。除了美洲的一些印第安部落，所有被征服的国家都有商业中心、军火制造中心、文化中心以及政治权力中心的城市。攻占一国的首都向来是欧洲人的首要任务。一位法国军官在提到库马西、阿波美和塔那那利佛时写道："首都通常是一座圣城，是整个国家的缩影；对于敌人来说，都城是必备的战略指挥基地，能够同时在物质和精神两方面支持军事行动。因此，我们在通往都城的道路上几乎必然会遇到守军，决定战局的大决战通常都在都城前发生。都城一旦沦陷，敌人就束手就擒了。"[1]

　　城市的防守一般很严密，即使攻城者的大炮和地雷最终都能使他们如愿以偿，但决心坚定的反抗者仍然尽己所能，顽强坚守，给入侵者造成沉重的打击。1837年攻占君士坦丁的行动，用当时的炮兵司令瓦雷元帅的话来说，可以概括为"3门16磅炮和1门榴弹炮的胜利"。在这一战中，至少有19名军官阵亡，其中包括总司令德·当雷蒙将军以及129名士兵，受伤的人数超过600人。[2] 俄国部队在高加索地区的损失也十分惨重。科斯坚科上校指出，1853至1870年，俄国为了攻破8个城市的防御工事付出了129人死亡、708人受伤的代价，而1860至1873年，在乡间进行的12场战斗只导致了20死、251伤。[3] 在包围

[1]　« Expédition contre les Aschantis (novembre 1895-janvier 1896)», *RME*, juillet 1896, p. 38.

[2]　« Souvenirs du Colonel Vergnaud », *La Révolution de 1848, mars 1935-février 1936*, p. 455-508, p. 480; voir aussi Ernest Mercier, *Les deux sièges de Constantine*, Constantine, L. Poulet, 1896, p. 92.

[3]　« Le Turkestan... », *RME*, septembre 1878, p. 158.

达吉斯坦的阿胡利戈时（1839年6月24日至9月3日），帕韦尔·格拉贝（Pavel Grabbe）将军在这80天的时间里损失了1万名士兵中的3 000人。他们发动了3次进攻才攻克这座城市，而且还没能俘虏防守行动的组织者沙米勒。[1] 为了削弱抵抗者的斗志，围城部队试图切断城内的水源供应，或者用各种方法在水里下毒，比如往水里投放腐烂的尸体，甚至倾倒排泄物（这是俄国人在1847年围攻萨尔塔使用的方法），或破坏蓄水池（1848年7月，俄国围攻吉尔吉尔时将蓄水池炸毁）。[2]

　　夺取中亚城市很艰难，但代价没有那么高。1865年，切尔尼亚耶夫将军的部队试图攻占塔什干，从5月8日一直打到6月中旬，他们始终被拒于城墙之外。他手下的将领认为必须做个了断。他的部队人数太少（大约2 000人），不足以完全封锁这座城市；他又认为一边撤退一边战斗过于危险，而对方士兵发现俄国表现出胆怯之后，可能会勇气大增，对俄军实施骚扰。他害怕回国之后受到惩罚，毕竟是他主动发起了这场战争，不想无功而返。于是他在6月15日凌晨2点30分下令发动进攻。攻城的主力部队从一个把守不严的通道进入城内，并从城里打开了一扇门。在接下来的巷战中，俄国士兵利用炮兵打败了抵抗者，结果城内的守军溃散而逃，贵族投降。这一战造成了25人死亡，89人受伤。[3] 1868年，撒马尔罕倒是很轻易就投降了：俄国派出5 500名士兵，击败了6万名守军并控制了一个地势陡峭、有湍流保护的阵地，迫使对方屈服了。此战损失不大：只有2人死亡，31人受伤，一点都没有帖木儿帝

---

[1]　Moshe Gammer, *op. cit.*, p. 96-109.
[2]　*Ibid.*, p. 187-188.
[3]　Peter Hopkirk, *op. cit.*, p. 308-310.

国沦陷时的那种惊心动魄。[1]

印度民族起义中最令人难忘的事件之一，就是英军围攻反叛的莫卧儿古都德里，围攻从 1857 年 5 月一直持续到 9 月。这座城市由周长为 12 公里、高 8 米的城墙环绕，城墙前还有一条深达 8 米的无水堑壕。守军有 100 多门大炮，但缺少火药，而且由于遭遇饥荒，他们的人数从开始的 3 万人减少到 1 万人左右。英军总司令阿奇代尔·威尔逊爵士（Sir Archdale Wilson）等到他手下的所有士兵（8 000 人）和炮兵部队集合完毕后才发起进攻。2 个纵队从大炮打开的城墙缺口攻入城内，另外 2 队则控制了两道城门。战争持续了 6 天英军才终于消灭了最后的抵抗力量，大约有 1 500 名驻印士兵死伤。

被围攻的殖民者

反过来说，欧洲驻军也有很多遭遇围攻的著名战例，其中一些吸引了欧洲舆论的广泛关注。俄国人在高加索地区的萨姆尔河谷进行过著名的阿赫蒂（Akhdi）守卫战（1848 年 9 月 24 日—10 月 3 日），他们当时被沙米勒围攻，后来被阿尔古廷斯基（Argutinskii）所救，这一事件并没有引起广泛关注。[2] 前面提到过的喀土穆和梅富根之围则在英国激起强烈反响。值得一提的事件不胜枚举，我们在这里只举两个战例。

第一个就是发生在东京殖民地的宣光市之围。这里距离河内大约 160 公里，位于红河支流清江江畔，从 1884 年 10 月 12 日起，一直处在来自云南的中国部队的威胁之下。当时的 400 名守军中有近 200 人病倒，

---

[1] « Le Turkestan... », *RME*, septembre 1878, p. 157-158.
[2] Moshe Gammer, *op. cit.*, p. 201-207, note 34 p. 385.

东京指挥官波里耶·德利斯尔将军派杜谢纳将军把他们接走，并留下2个外籍军团连队和1个由东京士兵组成的步兵连，由多米内（Dominé）上校指挥。另一个工兵队由博比约（Bobillot）中士负责。部队共计525人，他们的守地是一个边长300米的正方形，其中有一座小山丘，即使有了这些队伍支援，这里的防守仍然非常薄弱。他们有6个月的生活物资和一艘"机枪号"炮艇，足以防御营地靠河的一面。1885年1月23日，对方正式发起了进攻。

进攻者在靠近的过程中不断作业，尤其是挖了很多壕沟，以便接近堡垒。2月7日，他们用4门大炮炮击守地。从22日起，他们试图用地雷把守军困住。八轮进攻都被打退。在这期间，多米内一直通过"土著"信使与总部保持联络，等待法军攻下谅山市之后前来支援。波里耶·德利斯尔亲率4 000人前往。他自己打头阵走在第一旅（由吉奥瓦内尼勒上校指挥）的队伍前列。他们16日从谅山出发，7天之内走了大约150公里，并于22日抵达河内，之后先后乘炮艇及步行到达宣光市。清军试图在战场以南12公里处一片茂密的丛林区拦截这支援军。法军在这场战斗中有76人死亡、366人受伤，损失了将近15%的兵力（3月2日、3月3日）。3月4日，援军抵达堡垒。这时，驻军已有33人死亡、76人受伤，占总人数的五分之一。博比约也于3月28日在河内的医院去世。[1]他在自己的记者生涯早期因与文学家、艺术家交往甚密而颇有名气，成了殖民战争中的"英雄人物"之一。外籍军团把他们缴获的一面清军军旗送回了位于西迪比尔阿贝斯的总部。

奇特拉尔的哨所位于吉尔吉特以西350公里、阿富汗的努尔斯坦省和印度的库里斯坦省交界处。由于距离俄国前哨很近，因而战略位置十

---

[1]　Commandant Lecomte, *Lang-Son*, p. 318-330.

分重要。当地统治者尼萨姆－穆克（Nizam el-Mulk）遇刺之后，英国部队害怕继承人之间爆发王位之争，也担心阿富汗的乌姆拉汗（Umra Khan）的介入使形势进一步恶化。1895年2月，吉尔吉特的常驻外交代表官、外科军医罗伯逊（Robertson）和543名士兵在奇特拉尔驻扎下来，由汤森德（Townshend）上校担任指挥（驻军中有5个欧洲人，其中有2名军官，99名克什米尔皇家部队第十四和第三〇一部队的印度锡克兵）。他们带着两个半月的生活物资（但定量被减少了一半），每人大约有300发子弹。他们的驻地是一个边长80米的正方形，由一道8米高、2.4米厚的城墙环绕，侧面有5座炮塔，其中有一座位于围墙拐角处。驻地周围是一连串高地，与驻地的距离在步枪射程之内。因此，这里的守军非常容易受到攻击。

　　从3月4日起，乌姆拉汗开始进攻奇特拉尔，进攻者中可能还有一些跨越了国境的阿富汗逃兵。罗伯逊负责组织防守。为了表示他的决心，他还命人制作了一面英国国旗竖立在营地。他下令紧急修筑护墙以保护守军，并在夜间派人巡逻，防止建筑中的木质结构失火。守军大胆的行动让敌人没能成功布置地雷。7周之后的4月19日，詹姆斯·凯利上校从吉尔吉特赶来，带来一支轻装部队、400名锡克俘虏、40名克什米尔工兵和800名非正规军，帮助驻军解了围。他们仅用了29天就跨越560公里（350英里），完成了从吉尔吉特到达奇特拉尔的壮举（从1895年3月23日到4月20日），途经海拔3 780米的申杜尔山口，穿过了雪地，还带着好几门7磅炮。[1] 洛尔（Low）少将紧随其后，带着2万名士兵通过马拉坎德山口到达白沙瓦[2]。在这次行动中，守军有39人死亡，

---

[1]　Lieutenant-colonel Septans, *Les expéditions anglaises en Asie*, p. 303-318.

[2]　Peter Hopkirk, *op. cit.*, p. 483-501.

62 人受伤。与 10 年前的喀土穆之围相比，被围的驻军幸运脱围，此事在英国以及法国殖民地宣光市轰动一时。[1]

但是，有些人质疑占领奇特拉尔的必要性。确实，就算这次防守行动在军事历史上留下了精彩的一章，但给这里供应物资的成本很高，行动本身的战略意义有待商榷。这个地区具有天然的防御优势，群山在这个地区与努尔斯坦以及俄国人之间形成了一道屏障，能够防止受到突然的袭击。但是，在这里建立哨点可能会引起敌人的注意，为对方提供攻击的目标。驻军用来运输物资的通道有可能被入侵者利用，从这里深入印度领土。[2] 这涉及长期占领一个地区的方法问题。

---

[1]　Peter Hopkirk, *op. cit.*, p. 498.
[2]　Colonel Holdich, *op. cit.*, p. 265, 312.

第四章

"安抚"

$\vee$

通常，大型军事行动要么把当地政权摧毁，要么使之归顺。征服者能将当地统治者的权力为己所用，并保证自己在国际舞台上的影响力。但是，仅凭武力不足以化解当地的历史遗留问题和战争带来的矛盾冲突。造成这些问题的原因有很多，有些首领不愿意接受招安，有些归顺了的统治者对于殖民者常常也只是阳奉阴违，其中大多数人都不愿意在同胞面前充当外国侵略者乖顺的走狗，也不愿意为赋税和征用物资激起的民怨背黑锅。他们不一定希求绝对的和平，因为这样一来他们的支持对殖民者就失去了意义，他们的地位也将受到影响。[1] 至于普通民众，即使长期的殖民统治没有让他们产生所谓的排外主义的厌烦情绪，他们也认为征服者提出的要求和限制对他们构成了威胁，虽然有时候这些要求和限制只是他们的想象，但是，更多时候是真实的存在。

实际上，殖民者就算不想掌控一切，至少希望在世界各地树立自己的权威。他们并不满足于暴乱发生之后才做出反应，而是每当地方政府对他们建立的秩序提出质疑、不听命令，或跟他们的竞争对手联合

---

[1] Moshe Gammer, *op. cit.*, p. 123.

时，就必须出手干预。另外，殖民地的西方人对当地人也会提出一些金钱或物质要求，甚至还索取领土来满足自己的军事或民事需求。这样一来，他们等于亲手种下了动荡的种子，更何况，这些行为可能成为骚乱的直接诱因。奥兰高原上的乌勒西迪谢赫族之所以发动1881至1882年的暴动，就是因为越来越多的欧洲人在那里收割纸莎草，同时，当地部落对各大首领的强取豪夺也感到激愤。1900年7月至12月，阿散蒂人之所以反叛，是因为英国总督弗雷德里克·米切尔·霍吉逊爵士（Sir Frederick Mitchell Hogdson）勒令阿散蒂人说出金板凳的地点，并宣称自己有权坐上这把象征王权的凳子。在此之前，英军刚刚把金板凳的上一个主人驱逐出境。

这类骚动虽然不是那么危险，但能够造成财物损失，影响权威的确立。征服者的当务之急，就是尽快使其平息。为了达到这一目的，殖民者所用的手段可谓五花八门。

边境管控

有时候，在新的殖民地周围可能存在一些还没有被欧洲征服的地区。后者总是给殖民者带来一定的麻烦。受压迫的反抗者可能会来到这里寻求庇护，并继续威胁侵略他们家乡的人。如果以前与邻国存在联盟关系，难民就很容易得到庇护国的帮助。因此，防守边关就成了征服者的首要任务。对于古罗马人来说，界墙不是一条线，而是有一定宽度、筑有防御工事的区域。欧洲人在殖民地重新启用这一概念。值得注意的是，界墙不仅是一种防御工具，而且是一种控制手段：其作用并不是禁止人员和财产的流动，而是控制流动的方向，并保留扩张和征服新领地的可能性。有了界墙，也就有了明确的边境划分和界标。这方面的例子多如牛毛，举不胜举。

非洲和亚洲的法国人

在一篇被埋没了的论文中，安德烈·马特尔（André Martel）研究了1881至1910年法国人维护突尼斯和利比亚边境治安的方法。利比亚在1912年以前一直属于土耳其，后来成了法国的一个省。丹尼尔·诺德曼（Daniel Nordman）分析了利奥泰从1903至1910年确立的阿尔及利亚与摩洛哥边境线。边境军区不但保护了阿尔及利亚不受边境部落的侵扰，而且有利于法军对摩洛哥的蚕食鲸吞。有一个内容更为丰富的研究，提及了另一条具有类似功能的国境线，这条线划定了20世纪初法国在撒哈拉地区南北建立军区的范围（一边是阿尔及利亚南部，另一边是毛里塔尼亚、苏丹、尼日尔和乍得）。划边境线的主要目的，就是控制游牧人口的流动，防止他们对定居民族的劫掠，尤其是阻止他们南下，同时还能维护与尚未归顺地区接壤处的边境治安。不受法国控制的地区，包括西边的西班牙省里奥德奥罗和东边的的黎波里塔尼亚和费赞。[1] 但是，这种方法不仅用于非洲，1891至1896年，法国在东京"上部地区"与中国云南接壤地带也实施了占领边境的行动。许多将领参与并留下了翔实的记录，因而那里的行动成了家喻户晓的事，而且广为流传。

---

[1]　André Martel, *Les Confins saharo-tripolitains de la Tunisie (1881-1911)*, PUF, 1965, 2vol; Daniel Nordman, *La Notion de frontière en Afrique du Nord. Mythes et réalités*（*1830-1912*）, thèse de 3e cycle, université de Montpellier, 1975; Jacques Frémeaux, *L'Afrique à l'ombre des épées*, *op. cit.*

利奥泰受加利埃尼的调遣，在即将离开那个地区的时候，总结了加利埃尼及其同事佩纳坎上校、塞尔维埃（Servière）上校和瓦利埃（Vallière）中校共同实施的行动。他强调说，如果仅让部队组成一道防线，就根本无法保障法国领地不受有中国"海盗"撑腰的"不法分子"的侵犯。他认为，"如果要在中国边境进行全面的、稳定的控制"，就必须具备"以丰衣足食的人民为基础的坚实的边境区"。[1] 他反对在中法之间划定明确边界，因为这样一来，法国就无法向长江流域扩张，因而错失分享天朝大国这块"大肥肉"的机会。他建议法国政府不要把中国代表当成合作伙伴，而是要"严肃地对待他们，用边境线、高级委员会和治安条例来进一步限制他们。那些敷衍外交官的治安条例是对殖民政策的否定，因为殖民就是要侵吞更多领地、建立更有保障的未来"。[2] 他请读者细细品味格言"永远不要划定界线"的意味，并通过这句格言自然提及了俄国在中亚实行的政策。[3]

亚洲的俄国人

俄国防御体制的雏形可以追溯到16世纪俄国占领喀山汗国的时期。这个体系由一系列防御哨所组成，由集军事和政治权力于一身的总督指挥。俄国人还在草原上建起了观察塔，并尽可能保留了树林地区，用以阻挡游牧民族，尤其是巴什基人。各式各样的人在那里建立了殖民地：自由农民、违反禁令的农奴、大地主、采矿者都来到边境定居，后

---

[1]　Copie d'une lettre au ministre des Colonies, 21 août 1896, Hubert Lyautey, *Lettres du Tonkin*, vol. 2, p. 52.

[2]　*Ibid.,* p. 132.

[3]　*Ibid.,* p. 132.

来，这条边境又向东往乌拉尔河的方向推进。[1] 奥匈帝国在巴尔干半岛
侵吞奥斯曼帝国的领地时也采用了这一方法。在这个体系中，军事殖民
地在保障地区安全方面扮演了重要的角色，派兵驱逐强盗，并在那里安
置了一些村庄以控制游牧民族的活动。农民民兵队、龙骑兵和哥萨克骑
兵都在为这个体系尽心效力。其中1871年，哥萨克骑兵的部署方法是
十分典型的。几乎所有的骑兵都奉命防守在帝国的边陲。从西至东，有
6万人被安排在顿河流域库班地区和捷列克河流域，以及高加索北部
（5万人）、奥伦堡、中亚北部（2.3万人），最后还有外高加索山脉和中
国边境上的黑龙江流域（2.1万人）。[2] 除了前来打仗的部队以及在该区
域以南负责占领的驻军以外，这些武装力量能够确保这一地区始终有人
把守。

　　俄国不断将边境向高加索以外的土耳其和波斯帝国的领地推进，并
使俄国的版图涵盖了格鲁吉亚（1801年）、包括巴库在内的阿塞拜疆
（1813年）、车臣、达吉斯坦以及有"威胁者"之称的格罗兹尼（1819
年），还有包括埃里温在内的亚美尼亚部分地区（1828年）。更确切地
说，最令人瞩目的成就不仅仅是国境的扩张，还有俄国人用来调配部队
和组织战争的交通要道，那就是格鲁吉亚的军用道路。这条路长约200
公里，将弗拉季高加索和第比利斯连接在一起。但是道路坎坷，冬天几
乎无法通行。另一条黑海边的道路一到雨季就会被洪水淹没，并且很容
易成为海军的目标。相比之下，走格鲁吉亚军用道路更加切实可行。[3]
1858年，另一条通道奥赛梯军用道路开始修建，1888年终于完工。这

---

[1]　Alton Donnely, "The Mobile Steppe Frontier", in Michael Rywkin, ed., *Russian Colonial Expansion to 1917, op. cit.*, p. 189-207.

[2]　« Les troupes irrégulières en Russie », RME, février 1872, p. 73.

[3]　Commandant Gustave-Léon Niox, *Géographie militaire. Europe orientale et bassin de la Méditerranée*, Dumaine, 1882, p. 9-11.

条路位于格鲁吉亚军用道路的西边，连接达尔库克（Dargkokh）和库塔伊西。在俄国的"高加索防线"上，我们能清楚地辨别出"中心""左翼"和"右翼"。与其说这是个壁垒，倒不如说是一大片或多或少臣服于俄国的区域。只要占领了这一地区，俄国就能确保在土耳其、波斯和阿拉伯世界都占有了一席之地。为了防止山地的民族集结起来发动突袭，或者给殖民部队设下陷阱，俄国人实行了一项名为"斧头计划"的伐木政策，以便及时发现不安定的因素。

1830 年，俄国人计划在奥伦堡地区修建一堵墙并在前面挖一条壕沟。他们很快抛弃了这个计划，转而修建了"奥伦堡—西伯利亚防线"，将奥伦堡和塞米巴拉金斯克连了起来，总长超过 3 000 公里，由 2 万多名哥萨克骑兵把守。[1] 再往南走，经过 19 世纪 70 年代末期的扩张，俄国的国境把阿姆河与天山山脉连在了一起，并允许希瓦、布哈拉和浩罕保持独立。[2] 国境线由两道防线守护。第一道，也就是所谓的"外防线"，由 12 座堡垒组成，每一座堡垒驻有 1 个营的边防部队。内防线由一系列小哨所组成，一般驻军较少（1 个或 1 个半哥萨克骑兵队）；但突厥斯坦首都塔什干和塞米里特齐埃省（Sémirietchié）首府阿拉木图则是例外，这两个地方是后备军的集结地。由于占领据点增加到 294 个之多，俄国另设了一系列更小的哨所。

---

[1] "A Narrative of the Russian Expedition to Khiva", *in* Martin Ewans, ed., *The Great Game, Britain and Russia in Central Asia*, vol. VIII, *op. cit.*, note p. 84; major Rawlinson, *England and Russia in the East*, 1875, *in* Martin Ewans, *Great Powers Rivalry in Central Asia*, *1842-1880*, vol. II, note p. 141.

[2] Voir la carte h.t. *in* Major Rawlinson, *England and Russia in the East*, *op. cit.*, 1875.

西北边境的英国人

同样，这里所说的边境不是一道防线，而是一个区域。这个长约650公里、宽度从16米到160米不等的狭长地带，从北边的帕米尔地区一直向南延伸到俾路支斯坦，把英国在印度的领土同属于阿富汗主权的领地分开了。英国人来到这片高原和山地后，从昙花一现的统治者锡克人手中夺得了统治权。1849年，他们占领了白沙瓦，这是去往喀布尔河的要道，也是通向长达50公里的开伯尔山口的必经之路。1877年，俾路支斯坦统治者和英军签订协议，坎大哈山谷面向波伦山口最北边的门户、印度的另一个战略要地奎达也被占领了。这个地方后来成了一个小省份——"英属俾路支斯坦"的中心，1887年并入印度。1879年，英国与阿富汗人签订的《甘多马克条约》使英军完全控制了开伯尔山口，以及南边虽然不像开伯尔那么有名但一样至关重要的古勒姆山谷的山口。

严格意义上的国境线直到那时并不存在。1893年，以英属印度政府外务大臣命名的杜兰德线，划定了这两个国家之间长达两千多公里的国境线，把阿富汗国王要求得到的一大片地区交给了印度统治，并以优先考虑地形为由把很多当地部落一分为二。1897年，居住在多支谷（vallée de Tochi）与马拉坎德之间的战士发动了"帕坦人大暴动"。动乱平定之后，寇松勋爵在新吞并的领土上建立了长期统治。1901年，这一地区被分为两个部分，北部和东部是"稳定区"，与阿富汗接壤的则是"部落区"。后者也就是西北边境省，由驻扎在白沙瓦的军官管理，其手下还有很多政治官员。为了减少成本，英国把前线的印度部队的驻军换成了当地民兵，由英国军官管理的宪兵队做辅助。正规军被撤到了二线。1903年，基奇纳建立了一套轮值系统。这样，所有小分队就都有机会在这一地区服役，执行艰巨而磨炼人心智的任务。[1] 这里始终十分动荡：1899至1906年，至少发生了602起边防事件。这些游击队员的武装也在不断加强。[2]

地区管控

即使在形势敏感的边境之外，消灭抵抗者或起义军、组织起对平民百姓的管理，从而建立一个彰显征服者力量的体系，也是十分重要的。

壁垒系统

有时候，单凭军事行动是无法夺取整个国家的。征服者并不满足于仅仅占领那些战略要地。但是，所有希望把入侵者拒之门外的设想，到最后不是成本高昂就是毫无用处。这些想法常常被人戏称为"中国长城"。其中，最著名的尝试大概要数阿尔及利亚的"连续壁垒"了。1832年，当时的总督罗维戈公爵（duc de Rovigo）下令在阿尔及尔周围修建了一条布满碉堡的防线，覆盖范围达到6平方法里（大约40平方公里），但是计划很快就夭折了。1840年，曾经在拿破仑部队担任过工程兵指挥官的罗尼埃子爵（vicomte Rogniat）与阿卜杜勒–卡德尔展开了最后一次对决。他拟订了一个类似的计划，只不过更加野心勃勃（长达100公里的壁垒上设置200座碉堡），而且得到了时任议会主席梯也尔

---

[1] 　William Barton, *op. cit.*, p. 192-193.
[2] 　Lawrence James, *Raj*, p. 403; George Arthur, *op. cit.*, p. 241-242.

（Thiers）的支持。不得不承认，梯也尔确实对修筑防御工事非常热衷（他修建了巴黎围墙）。[1] 担任总督的瓦雷元帅认为，这项"宏伟大业"无论是从财力还是人力方面来看都根本无法实现。最后，他们只修建了一道城壕和一些坚固的堡垒，用以抵御阿拉伯骑兵对米蒂贾（Mitidja）的袭击。比若来到阿尔及利亚之后，确定了全面征服的策略，这项工程也随之终结。从1841年12月起，修挖城壕的工作被放弃了。在后来的1893至1894年，法国在阿尔及利亚南部修建了堡垒（米尔贝尔堡垒、麦克马洪堡垒、拉勒芒德堡垒……），并夸张地将之称为"止步堡垒"，结果既没有能够保护法国统治下的地区，也没有对1899年开始的撒哈拉征服起到任何帮助。[2]

美国指挥官为了方便殖民统治，希望划定禁止印第安人跨越的永久国境线，不过，他们似乎跟法国同时放弃了这一方案。他们为此构思了很多计划，其中，埃德蒙·P.盖恩斯将军在1838至1840年的计划最为引人注目。他提议用一条大路把11座堡垒连在一起，并在其间修一条铁路运送部队。这条路能从美国东部一直通向未来的堪萨斯州和俄克拉荷马州。但是，随着美国征服加利福尼亚州和新墨西哥州（1848年），尤其是殖民地在北美大草原的不断扩张，这项计划就变得越来越不切实际了。因为部队要守护的不仅仅是一条细长的边境线，而是一片广袤的领土。[3]

其他国家在不同的情况下也修建过壁垒。1884年6月，苏门答腊游击队给荷兰殖民者造成了巨大的损失。因此，荷兰人决定疏散亚齐帝国

---

[1] Général vicomte Joseph Rogniat, *De la colonisation en Algérie et des fortifications propres à garantir les colons des invasions des tribus africaines*, Gaultier-Laguionie, 1840; Christian Schefer, *L'Algérie et l'évolution de la colonisation française*, Champion, 1928, p. 325.

[2] Marc Delerive, *Forts sahariens des Territoires du Sud*, Geuthner, 1990.

[3] John K. Mahon, "Indian-United States Military Situation, 1775-1848", Robert M. Utley, "Indian-United States Military Situation 1848-1891", *in* William Sturtevant, ed., *op. cit.*, volume 4, p. 144-162 et p. 163-184.

的大部分人口并建立"集中营"。在进行了一次代价高昂的撤退行动后，荷兰人集中到了首都科塔拉贾（Kota Radja）周围1 500公顷（15平方公里）的隐蔽处。他们用一条有16座碉堡并设有装甲瞭望台的防线把自己围起来，防线前还挖了壕沟，每公里就有一座碉堡。碉堡之间由战略铁路相连，铁轨的路堤形成了一条连续的屏障。方圆1 000平方米以内的所有植被都被摧毁了。[1]指挥者还想利用这座桥头堡重新占领整个国家，但是这个愿望很快就化为泡影。5 000守军还没开始行动，就立刻遭遇包围、骚扰，常用道路被炸毁，电报线被切断；而且士兵还因疾病大量死亡。他们不得不另寻他法。

在两次古巴起义时，西班牙人曾两次建造连续壁垒。为了镇压1868年的暴动，他们决定用一片宽56公里的隔离区，切断从北部的莫隆岛（Moron）途经谢戈德阿维拉（Ciego de Avila）通向南部胡卡罗（Jucaro）的道路。为此，他们修建了一道屏障，每1 600至1 800米设有一座碉堡。周围50米范围内的树木统统砍掉。后来，他们在前一道壁垒以东150公里处、努埃维塔斯海湾和霍瓦之间建了一道壁垒，不过跟上一道有92公里的重叠。然而，这项举措只是让他们的人员数量猛增（1868年为2万人，1878年增加到了8.1万人）[2]，但实际效果微乎其微。

第二次起义发生时，瓦莱里亚诺·魏勒尔将军下令，从1897年起，在北部的马里埃尔和南海岸的马哈纳（Majana）海湾之间修建一条新的道路。这条路有一系列村庄和坚固的防御工事，由城墙和土堤相连，每隔一段距离有一座碉堡。道路周围由铁丝网和鹿砦围护。一个火力比较

[1]　« La situation à Atchin », *RME*, 1886, p. 379-381.
[2]　« L'Espagne et l'insurrection cubaine », *RME*, février 1896, p. 114-128.

强大的炮兵部队（75毫米克虏伯炮，90毫米普拉森西亚炮或57毫米马克沁－诺登菲尔德炮）负责较远地方的防御工作。士兵总人数共计约1万人，分为14个步兵营和1个骑兵团，接受统一的指挥。此举的目的在于孤立驻扎在哈瓦那以东比那尔德里奥省的起义军，并强迫西边省份的居民迁居到他们的管理范围。魏勒尔打算用这种方式先把古巴岛西部和中部的起义势头削弱，然后再出兵攻打起义者。[1] 结果好坏参半：1896年，起义的主要领导者安东尼奥·马塞奥（Antonio Maceo）战死，西班牙部队对当地人的控制得以巩固，但是，漫长的战争和当地人悲惨的生活状况为美国的介入创造了有利条件。[2]

这些失败的经历给出了同一个教训：正如19世纪30年代驻扎在阿尔及利亚的法国人所说，有限范围内的殖民统治只能是空想，因为这给了抵抗者调动大量资源、组织反击或至少是骚扰占领区的机会。这同样也证明了即使做不到全面占领，也可以对当地形成统治，这是保障安全的唯一做法。从1840年起，比若就开始对阿尔及利亚进行整体征服。1898年，维特将军和范贺茨将军在亚齐的疏散计划遭到抵制后，先后采取了更为激进的策略。第一次古巴起义之所以被成功镇压（1878年），也是因为卡洛斯战争结束后，马丁内斯－坎波斯将军得到了更多兵员，因而可以采用进攻战术。此外，还有一个原因是西班牙人在政策上对起义军做出了让步（给予对方选举议会议员的权利、赦免权，并释放参加起义的俘虏）。[3]

---

[1]　« L'Espagne et l'insurrection cubaine », *RME*, février 1896, p. 114-128.

[2]　*Ibid.*, novembre 1897, p. 388-412.

[3]　« L'Espagne et l'insurrection cubaine », *RME*, février 1896, p. 116-128.

军事行动与政治行动

永久哨所和流动部队

殖民战争归根结底就是两个常数的结合：固定的哨所和流动的部队。

飘扬着殖民者旗帜的哨所向殖民地昭示着他们的存在，这对于确立统治至关重要。他们要优先夺取统治全国必需的战略要地，比如交通枢纽、桥梁、山口等。哨所储存粮食和弹药，能够让部队恢复体力、补充物资并把伤员安置在安全的地方。最后，哨所还能起到重要的政治甚至行政功能。殖民者可以借助它与当地民众建立关系，请他们提供劳动力，或有偿为驻军提供补给。勒孔特（Lecomte）指挥官在东京白马市的哨所驻扎下来之后，报告说："每天都有六十多位妇女来给市场供应大米、鱼、鸡蛋、禽类和烟草。根据市场立柱上张贴的告示，她们必须梳洗整齐，并佩戴干净的头巾。"[1] 很快，一个集市就这样诞生了。如果当地还没有"土著"居民中心，那么，这样的商业活动，或者为建造房屋征集人力，以及招募民兵和非正规士兵的需要，也会吸引当地人口的集中。对于情报部门的军官来说，这些集会和交易场所也是绝佳的信息来源。

军事活动的重任落到了流动部队的身上，他们"对国民施压，迫使犹豫不决的人表达立场，追击顽抗者，扣押人质，驱逐部落，收集捐税，获取补给和交通手段"[2]。但是，还应该考虑后勤需求会降低部队的灵活性。部队几乎都是以步兵为基础，他们要不计一切代价保护累赘的

---

[1]　Commandant Lecomte, *Lang-Son*, p. 125.

[2]　Commandant Louis Rinn, « Géographie ancienne de l'Algérie. Les premiers royaumes berbères et la guerre de Jugurtha », *Revue Africaine*, 1885, pp. 172-209 et 241-283, p. 175.

辎重队，这使部队变得十分笨重迟缓。美国军官曾把带着辎重队的部队比作一条拴着链子的狗：在链子的长度范围之内他无所不能，但超过了这个范围就一无所能。分割部队可以降低这一缺陷的危害程度。人数少的队伍的补给队更加轻便，而且更容易在途中利用当地资源，又不至于把资源用尽。小规模的队伍还能互帮互助或者联合行动。比若在与阿卜杜勒－卡德尔交战时，就是通过这种方式增加了队伍的数量。利奥泰也是这种做法的支持者，他强调说，加利埃尼在马达加斯加用这种战术代替了其前任杜谢纳的单列纵队，而且取得了显著的成效。[1]

不过，利奥泰指出分割战术也不是万金油。有些敌人过于强大或人数众多，分裂的部队无法对付。如果没有良好的通信条件，或对当地情况了解不够透彻，也很难进行合作。孤立的小分队很可能被成群结队的敌人袭击，如果友军相遇却没有能够及时相互确认身份，甚至有可能误伤自己人。黑非洲训练不足、管理混乱的部队尤其容易出现类似的状况。但是迪特指出，对方部队的组织很少能抓住这一弱点并加以利用。事实上，部队最大的敌人是资源枯竭。在疲劳和疾病的折磨下，有时还要应付对手的骚扰，部队会逐渐崩溃并最终丧失全部行动能力。俄国将军非斯（Faesy）曾带领一支 5 000 人的远征队企图控制沙米勒在达吉斯坦的一个据点提利克（Tiliq，1837 年 5 月至 7 月），结果俄军因死伤和患病损失了五分之一的兵力（还不算物质损失），被迫与沙米勒达成休战。[2]

部队和哨所需要持续的补给，而后勤问题的严重性已在前面的章节讨论了。梦想"名垂青史"的年轻军官刚刚上任时，发现补给站点牵

---

[1] Hubert Lyautey, *Lettres du Tonkin*, vol. 2, p. 251.

[2] Moshe Gammer, *op. cit.*, p. 81 sq.

扯到这么多繁文缛节，不免大失所望，但是这又是必不可少的工作。购买或征用军粮、调动交通工具、组织辎重队所用的时间比军事远征本身要长得多。相比起来，远征要更加令人激动，而且充满了获得晋升的机会。北美大平原上很少见到旗帜招展、风驰电掣的骑兵，相反，为部队输送物资的绵延不绝的车队倒是在那里留下了数不清的印记。真正聪明的将领更愿意用外交手段解决问题，以便减少花费在军事行动上的力气。

政治行动

　　军事行动与政治行动密不可分，加利埃尼甚至毫不犹豫地说政治行动更加重要。这类行动要考虑的问题十分简单：当地人的独立热情。这一渴望经常被冠以"排外主义"这个带有贬损意味的说法，这种情绪（至少是部分）从强烈的愤怒和恐慌中汲取养分，并导致武装抵抗。殖民地民众几乎总是坚信殖民者想要搜刮他们的财产，占据他们的土地或侵犯女性，并做出为当地法律或道德所不容的改变，甚至逼他们改变信仰。当然，权贵阶层面对可能威胁到他们经济或精神地位的动荡形势最为焦虑不安。而最有智谋的征服者明白，武力征讨必须与一些面向民众的政策配合实施，要让他们相信，接受殖民统治并不意味着他们目前的生活遭受磨难，战争的重点仅仅是确立新的统治。有些人，比如利奥泰，甚至还说要消除"误会"。

　　从一些公告可以看出，殖民者想方设法让新殖民地的民众相信，他们将改变限制在最小程度，并希望通过这些居民把这一意愿传达到其他未来的殖民地。多兹夺取阿波美之后所做的宣告（1892 年 11 月 18 日）就很有代表性："达荷美人的利益从今以后将由法国保障，在这片被国王抛弃的土地上建立起新秩序将成为我的责任……这个国家的道德风尚将得到尊重，任何习俗或制度都不会被改变。衷心臣服于我们的将领都能保留原职，他们也因此得以保全尊严与荣誉。反之，凡是不响应我的号召或试图在这个本该美满安定的国家挑起事端的人，将受到无情的惩罚。"[1]这则声明跟不久前罗伯茨勋爵在阿富汗战争中发表的声明异曲同工："英国政府希望人们受到公正宽容的对待，并希望他们的宗教信仰和风俗习惯得到尊重。为英军效力的民兵和帮助维持秩序的将领将得到应有的回报，所有制造混乱的人以及挑战英国权威的人将受到严惩。英国政府已与民兵中的主要骨干成员、部落首领以及传达各个省市利益和愿望的代表进行了商谈，并参考他们的意愿制订了未来的治国计划，打造属于人民的政府。"[2]

有时候，殖民者只是口头提出条件，比如1856年3月，美国的哈尼将军向苏人酋长提出了下列要求：交出袭击白人或偷盗白人财物的罪犯；允许白人在印第安人领土上自由通行，并在每个部落中任命一位负责人，以便必要的时候在部队的协助下使族人臣服。[3] 不过最常见的情况是，殖民者用白纸黑字把他们对归顺者提出的条件详细地写了下来。这类协约的模板可以参考多兹将军强加给贝汉津继任者的14条合约（1894年1月29）。这一文书要求后者不经法国允许不得发动任何战争，并且禁止对外国人尤其是欧洲人施加权威。文中尤其强调，他将"按照当地的法律和习俗"治理国家，但是必须要废除奴隶制度以及人祭。法国常驻外交代表向他下达有关商业和土地让予的命令，他应该予以服从。法国政府可以修筑军用和民用建筑，可以建造任何他认为合宜的公共设施。在王位空缺时，由法国驻当地的外交代表决定继承王位

---

[1]　Capitaine Édouard-Edmond Aublet, *op. cit.*, t. 2, p. 324.

[2]　Lieutenant-colonel Septans, *Les Expéditions anglaises en Asie*, p. 202.

[3]　Robert M. Utley, *Sitting Bull*, p. 72-73.

的人选。最后一项条款则鼓励他为法国宣传。[1] 有些模式甚至更加简练，比如范贺茨和胡格伦治于 1898 年在亚齐投降时草拟的简短声明，后来，科莱恩把这份声明的应用范围进一步扩大到了境外。[2]

　　通过这些方式建立起来的就是所谓的保护国。除了利用桥头堡或桥基控制一个小区域，部队直接用武力夺取一国行政权的情况是很罕见的。但需要强调的是，建立保护国的条约常常得不到国际社会的保障。这种情况在埃及、突尼斯和摩洛哥出现过。英法政府保证尊重保护国的统治权，并让当地人与欧洲人在一定程度上享有平等权。此外，保护国条约虽然允许殖民帝国在某地建立不容其他国家侵犯的"统治权"，但只是为殖民统治制定了一个模糊的总体框架，这也是为什么这些声明总是语焉不详的原因。统治者根据政策和当地形势的变化，可以修改甚至废除条约：多兹和阿哥利阿格波（Ago-li-Agbo）签订的条约，就没有能够阻止法国政府在短短 6 年之后推翻王权，另外，希望摆脱国王管控的贵族扮演了同谋的角色。

　　要想与"土著领袖"建立并保持良好的关系，就不能不对该国的国情、社会结构和种族构成有所了解。加利埃尼在马达加斯加指挥战争时写过一篇名文，其中有这样一段话："政治行动是最重要的，它的力量来自对这个国家及其居民的了解……如果一个军官能画出一张他所管辖地区的足够准确的人种志地图，那他离完全平定这个地方也就不远了。一旦和平到来，对他最有利的安排很快就会随之而来。每一个个人、种族、民族、部落或家庭的聚居区，都代表着一些共同的或相反的利益。有风俗道德的地方，就有仇恨和敌对。管理者要学会理清并利用

---

[1]　Voir le texte dans E. Rouard de Card, *Les Traités de Protectorat conclus par la France en Afrique, 1870-1895*, Pédone, 1897, p. 188-189.

[2]　Maarten Kuitenbrouwer, *op. cit.*, p. 277.

这些矛盾，让竞争者之间针锋相对，而自己则依靠其中的一方来征服另一方。"[1]后来，另一位游击战高手劳伦斯（Lawrence）上校重申了这一原则，他在给李德·哈特（Liddell Hart）的信中写道："在我做决定或在两种方案中做选择之前（原文如此），我要仔细研究每一方面的情况，无论它重要还是不重要：地理、部落结构、宗教、习俗、语言、爱好、数据，我要对这一切了如指掌。"[2]他是否读过加利埃尼的文章呢？这不是不可能的。但是，所有在海外建功立业的西方大将，有的出于自己的意愿，有的听从了他人的建议，个个都参考了这一原则，有的还交给专门机构付诸实践。这一原则的核心就在于最大程度保持当地原本的社会结构，铲除最不可调和的因素，并提拔那些忠心耿耿、地位卑微的人。不过，这一切也要有个度。

宗教政策是至关重要的一环。总体来说，不管个人信仰如何，各国部队都把宗教当作一股强大的力量用来维持社会秩序。即使他们普遍不相信殖民地的传统迷信和宗教，但也小心避免正面的打击。他们只进行有限的控制，并寄希望于用时间来冲淡"成见"。[3]俄国将军考夫曼实行的政策就很典型。他禁止东正教教会进行传教活动，没有在塔什干设立主教辖区，而且反对内务部提出的在突厥斯坦设置穆夫提（伊斯兰教教法说明官）的建议。但是，他认为应该无视宗教教育，使其自生自灭。他创建了一套与宗教教育相对立的公共教育体系，所有信教的孩子都要坐在一起学习。考夫曼的继任者不信任浩罕和希瓦的埃米尔，转而支持布哈拉埃米尔，帮助他维持甚至巩固权力，并借此与英国在阿富汗的影

---

[1] « Instructions pour la pacification, 1898 », *in* Hubert Deschamps et Paul Chauvet, *Gallieni Pacificateur, écrits coloniaux de Gallieni*, PUF, 1949, p. 230-249, p. 239.

[2] Lettre du 26 juin 1933, Brian Holden Reid, *Studies in British Military Thought, Debates with Fuller and Liddell Hart*, Lincoln, University of Nebraska Press, 1998, p. 155.

[3] "M.A. Terentyef", *op. cit.*, vol. IV, p. 278-304; Eugen Schuyler, *op. cit.*, p. 235.

响相对抗。[1] 1910 年，他在一次王位继承危机中直接进行了干预，支持新的继承人抗击暴乱的民众。[2]

　　但是，这些总的原则衍生出了各种变体。

征服与永久占领

分区控制：布尔战争

　　与修建壁垒、把异端分子拒之于门外的"防御封锁线"方法直接相对的，就是把这个国家的游击队彻底消灭。从 1901 年 1 月起，基奇纳在南非对抗布尔突击队使用的就是这一战略。他用连续不断的封锁线阻断了国内的通行道路，先是在铁路沿线，然后在一些公路建立防线，用以孤立敌人的各个分队。这些封锁线由带刺的铁丝网组成，每隔 500 米甚至 200 米就有一个由壕沟和铁丝网保护的炮楼，其间可以通过电报联络，还可以互相予以火力支援。这些封锁线划定了部队（有时可达上百个小分队，总人数在 1 200 人到 2 000 人之间，还有黑人非正规军）进行"清扫"的范围，"清扫"的方法是驱逐反抗武装部队，并没收牲畜和粮食。[3]

　　这一政策的工程量很大。1902 年 5 月，总长 3 700 英里（约 6 000 公里）的 34 条封锁线完成了。其中，最长的一条沿铁路线从莫桑比克马普托湾的洛伦索·马贵斯港口一直通向约翰内斯堡港，从科马蒂普特（Komatipoort）到边境上的旺德方丹（Wonderfontein），总长近

[1]　Hélène Carrère d'Encausse, *Réforme et révolution chez les Musulmans de l'empire russe*, Presses de la FNSP, 1984, p. 70-72, 84.

[2]　A. Woeïkof, *op. cit.*, p. 169, 335-336.

[3]　George Arthur, *op. cit.*, p. 5-6; Bill Nasson, *op. cit.*, p. 211-214; Thomas Pakenham, *The Boer war*, p. 537 et 573.

175英里（约280公里）。这些防线布置了8 000个哨所，有5万名士兵、1.6万名非洲侦察兵。其中最先建成的400个碉堡是砖石结构的，有两层楼高，只能借助梯子进入。接着，工程兵部队的莱斯（Rice）少校设计了一种多边形建筑，后来又改为圆柱形，内部直径为13英尺，高6英尺（分别约为4.30米和2米），墙壁一般由固定在木架上的双层波纹状钢板建成，两层钢板之间用泥土和碎石填充。这种碉堡的建筑成本明显有所降低（只要16英镑，而石质碉堡要800英镑），6个人在6小时之内就能建成，由于布尔人没有大炮，因此这种碉堡的防御能力绰绰有余。

这种建筑阻止了南非突击队的转移，为英军最终打败敌人做出了无可争议的贡献，但是效率有待商榷。这种建筑根本无法完全牵制住对方的行动，尤其是在夜里，布尔人不止一次利用战马的灵活性跨越封锁线，痛击英军。这样的事不仅发生在奥兰治和德兰士瓦，开普殖民地也遭受过袭击并使英军落荒而逃。1902年3月，梅休因将军在特博斯（Tweebosch）战役中战败，不得不向布尔将军库斯·德拉瑞（Koos de la Rey）投降，这位前埃及部队总司令因此悲叹"黑暗的日子"又回来了。有很大一部分士兵（可能有三分之二，包括病员）被封锁线的监视所困根本无法行动。不过，这样的固定碉堡至少能够避免部队被无休无止的行军消耗殆尽，能对占领区起一定的控制作用；它所提供的安全保障能使英军在行动中采取主动，至少能让他们用消耗战把敌人拖垮。但是，这一策略动用了50万人，花费了2亿英镑，也就是50亿法郎。因此，这只是个特例。

哨所的常规部队很少起到"分区管理"机构的军事作用。部队不可能无限扩充，因此驻军的数量受到士兵总人数的限制。而且哨所人数的增加会造成很多不便，在这里执行任务的士兵无法自由行动。另外，哨所需要定期补充物资，而运送物资的路线是固定的，这给敌军的攻击提供了方便。他们只能防护大炮射程之内的区域，刚开始只有几百米，随着技术的进步，在天气条件良好的情况下能达到数公里。因此，除非面对的是像布尔人那样可怕的强敌，否则，如果不需要大费周章的话，殖民军就会首选灵活性更强的战术。

激进行动与缓和行动，从比若到加利埃尼

比若在与阿卜杜勒－卡德尔交战时所用的战术，是哨所和纵队相结合的优秀战例。他在地中海海滨、泰勒（Tell）的中心地带以及上高原（Hautes Plaines）边缘设置了3条相互平行的"占领线"，其中所建设施的数量有严格限制，总计有30多个永久建筑，还有一些临时哨所，深入内地大约100公里。根据比若元帅1845年所写的一则通报，这些哨所中驻扎着精兵强将，其数量足以保证战胜任何敌军。在没有工程建设的地区作战时，临时哨所（被称之为"饼干城"，因为这些临时建筑常常是用军用饼干箱的木板搭建的）也足以协助部队的行动。这个体系最终使英军获得了胜利。但是，在这十来年里，大量的部队被动员了：法军总人数大约为40万人，而哨所里就有10万人，所产生的费用也与人员数量成正比，因而引来无数批评。俄国在高加索的经验可以与之相比：1850年需要20万人，到1874年仍然需要14万人。但俄军总人数只有近80万人，俄国总人口也只有450万左右，只比阿尔及利亚多一点。因此，这种行动方式的代价巨大，需要好几代军官才能实现。

除了北非，其他地区的冲突也让部队承受了巨大的花费。法军1884至1891年在安南、东京，以及1888至1898年在苏丹的殖民活动就是如此。这些战争的显著特点就是远征的次数多。他们把远征比作"长矛进攻"，在穿越殖民地的同时消灭潜在的敌人，但这并不意味着战败的敌军就能真正屈服。远征行动造成了一种尤为残忍的战争形势，部队

一边行进一边作战，部队将领还要负责建立行政机构。部队离开之后，留下的只有断壁残垣。这些战争造成的损失严重影响了当地的商业，当地政府收不到足够的税款来支持预算，只好依靠宗主国的补助。这种方法与人道主义原则，以及法国"尊重当地价值观"的主张越来越水火不容，因此19世纪后期，加利埃尼提出了分步骤系统占领的方式。

这种做法起源于佩纳坎上校在东京西部边陲（黑水河与红河之间）的做法。利奥泰强调说，佩纳坎是实行"种族政策"的第一人。他按照当地人的传统把高地（Haute-région）的居民组织起来，认可"封建传统中土族（Thô）和曼族（Man）的贵族地位"，并把行政权交给了东京的"安南族"居民，他们是"来自全国各地、受到政府人员和税收政策压迫的人"。佩纳坎是第一个提出将村民武装起来的人。这些措施所取得的成功吸引了军事负责人杜舍明（Duchemin）将军（1893—1896年4月的总司令）以及常驻外交代表让-玛丽·德·拉纳桑（Jean-Marie de Lanessan）和阿曼德·卢梭（Armand Rousseau）的注意。在他们的允许下，塞尔维埃上校和他的继任者加利埃尼在越南东部（从芒街到高平）如法炮制，而瓦利埃中校则在中部地区面向中国云南运用了这一方法。[1] 整个国家被分成扇形防区、圆形防区和大防区来进行管理，分别对应部队中的连、营、团。这些地方的军事将领同时行使政治和行政权。扇形防区是基础单位，"与当地人的地区划分一致，每个扇形防区最多包括两个当地的区，一般由一个营或一个半营驻守几个重要地点，其他地方则由当地雇佣民兵自行保护"。[2]

加利埃尼不建议部队进行"激进行动"，也就是野蛮粗暴的征服。

[1]　Hubert Lyautey, *Lettres du Tonkin*, vol. 2, p. 19, 120.

[2]　« Opérations militaires au Tonkin. Campagne d'hiver 1895-1896 », *RTC*, janvier-juin 1902, p. 33-59.

他认为这种行动只能偶尔为之。在马达加斯加指挥部队时，他没有对信奉恐怖政策的"苏丹"军官进行战争的方式提出太多异议。他提倡"缓和行动"，其目的是通过小型军事活动以及与当地人谈判的方式，安抚位于控制区边缘哨所的周边地区。这样一来，新的平定区就建立起来了，以此为起点，又能在更远的地方建立新的哨所，占领更大的区域：一步步扩大的是"有效的殖民组织"，"部队的每个动作都要以有效占领被征服地区为目的，这是不容置疑的原则。"[1] 在这方面，法国人大概师从于荷兰人，从1821年和1825年德科克（de Kock）将军与爪哇中部和东部统治者蒂博尼哥罗（Dipanagara）所进行的战争中就能发现，荷兰人凭借人数较少的部队以100多个哨所堡垒为起点展开扩张，这些哨所同时是用来吸引人口的市场。[2]

但是，这种做法成本很高。印度支那原本需要1万多名欧洲士兵和大约2倍的"土著人"，而到了1888年这个数字上升到了1.7万人，另外还有5 000名欧洲士兵和1.2万名"土著"士兵负责占领东京，这是一笔数额巨大的预算。利奥泰认为，只要占领行动控制在一定的时间之内（他认为不应超过2年）即可，而且在和平稳定时期，殖民者能节约支出，收缴税款。在这种情况下，这个规模的兵力是合情合理的。[3]最重要的是，这种方法不是任何地方都适用的。利奥泰本人也说过，东京的胜利一部分要归功于其他有利因素："海盗"都是外国人，大多数来自中国，让民众武装起来与他们对抗相对来说很容易。法国政府获得了

---

[1]　« Instructions pour la pacification, 1898 », *in* Hubert Deschamps et Paul Chauvet, *op. cit.*, p. 230-249（p. 240-241）.

[2]　J.A. De Moor, "Warmakers in the Archipelago: Dutch Expeditions in nineteenth Century Indonesia", *in* J.A. De Moor and H.L. Wesseling, *op. cit.*, p. 50-71, p. 52.

[3]　Copie d'une lettre au ministre des Colonies, 21 août 1896, Hubert Lyautey, *Lettres du Tonkin*, vol. 2, p. 52.

清政府的合作，后者也不希望再次发生抢劫，并有意打压广西提督苏元春。最后，整个行动是以循序渐进的方式进行的，法军与一些团伙首领形成了默契，佩纳坎甚至默许他们从事鸦片走私，还把关税哨所从老街撤到了安沛，导致法国损失了15万法郎的收入。同时，加利埃尼为了借用资源，对建立赌场的事也没有过问。[1]

但是，利奥泰与比若无论是在手腕还是敏感度方面都大相径庭，前者受加利埃尼的影响颇深。在摩洛哥战争中，他招募了规模浩大的部队，在他手下的远征军超过了8万人。这也意味着他所指挥的行动中充满了超乎寻常的暴力。虽然他在地方事务官的帮助下进行了政治行动，但他的部队在战斗中冷血无情，有些战役甚至让人想起阿尔及利亚的征服战。这次征服用到了最先进的武器——大炮，后来还动用了飞机。一切似乎都在说明，安抚政策对战局的影响至少与阵地战的实力一样大。我们还注意到，西班牙从1912年起，在里夫战役中投入了将近4万名士兵。[2] 而1914年意大利在利比亚也维持着6.3万人的兵力。[3]

宽松的占领

在军事行动不那么频繁，而且占领区人口比较稀疏、容易穿越时，占领体系就会很宽松。俄国的中亚殖民地就是这样。不要被"防线"这个词误导了，它们只不过是在一些要道上相隔一定距离设置的站点，起到威慑或管控领地的作用。除了塔什干或撒马尔罕需要重兵把守，以便把整座城市置于部队火力之下，其他大多数地方的防守与欧洲的一般标

---

[1] Copie d'une lettre au ministre des Colonies, 21 août 1896, Hubert Lyautey, *Lettres du Tonkin*, vol. 2, p. 127; vol. 1, p. 226.

[2] *RMAE*, février 1910, p. 115-116; juin 1910, p. 509; janvier 1913, p. 86-87, mai 1913, p. 493-495, juin 1913, p. 598-601; « *L'Aube du protectorat marocain* », *BCAF*, mars 1912, p. 88.

[3] *RMAE*, juin 1914, p. 806.

准相比都很薄弱。大多数时候，他们仅仅只是建立一个中央堡垒，里面储存粮食和弹药，驻军则在外面扎营。他们之所以这么疏忽，是因为当地抵抗军的力量就连没有保护的阵地也无法夺取。有时，他们甚至自信到任何防御工事都不修建的程度，比如那些与中国交界处的哨所就是这样。[1] 这一特点体现在俄军的兵力分配方式上。我们已经知道在 1873 年左右，高加索地区共有 14 万驻军，而占地面积多达 100 万平方公里的突厥斯坦只有 3 万人。[2] 25 年后，我们又发现了类似的数据：和平年代这里只有 3.5 万名士兵，其中有 2.6 万名步兵和一百多门大炮。[3] 1907 年，俄国共有 26 个兵团，只有 2 个用在了突厥斯坦，用来应对奥匈帝国和德国的有 15 个，俄国本土有 5 个，喀山 1 个，高加索 2 个，中国边界 2 个。[4] 2

在美国西部，美国人放弃用围墙防御印第安人进攻的方案后，也采用了类似的体系。他们在印第安人居住地区的大路沿线和人口中心建立了一些哨所，同时建立了一些有驻兵的大型堡垒，比如 1866 年建于苏人聚居区的巴德福德堡，这里位于蒙大拿州和达科他州的交界，密西西比河与黄石河的汇流处。虽然名字叫堡垒，但实际上这些设施很少有防守严密的围墙，因为抵抗者很少攻击附近的军事设施。这些设施更像是建筑群：军官和士兵的住处、马厩、军中小贩的商店。法国部队中也有这样的随军商人，他们卖的商品一应俱全，主要是或多或少掺了假的酒水饮料。不是所有的堡垒都有部队把守，其中一些只是批发商的仓库或避难所。1861 年，这样的设施有 65 处，1889 年上升至 111 处。印第

[1]   « Le Turkestan... », *RME*, juin 1877, p. 340-343; novembre 1877, p. 269-271; p. 284-287.

[2]   « Les forces militaires de la Russie en 1873 », *RME*, janvier 1874, p. 55-58.

[3]   Yorck de Wartenburg, *op. cit.*, p. 68.

[4]   *RMAE*, octobre 1907, p. 336.

安人战争结束后，它们也逐渐被取缔了（1891年只剩62处）。部队编制人数很少，除去那些不能执行任务的人（病员、休假者、受处分者、逃兵），那就更少得可怜了。古巴战争之前，整个部队共有3万人，而光是南北达科他州的面积就有38万平方公里[1]。同一时期，出于相似的原因，加拿大西北地区的骑警勉强超过了1 000人。

以上的描述同样也适用于在印度与阿富汗之间充当缓冲区的"部落地区"。从19世纪40年代起，白沙瓦地区就被声名显赫的将领所控制。普什图人在那里享有很大限度的独立。1872年，《边境犯罪条例》（*Frontier Crimes Regulation*）授予习惯法法庭（也叫"支尔格"）处理纠纷的权力。当地首领负责维系平时的平静安宁的生活并得到一笔津贴，辅助他们的民兵也能拿到相同的报酬。但是，这还是不能阻止治安官频繁的讨伐（在1849—1880年就有不下40起），也就是所谓的"烧杀抢政策"。[2] 这些原则逐渐也应用到了杜兰德线以内的整个地区。

小片的占领区

其他殖民地的表现或许没有上述两个事例那么显眼，但大同小异。印度部队在所有的殖民军中可以算是实力最强的，但与殖民地3亿人口相比，20万人的部队少得可怜。用这个数量的军队统治当地的人口，相当于用2.5万名士兵占领整个英国。而且后来部队的重点越来越转向边防。19世纪末，力量最强的孟加拉部队主要的驻地在孟加拉湾与阿富汗边境之间的西北部省份（旁遮普、奥德）。真正在孟加拉省的部队，只有四五千加尔各答驻军、一些被派去修建铁路的小分队，以及尼泊

---

[1]　Robert M. Utley, "Indian-United States military Situation", *in* William Sturtevant, ed., *op. cit.*, volume 4, p. 163-184.

[2]　William Barton, *op. cit.*, p. 59.

尔与喜马拉雅山区边境的一些士兵。这个省的大部分居民（6 900万人）可能一辈子都"没见过刺刀的寒光和士兵的面孔"[1]。

其他地方的部队密度就更小了。1889年前后，被派往印度以外的殖民地的英国部队只有2.2万人，他们的驻地大多数在军事基地或海军站：马耳他、塞浦路斯、新加坡、中国香港、开普敦或百慕大群岛及位于新斯科舍省的哈利法克斯。英军还为后两个殖民地增派了1.2万名皇家海军。[2] 在非洲，除非为了埃及、苏丹或南非战役这样的大战，驻军数量也不多：接替基奇纳担任苏丹总督的雷金纳德·温盖特爵士手下只有几千人，其中欧洲士兵不足1 000人。

荷兰人在东印度群岛的殖民情况跟英国在印度的情况差不多：1912年共有3万士兵，驻守近200万平方公里的区域。当地总人口的五分之四，也就是3 500万人中的3 000万人都居住在爪哇岛，所以殖民部队主要集中在这里，包括大多数步兵、全部骑兵和几乎所有的炮兵（4组野战炮、8组山炮、15个要塞连）。亚齐沦陷后，这个地区就只剩下一些宪兵队（1 200人）和1个要塞连了。[3]

同样，法国殖民帝国对于用来保障殖民占领和治安的兵力也精打细算。1914年，驻扎在海外1 000万平方公里殖民地上的士兵大约20万人，其中，既有欧洲人也有"土著人"，而法国本土则有74万士兵。在北非大约有14万人，主要集中在摩洛哥，其他殖民地就只剩下了6万人，也就是说每1 000平方公里土地上平均只有7.5个士兵，而法国本

---

[1]　Lieutenant-colonel Septans, *Les Expéditions anglaises en Asie*, p. 50.

[2]　«Réforme de l'armée anglaise», *RME*, juin 1882, p. 339-344.

[3]　*RMAE*, janvier 1912, p. 80.

土每平方公里有1 400名士兵。[1]法国在印度支那和西非的占领军分别有2.5万人和1.7万人；法属赤道非洲约有7 000人，马达加斯加有1万人左右；还剩下1 000人分布在太平洋（努美阿有1个营）、吉布提、安的列斯群岛。这些殖民地各有几个连的兵力。

其他列强也是如此。1909年，菲律宾恢复和平已有6年时间，美国驻扎在这里的守军只有2万人（其中有6 000菲律宾人），在阿拉斯加、波多黎各、夏威夷共有3 000人。[2]除了1904至1907年起义期间，1914年德国在非洲的常驻兵力约为6 000人（非洲东部约2 700人，西南非1 800人，喀麦隆1 700人），其中大多数是"土著人"。阿杜瓦战役失败后，厄立特里亚只有6 000守军，而且几乎全都是"土著人"[3]。

具体落实

尊重习俗

众所周知，在当时的条件下，谨慎对待原有的社会结构既是必要之举，也是"土著"政策产生的结果。无论是赤道上的丛林村庄或太平洋小岛上的族长，还是选举出来的阿非利卡议员，要想保持良好的秩序，或者仅仅是维持治安并满足部队的日常需要，除了维持当地的传统社会结构之外，几乎别无他法。他们最多只能对其进行控制。英国人沿袭卢加德的理论，推广了"间接统治"的说法，也就是托管统治，这与其说

---

[1] Marc Michel, «Mythes et réalités du concours colonial: soldats et travailleurs d'outre-mer dans la guerre française», *in* Jean-Jacques Becker et Stéphane Audoin-Rouzeau, dir., *Les Sociétés européennes et la guerre de 1914-1918*, Publications de l'Université de Nanterre, 1990, p. 396.

[2] « Rapports annuels du ministère de la Guerre », *RMAE*, juillet 1910, p. 59-63; *RMAE*, février 1913, p. 254.

[3] *RME*, juin 1897, p. 485.

是一种理念，不如说是一种需要。但这种方法也面临人才匮乏的问题。部队的领导班子通常可以信任那些熟知当地地形、精通当地语言和习俗的优秀军官。但这些人只占少数。如果他们善于获取情报并据此预知选举结果或预见起义的发生，那他们也可以胜任日常的行政管理。他们认为，要想取得当地贵族的支持，就必须尽可能尊重他们所在集体中的权威，这与部队的管理模式是一个道理，因此，他们对直接行政管理的关注度就低了。他们最多只会给自己保留主持法庭审判或集体会议（北非的"杰马"会议，阿富汗边境的"支尔格"会议）并仲裁私人和集体纠纷的权力，在这些场合上展示公正、公平的形象，而且常常能如愿以偿。

在殖民地沿袭西方的法律和习俗（除了那些被人认为过于血腥的仪式）也几乎是不可能的，一方面可能是由于条件匮乏，但也是为了避免引起暴动。这类企图即使初衷是好的，但在"土著人"眼里，也是不堪忍受的专制，甚至是亵渎。因为殖民地当地人很少认为生活方式与宇宙规律是相互独立而存在的。与宇宙规律割裂是宗教阶层的特权，或者象征着使千疮百孔的世界焕然一新的愿望。通常，这要借助象征永恒循环的仪式，主要发生在有祭祀性暴力活动的大型庆典上。这个令人敬畏的领域是绝对不容外人涉足的。现在，任何一个受过教育的人通过人类学对这类情况都会有所了解，但当时的人还不甚了了，即使这种现象在欧洲农村社会也很盛行。但是，欧洲部队知道在这方面必须谨慎行事，否则可能引起爆炸性的后果。

传教士经常先于部队到达殖民地，军事将领一边保护他们，同时也不希望当地人把殖民与改信宗教的行为联系起来进而发动起义。我们曾经说过，考夫曼将军阻止东正教教会在突厥斯坦进行以劝人皈依为目的的传教，正如比若及其继任者限制了天主教传教士在阿尔及利亚的活动。不过，考夫曼也禁止巴什科尔托斯坦城市乌法的传教士跟突厥斯坦的教众联系，免得不同宗教的信徒联合起来。出于同样的目的，他反对俄罗斯化政策，甚至授意创办一份乌兹别克语报纸。[1] 1878年，突厥斯坦在整个俄土战争中保持平静。因没能参加战争而感到遗憾的考夫曼，从突厥斯坦的态度中看到了自己政策的喜人成效。[2] 同样，利奥泰也努力不让摩洛哥的伊斯兰教受到国际潮流的影响。为此，他强调非斯的苏丹在传统上享有宗教独立性，不受奥斯曼帝国哈里发的管辖。

进步与财政平衡

一个领袖在新占领的领土上的第一个任务，就是建立预算并尽可能降低宗主国的财政参与度。要做到这一点，一方面要通过高效的殖民体系削减军费支出，另一方面要通过提高税款增加收入。大多数殖民者都没法完全完成这一使命，因为他们要频繁进行军事行动，而且被征服国家一般都很贫穷。另外，部队对于公共会计规律所知甚少，还经常对国家经济工作嗤之以鼻。在不同的时期、不同的地点工作过的将领，比如阿尔及利亚的比若、突厥斯坦的考夫曼和苏丹的温盖特，都因为给继任者留下了惨不忍睹的资产负债表和常常是一片狼藉的经济状况而在这方面饱受指摘。因此，像利奥泰那样任用最优秀的财政监察员并最终取得成功的人，就更值得尊敬了。[3]

有些人一上来就开展大项目，迫不及待要做出深刻的变革。考夫曼把塔什干建成了一座现代化城市，美国探险家尤金·斯凯勒（Eugene

---

[1] Seymour Becker, *Russia's protectorates in Central Asia: Bukhara and Khiva, 1865-1924*, Cambridge, Massachusetts, Harvard University Press, 1968, p. 249.

[2] David MacKenzie, art. cit., p. 218-231; Richard A. Pierce, *op. cit.*, p. 102.

[3] Des exemples dans Eugen Schuyler, *op. cit.*, p. 247-250.

Schuyler）曾说，这座城市可以与美国西部城市丹佛相媲美，这里有绿树成荫的道路、洁白的房屋和淌着活水的运河。考夫曼曾派了一个考察团到得克萨斯州学习，并在一个实验农场中引进了比本地品种品质更好的美国棉花，以及大洋彼岸的加工技术。他还引进了新的养蚕技术，以及法国和西班牙的葡萄苗木。他设计了一些大型灌溉工程，尤其着重考虑了饥饿草原（steppe de la Faim）上的灌溉工程。他还鼓励发展铁路。[1] 在这些方面，他的功绩堪比利奥泰、加利埃尼还有基奇纳，后者开启了重建喀土穆的工程，他亲自确定了城市名称的拼写，画出了规划蓝图，整座城市就是一面英国国旗，中心是戈登的雕像。他的继任者、从1899至1916年担任苏丹总督的雷金纳德·温盖特完成了这一任务。

但是因为缺乏资金，所以除了"安抚"，其他计划的落实情况通常都不尽如人意。考夫曼执政后，俄国在中亚的财政赤字主要集中在道路（考虑到俄国国内糟糕的道路状况，这一点令人十分费解）和桥梁方面。斯凯勒认为，当地的灌溉没有取得任何进展（动用了几千"土著"人力之后，开挖运河灌溉饥饿草原的工程最终还是被放弃了），棉花种植也收效甚微，桑树和葡萄种植则遭遇了彻底的失败。他最多只认可一些卫生方面的成就，并不无讽刺地说，整个计划中的最大创新点就在于设立了护照。[2] 这一评价或许太过苛刻，在考夫曼到来之后，还是有很多项目取得了很大进展的，比如棉花种植。我们也必须承认，1914年之前，饥饿草原的灌溉面积只有1.2万俄亩（约130平方公里），费尔干纳的穆尔加布河的灌溉面积也不过2.5万俄亩（约270平方公里）。在其他军官（其中有些高级官员）构思的雄伟计划中，效果最好的那些也都没有超

---

[1]　« Le Turkestan… », *RME*, septembre 1878, p. 124-127.

[2]　Eugen Schuyler, *op. cit.*, p. 235-236.

越人们所认知的可行范围。[1]

人们不禁要问：其他殖民地有没有可以相提并论的成就呢？比若在离开阿尔及利亚的时候，向移居到那里的居民宣布说，他为他们谋得了最宝贵的财富：安全。但除此之外，他留下的是一个未来30年都是一片废墟的国家。加利埃尼要幸运一些，但他也没能拿到用来发展马达加斯加的拨款。人们还指责他组织的税收系统压迫民众，也没有给商业发展提供足够的推动力。[2] 再说说摩洛哥，这个国家早在1912年签订保护国协定之前就开始吸引欧洲资本家了，利奥泰取得的成功是毋庸置疑的。尽管如此，"摩洛哥奇迹"并不能掩盖殖民仍然困难重重且进度缓慢的事实。这位元帅用了9年时间，直到1934年才终于建立起殖民统治，他也是在这一年死去的。跟比若和加利埃尼一样，他被调任的一部分原因是，他对自己治下的"平民"阶层进行压迫，也就是殖民部队如何与欧洲移民共处的问题。

殖 民

让安分守己的平民在当地定居似乎是控制一个国家的妙计。1842年，比若针对阿尔及利亚的问题这样写道："只有建立人数众多、组织稳固的殖民地，我们才有希望逐渐减少部队的数量。"[3] 后来，陆军大臣苏尔特（Soult）元帅也强调："巧妙而有分寸的殖民是进行对话的第一步。这样，我们就能在短短几年的时间中，具备足够防守阿尔及利亚的

---

[1] Richard A. Pierce, *op. cit.*, p. 175-182.

[2] Marc Michel, *Gallieni*, p. 224-238.

[3] *L'Algérie, des moyens de conserver et d'utiliser cette conquête, in* Général Paul Azan, *Par l'Épée*, p. 128.

能力，而不需要在本国军力之外寻求帮助。"[1]

显然，殖民的效率高低不一。俄国无疑是最早靠移民进行殖民扩张的国家，移民的动力一方面是人口增长，另一方面，1860年以前则是为了逃避农奴制。奥伦堡统治下的巴什科尔托斯坦，国土面积相当于法国的四分之三，从18世纪末开始，这里的巴什基尔人占总人口（约70万人）的比例还不到四分之一，是俄罗斯人的一半。[2] 整个19世纪，草原上的殖民地不断蚕食哈萨克游牧民族的土地（乌拉尔斯克、图尔盖、阿克莫林斯克、谢米巴拉金斯克、七河地区），1894至1896年，乌拉尔河与鄂木斯克之间的西伯利亚大铁路西段又进一步给殖民活动创造了便利。因此，草原上的移民数量几乎与本地人一样多，耕地侵占了牧场。虽然政府以免税为条件鼓励游牧民定居，但只有一部分人定居了下来。[3] 相反，1914年以前，俄国在突厥斯坦的殖民范围比较小[4]，俄国人集中在塔什干或撒马尔罕等城市，1914年，俄国人占塔什干人口的三分之一，占撒马尔罕的14%。[5] 500万居民中有96%是"土著人"。受保护的汗国则禁止移民：1913年，在900万居民中只有7.3万名俄国人。

美国西部移民现象的影响则更大，1866年，这里就已经有移民200万人，1890年则达到了800万人。环境破坏让原住民陷入了饥荒。白人猎手对野牛大肆捕杀，使其数量从1 300万头降到了几千头，谢里登将

---

[1]　Lettre du 13 août 1844 dans Victor Demontès, « Les instructions données par le maréchal Soult, ministre de la Guerre, à Bugeaud, gouverneur général de l'Algérie, au sujet de la colonisation », *Revue d'histoire des colonies françaises*, 1917, p. 443-470.

[2]　Alton Donnely, "The Mobile Steppe Frontier", *in* Michael Rywkin, ed., *Russian Colonial Expansion to 1917, op. cit.,* p. 201-203.

[3]　Seymour Becker, *op. cit.,* p. 247-248.

[4]　« Le Turkestan... », *RME*, septembre 1878, p. 125.

[5]　Seymour Becker, p. 246-247; A. Woeïkof, *op. cit.,* p. 121.

军曾说，平定印第安地区时，猎杀野牛比部队镇压还管用。[1] 移民行为也同样具有攻击性。德·特罗布里恩将军说过："白人在美洲的使命就是吃掉红种人。"他说，即使那些认为印第安人遭受了虐待、劫掠、欺骗的白人也是一样，"一看到可疑的红皮肤人和自己走在同一条路上，就会毫不犹豫地开枪射击"[2]。在这种情况下，部队的作用就非常有限了。历史学家罗伯特·阿特利（Robert Utley）认为征服殖民地的并不是部队，它只不过是众多工具之一罢了。[3]

与比若的愿望相反，法军没能借助类似的大规模移民征服阿尔及利亚。移民在征服过程中起到的作用比"土著"协作者要小得多。尤其值得注意的是，那些旨在建造农民兵殖民地的计划几乎都没有成功。[4] 不过，必须承认的是，欧洲平民的到来促进了城市的发展，尤其是沿海城市和殖民地中心，成了真正的法国飞地。他们的出现方便了部队的行动，部队因此有了休整的地盘，相比于军事机构，他们所能提供的补给和服务种类也更加丰富。有了移民就要对他们进行保护，这一任务体现了强烈的道德意味，而不仅仅是彰显殖民者对被征服地区人口的统治。可以说，这种考虑无处不在，因为平民移民总会伴随征服活动，有时还会先一步到来。

但是，我们不能据此推断，殖民地对征服行动的支持有利于和谐友好的军民关系。这两者的关系常常不甚和睦，甚至非常紧张。据《法国大百科全书》记载，阿尔及利亚的军事制度只会让人联想到"独裁与压迫，它就像一个立在地中海对岸的稻草人，而人们的利益就像受惊的鸟

---

[1] Allan Millett and Peter Maslowski, *op. cit.*, p. 256.

[2] Régis de Trobriand, *op. cit.*, p. 17.

[3] Robert M. Utley, "Indian-United States military Situation", *in* William Sturtevant, ed., *op. cit.*, volume 4, p. 183.

[4] Voir notamment Victor Demontès, *La colonisation militaire sous Bugeaud*, Larose, 1917.

儿一样逃得无影无踪"。[1] 移民通常把"土著人"视为绊脚石，认为他们的利益应该完全从属于自己的利益，如果无法做到这一点，就要压制他们。而军人则与之不同，如果他们是为征战而来，从严格意义上来说，他们就不算是带着家属在本地人地盘安家落户的入侵者。他们只需要当地人投降，尊重并服从他们的要求。部队中还有一些精通当地语言和风俗的情报专家，他们不一定让部队变成"亲土著派"，但经常会提出一些比较温和的殖民方法。最重要的是，由于他们的首要任务是维持秩序，因此他们很怕移民与"土著人"之间发生冲突，因为这可能给当地治安造成长期的威胁。

所以，部队夹在殖民者与本地人之间，处境十分尴尬。比如谢尔曼就认为，部队处在两个阵营之间，一方要把印第安人赶尽杀绝，另一方则只想让他们皈依文明社会。[2] 部队无法调和两种相互矛盾的利益，只能在自己的能力范围之内限制双方的接触，尤其是避免移民在"土著人"聚居区建立孤立的殖民地，否则一定会发生意外。考夫曼支持移民在人烟稀少的绿洲建立殖民地，反对他们在人口多的地方定居。他的担心不无道理。从1905年起，俄国在远东战场上败北，国内又因革命动荡不安，殖民地的原住民因此受到鼓舞，并频繁向移民和管理机构发动袭击（这些袭击被政府定性为"抢劫"）。阿尔及利亚的阿拉伯办事处刚创立时，倡议当地部落在有限的区域内"扎营"，并从1861年起，有效抑制了欧洲移民的买地行为，但他们的态度遭到了"殖民派"的仇视，1881年之后，整个阿尔及利亚北部的阿拉伯办事处都消失了。这证明军事化政体只不过是过渡时期的管理方式而已。

---

[1] *Grande Encyclopédie du XIXe siècle*, Larousse, article « Algérie », T. 1, p. 646.

[2] Allan Millett and Peter Maslowski, *op. cit.*, p. 253.

第五章

对于一些战败的反思

∨

虽然殖民战争最终都获得了胜利，但其间也时有败绩。有一些无足轻重，无人问津，而另一些则惊天动地。殖民者遭遇战败一般都是在主动发动围攻或袭击时，结果事与愿违。造成失败最常见的原因是指挥将领的失策，比如镇压全面暴乱的地区时调遣的人马不足，或者把部队分得太小以至于无法互相支持。本章的目的不是一一罗列战败的例子而对"胜利"或"成功"的战例视而不见，只是想介绍其中几个失败的战例，因为它们分别能代表一种战争的形式。

大型战役以外的战斗类型

攻城战的困难

攻击有防御工事的地方很容易出差错。进攻者几乎不可能为接近敌营而花费很长时间来修建复杂的工程。他们最多是用梯子爬上城墙，或者用大炮炸出入口。但是，如果攻城行动没能在短时间之内顺利完成，这样的行动就有很大的失败风险，因为部队的粮食和弹药储备都很有限，而进攻者很难预料到攻城需要很长时间。克劳泽尔（Clauzel）元帅就是这样，经过3天徒劳的攻击（1836年11月21日至23日）并耗尽了补给之后，他只得放弃攻占君士坦丁，被迫进行了一次艰难而代价高昂的撤退。[1] 高加索地区的俄军曾企图攻占沙米勒在达吉斯坦和车臣边境的领地达戈（Dargo，也叫达吉亚，Darghiyya），他们的遭遇更加狼狈。1842年6月，格拉贝将军被迫下令撤退，然而还是损失了66名军官和1 700名士兵。1845年7月，沃龙佐夫（Voronzov）带领2.1万名士兵终于成功攻占了目标，但他们的补给线被切断：仅克鲁格诺（Klugenau）率领的一支纵队就在被称为"饼干远征"的一系列丛林战中损失了556人，其中有2位将军，858人受伤，3门大炮被缴获。沃龙佐夫只能撤退，但又被伤员拖缓了速度，幸亏他的副手弗赖塔格（Freytag）及时赶到，解救了他们。这次战役中一共有984人死亡，2 753人受伤，179人失踪，还损失了3门大炮。[2]

其他失败的战例比比皆是。1873年4月14日和16日，亚齐的"克拉通"守军用坚固的防守顶住了荷兰部队的两轮进攻。这次行动或许看上去损失很小（13名军官和士兵死亡，381人受伤），但是，远征军司令科勒（Koelher）也在阵亡者之列。远征军（4.5万人）的交通完全靠刚刚把他们卸下的那艘军舰，而舰长又不愿在季风即将到来之际冒险。因此，得到总督同意之后，他们决定再度登船。[3] 另一个例子发生在1879年9月，洛马金将军指挥部队攻打登吉尔泰佩的土库曼堡垒。从1878年起，俄国人习惯一开战就想把土耳其人拿下。然而，这次守军

---

[1] E. Pellissier de Reynaud, *op. cit.,* T. 3, p. 143-166.
[2] Moshe Gammer, *op. cit.,* p. 152-156.
[3] « Les Hollandais aux Indes orientales », *RME,* août 1873, p. 75-79.

坚守阵地，顽强抗争，俄国人却没有用大炮摧毁他们的防御体系。有一个团溃散了，其他团也不得不撤退。洛马金只得放弃围城。3 000人的部队损失了近500人，其中177死、268伤（这是中亚战场上损失最大的一次）。[1] 他也因此被解除了指挥官的职务。

从喀布尔撤退（1842年）

我们发现，撤退是殖民战争中最危险的环节。敌人重新掌握了主动权，他们可以选择骚扰或大举进攻。追击者还能获得大批新的战斗人员，这些人的目的是杀戮，更是抢劫。辎重队携带的大量武器、弹药和各种消费品对他们有很大吸引力。撤退的部队通常士气低落，疲惫不堪。1842年，英军离开喀布尔后的撤退行动就是一场灾难。在此之前，为了抵御俄军的进攻，英军已占领这座城市3年之久（1839年8月）。但1841年11月初，被英军罢黜的统治者多斯特·穆罕默德的儿子穆罕默德·阿克巴汗（Mohammed Akbar Khan）发动了一场起义。英军几乎没有为组织防御进行任何准备：群山俯视着靠近居住区的营地，营里不但住着守军，还有军官们的妻子和孩子，他们获准跟随部队转移，就像是在印度的某个城市一样。骚乱发生的第一个小时，政治官亚历山大·布尔内斯中校就在他的寓所遇害，他的房子被暴乱者烧毁。

威廉·埃尔芬斯通（William Elphinstone）少将是滑铁卢战役的老兵，但人们普遍认为他优柔寡断，不堪重任。此时的他不知所措。他的营地已被起义者包围、炮轰。在饥饿的威胁下，他决定与对方协商，带

---

[1] « Les marches-manœuvres... », art. cit., *RME*, juillet 1882, p. 47.

兵撤离。在协商过程中，另一位政治官员麦克诺滕（MacNaghten）在
与阿克巴会面时被杀。最后，双方达成的协议要求守军放弃几乎所有的
大炮，然而大炮是英军在武器方面的唯一优势，他们使用的棕贝丝步枪
射程还不如阿富汗部队的步枪。1842年1月1日，这支4 500人的队伍
（印度人占了五分之四）带着1.2万名随行人员（军官的家人、仆人和脚
夫）开始撤离。由于下雪，行军速度十分缓慢。然而，阿富汗人完全不
尊重休战协议，他们堵住了撤退队伍必经之路上的峡谷，并发动了猛烈
攻击。阿克巴要求英军用人质交换停火，他先是提出让军官当人质，后
来甚至想要埃尔芬斯通本人（1月9日），但这场屈辱的交易没有起到任
何作用。杀戮还在继续。1月13日，余下的一小拨幸存者在甘多马克进
行了最后的抵抗后，几乎全军覆没，只有几个士兵幸存了下来。最终只
有军医威廉·布赖登（William Brydon）一个人成功逃脱。他于当天晚
上到达距离阿富汗首都150公里的贾拉拉巴德哨所。[1] 这是英军最为耻
辱的败绩之一。

战败的部队

有时，占领军由于过度自信反而成了攻击的目标，因而不得不撤
退。荷兰部队在龙目岛的失败就是一个典型的例子。1843年，龙目岛
上的拉者（领袖）同意让这座位于巴厘岛东边的岛屿成为荷兰的保护
国。1894年7月，荷军又在龙目岛登陆，想要与对方签订另一份协议，
允许荷兰人在这里设置常驻外交代表，防止新加坡的英国人插手他们的
事务。拉者阿贡·伍拉（Agung Ngurah）表面上接受了协议，后来却

---

[1]   Peter Hopkirk, *op. cit.*, p. 230-270.

发起了全面起义，突袭贸然分成数个分队的占领军（8月18日）。荷军损失惨重：全军共有110名军官、1 322名欧洲士兵和948名"土著人"，其中96人阵亡（1位将军——范海姆少将，曾是远征军指挥官维特少将的副手，还有8名军官、50名欧洲士兵和38名"土著"士兵），273人受伤（18名军官、103名欧洲士兵和152名"土著"士兵）。余下的军人沦为战俘，后来被释放。他们还损失了多门大炮。8月下旬，整支队伍不得不撤退到西海岸的安佩南港（Ampenam），这也是2个月前他们登陆的地方。[1]

　　部队被全部歼灭的情况时有发生。在帝汶岛，葡萄牙军上尉卡马拉（Camara）轻率地进入了南部一个不熟悉的地区，离荷兰领土的边界很近。他带领的队伍有300人，还有一门75毫米加农炮。他在这里四面受敌，决定撤退的时候为时已晚，结果没有一个人能够生还（1895年9月6至8日）。[2]葡萄牙人在安哥拉南部的沃德彭贝（Vau de Pembe）还遭遇过一次更大的挫败（1904年9月25日）。在奥万博人游击队的攻击下，葡军上尉路易·品托·德·阿尔梅达（Luis Pinto de Almeida）2小时之内就损失了将近300人。根据勒内·佩利西耶的估计，这可能是葡萄牙远征军总人数的十分之一。[3]菲律宾征服史上的战例显示，虽然美军资财基础雄厚，也免不了与物资匮乏的葡萄牙部队遭受相似的挫折。在"巴兰吉加大屠杀"（1901年9月28日）中，驻守在这个东萨马省小镇的部队遭遇突然袭击，损失了48名士兵、100支步枪和2.5万个弹夹。不久之后，1901年12月28日到1902年1月19日之间，沃勒

---

[1]　F.H. Bogaard, *op. cit.*, p. 6, 18.

[2]　René Pélissier, *Les Campagnes coloniales du Portugal*, p. 166-167.

[3]　René Pélissier, *Les Guerres grises. Résistances et révoltes en Angola (1845-1941)*, Orgeval, Pélissier, 1977, p. 449-454.

（Waller）少校率领 50 名海军陆战队从洛伦特（Llorente/Lanang）前往巴斯（Basey）的过程中，又有 11 人死亡或失踪。[1]

战斗的失败

哈兰，一个典范

公元前 53 年，古罗马将军马库斯·李锡尼·克拉苏（Marcus Licinius Crassus）跨过幼发拉底河，率领一众新兵深入一片人迹罕至的地区寻找帕提亚人。他收到情报说对方正在靠近，于是没有让士兵们安营休息，而是立刻朝向对方行进。他的敌人苏雷纳（Suréna）采取了一种非常高效的战术：他让士兵避免展开战斗，并反复短促地袭击罗马部队紧凑的方阵。为了给自己争得喘息的机会并将队形换成适合防守、应对弓箭更有效的龟形阵，克拉苏把自己儿子率领的骑兵以及一部分步兵派到前面。这时，帕提亚人的重骑兵开始攻击，大肆屠杀松散开来的罗马部队，然后又向罗马大部队发起进攻。心灰意冷的克拉苏在夜幕的掩护下带着溃散的部队撤退到了哈兰。在随后的撤退过程中，他同意与苏雷纳进行休战谈判，但不久之后，他就跟他的部队一起惨遭歼灭。[2] 普鲁塔克（Plutarque）所讲述的这场战役，可以当作殖民军所有败仗的典型战例。通过这个战例，我们可以发现这些以战无不胜而名闻四方的部队之所以失利的主要原因：将领固执己见，高估自己的同时又低估了对

---

[1]　Brian McAllister Linn, *op. cit.*, p. 311.

[2]　Voir notamment Giovanni Brizzi, *Le Guerrier classique,* préface et traduction de Yann Le Bohec, Éditions du Rocher, 2004, p. 195-213.

手；部署不当；"土著人"斗志旺盛；最后阶段惊慌失措。

因此，我们在这里引述威廉·希克斯（即希克斯帕夏）战败的事例再合适不过了，他领导的埃及与苏丹部队在与马赫迪部队的一次交锋中损失了1万人。希克斯实际上是印度部队的退役上校，53岁时又在埃及总督的部队中担任将军。1883年5月初，他在杰贝尔阿尔德（Jebel Ard）战役取得一场小小的胜利后信心大增，于是毫不犹豫地把马赫迪部队的总部所在地欧拜伊德（Obeïd）当成了下一个目标。1883年9月27日，他从喀土穆出发，用了1个月时间穿越科尔多凡沙漠，带着又累又渴的士兵到达了被"德尔维什"控制的地区。11月4日，他们遭遇敌军的骚扰，士气一落千丈。第二天，也就是11月5日，袭击者在欧拜伊德以南65公里的喀什吉尔（Kashgil）发起猛攻，冲进了希克斯原以为十分可靠的空心方阵。只有300人生还。希克斯的头颅被砍下来送给了马赫迪。索尔兹伯里勋爵在英国上议院试图为死者辩护，他强调希克斯带领的是一支临时拼凑起来的部队，其中很多是因为无法在埃及部队服役而被遣散的人，或者是阿拉比帕夏手下的老兵，被强行集结后派往了苏丹。而希克斯1883年2月才得到指挥权，只有很短的时间来整顿部队。

此类战败的事例不胜枚举，我们仅仅从中选择几个来描述一下。

小比格霍恩战役

乔治·卡斯特上校在蒙大拿指挥的小比格霍恩战役（1876年6月26日）之所以以悲剧收场，主要是因为麻痹轻敌，但也有个人主义的原因。卡斯特在这场战役中并非孤军奋战，此次行动其实是阿尔弗莱德·H.特里将军所负责的一系列军事行动的一部分，目的在于迫使印第安苏人撤离布拉克山，以便实现殖民者的利益。这破坏了他们之前与印第安人的约定。抵达罗斯巴德河河谷之后，卡斯特本应通过比格霍恩河河谷从东边攻击印第安人的营地，而特里则在黄石河河谷伺机而动，等卡斯特把敌人赶往北边的时候将他们一网打尽。可是，当卡斯特得知对方营地距离很近之后，没有按照原定计划让士兵和战马休息到 26 日再进行行动，而是在 25 日就发起了进攻。另一方面，由于受到最近几场胜利的鼓舞，大量印第安人聚集到这里，人数由 3 000 人增至 7 000 人，其中有 1 000 多名战士，有些人还配备了温彻斯特卡宾枪。负责指挥的是疯马（Crasy Horse）和坐牛。

卡斯特一错再错。他扬言自己仅凭"第七骑兵队就能够扫除整个大陆的印第安人"，并拒绝让部队携带加特林机枪，因为他认为机枪会增加部队的负担。他与弗雷德里克·H. 本廷（Frederick F. Benteen）上尉率领的骑兵队分开，并派后者到南部进行侦察。当他走出河谷看到印第安人的营地时，又一次拆分了兵力，这时他只剩下两支队伍了。按照计划，马库斯·A. 里诺（Marcus A. Reno）指挥官的队伍（175 人）应从南边的河谷地带袭击营地，而他自己的队伍（210 名骑兵）则要绕过营地从东边发起进攻。然而，这两次进攻没有同时进行：里诺的部队投入战斗后被迫撤退，胜利者得以将矛头转向卡斯特的部队并将其歼灭。26日，里诺队伍中的幸存者加入了本廷的骑兵队。印第安人首领决定停止战斗并离开了战场之后，他们才终于死里逃生。[1] 此战美军损失惨重：里诺的小分队中有 40 人死亡、13 人受伤，只有 17 名士兵成功逃脱。卡斯特的小分队则几乎全军覆没（197 人死亡）。

卡斯特不是第一个因为刚愎自用而成为印第安人手下败将的。10

---

[1]　Robert M. Utley, *Sitting Bull*, p. 199-221.

年前的1866年12月21日，费特曼（Fetterman）错误地远离了菲尔·卡尼堡（Fort Phil Kearny），追击逃跑的游击战士。他无视命令翻过山脊，来到了堡垒哨兵的盲区，结果落入奥加拉拉人设置的陷阱。他本人和80名骑兵全都战死沙场。[1] 美国人不是唯一行事不慎的殖民者：1845年11月，在阿尔及利亚和摩洛哥边境附近，有人看到阿卜杜勒-卡德尔，内穆尔（Nemours）哨所的指挥官蒙塔尼克（Montagnac）中校带领驻军离开哨所迎敌。跟他一起出征的411名军官和士兵中，既有骑兵也有步兵，结果312人战死，83人被俘，只有16人逃回了法国防线。拉维迪尔（Laverduer）上校在摩洛哥的艾尔赫里（el-Herri）战斗（1914年11月13日）中的损失更重。他的部队无视利奥泰的命令，贸然与扎伊安人（Zaïan）首领默哈奥哈姆（Moha Ou Hammou）开战，结果1 230名士兵中的580人和43名军官中的33人被打死，所有武器被柏柏尔士兵缴获，他们一直很在乎的附近的海尼夫拉哨所也沦陷了。这是法国部队在海外遭受的最严重的一次打击，适逢第一次世界大战席卷法国。这次战败令法国人痛心疾首。

伊散德尔瓦纳战役

过去，英国人与祖鲁人之间的关系还相对缓和，后来英国人吞并了布尔人建立的德兰士瓦共和国，并把英国权威强加给国王塞奇瓦约，双方因此爆发了战争。由于塞奇瓦约拒绝了英国的提议，英国部队便出兵入侵了他的国家。担任总司令的切姆斯福德少将把部队（共1.8万人，其中有6 000名欧洲士兵）拆分成3个入侵的分队。他本人带领中

---

[1]　Robert M. Utley, Wilcomb E. Washburn, *op. cit.,* p. 194-195.

间的分队，打算攻占王国的都城乌伦迪。1879 年 1 月 21 日，他来到伊散德尔瓦纳，在那里可以从 100 多米高的地方俯视整个平原。他的先遣部队提醒他一支强大的敌军正在靠近，于是他在 22 日凌晨 4 点带领一支 2 500 人的分队出发予以拦截，以防敌人逃跑。他自认为在营地留足了驻军，由亨利·普莱恩（Henry Pulleine）中尉及其副手安东尼·邓福德（Anthony Durnford）指挥，其中有 67 名军官和 1 700 名士兵，包括 800 名"土著"士兵。但是，他不知道对手已在附近集结了一支 1.4 万人的大军，以小分队的形式悄无声息地会合到了一起。

上午 8 点，邓福德得知祖鲁部队正在靠近，于是带领他的骑兵和步兵上前迎战。结果这次行动演变成了一场灾难。表面上看，非洲将领似乎是想等到夜幕降临再发动攻击，实际上他们加快了进攻的节奏。邓福德不得不撤退下来。普莱恩为了支援他，让 600 名步兵面向北边组成战线，邓福德的分队则位于其右翼，面向东边。这样部署的战线很脆弱，因为两部分之间相隔了 100 多米。战斗十分激烈。祖鲁部队的中心遭到了沉重打击，但英军右翼由于弹药耗尽等原因退了下来，这使得祖鲁军左翼得以趁机突进。英军试图撤回营地，但是没有成功。刚到下午，英军营地就被攻占。留守的"土著"后备部队溃不成军。普莱恩率领的方阵仍在顽强抵抗，但子弹已经不多。[1] 随之而来的是一场屠杀。在 1 700 名士兵中，960 名欧洲士兵中的 900 人被杀，还有二三百名"土著人"战死，2 门大炮、800 支步枪和 40 万发子弹被抢走。对方阵营中大约 2 000 人死亡，2 000 人受伤。

这场战斗刚打响的时候，切姆斯福德处在距离战场 20 公里的地方。他很早就听到流言说营地有事发生，但到惨剧发生的当天上午才得到确

---

[1] « Rorke's Drift », 22-23 janvier 1879, *in* Victor Davis Hanson, *op. cit.*, p. 339-402.

认。他赶紧集合部队，直到下午才开始有所行动，而赶到战场时已是晚上8点半。他看到的只是一片尸横遍野的景象。在这件事上，人们常常把责任归咎于倒霉的邓福德和普莱恩而不是切姆斯福德，因为他们本来应该在营中防守并等待敌人发起进攻，而不是进行正面的列队战斗。在十几公里外的罗克渡口补给站，英军曾靠防守战取得过胜利，说明这一战术本来或许可以使他们避免伊散德尔瓦纳战役的惨剧。罗克渡口补给站中的驻军很少，有第二十四步兵团中的139名士兵，其中还有35个伤病员以及一些纳塔尔"土著"士兵。指挥官是两个经验不足的中尉和一个年迈的副职军官。他们据守在被山丘环绕的两个小房子里，一个是医院，另一个是商店。22日下午，驻军从逃到这里的伊散德尔瓦纳幸存者那里听说了战败的消息，但是，这些生还者还不甘心就此结束战斗。守军并没有因此乱了阵脚。他们从下午14时30分开始临时搭建角堡，并在墙壁上凿出射击洞口。墙与墙之间用高高的壁垒连接起来，并用面粉袋和饼干盒加固起来。事实证明这些准备工作很奏效：从17时到23日早上7时，这个阵地顶住了4 000名祖鲁士兵的攻击，代价是15人死亡，17人受伤。[1]

阿杜瓦战役

　　阿杜瓦战役或许是所有殖民战争中最惨痛的败绩。这场悲剧之所以发生，是由于埃塞俄比亚国王梅内利克对1889年意埃两国签署的保护国条约《乌西阿利条约》（*Traité d'Ucciali*）越来越抗拒，同时也不愿接受有利于厄立特里亚的领土划分。他担心这个野心勃勃的邻国向自

---

[1]　« La guerre du Cap », *RME*, 12 avril 1879, p. 190-194.

己的国土扩张。1894年7月，巴拉蒂耶里以抵御马赫迪部队为由，派兵占领了卡萨拉哨所。这个哨所位于苏丹境内，毗邻阿比西尼亚的边界。1895年，他与阿比西尼亚亲王（总督）曼加夏在提格雷地区发生冲突。1月13日，他在库阿提特战斗获胜后，率军继续南下。3月，他占领了提格雷首府阿迪格拉特，距离马萨瓦大约250公里，然后又占领了西边的阿杜瓦和南边的马卡列（Makallé）。意大利人在这些新占领的高海拔城市（阿迪格拉特海拔2 545米，阿杜瓦1 965米）中建立了安全可靠的大本营，这些地区比气候炎热的海边更为安全。从马萨瓦到阿迪格拉特的道路上，每步行3到5天的路程就有一座碉堡。这种做法可以算是十分谨慎了。

　　梅内利克动用了他的封臣。1895年10月，克里斯皮授予巴拉蒂耶里军事全权，后者将其部队派往更南方的阿塞兰吉湖（lac Aseranghi）。他们在这里遭遇了第一次战败：12月7日，托斯里（Toselli）少校的先遣部队在安巴阿拉吉被马科涅诺公爵（Ras Makonnen）指挥的谢瓦省（Choa）士兵打败。2 500人的意大利部队损失了15名军官、40名士官、900名正规军和上千名"土著"非正规军。由阿里蒙蒂将军率领的主力队伍接应到生还者时，这支部队只剩下3名军官和500名厄立特里亚雇佣兵，两支部队一起撤退到了阿迪格拉特，巴拉蒂耶里在这里集结了7 000人。这次战败的后果非常严重，意军不得不撤出阿杜瓦。马卡列的驻军（20名军官、13名士官、150名意大利士兵和1 000名"土著"士兵）也被梅内利克包围，被迫投降，颜面扫地（1896年1月23日）。这一事件造成的心理影响不容忽视。尽管意大利政府在宣传中大力赞扬驻军司令加利亚诺（Galliano）少校顽强抵抗的事迹，但是要求报仇雪恨的呼声越来越高，意军只有打一场翻身仗，才能挽回士气。罗马议会决定再次出征，并投票同意为此拨款2 000万里拉，将巴拉蒂耶里的部队扩充到了1.8万人。

梅内利克通过谈判让己方的战俘重获自由，并为划定阿杜瓦和阿迪格拉特南边的厄立特里亚边境问题、保证阿比西尼亚独立保留了谈判空间。1896年1月底，他从马卡列来到阿杜瓦。在这里他可以率军进攻，也可以在意军后方煽动起义，总之，他对阿迪格拉特和马萨瓦之间的交流沟通构成了严重的威胁。他十分注意让自己的部队保持集合状态。巴拉蒂耶里的基地就在阿迪格拉特，先头部队的营地则在基地西边30公里处的恩提西奥（Entiscio），意军和埃塞俄比亚部队处于剑拔弩张的危急状态。由于补给组织不力，意军还面临缺粮的困境。此时，最好的解决办法无疑是撤退。这样能缩短交通线，还能补充兵力，因为意大利政府派来的援军只有一部分已经与他会合，剩下的还没有出发，尤其是赫茨（Heutsch）的部队，他们2月24日才决定出发。梅内利克行进到恩提西奥附近，似乎想要开战，但2月20日又退到了阿杜瓦，这样一来双方部队之间就拉开了很大一段距离，撤退没有什么风险。然而意军却决定进攻。

这个决定演变成了一场浩劫，意大利做出这个决定的原因很多。军中大多数将军［达波米达（Dabormida）、阿里蒙蒂以及埃莱纳］支持进攻：在2月28日举行的战争委员会会议中，只有阿尔贝托尼（Albertone）建议撤退。但是，首相克里斯皮给他们的压力堪称是最重要的因素。1月7日，他在给意军的第一条消息中说，希望他们取得全面胜利。克里斯皮认为，巴拉蒂耶里让下属皮塔路加（Pittaluga）向意大利政府提出的人力和金钱方面的要求太过分（3万名士兵和5 600万里拉）。在2月25日的一封电报中，首相指责巴拉蒂耶里在既没有实际意义、也没有象征意义的小冲突上浪费军力，说他对战争没有规划，并强调一定要挽回部队的荣誉和意大利的威严。最后，他终究派来了援军，但为时已晚。[1] 另外，巴拉蒂耶里知道议院很快就要召开会议，而克里斯皮一定希望以征服者的姿态出席。当然，导致巴拉蒂耶里匆忙行动的还有其他原因：他担任指挥官的时间不多了，意大利政府派巴尔迪塞拉（Baldissera）接替他的职务，后者于 2 月 23 日登船前往厄立特里亚。由于政府的决定是保密的，所以他不一定知情，但他有可能担心资历更老的赫茨会来执掌部队。[2]

　　巴拉蒂耶里在不知道梅内利克确切位置的情况下就向阿杜瓦进军，而对方的兵力是他的 5 倍（对方有 8 万士兵，而他只有 1.5 万人）。他手下的 4 个大队于 2 月 29 日晚上 9 点上路，在没有坐标的情况下彻夜行军。左路大队（由阿尔贝托尼指挥）全部由训练有素的"土著"士兵组成，朝着拉约山（mont Rajo）北边的锡达内梅瑞特山口（col de Chidane-Meret）进发，但是，他们或许是在确定目标方位时判断失误，把与此地以南 7 公里处的另一个同名山口搞混了。另外 3 个大队（分别由达波米达、阿里蒙蒂、埃莱纳指挥）则陆续通过了拉约山南部的雷比阿里亚纳山口（col de Rebbi Arienne），这耽误了他们的进程。随后，阿尔贝托尼的队伍于早上 8 点 30 分首先与敌军相遇，而达波米达的部队并没有如期支援他的右翼，于是他只能孤军奋战。其他部队 2 小时以后才加入战斗。巴拉蒂耶里事先派达波米达的部队登上马里亚姆希亚维图山谷（vallon de Mariam Sciavitu）周围的高地，希望用这种方式支援阿尔贝托尼。阿里蒙蒂的队伍来到雷比阿里亚纳山口脚下，支援达波米达队伍的左翼。然而，这两支队伍面对的是阿比西尼亚部队的全面进攻，10 点 30 分，袭击者占据了一个山尖，像楔子一样插入两个部队之间，把

---

[1]　Georges Bourgin, « Crispi », *Les Politiques d'expansion impérialistes*, PUF, 1949, p. 149.

[2]　« Les Italiens en Afrique », *RME*, décembre 1896, p. 479-480.

他们彼此分开。意大利部队就这样被分成了 3 块，11 点 3 分，阿尔贝托尼的部队全军覆没。阿里蒙蒂遭遇三面夹击，巴拉蒂耶里把后备部队（由埃莱纳指挥）分成小分队增援阿里蒙蒂，结果只是白费力气。中午时分，这两支部队都铩羽而归。只有孤军奋战的达波米达成功击退了敌军的所有进攻，甚至有几次还侥幸还击。但是，最后他也不得不撤退下来。这时已经是下午 4 点。[1]

生还者进行撤退的条件十分糟糕。他们先是被奥罗莫骑兵追击了 15 公里，而且整个撤退过程中不断受到造反的农民骚扰。迪博卡尔德（Di Boccard）率领的团本应负责镇守补给线上的站点，但过早地离开了梅马拉特（Mai Marat）。溃军直到抵达阿杜瓦南部 70 公里处的阿迪克伊（Adi-Caié）和阿迪乌戈利（Adi-Ugri）的时候，才稍微恢复了一点秩序。他们损失了炮兵的 56 门大炮。失败的打击太大，以至于意大利国内流言四起，说埃塞俄比亚部队里有 100 多名俄国军官和 60 名法国军官。[2]事实上，法国的克洛谢特（Clochette）上尉只是个旁观者，俄国的列昂惕夫（Leontieff）上尉根本就不在那里。[3] 意大利部队的前哨向后退了 100 公里。人员损失令人震惊无比：在参战的全部 560 名军官和 9 940 名士兵中，262 名军官（其中包括 5 名将军中的 2 位——阿里蒙蒂和达波米达、7 位上校中的 5 位、24 位营长中的 15 位）和 4 316 名士兵战死，1 300人被俘（其中包括阿尔贝托尼将军）。厄立特里亚雇佣兵中 2 000 人战死，1 000 人被俘。欧洲战俘并没有受到虐待，他们被带到亚的斯亚贝巴，交了一笔赎金之后被释放了；厄立特里亚雇佣兵则被阿比西尼亚人施以酷

[1] « Les Italiens en Afrique », *RME*, janvier 1897, p. 38-69.

[2] Voir références dans Bruce Vandervort, *op. cit.*, p. 24 et note.

[3] R.H.Rainero, "The Battle of Adowa" ; *in* J.A.DeMoor and H.L.Wesseling, *op.cit.*; Angelo Del Boca, *Gli Italiani*, p. 547, 699.

刑，按照《圣经》中提过的惩罚方式被砍去了右手和左脚。[1]

为此，巴拉蒂耶里难辞其咎。他没能组织好补给。辎重队把不同种的牲畜混用，结果导致队伍规模笨重，行进缓慢。一位法国专家指出，他本应该把总路程分成 3 段，在每段路上分别役使骆驼（从萨蒂到阿斯马拉）、骡子（从阿斯马拉到阿迪克伊）和驴（从阿迪克伊到阿迪格拉特）。[2] 被敌军限制行动之后，他冲动地发起进攻，高估了自己的实力，但没有考虑到他们中有很大一部分是没有受过训练的新兵和见习军官，根本不能像库阿提特战役中的部队那样熟练地行动。士兵补给的配额本来就捉襟见肘，他还用夜间行军彻底耗光了他们的体力。[3] 在战场上，他毫无组织能力，任凭秩序散漫的队伍乱打一气。他不但没有阻止撤退，甚至在 3 月 1 日至 3 日的三天里几乎完全放弃了指挥权。

因此，当战争委员会于 6 月 5 日至 14 日在阿斯马拉召开时，他不可能躲过问责。德尔·马伊诺（Del Maino）主持的军事法庭宣判他无罪，因为他"没有任何犯罪意图"，也没有"故意玩忽职守"，所以没有对他不利的证明。法庭为他辩护时还强调他承受了巨大的心理压力，"政府不断催促司令官有所行动，有时所提的要求不免过分，而且他在一边撤退一边指挥部队战斗的过程中，没有轻率盲目、孤注一掷的举动，这势必给他造成了不可避免的痛苦"[4]。不过，他的审判并没有因此减轻，虽

---

[1] Bruce Vandervort, *op. cit.*, p. 163-164; la pratique de la mutilation des prisonniers aurait été justifiée par les Abyssins à l'explorateur allemand Gherardt Rholfs par une citation de la Bible (1er livre de Samuel, XVIII, 25) « L'armée d'Abyssinie », *RME*, 15 août 1888, p. 165.

[2] « Considérations sur la campagne d'Abyssinie. Conférence faite à Turin par le général Gazzurelli », *RME*, février 1897, p. 163-166.

[3] « Observations sur la bataille d'Adoua. Résumé d'une étude critique du lieutenantgénéral Corsi », *RME*, octobre 1896, p. 324-327.

[4] Sentence du procès Baratieri dans *Rapport du général Lamberti, vice-gouverneur de l'Érythrée, sur la bataille d'Adoua (1er mars 1896)*, Lavauzelle, s.d. [traduction du rapport officiel; sentence du tribunal militaire], p. 51.

然他没有受到刑事处罚，但"在双方差距如此悬殊、情况如此危急的情况下，他竟然把指挥权托付给一位完全不能胜任的将军，法庭不得不为此深感惋惜"[1]。军事会议摇身一变成了纪律会议，并以不称职为由解除了他的职务。会议把战败的所有责任推到了巴拉蒂耶里身上（当然他的错误非常严重），因此避免了进一步扩大追责。

不是失败的失败：谅山战役

这场战役发生在中法战争期间。谅山哨所距离河内150公里，离有"中国大门"之称的中国边境哨所只有15公里左右，因此被视作具有重大价值的战略要地。这也是中国部队到达红河三角洲的最短路线。远征军总司令波里耶·德利斯尔将军于1885年2月13日占领了这个哨所，并留下了3 000名守军，由尼格里指挥。这支占领军从1885年1月底就开始行军，10天内经历了7场战斗，走的道路崎岖坎坷，其间还阴雨连绵，一路上共有432人受伤或者患病，因此到达那里时，他们已经疲惫不堪。[2] 而偏偏此时尼格里又收到了新任务：跨越边境，进攻100公里外的龙州县，以便摆脱中国持续的攻击。补足物资之后，他于2月22日开始向目标进发，然而他所面对的却是据他估计多达2万人的中国军队，尼格里只好撤退。

3月18日，他曾向上级报告，希望放弃这项计划：失败自然令人恼火，而如果法军出师告捷并进入敌方领土，他们则很有可能因为补给线

[1] Sentence du procès Baratieri dans *Rapport du général Lamberti, vice-gouverneur de l'Érythrée, sur la bataille d'Adoua (1ᵉ mars 1896)*, Lavauzelle, s.d. [traduction du rapport officiel; sentence du tribunal militaire], p. 56.

[2] Commandant Lecomte, *Lang-Son*, p. 305.

拉得过长而暴露，使自己陷入危险的境地。但他没有坚持这一想法。3月23日，为了保护位于谅山以北20公里处受到中国部队骚扰的同登哨所，他带着2 000名士兵发起进攻。由于人手不足，他没能控制中国的镇南关营地，而且损失惨重（287人中75人战死），因此不得不撤退（3月24日）。面对威胁，尼格里带着他认为足够的兵力（3 500名士兵、15门弹药充足的大炮）从同登撤离，准备退守谅山市。3月28日，他在距离此地北边的驱驴打了一场胜仗，但在战争中身受重伤。

　　第三步兵团的赫本哲中校接替了他指挥撤退。他指出，中国部队人数众多，而法军缺少粮食和弹药，对方还有可能切断他们的交通线。因此，他下令兵分两路，连夜撤出谅山，他自己前往屯梅方向，谢弗（Schoeffer）司令则去往东松（Dong Song）。为了加快行进速度，法军匆忙之中丢弃了1组大炮、几箱财物（13万枚银元，价值约30万法郎）和备用的面粉。后来赫本哲认为屯梅仍然不够保险，于是继续撤退，30日凌晨1点到达东松，并从那里又开始向楚镇（Chu）撤离，4月1日到达，撤退行程总计70公里。其实他只是因为欠缺经验而草木皆兵。中国部队并没有准备到距离军事基地太远的地方打仗，更不打算冒着把自己暴露给来自红河三角洲的援军的危险对法军实施围剿。法军当时也不缺乏物资，他们有够吃20天的粮食和足够的弹药，足以支持到补给队到达的时候。

　　但是，波里耶·德利斯尔将军相信了赫本哲的汇报：3月28日，他在给巴黎的电报中说，中国的3支部队向法军发动了"猛烈"的进攻，赫本哲不得不后退。波里耶说他为了抗击"采用欧洲方法组建的中国部队"，把所有的资源都用在了楚镇和白马市。他还说道："红河附近的敌军不断壮大。无论如何我都希望能够守住整个三角洲。"并在电报中明确提出增援的请求，这使人更加焦虑不安。但实情很快浮出水面，赫本哲要为这次无缘无故的撤退负责。4月8日，波里耶在视察前哨站之后，当天就撤销了放弃谅山的命令，并提醒士兵"只要世界还没有毁灭，中国部队就绝对无法攻破欧洲部队防守的阵地"[1]。但他并没有下令夺回失守的地区。欧洲部队已被战争折磨得筋疲力尽。莫名其妙的恐慌使得招募"土著"新兵、顶替积劳成疾的病员和逃兵的工作难以进行。而且红河水位很低，水运交通的难度增加了。[2] 无论如何，中法双方于4月15日签署停战协定，继续进行新的战争已经没有什么意义了。

这些败绩在人们的心目中一直挥之不去，但是否起到了一锤定音的作用呢？

失败的限度

"土著人"的胜利未被充分利用

值得注意的是，无论欧洲部队经历了如何惨重的失败，始终都没有一蹶不振。用孟德斯鸠的话说，殖民体系不会因为一场战役而衰亡，至少在当时是如此。获胜的抵抗者并没有乘胜追击，把入侵者扔进大海。他们还没有勇猛凶狠到足以彻底摧毁敌军的地步，正如克劳塞维茨所说："一场没有得到充分利用的胜利，永远不可能产生巨大的反响。"[3] 双方部队将领之间的文化差异导致了他们的思想意识上的差异，我们该不该把抵抗者的态度归咎于此呢？汉森（Hanson）的结论与克劳塞维

---

[1] Commandant Lecomte, *Lang-Son*, p. 520.

[2] *Ibid.*, p. 483-526.

[3] Carl von Clausewitz, *De la Guerre,* trad. fr., Éditions de Minuit, 1955, p. 285.

茨不谋而合，他认为抵抗者一般都满足于几场战术上的胜利，觉得只要能让敌人坐下来谈判就心满意足了，没有必要乘胜追击，彻底毁灭对方，但是，所有西方部队则都以此为战争目标。[1] 汉森的评论虽然睿智，但缺乏分量，而理性论证则能够对抵抗者的态度做出令人信服的解释。

首先，一场大战结束后，要想贯彻歼灭战略，就必须要准备足够的资源。但一般来说，战胜的一方为了取胜已付出高昂的代价。即使是坚定不移的战士，也已在枪林弹雨的正面进攻中吃尽苦头，很多人都想远离战争。在阿杜瓦战役中，阿比西尼亚人的损失绝对超过了通常人们所说的1.7万人；伊散德尔瓦纳战役中祖鲁人的死亡人数也有4 000人。"土著"部队不追击敌军有很多其他原因：对通常由非职业士兵组成的部队来说，战利品是他们参战的强大动力，因此他们会时不时地停下脚步并离开队伍搜刮财物；另外，在完全没有后勤系统支持的情况下，大规模的部队难以维系，必须解散寻找补给，而各个部队的首领之间并没有形成规范有力的等级秩序，这样一来部队就更容易溃散。小比格霍恩战役之后的印第安人就是个很典型的例子。

政治动机也是原因之一。虽然"土著"领袖不一定总能准确理解对方的意图，反过来也一样，但他们至少见识过殖民者强大的军事实力。大多数时候，他们会把胜利当作侥幸，虽然情况暂时对他们有利，但在总体实力的对比中他们总是处于劣势。因此，他们觉得最好还是不要进一步侮辱对手，而是给对方留下一种无法弥补的悔恨，并开放谈判的可能性。事实上，殖民政府对于战败的反应也说明，他们不会对敌人的军事打压忍气吞声。他们会利用这个机会补充资源，更换指挥，并重新发起进攻。

---

[1]　Victor Davis Hanson, *op. cit.*, p. 437.

"强力"反击

英国人不愿因失败而一蹶不振。在埃尔芬斯通的部队遭到杀戮之后，他们坚守波伦山口和开伯尔山口，不让其他侵略者进入印度（这种可能性也很小）。约翰·波洛克（Sir John Pollock）少将的"复仇部队"从这里出发，不久之后其下属威廉·诺特（William Nott）也加入了他的行军队伍，并于1842年9月15日到达喀布尔，放火烧毁了屠杀的主要发生地和阵亡军官曝尸之处。整座城市任凭复仇者抢掠。所有生还的战俘都被释放了。已逃亡的多斯特·穆罕默德被赶下了埃米尔之位。

同样，伊散德尔瓦纳战役失败的影响很快被消除。在北边，埃弗兰·伍德于3月28日战败之后，选择埋伏在防守严密的阵地等候祖鲁人大部队的到来，并于第二天猛烈地回击了敌军（坎布拉）。大批援军也到达了德班。6月1日，伍德带兵侵入了祖鲁领地，并小心翼翼地向距离他的大本营约130公里处的乌伦迪进军。切姆斯福德也亲自率军抵达，他知道加内特·沃尔斯利爵士已被派来接任他的职务，他想赶在后者到达之前取得一场胜利，因此急不可耐地采取了行动。7月4日，在乌伦迪附近发生了决定性的一战。正如前文所说，英军的方阵成功击退了祖鲁人约2万人的大军。[1] 乌伦迪沦陷之后被付之一炬。这次胜利让切姆斯福德摆脱了之前因战败而留下的骂名，或者说，至少为他洗刷了正式的罪状。

荷兰人在印度群岛战败后的报复行为鲜为人知，但声势同样浩大。他们与亚齐苏丹交战时，因为准备不足而受到了批判，但海牙议会对他们制定的总体原则还是予以了肯定，并指出必须消除此次战败的持续影

---

[1]　*RME*, juillet 1879, p. 48, 16 août, p. 76-79.

响。在议会上，荷兰首相范德普特（van de Putte）引用了奥伦治王朝的格言，高呼"我们将屹立不倒！"。夺取"克拉通"失败的6个月之后，范史威登将军带着一支更加庞大的部队（1.3万人）再次登陆，循序渐进地与守军展开战斗，47天后，他的部队包围了守军的要塞，并轻而易举地长驱直入（1874年1月24日）。1月26日，苏丹死于霍乱，荷兰人随即宣布吞并这个国家。

1894年7月，龙目岛起义之后，荷兰政府内部一致同意回应这一"背叛行径"。在巴达维亚担任指挥的盖·范皮提亚斯（Gey van Pittius）将军得到了1 500人的增援（31名军官、488名欧洲士兵、492名"土著"正规军，后来又追加了14名军官和437名"土著"兵）和几门加农炮。虽然雨季将至，他还是决定展开行动。战斗一直持续到11月底，并以荷兰部队夺取君主的都城卡兰尼嘉拉瑞（Tjakra Negara）告终，卡兰尼嘉拉瑞是一个边长大约3公里的城区，距离荷兰部队的安佩南营地大约7公里，被城墙围绕，人口十分密集，统治者的居所就在那里。11月19日，2个前来增援的荷军营队将那里攻占，几轮浴血奋战后，"叛军"的死亡人数从97人上升到了382人。[1] 抵抗者阵营中的死亡总人数多达2 000人，既有男人，也有女人和孩子，还包括宁死不屈的自杀者。[2] 逃跑的君主很快被捉拿并流放到了巴达维亚。

其他复仇行动的结果也与之相似。1836年在君士坦丁战败的法国于次年弥补了败绩。西迪易卜拉欣战役失利之后，驻非洲的法军得到了1万名援兵，部队总数达到了史无前例的10.6万人。1845至1846年的战役是整个征服史上最艰难的时期之一，这一战把阿卜杜勒－卡德尔逐出

---

[1]　F.-H. Boogaard, p. 19-31.

[2]　Maarten Kuitenbrouwer, *op. cit.*, p. 262.

了阿尔及利亚，并为他于1847年最终投降打下了基础。琼山之战也引发了同样的反应：1885年3月30日，费里曾提议为殖民部队拨款2亿法郎并增加1万兵力，但被众议院推翻了，而4月8日，众议院投票通过了新任总理布里松（Brisson）拨款1.5亿并派出3.5万人进行远征的要求，同时一个小分队已在马赛整装待发，准备登船。[1] 美国人在小比格霍恩战役失利之后的反应跟法国如出一辙：向部队提供更多资源。谢里登将军得到了所有印第安非军事事务局的控制权，并采用堡垒与部队相配合的方式在战斗中解除印第安人的武装，夺走了他们的战马。

但是，也有例外。伦敦政府曾两次阻止部队用武力消除战败对士气造成的影响：马朱巴山战役之后，格莱斯顿禁止接替波默罗伊－科利担任总司令的埃弗兰·伍德重新展开进攻，而是让他于1881年3月6日签署了《比勒陀利亚协定》。这份协定允许布尔人建立自治政府，同时保留英国的统治权。同样，戈登死后，英国人放弃了对苏丹的野心。这一做法完全符合战败后英国首相的设想，因此严格地说，这并不是英国政策的倒退。[2] 很多军人和政治家虽然同意接受战败的结果，但对这一结果给英国权威和部队可信度造成的影响也没少提出批评。不到10年之后，大英帝国又被非洲潜在的丰厚利益所吸引，再一次展开远征。他们在1898年与马赫迪部队的战争、1899年与阿非利卡人的战争，都可以看作是迟来的报复。

意大利人虽然在阿杜瓦战役中失败，但是，埃塞俄比亚人也并没有取得压倒性的胜利。由于粮食不足等原因，梅内利克打算在3月20日撤军。而3月4日，意大利政府一笔1.4亿的拨款到达马萨瓦，巴拉蒂耶里

---

[1] Pierre Guillen, *La Politique étrangère de la France. L'expansion, 1881-1898*, Imprimerie nationale, 1985, p. 194-195.

[2] Edward M. Spiers, *The Late*, p. 287.

的继任者巴尔迪塞拉将军用这笔钱稳定了战况。借着当地驻军和战前到达的支援，他组建起了一支相对庞大的队伍：1896年4月4日时，军中总计有4.1万名士兵。他利用这些强大的力量，解救了被马赫迪包围的卡萨拉，还给阿迪格拉特的驻军解了围。

通常情况下，败绩不但没有阻止殖民扩展，反而使其加快了进程，因为战败的经历说明（至少在表面上说明了）资源不足在战争中的危险。这给了战争指挥官充足的理由要求支援。

似乎只有阿杜瓦是个例外，因为从此以后，意大利对埃塞俄比亚就失去了兴趣。据军方估计，要打一场决定性的胜仗需要15万名士兵以及相应的资金，这远远超过了国内现有的资源。克里斯皮的继任者鲁迪尼（Rudini）侯爵宣布不再进行新的扩张，并放弃阿比西尼亚这一保护国领地。1896年10月26日，双方在亚的斯亚贝巴签署了和平条约。与这个条约同时签署的还有释放2 400名战俘的协定（最后一批归国者将于1897年6月回到那不勒斯）。1897年，阿迪格拉特回归埃塞俄比亚。1900年6月，马雷布河—贝雷萨（Belesa）—穆娜（Mouna）一线被确定为埃塞俄比亚国境线。1906年，意大利、法国和英国共同签署了一份协约，最后一个非洲王国终于独立。[1]

实际上，真正对阿杜瓦之战做出激烈反应的不是意大利人，而是英国人。英国人看到从意大利的压迫下解放出来的马赫迪部队很有可能在南边发起进攻，这促使他们决定主动向苏丹出击，重新占领栋古拉并建立栋古拉省，保证埃及大后方的安全。值得注意的是，虽然阿杜瓦战役的失败标志着意大利在红海开始采取"沉默"政策，但这并不意味着他们的殖民野心就此终结。他们与周边列强签署的协议保证了他们在厄立

---

[1] « Les Italiens en Afrique », *RME*, février 1897, p. 114-155.

特里亚以及索马里的地位。1897年，卡萨拉被让给英国，1年之后，苏丹与厄立特里亚的分界也被划定。意大利的野心转向了利比亚，这里距离意大利更近，也更有利可图。"第四海岸"成了意大利殖民扩张的重点，并导致了1911年的战争。另外，右翼国家主义者编出了一个"阿杜瓦神话"，1935年，虽然时代氛围已经与19世纪末大相径庭，但阿杜瓦之耻仍起到了推动法西斯侵略的作用。[1]

最后，通过仔细观察我们就会发现，英国在阿富汗绝妙的报复行动并不是为了征服，而是为了稳定局势。1842年的大屠杀让他们意识到，待在一个充满敌意、地形复杂的国家太过冒险，还会把俄国的注意力引到南边来。在打过"复仇战"以后，他们很快就撤离了这个国家，让埃米尔多斯特·穆罕默德重新掌权。1879年他们才卷土重来，对抗来自北方的新威胁。虽然英军凭借势如破竹的攻击打了很多胜仗，从喀布尔到坎大哈的进军尤其辉煌，但他们还是愿意承认新任统治者阿布杜尔拉赫曼汗（Abdurrahman）的权力（虽然在很长时间内，他都是考夫曼在撒马尔罕的东道主），并于次年离开了这个国家。从1979年开始，近代史上外国政权对阿富汗的种种干涉似乎用事实证明了这一决策的正确性。

---

[1]　Angelo Del Boca, *Gli Italiani*, p. 709.

第六章

殖民战争与大型战争的关系

$\vee$

部队的弱点

速战速决？

至少从16、17世纪以来，有关殖民者在四大洲上进行的殖民战争和剥削的历史记载为所有部队提供了丰富的经验素材，而且随着时间推移，这些经验还在不断更新。西班牙、荷兰、葡萄牙和法国都曾在世界各地投放部队，从地中海南岸到拉普拉塔河，从波斯湾到中国台湾。美国的第一块殖民地建立之时，也就是与印第安人的战争打响之时；而俄国人和亚洲各国的战争从可怕的伊凡雷帝（Ivan le Terrible）时期就开始了。除此之外，在欧洲也发生过一些以"小战争"为主要形式的冲突，尤其以法国大革命时期的旺代起义和布列塔尼起义、西班牙游击队和帝国时期俄国游击队的军事行动最为典型。[1] 从这些战争中得到的信

---

[1] Le général russe Davidoff avait décrit les guerres menées par les Russes contre les Français. Général Denis Vasilevitch Davidoff, *Essai sur la guerre de partisans*, trad. fr., Corréard, 1841.

息以经验为主，但也有一部分成为正式的军事规则。法国于1832年颁
布的作战部队条例就详细描述了进行游击战争的方法。[1] 反过来，有些
在殖民战争中获取的信息也被用于一般的军官培训。1912年，英国作
战部队规章就大量引用了海外战争中的山地战和丛林战战例。[2]

　　在当时的军事思想家眼中，有关殖民战争的资料记载虽然卷帙浩
繁，但没有能够升华到科学或者艺术的高度。安德烈·马特尔指出，在
《作战原则》（ Les Principes de la guerre，1904年）一书中，福煦对"非
洲黑人和亚洲黄种人"远征的描写只是高高在上地一笔带过。[3] 很多专
家认为，这种战争用到的兵力很少，对方人数不多，装备也很简陋，只
要付出很小的代价，就能轻易取胜。既不需要复杂的战术，也不需要宏
伟的战略。这样的战争会导致军官过度自信，并使他们忽视最基础的军
事原则和兵法。在经历了痛苦的觉醒过程之后，人们才意识到了殖民战
争经验的局限，甚至流弊。在这一方面，法国和英国部队的经历无疑是
最具代表性的。大多数法国将领都同意，阿尔及利亚征服战争最大的缺
陷就是会把本国最精锐的部队限制在海外。因此，像1840年的总理阿
道夫·梯也尔（Adolphe Thiers）一样，他们自我安慰的方法就是试图
证明殖民地至少是一所"优秀的战争学校"[4]。几年之后，比若宣称非洲
战场有助于军官卓越品质的发展，能使他们具备旺盛的精力、敏锐的眼
光、积极的进取心以及杰出的领导力。[5] 他由此得出结论："现在没有任

[1]　*Ordonnance du Roi sur le service des armées en campagne du 3 mai 1832*, Metz, Veronnais, 1832,
　　　titre XI, « Des partisans et des flanqueurs », p. 156 sq.

[2]　« Le règlement de manœuvre de l'infanterie britannique du 30 mai 1911 », *RMAE*, mars
　　　1912, p. 173-187; « Règlement sur le service en campagne de l'armée anglaise », *Field Service
　　　Regulation*, juillet 1912, mai 1913, p. 538-544.

[3]　André Martel, *Relire Foch au XXIe siècle*, Economica, 2008, p. 20-21.

[4]　Discours sur la colonisation de l'Algérie, 6 juin 1840, *Discours parlementaires*, T.V. Calmann-
　　　Lévy, 1879, p. 101.

[5]　Lettre au lieutenant-colonel Callier, 7 décembre 1846,Général Paul Azan, *Par l'épée*, p. 280.

何一个欧洲国家拥有像我们一样经验丰富的军官。"1839年，当时还是
上校的圣阿诺元帅写道，比若本人和很多其他人都认为，在这所严酷的
学校中历练过的士兵能在欧洲战场上表现出更强的忍耐力和临危不惧的
定力。[1] 在对抗俄国人的克里米亚战争以及在意大利境内抗击奥地利部
队时，非洲部队也确实表现优异。拿破仑三世到阿尔及利亚巡视时，曾
在向他致敬的部队集会上对士兵们说："在这片由你们的前辈以及你们
自己亲手征服的土地上，曾诞生了无数显赫的将领和无畏的士兵，是你
们让我们的胜利之翼覆盖了世界的每个角落。"[2]

　　1870年以前，第二帝国部队取得的胜利使人们忘却了从征服战争
伊始就此起彼伏的批判之声，批判者强调，征服战争有可能让法军疏
于为欧洲战争做准备。[3] 普法战争失败后，官方喉舌把法军的落后归咎
于阿尔及利亚战争，称其让法军被骄傲自满蒙蔽了双眼。国防部要员
特罗胥（Trochu）将军评价非洲战争给部队带来了不实之誉，但这不过
是"一场幻觉，让我们陷入了最危险的盲目"[4]。特罗胥曾在拉莫里西埃
以及比若麾下担任侍从官，而且曾经是比若元帅的坚定崇拜者，还专门
写过一篇赞颂他的文章——《1867年的法国部队》（*Armée française en
1867*）。但这也使得他的评价更有说服力。

　　批评的矛头主要集中在那些将军身上。1905年，亨利·波纳尔
（Henri Bonnal，1844—1917年）将非洲战争定义为"一场属于士兵的
战争，将军的作用只是以身作则、彰显勇气，而不是指挥作战"。行动
之前，将领们经常忘记勘探侦察和派出先遣队，但要想避免被突然袭

---

[1]　Maréchal de Saint-Arnaud, *op. cit.*, T. I, p. 214.

[2]　Bougie, 7 juin 1865, Ministère de la Guerre, *Tableau de la Situation*, op.cit.,1865-1866, p. XVII.

[3]　*Campagnes d'Afrique*, 1835-1848, op. cit.

[4]　Général Louis-Jules Trochu, *Œuvres posthumes*, Tours, Mame, 1896, 2 vol., T. I, p. 642.

击，并在作战时有十足的把握，这些步骤都是必不可少的。战斗期间，他们只满足于简单的战术，偏爱正面冲撞而不是巧用谋略，除非是为了观察整个战场，他们很少去控制部队的行动，让士兵排成整齐的队伍。他们也不会思考如何组合使用三军，因此各个部队在完成自己的任务时不会考虑其他队伍。最后，由于他们没有经历过多少战败的挫折，所以也没有准备好予以反击，甚至在战局不利时不懂得中止作战、组织撤退。这些缺陷放在一个小分队或者一个营中还不太明显，也不至于造成太大的损失，但如果在指挥一支部队或更大规模的部队时犯了这样的错误，后果则不堪设想。[1]

英国曾在很长一段时间中没有发生类似的讨论。与法军不同的是，英军的主要职能是在远方作战，不必时刻操心为参加欧洲战争做准备。考虑到他们在印度建立的机构数量众多，进行征服外族、镇压当地叛乱才是第一要务。英军将领在镇压印度民族起义时表现出的高超的掌控力，几乎让人们忘记了2年前他们在克里米亚战争中的无能。亨利·哈夫洛克爵士（Sir Henry Havelock）的成功使人们不再对拉格伦勋爵（Lord Raglan）的失败耿耿于怀。据一位高级军官说，只有到了马耳他东部，才能一睹皇家部队的真容，因为国内部队里的那些"毛头小子"跟作为整个帝国中流砥柱的钢铁之师没有任何相同之处。[2] 1890年，沃尔斯利把英国士兵和德国士兵做了个对比，后者在20年间都没有开过一枪一炮。

但是，随着历史迈入19世纪，英国为了守卫领土并为可能发生的欧

---

[1] Général Bonnal, *Le Haut-Commandement français au début de chacune des guerres de 1859 et de 1879. La manœuvre de Magenta. Le désastre de Metz*, Éditions de la Revue des Idées, 1905, p. 108.

[2] Colonel George Francis Robert Henderson, *The Science of War*, s.l., Longmans, 1908, p. 405; voir Gwyn Harries-Jenkins, *op. cit.*, p. 207.

洲战争做准备，皇家军事支出大幅增加，国库也因此越来越空虚。1878
年，英军有62个营驻扎在海外，国内有76个。到了1882年，这个比例
倒了过来：英国本土仅有60个营，海外则有81个。1885年，《爱丁堡评
论》(Edinburgh Review) 杂志指出，英国在海外服役的人数多达11万人：
6万人在印度，1.6万人在尼罗河流域，5 000人在地中海各根据地。另
外，爱尔兰还有将近3万人，如果再考虑到在英国本土的士兵中有很多
无法行动的人员或者新兵，那么国内的自卫力量就所剩无几了。在这种
情况下，如果英国与一个强国比如俄国开战，很难有什么胜算。[1]

英军在指挥层面也漏洞百出。战胜的喜悦掩盖了很多失误：比如在
锡克战争期间的费罗泽沙 (Ferozesha) 战役 (1845年12月21至22日)
中，总督亨利·哈丁 (Henry Hardinge) 施展了自己的一切权威手段，
才说服英军总司令休·高夫按兵不动，等待5 000名援军到达，而不是
带着仅有的1.2万名士兵匆忙攻击拉尔·辛格 (Lal Singh) 大约3.5万人
的先头部队。这项命令是明智的，因为要是没有援军的加入，高夫就不
可能在历时2天的苦战中取胜，英军在这场战役中付出了700人死亡、
1 800人受伤的惨重代价。[2] 还有些指挥错误最终酿成了实实在在的战
败，例如在马朱巴山战役中，乔治·波默罗伊-科利就成了布尔民兵的
手下败将。这位将军此前一直被认为是一位杰出而睿智的参谋部军官，
在阿散蒂战争中他还是沃尔斯利手下得力的运输官，但之前他从没有担
任过总指挥，这是否能成为他犯错的借口呢？

但是，英军最严重的缺陷体现在1899至1902年的南非战争中。雷
德弗斯·布勒首当其冲，被指无能，但后来罗伯茨和基奇纳也没有被放

---

[1]   Colonel George Francis Robert Henderson, *The Science of War*, s.l., Longmans, 1908, p. 405;
      voir Gwyn Harries-Jenkins, *op. cit.*, p. 205-206.
[2]   Harold E. Raugh, Jr., *op. cit.*, p. 140.

过，甚至有人骂他们愚蠢透顶，连最温和的批评者也说他们顽固不化。法国的朗格卢瓦等外国观察员认为，英军将领身上的问题与法国人批评法军"非洲将领"的问题是一样的，也就是他们对于突然袭击防范不足。在战场上，他们墨守成规，满足于刻板的战术，不能适应变幻多端的战况，也不想办法随机应变。遇到困难时，他们不懂得先做好战术上的保留，再主动出击。将领给下级官兵的自由度过大。此外，他们没有想办法充分利用炮兵优势。而且，他们的后勤系统使队伍过于笨重，面对行动莫测的布尔骑兵就会陷入瘫痪。最后，轻敌导致他们低估了对方的实力。基奇纳指出，英国军官骄傲浮夸，并说这是一种"民族缺陷"，是对严肃的职业军人最有害的特质。当然，他本人在这方面也不是无懈可击。在1900年2月18日的帕得贝格（Paardeberg）战役中，他对布尔人的阵地发起正面进攻，结果造成了严重的损失（1 270人死亡，其中有24名军官和279名士兵，而对方一共损失了300人，其中只有100人死亡）。[1]

忘记战争基本原则的不光是英国人和法国人。在荷兰，冲动的人被称为"吞火者"。1874年，一些无视纪律的"吞火者"违反指令，在没有接到命令的情况下就开始战斗，结果其他分队不得不赶来救援，导致了一场全面战役的爆发。[2] 1878年，俄国部队的对手是装备精良、训练有素的土耳其部队，然而，俄军却沿用了亚洲战争中的战略，没有利用大炮和机枪震撼敌人。他们甚至违反兵法的常理，派骑兵冲向对方的防御工事，或者让步兵走出队伍与对方的骑兵交战，而不是收成防御阵形迎敌。俄国士兵对刺刀过分信任，以至于他们仍在使用枪口装着刺刀的

---

[1] George Arthur, *op. cit.*, t. 2, p. 68, t. 1, p. 282-291.
[2] « Les Hollandais et la guerre de Sumatra », *RME*, septembre 1874, p. 159.

步枪射击，而这种做法早就被其他部队淘汰了，因为刺刀会影响射击的准确性。[1] 东非皇家特派员冯·魏斯曼写过很多著作，其中包括刊登在《军事周刊》（*Militär-Wochenblatt*）上的一系列有关殖民战争的文章。总而言之，用他的话说，轻敌和部队涣散本来就十分危险，何况大多数情况下，有关对方真实的实力和路线、地形的情报都很欠缺。[2]

有时，殖民部队甚至都没有总结以前战败的教训，以便避免前人犯过的错误。马朱巴山战役（1881 年）结束的 20 年后，英国人再战布尔人，竟原封不动地复制了上次的战术，结果又一次遭遇了对方灵活娴熟的战斗技巧和猛烈火力的沉重打击。这次布尔人使用了新款毛瑟枪，战斗力更上一层楼。沃尔斯利手下的"非洲军官"把这次失利的责任推给印度雇佣兵和罗伯茨队伍的无能，这进一步证明了英国部队的刚愎自用以及好奇心的缺失。[3] 法国人也是一样，在马达加斯加远征时，也没有吸取不久之前苏丹和东京远征的教训。

思想僵化？

以上批评说明了什么？要注意这些批评的矛头首先指向了指挥问题。正如戴高乐于 1938 年在《法国及其部队》（*La France et son armée*）中所写的那样，1870 年的法国士兵表现出了"非常罕见的战斗品质"，只是不幸成为了长官缺陷的牺牲品。1877 年，《大英百科全书》强调，阿尔及利亚对于法国政府来说，不但是部队的实训学校，还贡献了很多

---

[1]　« Quelques mots sur la tactique russe avant la guerre », *RME*, janvier 1878, p. 1-6.

[2]　« Les Troupes coloniales del'Est africa in allemand » , *RME*, décembre 1894, p. 461-479.

[3]　Bill Nasson, *op. cit.,* p. 77.

骁勇善战的"土著人",壮大了法军的力量。[1] 这一高度评价在1914年以前从未受过质疑。如果帝国不能向海外输送大规模的部队,至少殖民地还能培养出优秀的"土著"士兵。1910年,查尔斯·曼金将军的名作《黑色部队》(*Force noire*)出版,有些法国军官认为正是因为借助了"黑色部队"的力量,法国才有可能在与德国的战斗中给予对方更有力的打击。在第一次世界大战中,管理有序、训练有素的殖民部队,包括有色人种雇佣部队,证明了他们精英部队的美誉名不虚传。

对殖民战争最主要的批判,集中于管理人员过于安逸、思想僵化。太多的军官倚仗本国士兵和装备的优越性,把最基本的战术和战略原则置之脑后,结果导致了真正的没落。法国人克莱尔(Cler)上尉曾于1842年写道:"无论战争规模大小,法军都不遵循任何既定的规章。军事指令几乎成了废话,我们的士兵连行军都不会,看看某些长官的做派,他们可能连指挥游击战的才能都没有。"[2] 比利时将军拉于尔(Lahure)年轻时曾经多次跟随奥尔良公爵到阿尔及利亚打仗(1839—1842年),在他看来,真正的灾难不是非洲战争本身,而是将领在指挥战争的时候越来越散漫。[3] 这些人不再以职业战士的身份自居,在职业技能方面也不思进取,而是成了业余人士。战争对他们来说只是一场刺激的狩猎,能为他们带来荣誉和财富,却用不着任何特殊的知识。战争成了"一场代价微小,而且必然能取得成功的遥远探险"[4]。

其他国家的军官也有这样的缺点。1871年,一位俄国军官抱怨说,他给突厥斯坦部队下达的命令都被当成了耳旁风。如果面对秩序混乱、

---

[1] Volume VI, article « Colony ».
[2] Lettre du 1ᵉʳ juillet 1842, *Campagnes d'Afrique*, p. 274.
[3] Général baron Lahure, *op. cit.*, p. 9.
[4] Gwyn Harries-Jenkins, *op. cit.*, p. 215.

装备不良的部队，他们还能靠勇气取胜，那么当对手换成了组织良好的英式部队时，这招就行不通了。另外，他还提到这些部队中的大部分士兵都是几乎没有受过训练的哥萨克骑兵。[1] 在古巴战争期间，美国部队因为忘记了内战的教训而付出了代价，结果在"对抗野蛮的游牧民族、维护治安的迷雾中跌跌撞撞了30年"[2]。1870年普法战争失败后，法国国内的批判之声尤为猛烈。战争学校的首任校长勒瓦尔（Lewal）将军曾在阿尔及利亚服役10年，他说，法国部队在那里丢失了"对优良传统的尊重、对严明纪律的贯彻、对大规模行动的执行力、对本职工作的兴趣以及崇高的责任感，从某些方面上讲还丢掉了正直的道德品质"[3]。

这样说或许有些言过其实。所有为战败寻找原因的人都是一样，想方设法将失败归咎于战败者本身的弱点，却对战争指挥者的无能闭口不提，没有指出他们未曾实施与对方旗鼓相当的手段。这种评价没有注意到，虽然基础安全原则在理论上无法回避，但大多数殖民战争指挥官还有一些其他问题要优先考虑，其中最主要的一条是，将领们通常都希望尽可能缩短战争时间，因为一旦战争时间被拉长，远征军的力量就会被削弱，尤其是患病的士兵会越来越多。他们还经常需要迅速制服行动敏捷的对手，这就要求他们先追上敌人，然后超过对方，并切断其退路。出于这些考虑，他们冒险让少数先头部队走在前面，发动进攻，把拖拖拉拉的大部队留在后面，因此，自然也就无暇思考明智的计策了。

阿卜杜勒－卡德尔的部落在塔干（Taguin）附近被俘虏后，比若发

---

[1] Eugen Schuyler, *op. cit.*, p. 232.

[2] *American Military History*, p. 158.

[3] Général Jules-Louis Lewal, *Lettres à l'armée, 1872-1873*, présentées par le lieutenant colonel Bernède, Bernard Giovanangeli, 1998, p. 27.

表的言论就体现了这一心态。[1] 这位元帅并不是不知道，不等落在后面的1 300名步兵赶上，就让区区600名轻骑兵和北非骑兵去攻击由2 000名战士把守、人数多达2万人的宿营地，这简直是异想天开。如果骑兵被敌军打退并包围，只有步兵能帮他们脱困，没有步兵的支持，一旦行动失败，结果无异于一场屠杀。[2] 他给这次行动的负责人、年轻的奥马尔公爵写过不少信："您的胜利要归功于您的决心、您部下坚定的意志以及士兵们的激烈攻势。是的，您不等步兵的决策是正确的；就应该这样速战速决。这样从天而降的好机会一定要迅速抓住。您的勇气一定让那些毫无秩序的营地居民惊慌失措。如果您犹豫了一下，对方士兵就有机会集合起来，保护他们的家人；他们就会形成有组织的防御，那样的话即使您还能取得成功，也要付出更高的代价。决策果断、进攻勇猛、善用时机，这就是一名战士应该具备的素质。有时候我们要小心谨慎，使用井然有序的集体战术，这种情况是指敌人实力强劲、准备充分，并已经排好了阵形。而有些时候就应该勇往直前、速战速决，不要担心秩序问题。塔干的行动就是后一种情况；您一眼就看出来了，这才是这场行动中最值得称赞的闪光点。"[3] 50年后，英国人卡尔韦尔也强调指出，在殖民战争中，最大胆的决策通常也是最正确的。[4]

　　"智者"在这类战争中反而常常狼狈不堪，负责指挥1885年3月谅山行动的赫本哲中校就是这样。[5] 后来，伯尔尼－德斯保尔德中校接任

---

[1]　Jacques Frémeaux, « La Prise de la Smala d'Abd El Kader », *Séminaire La Sorbonne à Versailles*, Centre de recherches du château de Versailles, 17 octobre 2006, inédit.

[2]　Général Paul Azan, *Sidi-Brahim*, p. 146.

[3]　Lettre du 23 mai 1843, général Paul Azan, *Par l'Épée*, p. 146.

[4]　*Op. cit.*, p. 82-83.

[5]　A.S.Kanya-Forstner,*op.cit.*,p.14; d'après Marcel Blanchard, « Correspondance de Félix Faure touchant les affaires coloniales, 1882-1898 », *Revue d'histoire des colonies françaises*, XLII （1955）, p. 133-185.

他的职务，并负责调查当时撤退的前因后果时，曾抓住他在战争学校当过教师的事大做文章，前者在考察了赫本哲的资历后高呼："战争学校教师？我们完蛋了！"至少他在给菲利·福尔（Félix Faure）总统的信中是这样写的。实事求是地说，很多法国海军陆战队的军官都巴不得看到一个"城里人"因为不够坚强而出丑，因为有时候，只要头脑镇静就足以大获全胜，他们相信如果是海军陆战队员绝不会犯这种错误。后来甚至有人说，赫本哲是在酒醉的状态下指挥行动的。军事法庭指出了他很多失误以及他的下属对他的微词，其中有些证言来自最不被他器重的部下，虽然军事法庭最后判他无罪，但他已信誉扫地，不久之后就自杀身亡。[1]

在反对殖民战争的声音中，最严重的指控是，部队将领无法从中学会如何指挥"大战争"所需的大规模部队。在海外战争中，即使最著名的将领所指挥的部队，其人数最多也只相当于1到2支欧洲部队。据哈里斯－詹金斯（Harries-Jenkins）统计，维多利亚时期，规模最大的海外部队是沃尔斯利的埃及部队，有3.2万多人。但他在战场上真正指挥的只有其中的三分之一。[2]基奇纳在乌姆杜尔曼时，手下大约有2.6万人[3]。曾在伊斯利战役中率领1万人战胜摩洛哥人的比若也说，非洲战争不能让军事将领学到大型战争的作战方法，也就是如何运用"人海战术"。这或许可以解释为什么出身于殖民地的军事将领在面对大型军事活动时，虽然并不缺乏勇气，但是常常犹豫不决。戴高乐强调说，在阿尔及利亚摸爬滚打出来并成为高级指挥官的将军们，"仍展现出强大的

[1]　A.S. Kanya-Forstner, *op. cit.*, p. 143; A. Brébion, *Dictionnaire de bio-bibliographie générale, ancienne et moderne, de l'Indochine française*, Société d'Éditions géographiques, maritimes et coloniales, 1935, p. 192.

[2]　*RME*, août 1882, p. 116.

[3]　Gwyn Harries-Jenkins, *op. cit.*, p. 199.

威严与魄力，但也只有当他们的任务有明确限制时才是如此"。基奇纳早在乌姆杜尔曼战役和南非战役时，就表现得优柔寡断，面对不确定的情况时举棋不定。"突厥斯坦人"库罗帕特金在日俄战争期间，也因此受到了更严厉的批评。

从1857年起，在莫尔特克的指挥下，普鲁士部队开始有了大型参谋部，很快，参谋部就成了指挥现代部队不可或缺的工具，也正是在这一时期，上述缺陷变得更为显著。其他欧洲部队竞相模仿这种组织形式，但海外部队却感到没有这个必要。1870年，战败后的法国也建立了参谋部。这是优秀军官的摇篮，但其主要任务是保护法国本土。1905年，迪特中校曾遗憾地写道，法军在为远征行动做准备时，没有"事先在殖民军的专门机构中召开研讨会议，也没有收集有关法国和其他国家远征行动的相关资料，否则，就可以不必花费重资新建学校，还能帮负责组织工作的指挥官把所有有用的元素集合起来"[1]。1925年，贝当曾抱怨，摩洛哥殖民部队缺少这类机构的帮助，因而引发了他与利奥泰之间的一场论战，并导致了后者的辞职。

英国陆军部中设有地形与统计部门。这个部门创建于克里米亚战争期间，又于1873和1880年进行过两次重组。情报科（后来改为情报部）负责核查事实，并在每次行动前为军官准备一份指导手册。但是由于缺少人手，而且预算紧张（1.1万英镑），这个部门不会制订行动计划，而只是被动接受地方政府转达过来的任务。又因为它与外交部没有联系，因此也无法使自己的计划与外交决策保持同步。[2] 陆军各兵种之间也不存在联合参谋部，而且在列强中，英国负责制订调兵、交通、作战计划

---

[1] Lieutenant colonel Ditte *Observations*, p. 28.
[2] Gwyn Harries-Jenkins, *op. cit.*, p. 179; Edward M. Spiers, *The Late*, p. 285.

并能与海军协调合作的总参谋部成立得最晚。直到布尔战争期间，英国人才感到有必要建立这样一个部门，帝国总参谋部这才应运而生。

另一方面，殖民战争会关注一些非常重要的问题。"非洲老将"蒙多顿（Montaudon）将军在他写于1885年的《军中回忆录》（*Souvenirs militaires*）中承认，面对有勇无谋的对手是学不到"高超的兵法"的，但是，他也列举出了将领们能在非洲学会的宝贵课程。他强调，指挥官会认识到人力资源和后勤的重要性："与士兵的健康舒适、物资补给以及交通手段相比，其他一切都是次要的。"这话引发了一番争议。他指出，正是由于殖民部队指挥官缺少可用的资源，他们才不得不注意保存部队实力，不让士兵被英雄主义的狂热冲昏头脑。他认为，海外战争教会人们，"战争中最难做到的不是带着荣誉死去：军人首先应该知道如何为了祖国的最高利益活下去"[1]。海外战争还催生出了阵地和通信的概念。海外的条件更适合培养出路易·罗塞尔（Louis Rossel）所说的属于未来的将领，罗塞尔自己在为巴黎公社献身之前就是一名优秀的军官，他心目中的未来将领"就是有一台好的电报机的优秀地理学家"[2]。

最后，需要强调的是，在殖民地服役的军官也要经常接受提高管理人员素质的培训。很多英国军官都经常出入坎伯利的参谋学院。这所学院创建于1858年，前身是桑赫斯特皇家军事学院高级部，专门培养参谋官。[3] 1905年，德奥拉利参谋学院成立，2年后被基奇纳迁至奎达，招收那些负担不起前往坎伯利的路费和住宿费的学员。成立于

---

[1]　Général Montaudon, *Souvenirs militaires*, Delagrave, 1898-1900, 2 vol., p. 216-217; cité dans Jean-Pierre Beneytou, *Vinoy, général du Second Empire,* Christien, 2002, p. 30.

[2]　*Mémoires et Correspondance de Louis Rossel (1844-1871)*, Préface de Victor Margueritte, Stock, 1908, p. 479.

[3]　Edward M. Spiers, *The Late*, p. 111.

1876年的战争学校虽然存在的时间很短，但培养出了一大批"殖民军人"，其中以加利埃尼、查尔斯·曼金和埃马纽埃尔·拉若（Emmanuel Largeau）最为著名。积极进攻原则的创始人之一，路易·卢瓦索·德·格兰梅森（Louis Loiseau de Grandmaison）就曾经在加利埃尼的东京殖民军中有过出色表现，后来，他提倡全力以赴的进攻战略，然而这一战略在1914年夏天的战争中一败涂地。[1]

　　如果在第一次世界大战开始时对这些军官委以重任，算不算是冒险呢？他们中没有一个展现出不容置辩的战术和战略才能。相反，他们是杰出的组织者。若弗尔在最初几场战役失败后，出色地调动并重新指派战斗分队；利奥泰在两个部队被抽调到法国之后，仍然成功守卫了摩洛哥；加利埃尼组织了巴黎城防，为马恩河战役的胜利奠定了基础，后来又担任了战争部长；而基奇纳于1914年8月3日出任战争部长，并带领本国陆军走向强盛，到1915年末，英国陆军人数已经从他上任时的20万人增加到了250万人。曾担任总参谋部亚洲分部指挥官（1878—1879年）的阿列克谢·库罗帕特金在中亚战争中战功显赫，在自己的回忆录中，他对当时自己的上级考夫曼赞不绝口，对斯科别列夫也赞赏有加，然而他自己的表现却很令人失望。他在日俄战争期间先是担任陆军大臣，后来又担任东方总司令，对俄国在这场战争中的失败负有很大责任。第一次世界大战中，他曾短暂地指挥过北部战线（拉脱维亚—库尔兰），但表现平平。不过，后来他又被召入突厥斯坦政府，负责镇压1916年春天爆发的叛乱。

---

[1]　Il en tire *L'Expansion française au Tonkin. En territoire militaire*, Plon-Nourrit, 1898。

政治热情

殖民军军官的态度会不会造就一批"独裁军"，并威胁到中央政权呢？从 1841 年起，托克维尔（Tocqueville）就认为非洲军官"很快就会染上危险的生活习惯、思维方式和行为举止，而那些驻扎在自由区的军官最为危险。他们会习惯于一个严酷、残暴、专制而且粗野的政府"。他最后总结道："上帝保佑，永远不要让非洲部队中的军官治理法国！"[1] 1814 年 6 月，"非洲人"卡芬雅克让部队介入并镇压起义，1851 年 12 月 2 日，另一个"非洲人"圣阿诺又带领部队协助政变，这似乎证明殖民部队和反动力量之间存在某种联系。但是，与其他部队相比，阿尔及利亚部队在 1848 年镇压起义的行动中并没有发挥什么特殊作用。不到 3 年之后，大多数第二共和国的高级将领都被拿破仑三世囚禁或者流放，卡芬雅克、贝多以及拉莫里西埃都在其中。第三共和国期间，这种忧虑也没有完全平息。人们认为乔治·布兰杰（Georges Boulanger）（参加过卡比利亚战役，担任过突尼斯殖民军司令）之所以如此有野心，与他的"非洲出身"是分不开的。后来，有些人还担心达荷美的征服者多兹走上"复仇将军"（布兰杰）的老路。但是，这也只是没有确证的谣传。海外军官最好远离政事：比如，他们对于被讨论得热火朝天的德雷福斯事件 3 就持相对保守的态度，马尔尚从法绍达凯旋后（1899 年 6 月至 7 月），也拒绝为民族主义者充当旗手；加利埃尼在巴黎时被民族主义者拉拢，他也采取了同样的态度。[2]

除法国以外，其他国家殖民军对政治的参与度也不高。这些部队主

---

[1]　Alexis de Tocqueville, *Travail sur l'Algérie (1841)*, document numérique, http://pages.infinit. net/socijmt, p. 24.

[2]　Marc Michel, *Gallieni*, p. 221-222.

要听命于当地政府，而且只有在需要维护该政府时才会插手政治。俄国部队做出的政治决策不比英军多。虽然这两国的制度完全相反，但原则与纪律同样严格。西班牙是个唯一的例外，他们让世界认识了"公告"这种军事政变形式。不过，殖民地的部队在其中也没有扮演特别重要的角色。的确，有些军事独裁者从得土安战争的胜利中捞到了好处，比如莱奥波尔多·奥唐纳（Leopoldo O'Donnell，1818—1867年）和他的继任者胡安·普里姆（Don Juan Prim，1814—1870年），前者得到了得土安公爵的头衔，后者则成为西班牙大公，但他们的大部分政治生涯都发生在殖民战争时期之外，贯穿西班牙的整个动乱年代。平定了古巴叛乱的青年才俊马丁内斯–坎波斯（1831—1900年）也是这样。"公告"这一造反形式并非起源于殖民地。从1900年起，在战败情绪的影响下，一支民族主义色彩浓厚、秩序严明的非洲部队才逐渐成形，并致力于将海外殖民地打造成国家革新的平台，其中的代表人物有米格尔·普里莫·德·里维拉（Miguel Primo de Rivera），他生于1870年，1909年晋升为上校；还有弗朗西斯科·佛朗哥·巴阿蒙德（Francisco Franco y Bahamonde），生于1892年，1912年被派往梅利利亚。

　　有人认为，如果军事组织内部政治机构过多，部队就会被改造成警察部队或者行政部门，其军事使命也会受到影响。这种评价有时是从道德角度出发的。印度西北边境以佩戴白色徽章为标志的政治官，以及法国以蓝帽为标志的土著事务官，都曾被指控宁愿使用阴谋也不愿尽忠作战，人们说他们在应该诉诸武力、一次性解决问题时，却与当地人交换礼物，拖延解决矛盾的时间。还有些别有用心的人，说他们利用高级将领顾问的身份僭越等级的限制，为自己创造一步登天的机会，或者过上比战友更加舒适的生活。人们还担心，这些人执行非军事任务的时间太长，已经不能胜任本职工作了。1880年7月27日，66岁高龄的布伦斯在迈万德战败，此前他没有任何实战经验。从此以后，英军负责人认定，执行非军事任务超过10年的人就不能再指挥部队。[1]

传统与环境

交　换

值得注意的是，国家之间并不是不存在信息交换的。经常有受到本国政府推荐的军官获准参加其他国家部队组织的殖民战争。1830年就有很多这样的外国军官进入阿尔及尔远征军参谋部；其他军官则根据他们的档案随机参与别的非洲战役，比如，1837年曾有一位丹麦军官加入，在1840年的麦迪亚远征中，两位比利时军官也有过出众的表现。[2]美国军官、未来的将军菲利普·卡尼，曾于1840年在奥尔良公爵的允许下来到阿尔及利亚服役，学习法国骑兵的战术。但对于承担信息收集任务的军官来说，所有战场都很有吸引力。西北边境省名将、英国驻印度部队总司令威廉·洛克哈特爵士（1898—1900年在任），曾于1875到1877年加入荷兰的东印度部队。[3]法国人也曾派未来的将军达马德（d'Amade）加入罗伯茨勋爵在布尔战争期间组织的参谋部，达马德有过海外服役的经历，也曾是参谋部二局的成员，后来他以军事专员的身份继续在伦敦任职。另一位法国军官德芒热（Demange）上尉，曾在一个俄国人、一个美国人和一个荷兰人的陪同下，从对手的视角考察军事

---

[1]　Lawrence James, *Raj*, p. 377.

[2]　SHAT, Algérie, 1 H3-3, 1 H 47-1, 1H 70-1.

[3]　Harold E. Raugh, Jr., *op. cit.*, p. 208.

行动。[1] 1896年，利奥泰在东京的军事区见到了日本人村田（Mourata）中校和明石（Akashi）少校。不久之前，日军刚刚占领了中国台湾，想学习法国的管理方法并应用到中国台湾，日本的亚洲野心也是在这时初现端倪。[2]

仅仅法国与俄国之间的信息交换就值得好好研究一番。在远征阿尔及利亚的准备过程中，法国政府曾通过他们驻圣彼得堡的大使，向俄国征求对付土耳其人和穆斯林民众的经验，尤其是了解高加索地区的情况。学习俄国人的经验当然是法国提出这一请求的目的之一，但我们不禁要问，难道30年前的远征埃及以及最近远征摩里亚（Morée）还没有给他们提供足够的信息吗？事实上，法国之所以这样做，也是因为波利尼亚克亲王领导下的政府想要寻求沙皇的支持，消除1815年《巴黎条约》的影响。这位野心勃勃的政治家的"伟大计划"，是要用现在的罗马尼亚和小亚细亚的一部分土地与俄国做交易，换取比利时。

俄国人对法国人的开放态度表示欢迎，并对法国人改写欧洲版图的企图视而不见，而是很乐意看到法国将视线从东方移开，而且希望法国与支持比利时保持中立的英国决裂。俄国皇家部队的一位高级官员泽尔尼谢夫（Zernicheff）公爵，也就是未来的陆军大臣，命人写了一篇文章，为查理十世手下的将军详细地介绍了相关情况。他建议法军系统地研究这场战争，因为欧洲的优越性最有可能在这里展现出来。他还强调指出了后勤的重要性。他说，当时俄国最优秀的将军之一——帕斯克维奇，坚持亲自指派补给队的指挥官，还亲手选定了补给站的位置、牲

---

[1] Olivier Cosson, *Horizons d'attente et expériences d'observation au début du XXe siècle. Les militaires français face aux conflits périphériques (Afrique du Sud, Mandchourie, Balkans)*, thèse EHESS（directeur Christophe Prochasson）, p. 105.

[2] Hubert Lyautey, *Lettres du Tonkin*, vol. 2, p. 108.

畜饮水站点，并且十分关心牛、骡和骆驼是否得到良好照顾，因为部队
的机动性全要依靠这些牲畜。[1] 1840 年，尼古拉一世也曾下令研究法国
在阿尔及利亚的行政管理方法，并将其与俄国在高加索采取的政策做
对比。[2]

　　很多人在类似的交流中立下过汗马功劳。后来成为将军的科尔森
（Colson）曾先后在阿尔及利亚、克里米亚、卡比利亚和意大利服役，
1860 年，他以军事专员的身份参加了俄国的一场高加索战役。高加索
之于俄国与阿尔及利亚之于法国有着同样的意义。1861 年 8 月 12 日，
他在沙皇村（Tsarskoïe Selo）参加了一场演习，与他一起的还有沙米
勒和老利奥泰将军（1789—1867 年），后者是法国参议员，俄国战争中
的老兵，也是未来的利奥泰元帅的爷爷。[3] 1874 年，一位法国军官敏锐
地指出，"我们的阿尔及利亚部队"是"勇猛的高加索部队勇猛的追随
者"[4]。同年，年仅 26 岁的阿列克谢·库罗帕特金跟随外籍军团来到阿尔
及利亚南部。当时，他还只是一名年轻军官，刚刚在突厥斯坦打了他的
第一场仗。[5] 后来，当他在日俄战争中担任指挥官时，邀请了著名的马
尔尚司令和他一起参与远东的行动。已经成为陆军大臣的库罗帕特金发
现这位法绍达英雄喜好征战，因此更加器重另一位名气稍逊、但安于充
当旁观者的军官。很多名声响亮的将领也参加过这类活动。东京和马达
加斯加战场上的名将德贝利埃将军于 1888 年接受官方指派，走遍了高
加索和突厥斯坦。以指挥中亚铁路的修建工程闻名的安年科夫将军也曾

---

[1]　Sébastien Haule, « Us et coutumes adoptés dans nos guerres d'Orient. L'Expansion coloniale
　　 russe et l'expédition d'Alger », *Cahiers du Monde russe*, janvier-juin 2004, p. 293-320, p. 309.

[2]　Alex Marshall, *op. cit.,* p. 41.

[3]　Général baron Saint-Cyr Nugues, *Le Général Colson*, p. 92.

[4]　« Voyage d'État-major russe en 1874 », *RME*, mai 1875, p. 224.

[5]　« La Guerre russo-japonaise », *RMAE*, décembre 1907, p. 538-541.

第四部分 战 争 525

在巴黎担任军事专员，他还是作家马利亚-欧仁-梅尔基奥尔·德·沃居埃（Marie-Eugène-Melchior de Vogüé，1848—1910年）的岳父，跟利奥泰也是好友。他经常光顾马萨林街上一家名叫"小奶牛"（Petite Vache）的乳品餐厅，这里是很多军事和非军事探险家的著名聚会地，"殖民党人"知识分子也常在这里碰头。[1]

这些集会不是私人约谈，而是外国作品的诵读会。由于参加者都掌握外语，因此可以顺利地分享外语作品。可以说，这些书都散发着一种国际军事殖民文化的气息。法国的《外国军事杂志》创刊于1870年，改过很多刊名，其中有很大一部分内容都是详述其他国家殖民战争的翻译文章。这本杂志所搜集的文献数量之庞大令人叹为观止，时至今日，法国的任何刊物也都无法望其项背，这些文献资料也是本书的写作基础。德国人组建黑人部队的方法引起了很多法国人的兴趣。第一次世界大战期间，一本写于1910年的德国作战手册被法军截获，这是德国的尼格曼（Nigmann）上尉为德属喀麦隆黑人部队的管理人员写的指南，这本手册经过翻译后，被发给法国殖民军的军官。[2] 19世纪末，卡尔韦尔在写作《小战争》这本书时，举了很多英国战争的例子，但也写到了一些法国战争，并多次提到比若在阿尔及利亚领导的战役。虽然从时间上来看，印度支那战争距离这本书的写作时间比阿尔及利亚战争更近，但是，后者显然给英国人留下了更深刻的印象。卡尔韦尔对俄国的军事行动也很关注，尤其对米哈伊尔·斯科别列夫将军领导的行动兴趣浓厚。

---

[1] Pascal Venier, *Lyautey*, L'Harmattan, 1997; Henri Malo, *À l'enseigne de la Petite Vache*, Éditions de la Nouvelle France, 1945, p. 138.

[2] *BCAF*, 1919, p. 48-49.

对　峙

各国殖民部队的活动范围一般都相距很远，至少在一开始还是这样，因此很少发生对峙。但是随着征服进程的推进，各国占领区越来越接近，这就导致不同帝国的殖民军官出现在彼此的视野里。交火只是极少数情况或者意外，这类事件中我们能想到的，有法国与英国在塞拉利昂与几内亚边界的维马（Waima）发生的血腥冲突（1893 年 12 月）。这次事件的导火索是一场误会。法国中尉马里茨（Maritz）奉命封锁萨摩里在弗里敦的交通线，阻断他的补给，可是他误把英军当成了萨摩里的部队。在这场战斗中，马里茨和对方指挥官兰迪（Lendy）上校双双丧命。这次交战发生在塞拉利昂领土上，将近 10 年之后，法国政府才接受了比利时大臣奥古斯特·兰贝蒙特（Auguste Lambermont）的仲裁判决，并付给英国 9 000 英镑的赔款（22.5 万金法郎）。[1] 这类冲突之所以罕见，是因为大家都知道其后果的严重性。军事将领在行动中的自由度越高，他们就越会小心，避免使本国与其他欧洲强国发生矛盾。后来，一位人类学家把导致帝国冲突的因素称为"游走在国旗褶皱中的坏脾气小精灵"。为了防止发生暴力冲突，将领在注意拴牢这个"精灵"的同时，还会在交流过程中以礼仪规范和对军衔的尊重作为共同语言，而不考虑国籍问题。

英国和俄国在亚洲的交往最为频繁。霍尔迪奇上校参与了俄国与阿富汗的边界划定（1884—1885 年），并提到两国之间要建立一种真诚的关系。英俄经常进行互访。有时，俄国还会派后来红军中著名的哥萨克骑兵队奏乐护送英国军官回国。两国之间的竞争关系渐渐被共存关系所

---

[1]　André Arcin, *Histoire de la Guinée française*, Challamel, 1911, p. 530-532.

取代。以高加索葡萄酒和伏特加为傲的俄国人，虽然对新朋友送的无泡香槟酒和查尔特勒酒毫无兴趣，但他们却也不介意把本国柔和的香槟酒跟英国黑啤酒混在一起喝，而且非常钟爱姜酒和威士忌调成的鸡尾酒，视之为抵御当地刺骨寒风的法宝。英国人则对威士忌、黑麦面包和咸鱼赞不绝口，更不用说鱼子酱了。后来，他们还欣赏了俄国将军华美的营帐，这是一顶用布哈拉丝绸和突厥斯坦地毯装饰的吉尔吉斯式营帐。虽然做足了表面文章，但每个人也都很清楚这背后的利益争夺。两国军官争相炫耀本国的地形学知识，这两个国家虽然在亚洲是合作者的关系，但互相也都不甘示弱。他们用这种方式强调自己情报工作的效率。[1]

其他交流场合中，也充斥着同样的礼尚往来。举例来说，中亚探险家荣赫鹏上尉刚刚穿越戈壁沙漠，就会见了俄国上尉格罗姆切夫斯基（Gromchevski）（1889年夏），之后又会见了伊万诺夫（Ivanov）上尉（1891年夏）。双方严格遵守相互问候、相互邀请访问、相互致敬的礼仪规范，在展现"绅士风度"的同时，也不放松对于未来可能发生冲突对峙的警惕。他们的首要任务始终是履行军人的使命，以及维护国家的最高利益。1895年8月3日，在执行另一次划定边界的任务时，俄国人和英国人欢聚一堂，庆祝圣玛丽日（莫斯科旧历）。他们举办了盛大的宴会，跳起哥萨克舞蹈和土著舞蹈，向"两位玛丽"致以敬意，一位是俄国皇后，亚历山大三世的遗孀，另一位是她的小姑子，爱丁堡公爵夫人，亚历山大二世的女儿，也是维多利亚女王的儿媳。

有一些会见是在动荡的历史环境下进行的，比如，英法两国在法绍达的会面。基奇纳的部队攻取喀土穆之后，顺尼罗河而下，并于1898年9月17日到达法绍达，发现马尔尚司令率领的法军奇迹般地穿越了非

---

[1]　Colonel Holdich, *op. cit.*, p. 156, 292.

洲，已于 7 月 10 日到达并占领了这里的哨所。众所周知，这件事的意义远不止占有一个小村庄那么简单。当法国外交官在这一地区升起三色旗的时候，就等于挑战了英国对埃及的占有权，况且，他们从来都不曾承认埃及为英国所有。不过，这次会晤虽然气氛紧张，但仍然不失礼节。英国驻埃及部队的总司令宣称，自己是以"土耳其和埃及总督阁下的名义"前来取回法绍达的所有权的。对方则反驳说，他奉命占领此地以及上尼罗河地区的领土。自 1884 年埃及驻军撤离之后，这些地方就成了无主之地。他还强调，法军的弹药和粮食储备充足，可以进行长时间的对峙。为了证明这一点，他还拿出了香槟和波尔多红葡萄酒招待英军。最重要的是，他宣称虽然法军的力量或许稍逊一筹，但已经做好了自卫的准备。他似乎要靠防守严密的要塞和埃及部队自称充裕的弹药打一场牵制战。

与马尔尚的 150 名土著步兵相比，基奇纳具有压倒性的优势：一共有 8 000 名士兵（卡梅隆高地第一营、苏丹军第十一营和第十三营，以及拥有 4 挺马克沁机枪的炮兵部队），乘坐着 4 艘全副武装的炮艇。但用《泰晤士报》的话说，他是"一个英国军官，也是一名绅士"。他或许想起了 1870 年自己与法军并肩战斗的情景。他也明白这场战斗一旦打响，很有可能在欧洲掀起轩然大波，并最终导致一场英法战争。于是，他与马尔尚达成一致，决定以外交的方式解决问题。10 月 27 日，马尔尚的副手巴拉捷在巴黎拜访了新任外交部长泰奥菲勒·德尔卡塞。尽管民族主义者和"殖民党"一再催促，但法国政府还是认为不应发生摩擦，韬光养晦才是明智之举。法国人知道，不能指望俄国这个同盟，后者只有在跟德国交战时才会帮忙；法国也不愿冒险在莱茵河彼岸寻找靠不住的支持者。他们有理由相信，如果英法开战，英国皇家海军轻易就能切断法国海外殖民地与宗主国之间的联系。这也就意味着法国将失去海外领地。另外，他们还希望通过这次让步，促成一次更大规模的谈判，让英法两国结成持久的友好关系并孤立德国。

11月4日，马尔尚收到了政府的决策，违反命令是不可能的。他表达了一通不满之后，还是遵从决定并准备撤离。为了表示尊敬，英国军官送了他一面英军缴获的马赫迪部队将领的军旗。这位马赫迪的将领曾经袭击过法国哨所，后来在乌姆杜尔曼被杀。马尔尚接受了这个礼物，但拒绝走官方程序把哨所移交给英国驻埃及部队。撤离之前，他没有举行仪式，只是简单地把国旗降了下来。返程时他也不愿意走英国人在尼罗河修筑的道路，而是让部队千辛万苦穿越了独立的国家埃塞俄比亚，一直走到吉布提的法国殖民地。他从那里乘船经过苏伊士运河抵达马赛，他的傲骨也让法国的爱国者无比骄傲……

编者注

1.帖克马：即一般所说的阿哈尔捷金马。

2.原文如此。

3.德雷福斯事件：19世纪90年代法国军事当局对军官阿尔弗雷德·德雷福斯的诬告案。

第五部分

战争的分量

第一章

部队的条件与改善

$\vee$

"如果那些开化民族仔细权衡殖民行动的利弊，考虑一下在野蛮脏乱的国家打仗所做出的重大牺牲，很多情况下可能就不会不假思索地予以许可了。"[1]这句话出自1895年的《外国军事杂志》，从中可以看出，从这一时期开始，人们开始明白征服的结果并不能弥补他们在这一过程中所付出的代价。

艰苦的条件

环境的敌意

当代人发现，职业殖民部队中的军人对死亡态度冷漠，令人不寒而栗。丘吉尔曾写道，如果印度部队的军官死亡，他的所有个人财产、衣

---

[1] « La campagne des Anglais dans le Chitral », *RME*, juillet 1895, p. 42.

服、鞍具和武器将在战友中进行拍卖，卖得的钱则送给死者的家人。[1]
马塞尔·普鲁斯特认为，这种行为中包含"一种对勇气的传统理想"，
这是面对无法违抗的崇高事业时，"那些鄙视悲伤的人表达悲伤的方
法"。[2] 或许，这也是他们的自我保护，因为战场上无处不在的危险在他
们的脑海中挥之不去，倒在敌人的炮火下至少算得上轰轰烈烈，而死于
霍乱、黄热病或者血尿对他们来说则是"丑陋的"死亡。

　　卡尔韦尔写得好，他说在殖民远征中，欧洲部队最大的敌人不是其
他部队，而是大自然。在他们所觊觎的大部分地区，当地气候对作战队
伍十分危险。很少有战争发生在气候温和的地方。他们的战场有时在高
海拔地带：远征喜马拉雅边境上的锡金时（1888 年），格雷厄姆上校的
部队（1 500 人）爬上了超过 4 000 米的高山，加上战争打响时正是三四
月份，山上白雪皑皑，天气恶劣。更多时候，战争发生在干旱地带，甚
至沙漠，严寒和酷暑轮番折磨着人们（尤其是中亚地区）。还有很多战
争发生在热带地区，这里温度很高，但没有沙漠中那么极端，旱季和雨
季交替出现。

　　俄国的两次远征希瓦体现了在干旱地区行动的艰难。佩罗夫斯基
（Perovski）上校从 1838 年 11 月开始带队出征，这样他们就能在水井之
外通过其他途径获得水源，还能保证有草场让牲畜吃草。这个计划是当
时正处在顶峰时期的威灵顿选定的，不过后来，俄国人却始终怀疑这
位"铁公爵"之所以这样决定，纯粹是出于对中亚大草原的无知，要不
就是这个在印度过了一辈子的人跟他们开了个恶意的玩笑。[3] 行动地点
的温度有时降到零下 30 摄氏度，加上呼啸的狂风更令人难以忍受。厚

---

[1]　Winston Churchill, *op. cit.*, p. 142.

[2]　*Le Temps retrouvé*, Gallimard, 1954, p. 744-746, coll. La Pléiade.

[3]　"M.A. Terentyef", *op. cit.*, vol. IV, p. 31-32.

厚的积雪让骆驼和靠轮子移动的大炮寸步难行。[1] 到了2月，佩罗夫斯基的部队只走了原计划中1 500公里的一半路程。2 750名步兵中只剩下1 856人，骆驼也损失了一半。他估计自己抵达目的地的机会很渺茫，即使到达目标城市，也没有足够的兵力发动进攻或围城。于是他决定掉头返回，这样还能给剩下的部队挣得一线生机。在返程的路上，他又损失了四分之一的队员，在总共5 000人中，有900人因为疲劳和坏血病命丧黄泉。他出发时所带的1.05万头骆驼中也有9 000头不知所踪。

35年后，第二次远征希瓦的部队特意等到春天才启程。1873年3月25日，考夫曼领导的俄国部队从塔什干出发，当时的温度为零下6摄氏度，一个月后就升到了30摄氏度。5月2日，他们剩下的水只够喝两天，侦察兵5月3日才发现新的水源。这支队伍从里海边塔吉克利亚（Tchakichliar）的阿特列克河河口出发，到了克拉斯诺夫斯克时不得不回头，否则就有可能渴死。他们的最后一条气温记录是52摄氏度，随后温度计就因高温爆炸了，军中热射病和中暑患者成倍增加。但无论如何，他们还是到达了目的地。

热带地区最主要的困难就是高温。由于雨季的倾盆大雨很容易导致部队陷入淤泥中而无法前进，因此远征行动必须在旱季进行（苏丹的旱季是10月和次年4月之间）。远征军还要经受酷暑的考验。但与肆虐的传染病相比，高温的威胁要稍微小一点。当地"土著"的免疫力虽然不全面，但却能有效抵御疟疾的侵扰，欧洲人却没有针对这种疾病的抗体，结果纷纷染病，痛苦不堪。1895年战争临近时，马达加斯加总督曾说，"哈索"和"塔索"（丛林和热病）是他最好的两位将领，这个预

---

[1] "A Narrative of the Russian Expedition to Khiva", *in* Martin Ewans, ed., *The Great Game, Britain and Russia in Central Asia*, vol. VIII, *op. cit.*, p. 141 et 159.

言在很多场战争中都应验了。在地中海地区和中亚的绿洲地区，疟疾的症状一般不会那么严重，但还是会让人失去行动能力。

艰苦的环境要求士兵们付出更大的努力。行军和施工所导致的疲劳会降低他们抵御各种疾病的能力。在佩罗夫斯基领导的远征中，士兵们凌晨两三点就要起床做饭；由于缺少燃料，他们还经常不得不用冻得硬邦邦的饼干果腹。吃过早饭后，他们还要背着原本由驮畜驮运的货物摸黑行军，一直走到日落。这时他们还要卸下货物，寻找用来生火的树根，给牲畜喂饲料，晚上八九点钟才能休息。差不多在同一时期，参加阿尔及利亚远征的法国军人也要背着沉重的背包（平均每人40千克上下），走过一个又一个站点，忍受各种天气和各种坎坷的地形。除了军事行动，没完没了的工程也让他们筋疲力尽，他们要开辟大路和小径，搭建房屋和防御工事，甚至参与粮食收割。在赤道国家，体力消耗可能是致命的。莫尔达克曾提到过殖民者中有一句谚语："铁锹每铲一下都挖出一个坟墓。"[1]1895年的马达加斯加战争期间，殖民者无视这一原则，企图不惜一切代价修一条可以通车的道路，结果差点战败。这次战争无疑也是法国殖民史上人员伤亡数量最多的战争之一，将近6 000人死亡，占登陆总人数2.5万人的24%。参加战斗的部队损失了4 500人，也就是参战总人数的四分之一，大多数人员损失都是疟疾造成的。5 000名牵动物的人中有1 000人失踪。

军事病理学

殖民部队也不能幸免于困扰当时其他部队的问题。酗酒和性病让士

---

[1]　Capitaine Mordacq, *op. cit.*, p. 96.

兵的身体虚弱，并引发各种疾病。"被苦艾酒夺去性命的人比死在贝都因人手上的人还要多"，福楼拜在1874年出版的《庸见词典》（*Dictionnaire des idées reçues*）中写的这句话虽然讽刺，但不无道理。德国医生弗朗茨·冯·施沃茨（Franz von Schwarz）认为，1864年，切尔尼亚耶夫的部队之所以在第一次攻打塔什干时失败，就是因为他们当时处在酒醉的状态。这位学者曾在塔什干的天文观测站当了15年天文学家，据他说，胜利也没能解这些占领者的渴，在这座小城中满街都是他们建的酒馆。连将军们也放纵无度，有些甚至亲自参与洗劫酒水零售店。[1]

性病是另一大问题。据估计，1862年英国本土部队中有33%的士兵感染了梅毒，到1899年还有11%。[2] 英国驻印度部队的情况更糟：1890年，每1 000个病人中有438人因梅毒住院。而在英国本土，则是每1 000人中有203人。之所以出现这种状况，是因为1888年所有军中妓院都迫于道德联盟的压力关了门，联盟的用意虽好，但很不切实际。1899年，这些场所重新开始营业后，这一数字降到了67人[3]……基奇纳告诫手下要"自律"，他对感染性病的士兵一向严惩不贷。他认为，得了性病（隐瞒不报是一项轻罪）的人也有接受治疗的权利，但绝不可能享受与一般病人一样的照料。他特别向士兵们强调，性病不仅会伤害他们的身体，而且如果一支部队中的病员或没有行动力的人数过多，就没有资格被选中执行任务，这也意味着没有机会获得奖励和晋升。[4]

导致部队战斗力减弱的因素多如牛毛。比如，饮用水和食物品质不好，住所卫生条件差，不注意卫生还会引发伤寒，1900年，伤寒是法

[1]　Richard A. Pierce, *op. cit.*, p. 98-99; Eugen Schuyler, *op. cit.*, p. 230.

[2]　Edward M. Spiers, *The Late*, p. 144.

[3]　Harold E. Raugh, Jr., *op. cit.*, p. 176.

[4]　George Arthur, *op. cit.*, t. 2, p. 271-276.

国部队中第一位的致死因素，在殖民地和法国本土都是如此。1871 年，奥伦堡军区司令官曾记录道，他手下有一半士兵都身患疾病，最重要的原因就是缺少新鲜多样的食物以及经常性缺水。[1] 坏血病也很常见。在战场上，外科手术的条件非常简陋，也没有任何规范的手段预防感染和坏疽，因此伤员死亡率很高。殖民地的这种情况更加严重，由于路途遥远、交通缓慢，伤病员无法迅速回国。还有些时候，也是因为回国困难，一些没有任务的部队还不得不冒着更高的患病风险，在天气恶劣的季节留在殖民地，即使当地完全不具备手术条件也无法离开。

　　心理疾病和精神疾病也比比皆是。1842 年，希波利特·拉里（Hippolyte Larrey）男爵参加了阿尔及利亚远征，他的父亲是帝国部队中的著名外科医生，他本人也是一名外科医生，他指出，在远征期间很多士兵都出现了"思乡病"，用今天的话说就是神经性抑郁症。他认为，导致这种疾病的主要有两个原因：一是当地恶劣的条件，二是战争的残酷。而停战期间的闲散空虚也会造成心理失衡：爱德华·德·沃伦说过，驻印度军官虽然收入颇丰，但每天游手好闲，因此常常沉迷于酒精、鸦片和赌博。[2] 后来医生们定义了一种叫作"殖民军精神病"的疾病，其病因就是与世隔绝、疲劳、生理疾病、滥用酒精或麻醉剂。这种精神病的症状各种各样：躁狂和抑郁交替发作，多动、行为反常、谎语癖或妄想狂。自杀时有发生，但由于这一行为常常受到谴责，因此很多死亡都没有被认定为自杀。但在 1900 年，海军陆战队的白人每 1 000 名死者中就有 69 人死于自杀，其他部队则只有 48 人。[3] 法国人发明了一个新词——"苏丹症"（Soudanite），用来指沃尔勒（Voulet）上尉和沙

---

[1]　William C. Fuller, Jr., *Strategy and Power,* p. 277.

[2]　Édouard de Warren, *op. cit.,* vol. 1, p. 180.

[3]　*Annuaire statistique de la France,* 1901, p. 91.

努安（Chanoine）上尉那样的行为：他们在带队经过尼日尔中部的山谷时，一路残忍杀戮当地居民，后来又杀害了被派来追捕他们的高级军官，他们自己也被手下的土著步兵处决（1899年7月）。[1]

　　欧洲人的以上弱点也是他们越来越多地雇用"土著"士兵的原因之一。由于遗传原因，或者从小成长在热带致病环境中，严峻的环境条件对"土著人"造成的影响相对较小，因为在如此危机四伏的环境中，只有最顽强的人才能生存下来。或许也是因为这个原因，欧洲人中最容易倒下的是那些初来乍到者，越是作战经验丰富的士兵就越不容易被击垮。数字能说明一切。1895年远征马达加斯加是一场名副其实的"卫生灾难"，欧洲士兵的患病率一直在25%到35%之间居高不下，而"土著"士兵的患病率只有10%到15%。[2]非洲部队和马达加斯加部队中的死亡率是12%，海军陆战队员的死亡率则是23%，而从欧洲来的志愿兵的死亡率高达40%甚至60%。迪特中校指出，萨卡拉瓦人和豪萨人的加入拯救了这场远征，因为只有他们能在不遭受重大损失的情况下完成修路、运输、侦察和各种零碎工作。[3]

　　但是，我们不能因此觉得可以毫无节制地使用"土著人"的力量。1901年，印度支那的白人部队中，死亡率约为21‰，而东京土著步兵的死亡率为23‰；在法属西非，白人的死亡率是15‰，塞内加尔人则是29‰，这是因为在当地招募的部队需要承担更重的任务。和人们的预期相反，他们中有一半死于疟疾，因此，说他们天生具有免疫力的传言也就不攻自破了。[4]脚夫由于经常受到虐待而且食不果腹，所以死亡

---

[1]　Muriel Mathieu, *La Mission Afrique centrale*, L'Harmattan, 1995.

[2]　Lieutenant-colonel Ditte, *op. cit.*, p. 235-236.

[3]　*Ibid.*, p. 42.

[4]　*Annuaire statistique de la France*, 1901, p. 91.

率尤其高。在远征卢赛山期间，由加尔各答人组成的脚夫队由于霍乱损失了将近半数人员（800 人）。行动指挥官错在让太多人挤在两艘驳船上，船上既没有欧洲军官也没有药品。[1]

指挥官们意识到这些问题后开始缓慢地进行改正，医疗系统也逐渐完善。以前，部队中只有随军外科医生和医师，以及非常简陋的救护车和医院，安置病患的环境有时还容易导致传染病，但经过改进后，战场上开始出现急救措施、野战医院和后方医院。不过伤员的运输还是个问题，当时的运输方法主要是由牲畜拉担架或鞍椅。不过，法国于 1868 年和中国作战时起用了医院船，可以远途运送伤员。如果路途太远，还可以在途中建立驿站：1873 年，法国政府在苏伊士为殖民军建了一所医院；1895 年，这所医院还收治了很多来自马达加斯加的病人。

卫生机构有了很大改善。克里米亚战争期间，英国人发现他们的医疗服务比不上法国，无法满足需要，这在英国引发了很大震动。1859 至 1861 年，西德尼·赫伯特（Sidney Herbert）在担任战争大臣期间进行了一系列改革，包括采用大量卫生措施，并重新组织了医疗健康机构——陆军后勤部队。1888 年，这一机构又被重新整顿，于 1898 年更名为皇家陆军医疗队（Royal Army Medical Corps），这支部队中的管理人员曾一度没有军衔，现在又重获了军官头衔。护理人员也接受了更好的培训。几乎所有医疗护理人员都是男性，但也有一些女护士，效仿著名的弗洛伦斯·南丁格尔（Florence Nightingale），从 1879 年起就参加了英国在南非的战役。[2] 法国人也紧随其后展开整改。红十字会从 1863

---

[1]   Lieutenant-colonel Septans, *Les Expéditions anglaises en Asie*, p. 87.
[2]   Edward M. Spiers, *The Late*, p. 81.

年建立以来就一直在帮助他们。1882年的一条法令让医疗部队真正独立起来，不再附属于后勤部队。救护车和医院开始有专人指导，医生的地位也得到提高。[1] 从1875年起，海军医生都要在布雷斯特医学院学习，后来，波尔多海军与殖民地海洋医学院（1890年）和法罗应用学校（1905年）陆续建立，专门为殖民地培养医生，人们对热带疾病的了解也因此越来越深入。

到了殖民后期，法国人阿方斯·拉维朗（Alphonse Laveran，1845—1922年）和英国人罗纳德·罗斯（Ronald Ross，1857—1932年）在治疗疟疾方面做出了重要贡献，正是这类成就，推动热带病理学取得了决定性的进步。在此之前，人们主要靠经验治疗，而那些手段是否有效也有待商讨。尽管克莱蒙·麦约（Clément Maillot，1804—1894年）在阿尔及利亚发现奎宁对于疟疾疗效显著，但这种药品的普及过程十分缓慢；拉维朗从1880年就在疟疾研究中取得了突破，但法军在准备进行马达加斯加远征时并没有咨询过他的专业意见。这两位专家都出身于医疗部队，并且都在其中身居要职。[2] 这再一次证明，当时的殖民军常常忽视借鉴以往战争的经验。

日常生活

军人在殖民地的生活条件通常都很艰难。但随着时间推移，指挥官

---

[1] Claire Fredj, *Médecins en campagne, Médecine des lointains. Le service de santé des armées dans les expéditions lointaines du Second Empire (Crimée, Cochinchine, Mexique)*, thèse EHESS, 2006, p. 189 sq.

[2] *Le Service de Santé aux Colonies*, Lahure, 1930.

越来越关心保持部队卫生条件的问题，这反映在饮食、服饰和居住场所的改变上。

驻　地

　　部队的长期居住地是个大难题。被占领的国家很少有能容纳庞大欧洲驻军的营地。而有钱人的建筑（城堡、宫殿、仓库）常常既不舒适也不卫生，何况有时候，由于殖民军的大肆劫掠，这些地方也已经被夷为平地了，在阿尔及利亚征服早期就经常发生这样的事。有些国家甚至没有用砖石等坚硬材料建造的房子。因此士兵们要临时搭建住所。在突厥斯坦，士兵们住在用晒干了的黏土建成的房屋里，屋顶几乎不能防雨。这些房子没有地基，而且常常沿着灌溉渠而建，潮气从地面和墙壁渗入屋内。直到19世纪70年代末，人们才开始建造更像样的建筑。[1] 美国西部士兵的运气也好不到哪儿去。1875年，他们被分派到129个定居点，常常要住自己搭建的简陋棚屋，这些房子使用的材质很轻（木头、石头或干泥土），而且维护工作很不到位，因此卫生条件很差。[2]

　　当殖民军在一个地方站稳脚跟后，长期的施工计划才开始进行。意大利人是这方面的先驱：1886年，他们为安置厄立特里亚的士兵建造了一些一层楼的房子，长二三十米，宽6米，住满之后能容纳半个连。在房子两端以及整个侧面墙壁上端的护板上设有开口，以保证通风良好。墙外还有单独的栅栏保护[3]。因此，这支部队完全不用担心适应不了当地气候的问题。1894年，利奥泰到交趾支那巡视时，忧心忡忡地

---

[1]　« Le Turkestan... », *RME*, novembre 1877, p. 284-287, août 1878, p. 101-102.

[2]　Paul A.C. Koistinen, *op. cit.*, p. 59-60.

[3]　« Les possessions italiennes sur les côtes de la mer Rouge », *RME*, 15 décembre 1886, p. 667.

感叹道：西贡的军营竟然是按照欧洲标准修建的。营中都是三层的大房子，日出和日落时，太阳直射没有窗帘的营房，所以每个房间都很闷热。食堂、澡堂和卫生间都是公用的，而且直接被太阳暴晒，与宿舍相距只有100米。利奥泰讽刺地总结道："建筑富有对称美，而且便于监管。总之一切都好。"[1]

在此之前，利奥泰刚刚在新加坡参观了英国人的营地，因此对自己在法国殖民地看到的景象更加不满。新加坡的英军驻地并没有营房，而是在城外1公里处的一片大空地上分散建造了一些小屋。每个连都有3栋通风良好的木屋，一栋是寝室兼食堂，一栋当厨房，还有一栋是盥洗室，另外还有一些公厕。据计算，这些士兵平均每人享有12平方米空间，而驻扎在西贡的法国士兵每人只有3.8平方米；在屋顶高度上，英国人把法国人甩得更远（英国屋顶高度为7米，法国为3米）。英军还有专门用来淋浴和泡澡的房子，娱乐房里有台球室和阅览室，军人每月分摊图书和报纸的费用，另外还有一间健身房，一个礼堂以及网球场和足球场。这都是因为英国从1860年就开始着手改善卫生条件，增加士兵的舒适度。很大一部分（25%）驻军的住所都建在位置较高的地方，这样他们就能享受更凉爽的气候。[2]

加利埃尼在指挥远征马达加斯加时也没有忽视这方面的工作。大城市里的营地，每栋营房里居住的士兵不超过50人。房子的底层悬空，被环形走廊围绕，设有办公室、作坊、商店、娱乐室或阅览室。军官享有单人卧室，士兵们住的也不是大通铺，而是每四五个人共享一间四五十平方米、3.5米高的房间。除了公用家具（桌椅），每人都有一张

---

[1]　Hubert Lyautey, *Lettres du Tonkin,* vol. 1, p. 54-61.

[2]　*RME,* juin 1874, p. 300-301; John Strachey, *op. cit.,* p. 442.

钢丝床、一张马鬃床垫、一顶蚊帐和一个能上锁的金属衣柜。厨房是独立的建筑。"土著"用人也有专门的活动场所。另有一间屋子用来盥洗、淋浴。营地的树木给士兵们提供了荫凉。除了演习场，加利埃尼还准备开辟一片娱乐场地，并挖一个游泳池。设计合理的排水系统可以避免潮气过重。他还做了很多准备以防降温：每个士兵都有一条毯子；厕所设在室外但离每座房子都很近，而且中间还有全覆盖的走廊，这在雨季非常重要。在规模较小的驻地，指挥官还让士兵们仿建"土著人"的茅屋，但也根据卫生和部队的需要做了改良。[1]

其他国家的做法与英法两国不谋而合。1893年，俄国人驻扎在帕米尔高原的恰德加内（Chadjane），海拔3 800米，夜晚温度可低至零下35摄氏度，他们在这个要塞修建了有厚重墙壁的棚屋，士兵的住所、厨房、医务室和浴室一应俱全。后来他们又改用木制骨架和毛毡搭建的蒙古包，并用草皮围起来，这种蒙古包直径4.3米、高1米，每顶能住10人，内部有一个简易暖炉，傍晚屋内温度能达到五六摄氏度，早晨则有零下5摄氏度。[2] 美国人的"要塞"，或准确地说是"预留地"（赖利堡、莱文沃斯堡），建于20世纪初期，数量较少，都是些大房子，管理和维护工作非常到位，利用蒸汽取暖，还有电灯照明。每个120人的连队共用4个卫生间和6个淋浴室，另外还有十多个厕所和30间盥洗室。俱乐部里有台球桌和杂志，以及一家被称为"交换站"的商店（商品包括食物、衣服和各种杂物），很多营地中还有健身房和游泳池。[3]

可以看出，阅览室和体育场在20世纪初的所有驻地规划中地位都

---

[1]　Général Joseph Gallieni, *Madagascar. La Vie du Soldat. Alimentation. Logement. Habillement. Soins médicaux*, Chapelot, 1905. p. 38-43.

[2]　« Les Russes au Pamir », *RME*, septembre 1895, p. 174-175, 177-178.

[3]　« Installation des officiers et des hommes de troupe de l'armée fédérale dans les postes militaires de l'Ouest américain », *RMAE*, septembre 1906, p. 264-266.

很重要。随着时间的推移，指挥部越来越注重为士兵提供消遣手段，因为正如1905年加利埃尼所说的那样，无聊是"殖民地士兵最可怕的敌人"。因此加利埃尼认为，让他们"在不影响部队运作的前提下，享受一切娱乐活动"是非常必要的。他还举办了一些"征服史及殖民地风俗"之类的主题报告会。这位大教育家认为，要不是这些报告会的内容"总是千篇一律"，士兵们也会很感兴趣。在各种消遣活动中，他还提到了园艺、房屋修缮以及各种零活儿，这都是为了给日常生活增色，让平淡的日子更有意思。[1] 士兵还能从这些工作中获得报酬，因此他们通常都很乐意暂时当一当农民或工匠。

战场上的士兵除了酒精和女人，也有其他的消遣方式。荷兰部队就以此著称。在远征亚齐期间，红十字会为前线送去了图书、社交游戏（纸牌、罗多游戏、多米诺骨牌、象棋，甚至还有2张台球桌）、书信用具（信纸、信封、铅笔）、非军用乐器（包括3把小提琴，1把低音提琴，1把大提琴，10把口琴，1架手摇风琴和32部曲谱）、1个可拆卸的演出台、演出道具和节目单。同时被送上战场的还有1万只烟斗和1吨烟草，当时人们还觉得烟草对人完全无害，甚至还能帮助人熬过漫长的等待。[2]

战 场

战场上的第一原则就是节省欧洲士兵的体力。迪特说过："除非需要行军或者作战，欧洲士兵不应该登陆；他们虽然有完善优越的战术，

---

[1]　Général Joseph Gallieni, *Madagascar. La Vie du Soldat*, p. 42-43.

[2]　« Les Hollandais et la guerre de Sumatra », *RME*, septembre 1874, p. 158.

但相当脆弱，以往远征的经验告诉我们，必须用上一切医疗卫生手段保护他们……殖民地的欧洲人不应该背负重物，也不该耕地，除非出现极特殊情况。"[1]

　　欧洲人的确已经养成了不亲自背包的习惯，或至少想方设法减轻负重。1894 年达荷美远征刚开始时，每一个欧洲步兵的负重只有 12 千克。光是装有刺刀的背带式勒贝尔步枪、带有弹匣的腰带和子弹就占了 9 千克多（步枪重 4.7 千克）；另外还有容量约为 1 升的水壶（1.42 千克），一天的口粮（1.3 千克）。其余 15 千克其他物品（个人用品，帐篷布，工具包，维修用具，2 天的口粮）都交给脚夫，每个脚夫负责两个士兵的背包（30 千克）。"土著"士兵没有脚夫相助，他们每人要背 18 千克重物，跟法国士兵 27 千克的行李比起来，少了备用粮食、一部分子弹（6 盒，而不是 15 盒）和一些日常用品（例如，他们没有殖民军头盔，而是戴一顶小圆帽；也没有饭盒）。[2] 1899 年，在菲律宾打仗的美国士兵负重也和法国士兵差不多：9 磅（4 千克）重的步枪，大约 9 磅重的弹药，一个水壶和几个罐头。[3] 布尔战争期间，士兵的行囊（不包括步枪）重 25 磅，即 11.3 千克，所用的背包背起来也更舒服。[4] 1905 年，加利埃尼根据德兰士瓦的战争记录写道："除了衣服，殖民士兵需要背的应该只有武器、弹药、一把轻型工具和冷饭，现在这已经成了共识。"[5]

　　士兵们的装备在不断变轻、改良。扇子是每个印度支那殖民军必须携带的装备。他们可以在头盔下放一块湿布或者一片香蕉叶。有些时候

[1]　Lieutenant-colonel Ditte, *Observations*, p. 34, 39.

[2]　Tenue de campagne des troupes du Bénin, ordre général n° 24, 2 août 1892, Capitaine Édouard-Edmond Aublet, *op. cit.*, t. 1, p. 185-191; voir aussi p. 250.

[3]　Brian McAllister Linn, *op. cit.*, p. 91.

[4]　Harold E. Raugh, Jr., *op. cit.*, p. 279.

[5]　Général Joseph Gallieni, *Madagascar. La Vie du Soldat*, p. 47.

他们还可以脱掉上装，赤身背着武器和子弹（120发）以及装满水的水壶。[1] 在气候炎热的地方，休息要安排在比较凉爽的时刻，一般是早上和晚上，有时甚至是夜里，地点也要选在地形平缓处。每天晚上休息时是吃主餐的时间，这样可以避免消化系统负担过重。[2] 羊毛腰带和后来的法兰绒腰带可以用来御寒。在寒冷地带，部队还会给士兵分发额外装备。参加红河战役的英国士兵每人就分到了一双当地样式的鹿皮鞋、一件法兰绒衬衫、羊毛袜以及夜间戴的厚羊毛软帽。他们还领到了用来防蚊的面纱和驱虫霜。

露营技术在进步。殖民初期，在印度作战的英国士兵似乎享受着最好的条件：据沃伦介绍，他们从不露宿（此话当真，也就是说他们从不在露天场所睡觉），而且总是携带大量搭营器材。[3] 相反，北非的法国部队就常常遭遇恶劣的环境却无处栖身。后来帐篷逐渐普及了起来，但其效果有时不尽如人意：防高温、防雨性能不足，甚至连风都挡不住。当时，士兵们习惯在帐篷边上堆一圈土，以达到更好的密封效果，但这样一来，篷布很快就会因腐蚀作用和热带地区的白蚁蛀咬而腐烂。[4] 因此人们更偏爱临时搭建并隐蔽起来的茅屋或营帐。法国士兵中有很多人曾经当过工人，他们非常善于随机应变、临场发挥，巧妙地应对艰难险阻，他们也因此声名远扬。在马达加斯加，他们既会挖战壕，也会搭建单人轻便帐篷，两者交替使用。[5]

战争期间，免不了需要建造轻便的简易建筑。沃尔斯利指挥阿散蒂远征时，行军路上每10英里（约16公里）就有一个休息站，每个站点

[1]　« Manuel tactique à l'usage des troupes de l'Indochine », *op. cit.,* p. 445.
[2]　*Ibid.,* p. 181-182.
[3]　Édouard de Warren, *op. cit.,* vol. 1, p. 213.
[4]　Lieutenant-colonel Ditte, *op. cit.,* p. 213-215.
[5]　*Ibid.,* p. 215-217.

都有能供 400 人休息的棚屋，里面的营床设计精巧，不会和地面接触。达荷美战争之前，多兹广泛征集庇护所的建筑方案，最终选定了海军陆战队炮兵古热中尉的提议。建筑的骨架以竹子为材料，顶篷用两种篷布制成，并用树叶覆盖，这样隔热效果更好；四面用棕榈树叶充当墙壁。这样一个能容纳 50 人的庇护所，重量只有 50 千克，两个脚夫就能轻松搬运，而且只要半个小时就能搭好。他们还采取了一些措施预防传染病，而且对厕所问题尤其重视。厕所必须建在通风处，距离营地 50 到100 米之间；茅坑深 1.5 米，填埋时要用 70 厘米厚的泥土盖严，并在上面撒上消毒剂。[1]

服　饰

有些服饰有利于士兵的健康，比如羊毛宽腰带。法国进行 1830 年远征前，俄国人建议他们佩戴这种腰带，后来比若在 1841 年的通报中为它大作宣传，以至于这种羊毛宽腰带成了法国驻非洲部队的标志。这种腰带长 3 米，宽 45 厘米，能护住腹部和腰部，防止受寒导致腹泻和痢疾。[2] 士兵们必须把它穿在衣服外面，以便检查是否佩戴。但除了在非洲，这种腰带并没有在其他欧洲部队中流行起来，1905 年，只有殖民军中的"土著"队伍才佩戴这种腰带，加利埃尼为此深感遗憾，并且希望改变这种情况，但最终也没有成功。[3] 还有一些配饰专门用来保护视力。阿尔及利亚战争刚开始时，指挥官有时会建议士兵用一层绿色面纱

---

[1]　« Les Anglais dans la haute Égypte. Fonctionnement du service de santé », *RME*, 28 février 1887, p. 244.

[2]　Général Paul Azan, *Par l'Épée*, p. 94-95.

[3]　Général Joseph Gallieni, *Madagascar. La Vie du Soldat*, p. 50.

挡在眼前。到了19世纪末，面纱变成了茶色玻璃镜片，但这不属于制式装备。欧洲人也不是唯一使用这种配饰的群体，吉尔吉斯游牧民和苏人酋长也会佩戴。[1]

对于需要长时间行军的士兵来说，鞋子毫无疑问是他们护脚的关键。鞋靴改进的第一步是左右脚分开（1843年的英国）[2]。但由于当时的鞋子过重（驻达荷美的法军穿的半统皮靴重达1.25千克），所以走起路来很费劲，而且皮鞋还经常需要上油。西班牙人独树一帜，穿草底帆布鞋作战，这是一种"用麻绳编制的凉鞋，用黑色羊毛绳绑在脚踝上"[3]。1884年秋天，东京的陆军部队和海军陆战队中，每10个人就有7个人要光脚打仗，因为他们从春天开始就一直没有领到替换的鞋子，而他们原有的鞋子都在雨季中泡坏了。后来，指挥官向战争部反映了此事，当时的部长勒瓦尔将军这才给印度支那送来了3万双鞋。

帽子也是殖民部队的标志。起初人们觉得帽子越轻便越好：比若率领的法国部队把僵硬的高筒军帽换成了用柔软布料做的法式军帽。这种通常带有护颈的军帽在各部队广为流行，国外部队也很欣赏这种设计，美军还仿制了这种款式的军帽，并一直沿用到19世纪末。佐阿夫轻步兵团让小圆帽名声大噪，这种帽子借鉴了"土著"服饰，既轻便又舒适。突厥斯坦的俄国人戴一种白色有护颈的柱状有檐帽。这种帽子能满足温带地区的需要，但在热带地区就会过于闷热。因此，他们就改戴了防晒、透气效果更好的宽檐头盔。1878年，英军发布了一项命令，规定参战士兵必须佩戴用白布覆盖的软木遮阳头盔，帽子上面打有透

[1]　Colonel Holdich, *op. cit.,* p. 305; Régis de Trobriand, *op. cit.,* p. 176.

[2]　Ian Hernon, *Britain's Forgotten Wars. Colonial Campaigns of the 19th Century,* Stroud, Sutton, 2003, p. 12.

[3]　Lieutenant-colonel Aristide Dally, *op. cit.,* p. 106.

气孔，顶部还有一个尖角装饰。[1] 当炸弹开始在印度殖民地投入使用时，士兵除了戴头盔还要裹上一种叫作"普加雷"（puggaree）的头巾。[2] 由于有时白色太引人注目，因此英国人会用茶水给头巾染色，以便隐蔽。

几乎就在同时，法国的海外殖民部队采用了款式类似的制式服装，意大利人和德国人也相继模仿。达荷美战争期间，法国人的头盔重270克。1885年，东京的法军给每个士兵发了一块黑布用来盖住头盔，以便更好地隐藏自己。不过这种方法也有不便之处。加利埃尼指出，为了以卧姿射击，士兵就必须把头盔往前额压低。但他也认为这种头盔比法式军帽好：二者的重量相差无几，但头盔戴起来没有那么热，而且湿水的时候不会变重。[3] 长期以来，这种头盔一直为海军陆战队所专用，而驻非部队和宗主国国内陆军部队被派往中国时，由于头盔供不应求，不得不戴着草帽出征。

选择军装的时候，同样要考虑卫生、健康的问题。欧洲人简化了制服并且减轻了重量。突厥斯坦的俄国士兵只穿一件布衫（行军时可以把袖子卷起来）和皮裤。哥萨克骑兵用骆驼毛仿照当地样式制作罩衫[4]。阿散蒂战争期间，英国士兵的制服包括用灰色羊毛制成的裤子和上装，以及羊毛衬衫，在外衣下面还要束一条腰带防止降温引发痢疾，上装外面还要再紧紧裹上一条腰带。[5] 当然，根据天气换装会让人更加舒适。法国人在达荷美时，从日出到日落都要戴头盔、穿布制上衣，降温时就换上法式军帽、绒毛外套和法兰绒裤子。

从19世纪70年代起，欧洲殖民部队，至少是英法两国，领先国内

---

[1]　« La nouvelle coiffure des troupes à pied anglaises », RME, juillet 1878, p. 45-48.

[2]　« Les forces anglaises aux Indes », RME, 15 mai 1885, p. 544.

[3]　Général Joseph Gallieni, Madagascar. La Vie du Soldat, p. 51.

[4]　« Le Turkestan... », RME, décembre 1877, p. 234-235.

[5]　« La guerre des Aschantis », RME, décembre 1874, p. 392.

部队一步，采用了与国内军服相比不那么醒目的服装。要想使军服更轻盈、更舒适、更容易清洗，还要防止被装备越来越精良的敌人发现，这就需要使用一些中性色。因此，英国殖民地的部队放弃了传统的红色军装（猩红哔叽）。旁遮普向导率先穿上了卡其色军服，这个词来自乌尔都语的"khakee"（灰尘的颜色），从19世纪60年代起，卡其色军服就成了"土著"部队和英国驻印度部队的标准着装。夏天，英国驻印士兵的上衣用白色棉布制成，但穿之前要先在野外染色，这样既易于隐蔽也更好打理。这种做法也传到了非洲。在阿散蒂战争中，沃尔斯利给手下的士兵选择了灰色军装。苏丹的金尼斯战役（1885年12月30日）是英军的红色军装最后一次出场[1]。德兰士瓦战争期间，无论是实战还是演习，整支部队都穿上了卡其色，以前的制服也没有被抛弃，而是留在和平时期穿戴。[2]随着步枪射击精度提高，人们也必须采取更多预防措施：为防止枪口的火光暴露射击者位置，枪口、餐厨用具和车辆都被涂上了颜色；用皮革把制服上的纽扣包裹起来。战马也要涂上斑马条纹，这些都是为了更好地伪装。[3]

　　在法国，海军陆战队的蓝色作战服装能满足各种需求。这身制服和船锚一样，标志着该部队的特殊性，并将其与穿着绛红色军裤的法国本土部队以及外国军团区分开来。但瓦隆将军认为，法军远征中国时穿了这种军服是个错误，因为蓝色布料经过日晒和水洗后很容易掉色，变得非常难看，和其他国家的制服相比简直丢人现眼。而且清朝士兵通常也身着蓝衣，所以从远处看，很容易把中法士兵认错。1901年的一则通

---

[1]　Débat abordé dans *RME*, avril 1883, p. 509.

[2]　« Les modifications apportées à l'armée anglaise à la suite des dernières guerres », *RMAE*, novembre 1906, p. 417-423.

[3]　Bill Nasson, *The South African*, p. 150.

告规定，殖民军作战时必须穿卡其色服装，正式场合则换上白色布料做的礼服。众所周知，欧洲本土的部队直到1914年才开始改变衣服颜色。不过，给海外的20万军人换装确实比给国内的180万现役、预备役军人换装容易得多。

其他国家的部队各自做了不同选择。1895年，意大利驻非洲部队身穿儿茶色（这是一种类似卡其色的颜色）棉布制成的军服，头戴头盔和小圆帽。美国"蓝衣士兵"尝试了各种颜色的作战服之后，于1900年选定了卡其色。1905年，胶州湾租借地的德国海军陆战队也选了相同的颜色，后来又换成了著名的野灰色。[1] 将近1910年时，俄军生产的新军服抛弃了传统的深绿色，改用灰绿色或灰米色。印度群岛的荷兰部队穿的是深蓝色哔叽军装，这种材质干燥致密，荷兰人认为它保暖性能良好，而且重量也不大。[2] 其颜色与荷兰国内部队的服装颜色相近。

不过，不要以为战场上的部队就是上述的样子。经历了长达几周的行军和露营之后，即使最顶尖的部队也会面目全非。精心修剪的胡须和毛发成了茅草窝。军装成了破布，随手捡来的绳子代替了裹腰和皮带；苏格兰高地师的短褶裙也换成了临时应急的裤子。[3] 虽然这些装束不符合军规，但高级军官和将军们宁愿享受实实在在的舒适，而不是表面上的花哨。有些人甚至完全把仪容置于脑后，比如美国人库克就换上了便装，戴上了太阳帽，骑的不是马，而是一头毛驴，还把胡子编成两根辫子甩在脖子后面。他没有携带任何制式武器，而是背了一把双筒猎枪。我们也知道，比若曾经推广过一种带有双层面罩的大檐帽，外形非常别致，但没有传播开来。

---

[1]　*RMAE*, janvier 1906, p. 69.

[2]　Philibert Dabry de Thiersant, *op. cit.*, p. 29.

[3]　Edward M. Spiers, "Campaigning under Kitchener", art. cit., p. 57.

饮水和饮食

被污染的水中含有多种病菌（痢疾、霍乱或伤寒）和各种寄生虫（尤其是非洲的麦地那龙线虫），这在热带地区尤为常见。炎热的天气又使人需水量激增。指挥官也意识到必须让士兵勤洗澡，并用干净的水清洗衣物。1874年，法国观察员很羡慕苏门答腊的荷兰士兵每天都能领到30克肥皂。[1] 他们还对水疗的作用深信不疑。加利埃尼认为，淋浴是"所有殖民营地的必备设施"，并相信夏天洗冷水和热水澡都能治疗贫血。

但是最大的问题还是饮用水。预防疾病的最佳措施是只喝消过毒的水，但由于部队人数众多而燃料不足，因此在野外把水煮沸不是件容易的事。消毒设备则又大又重。部队初期最常用的处理措施是过滤，在污染严重的情况下，还要再进行煮沸或蒸馏。1884至1886年，在苏丹服役的英国士兵每人都有一个过滤器和一些明矾粉，用来去除水中的悬浮物。军医会对水质进行分析，如果有必要，就会下令把水蒸馏或煮沸。1892年，法国在达荷美采用了同样的做法。1901年远征中国期间，瓦隆将军让卫生队队长、海军首席军医安德烈·杰奎明（André Jacquemin）写了一则详细的告示，大致意思如下：饮用水首先要用明矾净化，待沉淀物析出后用临时过滤器过滤，过滤器的主体是四根木棍和两层薄布，薄布上撒有两层沙土，两层土之间还要用木炭隔开。在紧急情况下可以使用高锰酸钾结晶[2]。如果有条件的话，可以饮用蒸馏海水。在1909年的摩洛哥战役中，西班牙人使用了由英国贵族（来自

---

[1]　« Les Hollandais et la guerre de Sumatra », *RME*, septembre 1874, p. 157.

[2]　Instruction sur l'hygiène des troupes, 6 septembre 1900, Général Voyron, *op. cit.*, p486-490.

柯科迪的摩根家族与艾略特家族）赞助的净水仪器，每天能获取10万升水。[1]

指挥官们很清楚酗酒的危害，并且采取了很多措施来减少这种现象。从1885年起，爪哇殖民地的食堂只提供一定量的含酒精饮料；士兵不许在其他地方购买，违者将被处以罚金；指挥官鼓励士兵饮用茶、咖啡和柠檬水。食堂里设有台球桌、保龄球场以及阅览室[2]。部队还会给士兵分发代替酒精的饮料。非洲军队中的法国军人发现了咖啡的重要性。医生强烈推荐他们在咖啡里加入大量糖并搭配面包饮用，他们认为这种饮食有滋补的疗效。在部队里，"可可"（caouah）这个阿拉伯词跟"果汁"一样常用。[3] 当然，英国人还非常推崇茶，喝的时候通常要加很多糖（红河战役期间，每28克茶叶中要加57克糖）。东方的俄国部队（突厥斯坦、西伯利亚、高加索、俄国东部）也从1886年起开始供应茶水，用来代替葡萄酒（或被考夫曼明令禁止的伏特加）配额。每个士兵可以领取3.07克茶叶和10克糖，每周领取3次。1891年，这种做法传到了圣彼得堡军区，然后又在整个受霍乱威胁的地区传播开来。1905年，俄国全军都正式推广了这项措施（每人每天2.04克茶叶和25.60克糖）。[4]

定量分配政策在战争期间非常有用。沃尔斯利把酒精视为"部队的伤疤"。葡萄酒和白酒由于有提神滋补的作用，所以一直没有停止发放，但对于烈酒，比如苦艾酒（通常为65度）、苦味酒和一些当地自产的酒，则有所限制，其中有些还被彻底禁绝。有时，比如1885年的萨

---

[1]　*RMAE*, mars 1910, p. 250.

[2]　Philibert Dabry de Thiersant, *op. cit.*, p. 32-33.

[3]　Claire Fredj, *Médecins en campagne*, p. 630-631.

[4]　*RMAE*, avril 1908, p. 429.

瓦金战役期间，部队还会发布全面禁酒令。1898年苏丹战役中，基奇纳甚至把啤酒也打入了冷宫[1]。相反，不含酒精的饮料备受推崇，尤其是茶水，因为喝茶有助于大量摄入开水。1884年，驻东京的部队每个连每四天能分到50升葡萄酒和25升白酒，也就是每人12.5厘升葡萄酒和6.25厘升白酒。空酒桶用来装水或淡茶水[2]。法军远征达荷美时，定量分配给士兵的塔非亚酒里掺有水和茶。远征中国的军队也有喝茶的规定。到了19世纪末，一些军舰和地面设施具备了造冰的能力，于是部队可以给士兵提供更加爽口的饮品，他们认为15或16摄氏度的饮料对身体健康最有利。[3]

饮　食

备受疲劳折磨的年轻躯体需要洁净、充足的食物。每个国家的饮食习惯都各不相同。1860年前后，英国人每天的主食是1磅面包和0.75磅肉类。而法国人则对面包情有独钟。从他们夺取谅山后发生的一个片段中，我们就能看出这种依赖。当时尼格里将军想尽办法节约食物，决定每两天中有一天的供给配额减量，每逢缩减日，每人每天分到300克新鲜肉类、46克盐、8到12厘升塔非亚酒，而且1千克面包被换成了大米（用安南人的方式烹饪，加水量很少）。但一有机会，他就马上恢复了面包的分配。[4]

---

[1]　« Les Anglais dans la haute Égypte », *RME*, 28 février 1887, p. 233 et passim; Edward M. Spiers, "Campaigning under Kitchener", art. cit., p. 57.

[2]　Commandant Lecomte, *Lang-Son*, p. 113.

[3]　Lieutenant-colonel Ditte, *op. cit.,* p. 248.

[4]　Commandant Lecomte, *Lang-Son*, p. 336.

爱德华·德·沃伦所记录的营地每日配额 [1]

	英军配额	法军配额
肉类	340 克	250 克
面包	435 克	750 克

　　在非洲作战的意大利士兵每天能分到800克面包（或600克饼干），400克新鲜肉类（或罐头肉），200克大米、面食或"泡饼"，12克奶酪或猪油，20克盐，15克咖啡，22克糖和25厘升葡萄酒（或6厘升朗姆酒）。[2] 在1885年远征苏丹中，英国士兵每天能分得450克罐头肉或560克鲜肉、560克面包或450克饼干、9克茶叶和9克咖啡、63克糖、12克盐、0.7克胡椒、330克土豆或新鲜蔬菜，以及2升水。[3]

　　有些部队的食物严重短缺。1830年，当法军准备远征时，俄国人根据自己的经验建议他们每天给士兵提供200克肉类、700克脱水饼干、1克胡椒和8厘升醋。他们还劝法军不要供应烈酒（除了每天15厘升的白酒）和水果，因为水果可能会导致痢疾。[4] 但他们自己遵循了这些指示吗？高加索士兵的配给是每天716克饼干、94克肉类和2.2克盐 [5]。在夺取希瓦的战役中，俄国士兵的日常配额除了肉类，主要是面包、燕麦片和干豆子。毫无疑问，食物可以用来抵御寒冷：恰德加内营地于1892年建在帕米尔高原中心。冬天，此地驻军每天能分到 1 200 克面

[1]　Édouard de Warren, *op. cit.,* vol. 1, p. 211.

[2]　« Les possessions italiennes sur les côtes de la mer Rouge », *RME*, 15 décembre 1886, p. 663.

[3]　1 livre de viande de conserve ou 1 livre 1/4 de viande fraîche, 1 livre 1/4 de pain ou 1 livre de biscuit, 1/3 d'once de thé et 1/3 d'once de café, 2 onces 1/4 de sucre, 1/2 once de sel, 1/36ᵉ d'once de poivre, de livre de pommes de terre ou de végétaux frais (livre anglaise = 453 g ; once = 28 g ; *imperial gallon* : 4,5 l).

[4]　Sébastien Haule, art. cit., p. 315.

[5]　Moshe Gammer, *op. cit.,* p. 301, note 22, p. 307 note 6.

包、411克肉类、200克大米和一些猪油，他们每天吃两餐热饭，茶水不限量。[1] 显然，这种膳食方案很不平衡，但类似的缺陷在军中司空见惯。将近1895年时，葡萄牙驻莫桑比克殖民军的食物配额中，包含通心粉和用辣椒调味的鹰嘴豆。而美国驻军直到1890年以前，都只能吃到牛肉、盐渍猪肉、芸豆、面包或饼干以及脱水蔬菜。[2]

新鲜蔬菜水果问题至关重要，这是不可或缺的维生素来源。在营地中一般都能买到当地蔬果。买不到的时候，士兵们亲手照料的菜园也能保证基本需求。法国和俄国都有农业传统，所以在这方面做得出类拔萃，美军也会在要塞周围开辟菜园。为种菜所修建的工程设施还能附带着帮助抵御敌军。甚至连马尔尚建在法绍达的哨所都有菜园，他还为此颇为自豪。但部队出征时就没法享受这样的条件了。基奇纳带兵在苏丹作战时，英军的伙食虽然很好，但有9个月都没有吃到黄油、牛奶、鸡蛋和新鲜蔬菜。士兵们需要通过喝柠檬汁来预防坏血病，英国人因为有海军的前车之鉴，最常使用这种方式；而俄国人和法国人则用大蒜和洋葱补充需要（这也包括在1830年俄国人给法国人的建议中）。

在很长一段时间里，如果作战期间无法买到或者征收到肉类，唯一获取肉食的方法就是带着牛群或羊群一起行军。1870年以后，罐头肉，尤其是罐装牛肉被引入部队中。劳伦斯曾写道，罐头肉是比火药还重要的发明，部队自此终于摆脱了牲畜群的负担。[1] 咸牛肉罐头可以直接食用，烹饪后再食用则更有利于消化。殖民部队对罐头肉的需求量很大。法国殖民军把咸牛肉叫作"猴子肉"，据说这是因为咸牛肉看起来有点像他们在非洲吃的烤猴肉，1914年以后，这个叫法在整个法国部队都

[1]　« Les Russes au Pamir », *RME*, septembre 1895, p. 176.

[2]　Robert M. Utley, *Frontier Regulars*, p. 86.

[1]　Thomas Edward Lawrence, *Les Sept Piliers*, tome 1, p. 227-228.

传开了。[1] 直到古巴远征的时候冷冻肉才出现[2]。

欧洲士兵和"土著"士兵的饮食标准不同。以下是驻非法国士兵每人每天的食品需求：

达荷美远征期间欧洲及"土著"士兵食品配额

	欧洲士兵	"土著"士兵
主食（每天）	0.750 千克新鲜面包	0.446 千克大米
新鲜肉类（每天）	0.342 千克	0.210 千克
牛肉罐头（每周）	0.300 千克	0.900 千克

主食种类不同不能算不平等，而主要是饮食结构差异。但"土著"士兵既得不到葡萄酒（每天0.5升），也得不到塔非亚酒、猪油、脱水蔬菜、油和醋。相反，他们的糖和咖啡配额比欧洲士兵多（每种能得到200克，而欧洲人这两者的配额分别是50克和40克），但品质较差。脚夫更加悲惨，他们每天只有500克大米和20克盐。[3] 以上是正在行军的队伍的情况。在营地，"土著"士兵一般要自己负担伙食费。黑非洲的"土著"士兵能拿到一笔津贴（chop money），并用这笔钱购买食物，然后自己烹饪。在尼日利亚，"土著"士兵的食物包括山药、木薯、玉米和一点肉类，在东非则是玉米、花生、一点大米、油、盐和肉类。由于士兵们不光要满足自己的需要，还要养活常常和他们生活在一起的家

[1] Martin Bruegel, « Un Sacrifice », art. cit., p. 262, qui cite G. Esnault, *Le Poilu tel qu'il se parle*, 1919, p. 286.

[2] Edward M. Spiers, "Campaigning under Kitchener", art. cit., p. 57; Paul A.C. Koistinen, *op. cit.*, p. 79.

[3] Capitaine Édouard-Edmond Aublet, *op. cit.*, t. 1, p. 184.

人，配额就更不够用了。基奇纳在印度注意到了这一点，并指出埃及也有类似情况。[1] 第一次世界大战期间，士兵的饮食直接由部队负责，所以很多士兵的体重和力气都上升了。[2]

　　部队还会指导士兵如何烹饪食物。苏门答腊的荷兰士兵必须在日常饭菜中加入大量香料，因为人们认为香料能防止人在湿热的气候中昏昏欲睡、萎靡不振。[3] 1901 年，远征中国的法国士兵必须要把猪肉做到全熟。渐渐地，军中出现了专门负责做菜的职业炊事员。到了殖民末期，有些食谱似乎已经真正开始考虑营养均衡的问题了。加利埃尼对手下的饮食问题特别关心。他曾骄傲地展示自己的部队在塔那那利佛、菲亚纳兰楚阿和马任加的食谱，并指出："我们早就过了定量分配、吃麸皮球、炖肉和焖菜的时代了，那些只有'汤汤水水'的记忆只存在于十几年前参过军的人头脑里。"事实上，他所展示的清单在种类的丰富度上堪比法国城市家庭的膳食水平：按照传统的上菜顺序，有冷盘（肉酱、沙丁鱼、各种汤类）、头盘（蛋饼）、蔬菜（白菜、胡萝卜、芸豆）、土豆或面条、肉类（牛排或者加了酱汁的肉）、沙拉、甜点（香蕉）和咖啡。士兵所需的食物都可以在经营妥善的商店里以合理的价钱买到，部队的农场和菜园也会加以补充。[4]

[1]　George Arthur, *op. cit.,* t. 2, p. 189.

[2]　Anthony Clayton and David Killingray, *op. cit.,* p. 187.

[3]　« Les Hollandais et la guerre de Sumatra », *RME*, septembre 1874, p. 157.

[4]　Général Joseph Gallieni, *Madagascar. La Vie du Soldat,* p. 15-21.

第二章

人力与财力的付出

∨

这些征服行动是否挥霍了宗主国的金钱和鲜血呢？要回答这个问题，仅仅建立数据列表还不够，虽然这一点非常重要。我们必须要了解西方公众舆论的态度，或许人们对这些异国探险并不是一致赞许，但是我们也应该知道远征在西方社会的接受情况。

人员损失

比　　较

各国本土内死亡率（1878 年）[1]

	部队中死亡率（‰）	总体死亡率（‰）
德国	7.2	27
比利时	10.7	24

---

[1]　« Les dernières questions militaires au Parlement italien », *RME*, mai 1878, p. 295.

续表

	部队中死亡率（‰）	总体死亡率（‰）
西班牙		29
法国	10.1	23
英国	9.5	23
意大利	11.6	30
荷兰		26
葡萄牙	12.7	
俄国	15.4	37

　　从上表中我们可以得出与之前相同的结论，在1914至1918年的第一次世界大战之前，部队中死于疾病或各种意外的人远比死于战火的人数多。丘吉尔强调过，开战之前谁都没想过会丧命。而失去性命的可能性，那令人狂热、满腔豪情的风险，只不过是为一场壮观赛事增加了一个亮点。[1]

　　事实上，战斗中的死亡人数一般很少。在伊斯利战役中，共有27人死亡，100人左右受伤。据官方统计，沃尔斯利的部队（约1.3万人）在泰勒凯比尔战役中有9名军官和48名士兵战死，超过22人失踪，27名军官和353名士兵受伤。在乌姆杜尔曼战役中，英军有3名军官和45名士兵（其中有20名"土著"士兵）战死，另有17名军官和297名士兵（其中有261名"土著"士兵）受伤。不过，攻夺城市有时会出现例外。俄国人攻占塔什干（7万名居民）时损失了125人（25死89伤），但1881年攻占盖奥克泰佩（4万名居民，以及1万名土库曼战

---

[1]　Halik Kochanski, *Sir Garnet Wolseley*, London, Hambledon Press, 1999, p. 270.

士）时却有上千人（268人战死，669人受伤）倒在守军的600支速射步枪下。[1]

与战役有关的人员损失都相差无几：远征马达加斯加时，因战斗和重伤身亡的人数是25人。如果平均到更长的时间段中，统计数字会相对降低。俄国征服高加索地区的过程持续了大约半个世纪，一共有2.4万名士兵死亡，6.5万人受伤，6 000人被俘。[2] 占领中亚所用的时间也大致相当，只有1 000多名俄国士兵殒命：1847年和1873年之间有400人战死，1 600人受伤，1873至1914年翻了一倍。[3]

总而言之，死于战火的士兵只是战争损失中的一小部分，殖民战争中有记录的大部分死亡都是战斗以外的因素所导致的。其中的罪魁祸首是恶劣的卫生条件，而这一点又是气候因素以及给部队成员照料不足的结果。在阿尔及利亚战争期间，非战争因素导致的死亡约占总死亡人数的80%。在高加索地区，这个比例甚至接近90%。据加马尔（Gammer）统计，每11例死亡中只有1人战死（不足10%）。[4] 在印度士兵叛乱中牺牲的11 021名官兵中，有8 987人是因疾病和中暑而死，占总数的81%。[5] 后来的情况也没有什么变化。布尔战争中共有2.2万名英国士兵死亡，其中1.6万人死于重伤不治或疾病，占总数的74%。[6] 在非斯战役期间死去的694人中，有88%死于疾病和意外。[7]

显然，战场不同，战争的损失也会随之变化。同样，对损失造成影

---

[1] « Les progrès des Russes dans l'Asie centrale », *RME*, 15 juillet 1885, p. 56, 61.

[2] Galina Yemelianova, *Russia and Islam, a Historical Survey*, London, Palgrave, 2002, p. 53.

[3] Andreas Kappeler, *La Russie, empire multiethnique, Institut d'Études slaves*, 1994, p. 172; Richard A. Pierce, *op. cit.,* p. 44.

[4] Moshe Gammer, *op. cit.,* p. 312.

[5] Edward M. Spiers, *The Army and Society*, p. 135.

[6] Thomas Pakenham, *The Boer War*, p. 572.

[7] Chiffres fournis par Henri Chéron, rapporteur du budget, *BCAF*, mars1912,p.134-135.

响的还有部队的活动，1885年英国部队的情况就是一个例子。埃及军之所以在那场战役中处于下风，是因为之前在苏丹战役中损耗过大，而且营地安置的条件也不好。

	入院率（‰）	死亡率（‰）
埃及军		35
西印度		14
中国	1 365	
英国	846	6
塞浦路斯	505	4
百慕大群岛	608	
168 000 小时中的总数字	172 000 人入院（1022‰）	1 653（9.57‰）

居高不下的数字

我们发现，随着时间的推移，情况也不出所料地发生了变化。19世纪初或许是人员损失最为严重的时期，一方面是由于参与行动的人数最多，另一方面是由于部队卫生和医药条件也最糟糕。法国部队在阿尔及利亚战争中的伤亡尤为惨重。根据法国驻阿尔及利亚机构所提供的图表数据估计，1830至1871年，大约有15万人死亡，其中有5万人是在战事最激烈的8年中死去的，也就是1840至1847年。特罗胥称之为"令人毛骨悚然的死亡率"[1]，这一点不言过其实。1837至1847年之间的

---

[1]　Général Louis-Jules Trochu, *op. cit.*, t. II, p. 198.

死亡率可高达77‰，比同期国内部队死亡率高3到4倍[1]。

　　1816—1856年，英国士兵在印度的平均死亡率直逼这个数字，达到了69‰，比英国本土同龄男子的死亡率高出6倍。[2]第一次缅甸战争（1824—1826年）是英国人损失最为惨重的战役之一，在所有参战的3 500名士兵中，有3 000人命丧黄泉，大部分死于疾病。[3]俄国军队素来背负着对待士兵残忍冷漠的恶名，但他们的损失并不比英军大：1869年，他们在突厥斯坦的死亡率为59‰。就在这一年，几乎所有士兵都病倒了。导致这种情况的有霍乱和伤寒等传染病，也有营养缺乏症（坏血病），以及寄生虫病，比如麦地那龙线虫。[4]不过，这些数字的变化幅度很大：1872年，需要治疗的士兵百分比降到31%。[5]1870年，突厥斯坦的死亡率是27‰，圣彼得堡是25‰，而莫斯科则是20‰，殖民军死亡率高于国内军队的主要原因是前者需要长途行军，体力消耗更大。[6]

　　19世纪末，总死亡率有所降低。一项英国的统计数字显示，殖民初期，印度英军的死亡率为69‰。1869至1879年，这一比例降到了19‰，1900年甚至降至16‰。而整个英军的死亡率则是9‰。殖民军死亡率与总体死亡率之间的差距也在不断缩小。1909年，殖民地士兵的死亡率是5.45‰，总死亡率则是4.10‰。不过，必须承认，这一时期，殖民地需要救治的士兵几乎是欧洲的2倍（前者是632‰，后者是378‰）。[7]法国的统计数字与之很接近：海军陆战队员的死亡率是

[1]　Gustave Lagneu, « Mortalité des soldats et des marins français dans les colonies », *Revue française de l'Étranger et des Colonies*, 1889, p. 700-702.

[2]　*RMAE*, février 1911, p. 111.

[3]　Harold E. Raugh, Jr., *op. cit.*, p. 69.

[4]　« Le Turkestan... », *RME*, novembre 1877, p. 284-287, août 1878, p. 101-102.

[5]　« Le Turkestan... », *loc. cit.*

[6]　John L.H. Keep, *op. cit.*, p. 374.

[7]　*RMAE*, février 1911, p. 111.

9.90‰，整个陆军的死亡率是5.43‰，死亡率最高的两个地方是法属西非（15‰）和印度支那（21‰）。[1]

死亡率的降低要归功于卫生条件的改善和战役数量的减少。但实际上，这些战役造成的伤亡却更多。在参加1879至1881年阿富汗行动的9 500名欧洲士兵中，死亡率高达89‰，霍乱依然是最大的元凶。[2] 1873年，荷兰远征亚齐时的死亡率与之接近：一共约有4 452名参战人员，其中380人死亡，损失率约为80‰。不用说，这个数字相当惊人，而且与德国在1870至1871年战争中的人员损失率（49‰）形成鲜明对比。[3] "土著人"的死亡率不比欧洲士兵低，整个远征军中的总死亡率接近67‰，总死亡人数约为1 000人。因生病入院接受治疗的人数超过了4 500人。每10个人中就有1个人接受过霍乱治疗，这种疾病从他们登陆之前、还停泊在海港的时候就开始折磨他们，甚至让他们犹豫到底该不该下船。后来的卫生条件仍然很差：1884年，一场来自锡兰和马拉巴尔海岸的热病感染了六分之一的士兵，导致超过1 000人死亡。[4] 1890年，一支亚齐远征队伍（通常是5 000人，205名军官、2 013名欧洲士兵和2 867名"土著"士兵）中有113名军官、1 644名欧洲士兵和3 501名"土著"士兵。854名军官和士兵（其中有335个欧洲人）死亡，其中只有28人死于战争。脚气夺走了238人的性命，其中有17个欧洲人。此外，还有813人需要康复治疗。[5]

在亚洲执行任务的法国人也一样倒霉。在1884年2月20日至12月30日的东京战役中，第二十三步兵团的一个营平均有730人，其中只有

---

[1]　*Annuaire statistique de la France*, 1901, p. 91.

[2]　*RME*, janvier 1882, rendant compte d'un article du *Daily News* du 21 décembre 1881.

[3]　« Les Hollandais et la guerre de Sumatra », *RME*, septembre 1874, p. 157.

[4]　« La situation à Atchin », *RME*, 30 mars 1886, p. 379-381.

[5]　« Les forces coloniales hollandaises », *RME*, janvier 1892, p. 58-86.

5名军官和37名士兵在战场上死亡或受伤。但是，他们中有一半人都进过医院。57人因病身亡。值得一提的是，上述小分队此前长途跋涉了101天，走了将近1 500公里。1884年10月，1 800名海军陆战队成员抵达中国台湾，其中有一半来自东京，后来这支队伍中爆发了霍乱，大量士兵死亡。1885年6月，他们只剩下300名能上前线的士兵。临时建造的墓地中埋葬了600具遗体。[1] 远征中国的部队原有1万人，共有433人在行动中死亡，其中只有53人死于战火，115人死于伤寒，81人死于痢疾。还有10人自杀。[2] 据夏尔·富尼奥说，1885至1896年，法军死亡总数达到了1万人。[3] 1884年的死亡率为43‰，1885年为96‰。[4]

　　即使如此，我们还是能看到明显的进步。在1874年远征库马西中，沃尔斯利尽其所能提高了医疗卫生水平，也许是因为听了后来的卫生队总指挥麦金农爵士（Sir MacKinnon）的建议。他在登陆前向全军下达了一系列命令：每个人都必须吃早餐，饭后要服用一剂奎宁，由每个小分队的军医负责发放药物；必须戴帽子；指挥官可以允许士兵在行军过程中脱掉上衣，但要保证他们到达目的地或长时间休息时重新穿好衣服；出现任何肠胃不适都要就诊，因为这可能是痢疾甚至是致命的疟疾的前兆。[5] 每人都有一个可以放进口袋里的过滤器，甚至还有一个空气过滤器，用来抵御有害气候的影响。[6] 随军出征的有80名医生。补给线上的每个站点都设有一所野战医院。事实胜于雄辩：在2 554名英国士兵中，有1 519人曾入院治疗，但只有48人死亡（18‰）；在1 265名

[1]　Commandant Thirion, *op. cit.,* p. 68.

[2]　Général Voyron, *op. cit.,* p. 503-504.

[3]　Charles Fourniau, "Colonial wars in Indochina", art. cit., p. 85.

[4]　Gustave Lagneu, art. cit.

[5]　« La guerre des Aschantis », RME, septembre 1874, p. 65-66.

[6]　*Ibid.,* décembre 1874, p. 392.

"土著"士兵中，只有408人得病。[1]

　　1885年3月到5月，格雷厄姆指挥萨瓦金远征时，在这方面的安排也十分出色。这次远征是一系列苏丹行动中的一部分。负责后方服务的有2艘医疗船和一个有200个床位的医疗基地。其中一艘医疗船是4 200吨的"恒河号"，租来后还专门进行了改造，船上配备有蒸馏水仪器和冷藏系统，既可以保存肉类、制造冰块，还可以为船舱通风。从2月26日到9月25日，这艘船在行动地点救治了784名病员，在萨瓦金和朴次茅斯之间往返了4次。前线上有4所野战医院，每所医院有100个床位，另外还有一所200个床位的常驻医院。这些医疗机构由45位医生负责管理，这些医生又由1位总外科医生领导。此次行动中共有52人战死（其中有5名军官），121人受伤（其中有5名军官），只有16人病死，其中11人死于伤寒。疏散620人（170人撤到了苏伊士，450人回到英国），主要是因为痢疾、中暑和眼炎。前一年，同样由格雷厄姆指挥的部队在苏丹东部执行解救托卡尔（Tokkar）的任务时（1884年2月至3月），损失也比较小（4 500名士兵中有125人死亡，198人受伤，271人患病，但病情较轻，这得益于优质的饮食：新鲜面包、新鲜肉类，行军时则有饼干和罐头）。[2]

　　在法属苏丹，加利埃尼也提出了类似的原则（用奎宁预防疾病，给欧洲士兵减轻任务负担），并取得了较为显著的成效。他手下士兵（人数较少，不超过500人）的死亡率在1883至1887年间高达220‰，甚至是280‰，但在1887至1888年的战役中降至80‰。加利埃尼与沃尔斯利所率领部队的区别或许在于，前者执行任务的时间更长。沃尔斯利的

---

[1]　« Expédition contre les Aschantis（novembre1895-janvier1896）», *RME*, juillet 1896, p. 45.

[2]　« Les Anglais dans la haute-Égypte », *RME*, 28 février 1887, p. 231-253.

主张是，不惜一切代价避免行动时间延长而使损失加重：他打算在夺取库马西之后就结束战役，之后，即使敌人不接受和平协定，也要撤退并马上重新登船。同样，格雷厄姆指挥的战役只持续了一个半月。

但是，这些原则需要很长时间才能在所有部队中推广开来。7年之后，由于没有确认奎宁的发放情况，以及修路工程导致的过度劳累，马达加斯加爆发了一场"卫生灾难"。1.8万人中有近6 000人死亡，其中，只有25人死于战争或重伤不治。医疗机构条件简陋，人们用东拼西凑的运输工具把伤病员撤到后方，塞进人满为患的医院。但是，医院并不能给患者提供有效的治疗。我们可以把这次行动中的损失与英军同年在阿散蒂远征过程中的损失做个比较。后者的远征部队中共有2 500人，在海岸角有一所医疗基地（75个床位），2所中转医院各有60个床位，夺取阿散蒂首府库马西之后，他们在那里建了1所有60个床位的医院。配有移动病床、担架和担架员的救护车队负责把伤病员运送到"乌木号"邮船上。这是一艘改造过的海上医院，能容纳150人，通体漆成白色以便反射光线，船上装有大型风扇确保通风，还有电灯照明[1]。虽然四分之三的军官和一半士兵都受到过疟疾的折磨，但只有20多人因病而死。不过，维多利亚女王的女婿、巴腾堡的亨利王子不幸也在死者之列。[2] 然而我们必须承认，虽然法军的指挥确实欠妥，但毕竟英军的行动只持续了2个月，基本上只是一来一回而没有进行什么战斗。另外，英军中的白人数量比较少。

美国的海外扩张始于1898年，但此前有很长一段时间美国人都没有重视热带地区的战争条件，尤其是在与佛罗里达的塞米诺尔人作战期

---

[1]　« Expédition contre les Aschantis (novembre 1895-janvier 1896)», *RME*, septembre 1896, p. 203-206.

[2]　Harold E. Raugh, Jr., *op. cit.,* p. 30.

间（1837—1838年），有大量美国士兵死于黄热病。[1] 印第安人战争发生地的气候比较温和，因此损失也较小：1848至1861年，美军只失去了13名军官和197名士兵。1866至1890年失去了69名军官和879名士兵。年均死亡率为13‰，疾病死亡率为8‰，意外死亡率为5‰，在战斗中死亡的人数极少。[2] 临近美西战争时，美军指挥部对西班牙部队的处境假装视而不见：在20万名西班牙士兵中，有5万人无法行动。由于营养不足，挖土修路耗费大量体力，医院条件简陋，加上行政官员贪污腐败，倒卖配额，造成了疟疾和黄热病的大爆发。[3] 战争结束时，伊比利亚部队中有6万人因病死亡（占参战总人数的20%），4 000人死于战斗，这与西班牙1868至1878年镇压古巴起义时的损失不相上下。

事实上，古巴战争也给美国部队造成了巨大的损失。除了金钱和信心方面受到了打击，西班牙人曾经遭受的苦难他们也没能幸免：远征军中75%的成员感染了各种疾病。在1898年在役的5 462人中，超过5 000人因伤寒、痢疾、疟疾和疑似黄热病而倒下。到了8月，他们不得不紧急把整个远征部队撤回长岛北部、纽约附近的蒙托克营地。[4] 美军拙劣的安排受到了恶毒的批评，但这也没能阻止菲律宾独立战争给他们造成进一步的损失：在奔赴前线的大约12.5万人当中，有4 000人死亡，其中四分之三死于疾病，死亡率高达32‰。其中一个4 800人的特遣队在20天内就有2 600人病倒。[5]

准备不充分、临时抱佛脚不是造成这种结果的唯一原因。英军在布尔战争中的情况同样不尽如人意：在参战的45万人中，有2.2万人死

[1]　*American Military History*, p. 82-83.

[2]　Robert M. Utley, *Frontier Regulars*, p. 86, 410.

[3]　Sebastian Balfour, *op. cit.*, p. 20.

[4]　Paul A.C. Koistinen, *op. cit.*, p. 85-88.

[5]　Allan Millett and Peter Maslowski, *op. cit.*, p. 313; Brian McAllister Linn, *op. cit.*, p. 90.

亡，死亡率达到49‰，其中有1.6万人是因为重伤或疾病死亡（73%）。还有将近8 000人死于伤寒。[1] 每个营有1位外科医生或医师，每个连有1位卫生士官和2个担架员。在这场战争中，士兵破天荒第一次配备了个人急救包。1909年，荷兰人对1873至1909年的战争进行了总结，可以说他们取得了傲人的进步：1899至1909年，在东印度执行任务的荷军部队共有508人死亡，从1873年算起，总数1.25万人中只有4%死亡，大部分发生在亚齐战争期间（其中80%死于疾病或劳累）。[2]

　　然而，即使采取了改善措施，还有一定比例的损失是"无法压缩"的。到了殖民后期，人们仍认为总人数的10%是理想的患病比例。[3] 这或许是个比较乐观的估计。在1911年远征非斯的过程中，2.5万名士兵中有4 171人被疏散。负责护航工作的海军陆战队更是饱受折磨。他们的食物品质低下，由于缺少烧火的木材，士兵们只好忍受夹生的面食。意外事故也时有发生（比如被没有刹车系统的马车轧过）。[4] 此外，由于敌人的装备越来越精良，他们在战斗中给欧洲部队造成的损失也更大了：法国议会的一项调查显示，1907至1913年，在征服摩洛哥的整体行动中，死于战火的人数高达1 195人，还有1 448人死于疾病。[5] 这与意大利众议院所宣布的1911至1912年远征利比亚的损失非常接近：1 121人战死，311人失踪，1 948人死于疾病（这是一个近似数字，包括死在利比亚和意大利的患者），4 250人受伤。[6] 这一死亡率（40%）

---

[1]　Thomas Pakenham, *The Boer War*, p. 572.

[2]　Maarten Kuitenbrouwer, *op. cit.,* p. 368.

[3]　Lieutenant-colonel Ditte, *op. cit.,* p. 239.

[4]　Chiffres fournis par Henri Chéron, rapporteur du budget, *BCAF*, mars 1912, p. 134-135.

[5]　Daniel Rivet, *Lyautey et l'institution du Protectorat français au Maroc, 1912-1925*, L'Harmattan, 1996, 3 vol., tome 2, p. 67-68.

[6]　« Budget de la guerre pour 1913-1914 devant le gouvernement italien », *RMAE*, octobre 1913, p. 286-308.

远低于第一次世界大战的死亡率，不过，"一战"中的死者大多是在战斗中丧命的。

　　我们能否给整个殖民时期做一个全面的总结呢？这是非常复杂的。据布达·埃特马（Bouda Etemad）的估计，1750至1913年，在殖民地身死的白人士兵约有30万人。[1]但这个统计没有把俄国包括在内，他们的损失人数也很多。如果每年欧洲在全世界的驻兵数量是25万人，这应该是个较为合理的数字，平均死亡率也取一个比较乐观的比例——20‰，那么1830至1914年就有40万人死亡。诚然，这个数字令人震惊。但是，如果我们回忆一下法国征服阿尔及利亚的战争，这就显得不那么夸张了，仅在1830至1870年期间，法国部队中就有15万人死亡，而且几乎都是欧洲人，但与当代武装冲突相比，这场战争持续的时间很长，伤亡数据被分摊到了漫长的时段中，因此常被忽视。平均算下来，在不发生其他冲突的情况下，阿尔及利亚征服战争中每年的死亡人数只有5 000人，而在1870年的战争中，仅仅法军每月的平均死亡人数就达3 000人，第一次世界大战更是每天就能夺走2.7万人的生命。

　　这个死亡人数似乎是可以承受的，至少在决策者的眼中是这样。他们很少有人有胆量或有颜面像比若一样直面现实："那些眼睁睁地看着自己的儿子在非洲命丧黄泉的父亲可能不这么想；但他们没有发声，也没有写信控诉，他们只是继续工作，继续被忽视。"[2]对于征服战争中花掉的钱，双方的态度也是这样。

---

[1]　Bouda Etemad, *La Possession du monde*, Bruxelles, Complexe, 2000, p. 104.

[2]　Discours à la Chambre des députés le 15 janvier 1840, général Paul Azan, *Par l'Épée*, p. 64.

财政支出

以财务记录的全面汇编为基础进行详细分析，并不在本书的研究范围之内。我们只会在阅读过程中读到一些局部统计数字，由此对情况有一个大致的了解。

大致情况

对英国人来说，1868年远征阿比西尼亚的代价不菲，他们花费了近900万英镑（最初的预算只有200万英镑），也就是22 500万法郎。光是修建铁路，每公里就需要6 000英镑或15万法郎（共9.6万英镑或240万法郎）。英国当时1年的军费总支出约为1 300万英镑，总预算为7 000万英镑，比较之下就可以看出，远征是一项耗资巨大的行动。[1] 一次重大军事行动的预算就高达1 000万英镑。[2] 但是，我们也要承认，很多军事行动成功地把成本控制在较低的水平。1875年12月至1876年5月，一支2 000人的印度部队在马来半岛上的霹雳州进行了一次短暂的远征。据估计，这次行动的支出为71 074英镑。[3]

第二次布尔战争爆发之前，人们以为这是一场普通的非洲战争，估计只会持续两三个月，预算为1 000万英镑。1897至1905年间，英国每年用在战争以外的军事支出大约为5 000万英镑，因此这个数字似乎还可以承受。他们唯一担心的，是在印度边境与俄国发生战争。根

---

[1]　Edward M. Spiers, *The Late*, p. 33.

[2]　Bouda Etemad donne moins de 1 million de livres pour la campagne ashanti de 1893-1874, 7 millions pour la campagne au Soudan de 1885, 14 pour celle de Birmanie, 4 pour celles contre les Zoulou et celle d'Égypte (*La Possession du Monde*, p. 79).

[3]　Harold E. Raugh, Jr., *op. cit.*, p. 262-263.

据英国1902年的计算，一旦开战，双方各自都要付出2.5亿英镑。[1] 然而，事与愿违，南非的战事持续了33个月，消耗了超过2亿英镑（50亿法郎），即每月600万英镑。[2] 据计算，与英军对抗的布尔士兵共有25万人，要制服一个布尔人，英国纳税人就要付出1 000英镑。而要制服7 000万非洲人中的一个，预计成本只有3先令，即0.15英镑。[3]

我们也能看到其他国家战争成本的相关数据：对达荷美的远征花费了1 000万法郎，即40万英镑，法国的总军事预算为6.5亿英镑。1904至1907年，德国人与非洲西南部的赫雷罗人交战时，花费为2 000万英镑，而他们在东非的战争支出只有200万英镑。[4] 美国人进行征服战争的成本比表面看起来的更高。仅仅是1864年8月和9月之前与阿拉帕霍人和苏人的战争，就动用了4 000名士兵，花费2 000万美元，也就是1亿法郎。[5] 这相当于1861年联邦预算的总额，以及1868年联邦总预算的四分之一。不过，这些花费与内战的巨额支出（仅1864年一年就花费了将近7亿美元）相比起来，可能也就不算什么了。[6]

了解这些支出的分配情况也不无益处。我们不做深入的分析，只看两个花费最少的例子，从中我们能够发现，人员支出占了支出中的很大一部分，大炮和各类装备也是一个重要支出项（分别占30%和26%）。交通运输产生的费用同样不容忽视。但是，医疗卫生支出占据的比例则很小。不过，如果加上在其他岗位上产生的医疗卫生费用，这个数字或许会高一些。

---

[1] Lieutenant-colonel Ditte, *op. cit.,* p. 187. Il se réfère à la *RME* de novembre 1902.

[2] Bill Nasson, *op. cit.,* p. 71; Halik Kochanski, *op. cit.,* p. 263.

[3] J. Lonsdale, "The Conquest of the State of Kenya", *in* J.A. De Moor et H.L. Wesseling, *op. cit.,* p. 94.

[4] Bruce Vandervort, *op. cit.,* p. 203.

[5] Robert M. Utley, Wilcomb E. Washburn, *op. cit.,* p. 120, 190.

[6] *Stateman's Year Book*, 1870-1871, p. 570.

远征达荷美的支出（1894 年）[1]

支出项	百分比
军饷与杂费	40%
大炮、装备及弹药	30%
交通运输	15%
生活物资与草料	10%
药品	3%

远征利比亚的各项支出百分比（1914 年）[2]

支出项	百分比
军饷与补贴	13%
卫生队	1%
炮兵队	14%
工程兵队	12%
航空兵队	3%
给养	20%
服装与装备	15%
向国内供应的服装增加量	2%
交通运输	10%
购买牲畜	3%
一般费用	4%
非正规军	1%

---

[1]　Relevé des dépenses fait par M. Chautemps au nom de la commission du budget, 28 janvier 1893, Capitaine Édouard-Edmond Aublet, *op. cit.,* T. 1, p. 346.

[2]　*RMAE*, mai 1914, p. 671-680.

　　每场战役的支出只是总支出的一部分，要想总览全局就必须把一次远征中的所有费用加起来。法国有一些数据可供参考。路易·维农（Louis Vignon）是大政客莫里斯·鲁维埃（Maurice Rouvier）的亲信，他估计，1839至1891年法国在阿尔及利亚花费了近55亿法郎，其中35亿是军事支出。[1] 弗朗索瓦·博布里（François Bobrie）为我们提供了一份法国殖民军的支出图表，图表显示，1850至1913年法国的军事支出从5 880万上涨到了2.93亿法郎，其中包括海军支出。[2] 1879至1899年，法国为远征苏丹投票批准的支出为1.3亿法郎，平均每年650万（1894年支出最多，为1 200万法郎）[3]。征服安南—东京的成本更高，1883至1889年间的花费达到了3.4亿法郎，也就是1 400万英镑，1877至1889年征服整个印度支那则耗资10亿法郎。1885至1901年马达加斯加征服战争花费了2.91亿法郎，其中大多数支出集中在1895至1900年，平均每年大约5 000万法郎或200万英镑。1907至1912年，摩洛哥战争的支出预算高达2.73亿法郎，其中仅1912年就占1.35亿法郎，而当时的军事总预算是9.38亿法郎，而总支出为45亿法郎。[4]

　　荷兰人在殖民战争中的总体情况也差不多。远征亚齐大约花费了2 000万荷兰盾（其中有一半花在海军上），也就是4 200万法郎或200万英镑（1荷兰盾=2.10法郎）。直到1885年，荷兰远征军每年的支出都在1 500万到2 000万荷兰盾之间，占东印度总预算（1.5亿至2亿荷兰

[1]　Louis Vignon, *La France en Algérie*, Hachette, 1893, p. 286-289.

[2]　François Bobrie, « Finances publiques et conquête coloniale: le coût budgétaire de l'expansion française entre 1850 et 1914 », *Annales ESC* ,n° 6, novembre-décembre 1976, p. 1225-1244, p. 1232-1233.

[3]　A.S. Kanya-Forstner, *op. cit.*, p. 263.

[4]　Chiffres fournis par Henri Chéron, rapporteur du budget, *BCAF*, mars 1912, p. 134-135; « Dépenses occasionnées par l'occupation du Maroc depuis le 5 août 1907 jusqu'au 31 décembre 1912 », *Bulletin de statistiques et de législation comparée*, 1914-1, p. 58-59.

盾）的10%到15%。实施包围政策的成本相对较低（每年大约700万荷兰盾，12年中共花费8 000万荷兰盾）。1898年后的全面平定战又额外造成了200万荷兰盾开销，年支出因此增加到了900万荷兰盾。[1] 在35年中，亚齐战争一共花费了10亿荷兰盾，平均每年约3 000万荷兰盾。1878年以前，荷兰在东印度群岛的预算总有盈余，但因为这场战争，东印度群岛的预算直到1899年都一直处于赤字状态。[2] 1910年，荷兰的军事总预算为3 460万荷兰盾，也就是7 260万法郎。部队中共有36 695名军官和士兵，其中有13 472个欧洲人（总预算中有660万荷兰盾花在本土，用来在奈梅亨建造后方基地，其中包括一座兵营和一所医院）。[3]

有时，殖民花销在军事预算中占据很大比重：在英国总支出中占一半，在法国总支出中所占的比例也在三分之一到四分之一之间。如此之高的比例表现了法国殖民者强烈的征服欲，投票决定拨款去向的议会当然也注意到了这一点。尽管如此，和全国总支出比起来，这些费用还不算过分。阿尔及利亚战争总支出（即每年6 000万）相当于1871年战争的50亿法郎赔款，众所周知，法国仅用3年就付清了这笔钱，况且阿尔及利亚战争的花销可以均摊到60年中。对法国来说，1850至1913年间，殖民地的军事和非军事支出不会超过全国总支出的10%，平均占比不到6%，军事总支出约占全国总支出的4%。[4] 还需要补充一点，殖民支出只是军事负担中的一部分，而总体而言，人们认为军事负担还不是不能承受。从1905年起，军事总支出大幅增加，1914年占到了总预算的近25%，约占这些欧洲大国1914年以前国内生产总值的4%。[5]

[1]　E.-H. Kossmann, *The Low Countries, 1780-1960*, Oxford, Clarendon Press, 1978, p. 400.

[2]　Maarten Kuiitenbrouwer, *The Rise*, p. 110.

[3]　*RMAE*, décembre 1909, p. 513-514.

[4]　François Bobrie, art. cit., p. 1239-1240.

[5]　François Cailleteau, *Gagner la Grande Guerre*, Économica, 2008, p. 18. Bouda Etemad évalue la charge globale à 0,2 ou 0,3% du PNB européen（*La Possession du monde*, p. 79）。

　　显然，军事支出给不同国家造成的压力也不同：对于一个富有的强国来说，完全可以从容应对。美西战争的花费大约为 2.5 亿美元（其中有 2 000 万美元是为了让西班牙出让菲律宾所付的补偿金），美国通过借款和提高税收轻松支付了这笔费用，而他们的军事预算仍保持在较低水平（1901 年为 1.12 亿美元，1916 年为 1.83 亿美元）。[1] 德国也充分利用了其繁荣的经济：1906 年，非洲西南部的支出达到了 1.03 亿马克（1.23 亿法郎），这些钱主要花在与赫雷罗人（1.45 万人）作战的部队上。东非（约 2 000 人）的支出为 150 万马克（180 万法郎）。[2] 要注意，1906 年德国的军事预算是 9.28 亿法郎，因此这笔支出只占了预算的 13%（1 法郎=0.8 马克，或 1 马克=1.2 法郎）。[3]

　　对于意大利这样相对贫困的国家，负担也相应地沉重许多。1912 年，意大利用于控制厄立特里亚的花费很少，只有 370 万里拉（1 里拉=1 法郎），但却为利比亚远征拨款 1.75 亿里拉。当时意大利的军事预算是 4.22 亿里拉，而总支出却高达 25 亿。[4] 财政拨款远不足以支付所需费用。1912 至 1914 年，意大利军事总支出约为 10 亿多里拉（11.49 亿），其中 8.92 亿分配给战争部，1.57 亿分给海军部，而 1914 年利比亚已经吸收了这笔支出的约 80%，即 9.2 亿里拉。当时的预算不够保障开支，于是只好请求国库允许预支，国库因此发放了应偿还的债券。[5] 占领摩洛哥让西班牙也背上了沉重的财政负担：1901 年，他们的战争拨款是 1.58 亿比塞塔，1910 年为 1.54 亿比塞塔，总支出为 10 亿比塞塔多一点（1 比塞塔=1 法郎），远征里夫还需要 6 700 万特别拨款。不过和法国相

[1] Paul A.C. Koistinen, *op. cit.,* p. 88, 95.

[2] *RMAE*, janvier 1906, p. 80-81.

[3] « Le Budget de la Guerre de l'empire allemand pour 1906 », *RMAE*, juillet 1906, p. 25-29.

[4] *RMAE*, juillet 1912, p. 83; avril 1912, p. 330.

[5] *RMAE*, mai 1914, p. 671-680.

比，西班牙的财政数据只是个小数目。1912年，法国征服摩洛哥的成本是2.73亿法郎，不过其全国预算是意大利的2倍，西班牙的4倍，由于法郎、里拉和比塞塔币值相当，因此可以直接做比较。当然，1912年时，法国对摩洛哥的征服仅仅初具雏形。

俄国的付出又如何呢？征服高加索无疑是俄国人成本最高的行动。1844年，法国大使卡斯蒂隆伯爵（comte de Castillon）估计，为支持这一行动，俄国每年需要支出约6 000万法郎，大概等同于法国征服阿尔及利亚的费用。[1] 这笔花费显然不菲（占俄国每年总支出的8%），但仍远低于克里米亚战争的费用，这场战争在3年间消耗了6.52亿法郎（甚至有可能达到8亿），即每年2亿法郎。[2] 占领突厥斯坦的预算负担比较小。捷连季耶夫估计，1868至1872年，用于征服战争的总支出约为90万卢布。捷连季耶夫不愿曝光同时期俄国的军事总支出——这个数字达到2 900万卢布——因为他认为这笔开销在总体上有利于增强帝国的实力。如果把这些数据综合起来考量，俄国每年的支出可能就要达到600万卢布。[3] 根据另一些人的计算，1868至1878年征服突厥斯坦的战争可能花费了9 900万卢布，其中2 400万为非军事支出，7 500万为军事支出，平均每年750万卢布。[4] 1868年，俄国的全年总支出为4.75亿卢布，俄国的预算显然可以负担得起征服战争的费用。但由于卢布的币值起伏不定（1914年1卢布=2.66法郎），因此无法和其他强国做比较。

---

[1]　　Galina Yemelianova, *op. cit.,* p. 53.

[2]　　John L.H. Keep, *op. cit.,* p. 353.

[3]　　"M.A. Terentyef", *op. cit.,* vol. IV, p. 211-240.

[4]　　« Les progrès des Russes dans l'Asie centrale », *RME*, 15 juillet 1885, p. 60.

几种补偿

不过我们很难断言，以上这些金额就代表了各国预算的净支出。首先，征服过程中获得的利益常常能弥补其损失：比如，迪伊（奥斯曼帝国在阿尔及利亚省的代理统治者）城堡中的金库（4 800万法郎）就为远征阿尔及利亚买了单；有人会说这个数字也太凑巧了，这种疑问也不是空穴来风，很多人怀疑还有300万法郎进了一些强权人物的口袋。远的不说，光是战争赔款就能抵消一些费用：英国人在1873年远征阿散蒂的过程中花了大约80万英镑（2 000万法郎），这一成本已经很低了，但他们反过来又强迫战败者赔偿他们5万盎司黄金，价值将近20万英镑（1盎司黄金=0.257英镑）。法国向贝汉津索要了1 500万法郎赔款，用来补偿军事支出及其部队给法国保护地造成的损失。俄国人要求布哈拉埃米尔支付50万卢布赔款，也就是大约150万法郎，还向希瓦埃米尔索取了220万卢布，即600万法郎。这些要求不一定都得到了满足，但无论如何，赔款只是殖民者所得利益中的一部分，他们得到的实物、征收的补给、脚夫和驮畜不计其数。

有些远征会直接利用行动发生地的资源填补大部分花销。有时，这些国家虽然在理论上独立自主，但其特殊地位导致了这类行为的存在。1885年，加拿大议会经过投票，同意拨款170万美元（500万法郎）镇压第二次里尔起义，这次行动的实际成本接近100万英镑，完全是由当地民兵自掏腰包的。[1] 这其中有一定的必然性，1867年，加拿大是英国的自治领，有很大的独立性，所以此次叛乱从本质上说是国内事务。但1895至1896年远征阿散蒂就不同了。黄金海岸殖民地用了25年才还清

---

[1]　*RME*, 15 juin 1885, p. 701.

了进行这次行动所借的款项。[1] 同样，基奇纳在苏丹的军事行动也有很大一部分费用由埃及国库承担。1896年3月12日至1899年2月26日，总费用约为240万英镑，其中50%用于铁路修建，真正用在军事行动上的占42%。[2] 英国只负担了这笔费用的三分之一，也就是80万英镑，这与英国部队的花销大致相当，埃及部队的参战费用也由埃及自行承担。这些费用都是精确计算得出的结果，以免为英国招致埃及国际债务委员会的指责。[3] 埃及所承担的这笔费用，也就是160万英镑，相当于全国年收入的16%，这还不算它为了供养英国常驻士兵每年花去的8.7万英镑。[4]

有些管理条例有助于转移部分支出。英属印度就是一个典型例子。19世纪80年代末，印度民族起义之前，印度的预算中有120万英镑要用于国防，也就相当于英国军事（约1 700万英镑）预算的11%。[5] 这笔钱可以支付所有英国及本地雇用的"土著"军官和士兵的军饷，还能抵消征兵费用以及部队往来于英国和印度的交通费，甚至军人们的退休金。一项法国资料显示，这样一来，英国不用在维持印度部队上花一分钱，还为英国本土部队减少了三分之一的负担，因为英国本土每年都要把20万人中的6.5万人送到印度，但这项支出却占了印度预算的一半。另外，印度还为1879至1880年远征阿富汗付了100万英镑，为远征埃及付了13万英镑。[6] 不过后来，英国预算也分担了欧洲部队在印度的花

---

[1]　David Killingray, "Colonial Warfare", in J.A. De Moor and H.L. Wesseling, op. cit., p. 158.

[2]　George Arthur, op. cit., t. 1, p. 250.

[3]　Ian F.W. Beckett, art. cit., p. 46.

[4]　Statesman's Year Book, 1899, p. 44.

[5]　Stateman's Year Book, 1894, p. 132, 1913.

[6]　« La constitution et le fonctionnement de l'armée indigène des Indes anglaises », RME, 15 novembre 1886, p. 588-592; « L'Armée des Indes par le général Wolseley, extrait de la North American Review », RME, mars 1878, p. 171-173.

销：临近1910年时，印度只需负担这笔支出的三分之一。由于卢比贬值，印度只能拿出大约200万英镑，占英国军事总支出的7%。自由党政府为了节省资金，还希望让印度分担后备军的维持费用，但遭到了基奇纳的反对。[1]

法国的殖民原则是征服和统治的费用由当地预算承担，并尽可能把维持治安和国内秩序的费用转移到当地预算上。这样就能用殖民地的税款给补充部队或被视作补充部队的士兵发军饷，并支付修路等一部分基础建设的费用。法国还要求殖民地分担全面国防和特别军事行动的支出。1902年，印度支那的本地国防预算约为550万皮阿斯特，换算成汇率较低的法郎约为1 000万法郎，总预算约为4 000万法郎。[2] 阿尔及利亚本来就要为维持宪兵队支付300万法郎，1914年，又同意贡献400万法郎国防支出。有些地方，比如荷属印度群岛，当地预算负债累累，必须由纳税人偿还债务，为征服战争提供资费。

俄国人似乎也曾大量使用这一手段。俄国本土支付的四五百万卢布根本不够征服高加索地区的开销。1868至1878年，库罗帕特金在突厥斯坦的总支出为9 900万卢布，而他在当地收取的税款抵消了其中的3 200万卢布，据他所说，俄国的收税政策安排更加合理，因此，当地居民的负担比可汗统治时期更小。10年间，他净支出6 700万卢布，每年从670万到990万不等，其中四分之三用于军事，即每年500万到750万。由于1卢布相当于3.5法郎，因此他们的年度支出在1 800万至2 600万法郎之间，与俄国高达2亿卢布的军事预算相比，这并不算多。

索取钱财的最后一种方式就是纯粹简单的剥削。黑非洲的殖民者曾

---

[1] George Arthur, *op. cit.,* vol. 2, p. 232-237.
[2] Charles Fourniau, *Vietnam,* p. 627 et François Bobrie, art. cit., p. 1236.

大规模诉诸这一手段，但掠夺的具体方法又很有限。我们不妨以法属西非、比属刚果和安哥拉—莫桑比克为例，因为这几个国家的战争条件和国土面积比较相似（法属西非面积为 450 万平方公里，刚果和安哥拉—莫桑比克分别为 200 多万平方公里）。刚果自由邦的财政与比利时分离（也不受比利时的财政控制），长期以来饱受贫困之苦。1894 年，安全部队的预算是刚果自由邦的首要支出项，为 330.3 万法郎，而自由邦的总预算为 738.3 万法郎（即安全部队预算占总预算的 44%）；1898 年，安全部队支出涨到了 700 万法郎，而刚果的总收入仅为 1 600 万法郎（其中包括比利时的 200 万补贴金）。[1] 葡萄牙可以说深陷贫困的泥潭：1897 年，葡萄牙军事总预算（陆军和海军）只有 500 万法郎（总支出却高达 3.2 亿法郎左右），财政赤字和通货膨胀严重，每年只能付给殖民地部队几百万法郎，连军饷都没法保证按时发放。法属苏丹的支出也很高（平均每年 600 万法郎），议会必须精打细算每一笔花销。因此，如果这些国家想要保证它们在殖民地的统治，强取豪夺几乎是必不可少的。

议会对于殖民活动总是闭口不谈，害怕产生过多额外支出，当时的观察者对于议会的意图心领神会，提出了让被征服国家承担殖民活动的费用的理念，以减轻殖民者的压力。19 世纪 80 年代初，大学研究员锡利曾说道："用征服为征服买单。拿破仑从没遇到过财政问题，因为被征服者就能满足他的一切需要；同样地，征服印度的花费自然也是由印度支付的。"[2] 事实上，很多领导者都鼓励他们手下的将军在殖民地尽可能地享乐：克里斯皮在写给巴拉蒂耶里的信中也以这位饱受争议的皇帝为例，说伟大的拿破仑（他是法国人的皇帝，但不要忘记他也是意大利

---

[1]　« L'État indépendant du Congo et ses forces militaires », *RME*, mars 1895, p. 189-213; *Stateman's Year Book*, 1900, p. 417.

[2]　John Robert Seeley, *op. cit.,* p. 248.

的国王），这位"高贵的盗贼"就是用被征服者的钱财打仗的。[1]

尽管上述的有些手段在现在看来令人反感，但在当时的西方人眼里却不是这样。战胜者要求战败者支付赔款是很正常的行为，比如，奥地利和法国就于1866和1870年分别付给普鲁士1.75亿法郎（3 500万塔勒）和50亿法郎。直到1919年战胜国要求德国赔款时，人们才会质疑这些做法的正当性。不过，用当地预算支付治安花销这一做法毫无争议，甚至完全符合惯例，直到现在还可以在所有民主国家见到。但征服者是否有权担任被征服国家的合法统治者显然是另一回事。

总之，征服行动的成本并不高，但由于殖民帝国总是倾向于节省预算，因此会再三计算所需的资金，或者推迟拨款的时间，然而这种倾向不一定有利于军事行动的成功。高级殖民将领的才能之一，正是利用自己的影响力获取行动所需的资源。不过资源短缺或贫乏还不是殖民者大肆劫掠的最大原因。有些将领有能力通过正当或至少是正常手段从被殖民国家获取生活资料补给和交通手段，但还有些将领由于缺少时间、组织能力或者权威，只能任由手下的部队用抢劫的方法满足其需要。无论如何，这类行径有很大一部分完全不为人所知。现如今，它们远不如双方发生冲突时所使用的暴力震慑人心。

---

[1] Général Luzeux, *op. cit.*, p. 36-38.

第三章

"令人难以置信的残暴征服"

$\vee$

"野蛮的和平战争"[1]

现在，我们要面对殖民征服中最令人痛心的问题之一，就是人们通常所称的"殖民暴行"。我们在此尽量不做评价，努力让事实说话，因为仅仅事件陈述就已经足够沉重，不需要装腔作势地发泄迟来的激愤，况且这类表面文章并不一定发自真心，还常常模糊了历史的真实画面。

显然，我们不能用现代的思维考量那段历史。首先，在当时的西方社会，战争比现在常见得多。虽然欧洲从1815年就基本处于和平状态，但人们仍然认为潜在的战争一触即发。每一个成年男子都有可能受到招募，冒着生命危险奔赴战场。所有国家也都做着遭遇侵略、不得不向异国部队律法低头的准备。再加上报复行为层出不穷，内战的爆发也不难想象。1822年，英国首相利物浦伯爵詹金逊回应夏多布里昂对英国政府机构的赞美时这样说道："这些庞大的城市哪有坚强可言？只要伦敦

---

[1] La première formule est de Émile-Félix Gautier, *L'Algérie et la métropole*, *Payot, 1920, p. 56* ; la seconde est tirée du poème de Rudyard Kipling, The White *Man's Burden* paru dans McClure's Magazine en février 1899, vers 18.

发生一场大起义，一切就全完了。"[1]此外，由于海外战争远在异域，所以当时的人们比现代人更能接受这种行为，当今世界，有些国家在"避风港"中享受和平，与一些被卷入冲突的国家形成了鲜明的对比，这种情况能持续多久呢？另外，当时欧洲和美洲的舆论对战争引起的苦难还不像现在这么敏感，这可能是因为那时候欧美国家的大部分男女老少也还在饥饿、疾病和死亡中挣扎，看不到任何获得救赎的希望，所以很难对其他人产生同情，前提还得是他们对远方的情况有所了解。

毋庸置疑，欧洲人已经具备了相当准确的战争法概念，足够在合法与违法行为之间划分明确的界线，其划分标准起初参照了基督教教义，后来又受到启蒙哲学的影响，这些标准与我们现在的标准相差无几。19世纪初出现了"国际惯例"，各国在很多原则上达成了共识：战争造成的损失应与其目的成比例，也就是说，拒绝不必要的破坏和死亡；尊重战败者和死者的尊严；不侵犯私有财产。由此可见，殖民战争中违反人道主义原则以及伤害个人生命的行为并非出于无知。不过，这些战争法产生的影响远不能与两次世界大战所引发的变革相比。直到很晚的时候，一些由列强批准的文件才产生约束力——至少是理论上的约束力，这类文件包括1864年的《日内瓦公约》，美国人弗兰西斯·利伯（Francis Lieber）于同年提出的守则，更重要的是1899年和1907年的两部《海牙公约》。直到海牙会议时，俄国法学家费多尔·马尔顿斯（Fédor Martens，1845—1909年）才发表了那条后来以他命名的条款，其内容是，如果发生现存规章中没有涵盖的情况，"居民和交战者仍应受国际法原则的保护和管辖，因为这些原则来源于文明国家间制定的惯

---

[1] François-René de Chateaubriand, *Mémoires d'Outre-Tombe*, Le Livre de Poche, t. 2, p. 484.

例、人道主义法规以及公众良知的要求"[1]。

　　然而，这些书面或非书面法律在落实的过程中却存在一个常见的局限：征服者认为，如果自己必须完全遵守人道主义战争的原则，也应该给对方提出同样的要求，这种条件在殖民战争中基本是见不到的。[2] 很少有"土著"国家签署了这些公约（波斯、中国、暹罗加入了《日内瓦第二公约》）。而且，发生战争时，"土著"阵营中的士兵通常都是非正规军，平民和军人之间的界限在很多海外国家很模糊。而殖民地一旦投降，这些居民再想对征服者进行报复就会被视为"造反"。这些战士在法律层面上就会被当成罪犯。"野蛮人""强盗"的标签打消了殖民者心中对于杀戮的顾忌。法国人更喜欢把1885至1895年间东京的起义者叫作"海盗"，而不是"造反者"，并把他们与中国的"黑旗军"混为一谈。

　　最后，或许也是最重要的一点，不论是19世纪、20世纪还是21世纪，认为军事将领会把人道主义原则放在首要位置的想法都不免太过天真，也经不起考验。古往今来，他们的第一职责都是守住国家赋予他们的、以服务于政治为目的的权力，并让纳税人为他们的行动买单。人的命运永远都只是后话。只有后退一步才能做到保全部队或避免暴力厮杀，但这在殖民战争中是难以想象的，除非其背后还有严密的战术安排。

---

[1]　Vladimir Poustogarov, « Un humaniste des temps modernes: Fiodor Fiodorovitch Martens（1845-1909）», *Revue internationale de la Croix-Rouge*, n° 819, 1996, p. 322-338.

[2]　Frédéric Mégret, "From 'savages' to 'unlawful combatants': a postcolonial look at international law's 'other'", *in* Anne Orford, ed., *International Law and its "others"*, Cambridge, Cambridge University Press, 2006.

毁灭性战争

被征服者所遭受的损失很难统计。先不要急着下结论说殖民者看不起对方：出于行政原因，部队将领原则上有权管理与他手下士兵人数相近的居民。每隔一段时间，他们还要把国家交予他们管理的人的情况进行汇报。但对于整个部队或敌方阵营的平民，他们却没有这样的义务。或许正是因为没有正式义务的限制，他们才会对对方承受的损失如此漠然，虽然对方的损失总比殖民者自己部队的损失大得多。托尔斯泰曾经写道：对于军官来说，战争意味着危险，意味着随时可能丧命，但也意味着有希望获得奖赏或战友的尊敬；他不会考虑"战争中的另一方"，也不会想到战争意味着杀戮、残害其他士兵或山民。[1]

需要记住的第一点是，"土著人"的损失永远比欧洲人大得多。首先，由于武器和组织上的不对等，他们的投入本身就更高。由于被殖民者的损失数字从未得到系统统计，我们所能得到的数据也很少。但我们可以从布尔人在战争中的损失出发：在他们参战的8.7万人当中，7 000人死伤，占总数的8%，这个比例接近英国的2倍（总人数45万人中有2.2万人死伤，即5%）。[2]但布尔战争只是一条底线，因为布尔人懂得挑选最佳条件进行战斗，而且拥有比较精良的武器。大多数情况下，用马克·布洛赫（Marc Bloch）的话说，殖民战争就是"标枪和步枪的对抗"，这话虽然不够精准，但也概括了双方在火力上的差异之悬殊，欧洲人用枪炮夺走了很多敌人的性命。[3]征服者在战争中的死亡人数通常不过数十人，而战死的反抗者却数以百计甚至千计。

---

[1]　Léon Tolstoï, "Hajji Murat", in *Russian-Muslim Confrontation in the Caucasus*, p. 136.

[2]　Thomas Pakenham, *The Boer War*, p. 572.

[3]　Marc Bloch, *L'Étrange défaite*, A. Colin, 1957, p. 63.

　　战争中的数字能说明一切。在乌姆杜尔曼，有超过1万名"德尔维什"战死，还有5 000人被俘。但如我们所见，英军的死亡人数只有68人。在整场行动过程中，英军的死亡总人数为1 500人，其中只有75人死于战争。[1] 围城行动的情况也一样。俄国人攻入盖奥克泰佩（由2.5万人把守）之后，一共统计到了6 500具尸体，其中只有268个俄国人，但斯科别列夫认为，在这场战斗中死亡的土库曼男女多达2万人。[2] 所有没能逃出去的人都被杀死，另外还有8 000个成功出逃者死在骑兵的马刀之下。整个平原尸横遍野。1888年，寇松在参观这个堡垒的遗迹时，还能看到很多森森白骨。在一些持续时间更长的冲突中也存在这样的不对等。1899至1909年，死在亚齐和龙目岛的荷兰人共有508人，而他们的对手则损失了2.2万人。[3]

　　除了战斗人员，还有很多平民在战争中或者随后的安抚阶段丧了命。女人、老人、孩子和游击队员混居在一起，因此经常被子弹和刺刀夺去生命，这种现象在攻夺城市或村庄时尤其常见。但无论是奥马勒公爵在阿尔及利亚高原袭击阿卜杜勒－卡德尔的部落时（1843年5月16日），还是乔治·卡斯特在俄克拉荷马的沃希托河河畔进攻夏延人的营地时（1868年11月27日），遇害者的数量都难以统计或者不为人知。应该说，在那些一旦有需要就全民皆兵的社会中，区分战斗人员和非战斗人员没有什么太大的意义。女人既是古老传统的忠实卫士，又担心万一战败，不知何去何从，因此也鼓励男人上阵杀敌。1901年春天，基奇纳在苏丹写下了这样一段话："女人们无疑是支持战争的，而且比

---

[1]　George Arthur, *op. cit.*, t. 1, p. 243; Edward M. Spiers, *The Late*, p. 296.

[2]　« Les marches-manœuvres... »,art.cit.,*RME*, octobre 1882, p. 190; Richard A. Pierce, *op. cit.*, p. 42.

[3]　Maarten Kuitenbrouwer, *op. cit.*, p. 274.

男人们还要刚烈顽强。"[1]另外，战士们的抵抗行为不可能不得到全家、全族或全部落的支持。从比若到沃尔斯利，当他们的部队面对人民的全面抵抗时，其目标都是"占有一切在他们眼中有价值的东西，将其摧毁或者掠走。这是加快战争进度的唯一办法。如果我们不能伤害他们的荣誉或者爱国热情，那就要想方设法破坏他们的财产"[2]。

拉莫里西埃和比若曾先后在阿尔及利亚系统地实施过这一劫掠战术，并且造成了毁灭性的后果。这一战略包括抢夺牲畜，偷抢田里庄稼或仓库中的收成，砍伐果树，烧毁住房。这类卑劣行径随处可见，丘吉尔曾记述过马拉坎德远征中的一个事件：英军指挥官宾登·布鲁德爵士（Sir Bindon Blood）是印度部队中的老兵，在解救奇特拉尔的行动中担任洛尔少将的总参谋长，这次，他在带兵撤离马孟德山谷（vallée de Mamund）之前，下令摧毁所有的村庄，夷平房屋，填满水井，炸毁塔楼，砍倒树木，烧毁粮仓，凿穿水库。[3]俄国人在车臣启动了"斧头体制"，也就是有计划地把道路和空地上的树伐光，防止敌人隐蔽行迹。这一计划从1845年一直有条不紊地进行到1847年。牲口都被掳走，村庄化为乌有，人被集中到军事中心附近。[4]美国人在菲律宾也沿用了这一方法，尤其是在"保护区"，而"保护区"外的所有的人都被视为敌人。[5]

事实上，人们被迫迁移的现象在战争中司空见惯。通常，这类迁移的规模很小，范围也仅限于某个区域，原因是殖民者想更加接近这些小族群，以便对他们进行管理和控制。但是，也有大量人口集体迁

[1]　George Arthur, *op. cit.*, t. 2, p. 12.

[2]　Lieutenant-colonel Ditte, *op. cit.*, p. 255.

[3]　Winston Churchill, p. 162.

[4]　Moshe Gammer, *op. cit.*, p. 177 sq.; voir aussi Léon Tolstoï, « La Coupe en forêt », *op. cit.*

[5]　Brian McAllister Linn, *op. cit.*, p. 213.

移的情形。切尔克斯人的迁徙就是个典型例子，他们宁愿背井离乡也不愿接受基督教统治。1860至1870年，高加索西部的几乎所有切尔克斯人（30万人）都流亡到了奥斯曼帝国，留在俄国领土上的只剩下4.5万人。与切尔克斯人有亲缘关系的阿布哈兹人也追随了他们的脚步。1859年车臣战败后，虽然车臣和达吉斯坦的大部分居民还留在原地，但是成千上万的车臣人（1865年有4万人）、卡巴尔达人和诺盖鞑靼人远走他乡。1847年上任的东西伯利亚总督尼古拉·穆拉维耶夫（Nikolaï Mouraviev）将军早在1855年就提出过大规模迁徙的提案，但没有被采纳。不过这次，帝国政府并没有阻止当地人迁移。[1]

　　这项战略无疑会造成大量的死亡：平民不得不在部队的追捕下逃亡，常常被困在有害健康的环境中，生存资源十分匮乏，有时还会被农业活动束缚手脚，还要缴纳沉重的战争税。疲劳和营养不良使他们容易患上天花、鼠疫或霍乱等疾病。此外，殖民者征用他们充当牵引动物的人和脚夫，却对他们的健康状况毫不关心。有时，这些平民还会被迫在一些战略性工程中充当劳力。英国人为了更轻而易举地到达阿富汗，修建了一条通向坎大哈的铁路（1884—1887年），上千人在施工过程中因中暑、坏血病以及霍乱而死亡。[2] 1873至1909年在亚齐战争中罹难的人里，除了在战场上丧生的7万人，还有2.5万被奴役的劳工以及因饥荒和疲劳而死的平民百姓；殖民军为了占领海外领地所牺牲的"土著"雇佣兵约有1万人[3]。

　　有时，我们可以非常粗略地估算出损失的整体水平。泽维尔·雅库诺（Xavier Ycono）以法国军官所进行的不确切统计为基础，估计1830

---

[1]　Andreas Kappeler, *op. cit.*, p. 162.

[2]　« Le chemin de fer anglo-afghan », *RME*, 1889, p. 513-529.

[3]　Maarten Kuitenbrouwer, *op. cit.*, p. 367-368.

至1856年之间，阿尔及利亚北部损失了65万人，也就是总人口的20%。当然，人口减少并不能完全归咎于战争。1830年之前，饥荒并不罕见，瘟疫也十分猖獗。阿尔及利亚的邻国突尼斯虽然没有遭遇同样的动乱，但根据让·加尼阿热估计，1830至1860年突尼斯的人口也减少了8%。如果我们把8%当成"非冲突"条件下的人口损失率，那么阿尔及利亚相应的人口损失应该是25万人，而战争则造成了另外的40万战斗人员和平民的死亡。同一时期，法国部队中因各种原因死亡的人数大约为10万人。这个例子所得出的结论能否类推到所有征服战争中呢？或许，我们至少能将之与高加索战争相比，因为二者持续的时间很接近，发生的环境也十分类似。

至于世界上的其他地方，布达·埃特马曾估计，1750至1913年，按世界总人口10亿人计算的话，在亚洲和非洲的所有殖民地共有2 500万人死亡，也就是每年大约为15万人。[1] 除此之外，还应该加上美洲和俄属亚洲的人口死亡数，这些地方的死亡率我们无法得知，但或许不会让这个数字增加太多。显然，这是一个惊人的数据，当我们将它与之前提到过的西方部队中30万人的死亡数量一对比，反差就更为惊人了。不过，这些地区人口基数很大：特别是英属印度，战争的影响虽然不容忽视，但却被相对地化解了。而且，战争所造成的损失分布极不平衡。大多数战争其实都是短期战役，没有波及整片领土，而是发生在一个有限的区域之内。另外，不同战役并不是同时发生的，而是相互错开了很长时间。因此，那些国土面积足够大、人口足够多的国家比较容易从损失中恢复过来，至少在人口方面是这样。1830年，阿尔及利亚有300万

---

[1] Bouda Etemad, *Crimes et Réparations, l'Occident face à son passé colonial*, André Versaille éditeur, 2008, p. 190.

人口，1872年骤降至230万人，到了1891年又回升到350万人，这个例子是很有代表性的。但对于不具备这种条件的国家，损失是无法修复的。

北美的印第安人无疑是受打击最大的民族之一。1848至1861年，战争导致北美大平原部落中481个印第安人死亡，1866至1890年则有4 371人之多（欧洲各国联盟在这两个阶段中的人员损失分别为13名军官、197名士兵和69名军官、879名士兵）。考虑到这一地区的人口本来就很少，只有几万人，这个数字绝不可小视。不过，部队也有可能为了炫耀战功而故意夸大了数据。[1] 那些被迫从密西西比河以东迁到俄克拉荷马的印第安人损失的人口比这还多得多。比如，在1835年被逐出北卡罗来纳州的1.8万切罗基人中，有4 000人在营地或途中丧命。后来，由于活动范围受限以及野牛绝迹，印第安人的生存状态更加脆弱，病死的人数比战死的还要多。19世纪80年代，受传染病尤其是结核病的影响，苏人的死亡率超过了50‰。1800至1900年，北美大平原上的印第安人总人口从20万人降到了6万，减少了70%。[2]

当时的人们当然也观察到了这一变化。自由党政治家查尔斯·迪尔克爵士于1868年写道，盎格鲁－撒克逊人是"唯一会斩草除根的种族"。阿尔弗雷德·朗博（Alfred Rambaud）在引述这句话的同时，还说这个"种族"已经摧毁了北美的红种人，而现在他们"几乎是仅仅通过交往，就把新西兰的毛利人推上了毁灭之路"[3]。确实，1842至1872

---

[1]　Robert M. Utley, "Indian-United States Military Situation, 1848-1891", *in* William Sturtevant, ed., *op. cit.,* vol. 4, p. 164, 174. Utley juge ce chiffre donné par l'armée exagéré, en se fondant sur Joseph Peters, *Indian Battles and Skirmishes on the American Frontier,* New York, Argonaut, 1966.

[2]　William Sturtevant（ed.）, *op. cit,* vol. 3, *Population,* Smithsonian Institution, Washington, 2006, p. 695-696.

[3]　Préface à la traduction de John Robert Seeley, p. XLIV. L'ouvrage de Dilke est *Greater Britain, a record of travel in English-Speaking Countries during 1866 and 1867,* Londres, Mac Millan, 1868, t. II, p. 308-309.

年间，新西兰岛南部的毛利人在本民族三分之一的领土上都备受摧残。19 世纪期间，由于战争和瘟疫，他们的人口数量从 15 万降到了 4.2 万人。[1] 朗博声称，类似的事件在法国领土上从来没有发生过，但他却忘了新喀里多尼亚，那里的情形跟新西兰很相似，1860 至 1900 年，卡纳克人的人口从 2.5 万下降到了 1.6 万。[2] 勒内·佩利西耶估计，在葡萄牙殖民地帝汶岛的马努法伊（Manufai）叛乱中受害的人数（包括被杀者、被虐待的战俘以及死于痢疾的人）大约在 1.5 万至 2.5 万人之间（1911—1912 年）。还有一部分居民被流放，导致当地总人口减少了五分之三。[3]

有一些屠杀行为简直是种族灭绝，幸好这类事件并不多见。1904 年 5 月，冯·特罗塔将军负责镇压赫雷罗人的叛乱。他率领 6 个特遣队袭击了瓦特贝格高原上赫雷罗人的领地，行动范围覆盖方圆 450 公里，并封锁了除卡拉哈里沙漠以外所有的退路。战败的赫雷罗人逃入沙漠中，但是，德军已经把少有的几口水井堵死。1904 年 10 月 2 日，特罗塔向战败者发表讲话，禁止他们返回故土，违者将被处以死刑。他命令军官射杀试图违令跨越国境的人，还往女人和孩子的头顶放空枪，以起到震慑作用。赫雷罗人的人口在 20 世纪初约为 8 万人，但到了 1911 年则减少到了 1.5 万人左右。大部分人都在军事行动中失踪，将近 8 000 人死在他们从事强制劳动的集中营里（1905—1906 年 8 月）。[4]

发生在赫雷罗人身上的事件并不是个案。他们的近邻纳马人曾与德国人为伍，后来由于无法忍受冯·特罗塔的暴虐于 1904 年 10 月起义

[1] Etemad（Bouda），*op. cit.*, p. 114.

[2] Alain Saussol, *L'Héritage, essai sur le problème mélanésien en Nouvelle-Calédonie*, Publications de la Société des Océanistes, 1979, p. 335.

[3] René Pélissier, *Timor*, p. 290.

[4] Joël Kotek, « Afrique, le génocide oublié des Hereros », *L'Histoire*, n° 261, janvier 2002, p. 88-92.

反抗，他们的命运也一样悲惨。起义被镇压后，他们的人数从 2 万人降至 1 万人。光是被软禁在吕德里茨外海的鲨鱼岛（îlot du Requin）上的 1 732 名囚犯中就有 1 032 人死亡。[1] 在坦噶尼喀，殖民地南部的部落发动了马及马及起义（1905 年），德国部队在镇压过程中实施了焦土政策。随之而来的饥荒又夺走了 25 万至 30 万人的生命（官方统计的受害者数量为 7.5 万人）。韦登达（Vidunda）、马图比（Matumbi）、旁瓦（Pangwa）等部族甚至损失了半数人口。此外，居住在基卢瓦（Kiloua）的马图比人为抗议殖民者强制居民从事繁重劳动（每年 24 天到 52 天，只抵消赋税而没有工资），发起了一场抗议运动，德国军官领导的小分队在镇压这场运动时至少杀死了 2.6 万人。[2]

残酷的战争

我们要针砭的不仅是庞大的受害者数量，从具体事例中我们可以看出，战争之残酷仿佛将人类文明带回了蛮荒的时代。

暴力征服

从情理上来说，地理和文化距离的相近似乎可以巩固游击战士之间的团结，但事实上，他们对别人的命运并不怎么关心。萨摩里虽然不

---

[1] Voir Casper W. Erichsen, *"The Angel of Death Has Descended Violently among Them"*, *Concentration Camps and Prisoners of War in Namibia, 1904-1908*, Leiden, University of Leiden, 2005.

[2] Henri Brunschwig, *L'expansion allemande outre-mer*, PUF, 1957, p. 163.

是法国讽刺宣传漫画中描绘的冷血暴君，但最出色的萨摩里研究专家伊夫·贝尔松（Yves Person）写道，"这位冷酷无情的现实主义者杀人从不眨眼"，不过，他的行为总是"经过了严谨的政治谋划"[1]。为了吞并邻国人口，他挑起战争并把邻近部落的人软禁为奴。为了让自己的国民免受侵略者的统治，他组织了系统的强制性迁移。他不是唯一采取这种做法的人，因为差不多在同一时期，那些不愿离开原居住地、移居到革命者所统治的山区的古巴人，也遭遇了毫不留情的审判和处决。起义期间，第一批遭遇不测的常常是被怀疑与占领者串通的人，然而通常都是误会。在1885年7月反对法国占领的起义中，4万名天主教徒，也就是安南教会三分之一的成员惨遭无情的屠杀。[2] 这些做法被殖民者当作理由、开脱或借口，把他们自己实施的暴力说成是对这些残忍或罪恶行为的正当回应。不过，他们常用的辩解还有一条：这些非欧洲人未能遵守"战争法"。

首先，欧洲人斥责他们违反了有关如何对待伤员的规定。阿尔及利亚的征服者在揭发对手的行径时口径出奇地一致。"我们知道他们从不保留战俘，凡是落到他们手里的人都会被割喉，几乎没有例外。"这句话出自佩利西耶·德·雷诺上尉笔下，尽管他还是个"亲土著派"[3]。确实，由于游击队必须突然出击、迅速撤退，所以基本不会劫持活着的敌军，否则带着他们行动会举步维艰。但这也不是绝对的。通常，越是伟大的将领越是懂得不要把战俘置于死地，有时是为了用人质交换赎金，有时也是出于人道原则的考虑。阿卜杜勒-卡德尔屠杀300名战俘的罪名其实是一桩冤案，是他手下的几名副官趁他不在的时候犯下的罪行

[1]　Yves Person, « Samori », *Les Africains, Jeune Afrique*, 1979, t. I, p. 253-285.

[2]　Charles Fourniau, *Vietnam*, p. 384.

[3]　E. Pellissier de Reynaud, *op. cit.*, t. 1, p. 304.

（1846年4月）。阿杜瓦战役之后，"在相似的背景下，阿比西尼亚国王和将领给战俘的待遇，实际上胜过那些自称走在人类文明前沿的民族的虚情假意"[1]。每个被俘的军官身边都有两三个士兵为他服务，意大利媒体义愤填膺地指出，有些战俘被迫给泰伊图（Taïtou）女王演唱意大利歌曲，可这难道不是对美名远扬的意大利"美声唱法"（Bel Canto）的致敬吗？事实上，这种艺术在当时比现在更广为人知。我们可以比照一下古时候被扣押在锡拉库萨的雅典战俘，他们只要为征服者朗读欧里庇得斯的诗，便可以为自己赎回自由。[2]

　　比杀人更让人震惊的是分尸。欧洲人从一开始就为印第安人剥头皮的战争习俗惊愕不已，这种行为常见于部落之间的战争中，但他们对待白人的尸体也如法炮制。开始征服阿尔及利亚的时候，当地人的战争习俗或仪式也显示，他们并不在意要给敌人保留全尸。鲍登斯（Baudens）医生曾记录下这样一幕："他们屠杀了我方伤员之后，还不忘砍下他们的头……他们甚至疯狂到把死者从地里挖出来，并将尸体斩首。如果有时间的话，他们会砍下敌人的手腕和生殖器，与其他血腥的战利品一起带回部落中炫耀。"[3]类似的场景也发生在非洲和远东。

　　更过分的是，有时欧洲的男女老少平民也难逃厄运。1857年印度民族起义期间，英国媒体曾大量报道过这类事件。1857年5月11日德里陷落时，约有50人遇害。奥德首府坎普尔投降几天后，所有幸存者都在位于此地以东400公里处的地方被残忍屠杀，总数多达上百人，有些人是在恒河上登船时遇害的，大约125名妇女和儿童在哈夫洛克将军

---

[1]　Général Luzeux, *op. cit.,* p. 67.

[2]　Plutarque, *Vie de Nicias.*

[3]　Victor Demontès, « La relation de l'expédition de Médéa par le docteur Baudens », *Revue d'histoire des colonies françaises*, 1920, p. 187-308, p. 253. Il s'agit de l'expédition menée par le géné ral Bertheze`ne en juin-juillet 1831.

的救援队接近时（7月17日）也被杀害，援军抵达时见证了一番骇人的景象（墙上溅满了鲜血，尸体被抛进一口水井）[1]。北非也有一些可以与之类比的极端事件被披露。1881年，布阿马马（Bou Amama）发动起义，上百名受雇收割纸莎草的西班牙劳工在奥拉尼高原（Hauts Plateaux de l'Oranie）上惨遭屠戮。另一桩惨案的规模较小，1912年，法国军官指挥的摩洛哥补充兵（tabors）在非斯发动叛乱，导致负责管理他们的13名军官和40名士兵死亡，另外还有17个欧洲平民。据报告记录，他们对受害者实施了斩首，军需官拉米（Lamy）甚至受到酷刑折磨，然后被小火活活烧死。暴动扩散到了摩洛哥的犹太区，那里也有上百人被杀，妇女则遭到强奸。在官方葬礼上，莫瓦尼埃（Moinier）将军当着法国和摩洛哥所有军事与非军事显要人物的面，痛斥这是"有史以来最骇人听闻的罪行之一"。他指责"那些无耻之徒配不上军人这个头衔"，竟然"把致力于教育他们、赋予他们人之尊严的良师置于死地"，他还怒骂那些教唆叛乱的人是"卑鄙的渣滓"。[2]

在这段历史中，除了野蛮行为，不尊重双方合约和对话的现象是否同样屡见不鲜呢？阴险狡诈是最受到指摘的行为之一。一位英国历史学家在评论俄国扩张时曾写道："所有证据都证明土库曼人的狡猾、贪婪、善妒与凶残。"[3] 坎普尔大屠杀中，领导起义的是纳纳王公（Nana Sahib），他是叛乱军首领，他的父亲是被英军罢黜的印度宰相，此前他曾向英国驻军司令休·惠勒（Hugh Wheeler）将军保证让所有幸存者平安离开，这个谎言使大屠杀蒙上了一层更加阴暗恐怖的色彩。1879年，卡瓦纳里少校带领的外交代表团在喀布尔全部遇难，这一事件激起了同

---

[1]　Christopher Hibbert, *The Great Mutiny, India, 1857*, Allen Lane, Penguin, 1980, p. 177-197.

[2]　« L'Aube du protectorat marocain », *BCAF*, avril 1912, p. 172-188.

[3]　Henry Herbert Dodwell, *The Indian Empire, 1858-1918*, p. 406.

等的愤怒。后来，一位荷兰记者这样描述亚齐岛上的印度尼西亚居民：
"凶残、嗜血、奸诈、背信弃义、道德沦丧。"人们甚至无视事实，把他
们说成"食人族"，或者诬陷他们进行所谓"违反自然"的性行为。[1]

"黑人战争"这个带有轻蔑色彩的说法反映了殖民地的落后状态。
沃尔斯利曾说，阿散蒂战役是他所参加过的最糟糕的战争。很少有作者
试图用温和的笔触描写这类事件，或者至少将其放在特定的文化环境中
加以思考。正如汉森所说："西方人总是指责敌人粗暴地处决或者折磨
没有防御力的战俘，但他们的部队在战斗中倚仗更精良的武器和更先进
的装备，光明正大地'正当'屠杀了成千上万的人。"他们不会去想，
"在非西方人的眼中，开枪扫射、炮火堵截并用炸弹阵对付处于装备劣
势的士兵甚至手无寸铁的平民，也是野蛮人的行为，他们自己也经常折
磨并处决战俘"[2]。

不过，汉森远非提出这类观点的第一人。从1890年起，人类学家
查尔斯·勒图尔诺（Charles Letourneau）就对欧洲人进行了严厉的拷问，
他不愿直接给太平洋岛民的战争贴上"兽性"的标签，也不愿简单指责
非洲抢劫人质的行为"野蛮"。他指出，虽然欧洲人厌恶近距离折磨敌
人，但毫不顾忌从远处杀戮或残害对方；虽然他们一想到吃掉敌人的尸
体或一部分尸体就心生憎恶，连连后退，但仍然冷酷地把整个地区的居
民赶尽杀绝。他认为，西方人对战争的看法以及战争观远远落后于中国
人的观念，在他的心里，中国人对这种暴力行为十分厌恶。有些人甚至
带着赞赏的态度，在欧洲历史中找到了殖民地居民的同类，比如荷兰殖
民军军医 J. 雅各布斯（J. Jacobs）就认为，亚齐人和十八年战争（1621 至

---

[1]   Maarten Kuitenbrouwer, *op. cit.,* p. 63, 99, 268.

[2]   Victor Davis Hanson, *op. cit.,* p. 419.

1648年）期间对抗西班牙人的加尔文教派"丐军"没什么不同。[1]

至于背信弃义这一指控，也有越来越多的声音表示反对。很多观察者强调"土著人"严格遵守个人承诺，尤其是对领主的效忠。英国的霍尔迪奇上校记录过这样一件事，1879年12月的阿富汗暴动发生前不久，阿富汗显贵在出发抗击英军前还小心地护送之前被委派过去的英国地形官回到谢尔布尔营地。他还专门强调说，自己在普什图"绅士"和卡尔巴拉（什叶派圣城，位于现在的伊拉克）的领袖毛拉（伊斯兰教国家对老师、先生、学者的敬称）身上都看到了"永不磨灭的礼貌谦恭"和"真挚的热情"[2]。不少曾在非洲服役的法国军官也会认同他的评价。佩利西耶·德·雷诺曾说，阿拉伯人最突出的优秀品质之一就是信守政治承诺，他还补充道："他们违反了什么条约？我承认我一条也想不出来。"[3] 相反，欧洲人倒是打破了无数他们向"土著"许下的诺言，做出承诺的军官、传达消息的部队、本应将缔约正式化的政府或负责批准这些协定的议会总会找到各种事端干扰这些约定的执行。

这些声音有没有听众呢？

征服者的暴行

抵抗者的行为即使不能作为报复的正当理由，至少也能解释其原因。法军司令蒂里翁参加了占领中国台湾的行动，他坚称，中国士兵会在夜晚把法国阵亡者的尸体挖出来斩首；任何士兵一踏出营地就会被杀害；他还指责对手诡计多端，声称有一天，几个妇女把士兵引诱到一座

---

[1]　Victor Davis Hanson, *op. cit.,* p. 419.

[2]　Colonel Holdich, *op. cit.,* p. 218.

[3]　E. Pellissier de Reynaud, *op. cit.,* t. 1, p. 318.

小房子里，结果这些士兵全部被肢解并斩首。他写道："人们会明白这些暴行令我们怒发冲冠，复仇对我们来说是自然而然的事。"部队将领也一点没有息事宁人的意愿，他们派出了一个连去"惩罚"犯下上述罪行的居民及其共犯，这个连队的任务是烧毁所有的房屋，并射杀他们遇见的所有人。蒂里翁也在这支队伍当中，据他所说，他们一字不差地履行了下达给他们的命令，没有放过一个不幸落入他们之手的男人；他还说，既然之前是女人给他们下了圈套，村里的女人本来也应该和男人共命运，只不过他没有遇到。[1]

镇压印度士兵起义的行动规模更大，简直可以称得上是一场灾难。一位英国演说家疾呼道："当每一座铡刀都被鲜血染红，当每一把刺刀都被挑起的可怕负担折弯，当每一尊大炮前的地面上都散落着破衣烂衫、血肉和尸骨的时候，'怜悯'一词已经无法说出口。"[2]不断有人被处以绞刑；有些士兵被绑在炮口；还有些士兵在被处决之前被迫做出舔舐地面或者食用油脂等亵渎行为。这些处决一般都对规章制度不屑一顾，造成了大量无辜者的死亡。有些部队被尽数歼灭，无数村庄被付之一炬。每具欧洲人的尸体都会激起满腔的怒火。当第二批卡普尔大屠杀的受害者被发现时，苏格兰人平分了惠勒将军女儿的头发，并发誓每一根头发都代表他们将杀死一个印度人。他们高喊"坎普尔"，让复仇之火越烧越旺，直到镇压行动结束。[3]

坎宁总督曾在一则著名的通告中徒劳地呼唤正义和宽容。他强调罪犯都应受审，并提醒人们不要把逃兵与危害他人财产和人身安全的人混为一谈，前者应送交军事法庭，而后者则应该受到民事审判。但是，这

---

[1]　Commandant Thirion, *op. cit.*, p. 34-35.

[2]　Lawrence James, *Raj*, p. 192.

[3]　*Ibid.*, p. 269.

些话犹如石沉大海。他鼓励政府宽大处理乡村居民，以便早日重获和平，避免长期积怨。可是，他的温和政策无人响应。恰恰相反的是，很多人向维多利亚女王请愿，要她召回这个被嘲讽为"心胸宽大的坎宁"（Clemency Canning）的总督。[1] 不幸的是，这样的态度在殖民者身上屡见不鲜。在阿尔及利亚殖民地的报刊中，他们经常因一点小事就要求"杀一儆百"，而对于一些更为严重的事件，比如，1881年纸莎草收割场上的欧洲人大屠杀，他们提出要向游牧民族发动"灭绝战争"，幸好政府没有批准。[2]

有些令人叹惋的暴力行为则模仿了当地人的行为方式，有的真的发生了，有的只是虚张声势。有些军官目击了一些可怕的事件之后，就把欧洲的军事准则抛在脑后，毫不留情地授权手下的人做出割耳、斩首这类他们认为只有当地人才会干的事。在法国征服阿尔及利亚和苏丹的过程中，此类事件频繁出现。他们声称割耳是从土耳其人那里学来的，斩首则是模仿黑人将领的做法。1900年前后，历史学家埃米尔-菲利克斯·戈蒂埃（Émile-Félix Gautier）在阿尔及尔图书馆中发现了一个广口瓶，里面装满了泡在酒精里的人耳，其年代可以追溯到殖民征服时期。在马达加斯加的一场战役中，一位年轻军官不愿盲从上级的命令，没有把马达加斯加士兵的头颅砍下并钉在木桩上，幸亏加利埃尼出手干预才使他免受严厉的处分。[3] 在帝汶岛战争中，斩首在交战双方阵营中都很流行。1893年6月的战役期间，奉命平定叛乱的葡萄牙军官不但可

---

[1]　Larges extraits reproduits avec traduction dans Édouard de Warren, *op. cit.*, vol. 2, p. 251-260.

[2]　Commandant Graulle, ancien chef de bureau arabe, *Insurrection de Bou-Amama (avril 1881)*, Lavauzelle, 1905.

[3]　Émile-Félix Gautier, « Enquête aux grottes du Dahra en 1913 » *L'Algérie et la métropole*, p. 11-61, p. 28; Colonel Henry Charbonnel, *De Madagascar à Verdun, vingt ans à l'ombre de Gallieni*, Karolus, 1962, p. 50-51.

以砍下尸体的头颅，甚至还能用这一手段对付"无辜者和妇女"，此外，他们还不能给受伤的战俘进行治疗。被砍下的头颅被保存在装有酒精的广口瓶中，放在帝力的药房里展览。[1]

北美印第安人战争期间，残暴行径更是层出不穷。有3个苏人设埋伏导致1名工程兵军官死亡。出乎他们意料的是，援军突然赶到并捉拿了他们，并将其斩首。救援队队长阿尔弗雷德·萨利（Alfred Sully）将军下令把这3颗头颅钉在3根柱子上（1864年6月）。[2] 再往南一些，住着夏延人和科曼奇人，殖民者为了对付他们，雇用了"百日军团"（在英语中Hundred Days意为"100天"，因为这些雇佣兵签的合同期限是100天），也叫"嗜血军"（Blood Thirdsters），这些人都是当地民族中的流氓和无赖。[3] 在沙溪战役中（1864年11月29日），他们摧毁了一个夏延人的村庄，这个村庄的酋长黑壶（Black Kettle）支持和平并升白旗投降。200名居民在这次事件中被杀。男人的头皮被剥下，女人被开膛破腹，孩子则被棍棒和枪托活活打死。参与屠杀的雇佣兵洋洋得意地走在丹佛的街道上，还把上百张头皮拿到剧院展出炫耀。[4]

不过，最让人痛心疾首的还是著名的伤膝河大屠杀（1891年12月29日）。福赛思（Forsyth）上校带领500名士兵包围了由酋长大脚（Big Foot）带领的苏人米尼孔朱部落的宿营地，被包围的约有400人。殖民政府担心当时流行于印第安部落中的"鬼舞"会促使他们叛乱，因此命令这个骑兵团解除印第安人的武装。包围成功之后，这些士兵开始执行接到的任务。然而，不知为何有一支枪突然走火，一场枪战随即爆发。

[1]　René Pélissier, *Timor*, p. 127-128.

[2]　Robert M. Utley, *Sitting Bull*, p. 83, 153.

[3]　Robert M. Utley, Wilcomb E. Washburn, *op. cit.,* p. 187-188.

[4]　*Ibid.,* p. 188-189.

这次冲突导致35名美国士兵死亡，39人受伤（有些是被自己人误伤）。300名左右的印第安人被杀或受致命伤。美军甚至不假思索地动用了4挺哈齐开斯机枪。[1] 这场惨剧的始作俑者正是15年前在小比格霍恩战役中战败的第七骑兵团，那次耻辱或许在他们心中激发了复仇的动力，值得注意的是，米尔恩斯（Milnes）将军在下达行动命令时专门提到了酋长大脚，并决绝地写道："若他抵抗，格杀勿论。"[2] 这位酋长也确实在死者之列。前不久（1890年12月），坐牛与前来逮捕他的士兵发生冲突并在交火中身亡，据说这些士兵的目的是阻止他把"鬼舞"发展成造反运动。[3]

伤膝河屠杀以及其他很多事例都说明，征服者的暴力行为不能轻描淡写地用反击来描述。虽然各个攻城行动发生的条件各不相同，但场面都是一样的惊心动魄，充满了抢劫和强奸，一遇抵抗就大开杀戒。只要一个要塞拒绝投降或拒开城门，攻城的部队就恼羞成怒，并开始大肆破坏。每一次进攻都造成不计其数的损失，征服者催促其他城镇的居民归顺，否则同样的命运也会降临到他们头上。这不仅是殖民战争的传统做法，不言而喻，所有的战争都如此。1852年，迪巴拉伊将军在阿尔及利亚南部的艾格瓦特袭击战中担任骑兵队队长，他在讲述那次行动时回忆道，那个城镇"承受了战争所造成的一切恶果。它见证了士兵所能犯下的一切恶行。他们在战场上一时不能自已，在恐怖的战斗中头脑发热，为他们所冒的风险和蒙受的损失怒火中烧，一想到那饱受争议、代价高昂的胜利又热血沸腾"。[4] 我们能举出的例子还有很多。根据托尔斯

---

[1] Jeffrey Ostler, *The Plains Sioux and US Colonialism, from Lewis and Clark to Wounded Knee,* Cambridge University Press, 2004, p. 338-360.

[2] *Ibid.*, p. 334.

[3] Robert M. Utley, Wilcomb E. Washburn, *op. cit.,* p. 241.

[4] François du Barail, *op. cit.,* t. II, Plon, 1896, p. 38.

泰的记述，斯科别列夫在攻占盖奥克泰佩之前，为了给士兵们鼓劲，把他们一个个都灌醉了。行动成功之后，俄军在城中肆意抢劫、强奸，一直持续了 3 天之久。[1] 这种命运不仅仅是筑有防御工事的城市才会遇到，有些用篱笆防守的小村庄只要抵抗，也会遭到同样的下场。苏丹战争中就有这样的战例。

还有更为恶劣的招数，比如阿尔及利亚战争中的"烟熏战"。有时，一个部落在遭遇袭击时会带着女人、孩子和一部分牲畜躲进自认为安全的地洞里，并在洞口安排几个卫兵，让袭击者打消付出高昂代价、贸然进攻的念头。在这种情况下，无法劝降敌人的殖民军将领就会下令封住洞口，使躲在洞里的人窒息（需要的时候，还在洞口点燃柴堆）。有据可查的"烟熏战"发生过 4 次，分别与 4 位名声赫赫的非洲殖民将领联系在一起：佩利西耶、卡瓦纳里、康罗贝尔（Canrobert）和圣阿诺。[2] 显然，类似的事件曾发生在南非，纳塔尔的赫卢比人以及德兰士瓦的佩迪人（Pedi）分别于 1873 年和 1879 年遭此厄运。[3]

一般来说，任何反抗行动都会遭到残酷的镇压：中亚战场上发生过的最血腥的事件大概要数 1873 年 7 月考夫曼将军负责的屠杀。在锡瓦西边的花剌子模地区，住着上千名土库曼约穆特人（Yomud）。他们拒绝支付俄国施加给他们的巨额战争赔款，结果激怒了对方。[4] 1904 年，荷兰部队针对居住在亚齐、加约（Gayo）以及阿拉斯（Alas）高地的居民展开了一系列的军事行动。行动由范达伦（van Daalen）上校指挥，范贺茨统筹协调，最终导致了 3 000 人死亡，其中 1 200 人是女人和孩子，

[1]　Léon Tolstoï, *Œuvres complètes*, t. IV, Stock, 1903, p. 396; Peter Hopkirk, *op. cit.*, p. 407, 442.

[2]　Opération contre les Achacha, juin 1850, Colonel André Segrétain, *Général Alexandre Segrétain, 1845-1891. Souvenirs d'un officier du Génie*, Hachette, 1962, p. 30-31.

[3]　Thomas Pakenham, *The Scramble for Africa*, p. 48 et 89.

[4]　David MacKenzie, art. cit., p. 226.

而袭击者中只有26名士兵死亡。[1]

这些破坏行动不单单是战略考虑的结果。众所周知，各式各样的战利品也值得殖民者去冒险。大多数情况下，利益是真实存在的，但有时只不过是他们的想象罢了。有些地方的财宝被整齐有序地陈列在一起，两度遭遇洗劫的北京颐和园就是个典型的例子。安南皇家政府的所在地顺化皇城也遭遇了抢掠（1885年7月）。[2]更多的时候，欧洲部队在执行任务之外的所作所为都是受军官纵容的。很多士兵的背景都不太光彩，正是因此他们才能犯下种种恶行，但另一方面，这一行为也被视为残酷战争之后的报偿。1940年，马克·布洛赫观察了在法国的英国士兵之后说："吉卜林笔下的士兵都令行禁止，骁勇善战……但是，他们除了强盗还是强盗。"[3]这些当兵的很少满足于仅仅改善日常生活。他们会一股脑冲上去，抢占各种有用的器具，搬不走的就毁掉，当然，他们也会毫不犹豫地犯下强奸的罪行，但对于这类行为很少有证词流传下来，受害者和施害者都想保持沉默。

"土著"雇佣兵就更加不受管束了。殖民者虚伪地打着尊重文化差异的旗号，把自己的"教化任务"抛在脑后，任由这些雇佣兵做出"野蛮"之举。法国部队甚至鼓励他们领导的塞内加尔步兵将敌人斩首，而不是加以劝阻。英军中的廓尔喀人以在战斗中杀死敌人并把对方的血涂满全手全脸而闻名。[4]由于抢劫来的战利品是士兵和补充兵们所获报酬的重要组成部分，有时甚至是唯一来源，因此他们实施抢劫的积极性就

---

[1]　« Les Hollandais et la guerre de Sumatra: l'expédition de Samalanga », *RME*, 30 janvier 1887, p. 97-106; Maarten Kuitenbrouwer, *op. cit.*, p. 109.

[2]　Charles Fourniau, *Vietnam*, p. 372-374.

[3]　Marc Bloch, *op. cit.*, p. 100.

[4]　« L'armée des Indes par le général Wolseley, extrait de la *North American Review* », *RME*, septembre 1878, p. 153.

更高了。在非洲，士兵们的战利品还可能包括俘虏，也就是奴隶。英国记者埃德蒙·迪恩·莫莱尔（Edmund Dene Morel）曾用伤感而讽刺的笔调揭露了刚果"安全部队"的将领所做的宣传，后者声称其"带兵之道就是，既提高军人的士气，同时对他们进行教化。在这些新兴国家，部队应该成为文明的摇篮，而军官轮番扮演教员、农民、管理人员、法官和战士的角色，他的社会角色也因此发挥了最大作用"。[1] 英国军医西德尼·辛德（Sidney Hinde）参加过达尼斯上校领导的打击阿拉伯奴隶贩子的行动，据他说，欧洲将领既不能也不愿控制非洲雇佣兵的奴役或食人行为。

被处决者与入狱者

对待叛乱行为，短暂的审判过后叛乱者就会被判死刑，其罪名不仅仅是"造反"，还有武装对抗政权以及一般的违法行为（杀害殖民者，毁坏各类财产）。1862年，明尼苏达州的苏人起义造成了800名殖民者丧生，针对他们的镇压行动是规模最大的镇压行动之一：303人被判处死刑，后来林肯总统利用赦免权把这个数字减至38人。[2] 1879年10月12日，罗伯茨刚刚攻入喀布尔。为了回应卡瓦纳的代表团被屠杀一事，他提醒当地居民，自己出发之前就已宣布，任何反抗英军的行为都被视为对埃米尔的背叛，但这并没能阻止动乱的发生。他声称自己出于宽容的原则，不会把这座城市夷为平地，虽然他完全有权这样做。最终，他只摧毁了城中的防御工事，并强迫这个国家交了一笔战争税。5位贵族

---

[1]　« L'État indépendant du Congo et ses forces militaires », *RME*, avril 1895, p. 212.

[2]　Robert M. Utley, Wilcomb E. Washburn, *op. cit.*, p. 186, 231-232.

成员被送上玛斯（Massy）将军主持的法庭。这5人中有2位毛拉和2位将军，其中还有一人有皇室血统，但他们都被判处死刑，并于10月20日被绞死。[1] 浩罕叛乱后，起义领导者之一普拉特汗（Pulat Khan）以及当地的显要家族成员也被处以绞刑。[2] 加利埃尼也做过类似的事，他在马达加斯加下令枪决了2名被控密谋叛乱的大臣（1896年10月）。

但是，有一些处决执行得比较仓促，就连在军事法庭开一个短会确认处罚的程序都没有。1843年5月4日，奥马勒公爵正在追击阿卜杜勒－卡德尔的部落。这时，实际指挥行动的优素福（Yusuf）所率领的部队看到敌军在山上点燃了烽火，警告同伴法军正在靠近。他俘获了12名"报信人"并立即处决了其中的11人。最年轻的一个免于一死，他被法军派回部落，通知其他人按兵不动。[3] 布尔人对待俘房的方式较为公正，可是一旦遇到武装黑人侦察兵，他们也会格杀勿论。1899年10月，丘吉尔曾沦为路易斯·博塔的阶下囚。他说，当时自己以战地记者的身份参加战争，把他处死易如反掌，但博塔不会这样做。丘吉尔还说："布尔人对待白人非常人道。"[4] 不过，严刑逼供的事并非闻所未闻：美军为了逼被俘的菲律宾游击队员开口，用了掐颈的方法；有时还会强迫他们喝盐水（"水疗"）。[5]

处置囚犯的手段无奇不有。有些人遭到暂时的或永久的流放。1842至1847年，有上千人被放逐到加纳外海上的圣玛格丽特岛，通常一待就是好几年。[6] 1867年至19世纪80年代末，数百个阿尔及利亚人被赶

---

[1] « La nouvelle invasion de l'Afghanistan », *RME*, 1ᵉʳ novembre 1879, p. 213-216.

[2] Richard A. Pierce, *op. cit.*, p. 37.

[3] François du Barail, *op. cit.*, p. 198.

[4] Winston Churchill, *op. cit.*, p. 272.

[5] Brian McAllister Linn, *op. cit.*, p. 223.

[6] Voir Xavier Yacono, « Les premiers prisonniers de l'île Sainte-Marguerite », *Revue d'histoire maghrébine*, 1974, p. 39-61.

到新喀里多尼亚。[1] 而最让欧洲舆论界震惊的，要数 1901 年由基奇纳所建、用来关押阿非利卡平民的集中营了。他兴建集中营的托词是，这些家庭失去了男性劳动力，而且时刻受到黑人部落现实的或潜在的劫掠威胁，因此不能对他们置之不理。而事实是，这些家庭贫困的主要原因，正是英国部队扣押了他们的财产。另外，关押平民也是为了切断抵抗者的精神支柱和物质来源。1901 年 7 月，被关押的南非白人数量高达 93 940 人，另外还有 24 457 名黑人被单独关押在其他集中营里。所有俘虏饱受疾病或各种瘟疫（疟疾、麻疹、痢疾、肺炎、百日咳）的困扰；黑人受到的待遇尤其悲惨，他们基本没有饭吃，又要承担大部分的强制劳动。白人犯人中至少有 2 万人死亡，几乎都是女人和孩子，黑人的死亡人数大概为 1.2 万人。[2] 虽然军方指出，"这些犯人本来就没有良好的生活习惯，而且拒绝遵循医疗卫生的建议"，并说他们在非洲草原上的条件更糟，在那里有人建议把养活他们的包袱丢给布尔人突击队，但这番说辞也没能平息公愤。[3]

此前几年，美国媒体曝光过西班牙人建在古巴的集中营死亡率极高（20% 至 25%），还曾组织调查，救助被软禁的人。但是，这并没有能够阻止美国人在菲律宾的某些地区如法炮制，其后果同样惨不忍睹。其中，J. 富兰克林·贝尔（J. Franklin Bell）准将在吕宋岛西南部八打雁省的所作所为成了众矢之的。[4] 同类事件还有很多，只不过或许不那么广为人知。意大利人在厄立特里亚开设了 7 所苦役监狱，其中最大的一所（达赫拉克群岛上的诺克拉集中营）在 1882 年时关押了一千多名囚犯，

---

[1]　Voir Malika Ouennoughi, *Les Déportés maghrébins en Nouvelle-Calédonie et la culture du palmier-dattier (1864 à nos jours)*, L'Harmattan, 2006.

[2]　Thomas Pakenham, *The Boer War*, p. 510, p. 383, p. 518.

[3]　George Arthur, *op. cit.*, t. 2, p. 12.

[4]　Brian McAllister Linn, *op. cit.*, p. 302.

他们因口渴、饥饿和中暑大量死亡。其他囚犯则被运送到意大利。征服利比亚期间发生过几乎完全相同的事：从1911年开始，4 000人被送往特雷米蒂群岛（亚得里亚海），其中还有女人和孩子。被流放之后的3个月内，20%的放逐者身亡，这一事实和与之有关的一系列事件受到了社会党议员菲利波·图拉蒂（Philippo Turati）的强烈攻讦。[1]

　　有时，政府部门也会违反官方规定，减少在押囚犯的数量。高加索地区的俄国人把囚犯当作奴隶售卖或让他们担任守卫。苏丹的军官，其中也包括加利埃尼，毫不犹豫地把俘虏交给土著步兵处置。1894年，所有哨所都能买到奴隶，贝拉省的司令官甚至把买卖奴隶的收入算在当地的商业进步中。[2] 征服者虽然都以废除奴隶制度为远征的口号和动力，但始终停留在理论层面，一方面是因为缺乏资金，另一方面，他们也想拉拢属于当地领导阶级的地主，得到他们的支持，这是"安抚"阶段能顺利进行的重要因素。另一个阻碍废奴的因素是部队对劳工的大量需求。法属苏丹有一些"自由村"，理论上用来收容被贩卖后无家可归的人，但其实际功能主要是提供可服徭役者的劳动力仓库。总之，这些人要承受沉重的劳役，有时还没有工资。因此，奴隶制度虽然已经消失，但"奴隶"这一概念则以这种方式延续着。

　　人们在战场上对待伤员的态度也很少符合人道主义的要求。大部分时候，受伤的抵抗者完全得不到任何救治。医生的当务之急是为远征军中的士兵服务，尽可能保持他们的作战能力。有时，这种冷漠还带有一些蔑视的色彩。沃尔斯利认为，对"土著"伤员展现人道主义无异于对牛弹琴，因为"野蛮人"根本无法理解这种品德。[3] 在乌姆杜尔曼战

[1]　Angelo Del Boca, *Italiani Brava Gente* ? Neri Pozza Editore, Vicenza, 2005.

[2]　A.S. Kanya-Forstner, *op. cit.,* p. 228.

[3]　« Petites opérations militaires, par le général Wolseley », *RME*, 15 mai 1887, p. 517.

役中，敌对阵营中的伤员很少得救，有些甚至还被英军用刺刀了结了性命。对此，英军将领的解释是伤员数量太多，况且这些人恢复之后很可能会恩将仇报（同样的理由也被用在第一次世界大战中，为肃清战壕里残敌的行为辩解）。但我们也要注意，这种态度并没有延续到和平时期，不打仗的时候，虽然条件简陋，哨所的医生还是经常为"土著人"进行治疗。

尸体的处理方式也值得一说。部队很少为死者举行葬礼，如果没有幸存者认领尸体，它们一般就会成为秃鹫的食物，或者慢慢腐烂。人们最多会出于卫生考虑，把它们统一埋在公共墓穴中。"土著人"有为死者尽最后义务的习俗，有些人会利用他们无法完成这一任务时的绝望情绪大赚一笔。时任法军上校的科尔森将军曾严厉谴责俄军在高加索战争中强迫当地人花钱赎买阵亡者尸体的行径，并称之为"古老的野蛮行为"。[1] 有时，殖民者会彻底否决任何仪式，这是对敌人的最高惩罚，既不让死者安息，也不让生者安心。拉科塔苏人领袖多虱（Plenty Lice）在箭溪之战中阵亡，他的尸体被美军扔进火堆，但按照这个部落的习俗，死者应该被放在丧葬架上让尸体自然腐烂，美军的行为无疑是对他们的挑衅。

人们还经常把敌人的头骨保存下来，用于"科学研究"。1838年，塞米诺尔人的主要领袖之一奥西奥拉（Osceola）在被关押期间去世，他的头颅被送到了一家医学博物馆。1873年，加利福尼亚的4位莫多克族首领被处以绞刑（其中包括杰克队长，他的罪名是背叛坎比将军，后者是在印第安人战争中丧生的唯一一名美国将军），他们的头颅被送往

---

[1] Saint-Cyr Nugues, *Le Général Colson*, p. 80.

位于华盛顿的美国军事博物馆。[1] 马赫迪死后，有人前往他位于喀土穆的墓地朝圣，基奇纳认为这种行为必须予以终结，否则可能会演变成威胁英军统治的示威运动，因此他下令把马赫迪的坟墓炸毁，并把其尸骨撒入河流。但马赫迪的头骨被保留了下来，原本应被送给一家人类学博物馆，也有传言说英国人想把它做成墨水瓶，甚至用作酒杯，最终维多利亚女王亲自下令把头骨火化了。不过，还有战场上的无数死者，被一些出入于学术界的军官草草处理之后，变成了各种类型的科研藏品……

我们能否根据不同部队的暴力程度将其分类呢？这个想法很有诱惑力，但要回答这个问题，我们就难免要使用"民族心理"这样的快捷标签。德国人对待非洲人的政策令人汗颜，当他们的种族屠杀行为被曝光后，德国国内也群情激愤，这表明犯下上述罪行的军官并没有得到同胞的支持。1914年8月和9月，德国士兵入侵法国和比利时后，无情杀害了6 500名平民，洗劫并摧毁了数百个村庄，面对这样的暴行，任何人都很难不感到愤慨。[2] 发生在刚果自由邦的罪恶或许更加可憎，殖民者得到了"安全部队"的协助，建立起一套国家抢劫体系，强迫人们交出子弹和象牙，违者将被处死或施刑，其规模之大可谓空前绝后。英军将领倒似乎成功地把暴力行为限定在了战场上，至少1857年以后是这样。

"拉丁人"常常以人道和不抱成见自居，并以此贬低德国人和盎格鲁-撒克逊人对待"土著"的傲慢态度。在意大利人传颂的故事中，征服者都是"良善之人"，对待被征服者充满了仁慈与同情，然而，与这则神话背道而驰的例子罄竹难书。在中国，意大利部队积极参与了烧杀抢活动。同样，他们在的黎波里登陆没几天，就对当地部落的攻击进行

[1]　Robert M. Utley, Wilcomb E. Washburn, *op. cit.*, p. 186, 231-232.

[2]　John Horne et Allan Kramer, 1914, *les atrocités allemandes,* Tallandier, 2005.

了残酷镇压。在这次交战中，远征军损失了500人。意军指挥官和士兵们害怕被打回海上，加上他们看到了遍地断臂残肢的场景，于是采取了极端措施。共有4 000人死在他们手下，其中包括好几百名妇女，还有几千人被流放到特米尼岛（île Termini）。[1] 我们之前已经列举过法军的罪状，葡萄牙人和他们一样，尤其是在非洲，也发动了充满血腥与暴力的战争。不过总体而言，葡萄牙人的做法与英国人更为接近。

虽然美国领导人和历史学家直至今日对欧洲征服者都口诛笔伐，但就算我们降低标准，不谈印第安人战争，美军也没做过什么值得人道主义者称颂的善举。以菲律宾征服战争为例，沃勒少校行动失败后，毫无根据地指控33名脚夫叛变投敌，并将他们枪决。直到最后一刻，这些脚夫还在给他干活。军事法庭虽然判他无罪，但坐实了他的罪证，美军总指挥霞飞甚至在全体集会上指责沃勒少校玷污了美国的名誉。而另一位将军，雅各布·赫德·史密斯（Jacob Hurd Smith）为了对"屠杀"了他的部队的敌人实施报复，把巴兰吉加夷为平地。这个城市的总人口只有700万，有20万人在这场惨剧中失去了生命。

现　实

从以上事例以及其他数不胜数的同类故事中，历史学家能否得出结论说殖民战争比其他战争更惨无人道呢？问题并没有那么简单。请注意，"文明人"之间发生冲突时，其血腥程度不在殖民战争之下，

---

[1]　Angelo Del Boca, *Tripoli bel suol d'amore 1860-1922, vol 2 de Gli Italiani in Libia,* Rome, Laterza, 1968, p. 109-117.

也不比殖民战争多多少人性的光辉。仅从数量上来看，克里米亚战争就造成了20多万人（不包括土耳其人）死亡，普法战争中的受害者也接近这个数字。后者同样见证了累累罪行，从处决自由射手到摧毁村庄，再到强奸、抢劫和虐待战俘，无所不包。一些欧洲民族受到异族压迫，比如爱尔兰被英国控制，而波兰则被俄国控制，当他们急于挣脱枷锁、奋起反抗时，也遭遇了残酷镇压。内战的场景更令人失望。南北战争期间，交战双方的死亡人数总计达到60万人。其间，谢尔曼率领部队穿越佐治亚州的著名行动虽然被战略专家大加赞赏，但其暴虐程度却与殖民战争别无二致。1848年6月，法军镇压工人起义，后来又血洗巴黎公社（可能造成了2.3万人死亡，其中3 000人死于战斗，1.7万人则被匆匆枪决），每每人们触及这些事件，都像是揭开了一道灼痛的伤疤。[1]

另外，从本质上讲，殖民战争都带有种族偏见吗？我们不宜急于下这个定论。在那个时代，人们对于生命的价值比较漠视，对于苦难的忍耐力很强，欧洲人跟"土著人"都是如此。那时的统治阶级仍认为武力可以粉碎劳动阶级的反叛，而不是像今天这样用金钱来息事宁人，然后通过强制消费来赚回利润。如果说把头骨送到博物馆是种族歧视，这难免就低估了这一举措对人体测量学和颅相学的贡献，只不过这种方法现在看来十分怪异，而且很不卫生。另外，不要忘记，在当时"学者们"的殖民收藏品当中，头骨仅仅是很小的一部分，尽管我们必须承认以现在的眼光来看，他们并不是严肃的学者。不过，殖民战争确实有其特殊性，这主要是环境造成的。由于殖民地远离宗主国，因此殖民军官享有更大自主权；而与世隔绝的状况使人更易感到恐惧；繁重的劳动和虚弱

---

[1]　William Serman, *La Commune de Paris,* Fayard, 1971, p. 330.

的身体影响人的精神健康；加上他们原本就认为某些文化是古怪的、低劣的，因此与之相遇时，他们会因为害怕而做出错误的甚至是罪恶的举动。

值得注意的是，很多罪行在当时就被揭发出来了。在议会中，很多议员都希望为道义说话。佩利西耶在乌勒里亚（Ouled Riah）使用的烟熏战就受到了参议院的强烈谴责。[1] 而南非集中营中的恶劣条件也被艾米莉·霍布豪斯（Emily Hobhouse）等活动家曝光出来，并使得下议院反对党领袖、未来的自由党首相亨利·甘贝尔－班纳曼（Hnery Campbell-Bannerman）说出了那句名言："当部队在南非诉诸野蛮手段时，战争就改变了性质。"（1901 年 6 月 14 日）社会党人范科尔（van Kol）虽然对征服战争持认可态度，但却在荷兰议会上对范达伦的做法大加批判。[2] 在美国，群情激昂的公众提出了"反帝国主义"要求，尽管总统西奥多·罗斯福和国务卿伊莱休·罗脱（Elihu Root）努力压制舆论，却仍然没能阻止亨利·卡伯特·洛奇（Henry Cabot Lodge）组建参议院委员会，并最终揭露了美军在菲律宾的强盗行径。[3] 赫雷罗人的命运在德国舆论界激起了广泛同情，并在议会引发了一场辩论，来自天主教中心的年轻议员马蒂亚斯·艾尔兹贝格（Mathias Erzberger）在这场辩论中脱颖而出，他后来代表德国签署了《雷通德停战协定》¹。海外部的建立有利于民事政府推行更加人性化的政策。即使在俄国这样长期不存在议院和言论自由的国家，也终

---

[1]　Georges Gugliotta, « Approche d'une campagne d'opinion au XIXᵉ siècle: l'affaire des grottes du Dahra », in *Les Armes et la toge*, Mélanges offerts à André Martel, Université Paul-Valéry Montpellier-III, 1997, p. 643-653.

[2]　Maarten Kuitenbrouwer, *op. cit.,* p. 321.

[3]　Moorfield Storey and Julian Codman, *Secretary Root's* Record: Marked Severity in Philippines Warfare. An Analysis of the Law and Facts bearing on the Action and Utterances of President Roosevelt and secretary Root, Boston, Geo H. Ellis Co, 1902.

于出现了批判的声音。托尔斯泰曾于1851年在高加索担任文官，又于1852年参军，他把那段经历写成了一系列具有批判性质的故事，在字里行间揭发滥用职权、强取豪夺的现象，并重点曝光了俄军的杀戮行为，斥责他们违反基督徒的使命。

当然，此类批判或攻击的效果似乎有限。侵占领土这件事从未遭到过质疑。而对这些恶性事件负责的高级官员也很少受到惩罚。和以前一样，被问责的都是一些相对位低权轻的人物。1857年，特莱姆森阿拉伯办事处的负责人奥古斯特·杜瓦诺（Auguste Doineau）上尉因谋杀一位阿拉伯司法行政长官而被判处死刑，后来又被减刑为终身强制劳动。1886年，在曼德勒担任宪兵司令的英国上校胡珀（Hooper）被迫退伍，原因是《泰晤士报》揭发他拍摄犯人行刑时的照片。[1] 6名隶属灌木草原宪兵队（The Bush Veldt Carabineers）的澳大利亚军官因枪杀12名布尔囚犯受到了军事法庭的审判，其中2人被基奇纳下令处决，这件事在澳大利亚引起轩然大波。[2] 虽然这些举措给那些主要责任人带来的影响微乎其微，但它们引起的轰动却起到了一定的实际效果。当德国、美国及荷兰在它们位于刚果的领地上的行为被披露以后，这些国家进行了切实的殖民改革，规范了行政管理，虽然殖民统治没有因此终结，但至少减少了一些专制色彩。

还必须注意的是，虽然欧洲部队的很多行为毫无疑问可以构成"战争罪"，但我们并没有发现种族灭绝行为所特有的彻底毁灭一切的意图，赫雷罗人大屠杀除外。如果我们想准确定义这些行为，又不粉饰太平，应该称之为"国家恐怖主义"，其目的表里如一，都是通过恐吓被殖民

[1]　Lawrence James, *Raj*, p. 410.
[2]　Thomas Pakenham, *The Boer War*, p. 539.

者，让他们产生"有益"于殖民者的恐惧。比若在1845年写道："我们的心意和普通法国公民一样，既不多一分也不少一分。我们做了很多善事却不自夸，即使我们的同胞公民不了解，阿拉伯人也会将其公布于众；但我们只有在赢得胜利或政策取得成功之后才能做慈善。在履行我们的人道主义职责时，我们首先要考虑自己的祖国，我们不能为了不合时宜的善举而不断牺牲祖国的孩子和金钱。"1911年，《法属非洲委员会简报》（*Bulletin du Comité de l'Afrique française*）引用了这段话，并认为它准确地描述了当时法国在摩洛哥、科特迪瓦和瓦达伊的行动理念[1]。

同样，寇松勋爵认为，自己的英国同胞所展现出的节制（仅仅是相对而言）能避免给殖民地造成重大打击，还有利于遏制抢劫和屠杀，可以长期防止各方力量联合。而如果进行大规模镇压，则有利于白手起家，重新开始。[2] 本着这一实用主义理念，很多西方将帅都倾向于纵容暴力行为。斯科别列夫认为，他给盖奥克泰佩的守军和平民造成的损失是正当的，因为"强力打击"必不可少。他还强调，除非敌人已经完全被制服，否则不应该对他们流露任何同情。不过，他对罗伯茨勋爵在喀布尔的做法不屑一顾，后者一进入喀布尔就处决了1879年刺杀英国代表团的凶手。但斯科别列夫却认为，这类刑罚的震撼程度远不如东方独裁者的手段，而且只会激起穆斯林对基督徒的憎恨。[3]

另外，战争中也不乏骑士精神。我们经常听到一些军人对战场上的敌人表达由衷的赞叹，他们感到贵族精神和家长制社会的美德在对手身上得到了延续，而这些品质在发展迅猛的现代社会中正在一点点消逝。

---

[1] Général Derrecagaix, « Le Maréchal Pélissier et les asphyxiés des grottes du Dahra », *Revue hebdomadaire*, 22 juillet 1911, cité par le *BCAF, Renseignements coloniaux*, septembre 1911, p. 228.

[2] Richard A. Pierce, *op. cit.*, p. 45.

[3] « Les marches-manœuvres... », *art. cit., RME*, octobre 1882, p. 190.

俄国大学教员沃伊科夫曾指出，"俄国人，尤其是地方行政机构中的军官，明确地把萨尔特人（Sartes）、塔吉克人和乌兹别克人归为一类，而把吉尔吉斯人、土库曼人归为另一类"。前者大多是过着定居生活的农业生产者，居住在城市中。他们没有什么斗争精神，面对外来侵略几乎不加反抗，但俄国人却认为他们不可靠。与温和冷淡的游牧民族相比，他们的"狂热盲从"令人害怕。另一类民族在遭遇入侵时顽强抵抗，但一旦归顺也毫无保留，因此得到了征服者的同情。沃伊科夫写道："可以看出，他们是自由之人。"[1] 法国人尤其欣赏阿拉伯、图阿雷格和摩尔战士，对图库洛尔战士和巴姆巴拉战士也评价颇高。英国人则对印度和阿富汗边界的山民以及肯尼亚的马萨伊人称赞有加。这种尊敬有时也是相互的。沃尔斯利曾叙述过这样的事件：英国士兵在俾路支斯坦找到了一些战死同胞的尸体。他们发现，敌人在撤退之前，在遇难英军的右手手腕上缠上了红线，这在对方的文化中是勇气的象征。[2] 很多声名显赫的军官在敌营中也享有盛誉。

最后还要指出，并不是所有将领都认可暴力手段的必要性。在远征亚齐过程中，一位荷兰军人曾指责范史威登将军仅仅是占领了亚齐首都，而没有发动足够猛烈的战争迫使整个苏丹领地投降，年迈的范史威登果断地回应道："把恐怖震慑当成统治野蛮人的唯一方式，这种教条早就过时了。"他认为，基督徒如果为了制服穆斯林而做出这种事，绝对算不上明智，因为"这样只会给暴动和恐怖火上浇油"。他强调说，毁掉当地人的庄稼会让征服者众叛亲离，而不能让百姓聚集到他们身

---

[1]　A. Woeïkof, *op. cit.*, p. 131.

[2]　« L'armée des Indes par le général Wolseley, extrait de la *North American Review* », *RME*, septembre 1878, p. 135-136.

边。[1] 殖民后期，加利埃尼和利奥泰策划并示范了"和平渗透"的原则，并在法军中推行。这一原则传递了一种全新的战争观念。也就是说，战争不仅应该是"教化蛮族"和"传授价值"的前奏，其本身也应该是这些任务不可分割的组成部分。任何无意义的暴力都应该尽量避免，策划军事行动时也应该最大限度地保留重建时不可或缺的财力与人力。进行征服战争时，应该武力与和平手段双管齐下。征服者在占领过程中的第一个步骤应该是建立市场。部队中应该有医生和教师随行。利奥泰写道：这样一来，与欧洲战争相反，"殖民战争留下的将是鲜活的生命和肥沃的土地"。[2]

　　这些反思都是带着真诚的宽容、对殖民过程中的种种现象进行深刻分析的结果。如我们所知，利奥泰深受社会天主教影响，始终强调统治阶级的责任与义务。但这个政策也是时代的产物，它与议会所提倡的社会发展和经济增长的需要不谋而合。这种"人道的"战争能减少使殖民者失信于人的军事行动，从而有利于政治行动的开展，殖民成本也会大大减少，当地资源就足以提供所需的资金。1912 年 6 月 28 日，法国总理雷蒙·普恩加莱（Raymond Poincaré）在议会上盛赞这一政策，议会也准备批准保护国条约，实行这种"理性且循序渐进的扩张方法，它以谨慎稳重为主要前提，部队在其中起到的是教化作用（好极了！妙极了！），同时兼顾军事职责，士兵是工程师、商人和教师的先驱"。[3]

　　但是，这类政策也存在很多模棱两可之处，比如，如何处置积极反抗征服者的地方领袖。这些统治者通常都能得到恰如其分的待遇，大

---

[1]　« Le général Van Swieten et la critique militaire », *RME*, décembre 1874, p. 324-328.

[2]　Inauguration du monument à Lamoricière (Tiaret,8 mai 1910) dans Lyautey, *Paroles d'action*, présentation de Jean-Louis Miège, Imprimerie nationale, 1995, p. 84.

[3]　« Le Traité de protectorat devant le Parlement », *BCAF*, juillet 1912, p. 286.

多数情况下，他们都会以公正的条件被流放。阿卜杜勒－卡德尔曾被监禁在波城，后来被转移到昂布瓦斯。法兰西第二共和国总统、第二帝国皇帝拿破仑三世对他非常尊敬，允许他在大马士革定居并为他提供生活费。沙米勒则被关押在卡卢加，1866年，他宣誓效忠于沙皇亚历山大二世并获准前往麦加朝圣，1871年，他在麦加去世。[1] 达荷美国王贝汉津于1894年1月25日投降，并被发配到法兰西堡，身边还带着6名随从。后来他又被送到阿尔及利亚，并在那里一直待到1906年死亡。阿尔及利亚也是安南咸宜帝和马达加斯加女王腊纳瓦洛娜的流放地，他们也都得到了妥善安置，并和法国政府保持着友好关系。祖鲁统治者塞奇瓦约先是被囚禁在开普敦，后来又前往伦敦，并受到了维多利亚女王的接见。他最终得以返回祖鲁，还收回了自己王国的一部分并继续治理。[2] 加沙国王刚刚哈纳被阿尔伯克基俘虏后，被遣送并囚禁在葡萄牙的里斯本，后来又被流放到亚速尔群岛。[3]

　　大批游击战士也受到了相同的处置。不把幸存者关押为囚并不意味着要对他们实施屠杀，而流放和监禁的成本过高，不但无济于事，甚至还会适得其反，因此也很少被采用。大多数时候，被征服者都会被"赦免"，并获准返回自己的村庄，继续接受传统贵族的管理。还有一部分被吸收进殖民部队中，充当"土著"雇佣兵。关于这一点，勒内·佩利西耶写道：葡萄牙人是"从战败者身上牟利的专家"，"土著"雇佣兵经常会以步兵身份被派到遥远的殖民地，刚刚哈纳的一些家族成员就被派往帝汶岛打仗。有时，高等贵族签署的协议使得一些大家族得以保留其地位：沙米勒的2个儿子被派到土耳其服役，而另外2个儿子，卡

[1]　Galina Yemelianova, *op. cit.,* p. 53; Gary Hanburg, *Russian-Muslim*, p. 198.

[2]　Harold E. Raugh, Jr., *op. cit.,* p. 89-90.

[3]　Bruce Vandervort, *op. cit.,* p. 156 ; René Pélissier, *Les Campagnes coloniales du Portugal,* p. 164.

兹·穆罕默德（Kazi-Muhammad）和穆罕默德－卡米勒（Muhammad-Kamil）则在莫斯科长大，并被提拔为沙皇的军官。[1]名震一时的萨摩里有 14 个儿孙在第一次世界大战中为法军冲锋陷阵；其中 4 人战死，2 人失踪，还有 4 人受伤。马赫迪的一个儿子参加了 1919 年出使伦敦的代表团，并得到乔治五世的接见。

当然，我们也不能过分夸大这种与宿敌和解的倾向。德·沃伦曾详细记述过一些地方领袖被英国人推翻后的失意，他们沦为守卫，跟语言不通的人生活在一起，曾经众星捧月般的尊敬和崇拜一去不复返了。"英国人的做法很务实，在他们看来，人一旦失去权力和财富，他所享受的尊重也就烟消云散。苦难则如影随形，成为他生活中唯一的旋律，而如此近距离地接触苦难比凌辱和谩骂还要令人难以忍受。"[2]来到欧洲本土的"土著"首领常常得到高度的关注，但不得不承认，这敬慕之中通常也夹杂着某种粗俗的猎奇。尤其是印第安人，深受风行于美国的"秀场艺术"之害。坐牛这位著名的苏人领袖，曾于 1885 年出现在"水牛比尔"的"西大荒"表演中，并参加了列队游行，在印第安帐篷前接待游客、出售照片以及签名。不过，他并没有参加演出。[3]阿帕切族的奇里卡华人酋长杰罗尼莫先是被流放到佛罗里达，后来又被赶到俄克拉荷马。他也曾在多场演出活动中露面，其中包括 1904 年的圣路易斯世界博览会，还在 1905 年罗斯福总统的就职仪式上担任队列扈从。

不过对于欧洲人和美国人来说，殖民战争除了是一场盛大的表演之外，还有其他意义吗？

---

[1]　Galina Yemelianova, *loc. cit.*

[2]　Édouard de Warren, *op. cit.*, vol. 1, p. 369.

[3]　Robert M. Utley, Wilcomb E. Washburn, *op. cit.*, p. 241.

第四章

西方舆论与殖民战争

$\vee$

关注或冷漠

如果我们认为，普通民众对殖民战争也抱有极大兴趣，那就大错特错了。在法国，所谓的"殖民党人"只是一些支持殖民征服的人组成的小群体，只不过他们的确十分活跃。伯纳德·波特（Bernard Porter）在他的著作《心不在焉的帝国主义者》（*The Absent-Minded Imperialist*）中重点提到，就连那些真正热衷于扩张的英国人，实际上也没有那么投入。1856至1857年，英国认为俄国人在德黑兰宫廷的影响力太大，因此发动了波斯战争，防止俄国掌握控制阿富汗的关键。[1] 然而，《泰晤士报》在报道这场战争时写道："赫拉特在哪？我们不知道，也一点不在乎。"马克·拉伊夫（Marc Raef）说起俄国时曾提到，"精英和平民对国家的帝国（主义）面目一无所知"。这个评价在大多数欧洲国家和美国也适用，只不过存在一些细微的差异。[2] 所有国家的高层和中层领导

---

[1] Harold E. Raugh, Jr., *op. cit.,* p. 265.

[2] Marc Raeff, « Un Empire comme les autres? » *Cahiers du Monde russe et soviétique*, juillet-décembre 1985, p. 321-328.

阶级优先考虑的总是国内政治，在危急关头则偶尔以国防为重。侵占遥远国度带来的领土增加很少受到重视，而殖民为国家繁荣所做出的不可否认的贡献也没有得到充分的肯定。广大人民群众在他们的政治生活、教育和信息传播中也采取了同样的态度。

但是，或多或少的漠然态度并不等于对殖民扩张的敌意，而是人们对那些远在天边的事情不感兴趣，他们并不清楚统治者始终在推行征服政策。冷漠也分很多种。比如，英国人和荷兰人与他们各自的印度殖民地的关系就非常特殊，由于这些领地和宗主国的威望密切相关，人们因此产生了情感依赖甚至习惯性的占有欲。再看欧洲以外的国家，俄国人由于长期面临蒙古人的侵略，因此无疑还保有一些戒备心理，而美国的西进运动本身就是美国人建国的重要环节，因此这两个国家的征服战争也有更多响应者。1845年，著名记者约翰·奥沙利文（John O'Sullivan）把美国在北美的扩张称为"昭昭天命"；1848年，诗人李维卡·狄切夫（Livika Tiouchev）曾这样划定俄国的疆界："从尼罗河到涅瓦河，从易北河到中国，从伏尔加河到幼发拉底河，从恒河到多瑙河。"[1]

另一方面，我们也不能忽视，各个时代有不同的时代氛围。毋庸置疑，从19世纪末起，支持帝国主义的论调开始广泛传播，应该说，这与民族主义的兴起密切相关，因此，有关殖民扩张的讨论也热火朝天。但活跃分子的数量仍然比较少。在德国，成立于1887年的德国殖民协会（Deutsche Kolonialgesellschaft）至少有3.3万名会员，此外还有10万海上同盟（Flottenverein）的成员也属于这个协会。这个组织的强盛

---

[1]　Geoffrey Hosking and Robert Service, ed., *Russian Nationalism, past and present*, London, McMillan, New York, Saint Martin's Press, 1998, p. 26.

让法国殖民军羡慕不已：法国的同类组织，也就是包括法属非洲委员会和马达加斯加委员会在内的全部六十多个协会，其成员加在一起最多也不超过1万人。[1] 我们必须承认，帝国这一国家形式在英国更受青睐：1890年，亲近保守党的报春花联盟（Primrose League）坐拥100万成员，类似性质的组织还有大英帝国联盟和帝国联邦防御委员会，在后来的布尔战争期间，维多利亚联盟和南非帝国协会又先后成立。这些协会的宣传形式多种多样：发表演讲、分发传单、举行展览、出版儿童读物或用投影机放映图片，其影响力和成员数量一样非同小可。然而，这个时期也是反殖民主义的时期。这是因为，日益壮大的社会主义政党把殖民行为看作延续资本主义剥削的一种形式。且不往远处说，光是国内的劳苦大众就会很自然地谴责扩张行为，因为他们害怕国家会要求工人阶级付出血汗和捐税，为扩张活动买单。

殖民战争似乎也免不了受到这种整体氛围的影响。数十年甚至数百年间的经验显示，殖民行动吸引的只是很小一部分人，而它取得的成就又是不容置疑的。而且到了这个时候，占少数的民事和军事决策者已经不可能任由别人从自己手中夺走指挥战争的权力，正如今天我们也不可能从其继任者手中夺走管理境外军事行动的权力。一旦战争拉开序幕，除非殖民部队遭遇失败，损失惨重，否则人们并不关心征服行动期间每天发生的具体事件，他们热切想要知道的只是该不该开展征服战争。但这种热情产生的原因和殖民本身关系不大。1877年的英俄危机和1905年、1911年的法德危机之所以引起了人们的关注，是因为这几场危机

---

[1] Voir notamment Christopher Andrew and A.S. Kanya-Forstner, "The French Colonial Party: its Composition, Aims and Influence, 1885-1914", *The Historical Journal,* march 1971, p. 98-128; Stuart Michael Persell, *French Colonial Lobby, 1889-1938,* Stanford, Hoover Institution Press, 1983.

给整个欧洲笼罩上了一层战争的阴影，而且危机的结果关乎对立的两国在世界上的地位，甚至它们未来的命运。

事实上，人们对于殖民战争的关注有两个层面。平时，战争勾勒出了一幅幅风景如画的图景，用失实和错位的手法，描绘士兵与军官们奔赴海外战场时的心理：向往冒险和异域风情，而面对"野蛮"而难以捉摸的世界又焦虑恐慌。另一方面，在有些情况下，尤其是战败时，人们会产生强烈的不安情绪，面对本以为"波澜不惊"的战争突然感到困惑，并在一定程度上对继续进行这些无人知晓又代价高昂、无济于事甚至不近人情的行动产生抗拒。

形象的塑造

感化的媒介

老兵身上始终混合着既迷人又令人反感的双重特质：一方面，他们是冒险家，是美好故事的叙述者；另一方面，平民又把他们看作正常生活的边缘人、粗野的懒汉，整天沉溺于女色和酒精。人们不了解他们生活中的迫不得已和危机四伏，这些士兵通常不是自己选择了这样的生活，而是生活压在了他们的身上。很多日常装饰品对这段历史都进行过描绘，尤其是各种盘子把一些历史事件普及到了千家万户。第二帝国期间，萨尔格米纳男爵德·盖格（baron de Geiger）经营的彩陶厂中出产的工艺品，让卡比利亚征服和八里桥之战"美名远扬"。[1] 1904

---

[1]　Philippe Hammam, « Une étrange propagande bonapartiste: les assiettes à décor de Sarreguemines（1836-1870）», *Revue d'histoire moderne et contemporaine*,2006-2, p. 139-164.

年，这所工厂推出了一套包含12件样品的产品，上面绘制着"我们的士官"的英雄壮举，其中有1883年1月在巴马科战役中阵亡的皮卡尔（Picard）中士，还有1885年在宣光市之围中身受重伤、英勇就义的博比约中士。还有些影响力稍逊一筹的产品，比如"军士长"（Sergent-major）牌盒装钢笔尖、为巧克力做广告的广告牌等，也重现了战争场景，并提高了这些战役的知名度。有些产品将其在海外部队中受到的追捧作为推销噱头，比如，产自格拉斯哥的"营地"牌咖啡与速溶菊苣混合饮品的标签上画着一个穿短褶裙的苏格兰高地士兵，一个印度仆人正在侍奉他。但我们能否把士兵和探险家、传教士等其他同样享有盛名的殖民英雄区分开呢？这点无法肯定。

有些活动也能激发公众对殖民部队的敬意。这类事件中最令人印象深刻的要数维多利亚女王的登基钻禧纪念（1897年6月22日），来自帝国各殖民地的5万名代表在沃尔斯利和罗伯茨的指挥下组成游行队伍，场面蔚为壮观。至于法国，阿尔及利亚骑兵和步兵很早就开始参加每年7月14日在隆尚举行的阅兵式。1899年，马尔尚带着他手下的150名塞内加尔士兵出现在当年的阅兵式中。10年后，这支部队由于被曼金称为"黑色部队"而广为人知，这次阅兵是他们第一次出现在法国本土居民的视野中。1889、1900年的巴黎世界博览会和1906年的马赛世界博览会则是另一种为海外士兵歌功颂德的方式。参加1889年世博会的观众有幸欣赏到了库蒂昂（Koudian）城堡的大门，这是阿希纳在不久之前的一场战役中的战利品。而在1900年的世博会上，一幅展现塔那那利佛归降场景的全景图被摆放在马达加斯加展馆的中心，当时的总督加利埃尼专门设置橱窗，展览法国完成征服战争后在当地进行的安抚行动。一个马达加斯加步兵小分队负责这里的守卫工作。[1]

　　另外，演出承包商们也不以借殖民战争牟利为耻。巴黎的女神游乐厅和沙特莱剧院经常让"土著"士兵在歌舞演出中表演。1892年，圣马丁门剧院把达荷美远征搬上了戏剧舞台，引得巴黎和外省的很多剧院竞相模仿。[2] 匈牙利人伊姆雷·吉拉尔菲（Imre Kiralfy）是当时野心最大的秀场表演策划人之一，他在英国筹划的很多演出都大获成功：1899年，他搭建了一个所谓的"黑人村庄"（Kaffir Kraal），里面住着将近200个非洲人，还编排了一出名为"野蛮非洲"的表演，展现了1893年马塔贝列战争和1896至1897年的罗德西亚叛乱。[3] 戏剧作品、流行歌曲以及音乐厅演出也都或多或少涉及了殖民征服期间的事件，比如戈登之死和布尔战争。有些作品采用了荒诞滑稽的表演形式，比如吉尔伯特（Gilbert）和沙利文（Sullivan）合作的音乐剧《彭赞斯的海盗》（The Pirates of Penzance，1880年），剧中演员乔治·格罗史密斯（George Grossmith）夸张地模仿着沃尔斯利的服饰和姿态，高唱《时髦少将》（the Modern Major-general）。[4] 电影也一早就派上了用场，比如导演乔·罗森塔尔（Joe Rosentahl）就把南非战争拍成了电影。[5] 在美国，从19世纪80年代起，"水牛比尔"·科迪和巴纳姆（Barnum）等人组织的大型演出让北美大平原上的红皮肤战士形象深入人心，不但在美国风行，还远播欧洲。随后出现的西部片则延续了这些演出的成功。

---

[1]　A.S. Kanya-Forstner; "The French Marines and the Conquest of the Western Sudan", in J.A. De Moor et H.L. Wesseling, op. cit., p. 121-145, p. 131; « Madagascar à l'Exposition de 1900 », L'Année militaire coloniale (Extrait de l'Amanach du Marsouin), 1901, p. 26-27.

[2]　Sylvie Chalaye, « Spectacles, théâtre et colonies », Culture coloniale en France de la Révolution française à nos jours, préface de Gilles Boëtsch, CNRS/Éditions, 2008, p. 143-162.

[3]　Edward M. Spiers, The Late, p. 188.

[4]　Frederick Barton Maurice, "Wolseley", in Davis and Weavers, Dictionary of National Biography, Oxford, Oxford University Press, 1927, p. 586-591.

[5]　Edward M. Spiers, The Late, p. 188-189.

　　文学也帮助殖民活动提高了知名度。以殖民地为背景、讲述军旅故事的作品在当时的出版物中占了很大一部分。威廉·巴特勒爵士或许是英国最杰出的作家之一，他从红河战役到1885年的埃及战争始终跟随沃尔斯利南征北战，表现突出。1898年7月，他因为反对布尔战争而卸任总司令一职。他曾为纳皮尔和戈登写传，还写过一篇关于阿散蒂战争的故事以及一本自传——《素描与日记》（*From Skrtchbook and Diary*，1909年）。加利埃尼比他年轻10岁，两人经历颇为相似，加利埃尼也坚持发表战争期间的故事，其中不乏一些诗情画意的细节。他与自恺撒以降的很多伟大将领一样，在这些作品中表达了自己的政治抱负，并把自己的形象塑造成他想让公众看到的样子。跟他一样的还有无数军官甚至士官，他们写作一方面是想把自己的事迹公之于众，另一方面也是为了用田园逸事自我消遣。马尔尚的忠实下属阿尔贝·巴拉捷将军在他的两本书《穿越非洲》（*À travers l'Afrique*，1912年）和《非洲史诗》（*Epopées africaines*，1913年）中表现的正是这样的感情。成书之前，这些文章很多都先在杂志上发表过，其中最重要的刊物是《环球》（*Le Tour du Monde*）杂志（1860年创刊）。[1]

　　有时，虚构文学也以殖民远征为背景。鲁德亚德·吉卜林无疑是创作这类作品的佼佼者。他生长在印度，利用军人写的文章和他所能搜集到的故事学习写作，1882至1887年，他在《军民报》（*Civilian and Military Gazette*）担任副编辑，在此期间，他的写作技巧突飞猛进。他刻画的印度部队从此深入人心，甚至取代了更加错综复杂而并不总是

---

[1]　Mathieu Letourneux, « Géographie, idéologie et géographie romanesque dans les romans d'aventure géographique du Journal des Voyages », *in* Pierre Singaravélou, *L'Empire des géographes: géographie et colonisation (XIXᵉ-XXᵉ siècles)*, Belin, 2008, p. 188-199.

那么诗情画意的现实。[1] 不要忘了在俄国，一些同样享誉世界的作家也为高加索征服挥洒了大量笔墨。除了之前已经说过的列夫·托尔斯泰，普希金也曾于1829年在这个地区游历，并把这段经历写成了《埃尔祖鲁姆游记》（*Voyage à Erzeroum*），于1836年出版，此外他还写了很多记叙文和诗作。米哈伊尔·莱蒙托夫（Mikhaïl Lermontov）年轻时曾在高加索担任军官，他于1841年塑造的"高加索老人"形象与描绘阿尔及利亚战争老兵的"非洲老人"形象有着异曲同工之妙。[2] 美国人查尔斯·金（Charles King，1844—1933年）曾经担任上尉，在阿帕切战争中负伤后就离开了部队，并从19世纪80年代开始大量写作，他写的很多小说成为印第安人战争的宝贵注解。奇怪的是，法国作家儒勒·凡尔纳最著名的小说却是以英国（《八十天环游地球》，1873年）或俄国（《沙皇的信使》，1876年）为背景的。

　　然而在法国，没有任何一位严格意义上的"殖民地作家"能跻身伟大文学家之列：我们起码可以说，无论是写过《让·达戈莱夫》（*Jean D'Agrève*，1897年）、《会说话的死人》（*Morts qui parlent*，1899年）以及《海的主人》（*Maître de la Mer*，1903年），并于1888年成为法兰西学术院院士的欧仁·梅尔基奥尔·德·沃居埃，还是《太阳与沉睡之地》（*Terres de Soleil et de Sommeil*，1908年）和《武器的召唤》（*l'Appel des armes*，1913年）的作者欧内斯特·普斯沙里（Ernest Psichari，1883—1914年），都没有留下令人印象深刻的作品。不过，沃居埃对于俄国小说在法国的传播确实功不可没，而俄国小说对殖民战争则十分重视。皮埃尔·米勒（Pierre Mille，1864—1941年）也是一样。

---

[1]　John Rudyard Kipling, *War Stories and Poems*, Oxford, Oxford University Press, 1990.

[2]　Voir notamment Susan Layton, *Russian Literature and Empire: Conquest of the Caucasus, from Pushkin to Tolstoy*, Cambridge University Press, 1994.

虽然他有时被人称为"法国的吉卜林"，但他的《殖民士兵巴尔纳沃》
（*Barnavaux，Soldat colonial*）差点没能出版，这本书中的主人公是个
见多识广、饱经风霜的勇者，以拿破仑时代海军陆战队中的近卫军老兵
为原型。[1] 对于那些法国的大作家来说，非洲和亚洲征服战争期间，人
们的思想几乎处于停滞状态。皮埃尔·洛蒂（Pierre Loti）在《一个非
洲骑兵的故事》（*Le Roman d'un Spahi*，1881年）中，通过一位被妖术
蛊惑的塞内加尔新兵的不幸遭遇，呼吁读者抛弃对于异国情调的虚荣追
求，品味平凡生活的乐趣。

　　不管怎样，无论在法国还是在其他国家，真正让海外战争家喻户
晓的并不是这些名家的作品，而是一些二流写手的宣传，其中包括经
常以连载形式出现的小说，特别是以年轻人为主要受众的《旅行报》
（*Journal des Voyages*），自从1877年创刊起就经常刊登这类作品。如今
以《拉瓦莱德的五个苏》（*Les Cinq Sous de Lavarède*）闻名的保罗·迪
瓦尔（Paul d'Ivoi，1856—1915年）以及原名为路易·萨尔蒙（Louis
Salmon）的路易·诺瓦（Louis Noir，1837—1901年）都在此类作者之
列。[2] 不过他们中的有些人，比如在马尔尚远征部队当过专栏记者的迪
瓦尔，虽然写的也是军旅故事，但这些作品主要是冒险小说，书中主
人公的主要身份不是士兵，而是独自面对穷凶极恶的世界的孤胆英雄。
英国的情况似乎有所不同：威廉·欧内斯特·亨利（William Ernest
Henley，1849—1903年）曾出版过一本专为男孩子汇编的《英雄诗选》
（*Lyra heroica*）；伊莱扎·沃恩（Eliza Vaughan）女士则以约翰·斯特

---

[1]　*Barnavaux et quelques femmes,* Calmann-Lévy, 1908; Yaël Schlick, "The French Kipling: Pierre
　　　Mille's Popular Fiction"，*Comparative Literature Studies*, vol. 34, 1997, p. 226-241.

[2]　Jean-Marie Seillan, *Aux Sources du roman colonial (1863-1914). L'Afrique à la fin du XIXe siècle*,
　　　Karthala, 2006; Gilles Feyel, « Naissance, constitution progressive et épanouissement d'un
　　　genre de presse aux limites floues: le magazine », *Réseaux*, 2001/1, n° 105, p. 19-51

兰奇·温特（John Strange Winter）为笔名写了上百本颂扬部队荣耀的书。[1] 很多战地记者都投入了这类作品的写作，比如乔治·阿尔弗雷德·亨蒂（George Alfred Henty，1832—1902年）于1885年出版了《冲向喀土穆：远征尼罗河的故事》（*A Dash for Khartoum. A Tale of Nile Expedition*），向解救戈登的远征行动致敬。[2] 要记住，除了这些相对响亮的名字，还有更多默默无闻的文人创作了大量廉价文学，这些作品在法国称为"四分钱文学"（littérature à quatre sous），在美国则是"一毛钱小说"（Dime Novels），但这些下里巴人产生的影响力不亚于阳春白雪。

　　绘画艺术是呈现重大事件（或者被人们认为重大的事件）和殖民战争的另一种方式。拿破仑三世在凡尔赛宫收藏了一系列以阿尔及利亚征服为主题的画作，并于1845年将贺拉斯·贝内特（Horace Vernet）的杰作《俘获阿卜杜勒–卡德尔的部落》（*Prise de la Smala d'Abd El Kader*）收入囊中，这是一幅巨型油画，画布面积超过100平方米（长21米，高约4米）。后来，同样著名的《伊斯利战役》（*Bataille d'Isly*）也被纳入馆藏。英国人对这一题材的兴趣比法国人更胜一筹。大卫·盖茨（David Gates）在谈起印度民族起义时，曾历数了爱德华·霍普利（Edward Hopeley）的《印度敲响警钟》（*Alarm in India*），弗雷德里克·古德（Frederick Godall）的《坎贝尔军来了》（*The Campbell are Coming*）以及约瑟夫·帕顿（Joseph Paton）的《悼念亨利·哈夫洛克》（*In Memoriam: Henry Havelock*）等作品。[3] 威廉·巴特勒中将的女儿伊丽莎白·巴特勒（Elizabeth Butler，1846—1933年）先是以一系列

---

[1]　Gwyn Harries-Jenkins, *op. cit.,* p. 190.

[2]　*Ibid.*

[3]　David Gates, *Warfare in the Nineteenth Century*, Basingstoke, Palgrave,2001,p.103.

表现克里米亚战争的画作一鸣惊人，后来又转向殖民地题材：1879年，她画了《残兵败将？》（*Remnants of the Army?*），1880年又画了《1879年1月22日，罗克渡口保卫战》（*The Defence of Rorke's Drift, January, 22nd 1879*）。在日俄战争中丧生的俄国培训军官瓦西里·维尔特查根（Vassili Verechtchaguine，1842—1904年）也是一名画家，他捕捉到了中亚征服战争中的所有重要场景，比如攻占希瓦等。他也不满足于只描绘自己的同胞，1887年，他为了羞辱英国人，在一幅著名作品中画了一个在大叛乱中被绑在炮口上的印度土兵。

为了夸大事件的重要性和欧洲士兵的英勇，这些绘画作品大多都运用了英雄史诗般的画风。[1] 尽管如此，画家在呈现自然景色和背景环境时，却严格遵循资料的记载。贝内特在作画时，就参考了奥马勒公爵的素描，后者曾将阿卜杜勒-卡德尔的部落一网打尽，而且和当时的很多军官一样，他也是一位优秀的素描画家，因为1914年以前，素描一直都是军事学校中重要的学习资料。很多画家同时也是战地记者，为报社绘制插图。理查德·卡通·伍德维尔（Richard Caton Woodville，1856—1927年）最初任职于《伦敦新闻画报》（*Illustrated London News*），于1882年创作了《迈万德：夺回火炮》（*Maiwand:Saving the Guns*），后来又在维多利亚女王的授意下画出《泰勒凯比尔的守卫》（*The Guards at Tel-el Kebir*），还把女王的儿子康诺特公爵（duc de Connaught）画了进去。查尔斯·E.弗利普（Charles E. Fripp）先是在《图画报》（*Graphics*）工作，后来又进入《图画日报》（*Daily Graphics*），他的《伊散德尔瓦纳战役中第二十四军团的最后一人》（*The Last Stand of the*

---

[1] Peter Harrington, "Images and Perceptions: Visualising the Sudan Campaign", *in* Edward M. Spiers, ed., *Sudan*, p. 82-101.

24th Regiment à Isandhlwana）就是在事件发生现场完成的；罗伯特·吉布（Robert Gibb）创作了《细细的红线》（*The Thin Red Line*）。[1] 美国插画家弗雷德里克·雷明顿（Frederic Remington，1861—1909 年）以绘制印第安人战争的插画著称，他还凭借《卡斯特部队的最后一人》（*Custer's Last Stand*，1889 年）在 1889 年的巴黎世界博览会上获得了一枚银质奖章，他的另一幅画呈现了古巴战争期间，泰迪·罗斯福指挥莽骑兵进攻圣胡安山的场景。[2] 雕刻艺术把图画转化成了彩色石印画片，使得这些画作得以进入千家万户。毫不夸张地说，图画艺术，比如法国佩尔兰（Pellerin）家族创建的埃皮纳尔系列画，始终都和征服战争紧密相连。

　　摄影是另一种呈现的手段。印度部队中的军医约翰·马考什（John MacCosh）是这方面的先驱，他为第二次锡克战争（1848—1849 年）和第二次缅甸战争（1852—1853 年）留下了很多珍贵的照片。但摄影在军事史上真正大放异彩，还要等到克里米亚战争。詹姆斯·罗伯特森（James Robertson，1813—1881 年）原本是君士坦丁堡的首席硬币制模工，他拍下了这场远征中的第一张照片并寄给《伦敦新闻画报》，后来他又跟进了攻占塞瓦斯托波尔的行动。1857 年印度民族起义时，他也曾在印度部队服役。[3] 19 世纪末期，军官们开始在参加军事行动时携带早期的柯达胶卷式相机。这种相机不但体积小，而且操作非常简单。在众多法国摄影师中，保罗·纳达尔（Paul Nadar，1856—1939 年）最为

---

[1]　Edward M. Spiers, *The Late*, p. 193.

[2]　Edward Buscombe, "Painting the Legend: Frederic Remington and the Western", *Cinema Journal*, 23, n° 4, summer 1984, p. 12-27.

[3]　Harold E. Raugh, Jr., *op. cit.*, p. 265.

著名，1890年时，他甚至不远万里去到了塔什干。[1] 阿尔及利亚摄影师让·盖泽（Jean Geiser，1848—1923年）的早期作品《阿拉伯起义者》（*Arabes insurgés*）是在摄影棚里拍摄的，他总是使用同一个模特，并根据需要给他换上奥兰南部阿拉伯人或摩克拉尼（Mokrani）叛乱（1871年）中的卡比利亚人的服装，其效果无法令人信服。[2] 然而从1900年起，他开始亲自走访这些地方，或者使用南部纵队或英国—摩洛哥边界部队中的军官和士官发来的照片作为素材。[3] 把照片底片雕刻在木板或金属板上之后，媒体就可以进行批量印发；这些照片还大量被做成明信片，以供军人或旅者寄送给亲朋好友。

最后，19世纪最后几年中出现了电影报道片。记者兼插画师弗雷德里克·维利埃（Frédéric Villiers）是这种技术的首批探索者之一，1898年，他曾带着摄影机加入了苏丹远征部队，但当他想在炮艇上拍摄乌姆杜尔曼战争的画面时，交火产生的浓烟却使画面模糊不清。世界大战前有不少电影新闻片作品（在法国以卢米埃和百代为代表），巴黎人因此得以目睹利奥泰在非斯苏丹身边检阅部队的神气。不过，此时有关殖民战争的故事片，还只有好莱坞西部片这一种题材。

报刊与信息

显然，探讨有关殖民的公众舆论时不可能绕过报刊。当时没有其他形式媒体的竞争，那是每日新闻的黄金时期。印刷技术和获取新闻的

---

[1]　Paul Malécot et Anne-Marie Bernard, *L'Odyssée de Paul Nadar au Turkestan: 1890*, Monum: Éditions du Patrimoine, 2007.

[2]　Jean-Charles Humbert, *Jean Geiser. Photographe – Éditeur d'art. Alger, 1848-1923*, Ibis Press, 2008, p. 75, p. 86.

[3]　*Ibid.*, p. 127-137.

技术不断进步，使得报刊发行量不断增长。虽然报刊在描写所有战役时或多或少都是一带而过，但报道本身却要很长时间才能完成，而且需要专业记者的参与。真正意义上的战地记者出现于克里米亚战争期间，他们靠电报联络。就职于《泰晤士报》的霍华德·罗素（Howard Russell，1821—1907年）在这份报纸的4万名读者中享有盛誉，他还报道了印度民族起义和1879年的祖鲁战争。但在英军取得乌伦迪战役的胜利时，却是他的竞争对手、《每日新闻报》（*Daily News*）的阿奇博尔德·福布斯（Archibald Forbes）抢到了风头，首先宣布了这一消息。福布斯亲自奔波120公里到达最近的电报局给国内报信，这封急电被英国上下议院庄严传阅。

　　这只是众多历史事件中的一个。1873年，当时已经赫赫有名的亨利·莫顿·史丹利代表纽约的《纽约先驱报》（*New York Herald*）亲赴阿散蒂战役现场。这位记者兼探险家把他在这里的所见所闻写成了《库马西与马格达拉：英军的两场非洲战事》（*Coomassie and Magdala: The Story of two British Campaigns in Africa*，1874年）。而他的同行，《泰晤士报》的温伍德·里德（Winwood Reade）则发表了《阿散蒂战役的故事》（*The Story of the Ashantee Campaign*）。另一位记者，《标准报》（*Standard*）的乔治·阿尔伯特·亨蒂（George Albert Henty，1832—1902年）追踪报道了1885年在苏丹展开的军事行动，1898年，他又参加了第二次苏丹征服战争。基奇纳指挥的远征行动则被16位来自各大报社的记者争相报道，其中包括《每日纪事报》（*Daily Chronicle*）的查理·威廉姆斯（Charlie Williams），《每日邮报》（*Daily Mail*）的乔治·沃林顿·史蒂文斯（George Warrington Steevens，1869—1900年）以及《每日电讯报》（*Daily Telegraph*）的班纳特·伯利（Bennet Burleigh）。其中一人，来自《纽约先驱报》的休伯特·霍华德（Hubert

Howard）在乌姆杜尔曼战役中被英军弹片击中身亡。[1] 布尔战争中也涌现出了很多著名记者，除了丘吉尔和史蒂文斯（在莱迪史密斯之围期间死于热病）之外，还有阿瑟·柯南·道尔和吉卜林。[2] 但其他帝国的战地记者似乎没有获得同等程度的声誉，这或许是因为这些国家没有能与英国比肩的通信网络，也没有像成立于1851年的路透社这样强大的通讯社的支持。

　　美国报刊宣传的主要是印第安人战争。1877年10月，《纽约先驱报》的杰罗姆·斯蒂尔森（Jerome Stillson）和《芝加哥时报》（Chicago Times）的查尔斯·迪尔（Charles Diehl）报道了美国代表在加拿大与坐牛进行的谈判，甚至还采访了他。他们的报道都比较偏向这位苏人酋长。《哈泼斯周刊》（Harpers Weekly）则是第一家刊登坐牛画像的报纸。[3] 在法国，被报道最详细的战争或许是1877至1878年的俄土战争和日俄战争。1881年，著名记者皮埃尔·吉法尔（Pierre Giffard，1853—1922年）受《费加罗报》的委托，到突尼斯战场做追踪报道，并写成了《突尼斯的法国人》（Les Français à Tunis）。他的同行，《电讯报》（Télégraphe）记者塞干（Séguin）却在同一个战场上殒命。另一位著名记者，前巴黎公社成员奥利维耶·佩恩（Olivier Pain）于1885年在前往马赫迪营地时失踪，法国人，尤其是亨利·罗什福尔（Henri Rochefort）供稿的《不屈报》（L'Intransigeant）没有放过这一机会，自然而然地把他的死归咎为英军的阴谋。[4] 后来，雷金纳德·坎恩

[1] Trevor Royle, *Fighting Mac, the Downfall of Major-General Sir Hector MacDonald*, Edinburgh, Mainstream Publishing, 2003, p. 89.

[2] Edward M. Spiers, *The Army and Society*, p. 238.

[3] Robert M. Utley, *Sitting Bull*, p. 261-264.

[4] Voir Michael B. Palmer, *Des Petits journaux aux grandes agences. Naissance du journalisme moderne (1863-1914)*, Aubier, 1983, et « Du "Travelling gentleman" au "Special Correspondent"（1850-1880）», *Le Temps des Médias*, 2005/1, p. 34-49.

（Reginald Kann，1876—1925 年）写了很多有关菲律宾独立战争和摩洛哥殖民的重要报道（这些文章有些被发表在荷兰报刊中），并在《费加罗报》和《画报》（*L'Illustration*）上发表。意大利人路易吉·巴尔齐尼（Luigi Barzini，1874—1947 年）在布尔战争中成名，又参加了镇压义和团的行动，后来，他对利比亚战争进行了追踪报道，并在《晚邮报》（*Corriere Della Sera*）中批评意军准备不够充分。

　　报社还直接通过士兵获取信息。阿尔及利亚战争期间，很多军官都被报社总编联系过。沃尔斯利最好的助手之一，弗雷德里克·莫里斯（Frederick Maurice）在 1873 参加远征时的身份是《每日邮报》代表，他把这段经历写成了一本书《阿散蒂战役：通俗故事》（*The Ashantee War: a popular Narrative*）。这类军人中最著名的莫过于温斯顿·丘吉尔，1895 年，21 岁的丘吉尔开始在古巴为《图画日报》当战地记者；1897 年，他又自费前往位于印度与阿富汗东北边境的马拉坎德战场，《每日电讯报》付给他每栏 5 英镑的稿酬。他的作品《远征马拉坎德史》（*The Story of the Malakand Field Force: An Episode of the Frontier War*）出版后大获成功，他也因此得以作为《晨邮报》（*Morning Post*）记者跟随第二十一长矛轻骑兵队报道苏丹战争，虽然基奇纳对他很有敌意，但他还是受到了广大士兵的欢迎。[1] 这时，他的稿费是每栏 15 英镑，他在这场战争中一共挣到了 220 英镑，这比他当中尉 1 年得到的军饷还多。1899 年，描写远征的《河上战争》（*River War*）分 2 卷在朗曼公司出版，更是给他带来了一笔不小的收入。[2] 他在布尔战争中担任战地记者时，

---

[1]　Trevor Royle, *loc. cit.*

[2]　Hugh Cecil, "British Correspondents and the Sudan Campaign of 1896-98", Keith Wilson, "Young Winston Addisonian Conceit: a Note on 'The Nile War' Letters", *in* Edward M. Spiers, ed., *Sudan*, p. 101-127, p. 223-228.

《每日邮报》每月付给他250英镑，还负担他的一切费用……

　　资讯并不仅仅只有文字一种形式。科技进步（石印技术、木板雕刻以及铜版或锌板雕刻技术先后出现）使得大批量印发成为可能。开始时，插图画家采用素描或速写的创作手法，后来就越来越多地借助照相技术。有些照片需要经过重绘后才能在报纸上发表，而且由于底片无法捕捉动作，重绘就更有必要了。1897年以后，半色调工艺使人们可以直接复制照片本身。[1] 从19世纪40年代起，《伦敦新闻画报》（1842年）或《画报》（1843年）把图片当成自己最大的卖点。后者的发行量可达9.2万份。19世纪90年代又出现了一些新杂志（如《黑与白》，以及英国的《每日图画》）和报纸的插图版增刊（法国的《小巴黎人报》，《小日报》和《小新闻》）。

　　每个国家新闻的分量和质量自然各不相同。西欧国家的言论自由度很高，英语国家尤其如此。《外国军事杂志》曾写道，"英国每日新闻中的长篇专栏应该包含大量信息"，而且"只要地球的任何一个角落发出一声炮响，英国报纸的战地记者就会马上出现在那里"。[2] 反之，我们可以料想到，沙皇俄国秉持相反的原则。1839年，法国的驻俄大使皮埃尔·巴朗特（Pierre Barante）在写到高加索战争时说："有关战争的官方叙述在圣彼得堡被禁止出版。人们也从不谈论这场战争。一切信息都是小道消息。"[3] 报刊的影响力始终没有得到重视：捷连季耶夫上校不得不向他的俄国读者解释，《泰晤士报》是名副其实的"第六大强国"，并强调，了解这份报纸的立场和了解国家领导人的立场一样重要。有些

---

[1]　Peter Harrington, "Images and Perceptions", art. cit.

[2]　Philip Knightley, *Le Correspondant de Guerre, de la Crimée au Vietnam. Héros ou propagandiste?*, Flammarion, 1976, p. 60.

[3]　Michel Lesure, « La France et le Caucase », art. cit., p. 59.

外国记者成功地利用了禁令的漏洞。《每日新闻报》记者埃德蒙·欧多诺万（Edmund O'Donovan）本来不被允许跟随斯科别列夫远征盖奥克泰佩，但由于他来自波斯，并受到土库曼领导人的保护，因此得以用望远镜追踪军事行动，并将他的观察结果写成了一本书。[1]

　　将军们对于报刊的态度很复杂。他们很难直接对报纸进行干预。1844 年，奥兰省指挥官拉莫里西埃在他的朋友，圣西门主义者、《阿尔及利亚报》（L'Algérie）经理普罗斯佩·昂方坦（Prosper Enfantin）的恳求下，回了他这样一句玩笑话："我们不过是演员，演员是不能写故事的。"[2] 这份谨慎却没有阻止他与一家企业低调合作，他没想到这件事给他带来的名气会为他将来实现野心起到推波助澜的作用。比若本人非常热衷于阅读报纸上有关自己指挥的战役的报道，而且经常在知名报纸上发表自己的观点。他甚至想让曾为共和党报纸《国家报》（National）撰写过文章的司令官沙拉斯（Charras）帮他写文，回击殖民地官方报纸《阿尔及利亚通报》（Le Moniteur de l'Algérie）上一系列反对他的政策的文章。在海峡对岸的英国，沃尔斯利的反对者指责他操控媒体为自己谋取名声。他还善用"障眼法"，放出假新闻，防止敌人得知自己的真实意图。1873 年 10 月 13 日，他对战地记者宣布自己准备向东边的阿克拉进军，并解放这个地区。但他的真实计划是前往西边的埃尔米纳，以便攻其不备。[3] 这也证明那些所谓的"野蛮人"也会阅读报纸。

　　19 世纪 70 年代以前，战地记者在报道部队情况时享有较大的

---

[1]　Peter Hopkirk, *op. cit.*, p. 405-407; Edmond O'Donovan, *The Merv Oasis. Travels and Adventures East of the Caspian, 1879-1880-1881*, s.l. s.n., 1882.

[2]　Victor Demontès, *La Colonisation militaire sous Bugeaud*, Larose, s.d. [1917], p. 376.

[3]　Edward M. Spiers, *The Late*, p. 70, 155; Harold E. Raugh, Jr., *op. cit.*, p. 36.

自由。1856年，克里米亚总司令威廉·科德林顿爵士（Sir William Codrington）曾试图强制对报刊进行审核，但他的命令直到当次行动结束之后才生效，因此没来得及产生什么效果。[1] 而且这是一场强国之间的"大战争"，殖民远征在理论上不属于这个范畴。印度民族起义期间，罗素被《泰晤士报》派往印度进行报道，总督坎宁热情接待了他，允许他任意搜集资料，而且允许他将所了解到的一切在英国发表，但禁止他在当地散播消息，以防被反叛者利用。[2] 另一位著名的战地记者阿奇博尔德·福布斯认为，在"大战争"中，一个合格公民在报道海外军事行动时，只要不泄露本国部队可能被敌人利用的弱点，就不必像报道海外战争时那样守口如瓶。在这一点上，《外国军事杂志》写道："阿富汗战争在英国人眼里不是生死攸关的大事，而且发生地点太过遥远，对手又太不开化，因此公开宣传的风险很小。"[3] 然而正在这时，形势却变得严峻起来。

虽然部队将帅为新闻媒体对他们的关注沾沾自喜，但他们也认为，如果媒体披露过多战争计划的细节和军事行动的进展，后果将不堪设想。1880年，塞内加尔总督波里耶·德利斯尔要求他的下属伯尔尼-德斯保尔德和各位军官对下一步可能采取的作战计划严格保密，即使在私人通信中也不能提及。"士兵们不假思索随手写下的信中充斥着不当言论，但媒体却会把这些话当成对现实情况的准确描述并发表出来"，波里耶·德利斯尔强调，这是非常危险的，可能会在法国乃至国际上引起论战。[4] 这类信息可能会让两类对手从中获益：一类是打击目标国家的

---

[1]　Philip Knigthley, *op. cit.,* p. 22.

[2]　*The History of the Times. The Tradition Established, 1841-1884,* London, The Office of the Times, 1939.

[3]　« Les *Military Correspondents* en Afghanistan », RME, 18 janvier 1879, p. 37.

[4]　Martine Cuttier, *op. cit.,* p. 141.

领导人，他们可能会利用这些情报组织防御；另一类是法国国内殖民扩张的反对者，他们可以轻易从中找出征服战争劳民伤财的证据来支持自己的批判。

英国人在这方面比法国人有过之而无不及。1879 年，阿富汗战役前夕，印度总督立顿勋爵对战地记者的要求十分严格。他们必须持有总督签署并由专门军官颁发的许可，而且其通信的对象必须是自己正式所属的报纸。他们享有和军官同级别的交通工具和营具，并以报销的形式得到参谋部军官的物资份额，但必须遵守《军纪法》(Mutiny Act)。只有在极特殊的情况下，他们才能去到前哨，指挥官也有可能专门下令，禁止他们进入某些场所。负责审阅记者申请书的参谋部军官也负责审查报道内容，他们会检查、拦截或修改记者所写的快信，尤其是电报的发出时间可能会被延迟，以防敌人过早知悉部队行动。传送信件只能走上级批准的通道。记者所写的稿件最好以部队主动提供给他们的信息为基础。如果记者违反这些规定，部队就会把他驱逐，并不再接收这份报纸的其他代表。[1]

其实，即使到了这个时代，不同指挥官对于记者的态度还是各不相同的。罗伯茨和沃尔斯利就是一对相反的例子。罗伯茨认为，英国人民有权得知最完整的信息，沃尔斯利则把战地记者当成吃闲饭的，同时也不放过他们的利用价值。基奇纳对记者嗤之以鼻，严加管控他们发出的电报，并拒绝和他们交流。他让情报部负责人雷金纳德·温盖特对新闻稿件进行严格审查，偶尔也让态度更为温和的赫克托·麦克唐纳代为负责。他还限制记者的活动，比如乌姆杜尔曼战役后，他就禁止记者继续

---

[1]　Texte publié le 18 novembre 1879 dans le *Times*, « Le soulèvement des Afghans », *RME*, 27 décembre 1879, p. 325-327.

跟随部队前往法绍达。法军中没有战地记者的时候，将军或指挥官就只和支持他们的报社沟通：反对阿希纳的《世纪报》（Le Siècle）曾抱怨阿希纳偏心另一家报社，纵容该报社公布不符合部队规章的消息。[1]

　　实际上，政府对信息的审查是在20世纪初期严格起来的。法绍达危机期间，英国依靠路透社已经实现了信息垄断。[2] 而布尔战争期间，英国政府大量利用审查制度，帮助部队摆脱连连战败、残酷不仁的负面形象。但是，这没能阻止媒体找麻烦：1903年，路透社记者宣称，弗雷德里克·卢吉将军准备向北尼日利亚卡诺和索科托进军，结果引发了殖民部和当地政府之间的矛盾，因为前者没有批准这项行动。[3] 不久之后，很多专家都认为，日本在日俄战争中获胜的秘诀之一，正是他们懂得对于行动计划保密。1906年6月，甘贝尔－班纳曼公布了1907年的战时法案。[4] 同时，部队不能再直接和报社进行合作。新闻控制的时代即将到来。第一次世界大战恰逢其时。

形象与舆论

　　我们不能妄想从这仓促的一瞥中洞悉全局。但是，我们能发现一种将殖民战争平淡化的倾向，通过广告、明信片、插画、新闻、专栏以及其他各种作品，公众已经习惯把军事远征看作正常的海外扩张活动。这些作品推动了清晰图像的出现：人物、制服和自然景象越来越清晰，用摄影术语来说，就是分辨率越来越高。

---

[1]　Martine Cuttier, *op. cit.,* p. 430.

[2]　Michael B. Palmer, *Des Petits journaux, op. cit.,* p. 192.

[3]　Bruce Vandervort, *op. cit.,* p. 193.

[4]　« Les Indiscrétions de la presse en temps de guerre », *RMAE*, octobre 1906, p. 355-358.

　　诚然，清晰度不能与真实性混为一谈。跟今天一样，审查与自我审查对歪曲事实发挥的作用不大。为了吸引并牢牢抓住公众的注意力，各类作品的作者自然而然地把重点放在描绘旖旎的风光、引介奇异的风俗、传播耸人听闻的事件、歌颂轰轰烈烈的壮举上。其结果是，本国士兵及部队的高大伟岸与敌人的残暴野蛮形成鲜明对比，作者对前者大唱赞歌，对后者则冷嘲热讽，若干"黑人国王"的讽刺漫画都可以证明这一点。这些作品极易催生后来人们所说的"战役史观"，也就是说，把殖民征服简化为一系列的战争事实，其中，有的跟伊斯利战役和乌姆杜尔曼战役一样大获全胜，有的则跟伊散德尔瓦纳战役和阿杜瓦战役一样一败涂地。辉煌的荣耀或单纯的对冒险的狂热，使人们不愿承认战争的枯燥和单调，以及战士和平民所遭遇的苦难。很多军官对这类作品不屑一顾的另一个原因则是，它们歪曲了事实，使人对部队的使命产生了误解，最严重的是，没有突出战场上的敌人。

　　不过，我们也不能觉得所有的媒体都是为征服者歌功颂德的。新闻界是棵墙头草，根据同情对象的变化随时有可能倒向相反的立场：印第安人起义时，舆论先是催促美国军官维持秩序，后来又批评其镇压手段过于残忍。[1] 很多记者甚至在反帝国主义报刊（这类报刊数量很少）以外的出版物中，也积极揭露暴力犯罪。自由派报纸《威斯敏斯特报》（*Westminster Gazette*）的特派记者欧内斯特·班纳特于1899年在《当代评论》（*Contemporary Review*）上发表了一篇文章，揭发殖民部队屠杀伤员，抢劫农民的粮食，洗劫乌姆杜尔曼，屠杀妇女，并捣毁了马赫迪的坟墓。自然，这使他成了其他记者的众矢之的，但他的描述（大部分是属实的）还是赢得了广泛的关注。[2] 自由主义活动家艾米莉·霍布豪

---

[1]　*American Military History*, p. 148.
[2]　Hugh Cecil, "British Correspondents and the Campaign of 1896-98", art. cit., p.101-127.

斯所曝光的布尔战争中的暴力引起了无数记者的共鸣，其中包括同属于《威斯敏斯特报》的威廉·艾略特·凯尔内斯（William Elliot Cairness）上尉。[1]

　　法国也有对殖民远征的批判者。前海军军医保罗·维涅·德奥克通（Paul Vigné d'Octon，1859—1943年）成为埃罗省议员之后，在议会上揭露了征服战争中一些不太光鲜的片段，比如，位于葡属几内亚边境的卡蒂努村（Katinou）被无缘无故地摧毁了，紧接着，战败者又遭到了非洲非正规军的大肆杀戮。他极力反对苏丹殖民者的举措，尤其是毁坏行为。1900年，他因出版《军刀的荣耀》（La Gloire du sabre）而名声大噪。这是一部言辞激烈的小册子，对加利埃尼在西非和马达加斯加采取的征服手段表达了强烈的抗议。[2] 但是，自由邦的罪恶几乎没有受到影响。各个特许公司，尤其是利奥波德国王，为了获取最大的利益继续压榨、剥削当地的居民。由于刚果违反条约，实施垄断，因而招致政界和经济界的强烈不满，宗教界也十分关注刚果的局势，因此这些批判的声音在英国和美国赢得了听众。在E. D. 莫莱尔的感召下，一些著名的作家，如阿瑟·柯南·道尔（《刚果的罪行》，1909年）和马克·吐温（《利奥波德国王的独白》，1905年）也加入了批判者之列。菲律宾独立战争期间，马克·吐温为反帝国主义联盟充当使者，亿万富翁安德鲁·卡内基就是该联盟的成员。由于他所描述的战争与基督思想格格不入，因而他的讽刺文章《战争祈祷》（The War Prayer）在10年后才得以发表。其中的缘由很值得玩味。

---

[1]　Edward M. Spiers, The Army and Society, p. 239.

[2]　Réédité en 1985, Quintette, préface de Jean Suret-Canale. Voir Henri Brunschwig, « Paul Vigné d'Octon et l'anticolonialisme sous la IIIᵉ République », L'Afrique noire au temps de l'Empire français, Denoël, 1988, p. 25-65.

但是，正如前文所述，公众舆论的立场很少非常坚定，除非有重大事件发生。有些危机引起的反响虽然持续时间不长，但在人们的记忆里则多年挥之不去。

"殖民情感"

狂热的情绪虽然表面上对舆论造成了深刻影响，但实际作用通常很有限。1885 年英法两国的情况就是个很好的例证。英国的戈登将军在围城的过程中阵亡，引起了所有"爱国人士"的高度关注，其中包括维多利亚女王本人。人们把这场惨剧归咎于格莱斯顿，严厉斥责他救援战争英雄不力。政府下令举办哀悼日，以示对逝者的哀思。另一方面，谅山的失利似乎也预示着一场军事灾难的到来，法国一时人心惶惶。从表面上看，两个事件的结果截然相反：虽然谅山事件本身没有造成多大影响，但费里还是被迫下台，而格莱斯顿的政治生涯却并没有止步于此。但是，表象是不可信的，因为这两场危机都没有导致政策的改变：法军仍然像费里所希望的那样留在东京，他是最后一个因发动殖民远征被推翻的总理；英国人则如格莱斯顿所愿撤出了上尼罗地区。

另一个有趣的战例发生在 1898 年。这年年初，英国人最关注的是美西战争。到了 8 月，他们的关注点就转移到了苏丹，当时，这里的军事行动才刚刚开始，而美西战争十分凑巧地刚刚结束。尽管英国采取了保守政策，但以神职人员为首的人喊出了"为戈登报仇"这样的口号，公众舆论为此激动不已，开始密切关注推翻"德尔维什"的战争。[1] 同样，法国舆论这时正热衷于马尔尚的远征奇遇。不过，法绍达之战似乎

---

[1]　Peter Harrington, "Images and Perceptions", art. cit., p. 82.

没有在法国产生什么反响，反而在英国点燃了沙文主义之火，这主要应归功于约瑟夫·张伯伦在《每日邮报》上的宣传，而那时的法国人正为德雷福斯事件莫衷一是。[1] 但是，这些社会动荡都没有给事件最终的解决造成任何影响，做决策是国家元首的事。只不过英国政府有幸获得了民众的支持，法国政府不得不逆流而上。不到4年之后，两国就签订了英法协约（1904年4月）。

但是，也有些骚动导致殖民政策长期搁置。最著名的例子发生在阿杜瓦战役后，1896年3月2日，战败的消息传到罗马，猛烈的暴乱随即爆发，克里斯皮首相被嘲讽谩骂，甚至有人呼喊"梅内利克万岁"。议员伊姆布里亚尼（Imbriani）向议会呈交了一份由19万人签字的提案，要求放弃扩张。3月4日，克里斯皮引咎辞职，在国王翁贝托（Umberto）看来，这是为保住自己王位不得不做的牺牲。克里斯皮从此再也没有回归政坛（他于1901年去世，至死都希望复仇），意大利人也放弃了占领阿比西尼亚的野心。不过，40年后，法西斯主义者为了自己的利益再次煽动公众情绪，唤醒了战败的记忆，以便实施他们自己的征服政策。

这是否是最常见的情形呢？似乎并非如此。战败的消息一般会让公众的斗志更加昂扬。得知印度民族起义之后，英国民众一片哗然。这是最有名的公众感情动荡事件之一。英国人在报纸中读到暴动者对欧洲平民的所作所为的细节后，一个个毛骨悚然。《泰晤士报》尤其呼吁复仇。迪斯雷利则责怪自己的同胞背叛对耶和华的信仰，转而信仰摩洛克（闪族文化中的火神，是丑陋邪恶的魔鬼），但很少有人能听进去他

---

[1]　J.F.V. Keiger, "Omdurman, Fachoda and Franco-British Relations", *in* Edward M. Spiers, ed., *Sudan*, p. 163-176.

的呼声。[1] 爱德华·德·沃伦把英国媒体一致要求复仇、以一儆百的情绪，与他眼中法国媒体的高度宽容做了个比较。他说："如果我们身处在印度发生暴行的地方，看着我们被残害的妇女和儿童，我们也会像他们（英国人）一样；可我们既没有法国媒体的支持，也没有牧师做有关复仇的宣传。这就是我们的处境。"[2]

　　另一个战例是龙目岛战败（1894 年）后席卷荷兰的民族主义运动。荷兰媒体指责巴厘岛人"变节"。志愿部队也很快组织起来（殖民大臣 J.H. 伯格斯马欣喜地看到，短短的一天就有 400 人集结了起来）。全国各地成立了上百个委员会，大多数由各市市长组织。这些委员会又联合成一个全国委员会，为远征军筹集资金。最终共筹得 30 万荷兰盾，其中包括艾玛（Emma）女王以个人名义捐赠的 1.5 万荷兰盾。民众为奔赴印度群岛的援军欢呼雀跃，当胜利的消息传来后，所有大城市都举办了游行活动。[3]

　　我们还可以分析一下布尔战争的始末。"黑暗的一周"（1899 年 12 月 10 日—15 日）和斯皮恩山战役的失利（1900 年 1 月 24 日）在英国引起了强烈的震荡。英军所受的损失（从 1899 年 10 月起，有 700 人战死，3 000 人受伤，2 000 人被俘）是公众闻所未闻的，因而无法承受：印度爆发民族起义后，英国皇家部队只在两场战役（伊散德尔瓦纳战役和马朱巴山战役）中损失人数达到 100 人以上。[4] 使这次战败雪上加霜的是，战前保守党领袖和媒体的态度很乐观，派出的部队阵容（9 月派出了 1 万人，10 月派出了 4.7 万人）也非常令人满意，战争部副内阁大臣乔

---

[1]　Édouard de Warren, *op. cit.*, vol. 2, p. 267-268.

[2]　*Ibid.*, p. 288.

[3]　Maarten Kuitenbrouwer, *op. cit.*, p. 263-264.

[4]　Thomas Pakenham, *The Boer War*, p. 247-248.

治·温德姆（George Wyndham）还说，这支部队是滑铁卢战役以来最强大的队伍。此次冲突引发了一阵沙文主义热潮，军民关系也更加团结，英国国内和自治领涌现出了大量志愿军。罗伯茨打了几次胜仗后，骚动有所缓和。梅富根之围解除的捷报让民众欢欣鼓舞，守卫者罗伯特·贝登堡因此获得了经久不衰的赞誉。索尔兹伯里勋爵和约瑟夫·张伯伦领导的联合主义同盟介入了冲突，该联盟在同年10月的"土黄色大选"（élection kaki）事件中得以延续。然而，在成功避免战败之后，这阵民族主义热潮很快就被对于漫长战争的厌倦取代了。

　　海外战争要招募大量的新兵，这是影响公众对海外战争态度的重要因素。西班牙的战例充分证明了征兵的复杂性。1895年，西班牙首相卡诺瓦斯（Canovas）为了镇压古巴起义，招募了大量士兵。很多人批评西班牙人在战争中所承担的军事责任分配不平等，这类声音甚至盖过了对战争正当性的批判。为避免与美国作战，西班牙自由党政府宣布休战。但是，美方要求西班牙撤出古巴岛，并割让这个殖民地。如此强烈的敌意迫使西班牙决策者不得不接受战争。[1] 西班牙在接下来的古巴战争中一败涂地，虽然部队放弃战斗的行为招来一些不满，但战败似乎并不是导致1898年暴乱的直接原因。1909年7月，西班牙发生暴乱，史称"悲剧的一周"，这次事件与征兵的关系密切。1909年，西班牙在首相卡纳莱哈斯的煽动下开始对里夫地区进行征服（拉腊什登陆，6月9日攻占了埃尔卡萨），这一决定引起了广泛论战。最初的几次失利过后，争议进一步升温，但导致"悲剧的一周"在加泰罗尼亚地区发生的真正原因是，毛拉（Antoinio Maura）政府于同年7月决定出动预备役军人，以便挽救战局。随后，西班牙多个地区（纳瓦尔、黎凡特）也发生了暴

---

[1]　Sebastian Balfour, *op. cit.,* p. 26.

乱。1911年9月，又发生了新的抗议运动，但是跟前几次一样被镇压下去了，并没有能够动摇征服的政策。

同年10月，贝尼托·墨索里尼想在弗利挑起一场暴动，使即将前往的黎波里塔尼亚的部队陷入瘫痪，但是没有成功。远征行动虽然把大量新兵派到了海外，但总体上是受到拥护的。在法国，让·饶勒斯和古斯塔夫·埃尔维（Gustave Hervé）虽有批判殖民主义和资本主义之功，但是敌不过议会大多数成员的意愿。"破坏、罢工、游行都没能真正影响到军事行动，也没能阻止部队和枪炮向摩洛哥进发。向母亲们和新兵们发出呼吁，并不能改变部队的守则。"乔治·奥维德（George Oved）写道。[1]

很明显，这类骚动只能由已有的社会趋势所引发，很少是自发的。政治领袖和媒体在这类事件的策划中发挥了举足轻重的作用。威廉·伦道夫·赫斯特（William Randolph Hearst）控制的美国廉价媒体（黄色新闻）在1898年事件中采取的立场，无疑是个绝佳例证。这位报业大亨是电影《公民凯恩》中主人公的原型。他在给古巴特派记者弗雷德里克·雷明顿的电报中这样写道："你负责提供照片，我负责制造战争。"他的报纸令美国舆论为普通民众所受的苦难痛心疾首，并把一切罪责推给了西班牙的镇压行动。后来，美国巡洋舰"缅因号"在哈瓦那意外被炸沉，他们未经核实就决定把这一事件报道成一场阴谋，并催促美国政府向西班牙宣战。战争期间，他们把几场短暂的小型行动包装成了史诗级的大事件，支持美国吞并西班牙的殖民地。[2] 不过，纵使媒体怎么煽

---

[1]　Georges Oved, *La Gauche française et le nationalisme marocain, 1905-1955*, L'Harmattan, 1984, t. 1, p. 142.

[2]　Hugh Brogan, *The Longman History of the United States of America*, New York, William Morrow and Co, 1985, p. 452.

动情绪，也无法将情绪变成行动。美国当时正处于黄金时代，实力突飞猛进，野心急剧膨胀，媒体所做的只不过是与美国迟早要采取的措施站在一边。况且，这场"精彩的小战争"名副其实，持续时间很短，对美国人来说代价很低，媒体宣传起来更加轻松。

　　公众舆论对战事的变化十分敏感，时而狂热，时而气馁。如果战争持续的时间长，战事报告又总是千篇一律地描绘出祥和的景象，或者叙述日复一日鸡毛蒜皮的小事，而没有惊心动魄的故事，人们很快就会感到百无聊赖。2009年，美国在伊拉克、或北约部队在阿富汗的指挥部通告就如此。在旷日持久、波澜不惊、平淡无奇的战争中，人们很快就会披上"冷漠的外衣"，加斯东·杜梅尔格（Gaston Doumergue）巧妙地把这种情绪称之为"善意的冷漠"。实际上，"安抚"阶段所用的辞令或多或少掩盖了局势的起伏，甚至暴力行为。[1] 另外，欧洲所面临的战争威胁也影响了部分人对殖民地战争的关注。1904年和1911年，德国外交部门想从沦为法国保护国的摩洛哥分得一杯羹，采取了军事行动，进而引发了摩洛哥危机。这在国际上造成了危险的紧张氛围，引起了饶勒斯领导的社会党的密切关注。法国将一部分法属刚果让予德国，解决了危机。但是，这个办法并不足以保证对手真的心满意足，而且等于承认了德意志帝国控制野心的合法性。另一场战争一触即发。

　　分析到这里，我们自然而然会问，殖民战争，尤其是时空上最近的北非殖民战争，与1914年的世界大战究竟有没有什么联系呢？对此我们不可能给出否认的答案，即使其作用不是决定性的。"重生之战"的鼓吹者虽然只是少数，但在战前的欧洲却十分活跃。他们在殖民战争中的黩武主义中汲取经验，把武力对峙当作"意志的磨炼"。意大利未

---

[1]　Henri Brunschwig, art. cit., p. 60.

来主义运动头目菲力波·马里内提（Filippo Marinetti）曾为大炮和机枪写下狂热的赞歌，并为的黎波里征服战争拍手叫好。他用作品表达了对意大利1915年参战的鼎力支持（"战争是医治世界的唯一办法"）。[1] 1913年，法国记者亨利·麦西（Henri Massis）和纪尧姆·德塔尔德（Guillaume de Tarde）的作品则着重表现了"英雄主义与战争"。"法国殖民军的故事"，尤其是海军炮兵中尉欧内斯特·普斯沙里的逸事，在年轻知识分子中备受青睐。[2]

　　氛围只是一个面。而另一面，持久的殖民战争是否非但没有帮助有关国际关系的概念和平发展，反而让"战争促使国家繁荣"这一观念有了一席之地呢？1885年，克里孟梭在批评费里时，指责他的政策是"先发动一系列军事远征，之后再进行有利于征服者的商业活动"。他指出："主张让一个民族进行系统持续的军事远征，这还是有史以来第一次。"[3] 在饶勒斯遇害的前4天，也就是战争动员的前5天，他发表了最后一次公开演讲，提醒人们他一向认为"用武力强行入侵摩洛哥就等于开启了欧洲野心、欲望和战争的时代"[4]。毫不夸张地说，这场辩论似乎至今都没有引起"一战"史学者的关注。这里，我们只能草草勾勒数笔。

编者注

1.《雷通德停战协定》：即《贡比涅森林停战协定》。

---

[1]　Daniel Grange, *L'Italie et la Méditerranée (1896-1911)*, École française de Rome, 1994, 2 volumes, t. II, p. 999-1000.

[2]　*Enquête sur les jeunes gens d'aujourd'hui*, présentée par Jean-Jacques Becker, Imprimerie nationale, 1995, p. 76-78.

[3]　Discours du 30 juillet 1885, texte cité.

[4]　*Pages choisies de Jean Jaurès*, Rieder, 1928, p. 283.

结　语

$\vee$

　　在这项漫长的研究结束之时，我们的第一个感受是无比震惊。索福克勒斯曾经写道："世上有许多奇迹，而人最神奇。"[1]渺小的人类虽然无一例外地终将走向死亡，却顽强地努力创造、指挥、买卖、储备、捍卫，并想尽一切办法通过他的作品或他的后代延续自己的生命。撇开理性的思考和道德的判断，我们不可能不为之赞叹。然而，处处都有人为了战斗、为了毁灭人类匠心的瑰宝而大费周章；处处都有人冷眼面对他人的死亡。在本书的战例中，我们见证了一种以国家或民族生存为借口、超越个体存在的神圣的利己主义。没有人能够或愿意与国家和民族相分离。

　　我们的第二个感受是同情。我们首先同情那些被西方的政治手段摆布，不得不向殖民征服法则屈服的受害者。殖民地居民并不都是"高贵的野蛮人"，也不都是具有东方式智慧的贤者，而是被高压社会束缚的男男女女，他们的社会和欧洲、北美社会一样充满压迫。但无论如何，殖民以进步和"教化"的名义给海外民众施加了沉重的负担，殖民者却

---

[1]　Antigone, *Les Tragiques Grecs,* trad. V.-H. Debidour, La Pochothèque, 1999, p. 425.

毫不在意这是否符合被征服者的愿望。就这样，殖民者给本来已经很艰难的生活平添了很多完全可以避免的痛苦。

我们还是要对殖民军中的士兵表达同情，哪怕有人会责怪我们把征服战争的受害者与刽子手相提并论。殖民军中有白人，也有有色人种，每个人都被没完没了的战争所吞噬。当然，多数士兵是怀着责任感和毋庸置疑的爱国热情参加战斗的。"一战"期间，很多人仍然很怀念那些短兵相接的战役。那时，毅力和坚强是一个战士最重要的品质，部队历久弥坚，而不是每况愈下。丘吉尔以中尉的身份随第二十一长矛轻骑兵队参加了乌姆杜尔曼战役（1898 年 9 月 2 日），在他看来，这次辉煌的战役是最后一场荣耀之战。[1] 显然，他对地点、时机和行动这三要素很敏感，因为据他所述，整个战场就在脚下，用肉眼就能一览无余。战斗持续了几个小时，双方都采用了猛攻战术。但是，又有多少人会承认自己不是为伟大的祖国而是为各自的私利而战斗呢？美国巴特勒将军的反思几乎已经被人遗忘：1933 年，当他回首自己的光辉战绩时，坦诚地承认自己在不知不觉中为美国的大资本家牟取了暴利，他毫不犹豫地把自己比作了匪徒。不过，与意大利匪徒阿尔·卡彭（Al Capone）不同的是，他所影响的范围远远不止是 3 个街区，而是 3 个大陆。

第三个感受是徒劳。大多数情况下，尤其在非洲，这些虚无的战争所缔造的殖民帝国只存在了不到半个世纪。诚然，战争的影响力不能仅仅以持续时间来衡量，拿破仑对埃及的短暂统治就是诸多例子中的一个。但是，有一个问题能让殖民战争的虚无本质暴露无遗，那就是，以征服战争为手段，把彼此孤立的民族拉扯到一起，是否是实现最大利益的必要手段呢？对此，我们只能予以否定的回答。毫无疑问，商业联系

---

[1]　*Op. cit.*, p. 186.

或相互之间的吸引迟早会促进世界各地的交流，虽然这个过程可能更漫长一些，但这一现象的出现远早于19世纪。相反，征服战争把世界分成了"白人"与"土著人"两个敌对阵营，使以前或许并不存在的种族主义观念深入人心。此外，战争还给各个民族贴上了无法抹去的"征服者"或"失败者"的标签。

我们是否确信自己已经走出了这种印象？西方人是否真的放下了傲慢的架子？我们能否预言未来世界的演变不会重蹈西方列强的覆辙？我们能否更大胆地预测某些国家可能会做出更加过分的举动？我们能否断言安全组织的唯一目的已变成正当的国防，不会以"干预的义务"为名来危害社会的稳定，或者以牺牲"目标"人民的利益为代价实现一己之私利呢？现在，移民现象使得边境动荡不安，我们能否不带偏见地看待这些新来者及其独特之处，消除我们脑海里自相矛盾的"共和国原住民"的观念？我们能否在牢记他们的根源的同时，也不忘记他们应该向前看，而不是沉湎于回忆，因为对我们双方来说，过去的都已经过去，我们能做到吗？至于曾经受到殖民压迫的人，他们能否放下怨恨且把自己看作历史的参与者呢？他们是否想过征服他们的不总是西方人，而且没有什么能够阻止殖民帝国主义野心死灰复燃呢？除了用一些安慰的话来掩盖世界固有的缺陷之外，如今的领导人以及那些设计或接受这些粉饰太平之词的人，是否比19世纪的先辈更加机警、更加负责、更加智慧呢？

历史总是走在史学家的笔墨之前，而且仍然不断前行，为我们揭示这些问题的答案。

参考书目

概论

Duclerc (E.) et Pagnerre, *Dictionnaire politique*, Pagnerre éd., 1843.
Grande Encyclopédie du XIXe siècle, Larousse, 1866-1876.

地缘政治、帝国主义

Ancel (Jacques), *Manuel historique de la Question d'Orient, 1792-1923*, Delagrave, 1923.
Anderson (M.-S.), *The Eastern Question, 1744-1923, A Study in International Relations*, London, MacMillan, 1966.
Baker (Alan R.H.), *Geography and history: Bridging the Divide*, Cambridge University Press, 2005.
Black (Jeremy), *War and the World. Military Power and the Fate of the Continents. 1450-2000*, New Haven and London, Yale University Press, 2000.
Brunschwig (Henri), « De la résistance africaine à l'impérialisme européen », *Journal of African History*, XV, 1, 1974, p. 47-64.
Cooper-Richet (Diana), Rappoport (Michel), *L'Entente cordiale: 100 ans de relations culturelles franco-britanniques (1904-2004)*, Créaphis, 2006.
Curtin (P.D.), *Death by Migrations: Europe Encounter with the Tropical World in the Nineteenth Century*, Cambridge University Press, 1989 [tables de mortalité].
Dard (Olivier) et Lefeuvre (Daniel), *L'Europe face à son passé colonial*, Riveneuve, 2008.
Etemad (Bouda), *Crimes et réparations, l'Occident face à son passé colonial*, André Versailles éditeur, 2008.
Etemad (Bouda), *La Possession du monde*, Bruxelles, Complexe, 2000.
Halstead (John P.) and Porcari (Serafino), eds., *Modern European Imperialism: a Bibliography of Books and Articles, 1815-1972*, Boston, G.K. Hall, 1974.
Gwynn (Major-General Sir Charles), *Imperial Policing*, London, Macmillan, 1936.
Kiernan (Victor-G.), *European Empires from Conquest to Collapse, 1815-1960*, Leicester, Fontana, *1982*.
Letourneau (Charles), Secrétaire général de la Société d'Anthropologie, *L'Évolution politique des diverses races humaines*, Lecrosnier et Babé, 1890.
Levene (Mark), *Genocide in the Age of Nation State*, vol. 2, *The Rise of the West and the Coming of Genocide*, London, New York, IB Tauris, 2005.
Meyer (Karl E.), *The Dust of Empire: the Race for Mastery of the Asian Heartland*, New York, Perseus Books, 2005.
Niox (colonel Gustave-Léon), *L'Expansion européenne*, Delagrave, 1895.

Owen (R.) and Sutcliffe (B.), eds., *Studies in the Theory of Imperialism*, London, Longman, 1972.

Pakenham (Thomas), *The Scramble for Africa, 1876-1912*, London, Abacus, 1991.

Robinson (Ronald), Gallagher (John) and Denny (Alice), *Africa and the Victorians. The Climax of Imperialism*, New York, Anchor Books, 1968.

Tarling (Nicholas), *Imperialism in South East Asia. "A fleeting, passing phase"*, London, New York, Routledge, 2001.

Tate (D.J.M.), *The Making of Modern South East Asia*, volume one. *The European Conquest*, Oxford University Press, vol. 1, 1971.

Tuchman (Barbara W.), *The Proud Tower. A Portrait of the World before the War*, London, Hamish Hamilton, 1966.

Vidal de la Blache (P.) et Camera d'Almeida (P.), *L'Asie, l'Afrique et l'Océanie*, Armand Colin, 1890.

Wallerstein (Immanuel), *L'Universalisme européen. De la colonisation au droit d'ingérence*, Demopolis, 2008.

Wesseling (H.-L.), *Expansion and Reaction. Essays on European Expansion and Reactions in Asia and Africa*, Leiden University Press, 1978.

Wesseling (H.-L.) and Emmer (P.C.), eds., *Reappraisals in Overseas History. Essays on Post-War Historiography about European Expansion*, Leiden University Press, 1979.

Wesseling (Henri), *Le Partage de l'Afrique*, Denoël, 1996.

军队、武装、战争及概论

Ardant du Picq (Charles), *Études sur le combat. Combat antique et combat moderne* [1904], préface de Jacques Frémeaux, Economica, 2004.

Armées des principales puissances au printemps de 1912 (Les), Chapelot, 1912.

Brizzi (Giovanni), *Le Guerrier classique*, préface et traduction de Yann Le Bohec, Éditions du Rocher, 2004.

Cailleteau (François), *Gagner la Grande Guerre*, Economica, 2008.

Charters (David A.), Milner (Marc), Wilson (J. Brent), *Military History and Military Profession*, Westport, Conn., Praeger, 1992.

Clausewitz (Carl von), *De la Guerre*, Éditions de Minuit, 1955.

Dally (Lieutenant-colonel A.), *Les Armées étrangères en campagne (leur formation ; leur organisation ; leurs effectifs ; leurs uniformes)*, Imprimerie de la Société de typographie, 1885.

Finer (Samuel E.), *The Man on Horseback : the Role of the Military in Politics*, Harmondsworth, Penguin, 1976.

Foch (Ferdinand), *Des Principes de la guerre* [1903-1904], présentation par André Martel, Imprimerie nationale, 1996.

Freedman (Lawrence), *War*, Oxford University Press, 1994.

Gates (David), *Warfare in the Nineteenth Century*, Basingstoke, Palgrave, 2001.

Gooch (John), *Armies of Europe*, London, Routledge and Kegan Paul, 1980.

Griffith (Paddy), *Forward into Battle : Fighting Tactics from Waterloo to Vietnam*, Chichester, Antony Bird, 1981.

Haas (J.), ed., *The Anthropology of War*, Cambridge University Press, 1990.

Haillot (C.A.), *Statistiques militaires et recherche sur l'organisation et les institutions militaires des armées étrangères*, Direction du *Spectateur militaire*, 1846-1851, 2 vol.

Hanson (Victor Davis), *Carnage et culture. Les grandes batailles qui ont fait l'Occident*, Flammarion, 2002 [cf Lynn (John), *Battle*, 2003, trad. fr. Tallandier, 2006 – qui prend le contre-pied].

Huntington (Samuel P.), *Soldier and the State*, Vintage, 1964.

Keegan (John), *Histoire de la guerre. Du néolithique à la guerre du Golfe*, Dagorno, 1996.

Lewal (général Jules-Louis), *Lettres à l'armée, 1872-1873*, présentées par le lieutenant-colonel Bernède, Bernard Giovanangeli, 1998.

Lynn (John), *Battle, a History of Combat and Culture*, 2003, *De la guerre : une histoire du combat des origines à nos jours*, Tallandier, 2006.

Mac Guffie (R.H.), ed., *Rank and File : the Common Soldier at Peace and War, 1642-1914*, London, Hutchinson and Co, 1964.

Martel (André), *Relire Foch au XXIe siècle*, Economica, 2008.

Martin (Jean), *Armes à feu de l'armée française, 1860-1940*, Crépin-Leblond, 1974.

Palmer-Fernandez (Gabriel), ed., *Encyclopaedia of Religion and War*, London, New York, Routledge, 2003.

Perret (Bryan), *Impossible Victories. Ten Unlikely Battlefield Successes*, London, Cassell and Co, 2000.

Oxford Companion to Military History, Oxford University Press, 2001.

Poustogarov (Vladimir), « Un humaniste des temps modernes : Fiodor Fiodorovitch Martens (1845-1909) », *Revue internationale de la Croix-Rouge*, n° 819, 1996, p. 322-338.

Rossel (Louis), *Mémoires et Correspondance de Louis Rossel (1844-1871)*, préface de Victor Margueritte, Stock, 1908.

Saul (David), *Military Blunders, the How and Why of Military Failures*, London, Robinson, 1998.

Singer (J.D.) and Small (M.), *The Wages of War, 1816-1965, Statistical Handbook*, New York, London, Sydney, 1972.

小型战争、殖民战争

Anderson (David M.) and Killingray (David), eds, *Policing the Empire. Government, Authority, and Control, 1830-1940*, Manchester University Press, 1991.

Arreguin-Toft (Ivan), *How the Weak win Wars, a Theory of Asymmetrical Conflict*, Cambridge University Press, 2005.

Azan (général Paul), *Par l'Épée et par la Charrue, écrits et discours de Bugeaud*, PUF, 1948.

Beaufre (général André), *La Guerre révolutionnaire*, Fayard, 1972.

Beckett (Ian F.W.), *Encyclopedia of Guerrilla Warfare*, Oxford, ABC Clio, 2000.

Beckett (Ian F.W.), M*odern Insurgencies and Counter-Insurgencies : Guerrilla and Their Opponents since 1750*, London, Routledge, 2001.

Beneytou (Jean-Pierre), *Vinoy, général du Second Empire*, Christien, 2002.

Bernand (Carmen) et Stella (Alessandro), coordinateurs, *D'Esclaves à soldats. Miliciens et soldats d'origine servile (XIIIᵉ – XIXᵉ siècle)*, L'Harmattan, 2006.

Bremen (W. von), *Die Kolonialtruppen und Kolonialarmee der Hauptmächte Europas*, Bielefeld und Leipzig, Verlag von Velhagen und Klasing, 1903.

Callwell (Charles E.), *Small Wars* [1896], *Petites guerres*, préface de François Géré, Economica, 1998.

Clodfelter (Michael), *Warfare and Armed Conflicts. A Statistical Reference to Casualty and other Figures, 1618-1991*, Jefferson, North Carolina, London, Mac Farland and Co, 2 vol., 1992.

Colin (général), *Les Transformations de la guerre* [1911], Economica, 1989.

Corum (James) and Johson (Wray), *Air Power in Small Wars. Fighting Insurgents and Terrorists*, Lawrence, University Press of Kansas, 2003.

Cosson (Olivier), *Horizons d'attente et expériences d'observation au début du XXᵉ siècle. Les militaires français face aux conflits périphériques (Afrique du Sud, Mandchourie, Balkans)*, thèse EHESS 2006.

Davidoff (général Denis Vasilevitch), *Essai sur la guerre de partisans*, Corréard, 1841.

De Moor (J.A.) and Wesseling (H.L.) *Imperialism at War. Essays on Colonial Wars in Asia and Africa*, Leiden, J. Brill, 1989.

Deschamps (Hubert) et Chauvet (Paul), *Gallieni pacificateur, écrits coloniaux de Gallieni*, PUF, 1949.

Ditte (lieutenant-colonel), *Observations sur la guerre dans les colonies*, Lavauzelle, 1905.

Ferguson (B.) and Whitehead, ed., *War in the Tribal Zone : Expanding States and Indigenous Warfare*, Santa Fe, N.M., School of American Research Press, 1992.

Hamley (Edward Bruce), *The Operations of War*, William Blackwood and Sons, 1866.

Henderson (colonel G.F.R.), *The Science of War*, Longmans, 1908 [professeur au Staff College].

Heneker (William C.G.), *Bush Warfare*, London, Hugh Rees, 1907.

Hiskett (M.), "The 19th century jihads in West Africa", John E. Flint, ed., *The Cambridge History of Africa*, Cambridge University Press, 1976, vol. 5.

Kiernan (V.G.), *Colonial Empires and Armies, 1815-1960*, Montréal, MacGill-Queen's University Press, 1998.

Killingray (D.) and Omissi (D.), *Guardians of Empire. The Armed Forces of the Colonial Powers, C.1700-1964*, Manchester University Press, 1999, 260 p.

Kistler (John M.), *War Elephants*, Wesport, Conn., Praeger, 2005.

Klein (Thoralf) and Schumacher (Frank), *Kolonialkriege : Militärische Gewalt im Zeichen des Imperialismus*, Hamburg, Hamburger Editions, 2006.

Langlois (général), *Enseignements de deux guerres récentes, turco-russe et anglo-boer*, Lavauzelle, sd [1904].

Lawrence (Thomas E.), *Guérilla dans le désert, 1916-1918*, traduction française de l'article publié en 1921, présentation de Gérard Chaliand, Complexe, 1992.

Lawrence (Thomas E.), *Seven Pillars of Wisdom* [1935], *Les Sept Piliers de la Sagesse*, Payot, 1969, 2 vol.

Lyautey (Hubert), « Le Rôle colonial de l'armée », *Revue des Deux Mondes*, 15 janvier 1900, p. 308-328.

MacGregor (major-general Sir Charles Metcalfe), *Mountain Warfare : an Essay on the Conduct of military Operations in mountainous countries*, London, 1866.

Maguire (Thomas Miller), *Strategy and Tactics in Mountain Range*, London, William Clowes and Sons, 1904.

Mégret (Frédéric), "From savages" to "unlawful combatants" : a postcolonial look at international law's "other", *in* Orford (Anne), ed., *International Law and its "others"*, Cambridge University Press, 2006.

Ministère de la Guerre, *Manuel à l'usage des troupes employées outre-mer*, Imprimerie nationale, première partie, 1923, deuxième partie, 1925, 3 fascicules.

Nardin (Jean-Claude), « Note sur le commerce des armes à feu en Afrique occidentale au XIXᵉ siècle avant l'essor impérialiste », *in Perspectives sur le passé de l'Afrique noire et de Madagascar, Mélanges offerts à Hubert Deschamps*, Publications de la Sorbonne, 1974, p. 273-261.

Ordonnance du Roi sur le service des armées en campagne du 3 mai 1832, Metz, Veronnais, 1832, titre XI, « Des partisans et des flanqueurs ».

Porch (Douglas), *Atlas des guerres. Les guerres des Empires*, Autrement, 2002.

Porch (Douglas), *Wars of Empire*, Washington, Smithsonian Books, 2006.

Reynaud (Jean-Louis), *Contre-guérilla en Espagne (1808-1814), Suchet pacifie l'Aragon*, Economica, 1992.

Thompson (Leroy), *The Counter-insurgency manual. Tactics of the antiguerilla professionals*, London, Greenhill Books, 2002.

Tirefort (Alain), dir., *Guerres et paix en Afrique noire et à Madagascar. XIXᵉ et XXᵉ siècles*, Presses universitaires de Rennes, 2006.

Turney-Highs, *Primitive War ; Its Practice and Concepts*, Columbia, S.C., 1971.

Vandervort (Bruce), *Wars of Imperial Conquest in Africa, 1830-1914*, Padstow, UK, UCL Press, 1998.

Wesseling (Henri L.), « Les guerres coloniales et la paix armée, 1871-1914. Esquisse pour une étude comparative », *Histoires d'Outre-Mer, Mélanges en l'honneur de Jean-Louis Miège*, Publications de l'Université de Provence, T. 1, 1992, p. 105-126.

Wolseley (General Viscount Garnet Joseph), *The Soldier's Pocket Book for Field Service*, 1869, 1886.

后勤、健康

Bruegel (Martin), « Un sacrifice de plus à demander au soldat : l'armée et l'introduction de la boîte de conserve dans l'alimentation française : 1872-1920 », *Revue Historique*, 1995, p. 259-284.

Bruegel (Martin), « Du Temps annuel au temps quotidien : la conserve aseptisée à la conquête du marché, 1810-1920 », *Revue d'Histoire Moderne et Contemporaine*, 1992, p. 40-67.

Fredj (Claire), *Médecins en campagne, médecine des lointains. Le service de santé des Armées dans les expéditions lointaines du Second Empire (Crimée, Cochinchine, Mexique)*, thèse EHESS, 2006.

Fredj (Claire), Frichou (Jean-Christophe), « La Sardine à l'huile et son adoption par les militaires français », *RHA*, à paraître.

Le Service de Santé aux Colonies, Lahure, 1930.

Mounier-Kuhn (Alain), *Les Services de santé militaire français pendant la conquête du Tonkin et de l'Annam (1882-1896)*, éd. NEP, 2005.

Prescott (C.) and Sweet (L.D.), "Commercial dehydration", *Annals of the American Academy of Political and Social Science*, vol. 83, May 1919, p. 48-69.

Van Creveld (Martin), *Supplying War : Logistics from Wallenstein to Patton*, Cambridge, 1977.

技术

Balfour (George), *The Armoured Train, its Development and Usage*, London, B.T. Batsford ldt, 1981.

Bertho (Catherine), *Télégraphes et téléphones de Valmy au microprocesseur*, 1981.

Campana (lieutenant Jean), *L'artillerie de campagne, 1792-1901, étude technique et tactique*, Berger-Levrault, 1901.

Capdevielle (lieutenant-colonel Jean), *L'armement et le tir de l'infanterie*, Dumaine, 1872.

Exposé du développement des services postaux, télégraphiques et téléphoniques en Algérie depuis la conquête, Alger, Carbonel, 1930.

Fuller (Major-general J.F.C.), *L'Influence de l'armement dans l'histoire, depuis les débuts des guerres médiques jusqu'à la Seconde Guerre mondiale*, Payot, 1948.

Headrick (Daniel R.), *The Invisible Weapon, Telecommunications and International Politics, 1851-1945*, Oxford University Press, 1991.

Headrick (Daniel R.), *The Tentacles of Progress : Technology Transfers in the Age of Imperialism, 1850-1940*, Oxford University Press, 1988.

Headrick (Daniel R.), *The Tools of Empire : Technology and European Imperialism in the Nineteenth Century*, Oxford University Press, 1981.

Huon (Jean), *Les Armes en 1914-1918*, Crépin-Leblond, 4 volumes, 2005.

Laborie (Léonard), *Une Europe des communications. La France et la coopération dans le domaine des postes et télécommunications des années 1850 aux années 1960*, thèse Paris-IV, 2006.

Lieber (Keir A.), *War and the Engineers. The Primacy of Politics over Technology*, Ithaca, Cornell University Press, 2006.

Malmassari (Paul), *Les Trains blindés, 1826-1989*, Bayeux, Heimdal, 1989.

Malmassari (Paul), *Une expérience militaire sous-estimée : les trains blindés français de la révolution industrielle à la décolonisation. Étude technique et tactique comparée. 1826-1962*, thèse université Paul-Valéry Montpellier-III, 2007.

Margerie (Maxime de), *Le Réseau anglais de câbles sous-marins*, Pédone, 1909 (thèse doctorat en droit).

Otte (T.G.) and Neilson (Keith), *Railways and International Politics : Paths of Empire*, London, Routledge, 2006.

Piobert (G.), *Traité d'artillerie théorique et pratique*, Bachelier, 1852.

Pratt (Edwin A.), *The Rise of the Rail-Power in War and Conquest, 1833-1914*, London, P.S. King, 1915.

Renaud (Jean-Pierre), *Le Vent des mots. Télégraphie, câbles et conquêtes coloniales*, JPR, 2007.

Wille (General Major R.), *Gebirges und Kolonial Artillerie*, Berlin, R. Eisenschmidt, 1911.

Winkler (Jonathan Reed), *Nexus. Strategic Communications and American Security in the World War 1*, Cambridge, Harvard University Press, 2008.

制图、地理、情报

Bayly (C.A.), *Empire and Information. Intelligence gathering and Social Communication in India, 1770-1870*, Cambridge University Press, 1996.

Barrow (Ian J.), *Making History, Dividing Territory : British Mapping in India, c. 1765-1905*, New Delhi, Oxford, University Press, 2003.

Bell (Morag), Bultlin (Robin), Heffernan (Michael), *Geography and Imperialism, 1820-1940*, Manchester University Press, 1995.

Boulanger (Philippe), « Les Espaces coloniaux dans la géographie militaire française (1871-1939) », *in* Pierre Singaravélou (dir.), *L'Empire des géographes*, p. 135-146.

Claval (Paul), dir., *Histoire de la géographie française de 1870 à nos jours*, Nathan, 1998.

Cohn (Bernard S.), *Colonialism and Forms of Knowledge : the British in India*, Princeton University Press, 1996.

Edney (Matthew E.), *Mapping an Empire : The Geographical Construction of British India, 1765-1843*, Chicago University Press, 1997.

Ferguson (Thomas G.), *British Military Intelligence 1870-1914 : The Development of a Modern Intelligence Organisation*, Fredericks, Md., University Publications of America, 1984.

Godlewska (Anne) and Smith (Neil), *Geography and Empire*, Oxford UK, Cambridge USA, Blackwell, 1994.

Lejeune (Dominique), *Les Sociétés de Géographie en France et les expéditions coloniales au XIXᵉ siècle*, A. Michel, 1993.

Letourneux (Matthieu), « Géographie, idéologie et géographie romanesque dans les romans d'aventure géographique du Journal des Voyages », *in* Pierre Singaravélou (dir.), *L'Empire des géographes*, p. 188-199.

Martonne (Lieutenant-colonel G. de) et Martin (Jean), éd., *La Carte de l'Empire colonial français*, Georges Land, 1931 *in* Exposition coloniale internationale de Paris. *Les Armées françaises d'Outre-Mer*.

May (Ernest), ed., *Knowing One's Enemies : Intelligence Assessment before the Two World Wars*, Princeton, Princeton University Press, 1985.

Neilson (Keith), McKercher (B.C.J.), *Go Spy the Land, Military Intelligence in History*, Westport, Conn., Praeger, 1992.

Niox (commandant Gustave-Léon), *Géographie militaire. Europe orientale et bassin de la Méditerranée*, Dumaine, 1882.

Popplewell (R.J.), *Intelligence and Imperial Defence, British Intelligence and the Defence of the Indian Empire, 1904-1924*, London, Frank Cass, 1995.

Recoing (capitaine Charles-Maurice), *Géographie militaire et maritime des colonies française, suivie d'un aperçu sur la géographie militaire et maritime des colonies anglaises*, Baudoin, 1884.

Singaravélou (Pierre), dir., *L'Empire des géographes. Géographie, exploration et colonisations, XIXᵉ-XXᵉ siècles*, Belin, 2008.

文学、媒体、旅游

Brendon (Pierse), *Thomas Cook, 150 years of popular tourism*, London, Secker and Warburg, 1991.

Cecil (Hugh), "British Correspondents and the Sudan Campaign of 1896-98", *in* Edward M. Spiers, ed., *Sudan*, p. 101127.

Delporte (Christian), *Les Journalistes en France, 1880-1950, naissance et construction d'une profession*, Seuil, 1999.

Eby (Cecil D.), *The Road to Armaggedon : The Martial Spirit in English Popular Literature, 1870-1914*, Durham, London, Duke University Press, 1988.

Feyel (Gilles), « Naissance, constitution progressive et épanouissement d'un genre de presse aux limites floues : le magazine », *Réseaux*, 2001/1, n° 105, p. 19-51.

Ferenczy (Thomas), *L'invention du journalisme en France. Naissance de la Presse moderne au XIXᵉ siècle*, Plon, 1993.

Forbes (Archibald), *Memories and Studies of War and Peace*, s.l., Cassell, 1895.

Furneaux (Rupert), *The First War Correspondent : William Howard Russell of the Times*, London, 1944.

Gervais (Thierry), *L'*Illustration *photographique. Naissance du spectacle de l'Information, 1843-1914*, thèse EHESS, 2007.

Gleason (John Howes), *The Genesis of Russophobia in Great Britain : a Study in the Interaction of Policy and Opinion*, Cambridge University Press, 1950.

Hammam (Philippe), « Une étrange propagande bonapartiste : les assiettes à décor de Sarreguemines (1836-1870) », *Revue d'histoire moderne et contemporaine*, 2006-2, p. 139-164.

Harrington (Peter), *British Artists and War : The Face of Battles in Painting and Prints*, London, Greenhill, 1993.

Humbert (Jean-Charles), *Jean Geiser. Photographe – Éditeur d'art. Alger, 1848-1923*, Ibis Press, 2008.

Jones (Aled), *The Power of the Press : Newspapers, Power and the Public in the XIXᵗʰ Century*, Aldershot, Ashgate, 1996.

Knightley (Philip), *Le Correspondant de Guerre, de la Crimée au Vietnam. Héros ou propagandiste ?* Flammarion, 1976.

Krebs (Paula), *Gender, Race and the Writing of the Empire. Public Discourses and the Boer War*, Cambridge University Press, 1999.

Lauriston Bullard, *Famous War Correspondents*, Bath, Sir Isaac Pitman and Sons, 1914.

Mackenzie (J.M.), *Propaganda and Empire. The Manipulation of British Public Opinion, 1880-1960*, Manchester University Press, 1984.

Palmer (Michael B.), *Des Petits journaux aux grandes agences. Naissance du journalisme moderne (1863-1914)*, Aubier, 1983.

Palmer (Michael), « Du "Travelling gentleman" au "Special Correspondent" (1850-1880) », *Le Temps des Médias*, 2005/1, p. 34-49.

Pudney (John), *The Thomas Cook Story*, London, Michael Joseph, 1958.

Read (Donald), *The Power of News : the History of Reuters, 1849-1989*, Oxford University Press, 1989.

Russell (W.-H.), *The British Expedition to Crimea*, s.l., s.n., 1858.

Ruud (Charles A.), *Fighting Words : Imperial Censorship and the Russian Press, 1804-1906*, University of Toronto Press, 1982.

Schlick (Yaël), "The French Kipling: Pierre Mille's Popular Fiction", *Comparative Literature Studies*, vol. 34, 1997, p. 226-241.

Swinglehurst (Edmund), *The Romantic Journey: the story of Thomas Cook and Victorian Travel*, London, Pierce, 1974.

Viller-Hamon (Isabelle), *Flux financiers, flux d'information et réseaux internationaux: l'agence Havas et le jeu des échanges*, thèse Paris-III, 2000.

Wilson (Keith M.), *A Study in the History and Politics of the Morning Post 1905-1926*, New York, Edwin Mellen, 1990.

德国

Bley (H.), *South-West Africa Under German Rule, 1894-1914*, London, Heineman, 1971.

Bridgeman, *The Revolt of the Hereros*, Berkeley and Los Angeles, University of California Press, 1981.

Brunschwig (Henri), *L'Expansion allemande outre-mer*, PUF, 1957.

Cornevin (Robert), *Histoire de la colonisation allemande*, PUF, 1969.

Drechsler (H.), *Let us Fighting: the struggle of the Hereros and the Nama against German imperialism (1880-1910)*, London, Zed Press, 1981.

Epstein (K.), 'Erzberger and the German colonial scandals, 1905-1910', *English Historical Review*, 74, oct. 1959, p. 637-663.

Erichsen (Casper W.), *"The Angel of Death Has Descended Violently Among Them", Concentration Camps and Prisoners of War in Namibia, 1904-1908*, University of Leiden, 2005.

Gann (L.H.) and Duignan (P.), *The Rulers of German Africa*, Stanford University Press, 1976.

Gewald (J.-B.), *Herero Heroes. A socio-political history of the Hereroes of Namibia*, Oxford, J. Currey, 1998.

Henderson (W.O.), *The German Colonial Empire, 1884-1919*, London, Frank Cass, 1993.

Henderson (W.O.), *Studies in German Colonial History*, London, Frank Cass, 1962.

Horne (John) et Kramer (Allan), *1914, les atrocités allemandes*, Tallandier, 2005.

Illife (John), *Tanganyika under German Rule, 1905-1912*, Cambridge University Press, 1969.

Kennedy (Paul M.), *The Rise of Anglo-German Antagonism, 1860-1914*, London, Allen and Unwin, 1980.

Kennedy (Paul M.), *Nationalist and Racialist Movements in Britain and Germany before 1914*, Oxford, MacMillan, 1981.

Kerautret (Michel), *Histoire de la Prusse*, Seuil, 2005.

Knoll (Arthur J.), *Togo under Imperial Germany, 1884-1914*, Stanford, Hoover Institution Press, 1978.

Koponen (J.), "Development for Exploitation. German Colonial Policies in Mainland Tanzania", Finnish Historical Society, *Studia Historica*, 49, 1995.

Kotek (Joël), "Afrique, le génocide oublié des Hereros", *L'Histoire*, n 261, janvier 2002, p. 88-92.

Lambi (Ivo N.), *The Navy and German Powers Politics, 1862-1914*, Boston, Allen and Ludwen, 1984.

Lettow-Vorbeck (général von), *La Guerre de brousse dans l'Est africain, 1914-1918*, Payot, 1923.

Louis (William Roger), *Ruanda-Urundi, 1884-1919*, Wesport, Conn., Greenwood Press, 1969.

Linqvist (Sven), *Exterminez toutes ces brutes*, Le Serpent à plumes, 1998.

Olivier (David H.), *German Naval Strategy, 1856-1888. Forunners of Tirpitz*, London, Frank Cass, 2004.

Patte (Henri), *Le Sud-Ouest africain allemand : révolte des Hereros*, Lavauzelle, 1907.

Porte (Rémy), *La Conquête des colonies allemandes. Naissance et mort d'un rêve impérial*, 14-18 Éditions, 2006.

Schubert (Michael), *Der Schwarze Fremde, des Bild des Schwarzafrikaner in der Parlamentarischen und publizistischen Kolonialdiskussion in Deutschen von den 1870 er bis in die 1930er Jahre*, Stuttgart, Franz Steiner Verlag, 2003.

Townsend (Mary), *Rise and Fall of Germany's Colonial Empire, 1884-1918*, New York, MacMillan and Co, 1930.

Wehler (H.-U.), *The German Empire, 1871-1918*, Leamington, Spa and Dover (NH), 1985 (traduit de l'allemand).

Westphal (Wilfried), *Geschichte der Deutschen Kolonien*, Frankfurt, Ulstein Sachburg, 1987.

Zirkel (Kristen), "Military Power in German colonial Policy : The *Schutztruppen* and their Leaders in East and West Afrika, 1888-1918, *in* Killingray (D.) et Omissi (D.), *Guardians of Empire. The Armed Forces of the Colonial Powers, C.1700-1964*, p. 91-113.

比利时

De Boeck, Baoni, *Les Révoltes de la Force Publique sous Léopold II. Congo 1895-1908*, Bruxelles, ed. EPO, 1987.

Denuit (Désiré), *Le Congo, champion de la Belgique en guerre*, Bruxelles, Frans van Belle, 1946.

Emerson (B.), *Léopold II, le royaume et l'empire*, Bruxelles, Collet, 1980.

Flament (F.), *La Force publique, de sa naissance à 1914*, Bruxelles, IRCB, 1952.

Gann (L.H.) and Duignan (P.), *The Rulers of the Belgian Congo, 1884-1914*, Princeton, 1979.

Gochet (Alexis-Marie), *Soldats et missionnaires au Congo de 1891 à 1894*, Lille, Desclée de Brouwer, 1896.

Hochhild (Adam), *Les Fantômes du roi Léopold*, Belfond, 1998.

Janssens (E.), *J'étais le général Janssens*, Bruxelles, Ed. C. Dessart, 1961.

Kossmann (E.-H.), *The Low Countries, 1780-1960*, Oxford, Clarendon Press, 1978.

Langhans (Paul), *Atlas colonial allemand*, Gotha, 1893-1897.

Lejeune (L.) et Choquet (A.), *Histoire militaire du Congo (1877-1906)*, Bruxelles, ed. Alfred Castaigne, 1906.

Lovens (M.), *L'Effort militaire du Congo belge (1940-1944)*, Cahiers du CEDAF, 195, n° 6.

Marchal (Jules), *E.D. Morel contre Léopold II. L'histoire du Congo, 1900-1910*, L'Harmattan, 2 volumes, 1996.

Mille (Pierre), *Au Congo belge, avec des notes et des documents relatifs au Congo français*, Colin, 1899.

Ndaywel è Nziem (Isidore), *Histoire générale du Congo. De l'héritage noir à la République démocratique*, Bruxelles, Duculot, 1998.

Stengers (Jean), *Congo, mythes et réalités. 100 ans d'histoire*, Paris, Louvain-la-Neuve, 1989.

Stengers (Jean), "King Leopold's Congo", 1886-1908, *in* Roland Oliver and G.N. Sanderson, ed., *The Cambridge History of Africa*, vol. 6 (c.1870-c.1905), Cambridge University Press.

Force publique, Congo belge, Imprimerie de la Force Publique, 1956.

西班牙

Alarcon (Pedro Antonio de), *Diary of a Witness to the War in Africa* [1859], Memphis, White Press, 1988.

« Armée (L') et la société espagnole (1874-1939) », bibliographie pour le concours externe du CAPES, *Bulletin officiel du ministère de l'Éducation*, n° 5, 20 mai 2004, p. 54-56.

Atlas de la Guerra de Africa, 1835-1860, Madrid, Rivadenevra, 1861.

Ayache (Germain), *Les Origines de la guerre du Rif*, L'Harmattan, 1996.

Bachoud (Andrée), *Franco*, Fayard, 1997.

Bachoud (Andrée), *Les Españoles ante las campanas de Marruecos*, Madrid, Espasa Calpe, 1988.

Balfour (Sebastian), *The End of the Spanish Empire, 1898-1923*, Oxford, Clarendon Press, 1997.

Barker (Thomas) and Martinez (Rafael Banon), *Armed Forces and Society in Spain, Past and Present*, New York, 1988.

Chandler (James A.), "Spain and the Moroccan Protectorate, 1898-1927", *Journal of Contemporary History*, n 10, avril 1975, p. 301-323.

Balfour (Sebastian), *Abrazo mortal. De la Guerra colonial a la Guerra civil en España y Marruecos*, Barcelone, Peninsula, 2002.

Bec (René), *La Dictature espagnole de Primo de Rivera*, thèse Montpellier, 1933.

Durnerin (James), *Les deux formes du réformisme colonial, insulaire et péninsulaire, 1878-1898*, Saint-Denis, Université Paris-8, 1990.

Durnerin (James), *Maura et Cuba. Politique coloniale d'un ministre libéral*, Les Belles-Lettres, 1978.

Guereña (Jean-Louis), *Armée, société et politique dans l'Espagne contemporaine, 1808-1939*, Nantes, Éditions du Temps, 2003.

Huetz de Lemps (Xavier), *L'Archipel des Épices, la corruption de l'administration espagnole aux Philippines (fin XVIIIe-fin XIXe siècle)*, Casa de Velasquez, 2006.

Lécuyer (M.-C.) et Serrano (C.), *La Guerre d'Afrique et ses répercussions en Espagne : idéologies et colonialisme, 1859-1904*, PUF, 1976.

Martin Corrales (Eloy), *Marruecos y el colonialismo español, 1859-1912 : de la guerra de Africa a pacífica*, Barcelona, Bellaterra, 2002.

Martinez-Vasseur (Pilar), *Les Relations Franco-Armée à travers les écrits des militaires espagnols de 1922 à 1975*, thèse d'État, Paris, s.d.

Martinez-Vasseur (Pilar), *L'armée espagnole (XIXᵉ et XXᵉ siècle)*, Ellipses, 2002.

Maura (Gabriel), député aux Cortes)[fils de l'ex- 1er ministre], *La Question du Maroc*, Challamel, 1911.

Painvain (commandant), *Le Nouveau règlement de campagne de l'armée espagnole*, Lavauzelle, 1910.

Payne (Stanley G.), *Politics and Military in Modern Spain*, Stanford, 1967.

Serrano (Carlos), *Le Tour du peuple. Crise nationale, mouvements populaires et populisme en Espagne (1890-1910)*, Madrid, 1987.

Tone (John Lawrence), *War and Genocide in Cuba, 1895-1898*, Chapel Hill, University of North Carolina Press, 2006.

美国

概论

Brogan (Hugh), *The Longman History of the United States of America*, New York, William Morrow and Co, 1985.

Cornish (Dudley T.), *The Sable Arm : Negro Troops and the Union Army 1861-1865*, New York, W.W. Norton, 1956.

Gaddis (John Lewis), *Surprise, Security and American Experience*, Cambridge, Harvard University Press, 2004.

Hutton (Paul A.), *Phil Sheridan and his Army*, Lincoln, University of Nebraska Press, 1985.

Keegan (John), *Warpaths : Travels of a military historian in North America*, London, 1966.

Kennett (Lee), *Sherman, a soldier's life*, New York, HarperCollins, 2002.

Koistinen (Paul A.C.), *Mobilizing for Modern War, the Political Economy of American Warfare, 1865-1919*, Kansas University Press, 1997.

Millett (Allan) and Maslowski (Peter), *For the Common Defense. A Military History of the United States of America*, New York, The Free Press, 1994.

印度战争

Ball (Durwood), *Army Regulars on the Western Frontier, 1848-1861*, Norman, University of Oklahoma Press, 2001.

Buscombe (Edward), "Painting the Legend : Frederic Remington and the Western", *Cinema Journal*, 23, nᵒ 4, summer 1984, p. 12-27.

Byler (Charles A.), *Civil-Military Relations on the Frontier and Beyond, 1865-1917*, Westport, Conn., Praeger Security International, 2006.

Debo (Angie), *Histoire des Indiens des États-Unis*, Albin Michel, 1994.

Downey (Fairfax), *Indian-Fighting Army*, New York, Charles Scribner's sons, 1944.

Keenan (Jerry), *The Life of Yellowstone Kelly*, Albuquerque, University of Mexico Press, 2006.

Lubetkin (M. John), *Jay Cook's Gamble: The Northern Pacific Railroad, the Sioux, and the Panic of 1873*, Norman, University of Oklahoma Press, 2006.

Luraghi (Raimondo), *Sul Sentiero della Guerra: Storia delle Guerre Indiane del Nordamerica*, Milan, RCS Libri s.p.a, 2000.

McChristian (Douglas), *Fort Bowie, Arizona: Combat Post of the South West*, Norman, University of Oklahoma Press, 2006.

Ostler (Jeffrey), *The Plain Sioux and US Colonialism from Lewis and Clark to Wounded Knee*, New York, Cambridge University Press, 2004.

Perriot (Françoise), *La Dernière Frontière, Indiens et pionniers dans l'Ouest américain au XIXe siècle, 1880-1910*, Albin Michel, 1994.

Peters (Joseph), *Indian Battles and Skirmishes on the American Frontier*, New York, Argonaut, 1966.

Prucha (F.P.), *The Sword of the Republic: the US Army on the Frontier, 1783-1846*, Lincoln, NE, 1986.

Rieupeyrout (Jean-Louis), *Histoire des Navajos, une saga indienne*, Albin Michel, 1991.

Robinson (Charles M.), *General Crook and the Western Frontier*, Norman, University of Oklahoma Press, 2001.

Robinson (Charles M.), *The Diaries of John Gregory Bourke, 1872-1876*, Danton, University of Texas Press, 2003 [aide de camp de Crook].

Silver (James W.), "Edmund Pendleton Gaines and Frontier Problems, 1801-1854", *The Journal of Southern History*, vol. 1, nb 3 (August 1935), p. 320-344.

Smith (Duane A.), *A Time for Peace: Fort Lewis, Colorado, 1878-1891*, Boulder, University of Colorado, 2006.

Sturtevant (William), ed., *Handbook of American Indians*, vol. 3, *Population*, Smithsonian Institution, Washington, 2006; vol. 4, *History of Indian-White Relations*, Smithsonian Institution, Washington, 1988.

Trobriand (Régis de), *La Vie militaire dans le Dakota, notes et souvenirs, 1867-1869*, Champion, 1926.

Utley (Robert M.), *Frontiersmen in Blue: the United States Army and the Indians, 1846-1865*, Lincoln, University of Nebraska Press, 1981.

Utley (Robert M.), *Frontier Regulars, the US Army and the Indians, 1866-1891*, New York and London, McMillan, 1973.

Utley (Robert M.), Washburn (Wilcomb E.), *Les Guerres indiennes*, Albin Michel, 1992.

Utley (Robert M.), *Sitting Bull, sa vie, son temps*, Albin Michel, 1997.

海外战争

Avenel (Jean-David), *La Guerre hispano-américaine de 1898. La naissance de l'impérialisme américain*, Economica, 2007.

Allison (Robert J.), *The Crescent Obscured. The United States and the Muslim World, 1776-1815*, New York, Oxford University Press, 1995.

American Military History, The ROTC Manual For Senior Division Army ROTC Units, Harrisburg, Pennsylvania, Military Service Publishing Company, 1953.

Bride (capitaine Charles), *La Guerre hispano-américaine en 1898*, Chapelot, 1899.

Kramer (Paul A.), *The Blood of Government : Race, Empire, The United States and the Philippines*, Chapell Hill, University of North Carolina Press, 2006.

Linn (Brian McAllister), *The Philippine War 1899-1902*, University Press of Kansas, 2000.

Pratt (J.W.), *American Colonial Experiment : How the US Gained, Governed and in part Gave Away a Colonial Empire*, New York, Prentice Hall, 1950.

Rosenthal (Eric), *Stars and Stripes in Africa ; Being a History of American Achievements in Africa by Explorers, Missionaries, Pirates, Adventurers, Hunters, Miners, Merchants, Scientists, Soldiers, Showmen, Engineers and others with some account of African who have played a part in American Affairs*, London, Routledge and Sons, 1938.

Shaw (Angel Velasco) and Francia (Luis S.), *Vestiges of War. The Philippine-American War and the Aftermath of an Imperial Dream, 1899-1999*, New York University Press, 2002.

Silbey (David J.), *A War of Frontier and Empire : The Philippine-American War, 1899-1902*, New York, Hill and Wang, 2007.

Storey (Moorfield) and Codman (Julian), *Secretary Root's Record : Marked Severity in Philippines Warfare. An Analysis of the Law and Facts bearing on the Action and Utterances of President Roosevelt and secretary Root*, Boston, Geo H. Ellis Co, 1902.

Tone (John Lawrence), *War and Genocide in Cuba, 1895-1898*, Chapel Hill, University of North Carolina Press, 2006.

Wilkerson (Marcus), *Public Opinion and Spanish-American War. A Study in War Propaganda*, Baton Rouge, Louisiana State University Studies, 1932.

法国

概论

Andrew (Christopher) and Kanya-Forstner (A.S.), "The French Colonial Party : its Composition, Aims and Influence, 1885-1914", *The Historical Journal*, march 1971, p. 98-128.

Bach (André), *L'Armée de Dreyfus. Une histoire politique de l'Armée française de Charles X à « l'affaire »*, Tallandier, 2004.

Barail (F. du), *Mes souvenirs*, Plon, 1897, 3 volumes.

Betts (Raymond), « L'influence des méthodes hollandaise et anglaise sur la doctrine coloniale française à la fin du XIXe siècle », *Cahiers d'Histoire*, vol. 1, 1958, p. 30-50.

Blanchard (Marcel), « Correspondance de Félix Faure touchant les affaires coloniales, 1882-1898 », *Revue d'histoire des colonies françaises*, XLII (1955), p. 133-185.

Bobrie (François), « Finances publiques et conquête coloniale : le coût budgétaire de l'expansion française entre 1850 et 1914 », *Annales ESC*, n° 6, novembre-décembre 1976, p. 1225-1244.

Bonnal (général), *Le Haut-Commandement français au début de chacune des guerres de 1859 et de 1879. La manœuvre de Magenta. Le désastre de Metz*, Éditions de la Revue des Idées, 1905.

Brunschwig (Henri), *Mythes et réalités de l'impérialisme colonial français, 1871-1914*, A. Colin, 1960.

Brunschwig (Henri), « Paul Vigné d'Octon et l'anticolonialisme sous la IIIᵉ République », *L'Afrique noire au temps de l'Empire français*, Denoël, 1988.

Carles (Pierre), « Le Sous-officier aux Colonies », *RHA*, 1986 (2), p. 54-65.

Carles (Pierre), « Survol de l'histoire du sous-officier de Légion étrangère (1831-1981) », *RHA*, 1981 (1), p. 23-50.

Chailley-Bert (Joseph), *Dix ans de politique coloniale*, A. Colin, 1902.

Chalaye (Sylvie), « Spectacles, théâtre et colonies », *Culture coloniale en France de la Révolution française à nos jours*, préface de Gilles Boëtsch, CNRS Éditions, 2008, p. 143-162.

Comor (André-Paul), « Les Plaisirs des légionnaires au temps des colonies : l'alcool et les femmes », *GMCC*, avril 2006, p. 33-42.

Comor (André-Paul), *La Légion étrangère*, PUF, 1992.

Delperrier, *De la Crimée à la Grande Guerre. L'armée devant l'objectif*, Lavauzelle, 1985.

Dutailly (lieutenant-colonel Henry), « Les Officiers à titre étranger, 1831-1939 », *Revue Historique des Armées*, 1981 (1), p. 5-22.

Exposition coloniale internationale de Paris. *Les Armées françaises d'Outre-Mer*, 21 volumes, 1931-1932.

Frémeaux (Jacques), *L'Afrique à l'ombre des épées (1830-1930)*, Service Historique de l'Armée de Terre. 1ᵉʳ vol., *Des Établissements côtiers aux confins sahariens*, 1993, 2ᵉ vol., *Officiers administrateurs et milices indigènes*, 1995.

Frémeaux (Jacques), *Les Colonies dans la Grande Guerre : combats et épreuves des peuples d'outre-mer*, Éditions 14-18, 2006.

Frémeaux (Jacques), « Troupes de couleur et troupes blanches » *RHA*, n° 1, 2000, p. 19-30.

Ganiage (Jean), *L'Expansion coloniale de la France sous la IIIᵉ République, 1871-1914*, Payot, 1968.

Garrigues (Jean), *Les Grands discours parlementaires de la IIIᵉ République, de Victor Hugo à Clemenceau*, A. Colin, 2004.

Guillen (Pierre), *La Politique étrangère de la France. L'expansion, 1881-1898*, Imprimerie nationale, 1985.

Jeanclos (Y.), dir., *La France et ses soldats d'infortune au XXᵉ siècle*, Economica, 2003.

Hommes et Destins : Dictionnaire biographique d'outre-mer, Publications de l'Académie des Sciences d'Outre-Mer, 11 volumes, 1975-1995.

Lagneu (Gustave), « Mortalité des soldats et des marins français dans les colonies », *Revue française de l'Étranger et des Colonies*, 1889, p. 700-702.

Le Révérend (André), *Un Lyautey inconnu. Correspondance et journal inédits, 1874-1934*, Perrin, 1980.

Lyautey (Hubert), *Lettres du Tonkin et de Madagascar (1894-1899)*, A. Colin, 1920, 2 vol.

Lyautey, *Paroles d'action*, présentation de Jean-Louis Miège, Imprimerie nationale, 1995.

Michel (Marc), *Gallieni*, Fayard, 1989.

Manuel d'Infanterie à l'usage des sous-officiers et caporaux, Lavauzelle, 1910.

Ministère du Travail et de la Prévoyance sociale, *Statistique générale de la France. Annuaire statistique*.

Malo (Henri), *À l'enseigne de la Petite Vache, Souvenirs, gestes et figures d'explorateurs*, Éditions de la Nouvelle France, 1945.

Michel (Marc), « Mythes et réalités du concours colonial : soldats et travailleurs d'outre-mer dans la guerre française », *in* Becker (Jean-Jacques) et Audoin-Rouzeau (Stéphane), dir., *Les Sociétés européennes et la guerre de 1914-1918*, Publications de l'Université de Nanterre, 1990, p. 393-409.

Persell (Stuart Michael), *French Colonial Lobby, 1889-1938*, Stanford, Hoover Institution Press, 1983.

Prévost-Paradol, *La France nouvelle*, Michel-Lévy, 1871 (11e édition).

Seillan (Jean-Marie), *Aux Sources du roman colonial (1863-1914). L'Afrique à la fin du XIXe siècle*, Karthala, 2006.

Serman (William), *La Commune de Paris*, Fayard, 1971.

Taillemite (Étienne), *Dictionnaire des Marins français*, Éditions maritimes et d'Outre-mer, 1982.

Thiers (Adolphe), *Discours parlementaires*, Calmann-Lévy, 1879.

Trochu (général Louis-Jules), *Œuvres posthumes*, Tours, Mame, 1896, 2 vol.

Venier (Pascal), *Lyautey avant Lyautey*, L'Harmattan, 1997.

Vigné d'Octon (Paul), *La Gloire du sabre* [1900], Quintette, 1985.

北非

Aït Ahmed (Hocine), *Mémoires d'un combattant*, Sylvie Messinger, 1983.

Almand (Victor) et Hoc (E.), *Le Service du génie en Algérie*, Berger-Levrault, 1894.

Azan (colonel Paul), *Sidi-Brahim*, Horizons de France, 1945.

Azan (général Paul), « Les Grands soldats de l'Algérie », *Cahiers du Centenaire de l'Algérie*, IV,

Publications du Comité national du Centenaire de l'Algérie, s.d. [1931].

Bellemare (Alexandre), *Abd el-Kader, sa vie politique et militaire*, Hachette, 1863.

Campagnes d'Afrique, 1835-1848, Lettres adressées au maréchal de Castellane, Plon, 1898.

Berque (Jacques), *Maghreb, histoire et sociétés*, Alger, SNED, Gembloux, Duculot, 1974.

Blanc (capitaine Alphonse-Michel), *Types militaires d'antan, généraux et soldats d'Afrique*, E. Plon et Nourrit, 1885.

Boyer (Pierre), « L'Odyssée d'une tribu saharienne : les Djeramna », Mélanges Le Tourneau, *Revue de l'Occident musulman et de la Méditerranée*, 2e semestre 1971, p. 27-54.

Bugeaud (général), *L'Algérie. Des moyens de conserver et d'utiliser cette conquête*, Dentu, 1842.

Cauvet (commandant), *Le Raid du lieutenant Cottenest au Hoggar*, Collection Raoul et Jean Brunon, Marseille, 1945.

Clément-Grancourt (capitaine), « Nos Indigènes nord-africains dans l'armée nouvelle », *Revue militaire générale*, 1924, p. 161-182, 265-280, 327-390.

Churchill (Charles-Henry), *La Vie d'Abd El Kader*, Alger, SNED, 1974,

Delerive (Marc), *Forts sahariens des Territoires du Sud*, Geuthner, 1990.

Demontès (Victor), *La Colonisation militaire sous Bugeaud*, Larose, s.d. [1917].

Demontès (Victor), « La relation de l'expédition de Médéa par le docteur Baudens », *Revue d'histoire des colonies françaises*, 1920, p. 187-308.

Demontès (Victor), « Les instructions données par le maréchal Soult, ministre de la Guerre, à Bugeaud, gouverneur général de l'Algérie, au sujet de la colonisation », *Revue d'histoire des colonies françaises*, 1917, p. 443-470.

Derrecagaix (général), « Le Maréchal Pélissier et les asphyxiés des grottes du Dahra », *Revue hebdomadaire*, 22 juillet 1911, cité par le *BCAF, Renseignements coloniaux*, septembre 1911, p. 228.

[Ducrot, général Louis-Alexandre], *Vie militaire du général Ducrot, d'après sa correspondance (1839-1871), publiée par ses enfants*, Plon, Nourrit et Cie, 1895, 2 vol., T. I, p. 121.

Estournelles de Constans (Paul-Henri d'), *La politique française en Tunisie. Le protectorat et ses origines, 1854-1891*, 1892, rééd. sous le titre *La Conquête de la Tunisie*, Tunis, Sfar, 2002.

Eu (colonel d'), *Instruction sur la conduite des colonnes dans les régions sahariennes*, Chapelot, 1903.

Frémeaux (Jacques), *La France et l'Algérie en guerre, 1830-1870, 1954-1962*, Economica, 2002.

Frémeaux (Jacques), « La bataille d'Isly », *RHA*, n 1, 1987, p. 13-23.

Frémeaux (Jacques), « Expédition de guerre et imaginaire colonial : autour de l'Escadron blanc », in *D'un Orient l'autre : les métamorphoses successives des perceptions et connaissances*, colloque organisé par le Centre d'Études et de Documentation Économique et Juridique et l'Institut français d'Archéologie orientale, Le Caire, 2 vol., CNRS, 1991, t. 1, p. 281-297.

Frémeaux (Jacques), « La Prise de la Smala d'Abd el-Kader », Séminaire *La Sorbonne à Versailles*, Centre de recherches du château de Versailles, 17 octobre 2006, inédit.

Frémeaux (Jacques) et Nordman (Daniel), « La Reconnaissance au Maroc de Charles de Foucauld », in *Sciences de l'Homme et conquête coloniale, constitution et usage des sciences humaines en Afrique (XIXᵉ-XXᵉ siècles)*, Paris : Presses de l'École Normale Supérieure, 1980, p. 79-104.

Frisch (R.J.), David (H.), *Guide pratique en pays arabe*, Berger-Levrault, 1892.

Ganiage (Jean), *Les origines du Protectorat français en Tunisie*, PUF., 1959.

Gautier (Émile-Félix), *L'Algérie et la métropole*, Payot, 1920.

Gautier (Émile-Félix), « Enquête aux grottes du Dahra en 1913 », in *L'Algérie et la Métropole*, p. 11-61.

Graulle (commandant), ancien chef de bureau arabe, *Insurrection de Bou-Amama (avril 1881)*, Lavauzelle, 1905.

Gugliotta (Georges), « Approche d'une campagne d'opinion au XIXᵉ siècle : l'affaire des grottes du Dahra », in *Les Armes et la toge*, Mélanges offerts à André Martel, Université Paul-Valéry Montpellier-III, 1997, p. 643-653.

Harbi (Mohammed), *L'Algérie et son destin*, Arcantère, 1992.

Laurent (Gustave), « La Campagne d'Algérie et la Révolution de 1848, souvenirs de Louis Beugé », *La Révolution de 1848*, mars 1913-février 1914, p. 198, 309, 359, 494.

« La Guerre en forêt équatoriale », *RTC*, 1921, p. 246-283, 340-377.

Tocqueville (Alexis de), *Travail sur l'Algérie (1841)*, documentation numérique, http://pages.infinit.net/socijmt.

Triaud (Jean-Louis), *La Légende noire de la Sanûssiyya. Une confrérie musulmane saharienne sous le regard français*, Éditions de la Maison des Sciences de l'Homme, 1995, 2 volumes.

Vignon (Louis), *La France en Algérie*, Hachette, 1893.

Yacono (Xavier), *Histoire de l'Algérie de la fin de la Régence turque à l'insurrection de 1954*, Éditions de l'Atlanthrope, 1993.

Yacono (Xavier), « Les premiers prisonniers de l'île Sainte-Marguerite », *Revue d'histoire maghrébine*, 1974, p. 39-61.

黑非洲 / 马达加斯加

Arcin (André), *Histoire de la Guinée française*, Challamel 1911.

Cohen (William), *The French Encounter with African : White Responses to Blacks (1530-1880)*, Bloomington, Indiana University Press, 1980, rééed. 2003.

Ba (Thierno Moctar), *Guerre, pouvoir et société dans l'Afrique occidentale (entre Tchad et Cameroun)*, thèse d'État, Paris, 1985.

Ba (Thierno Moctar), *Architecture militaire traditionnelle et poliorcétique dans le Soudan occidental*, thèse 3ᵉ Cycle, Sorbonne, 1971.

Charbonnel (colonel Henry), *De Madagascar à Verdun, vingt ans à l'ombre de Gallieni*, Karolus, 1962.

Cuttier (Martine), *Portrait du colonialisme triomphant : Louis Archinard, 1850-1932*, Lavauzelle, 2006.

Echenberg (Myron), *Colonial Conscripts. The Tirailleurs sénégalais in West Africa, 1857-1960*, London, James Currey, 1991.

Gatelet (lieutenant), *Histoire de la conquête du Soudan français (1878-1899)*, Berger-Levrault, 1901.

Kanya-Forstner (A.S.), *The Conquest of the Western Sudan. A Study in French military Imperialism*, Cambridge University Press, 1969.

Kanya-Forstner (A.S.), "The French Marines and the Conquest of the Western Sudan", *in* J.A. De Moor et H.L. Wesseling, *op. cit.*, p. 121-145,

Mathieu (Muriel), *La Mission Afrique centrale*, L'Harmattan, 1995.

Michel (Marc), *Les Africains et la Grande Guerre*, Karthala, 2003.

Sané (Sokhna), « Guerre de conquête et contribution à la circulation des armes à feu et des munitions en Afrique occidentale sous domination française », *French Colonial History*, vol. 9, 2002, p. 175-190.

Sané (Sokhna), *Le Contrôle des armes à feu en Afrique occidentale française*, Paris, Karthala, Dakar, Crepos, 2008.

Monteil (lieutenant-colonel Paul-Louis), *Une Page d'histoire militaire coloniale. La colonne de Kong*, Lavauzelle, 1902.

Person (Yves), *Samori, une révolution dyula*, Dakar, IFAN, 1970-1975, 3 vol.

Robinson (David), *La Guerre Sainte d'El-Hadj Omar, le Soudan occidental au milieu du XIXᵉ siècle*, Karthala, 1988.

Saint-Martin (Yves), *Le Sénégal sous le Second Empire, Naissance d'un Empire colonial*, Karthala, 1989.

Saint-Martin (Yves), « L'artillerie d'El Hadj Omar et d'Ahmadou », *Bulletin de l'IFAN*, t. XXVII, série B, 1965, p. 560-572.

Almeida-Topor (Hélène d'), *Histoire économique du Dahomey, 1890-1920*, L'Harmattan, 1995, 2 vol.

Almeida-Topor (Hélène d'), *Les Amazones, une armée de femmes dans l'Afrique précoloniale*, Rochevignes, 1984.

Aublet (Édouard-Edmond, capitaine d'infanterie de marine, officier d'ordonnance du ministre de la Marine), *La Guerre au Dahomey (1888-1893) d'après les documents officiels*, Berger-Levrault, 1894, 2 vol.

Djivo (J.A.), *Gbéhanzin et Agoli-Agbo, le refus de la colonisation dans l'ancien royaume du Danxomé, 1875-1900*, thèse Paris-I, 1979.

Garcia (Luc), *Le Royaume de Dahomé face à la pénétration coloniale (1875-1894)*, Karthala, 1988.

Michel (François), *La Campagne du Dahomey, correspondance d'un commissaire des colonies présentée par son petit-neveu*, L'Harmattan, 2001.

Michel (François), *La Campagne du Dahomey : la reddition de Béhanzin*, Karthala, 2006.

Voisin (Annie), *Un Missionnaire nantais et la colonie du Dahomey. Alexandre Dorgère, 1855-1900*, Afridic, 2005.

Artus (colonel), *Madagascar et les moyens de la conquérir : étude militaire et politique*, Lavauzelle, 1895.

Duchesne (général), *L'Expédition de Madagascar. Rapport fait au ministre de la Guerre le 25 avril 1896*, Lavauzelle, 1897.

Gallieni (général Joseph), *Lettres de Madagascar, 1896-1905*, Société d'Éditions géographiques, maritimes et coloniales, 1928.

Gallieni (général Joseph), *Madagascar. La Vie du Soldat. Alimentation. Logement. Habillement. Soins médicaux*, Chapelot, 1905.

Grandidier (G.), *Le Myre de Vilers, Duchesne, Gallieni, Quarante années de l'histoire de Madagascar*, Société d'Éditions géographiques, maritimes et coloniales, 1924.

Magnabal (général), dir., *Histoire militaire de Madagascar*, Imprimerie nationale, 1931, *in* Exposition coloniale internationale de Paris. *Les Armées françaises d'Outre-Mer*.

Rabemananjara (Raymond William), *Madagascar 1895 : documents politiques et diplomatiques*, L'Harmattan, 1896.

XXX (colonel), *La Vérité sur Madagascar*, Dentu, 1896.

Métayer (Fabrice), *Des Français à la conquête de l'Afrique occidentale. Le regard de Henri Gaden à travers sa correspondance 1894-1899*, www.up.univ-mrs.fr/-wclio-af/numero/9/

亚洲及其他

Bernard (capitaine Fernand), *À l'École des diplomates. La perte et le retour d'Angkor*, Les Œuvres représentatives, 1933.

Bernard (capitaine Fernand), *L'Indochine, erreurs et dangers. Un programme*, Fasquelle, 1901.

Brébion (A.), *Dictionnaire de bio-bibliographie générale, ancienne et moderne, de l'Indochine française*, Société d'Éditions géographiques, maritimes et coloniales, 1935.

Eckert (Henri), *Les Militaires indochinois au service de la France (1859-1939)*, thèse Paris-IV, 1998.

Fourniau (Charles), *Annam-Tonkin, 1885-1896 : lettrés et paysans vietnamiens face à la conquête coloniale*, L'Harmattan, 1989.

Fourniau (Charles), "Colonial Wars before 1914 : The Case of France in Indochina", *in* J.A. De Moor et H.L. Wesseling, *op. cit.*, p. 72-86.

Fourniau (Charles), *Vietnam. Domination coloniale et résistance nationale, 1858-1914*, Les Indes Savantes, 2002.

Gaudel (lieutenant), *Du Transport de l'artillerie au Cambodge. Colonne expéditionnaire de 1885-1886*, L. Baudouin, 1889.

Guérin (Mathieu), *Des Casques blancs sur le plateau des herbes : la pacification des aborigènes des hautes terres du Sud-Indochinois, 1859-1940*, thèse Paris-7, 2004.

Hocquard (docteur), *Une Campagne au Tonkin* [1892], Arléa, 1999. Texte présenté et annoté par Philippe Papin.

Lecomte (capitaine), *Le guet-apens de Bac-Lé (23-24 juin 1884)*, Berger-Levrault, 1890.

Lecomte (commandant), *La Vie militaire au Tonkin*, Berger-Levrault, 1893.

Lecomte (commandant), attaché à l'EM du corps expéditionnaire du Tonkin, *Lang Son, combats, retraite et négociations*, Lavauzelle, 1895.

Loiseau de Grandmaison (Louis), *L'Expansion française au Tonkin. En territoire militaire*, Plon-Nourrit, 1898.

« Manuel tactique à l'usage des troupes de l'Indochine », *RTC*, 1921, p. 34-63, 142-182, 229-245, 331-339, 433-466, 515-540.

Menditte (Charles de), *La Vie militaire dans le Haut Tonkin (1895-1897)*, rééd., SHAT, 2003.

Rives (Maurice) et Deroo (Éric), *Les* Linh Tâp. *Histoire des militaires indochinois au service de la France (1859-1960)*, Lavauzelle, 1999.

Avenel (Jean-David), *L'Affaire du Rio de la Plata (1838-1852)*, Economica, 1998.

Avenel (Jean-David), *La Campagne du Mexique (1862-1867), la fin de l'hégémonie européenne en Amérique du Nord*, Economica, 1996.

Saussol (Alain), *L'Héritage, essai sur le problème mélanésien en Nouvelle-Calédonie*, Publications de la Société des Océanistes, 1979.

英国

概论

Anderson (David M.) and Killingray (David), *Policing the Empire. Government, Authority and Control, 1830-1940*, Manchester University Press, 1991.

Army Journal of the British Empire, institué en avril 1904 par l'*Army Council*.

Arthur (George), *Life of Lord Kitchener*, s.l., MacMillan, 1920, 3 vol.

Barclay (Glen St John), *The Empire is marching. A study of the British Military effort, 1800-1945*, London, Weidenfeld and Nicolson, 1976.

Barthorp (Michael), *Queen's Victoria Commanders*, London, Osprey, 2000.

Barthorp (Michael), *The British Army on campaign, 1816-1902*, London, Osprey, 1987.

Black (Jeremy), *The British Seaborne Empire*, New Haven, Yale University Press, 2004.

Bond (Brian J.), ed., *Victorian Military Campaigns*, London, Hutchinson, 1967.

Bond (Brian J.), *The Victorian Army and the Staff College*, London, Eyre Methuen, 1972.

Bond (Brian J.), "Colonial Wars and primitive expeditions", *in* Young (brigadier P.) and Lawford (lieutenant-colonel P.J.), *History of the British Army*, A. Barker, 1970.

Butler (lieutenant-general sir William F.), *Charles George Gordon*, s.l., McMillan, 1907.

Cambridge History of the British Empire, Cambridge University Press, 1929-1959.

Cell (John W.), *British Colonial Administration in the 19th Century : the Policy-Making Process*, New Haven, Connecticut, 1970.

Chandler (David), ed., *The Oxford illustrated History of the British Army*, London, BCA, 1994.

Chausson (intendant militaire), *La Réorganisation, l'administration et le budget de l'armée anglaise*, Lavauzelle, 1904 (extrait de la *Revue du service de l'Intendance*).

Churchill (Winston), *My Early Life*, London, MacMillan, 1944.

Clayton (Anthony), *The British Officer. Leading the Army from 1660 to the Present*, Harlow, Pearson-Longman, 2007.

Dennis (P.) and Preston (A.), ed., *Soldiers and Statesmen*, London, Croom Helm, 1976.

English Historical Documents, vol. XII, 1874-1914, London, Eyre and Spottiswood, 1977.

Disraeli (Benjamin), *Sybil, or the Two Nations* [1845], Penguin Books, 1980.

Elridge (C.C.), *England's Mission. The Imperial Idea in the Age of Gladstone and Disraeli*, London, MacMillan, 1982.

Escarpit (Robert), *Rudyard Kipling, grandeurs et servitudes impériales*, Hachette, 1955.

French (David), *Raising Churchill's Army : the War against Germany, 1919-1945*, Oxford University Press, 2000.

Gilmour (David), *The long recessional : the imperial life of Rudyard Kipling*, London, John Murray, 2002.

Graves (Robert), *Goodbye To All That*, London, Cassell and Co, 1958.

Gwynn (Major-General Charles W.), *Imperial Policy*, London, McMillan, 1934.

Harries-Jenkins (Gwyn), *The Army in Victorian Society*, London, Routledge and Kegan Paul, 1977.

Haythornthwaite (Philip), *The Colonial Wars Source Book*, London, Arms and Armours, 1995.

Herbertson (A.J.) and Howarth (O.J.R.), *The Oxford Survey of the British Empire*, Oxford, Clarendon Press, 1914, (6 volumes).

Hernon (Ian), *Britain's Forgotten Wars. Colonial Campaigns of the 19th Century*, Stroud, Sutton, 2003.

History of the Times (The). *The Tradition Established, 1841-1884*, London, *The Office of the Times*, 1939.

Hilton (Boyd), *A Bad, Mad and Dangerous People, England, 1783-1846*, Oxford, Clarendon Press, 2006.

James (Lawrence), *The Rise and Fall of the British Empire*, London, Abacus, 1994.

Judd (Denis), *Empire, the British Imperial Experience from 1765 to the Present*, London, Harpers Collins, 1996.

Kennedy (Dane K.), *The Highly Civilized Man : Richard Burton and the Civilized World*, Harvard University Press, 2005.

Keown-Boyd (Henry), *A good dusting : a centenary review of the Sudan campaign, 1883-1899*, London, Cooper in association with Secker and Warburg, 1986.

Kipling (John Rudyard), *The Complete Verse*, London, Kyle Cathie, 1990.

Kipling (John Rudyard), *War Stories and Poems*, Oxford University Press, 1990.

Kochanski (Halik), *Sir Garnet Wolseley*, London, Hambledon Press, 1999.

Levine (Philippa), *The British Empire : Sunrise to Sunset*, Harlow, Pearson Longman, 2007.

Mac Dougall, *Considérations nouvelles sur l'art de la guerre chez les Anglais*, Poitiers, Henri Houdin, 1862.

Morgan (Gerald), "Myth and Reality : the Great Game", *Asian Affairs*, LX, Feb. 1973.

Omissi (David), *Air Power and Colonial Control : the RAF, 1919-1939*, Manchester University Press, 1990.

The Oxford History of the British Empire, Oxford University Press, 1999, 4 vol.

Raugh (Harold E., Jr.), *The Victorians at War. An Encyclopedia of British Military History*, Santa Barbara, California, ABC/CLIO, Denver, Colorado, Oxford, 2004.

Seeley (John Robert), *L'Expansion de l'Angleterre*, trad. par J.B. Baille et A. Rambaud, A. Colin, 1896.

Snape (Michael), *The Redcoat and the Religion : the Forgotten History of the British Soldier, from the Age of Marlborough to the Eve of the First World War*, New York, Routledge, 2005.

Spiers (Edward M.), *The Army and Society, 1815-1914*, London, Longman, 1980.

Spiers (Edward M.), *The Late Victorian Army*, Manchester University Press, 1992.

Spiers (Edwards M.), *The Victorian Soldier in Africa*, Manchester University Press, 2004.

Reid (William Holden), *Studies in British Military Thought, Debates with Fuller and Liddell Hart*, Lincoln, University of Nebraska Press, 1998.

Royle (Trevor), *Fighting Mac, the Downfall of Major-General Sir Hector Mac-Donald*, Edinburgh, Mainstream Publishing, 2003.

Shen Lien-Chih, *Rôle du général George Gordon dans la répression de l'insurrection des Thaï Phing (mars 1863-juin 1864)*, Thèse, Université de Lyon, 1933.

Starchey (Lytton), *Victoriens éminents* [1918], Gallimard, 1933.

Warner (Philip), *Field Marshall Earl Haig*, London, Bodley Head, 1991.

Wolseley (Garnet), *The Story of a Soldier's Life*, London, Constable, 1903, 2 vol.

非洲

Brackenbury (Henry), *The Ashanti war. A Narrative*, Edinburgh, Blackwood, 1874; reprint, Frank Cass, 1968.

Bujac (commandant E.), *Précis de quelques campagnes contemporaines*, Lavauzelle, 1893-1901, 5 vol.

Clayton (Anthony) and Killingray (David), *Khaki and blue : Military and police in British colonial Africa*, Athens, Ohio, University Center for International studies, 1989.

Chevallier (Bernard), Dancoisne-Martineau (Michel), Lentz (Thierry), dir., *Sainte-Hélène, île de mémoire*, Fayard, 2005.

Knight (Ian), *Great Zulu Battles, 1838-1906*, London, Cassel, 1998.

Laband (John), *Kingdom in Crisis : the Zulu response to the British Invasion of 1879*, Manchester University Press, 1992.

Laband (John), *The Transvaal Rebellion : the First Boer War*, London, Pearson Education, 2005.

Maurice (John Frederick)[*Daily News* special correspondent], *The Ashantee War : A popular Narrative*, London, H.S. King and Co, 1874.

Morris (D.R.), *The Washing of the Spears*, London, 1986.

Scholtz (Leopold), *Why the Boers lost the War*, New York, Palgrave Macmillan, 2005.

Septans (lieutenant-colonel), *Les Campagnes des Anglais en Afrique*, Lavauzelle, 1897.

Badsey (Stephen), "The Boer War (1899-1902) and British Cavalry Doctrine : A Re-Evaluation", *The Journal of Military History*, January 2007, 71, p. 75-97.

Bonnal (général), *La récente guerre sud-africaine et ses enseignements*, Chapelot, 1903.

De Wet (Christian de), *Trois ans de guerre*, Paris, *s.l.*, 1903.

Dor de Bernonville (Isabelle), «La petite guerre sud-africaine (1900-1902)», *RHA*, 2ᵉ trimestre 2003, p. 55-65.

Fournier (capitaine), *La Guerre sud-africaine, publiée sous la direction du 2ᵉ bureau de l'état-major*, Chapelot, 1903.

Kotek (J.) et Rigoulot (P.), *Le Siècle des camps : détention, concentration, extermination, cent ans de mal radical*, Lattès, 2000.

Nasson (Bill), *The South African Wars, 1899-1902*, London, Arnold, 1999.

Pakenham (Thomas), *The Boer War*, London, Weidenfeld and Nicolson, 1979.

Teulié (Gilles), *Les Afrikaans et la guerre anglo-boer (1895-1902), étude des cultures populaires et des mentalités en présence*, Presses de l'Université Montpellier-III, 2000.

埃及/苏丹

Beckett (Ian F.W.), "Kitchener and the Politics of Command", *in* Edward M. Spiers, ed., *Sudan*, p. 35-53.

Brackenbury (Henry), *The River Column. A Narrative of the Advance of the River Column of the Nile expeditionary Force, and its Return from the Rapids*, 1885, reprint, Nashville, Battery, 1993.

Delebecque (Jacques), *Gordon et le drame de Khartoum*, Hachette, 1935.

Dunn (John P.), *Khedive Ismail's Army*, London and New York, Routledge, 2005.

Fahmy (Ahmed), *All the Pasha's Men : Mohamed Ali, his Army and the Making of Modern Egypt*, Cambridge University Press, 1997.

Harrington (Peter), "Images and Perceptions : Visualising the Sudan Campaign", *in* Edward M. Spiers, ed., *Sudan*, p. 82-101.

McGregor (Andrew), *The Military History of Egypt, from the Ottoman Conquest to the Ramadan War*, Wesport, Conn., Praeger Security International, 2006.

Maurice (John Frederick), *Military History of The Campaign of 1882 in Egypt*, *s.l.*, 1887.

Nicoll (Fergus), *The Mahdi of the Sudan and the Death of the General Gordon*, Sutton Publishing, 2005.

Spiers (Edwards M., ed.), *Sudan : The Conquest Reappraised*, London, Frank Cass,1998.

Wilson (Keith), "Young Winston Addisonian Conceit : a Note on 'The Nile War' Letters", *in* Edward M. Spiers, ed., *Sudan*, p. 223-228.

Wolseley (Garnet Joseph), *In Relief of Gordon, Lord Wolseley's campaign journal of the Khartoum Relief Expedition, 1884-1885*, ed. by Adrian Preston, London, Hutchinson, 1967.

Zaccaria (Massimo), *« Il Flagello degli Schaivisti » Romolo Gessi in Sudan (1874-1881), con trentatre lettere e dispacci inediti*, Ravenna, Fernandel, 1999.

印度

Allen (Charles), *Soldier Sahibs, the Men who made the North West Frontier*, London, Abacus, 2000.

Barthorp (Michael), *Afghan Wars and the West Frontier, 1839-1947*, London, Cassell, 2002.

Barrow (Ian J.), *Making History, Drawing Territories : English Mapping in India, 1765-1905*, New Dehli, Oxford University Press, 2005.

Barton (William), *India's North West Frontier*, London, John Murray, 1939.

Barua (Pradeep P.), *Gentlemen of the Raj. The Indian Army Officer Corps, 1817-1949*, London, Praeger, 2003.

Barua (Pradeep), "Inventing Races, the British and India's martial races", *The Historian*, n 58, 1995, p. 107-116.

Chailley-Bert (Joseph), *L'Inde britannique*, A. Colin, 1910.

Chailley-Bert (Joseph), *La Colonisation de l'Indo-Chine, l'expérience anglaise*, A. Colin, 1892.

Churchill (Winston), *Frontiers and Wars : his four early books, covering his life as soldier and war correspondent*, Harmondsworth, Penguin Books, 1972.

De Witt C. Elinwood Jr., *Between two Worlds : a Radjput Officer in the Indian Army, 1905-1921. Based on the Diary of Amar Singh of Jaipur*, Lanham, Md, Rowman and Littlefield, 2005.

Dilks (David), *Curzon in India*, London, Rupert Hart Davis, 1969-1970, 2 vol.

Dodwell (Henry Herbert), ed., *The Cambridge History of British Empire*, vol. IV, *British India, 1497-1858*, Cambridge University Press, 1929.

Dodwell (Henry Herbert), *The Cambridge History of India*, vol. V, *The Indian Empire, 1858-1918*, Dehli, Chand and Co, 1958.

Durand (colonel), *The Making of a Frontier*, Thomas Nelson and Sons, sd. [1900].

Grover (B.L.) et Grover (S.), *A New Look at Modern History of India*, New Dehli, Ram Nagar, 1998.

Gurbir Mansiry (lieutenant general), *French Military influence in India*, New Delhi, United Service Institution in India/Knowledge World, 2006.

Hibbert (Christopher), *The Great Mutiny. India 1857*, Allen Lane, Penguin, 1978.

Holdich (Colonel Sir T. Hungerford), *The Indian Borderland, 1880-1900*, London, Methuen, 1901.

Holmes (Richard), *Sahib, the British Soldier in India*, London, Harpers Collins, 2005.

Hopkirk (Peter), *The Great Game. On Secret Service in High Asia*, London, John Murray, 1990.

James (Lawrence), *Raj. The Making and Unmaking of British India*, London, Abacus, 2003.

Kayes (John William), *History of the War in Afghanistan*, London, Richard Bentley, 1851 (revised, 1874), 2 vol.

Kayes (John William), *Lives of Indian Officers*, Ludgate Hill, A. Strahan and Co, 1867, 2 vol.

Lafont (Jean-Marie), « Observations sur la présence militaire française dans les États indiens (1750-1849) », *in* Weber (Jacques), dir., *Les Relations entre la France et l'Inde de 1673 à nos jours*, Les Indes Savantes, 2002, p. 119-153.

Lafont (Jean-Marie), *La Présence française dans le royaume sikh du Penjab*, 1822-1849, EFEO, 1992.

Mason (P.). *A Matter of Honour : an account of the Indian Army, its officers and men*, London, Jonathan Cape, 1974.

Miller (Charles), *Khyber, British India's North West Frontier : The Story of an Imperial Migraine*, New York, Mac Millan, 1977.

Menezes (S.L.), *The Indian Army. From the Seventeenth to the Twenty-first Century*, Delhi, Vikas, 1993.

Moreman (R.), *The Army in India and the Development of frontier Warfare, 1849-1847*, New York, Saint Martin's Press, 1999.

Omissi (David), *The Sepoy and the Raj : the Indian Army, 1860-1940*, London, MacMillan, 1994.

Robson (Brian), *The Road to Kabul. The Second Afghan War, 1878-1881*, London, Arms and Armour, 1986.

Septans (lieutenant-colonel), *Les Expéditions anglaises en Asie. Organisation de l'armée des Indes (1859-1895). Lushai Expédition (1871-1872). Les Trois campagnes de Lord Roberts en Afghanistan (1878-1880). Expédition de Chitral (1895)*, Lavauzelle, 1897.

Stanley (Peter), *The White Mutiny : British Military Culture in India*, New York University Press, 1998.

Stevens (lieutenant-colonel), *Fourth Indian Division*, Toronto, Mc Laren and Son, s.d. [1947].

Strachey (Sir John, GCSI), *India, its administration and Progress*, London, McMillan and Co, 1903.

Warren (Édouard de), *L'Inde anglaise avant et après l'insurrection de 1857* [1857], Kailash, 1994, 2 vol.

Taylor (Meadows), *The Student's Manuel of Indian History*, Longman, 1870.

Wilkinson-Latham (C.), *The Indian Mutiny*, London, Osprey, 1977.

Younghusband (Francis), *Indian Frontier Warfare*, London, Kegan Paul, 1898.

大洋洲

Belich (James), *The New Zealand Wars and the Victorian Interpretation of Racial Conflict*, Auckland University Press, 1986.

意大利

Baldissera (lieutenant-général), *Rapport sur les opérations militaires de la campagne d'Afrique*, Lavauzelle, sd.

Baratieri (O.), *Mémoires d'Afrique*, Delagrave, sd.

Bourgin (Georges), « Crispi (Francesco) », in *Les Politiques d'expansion impérialistes*, PUF, 1949, p. 123-156.

Ceva (Lucio), *Storia Delle Forze Armate in Italia*, Torino, Utet, 1999.

Clark (Martin), *Modern Italy, 1871-1982*, New York and London, Longman, 1984.

Del Boca (Angelo), *Gli Italiani in Africa Orientale*, 4 vol. Vol. 1, *Gli Italiani in Africa Orientale dell' Unità a la Marcia su Roma*, Roma-Bari, Laterza, 1976.

Del Boca (Angelo), *Tripoli bel suol d'amore 1860-1922*, vol 2 de *Gli Italiani in Libia*, Roma, Laterza, 1968.

Del Boca (Angelo), *Italiani Brava Gente ?* Vicenza, Neri Pozza Editore, 2005.

Gooch (John), *Army, State and Society in Italy, 1870-1975*, New-York, Saint Martin's, 1989.

Grange (Daniel), *L'Italie et la Méditerranée (1896-1911)*, École française de Rome, 1994, 2 volumes.

Hess (Robert), *Italian Colonialism in Somalia*, Chicago University Press, 1966.

Luzeux (général), *Études critiques sur la guerre entre l'Italie et l'Abyssinie*, Lavauzelle, s.d. [1897].

Malgeri (F.), *La Guerra Libica*, Rome : edizioni di Storia e Letteratura, 1970.

Pécoud (Gilles), *La Naissance de l'Italie contemporaine*, Nathan, 1997.

Petitin (lieutenant-colonel), *La Bataille d'Adoua, étude tactique*, Chapelot, 1901.

Romano (S.), *La quarta sponda : la guerra di Libia, 1911-1912*, Milan : Bompiani, 1977.

Rapport du général Lamberti, vice-gouverneur de l'Érythrée, sur la bataille d'Adoua (1e mars 1896), Lavauzelle, s.d. [traduction du rapport officiel ; sentence du tribunal militaire].

Wilkias (Paulos) and Getachew (Metaferia), *The Battle of Adowa. Reflection on Ethiopia's Historic Victory Against Colonialism*, New York, Algora Publishing, 2005.

荷兰

Benda (Harry J.), "Christiaan Snouck Hurgronje and the Foundation of Dutch Islamic Policy in Indonesia", *Journal of Modern history*, XXX, 1958, p. 338-347.

Bertrand (Romain), *État colonial, noblesse et nationalisme à Java. La Tradition parfaite*, Karthala, 2005.

Bloembergen (Marieke), *Colonial Spectacles. The Netherlands and the Dutch Indies at the World Exhibitions, 1880-1931*, Singapore university Press.

Boogard (F.-H.), colonel d'artillerie hollandaise en retraite, *L'Expédition de Lombok*, Baudoin, 1896 (extrait du *Journal des Sciences militaires*).

Chailley-Bert (Joseph), *Java et ses habitants*, A. Colin, 1900.

Collet (Octave J.A.), *Terres et peuples de Sumatra, Amsterdam*, Elsevier, 1925.

Dabry de Thiersant (Philibert), *L'Armée coloniale de l'Inde néerlandaise*, Baudoin, 1885.

Damais (Louis-Charles), « Arthur Rimbaud à Java », *Bulletin de la Société des Études indochinoises*, XLII, n° 4, Saïgon, 1967, p. 335-339.

De Moor (J.A.), « Un des premiers manuels sur la guérilla hors d'Europe : les guerres des Indes de P.F. Vermeulen Krieger », *Stratégiques*, n° 85, 2005, p. 193-210.

Dobbin (C.), *Islamic Revivalism in Changing Peasant Economy. Central Sumatra 1784-1840*, Copenhagen, 1983.

Gerlach (A.J.A.), capitaine d'artillerie au service de SM le Roi des Pays-Bas, *Fastes militaires des Indes orientales néerlandaises*, Zalt-Bommel, Noman et fils, 1859.

Hurgronje (Snouck), *The Achehnese*, Leiden, E.J. Brill, 1906.

Kalus (Ludvik), « Récits d'un médecin militaire tchèque à Aceh et en pays Batak (1878-1883) », *Archipel 72, Récits sur le Monde insulindien*, 2006, p. 239-249.

Kossmann (E.-H.), *The Low Countries, 1780-1960*, Oxford, Clarendon Press, 1978.

Kuitenbrouwer, *The Netherlands and the Rise of Modern Imperialism : Colonies and Foreign Policy*, Oxford, Berg, 1991.

Lahure (général baron), *Souvenirs militaires. Indes orientales. Îles des Célèbes*, Dumaine, 1880.

Lombard (Denys), *Le Carrefour javanais, essai d'histoire globale*, EHESS, 1990.

Nel (capitaine), « L'évolution nécessaire des troupes coloniales, armée des Indes Orientales et Armée d'Afrique », *RTC*, juillet-décembre 1911, pp. 267-276.

Petit (major W.-L. de), de l'EM hollandais, *La Conquête de la vallée d'Atchin par les Hollandais*, Baudoin, 1891.

Reid (Anthony), *The Contest for Northern Sumatra, Acheh, the Netherlands and Britain, 1858-1898*, Kuala-Lumpur, OUP/UMP, 1969.

Soekarno (Ahmed), *An Autobiography as told to Cindy Adams*, New-York, The Bobbs-Merril C°, 1965.

Tarling (Nicholas), *British Policy in the Malay Peninsula and Archipelago, 1824-1871*, London, Oxford University Press, 1969.

Teitler (G.), *The Dutch Colonial Army in Transition : the Militia Debate, 1900-1921*, Rotterdam, Faculty of Social Sciences, Erasmus University, 1980.

Teitler (G.), "Manpower Problems and Manpower Policy in the Dutch Colonial Army, 1860-1920", *Acta Politica*, 14, 1979, p. 71-94.

Temminck (Coenraad Jacob), *Coup d'œil général sur les populations hollandaises dans l'Inde archipelagique*, Leyde, A. Arnz, 1849, 3 vol.
Trotter (major J.K.), de l'EM anglais, *The armed Strength of Netherlands and their Colonies*, London, Stationery Office, 1887.
Van der Kraan, Lombok, *Conquest, Colonization and Underdevelopment*, ASAA, Southeast Asian Publications Series, Singapore, 1980.
Wertheim (W.F.), "Counter-Insurgency Research at the Turn of the Century: Snouck Hurgronje and the Acheh War", *Sociologische Gids* 19, 1972, p. 320-328.

葡萄牙

Clarence-Smith (Gervase), *The Third Portuguese Empire 1825-1975. A study in Economic Imperialism*, Manchester University Press, 1985.
Enders (Armelle), *Histoire de l'Afrique lusophone*, Chandeigne, 1994.
Gonnard (R.), *La Conquête portugaise, découvreurs et économistes*, Librairie de Médicis, 1947.
Hammond (R.J.), *Portugal and Africa, 1815-1910 : a Study in uneconomic Imperialism*, Standford University Press, 1985.
Marques de Oliveira (Antonio Henrique), *Histoire du Portugal et de son empire colonial*, Karthala, 1976, 2 vol.
Pélissier (René), *Les Campagnes coloniales du Portugal, 1844-1941*, Pygmalion, 2004.
Pélissier (René), *Les Guerres grises. Résistances et révoltes en Angola (1845-1941)*, Orgeval, Pélissier, 1977.
Pélissier (René), *Naissance de la Guinée. Portugais et Africains en Sénégambie (1841-1936)*, Orgeval, Pélissier, 1989.
Pélissier (René), *Naissance du Mozambique. Résistances et révoltes anticoloniales (1854-1918)*, Orgeval, Pélissier, 1984, 2 vol.
Pélissier (René), *Timor en guerre. Le crocodile et les Portugais (1847-1913)*, Orgeval, Pélissier, 1996.
Dianoux (Jean de), *L'Afrique portugaise dans l'œuvre de René Pélissier*, INALCO, 1989.

俄国

概论

Agoston (Gabor), *Guns for the Sultan : Military Power and the Weapons Industry in the Ottoman Empire*, Cambridge University Press, 2006.
Bassin (Mark), *Imperial Visions. Nationalist Imagination and Geographical Expansion in the Russian Far East, 1840-1965*, Cambridge University Press, 1999.
Bennigsen (Alexandre), *Tsarisme, Bolchevisme, Stalinisme, vingt regards d'historiens*, Institut d'études slaves, 1990.

Bensidoun (S.), *Alexandre III*, 1990.

Besançon (Alain), *Éducation et société en Russie dans le deuxième tiers du XIXe siècle*, Éditions de l'EHESS, 1974.

Bushnell (John), "The Tsarist Officer Corps (1881-1914): Customs, Duties, Inefficiency", *American Historical Review*, October 1981, p. 753-780.

Carrère d'Encausse (Hélène), *L'Empire d'Eurasie. Une histoire de l'empire russe de 1552 à nos jours*, Fayard, 2005.

Carrère d'Encausse (Hélène), *Réforme et révolution chez les Musulmans de l'empire russe*, Presses de la FNSP, 1984.

Chtcherbatov (général prince), *Le Feld-maréchal prince Paskévitsch : sa vie politique et militaire, d'après des documents inédits*, traduit par « un Russe », Saint-Pétersbourg, imp. Trenké et Pusnot, 1888-1893, 4 vol.

Curtiss (J.S.), *The Russian Army under Nicholas I, 1825-1855*, Durham, NC, 1965.

Custine (Astolphe, marquis de), *La Russie en 1839*, Bruxelles, Société typographique belge.

Dostoïevski (Fédor), *Journal d'un écrivain*, trad. G. Aucouturier, Gallimard, 1972, coll. La Pléiade.

Dussieux (Louis-Étienne), *Forces et faiblesses de la Russie au XIXe siècle au point de vue militaire : études géographiques et statistiques*, C. Tanera, 1854.

Emerit (Marcel), « L'influence russe et croate sur la colonisation militaire à l'époque de Bugeaud », *Revue française d'histoire d'outre-mer*, 1959, p. 85-96.

Fuller (William C., Jr.), *Civil-Military Conflict in Imperial Russia, 1881-1914*, Princeton University Press, 1985.

Fuller (William C., Jr.), *Strategy and Power in Russia, 1600-1914*, New York, The Free Press, 1992.

Geyer (D.), *Russian Imperialism. The Interaction of Domestic and Foreign Policy, 1860-1974*, New Haven, Yale University Press, 1987.

Haule (Sébastien), « Us et coutumes adoptés dans nos guerres d'Orient. L'Expansion coloniale russe et l'expédition d'Alger », *Cahiers du Monde russe*, janvier-juin 2004, p. 293-320.

Hosking (Geoffrey) and Service (Robert), ed., *Russian Nationalism, Past and Present*, London, McMillan, New York, Saint Martin's Press, 1998.

Kappeler (Andreas), *La Russie, empire multiethnique*, Institut d'Études slaves, 1994.

Keep (John L.H.), *Soldiers of the Tsar. Army and Society in Russia, 1462-1874*, Oxford, Clarendon Press, 1985.

Kolarz (Walter), *La Russie et ses colonies*, Fasquelle, 1954.

Layton (Susan), *Russian Literature and Empire : Conquest of the Caucasus, from Pushkin to Tolstoy*, Cambridge University Press, 1994.

Lessar (Pavel Mikhaïlovitch), *De la construction des chemins de fer en temps de guerre, lignes construites par l'armée russe pendant la campagne de 1877-1878*, E. Lacroix, s.d.

MacKenzie (David), « The Conquest and Administration of Turkestan », *in* Rywkin (Michael), ed., *Russian Colonial Expansion to 1917*, London, Mansell, 1988, p. 216-217.

Miller (Forrest A.), *Miliutin and the Reform Era in Russia*, Nashville, Tennessee, 1986.

Meyendorff (baron A.), *Correspondance diplomatique M. de Staal, 1884-1900*, M. Rivière, 1929.

Niessel (Commandant), *Les Cosaques*, Lavauzelle, 1898.

Nolde (B.), *La Formation de l'empire russe*, Institut d'études slaves, 1952, 2 vol.

Obolenski (Chloé), *The Russian Empire. A portrait in Photographs*, London, Jonathan Cape, 1980.

Orain (Olivier), « La Géographie russe (1845-1917) à la lumière de l'historiographie soviétique », *L'Espace géographique*, 1996, p. 217-232.

Pidoll (baron Carl von), *Quelques mots sur la colonisation militaire russe comparée aux frontières militaires de l'Autriche*, 1847.

Pipes (Richard), "The Russian military Colonies, 1810-1831", *Journal of Modern History*, 22, 1950, p. 205-219.

Raeff (Marc), « Un Empire comme les autres ? » *Cahiers du Monde russe et soviétique*, juillet-décembre 1985, p. 321-328.

Reclus (Élisée), « L'Asie russe », *Nouvelle géographie universelle*, rome VI, Hachette, 1881.

« Regards sur l'anthropologie soviétique », *Cahiers du Monde russe*, 1990, 31/2-3 contient un article de Wladimir Berelowitch sur les origines de l'ethnographie russe.

Rey (Marie-Pierre), *De la Russie à l'Union soviétique : la construction de l'empire. 1462-1953*, Hachette, 1994.

Rieber (A.J.), *The Politics of Autocracy : Letters of Alexander II to Prince A.I. Bariatinskii, 1857-1864*, Études sur l'histoire, l'économie et la sociologie des pays slaves, Paris, La Haye, 1966.

Rywkin (Michael), ed., *Russian Colonial Expansion to 1917*, London, Mansell, 1988.

Seton-Watson, *The Russian Empire, 1801-1917*, Oxford, Clarendon Press, 1967.

Schnitzler, *L'Empire des tsars au point actuel de la Science*, Berger-Levrault, 1866, 3 volumes.

Simpson (Mark S.), *The Officer in Nineteenth Century Russian Literature*, Washington, University Press of America, 1981.

Stone (David R.), *A Military History of Russia From Ivan The Terrible to the War in Chechnya*, Westport, Conn., Praeger Security International, 2006.

Tanski (Joseph), *Tableau statistique, politique et moral du système militaire de la Russie*, Heideloff et Campé, 1833.

Thaden (E.), *Nationalism in XIXth Century Russia*, Seattle, University of Washington Press, 1964.

Tolstoï (Léon), « Les Cosaques (1852) – L'Incursion (1852) – La Coupe en forêt (1854-1855) », in *Œuvres Complètes*, t. 3, Stock, 1902, « Sébastopol-Une Rencontre au détachement-Deux Hussards-Préface inédite », *Œuvres complètes*, t. IV, Stock, 1903.

Tolstoï (Léon), *Journaux et Carnets (1847-1889)*, Gallimard, 1979, coll. La Pléiade.

Weil (Maurice-Henri), *Les Forces militaires de la Russie*, Dumaine, 1881, 2 vol.

Turgenev (Tourguéneff), N.I, *La Russie et les Russes*, Bruxelles, Ledoyen, 1847, 3 vol..

Yemelianova (Galina), *Russia and Islam, a Historical Survey*, London, Palgrave, 2002.

领土

Allen (William Edward) and Muratoff (Paul), *Caucasian Battlefield, History of the Wars on the Turco-Caucasian Border, 1828-1921*, Cambridge University Press, 1953.

"A Narrative of the Russian Expedition to Khiva under General Perofski in 1839, Translated from the Russian for the Foreign Department of the Government in India, Calcutta, 1867", *in* Martin Ewans, ed., *The Great Game, Britain and Russia in Central Asia*, vol. VIII, London and New York, Routledge, 2004.

Allworth (Edward), ed., *Central Asia: A Century of Russian Rule*, New York, 1967.

Atkin (Muriel), *Russia and Iran, 1780-1828*, University of Minnesota Press, 1980.

Bacon (Elizabeth), *Central Asia under Russian Rule. A Study in Cultural Change*, Ithaca, New York, Cornell University Press, 1998.

Baddeley (John Frederick), *The Russian conquest of the Caucasus*, Longmans, Green, 1908.

Beckendorff (Constantin), *Souvenirs intimes d'une campagne au Caucase pendant l'été de 1845*, Paris, 1858.

Becker (Seymour), *Russia's protectorates in Central Asia: Bukhara and Khiva, 1865-1924*, Cambridge, Massachussets, Harvard University Press, 1968.

Benningsen (Alexandre), « Un Témoignage français sur Chamil et les guerres du Caucase », *Cahiers du monde russe*, VII (1966), p. 311-322.

Benningsen (Alexandre), "Muslim Guerrilla Warfare in the Caucasus", *Central Asian Survey*, July 1983, p. 45-46.

Bessaïh (Boualem), *De l'émir Abd el-Kader à l'imam Chamyl, le héros des Tchétchènes et du Caucase*, Alger, Dahlab, 1997.

Blanch (Lesley), *Les Sabres du Paradis*, Lattès, 1990 (trad. fr.)

Boulangier (Edgar), « Chemin de fer transcaspien, rapport à M. le ministre des Travaux Publics », *Revue du Génie militaire*, avril-juin 1887.

Canard (M.), « Chamil et Abd El-Kader », *Annales de l'Institut d'Études orientales de la Faculté des Lettres d'Alger*, XIV (1956), p. 231-256.

Carrère d'Encausse (Hélène), *Réforme et révolution chez les Musulmans de l'empire russe*, Presses de la FNSP, 1984.

Carrère d'Encausse (Hélène), *L'Empire d'Eurasie*, Le Livre de Poche, 2005.

Coquin (François-Xavier), *La Sibérie, peuplement et immigration paysanne au XIXᵉ siècle*, Institut d'études slaves, 1898.

Curtiss (John), *The Russian Army under Nicholas I, 1825-1855*, Durham, N.C., 1965.

Curzon (George Nathaniel), *Russia in Central Asia and the Anglo-Russian Question*, Longmans, 1889.

Demko (G.), *The Russian Colonization of Kazakhstan, 1896-1916*, Bloomington, Indiana University Press, La Hague, Mouton and Co, 1969.

Donnely (Alton), "The Mobile Steppe Frontier", *in* Michael Rywkin, ed., *Russian Colonial Expansion to 1917*, p. 201-203.

Ewans (Martin), dir., *The Great Game, Britain and Russia in Central Asia*, Oxon, New York, RoutledgeCurzon, 8 vol.

Ewans (Martin), dir., *Great Powers Rivalry in Central Asia 1842-1880*, Oxon, New York, RoutledgeCurzon, 6 vol.

Ewans (Martin), *Great Powers Rivalry in Central Asia 1842-1880*, vol. I, *Documents*, 2006.

Gammer (M.), *Muslim Resistance to the Tsar. Shamil and the conquest of Chechnya and Daghestan*, London, Routledge, 1994, reed. Frank Cass, 2005.

Gorenina (Svetlana), « Voyages francophones en Asie centrale de 1860 à 1932 », *Cahiers du monde russe*, 39 (3), juillet-septembre 1998, p. 361-374.

Hopkirk, *The Great Game*, Oxford University Press, 1999.

Jan (M.), *Le Voyage en Asie centrale*, Laffont, 2001.

Karam (Patrick), Mourgues (Thibaut), *La Guerre du Caucase, des tsars à la Tchétchénie*, Perrin, 1995.

Koechlin (René), *Voyage en Asie Centrale, Paris-Samarkand, 1888*, La Nuée Bleue, 2002.

Lebedev (capitaine Viktor T.), *Russes et Anglais en Asie centrale. Vers l'Inde. Esquisse militaire statistique et politique. Projet de campagne russe.* Traduit du russe par le capitaine du génie Cazalas, de l'EM de la 18e division d'infanterie. Chapelot, 1900. [il est précisé dans la préface que ce Lebedev est officier de grenadiers de la garde impériale russe, et que son livre *Vers l'Inde* a obtenu une « recommandation spéciale » de l'état-major russe ; il a écrit aussi un livre sur *Les Lignes d'opérations probables en cas de guerre de l'alliance franco-russe avec la triplice*].

Le Donne (John P.), « La Réforme de 1883 au Caucase », *Cahiers du monde russe et soviétique*, VII, 1967, p. 21-35.

Lesure (Michel), « La France et le Caucase à l'époque de Chamil à la lumière des dépêches des consuls français », *Cahiers du monde russe et soviétique*, 1978, p. 5-65.

Liskenne (François-Charles), *La Russie en Asie mineure : campagnes du maréchal Paskowitch en 1828 et 1829*, Les principaux libraires, 1840.

Lygall (Robert), *Notice sur l'organisation, l'administration, et l'état présent des colonies militaires de la Russie*, Anselin et Pochard, 1825.

Malécot (Paul) et Bernard (Anne-Marie), *L'Odyssée de Paul Nadar au Turkestan : 1890*, Éditions du Patrimoine, 2007.

Marmont (maréchal), *Voyage de M. le maréchal duc de Raguse dans la Russie méridionale*, Ladvocat, 1837, 2 vol.

Marshall (Alex), *The Russian General Staff in Central Asia, 1800-1917*, London, Routledge, 2006.

Martinov (colonel), *Le Blocus de Plevna*. Traduction russe par le capitaine du génie Cazalas, du 2e bureau de l'état-major, Kleiner, 1904.

Nugues (général baron Saint-Cyr), *Le Général Colson. Sa mission en Russie et son voyage au Caucase*, Dumaine, 1872.

O'Donovan (Edmond), *The Merv Oasis. Travels and Adventures East of the Caspian, 1879-1880-1881*, s.l. s.n., 1882.

Pierce (Richard A.), *Russian central Asia, 1867-1917 : a Study in Colonial Rule*, Berkeley, University of California Press, 1960.

Ponteves-Sabran (Jean, comte de), *Notes de voyages d'un hussard. Un raid en Asie*, C. Lévy, 1890.

Poujol (Catherine), « La construction du chemin de fer transcaspien au Turkestan de 1880 à 1917 : reflet des mentalités et conséquences », *Innovations, technologies et mentalités*, CNRS, 1989, p. 187-206.

Poujol (Catherine), *L'Islam dans l'Asie centrale, la nouvelle donne*, Ellipses, 2001.
Prioux (A.), sous-intendant militaire de 3ᵉ classe, *Les Russes dans l'Asie centrale. La dernière campagne de Skobelev*, Baudoin et Cie, 1886.
Recouly (Raymond), *Dix mois de guerre en Mandchourie, impressions d'un témoin*, F. Juven, 1905.
Rouire (Dr), *La Rivalité anglo-russe au XIXᵉ siècle en Asie*, A. Colin, 1902.
Roux (J.-P.), *L'Asie centrale, histoire et civilisation*, Fayard, 1997.
Russian-Muslim Confrontation in the Caucasus. Alternative Visions of the Conflict between Imam Shamil and the Russians, 1830-1859, Edited and translated by Thomas Sanders, Ernest Tucker et Gary Hamburg, London, Routledge-Curzon, 2005.
"Schuyler (Eugen), Turkestan: Notes of a Journey in Russian Turkestan, Khokand, Bukhara and Kuldja, Chapters XIII-XV", 1876, *in* Martin Ewans, ed., *The Great Game, Britain and Russia in Central Asia*, vol. VI, London and New York, Routledge, 2006.
Stefan (John), *The Russian Far East: a History*, Stanford, Stanford University Press, 1994.
Sunderland (Willard), *Taming the Wild Field. Colonization and Empire on the Russian Steppe*, Ithaca, London, Cornell University Press, 2004.
"Terentyef (M.A.), Russia and England in Central Asia, vol. II, 1875, translated from the Russian, Calcutta, 1876", *in* Martin Ewans, ed., *Great Powers Rivalry in Central Asia, 1842-1880*, vol. III et IV, London, and New York, Routledge, 2004.
Toumarkine (Alexandre), *Entre Empire ottoman et État-nation turque, les immigrés musulmans du Caucase et des Balkans du milieu du XIXᵉ siècle à nos jours*, thèse Paris-IV, 2000.
Villari (Luigi), *Fire and Sword in the Caucasus*, s.l., Unwin, 1906.
Woeïkof (A.), *Le Turkestan russe*, A. Colin, 1914.
Woff Georges [Georgii Vlastov], *Ombres du passé, souvenirs d'un officier du Caucase*, A. Bertrand, 1899.
Yorck de Wartenburg (colonel comte, chef de section au GEM allemand), *La pénétration russe en Asie*, traduit par le capitaine Begouën, des spahis sénégalais, Chapelot, 1900.

中国

Beeching (Jack), *The Chinese Opium Wars*, London, Hutchinson, 1975.
Bodin (Lynn), *The Boxer Rebellion*, London, Osprey, 1979.
Bourgerie (Raymond) et Lesouef (Pierre), *La Guerre des Boxers (1900-1901)*, Economica, 1998.
Bourgerie (Raymond) et Lesouef (Pierre), *Palikao (1860), le sac du Palais d'Été et la prise de Pékin*, Economica, 1995.
Fleming (Peter), *The Siege at Peking*, Hongkong, Oxford U Press [1959], 1983.
Frey (général), *Français et alliés au Pé-Tchi-Li, campagne de Chine de 1900*, Hachette, 1904.
Thirion (commandant en retraite), *L'Expédition de Formose (souvenirs d'un soldat)*, Lavauzelle, 1897.

Vandenbossche (Albert), médecin-major au 13ᵉ cuirassiers, *Au Petchili, deuxième campagne de Chine*, Lyon, A. Storck, 1906.

Voyron (général), *Rapport sur l'expédition de Chine*, Lavauzelle, 1904.

主要引用的杂志

Annuaire statistique de la France

Bulletin du Comité de l'Afrique française (BCAF)

Guerres mondiales et Conflits contemporains (GMCC)

Revue historique des Armées (RHA)

Revue militaire de l'Étranger (RME) de 1871 à 1898 devenue *Revue militaire des armées étrangères (RMAE)* de 1899 à 1914

Revue des troupes coloniales (RTC)